心理学译丛

Consumer Behavior in Fashion, 2e

消费心理学

无所不在的时尚（第2版）

[美] 迈克尔·R·所罗门（Michael R. Solomon）
南希·J·拉博尔特（Nancy J. Rabolt） 著

王广新 王艳芝 张 娥 等 译

中国人民大学出版社
·北京·

心理学译丛·教材系列
出版说明

我国心理学事业近年来取得了长足的发展。在我国经济、文化建设及社会活动的各个领域,心理学的服务性能和指导作用愈发重要。社会对心理学人才的需求愈发迫切,对心理学人才的质量和规格要求也越来越高。为了使我国心理学教学更好地与国际接轨,缩小我国在心理学教学上与国际先进水平的差距,培养具有国际竞争力的高水平心理学人才,中国人民大学出版社特别组织引进"心理学译丛·教材系列"。这套教材是中国人民大学出版社邀请国内心理学界的专家队伍,从国外众多的心理学精品教材中,优中选优,精选而出的。它与我国心理学专业所开设的必修课、选修课相配套,对我国心理学的教学和研究将大有裨益。

入选教材均为欧美等国心理学界有影响的知名学者所著,内容涵盖了心理学各个领域,真实反映了国外心理学领域的理论研究和实践探索水平,因而受到了欧美乃至世界各地的心理学专业师生、心理学从业人员的普遍欢迎。其中大部分教材多次再版,影响深远,历久不衰,成为心理学的经典教材。

本套教材以下特点尤为突出:

● 权威性。本套教材的每一本都是从很多相关版本中反复遴选而确定的。最终确定的版本,其作者在该领域的知名度高,影响力大,而且该版本教材的使用范围广,口碑好。对于每一本教材的译者,我们也进行了反复甄选。

● 系统性。本套教材注重突出教材的系统性,便于读者更好地理解各知识层次的关系,深入把握各章节内容。

● 前沿性。本套教材不断地与时俱进,将心理学研究和实践的新成果和新理论不断地补充进来,及时进行版次更新。

● 操作性。本套教材不仅具备逻辑严密、深入浅出的理论表述、论证,还列举了大量案例、图片、图表,对理论的学习和实践的指导非常详尽、具体、可行。其中多数教材还在章后附有关键词、思考题、练习题、相关参考资料等,便于读者的巩固和提高。

这套教材的出版,当能对我国心理学的教学和研究具有极大的参考价值和借鉴意义。

中国人民大学出版社

心理学译丛·教材系列
出版说明

[illegible]

中国人民大学出版社

前 言

我们对于人们日常行为活动的好奇促使我们写作此书，消费者行为学研究的是我们的世界如何受营销者行为影响，与此同时，营销者又如何受消费者影响。有时候，时尚是由零售商和影响者们创造并传递给消费者的：思考一下时尚杂志上的什么流行、什么过时部分！另一方面，我们看到零售商们和生厂商们努力预测消费者从现在起六个月内会买些什么。时尚预测从某种意义上说是一门科学，但它更是一门艺术，许多成功的营销专家不止在一种时尚现象上预测失误。

时尚是驱动力，它改变着我们的生活方式，影响我们的服装、发型、艺术、食物、化妆品、汽车、音乐、玩具、家具和我们日常生活的其他方面。时尚是流行文化的一种主要成分，也是一种永远变化的东西。时尚持续地触及我们大多数人的生活。我们也许没有意识到新时尚的介入，但突然间，我们的眼镜、衣服、鞋子甚至厨房用具开始看起来过时了。看一下老照片，回顾一下过去的电视节目，通过明显的对比，将最新的时尚呈现于眼前。像水中的鱼，我们通常没有意识到我们一直变化的环境。时尚工业总是动态的和快速流动的。但时尚在21世纪面临更大的变化。

在许多课堂上，学生是被动的观察者，学习间接地影响着他们关注的主题。但时尚概念直接地影响着我们，特别是学生，他们从事零售工作，售卖时尚产品。他们是流行与过时方面的专家，他们敏锐地意识到时尚的持续变化——时尚工业的生命血液。在第2版中，我们增添了一些新的例子，但学生们应该能够轻而易举地提供更新的例子来支持他们在本书中读到的许多概念。

研究和消费者关注

本书通篇应用多项研究结果来阐释市场营销和消费者行为理论及概念，这些理论及概念应用于时尚，并进一步促进读者对时尚如何改变消费者日常生活的理解。应用市场营销视角，目标是理解为什么消费者如此表现，以及如何识别消费者需求，而这样做的终极目的是最大化公司利益。然而，切莫忘记市场对消费者的影响同样重要，因此，消费者幸福感的视角同样在本书中得以阐释。我们认为，零售业和市场营销专业的学生们需要以人道主义视角切入该领域。谁会为消费者的幸福感考虑，又有谁会考虑影响消费者幸福感的环境？法律旨在保护消费者，但也许有超出消费者所需要的保护，有时，也许超出商业需求。第14章“伦理、社会责任和环境问题”，以及第15章“政府和企业在消费者保护中的角色”特别强调了市场营销对消费者保护的影响，回顾了用以警示消费者的法律和规章，这些法律和规章帮助预防商业恶习，并向消费者提供信息和帮助。

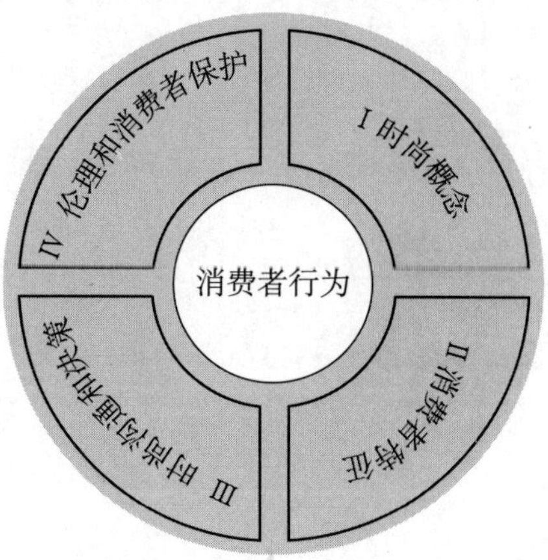

在每章结尾的问题讨论部分为学生们提供了许多研究机会。本书也列举了许多以前学生的研究结果，我们希望在不久的将来能够看到更多研究结果！

致　谢

许多同事对此书作出了重要贡献，对于同辈评论家所做的许多有益的评论我们不胜感激：Melody Lehew，堪萨斯州立大学；Patricia Rigia，布里奇波特大学；Jaeil Lee，西雅图太平洋大学；Hanna Hall，肯特州立大学；Linda Welters，罗德岛大学；Margaret Rucker，加利福尼亚大学；Tammy Kinley，北得克萨斯州立大学；Kimberly Miller，肯塔基大学。

感谢 Prentice Hall 出版公司的职业编辑们在插图及无数细节处理方面的大力帮助，由于他们的帮助我才得以最终将手稿出版成书。

同时，感谢我的学生们，他们为我的灵感创作提供了鲜活的例子和积极的反馈，是我灵感创作的源泉。在教学中获得的满足感是我写作此书的主要动力。

关于作者

迈克尔·R·所罗门（Michael R. Solomon），哲学博士，费城圣约瑟夫大学消费者研究中心主任，市场营销教授，同时兼英国曼彻斯特大学消费者行为学教授。在1995年加入奥本大学之前，曾任新泽西州新布鲁斯威克市罗格斯大学商学院市场营销系主任职务。所罗门教授在纽约大学商业管理研究生院开始了他的学术生涯。在那里，他担任纽约大学零售管理研究院助理主任一职。他于1977年获得心理学和社会学学士学位，并于1981年获得北卡罗来纳大学社会心理学哲学博士学位。

所罗门教授主要研究兴趣包括：消费者行为和生活方式问题，产品的象征层面，时尚、装饰和形象心理学，服务营销等。他在学术杂志上发表了许多关于上述研究领域及相关领域的文章，同时，他应邀在英国、斯堪的纳维亚半岛、澳大利亚和拉丁美洲进行相关主题的演讲。他目前坐阵于消费者行为杂志和零售杂志编辑板块，服务于市场营销科学学会理事会。除学术活动外，所罗门教授是大众媒体的活跃投稿人，他的专题文章不断见诸《今日心理学》、《绅士季刊》、《嘉人》等报刊。他也做客于《今日秀》、《早安美国》、全国广播公司亚太财经频道、第一频道、《每周新闻直播》、《新闻内幕》等。他是《时尚心理》的编辑，并共同主编《服务邂逅：服务业中消费者与服务人员的互动》（Lexington Books 出版社出版）。他的教科书《消费者行为：购买、拥有与存在》（Prentice Hall 出版），现在第八版已经发行。这本书被广泛用于北美、欧洲、澳大利亚等地的大学，并已经被翻译成几种语言。第五版《市场营销学：真正的人，真正的选择》（Prentice Hall 出版社出版）已于2006年出版。

所罗门教授与其妻子 Gail 女士，三个孩子 Amanda、Zachary 和 Alexandra 居住在宾夕法尼亚州费城市。

南希·J·拉博尔特（Nancy J. Rabolt），哲学博士，旧金山州立大学服装设计和营销学教授，同时兼任消费者和家庭研究/营养学系主任一职。拉博尔特博士同时在南伊利诺伊大学、马里格罗夫学院和旧金山州立大学讲授时尚消费者行为和时尚营销学课程长达30多年。她获得纽约州立大学奥尼昂塔学院教育学学士学位，南伊利诺伊大学服饰和纺织学硕士学位，田纳西大学纺织/推销/设计、社会心理学和消费者行为交叉学科博士学位。

拉博尔特教授主要研究兴趣包括：跨文化消费者行为、服装全球工业。她做了许多演讲，其领域涉及市场营销、消费者、服装、家庭以及消费者科学。她在几家国际刊物上发表过文章，她也是《零售和商品管理中的概念与案例》一书第二版的主要作者（Fairchild Publications 出版）。

拉博尔特博士居住在加利福尼亚州蒙塔拉市。

目 录

第一部分 导 论

第二部分　消费者特征和时尚内涵

第4章　个体消费者动力学：动机和价值观 /73

第5章　个体消费者动力学：自我 /96

第6章　基于人口学特征的亚文化：年龄、种族、民族 /121

第7章　基于人口学特征的亚文化：收入和社会阶层 /145

第一部分　导　论

这一部分覆盖了时尚领域中与消费者行为相关的概念。第 1 章除了介绍消费者行为的基本概念之外，还介绍时尚的分类、概念，以及理论。第 2 章关注文化对消费者行为的影响。第 3 章概述消费者行为如何在社会中产生、传播。

第1章
时尚的概念、理论和消费者行为导论

盖尔在考试之前正在大学的书店中消磨时间。在心理学考试和营销学知识之间，她突然意识到自己已经有一周没有浏览时尚杂志了。尽管还有许多烦琐的任务，但她决定，要开始真正有启发意义的阅读。

书店里图书很多，有上百种可选择的图书。从《汽车族》（*Motor Trend*）到《琼斯夫人》（*Mother Jones*）。还有许多知名杂志！在中学的时候，盖尔就是一个专心的读者，偏爱看《17岁》（*Seventeen*）杂志，但是，当她浏览的时候，她为别的女性杂志封面那些迷人的模特所打动。她仍然看《17岁》杂志，但是她认为，应该扩展一下自己的阅读领域。毕竟，自己现在已经是一个大学生了。要考虑女生联谊会姐妹的建议，塑造一下自己的新形象了。

浏览了很多，盖尔决定买一份《Vogue》或《时尚芭莎》（*Harper's Bazaar*）杂志。不，这些杂志看起来有点太复杂了，《Elle》、《魅力》（*Glamour*）看起来也与《Vogue》和《时尚芭莎》杂志差不多。《诱惑》（*Allure*）和《McCall's》杂志看起来应该是自己的妈妈应该读的杂志。当她去拜会自己在郊区的舅舅时，在那儿经常能看到类似的杂志。

最后，盖尔被两本杂志吸引——《造型》（*In Style*）和《嘉人》（*Marie Claire*）[1]。这两本杂志看起来都很时尚。她虽然听说《嘉人》有法语版本的，但是她还是宁愿读英语版的。当盖尔开始

阅读杂志的时候，她立刻就被其中的时尚广告和评论所吸引。她记得昨天晚上网上冲浪的时候，拜访过《嘉人》的网站，看到过这种时尚风格。葡萄酒、巧克力、奶酪以及“说出你自己的观点”版面看起来很有意思。“美女秀”、“我爱自己什么”里面的观点也使她自我感觉良好。真的，每个人都是可以塑造的。编辑说，魅力不是由今年的模特或者去年的奥斯卡影星决定的，对于这点，她觉得有些疑惑。当她在阅读杂志中关于莎拉·杰西卡·帕克（Sarah Jessica Parker）的文章时，她闻到了一丝香水的味道。是的，就是这本杂志了——《嘉人》，一本可以帮助塑造一个全新盖尔的杂志。莫妮卡和其他的姐妹会为她感到骄傲的……

消费者行为学：市场中的人们

本书关注的就是像盖尔这样的消费者如何购买和使用产品与服务，及其生活的方式。本章描述了消费者行为学领域的一些重要方面和原理，尤其介绍了这些原理和方法与时尚的关联，解释了为什么它们对于理解人们与营销系统的相互作用是很重要的。本章阐述了时尚的基本概念，这个概念会帮助读者理解消费者面对新时尚品时的决策过程。在本书中，许多例子围绕着服装展开，由于时尚包含的元素众多，所以还涉及许多其他的产品和服务。本书中的时尚例子还包括家装、音乐、食品、艺术。

回到这个“典型”的消费者身上。引例中的小故事让我们注意到涉及的消费者行为学下面的一些方面：

- 盖尔作为一名消费者，我们能以许多方式来描述她，并将其与其他个体以各种方式进行比较。为了达到某一目的，营销者可能会发现，根据盖尔的年龄、性别、收入或职业将她归类是有必要的。这些都是描述人口学特征的因素，也称为人口统计学特征（demographics）。在其他一些情况下，营销者可能更想了解盖尔在穿着、音乐等方面的兴趣，或者她的休闲方式。这类信息属于心理统计学特征（psychographics），或者消费心态学，描述的是一个人生活方式和个性方面的情况。在许多营销应用中，对消费者特征的认识有着极其重要的作用，如为产品划分市场，或在以某一消费者群体为目标市场时确定适当的营销方法。

● 盖尔的购买决策在很大程度上受到姐妹们的意见和行为的影响。许多产品信息以及是否使用某些品牌的建议，都是在现实中人们的谈话间传递的，而不是通过电视、杂志、广告牌或新奇网站的方式。互联网的发展造就了成千上万个网络消费社区，那里的成员们共享着关于从芭比娃娃到掌上电脑等任何产品的意见和建议。盖尔与其所属的群体成员之间形成了联结，是因为她们使用着相同的产品。群体中每个成员都有一种压力促使其去购买受到群体认可的东西。当一个消费者不遵循其他人对于什么是“时尚”或“过时”的观念时，她（他）通常要付出在群体中感到难堪的代价。

● 作为美国这样的大社会的成员，人们共同拥有着特定的文化价值，或对世界的建构方式有着坚定的信念。亚文化或更小的群体内，如西班牙裔、少年、美国中西部的人，或者帕里斯·希尔顿（Paris Hilton）迷俱乐部也有共享的价值。对盖尔有重大影响的人——她的参照群体，拥有这样的价值观：十七八岁的女孩子应该富于创新、时尚、独立和大胆（至少有一点）。

● 当浏览杂志的时候，盖尔看到过许多具有竞争力的杂志和品牌。大多数杂志根本没有引起她的注意，而引起她注意的一些杂志，却又因为不符合盖尔的形象而被拒之门外。市场细分策略（market segmentation strategies）指的是，将特定的消费者群而非所有人作为品牌的目标群体，即使这意味着不能吸引其他不属于这一目标市场的消费者。

● 品牌通常具有由产品广告、包装、商标和其他营销策略所塑造的形象与“个性”。选择喜爱的杂志在很大程度上是一种生活方式的阐述：这个行为本身说明了人们对什么感兴趣，同样也说明，这个人很有可能成为什么类型的人。个体选择某种产品，常常是因为他喜欢这个产品的意象，或者该产品的意象和消费者本人人格相契合。而且，某些消费者还可能认为购买、使用了这种产品或服务后，那些令人渴望的性质就会被施魔法般转移到自己身上。盖尔希望自己变得更加时尚，或者希望通过这本杂志，改变自己其貌不扬的意象。

● 当一个产品成功地满足了消费者特定的需要或欲望时，可能获得消费者多年的品牌忠诚，这是一种竞争者很难破坏的存在于产品与消费者之间的联结。要弱化这种联结，通常需要个人生活境遇或自我观念发生变化。

● 消费者对产品的评价是受其外观、质地或品位影响的。人们通过触摸、品尝或嗅闻来帮助自己判断。我们可能会为了包装的形状和颜色而犹豫不决，也可能为了更加细微的因素如品牌名称、广告，甚至是杂志封面模特的象征意义而摇摆不定。这些判断受制于——常常也反映了——当时人们应当如何表现自我的看法。如果问盖尔，她可能也说不出到底自己为什么接受一些杂志而拒绝其他杂志。很多产品的含义都潜藏于表面的包装和广告之下。

●《嘉人》是一份有国际化意象的杂志。这一点对盖尔很有吸引力。产品意象常常受到产品原产地的影响，产品原产地有助于帮助消费者确立其品牌人格。此外，我们的观点和需要越来越受到外界输入信息的影响。由于运输和交流方式的迅速发展，世界变得越来越小。在全球化背景下，消费者往往追求那些能体验到文化多样性的商品和服务。

时尚不仅仅局限在时装领域。《*Surface*》杂志是时尚生活风格期刊，介绍在时尚界的潮流趋势，内容包括汽车内饰、建筑、图像、电影和音乐。

时尚的本质和内涵

随着经济全球化，时尚已经成为一个价值数十亿美元的产业，在世界范围内有数百万的员工，影响到几乎所有的消费者。时尚反映了我们的社会和我们的文化，作为一种象征性的表达，时尚反映了人们如何表征自己。时尚也是消费者改变自己的衣橱、音响系统、家具和汽车的原因。尽管有人倾向于把时尚归结为服装和化妆品，但实际上，时尚影响到几乎所有的文化现象，除了音乐、食物、艺术、建筑、电视节目、科学之外，时尚还影响到玩具、游戏、电子、汽车、厨房用具。

商业实践也要服从于时尚过程。它们的发展、演化依赖于正在流行的管理技巧，诸如质量管理、Z理论、典范转移或者是工作过程再设计理论。除此之外，学术界也进入到时尚领域。你听说过距离学习、服务学习、人口统计学细分吗?[2]有许多词来自时尚领域，还有许多词进入到时尚领域，比如“酷”、“模因”（meme）、“以为真实，而非真实”（truthiness）以及“维基”。[3]“以为真实，而非真实”指的是尚未受到“真相”蒙蔽的真实。“维基”，指的是维基百科使用者在搜索和加工信息时，依据投票率来界定信息的真实度。这两个词在史蒂芬·科尔伯特（Stephen Colbert）的电视节目秀《科尔伯特报告》中变得非常流行。确实，不断有新的词汇进入到我们的生活中。维基百科就是这样一种在线百科全书，它能帮助你理解这些最新、最酷的词汇。或者可以说这些词是时尚词汇吗?（我们将在本章的后面讨论这个问题）

我们可以把时尚当作一种符号、一种语言，这些符号和语言能帮助我们解码时尚的内涵。[4]然而，时尚和语言不同，时尚是更加依赖情境线索的。同样的一款商品，不同的消费者在不同的情境中感受都会不同。[5]在符号学术语中（我们阐述象征意义的方式），时尚产品的意义常常是潜在编码形式——就是说，时尚产品没有一个精确的含义，但是感知者却能说出一大堆内涵和意义。

服装工业结构影响消费者

你新买的那件T恤衫，我们看到的只是产品，但是产品背后是什么？答案是：很多人、很多公司比你更了解这些环节。下面这些例子就是服装工业的组成，它最终会影响到你是在梅西还是在沃尔玛购物。

- 自然纤维和人工合成纤维研究与纤维市场。像天丝（Tencel）公司的新纤维采用了大量的新技术，更加完善，采用了更多的营销策略，以便纤维公司、设计者和消费者能够广泛接受。一个新产品从诞生到走向市场要好几年的时间。当然，生产出来的纤维要进入到下一个环节——服装生产。但是，也有一些公司直接面向消费者。例如，著名的莱卡（Lycra）公司就是通过电视广告和杂志广告直接面向消费者的。
- 颜色和时尚预测。预测机构（如多尼戈尔集团）、贸易联盟（如美国棉花公司）、个体纤维公司（如杜邦）做了大量的研究，预测在未来的18～20个月内，消费者会买什么样的产品。
- 面料工厂与编织和纺织面料。如今，大多数美国的面料生产厂商都使用高科技手段，进行质量控制。美国的面料大批量生产，满足的是大众消费者的时尚要求。许多设计师觉得，他们需要到欧洲或者日本，去挑选那些独特的、高质量的面料。
- 转换者。他们需要对面料染色、加图案、加工。
- 设计师和服装生产商。如今，我们所购买的多数产品都是美国生产、设计的。然而，越来越多的产品在发展中国家缝制，然后再出口到美国。有一些消费者反对这种做法，他们通过联合抵制那些很少负社会责任的跨国公司来表达诉求。
- 支持服务。包括像《女装日报》（*Women's Wear Daily*）这样的出版商、广告代理商、零售商、经济分析学家、贸易联盟、进口专家和经纪人。
- 销售代表。指的是生产厂家和设计师的销售代表，他们负责把产品卖给零售商。销售代表在市场周（一个特殊时间段，买房和卖方聚在一起）在宾馆、服装市场与客户洽谈，或者在大型的商业秀中进行产品展示，如国际时尚时装秀。在销售季即将结束的时候，销售代表还会卖一些样品（批发价或者更低），直接面向纽约、洛杉矶、芝加哥、亚特兰大等城市中住在服装市场周边的消费者。
- 消费者杂志。正像盖尔所看到的杂志一样，这些杂志推荐并引领时尚。
- 各种类型的零售商。他们把商品最终卖给消费者。

为了在已经趋于饱和的时尚产业中保持竞争力，时尚产业的一个趋势是，实现纵向的整合，因此，要在时尚产业的不同水平间实现融合。例如，高端的设计师和生产厂家联合起来，建立了自己的零售和分销渠道，通过这种方式控制品牌意象。另外一种趋势是，零售商生产自有品牌产品，这样零售商本身也会转变成生产商。这两种趋势都有助于保持消费者对品牌的忠诚度。

莱卡直接面向消费者做广告。

玩具行业中的时尚

生活中，并不是必然会发生节日玩具购物狂潮，但是，最近几年，节假日时发生玩具购物狂潮屡见不鲜。我们曾见证并记得人们在圣诞节期间排起长队，等着购买椰菜娃娃（cabbage patch dolls）。最近的有神奇宝贝（pokemon）商业卡、青少年喜爱的忍者神龟和芭比娃娃的限量版，或者是最新版本的微软开发的电子游戏平台微软游戏机（Xbox）。在下一轮玩具购物狂潮中可能会热卖的产品是：高科技制作的小马，它能对人们的触摸做出反应；能够跟随孩子的舞蹈而运动的芭比。[6]孩子们长大后进入青春期，似乎就对玩具不感兴趣了，而是更加关注一些潮流性的小配件和小装饰。然而，玩具业中的一些人认为，不管玩具制作得多么复杂，最富创新性的和最成功的玩具都体现了一个经典原则——“好玩”。[7]

在玩具行业中，一些玩具和游戏兴起又消失了，而有一些则成为经典。玩具工业联合会指出，以下玩具自创立以来一直屹立于激烈竞争市场中。

1903年 绘儿乐彩笔	1959年 芭比娃娃
1914年 宝石宠物	1963年 特种部队
1930年 乐高创意拼砌系列	1971年 珠玑妙算
1948年 孩之宝	1983年 椰菜娃娃
1950年 橡皮泥	1988年 忍者神龟

根据NPD的数据，玩具工业联合会指出，在2005年人们花费在玩具上的钱大约是22亿美元，另外还有10.5亿美元花在视频游戏中。[8]

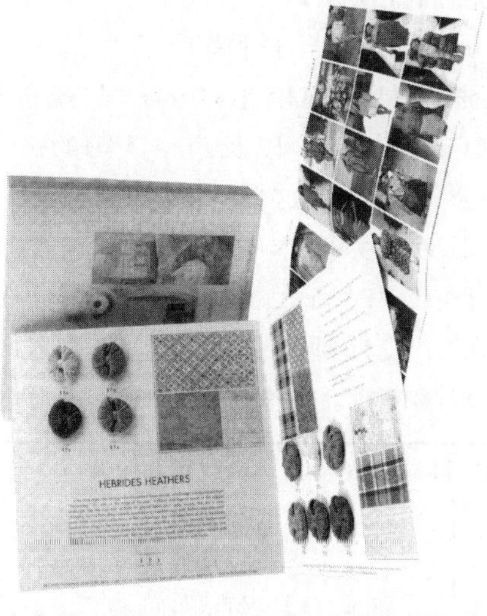

多尼戈尔集团（Doneger Group）是全球市场趋势预测的领军人物。它的趋势预测和颜色预测涵盖男性、女性、青少年群体及服装、化妆品、生活风格等诸领域。多尼戈尔集团有自己的印刷出版物、在线读物和现场展示等多种宣传渠道，满足了零售商、生产商以及其他时尚相关行业的需要。

时尚的类型

区分一些可能让人困惑、互相混淆的概念，对于深入讨论时尚产业中的消费行为是有帮助的。在这一部分，我们将讨论一些相关概念，诸如，风格、高端时尚品、大众时尚品、流行、经典和品位。这里有一些概念，消费者日常生活中的使用含义与研究者、时尚产业的使用含义不同。时尚过程（fashion process）指的是一种风格被一群或多群消费者所认可，并且进行社会传播的过程。我们将在第12章讨论时尚的沟通问题。

时尚的水平

与时尚是一个过程的概念相对应，一种时尚指的是在特定时间内，被大规模群体接受的一种风格，尽管时尚与风格在意义上不同，很多人仍在交互性使用这对概念。[9]人们各有不同的人格特点，以及他们在生活、谈话及服饰方面的风格，当谈到风格的时候，某些有独特风格的明星，可能会映入你脑海中，有时候我们也会说发型风格或家居风格，在化妆品、艺术、音乐以及政治领域中都存在许多不同风格。

在服装领域，风格指的是独特属性的整合，使得该服装与其他区分开来。例如，裙子有许多不同风格，如迷你裙、长裙、百褶裙等。我们可以设想风格有许多不变的属性，然而，许多新的风格会创设出来，而且随着时间的变化，风格也会被调整。一种风格如果被足够多的消费者接受，那么一种风格就会转变为时尚。例如，在20世纪80年代，随着越来越多的女性进入职业圈，夹克衫，就成为一种时尚（就是说，被很多人认可）。而今天，夹克衫对于主流消费者而言，就不再是一种时尚。

高端时尚品，正如字面意义上所阐述的，指的是创作精良，高质量，为顾客量身定做的服装。高端时尚品起源于法国，是单独为顾客定制的。高端商品的价格非常高，会高达10 000美元甚至更高。而市场却相对狭窄。高端时尚品由于新设计一种风格，价格非常昂贵。在风格上更加前卫，甚至极端。高端服装经常出自欧洲服装设计师，或一些专业设计工作室。这些高端时尚品为数量相对少的时尚引领者所接受，他们想成为最早拥有新时尚的人，并有能力支付。欧洲设计师经常生产一些量身定做的产品，也叫高级成衣（Prêt-à-porter）。这些产品对普通消费者而言，仍然比较昂贵。它们对美国的时尚产品有很深的影响，当然，美国的时尚产品便宜一些，在风格上也更加随意。

在美国，设计师服装这个术语有时候指的是设计师收藏品，或设计师量身定做的服装。很多设计（也许不是全部）成为一种时尚（这些设计会被仿制，面向大众市场，价格更便宜）。在美国，设计师时尚和大众时尚的界限很模糊，美国设计师每两年一次向公众展示他们设计的作品。但是，他们也有二级生产线，或者是授权商品，这些都是针对大众市场的。

目前的一个趋势是，许多美国设计师为欧洲设计室工作，这使得美欧设计师之间设计作品的差异越来越小，时装秀不再是高端设计师的独特概念。2000年，杰弗里·比尼（Geoffrey Beene）宣布，他将不再举办时装秀风格的发布会，因为他觉得这太容易预测，也比较令人厌烦。所以，从2000年到2004年，直到杰弗里·比尼去世，他选择了不同的发布模式。[10]

有一些设计师开发了二线产品，或者就叫“桥线时尚”（bridge lines）。二线产品往往是对一线产品的跟进和演绎，也许是因为用的是质量稍差的面料，或者是授权其他厂家生产，所以在价格上没有那么贵。桥线时尚的例子是阿玛尼（Armani）旗下的安普里奥·阿玛尼和A/X阿玛尼、唐娜·凯伦旗下的DKNY。这些二线产品在价格和质量上都更加适中。

二线产品也包括质量更好的产品，这些产品不是来自高端设计师，而是来自一些其他公司，如爱伦·瑞丝（Ellen Tracy）、艾利·塔哈瑞（Elie Tahari）、布奇曼（Dana Buchman）。[11]这种产品比二线产品价格更低（这可能是因为知名度相对而言较低），质量也很好，但是没有高端设计师收藏品质量好。

高级价格带商品（better goods）在价格上比桥线时尚品的价格要低（这也许只是因为其在知名度上略低），质量很好，当然与高端时尚设计师的服装相比质量要差一些。

中级价格带商品（moderate goods）在价格上和质量上比高级价格带商品要低。产品在专卖店或者在商店中售卖。实惠价格带商品（budget goods）或者是流行商品的价格更低，在折扣店或者是大众商店如沃尔玛中售卖。

大众时尚品是美国时尚产品中的大多数，大众时尚品通常是大规模生产的，在盖普（Gap）、永远21（Forever 21）以及遍布美国的折扣店中售卖，许多公司会仿制这些大众时尚品。许多大众时尚品在低劳动力成本的发展中国家生产。大众时尚品被称为“时尚大餐的面包和黄油”。[12]正如前面讲到的，设计师引领的时尚和大众时尚之间的界限越来越模糊。具体见图1—1。

昂贵的/高端产品 ↑	高级定制时装
	高级成衣
	设计师服装
	桥线时尚
	高级价格带商品
	中级价格带商品
↓ 不那么昂贵的/低端产品	实惠价格带商品或流行商品

图1—1 服装价格线

设计师通常会展示几种不同创新风格和不同价位的产品。在发布会上的产品通常是最大胆的，也是最昂贵的。然而，二线产品就要相对保守一点，而且也没有那么贵。

尺寸和价格

女性在逛商店买衣服的时候，常常觉得特别纠结，一个主要原因是女性服装尺码的复杂性和神秘性。男性服装设计中使用基本的测量方式，衣领、袖口、腰围就能决定男性服装的尺寸。这是一种简便易行的系统。你看到过有几个男人在试穿同一风格的服装时，试穿过 3 个不同的尺码？而女性在试穿服装时，受尺码困扰就要多得多。下面是可能影响女性服装尺码的因素[13]：

● 设计师：独特的风格，在服装价格上分布范围很广，适合于女孩子的体形（丰满的或者是苗条的），年龄在 25 岁上下，尺码在 4～12 之间的顾客。

● 桥线时尚：和设计师的风格很相似，但是在价格上相对较低。

● 女装：是对时装的改进。适应年龄 25 岁以上，尺码在 4～14 之间，身高在 5 英尺 7 英寸①以上的顾客，价格最好定位为实惠价格带商品或流行商品。

● 娇小尺码：风格和女装比较类似。适应年龄在 25 岁上下，尺码在 0～14 之间，身高在 5 英尺 4 英寸以下的顾客。价格最好定位为实惠价格带商品或流行商品。

● 大号服装：风格和女装类似，而且有青年装的特点，适应年龄在 18 岁以上，尺码在 16～26W 或者是 16～26WP 之间的顾客，大尺码。价格最好定位为实惠价格带商品。

● 现代的：款式新潮。适应年龄在 20～40 岁之间，尺码在 4～12 之间，体形苗条的顾客。价格最好定位为实惠价格带商品或流行商品。

● 青少年：年轻、新潮，适用年龄在 13 岁～25 岁之间，尺码在 3～15 之间，还未发育完全的顾客。价格最好定位为实惠价格带商品或流行商品。

长期以来，针对娇小和肥胖女性的时尚用品为人们忽视。统计数字表明，在美国，女性人口中的 54%体形过于娇小或者过于肥胖。[14]她们都是企业应该重视的市场资源。不时就会有针对企业的批评，指责它们只关注青年人市场和大众化市场。

许多大众市场用字母来标示尺码，例如，S、M、L（小码、中码、大码），而不是用数字。甚至试图用一种尺码适用所有的人。这会使生产成本减少，在竞争的商业社会中，这是使消费者成本降低的另外一种方式。有一些公司，如 Chico's，使用自己的系统，例如，0、1、2。这些数字意味着什么？消费者不得不参照尺码表，以推断公司生产服装的尺码是否适合自己。在网站上，它们推出了一个新的概念：服装要和你自己的体形而不是和尺码匹配。消费者可以输入他们自己的偏好，以及自己的体形尺寸，然后在 7 个体形中选择一个可以与自己匹配的，这样系统就可以推出适合他们体形和生活风格的服装。

时尚服装尺码另一个神秘点是“心理尺码”或者“使消费者感觉更好”。尺码和价格貌似呈负相关，那就是，当价格提升的时候，服装尺码变小，还记得电影里面的话吗？所以我们看到许多高端服装产品，它的真正尺码要比标示尺码大。这种做法消费者感觉如何？你猜对了！没错，消费者更愿意为这样的服装付出高价。商品经常在尺码上要更大。因此，在设计师高端时尚品中，一位女性穿的服装尺码是 6，但是，对于同样风格的西尔斯（Sears）服装而言，适合的尺码可能是 12 。[15]

① 1 英尺约合 0.3048 米，1 英寸约合 0.0254 米。——译者注

另一方面，最近，欧洲生产服装的尺码出现了相反的趋势。例如，牛仔裤，参照美国的尺码标准，生产一小部分尺码大的商品。设计师和生产商在尺码和测量上有他们自己的偏好，例如，不同的公司针对一个尺码为10的模特在胸围、腰围、臀围上会设计不同的尺寸。所以，很多女性发现，找到最适合自己体形和尺码的品牌，真的是一件令人痛苦的事。这个讨论说明，针对女性服装尺码，并没有一致的工业标准。另一件使女性服装尺码更复杂的事情是，近几年来，这些非标准化的标准也在变化。一项研究发现，近10年来，"标准化"服装工业尺码10比以前变大了。[16]

	胸围(英寸)	腰围(英寸)	臀围(英寸)
黛安·冯芙丝汀宝	34	26.5	37
唐娜·凯伦	36	28.5	38.5
目标市场	36.5	29	39

大时尚公司 vs 小时尚公司

那些努力要保持在时尚潮流前沿的大公司发现，自己处于令人困惑的矛盾中：青年消费者为那些由小企业生产的街头时尚产品所吸引。例如，当迪娜·穆哈杰（Dina Mohajer）是美国南加州大学一名学生的时候，她需要有蓝色指甲油，以便和她的蓝色厚鞋底女鞋相搭配。她的朋友很喜欢这一创意，于是她从父母那里借了钱，创立了"水果硬糖"（Hard Candy）公司，后来，德鲁·巴里摩尔（Drew Barrymore），美国好莱坞著名演员，兼导演、制片人、监制，甚至安东尼奥·班德拉斯（Antonio Banderas）都用"水果硬糖"的彩妆，如"拖车垃圾"彩妆（Trailer Trash）、"姿色诱惑"彩妆（Jail Bait）、"恶魔"彩妆（Fiend）。[17]

但是，一旦这种风格被"发现"和大规模生产之后，就不再那么"酷"了。过去，时装设计师和主要零售商掌握信息，掌控着风格的走向，随着互联网技术的发展，以及由个体和小公司发行的数量众多的爱好者杂志的出现，大公司对于什么是"酷"不再有最终的决定权了，人们对大公司的名字也不再那么信任。解决这一困境的方法是（从现有公司中）剥离独立出来，如李维·斯特劳斯公司（Levi Strauss，旗下包括李维斯等品牌）以追求时尚为设计理念的"银色选项"（Silver Tab）牛仔裤。

有时候，当一款打折商品进入市场之后，这种策略会产生出乎意料及事与愿违的结果。例如：有一款仿制内衣样式的牛仔服，在牛仔服的里面缝有内衣样的衣带，看起来松松垮垮的[18]（年轻人认为这种牛仔服很低俗）。而且，新贵公司的"灵感"和公然的"仿制"之间是有细微差别的。一家叫"城市腐烂"（Urban Decay）的小公司，在它就一条指甲油生产线准备起诉露华浓公司（Revlon）的时候发现了这种细微差别。"城市腐烂"公司生产的色彩包括油污色、铁锈色、苍白色。不久之后，露华浓公司推出了焦油色、血红色、铁锈色、青铜色以及其他一些选择色。[19]短短5年之后，这家新成立的公司加入了一家大公司。酩悦轩尼诗—路易·威登于1999年以1 400万美元的价格收购了"水果硬糖"公司之后不久，2000年又以约2 000万美元的价格收购了"城市腐烂"公司。[20]

品位

品位是与日常生活语言相关联的另外一个易引起歧义的词。它指的是，对于一个人，在某种情境中，什么是有吸引力的，什么是适宜的。我们经常说，某人的品位好或品位差，或者说人们怎样装饰自己的房间。我们可能会说，一个年轻女孩穿着超短迷你裙去教堂或者是一个老年人穿青年人的服装是不合适的，这都是品位差的表现。

因此，我们认为，好的品位不仅仅是艺术效果上令人愉快的，而且还是适宜性的。即针对某种情境、某个个体而言是合适的。[21]品位是一个价值驱动概念，品位的意义在不同文化中、不同的历史阶段中，其含义都不同。一个特别好的例子是，詹姆斯·雷沃（James Laver）认为关于美的界定在不同历史阶段是不同的。[22]

下流的	距离现在10年前
无耻的	距离现在5年前
大胆的	距离现在1年前
聪明的（时尚）	现在
寒酸的	1年后
丑陋的	10年后
可笑的	20年后
有趣的	50年后
迷人的	70年后
浪漫的	100年后
美丽的	150年后

看一看你父母十几岁时候的照片，或者是年轻时候的照片。你怎么看待他们的着装时尚？也

许你会讨厌他们，这验证了詹姆斯·雷沃的理论。又或者它们回到了时尚中，我们把它叫做“再次发生的时尚”。所以，如果你的衣服保留时间足够长，也许它们会重新变得时尚起来。看一看你父母穿的嬉皮装，现在人们称这种服装为“嬉皮风”，我们能在各种商店中看到这种风格，从萨克斯第五大道到塔吉特百货公司都能见到。[23]

时尚的循环

尽管从纵向角度来讲，一种风格可以延续数月或者几年，时尚还是以一种可预测的方式演化、发展。时尚循环，或者叫时尚生命周期，包括导入阶段、接受阶段、衰退阶段。如图 1—2 所示。

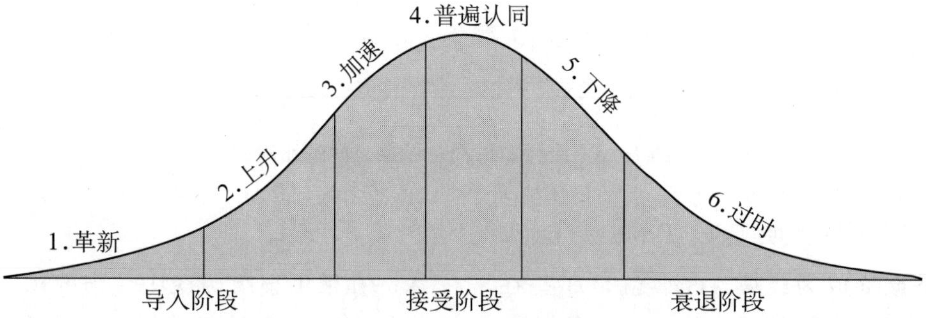

图 1—2　标准时尚循环

资料来源：Reprinted with the permission of Macmillan College Publishing Company from *The Social Psychology of Clothing* by Susan Kaiser. Copyright © 1985 by Macmillan College Publishing Company，Inc.

为了说明时尚周期是如何演化的，也为了说明其他时尚产品和服装的相似性，我们将用流行音乐的时尚循环过程来举例说明（这种时尚循环过程在 MP3 文件和互联网出现之前就已经存在；当然，互联网和 MP3 能改变音乐传播的方式，并且加快音乐时尚的传播过程）。在导入阶段，一小部分音乐革新者听到了这种音乐。这种音乐可能在俱乐部里演奏，也可能是在大学里的广播电台播放，这就是“垃圾摇滚”诸如“涅槃乐队”（Nirvana）的起源。在接受阶段，该音乐进入社会公众视野，为广大的公众接受。歌曲可能在像《新歌 40》这样的电台节目中播送，这会使歌曲的传播和接受程度稳步上升，就像《像子弹一样》（*Like a Bullet*）这首歌一样。

在衰退阶段，或者由于播放时间过久，或者由于播放次数过多，达到社会饱和状态，这首歌曲收听率会下降，新的歌曲会取代它的位置。一张热门唱片在《新歌 40》这样的电台节目里，一连几星期，每隔一小时就要播放一次。然而有的时候，人们也会厌烦这些热门唱片，而去关注新发行的唱片。以前的热门唱片最终会出现在唱片店的折扣区中。

服装时尚在本质上也经历了同样的过程。设计师的设计理念会是时尚革新的起源，这些理念最早会为时尚前卫者所接受，当然，这些时尚前卫者主要是年轻人。起初，这些时尚服装价格昂贵，而且只有在时尚服装店才能买得到。和音乐产业不同，慢慢地，会出现仿制的时尚服装，它们价格比较低，而且所用的面料要差一点，在主流的百货公司就能买到。

当这种风格在市场中饱和之后，消费者不愿意再看到这种风格，也不愿意再穿这样的服饰，那么这种风格的服饰就会消逝，消费者可能只能在廉价旧货店里买到它们。当然，这并不是时尚循环的唯一路径。时尚领导的自下而上加工理论（在本章后面会讲到）解释了另外一种时尚循环的路径：二手店里找到的可能是某年轻的嘻哈组合穿过的单品，其风格自下而上地影响了精品店中的高级时装。

图 1—3 表明，时尚过程在开始的时候，形成比较缓慢，然后快速增长，达到顶峰，接着开始衰落。今天，许多零售商感到时尚循环的周期比以前更短了，从以往的一年到现在的五个月。零售商们认为，互联网和其他技术创新、时尚全球化、能迅速生产仿制品的生产链条都支撑了这一变化。零售商的最大任务是，推算出哪一种趋势会成为时尚，哪一种只是昙花一现，哪一种会有长远发展。[24]大多数时尚都有一个比较适中的循环

周期，但是也有例外，有的循环周期就很长，而有的循环周期就很短。通过图 1—3，我们可以比较流行、时尚与经典的循环周期。

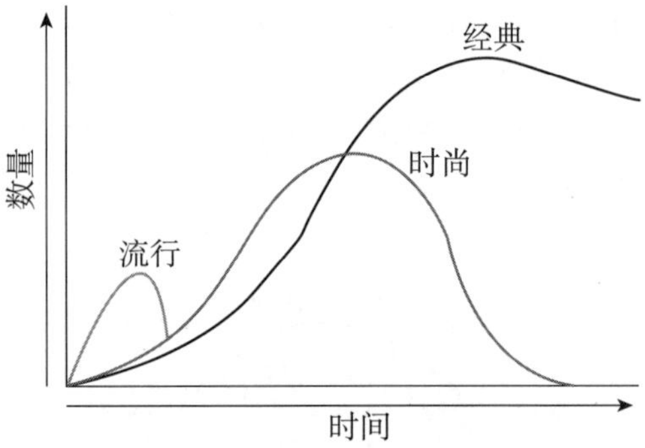

图 1—3 流行、时尚、经典之间的比较

资料来源：Reprinted with the permission of Macmillan College Publishing Company from *The Social Psychology of Clothing* by Susan Kaiser. Copyright © 1985 by Macmillan College Publishing Company，Inc.

有一些风格最终成为经典。经典就是那些在任何时候、任何地点都被接受，代表好品位的东西。经典在很长一段时间内是主要时尚。在某种意义上，经典也是“反时尚”，因为经典的商品有很好的稳定性，对购买者而言，在很长时间内都是低风险的象征。经典的东西在设计上通常都很简约，简约的风格可以将经典与过时区分开来。[25] 20 世纪 80 年代在伦敦阿尔伯特博物馆展出的“小黑裙”就阐释了经典的含义。很多经典的时尚设计历经几十年，对当今的消费者而言，仍然是合适的。

科迪斯运动鞋（Keds）生产于 1917 年，这款运动鞋非常成功，就在于它吸引了那些对趋势型时尚厌倦的人，比如那些不喜欢耐克或者锐步的人。在聚焦小组访谈中，当要求消费者描述投射在他们心目中的科迪斯是一所什么样的建筑时，普遍的反应是：科迪斯是一座带有白篱栅的乡村小屋。换句话说，这款鞋被看作经典、稳定的产品。与此相对应，耐克经常被看作由钢铁和玻璃搭建的摩天大厦，反映了这款商品更加现代的意象。[26]蓝色牛仔裤是经典的另外一个例子。其他的例子还有：香奈儿套装、衬衫裙、高领毛衣、牛津衬衫、运动夹克、及膝裙、风衣、珍珠项链、便士懒汉鞋、浅口便鞋。经典的服装常常是相对保守、易被接受的职业服装。你能想到其他的经典服装吗？在你的衣橱里有多少件这样的经典服装？也许，你的衣橱里更多的是时尚或流行服装。

经典是那些为消费者长期接受和认可的产品。

流行是一种短暂的时尚，即一种产品迅速风靡又很快消失。通常流行会影响特定人群，接受流行的人通常共属于某个亚文化，流行在这种亚文化中横向传递，但是很难跨越出这个亚文化纵向传递。流行的产品可以有很极端的设计，这种设计可以吸引亚文化群体，但是不会吸引一般群体。流行会伴随着消费者的狂热，零售商会发现，流行的商品很快就会销售一空。能量手链、带有宝石的弹力手链，在年轻人中是最新的流行品。这些产品模仿自佛教念珠，人们认为有些产品有特殊的能量，可以增加爱的能力（红纹石）、智力（紫水晶）、健康（绿松石）、自我控制（玛瑙）。[27]

在过去的几年中，有很多流行的例子，有些你可能还记得，有的你可能已经忘记了。像呼啦圈、宠物石。浏览一下 www.badfads.com，看一看过去这些年里的流行品：黑人发型、喇叭裤、百慕大式短裤、蓬松发型、法拉·福西特发型、无镜片眼镜、勾勾靴（go-go boots）、老太眼镜（granny glasses）、热裤、直发器、牛仔裤、休闲服、米奇系列、迷你裙、尼赫鲁夹克、桶状女帽、厚底鞋、贵妇裙、短裙、长鬓角、背心、踢踏舞鞋、扎染 T 恤、高领毛衣、面罩型太阳眼镜。这些流行品有的已经变成一种时尚，比如说迷你裙；有的成为经典，比如高领毛衣。你的观点是什么？图 1—4 表明，一些流行商品比其他的有更长的生命期。

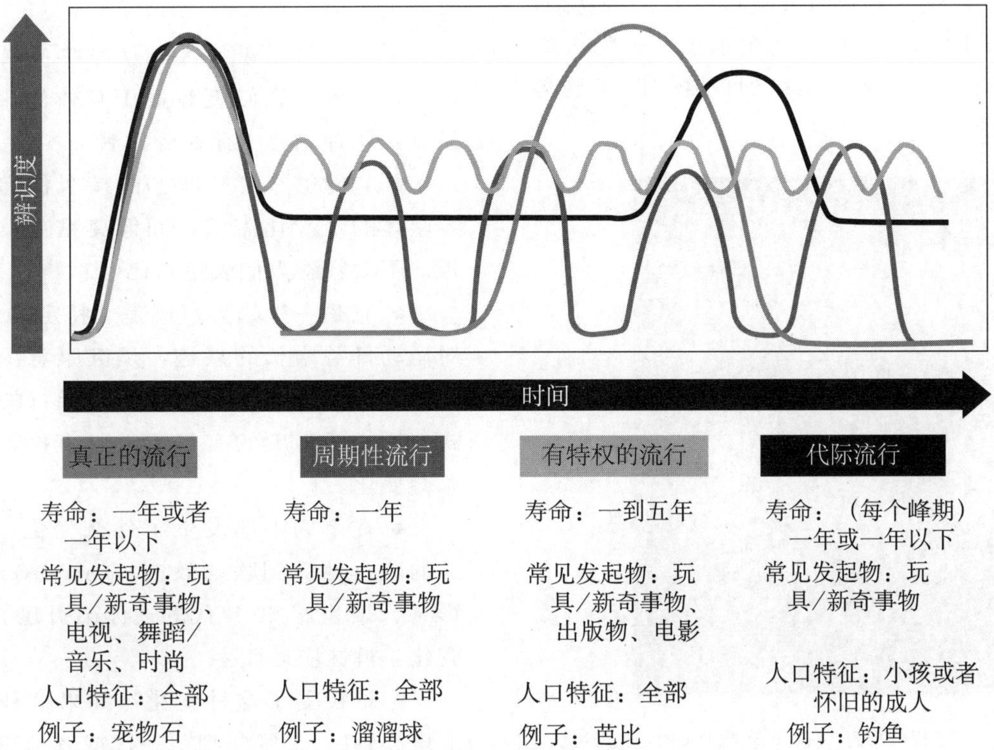

图 1—4 流行行为

资料来源：Michael R. Solomon，*Consumer Behavior*，8/e，© 2009. Reprinted by permission of Prentice Hall，Inc. Upper Saddle River，NJ.

裸奔——裸体穿越教室、宿舍和餐厅，20 世纪 70 年代中期在大学生中很流行。这种行为虽迅速蔓延到许多大学，但仍然只是限定在校园内。裸奔体现了流行这种现象的几个特点[28]：

- 流行是非功利性的，也就是说，流行并不具有功利性意义。
- 流行往往是人们冲动下接受的，人们在接受流行的时候，并没有理性地分析和决策。
- 流行传递速度很快，迅速获得认可，流行时间短暂。

是流行、趋势还是时尚？

趋势这个词常常和时尚这个词相混淆。趋势指的是一致的方向和运动。当一种风格被接受之后，我们认为可能会形成一种趋势。如果几个知名设计师都表现出了相同或相近的风格，如复古或相同长度的裙子，那么追求时尚型消费者（也叫意见领袖，在第12章会谈到）就会采纳，这种风格就会形成一种趋势。消费者和时尚产业常用趋势这个词指“新的”或者是“时尚导向的”，但是有的时候人们也用这个词表示“一时流行”。

要想知道一种风格是会变成流行、趋势还是时尚是很困难的，因为这要由时间来决定。如果它很快消失了，那么就是一种流行。有时候我们把某样东西当作流行，但是随着时间的推移，它获得了人们的持续认可，那么就演变成一种趋势。如果这种趋势持续下去，并且获得广泛认同，那么就演化成一种时尚。当时尚产品发展到顶点，然后开始衰落，时尚就会退化为一种趋势或者是过时的时尚。时尚、趋势以及流行三者关系复杂，就像在股市，除非股指自己达到顶点，否则人们永远无法预料股市什么时候达到顶峰。时尚趋势也一样难以预料。

这张妮可鞋的广告提醒我们，流行的东西来得快，去得也快。

公司的基本策略就是尽快识别出趋势（另外的策略还有：知道这种趋势什么时候结束，不要生产大量人们不需要的产品）。能知晓新趋势的公司会有很大的竞争优势，无论对星巴克（美食咖啡）、纳贝斯克（低脂肪的曲奇和饼干）还是克莱斯勒，或者是流行时装设计师，这都很重要。当形势不明朗时，下面这些建议能帮助我们作出判断和预测，什么能发展成为趋势或时尚，什么像呼啦圈一样仅仅是一种流行[29]：

- 它与基本的生活方式变革契合吗？如果一种新发型很难护理，那么这种发型就和女性时间需求日益增长不契合。另一方面，短程假期变得越来越火热，就是因为它满足了忙碌消费者的旅游需求。
- 受益者是谁？人们从吃牛肉转而吃家禽和鱼肉，是因为它们更有益于身体健康。所以显而易见，这种趋势中存在受益者。
- 它能够个性化吗？能持久传递的趋势能包容个体的个性化需求，而像莫霍克发型就比较呆板，不太容忍人们表达自己。
- 它是一种趋势，还是“特定的效用”？人们对运动日益增长的兴趣，是健康意识觉醒趋势的一部分，而在任何特定时期内流行的特殊运动形式（比如低强度的有氧运动与直排轮滑运动）却总会变化。
- 在市场中还发生了什么变化？有时候，产品的流行性受到联动效应（carryover effects）的影响。20世纪60年代的迷你裙引起了针织市场的变化：裤袜应运而生。
- 谁接受了这种变化？如果这种变化没有被上班族妈妈、“婴儿潮”一代或其他重要的市场细分目标所接受，那么它不可能成为一种趋势。

多元文化维度

日本人在制作小型玩具时有其自身的弱点。日本公司为成年人生产的玩具，会使人觉得有点怪异。最近在日本热销的时尚品是一款叫“公主制造者”的游戏软件。这款游戏软件以日本成年男性为目标群体。玩家可以控制自己抚养的“女儿”的活动、习惯和服饰。西方人看到这种游戏可能会皱起眉头，因为游戏中的“女儿”有时只穿内衣，或者进行裸体日光浴。玩家可以给虚拟“女儿”起名字，选择生日，甚至选择她的血型——日本人认为，血型可以决定个体的性格。玩家的选择会影响虚拟“女儿”未来的生活，也会影响到玩家自己的得分。例如，如果玩家选择给女儿上绘画课，就能增加得分。如果玩家给“女儿”穿挑逗的衣服，就会在游戏中降低女儿的道德水平，玩家自己的得分也会降低。最后，如果玩家得分太低，他抚养的女儿就会成为酒吧女领位员，穿着紧身裙傻笑。[30]

另外一个日本时尚品几年前打入美国市场。那是一款手持的小鸡视频游戏——电子鸡，或者叫“聪明的小鸡”。这个视频游戏展开以后，在屏幕上展现的是一个孵化器。主人使用三个小按钮喂养小鸡、和小鸡玩、给小鸡清洁、约束小鸡。如果小鸡被照顾得好，这个游戏能持续好几天。但是，如果主人忘记喂养小鸡，他/她会听到小鸡唧唧的叫声，最终小鸡会生病并死掉。当听说这款产品即将到货时，有2 000多人守候在店里，还有很多人睡在店铺外面，以等待新品。[31]1997年，电子宠物的概念进入美国，像微星宠物、虚拟宠物鹰在美国销量达到6 000 000台，而且很多消费者还要预定。[32]的确，万代公司（Bandai）在两年间在全世界销售出40 000 000台电子鸡。最近，改版电子鸡马上要上市了，这一次，便携式电子宠物能彼此交朋友，甚至结成伴侣。这要感谢红外连接传感器技术。下一步，将采取手机搭售的方法销售可爱“鸡蛋”。[33]

服装品牌：全国性品牌 vs 私人品牌

全国性品牌、私人品牌和商店品牌都有不同的含义，但是，由于时尚工业的动力性，这些概念往往又被混为一谈。全国性品牌包括那些做了很多广告的生产商和设计师的名字，比如露华浓（Revlon）、李（Lee）、盖尔斯（Guess）、玖熙（Nine West）、唐娜·凯伦（Donna Karan）、拉夫·劳伦（Ralph Lauren），这些都是全国性品牌。当大生产商开放自己的零售渠道的时候，我们就能看到纵向整合的概念，同样，当商店或者专卖店成长为大生产商的时候，我们也能看到纵向整合的概念。它们提供私人品牌［只有一家公司运营的商品，例如梅西百货的宪章俱乐部（Charter Club），杰西潘尼（J. C. Penney）的亚利桑那牛仔］和商店品牌（只在某一商店售卖，并且标示该商店名字的商品，例如盖普）。私人品牌和商店品牌都是全国性商品的备择物。品牌忠诚的消费者如果在这家店里没有找到自己喜欢的品牌，就会离开该店去下一家寻找。而商店忠诚的消费者就不会这样做。对于消费者和零售商来说，私人品牌要便宜很多，因为与全国性品牌相比较，私人品牌几乎没有广告费。私人品牌有很高的利润空间，因此，商店经常用私人品牌来促销，而且，对零售商来说，私人品牌也可以给他们很好的边际效应（或者利润）。这些私人品牌与全国性品牌相竞争，很有意思的是，有一些私人品牌被消费者认同为正统品牌。嘉思明咨询公司研究发现，被标贴为“品牌”的有恒适（Hanes）、李（Lee）、杰克林·史密斯（Jaclyn Smith）、亚利桑那牛仔、盖普、Lands' End、爱伦·瑞丝（Ellen Tracy）等（代表了传统的全国性品牌、商店品牌和私人品牌）。[34]

最流行的品牌是什么？青少年研究中心询问了大约2 000名青年男性和女性，让他/她们列举出3个最酷的品牌。耐克是知名度最高的，在受访者中的回应率大约是44%，排名较高的品牌依次为：（1）耐克；（2）李维斯；（3）卡尔文·克莱恩；（4）索尼；（5）百事可乐。3%到8%的受访者提到的最前沿的时尚鞋类品牌包括汤米·希尔费格（Tommy Hilfiger）①、阿迪达斯、盖普、云中漫步（Airwalk）、盖尔斯、锐步和斐乐。[35]

《女装日报》委员会每年都要进行最前沿品牌的调查（依据于对品牌的熟悉度）。在最近的一项在线调查中，有2 000名18到64岁的消费者参与。结果如下[36]：

设计师：卡尔文·克莱恩
运动服：耐克
牛仔裤：李维斯
泳衣：速比涛（Speedo）
休闲运动装：老海军（Old Navy）
裙装：丽诗加邦（Liz Claiborne）
饰品：丽诗加邦
表/珠宝：大美时（Timex）
内衣：恒适
外套：伦敦雾（London Fog）
袜子：恒适

① 其品牌名又译汤美费格，为与其创始人名字一致，本书采用汤米·希尔费格译法。——译者注

调查也列举出了名列前十位的设计师和品牌：

十佳设计者：（1）卡尔文·克莱恩；（2）汤米·希尔费格；（3）拉夫·劳伦；（4）古驰；（5）阿玛尼；（6）香奈儿；（7）安妮·克莱恩（Anne Klein）；（8）克里斯汀·迪奥；（9）奥斯卡·德拉伦塔（Oscar de la Renta）；（10）路易·威登。

十佳运动品牌：（1）老海军；（2）盖普；（3）汤米·希尔费格；（4）多克斯（Dockers）；（5）卡尔文·克莱恩；（6）埃迪·鲍尔（Eddie Bauer）；（7）丽诗加邦；（8）拉夫·劳伦；（9）里昂·比恩（L. L. Bean）；（10）香蕉共和国。

技术作为一种时尚

iPod、iTunes、手机、彩铃……技术是今天时尚的附属品。大多数时尚用品都有自己的附属品，这使得这些时尚用品变得更加火热。苹果公司每秒卖出1个iPod（每年约卖出32 000 000个），其附加元件能带来上亿美元的商业效应。根据市场调研公司的调查结果，在花在iPod上的每3美元中，至少有1美元是花在其附属品上的。[37]这导致每购买1个iPod，就能带来3～4项额外购买。iPod大约有2 000多种不同的附属品和附属功能，传递给消费者的信息是，iPod是最酷的，要比创新和东芝玩家酷得多。iPod的附属品从环保色彩封套、短袜到蔻驰蟒纹手袋，iHome钟表以及小巧的罗技电子装备，使iPod成为家庭媒体中心。一些时尚公司也进入到iPod附属品领域，如古驰、香奈儿、博柏利、迪奥、路易·威登。珠宝是iPod附属品市场之一。iPodjewelry.com出售淡水珍珠，它能用挂绳和iPod播放器连接起来，这样使用者可以把这种珍珠播放器戴在脖子上。这里，iPod成为珠宝的配饰。该网站宣称：别再给你的iPod装配饰了，用iPod作为珠宝的配饰吧。

当然，在当今社会普遍存在的手机，既有自己的附属品，也是时尚的附属品。彩妆品牌安娜苏（Anna Sui）使三星的定制版手机看起来像它的彩妆系列。手机套、蝴蝶装饰以及六款安娜苏风格的壁纸，这些都使得安娜苏彩妆手机与众不同。黛安·冯芙丝汀宝以安迪·沃霍尔画像为基础设计了限量版手机，这种合作伙伴关系达到了时尚的效果。诺基亚用一款配有真皮装饰和镜面，价值300到700美元的手机进入高端市场。[38]彩铃，另外一种时尚附属品，能表达独特的自我。每年消费者在彩铃上要花费几百万美元。人们预期彩铃行业可以迅速成长为价值上亿美元的产业。彩铃的内容可以是排行榜上前40位的歌曲，可以是电影中的对白，可以是你自己的制作。有些歌曲甚至在正式发行之前就制成了彩铃！[39]

时尚领导理论

时尚在为大众或者为市场接受之前，总是先为小部分群体所接受和认同。时尚的产生植根于多种现象，人们用心理学、社会学、经济学模型来解释一种风格如何演化成为时尚。对于那些想预测下一次时尚潮流的人来说，意识到这一点将是很重要的，即时尚不仅仅来自于那些高端设计师的设计，实际上，时尚的产生有多重方式和多种途径。

时尚是一个复杂的过程，可以在不同水平上对这个概念加以理解。极端一点的话，时尚是一个宏观的、社会的概念，可以自发地影响许多人的心理行为。另外，时尚也可以是一个很小的概念，它只对个体的行为有影响。消费者的决策行为常常由他/她的时尚需要所激发。时尚产品往往是艺术品，具有文化、历史和艺术的渊源。基于这一点，现在有许多理论和观点试图解释时尚的起源和流传。这些理论都在试图解释时尚现象，并且希望能够很好地预测时尚。由于篇幅的原因，我们不能做详细的阐述，在这里我们简要地介绍一些主要的方法和理论。[40]

集体选择理论

时尚会“席卷”整个国家，看起来突然间“每个人”都在做同样的事情，穿同样风格或颜色的衣服。一些社会学家把时尚看作集体行为的一种形式，或者是一种社会从众浪潮。那么多人是怎么一下子都“调整”为对一个现象感兴趣的，就像大家突然对迷你裙或者嘻哈风格感兴趣？

时尚生产系统中的创造性子系统（例如时装设计师）尝试预测大众的品位。虽然他们都有非凡的才能，但这个子系统的成员也都隶属于大众文化。文化守门人要从一系列普通的思想和象征中摄取灵感，最终他们的产品也要受到同样文化现象的影响。人们选择某种象征物而没有选择另外一种的过程叫集体选择。[41]

零售商们要光顾设计师的产品时装秀工作室，要光顾服装生产厂家，要选择这其中的产品中哪一种是消费者可能会购买的。在创造性子系统中，经理人（例如零售商们）、沟通系统（例如《女装日报》，服装业中的商业报纸）也形成了关于时尚的思维框架。时尚风格的选择一定要符合时代精神。虽然同一类的产品一定要经过激烈竞争才会获得认可，但是这些产品无一例外地和主题相契合：“丹宁”、“欧美风”、“新浪潮”、“丹麦现代风”、“新式烹调”。

自上而下理论

1904 年，格奥尔格·齐美尔（Georg Simmel）率先提出了产品选择和社会阶层结构之间的关系。自上而下理论就是一种理解时尚，尤其是理解时尚发展史的一种理论。这种理论认为，有两种基本力量的冲突，这种冲突是时尚变革的基本动力。首先，为了进入更高的社会阶层，社会下层群体会采用象征更高社会地位的穿着方式。因此，主导的流行风格就起源于上层阶层，并且以自上而下的方式进行传导。而这又是第二种变革动力的发起点：社会上层人士和主流群体要不断地向阶梯下张望，确保自己不被模仿。社会上层人士对下层人士“冒充”他们的反应是，放弃那种被模仿的时尚或者是采纳更新的时尚。这两个过程交互演进，形成了驱动时尚基本过程的动力。[42]我们可以想一想名人们对于普通大众的自上而下的影响，想一想奥斯卡奖颁奖典礼上著名设计师设计的服装，是不是很快就会有复制品出现在百货商店的衣架上。

水平传递理论

当社会结构比较稳定，上层消费者和下层消费者比较容易识别时，自上而下理论对于理解时尚变革过程是很有用的。然而，在现代社会，这项工作就比较难了。在现代西方社会，我们必须对这个模型做必要的修改，以解释大众文化的最新发展，因此，水平传递理论应运而生。[43]

基于社会阶层的观点和理论不能解释当今社会中的许多时尚现象，比如在现代社会中的众多时尚和风格。与过去相比，由于科技的进步，现代社会的消费者有更多的个性化选择。因此，所有的阶层基本上在同一时间接触到相同的信息。因此，我们能看到，在众多的零售店中，同一风格的服装有各种各样的价位。由于传真机、电子邮件以及网络的普及，“仿制艺术家”（那些模仿别人设计风格的人）能迅速将他们在发布会、时装秀中看到的时装转化为产品，并把产品运送到零售店售卖。在这一点上，他们的速度要比原创者的速度更快。因此，上层阶层并不一定最先获得信息。很多像盖尔那样的年轻人通过看 MTV 获得最新的流行时尚信息，高端时尚已经为大众时尚所取代。

而且，今天的折扣店也不会再去被动地等待着时尚潮流自上而下传导到它们这里。西尔斯公司、科尔百货商店、沃尔玛和凯马特公司都在纽约开设了设计室，并且与高端设计师签订了合作协议。[44]

消费者更容易受到和自己相像的那些意见领袖的影响。所以，每个社会阶层都有自己的时尚创新者，是他们决定着时尚的走向。

亚文化理论或者自下而上理论

目前，时尚常常发端于亚文化群体或者下层阶层，然后由下层阶层向上层阶层传递。很明显，草根阶层革新者在主流文化中是没有声望的（例如，城市青年）。由于草根阶层对于自己目前的地位和处境不怎么关心，所以他们更加富有创新性和冒险性。[45]顾名思义，与自上而下的信息传递模式相反，自下而上理论认为信息是从底层开始，然后向社会上层传递的。牛仔裤就是一个经典例子。在“淘金热”时期，开采金矿的矿工最早开始穿牛仔裤。然后农民、蓝领工人也开始穿牛仔裤，因为牛仔裤非常结实、耐用。

在牛仔裤上加一个标志，或者加上设计师名字的首字母拼写单词，设计师设计的牛仔裤就诞生了。这些牛仔系列通常标价很高，不再以农民、矿工为目标人群，而是以那些有大量自由收入的人群为目标人群。保暖长筒袜的灵感来自舞蹈者，发型中的玉米辫非洲发型来自于非裔美国文化，嬉皮服装来自于20世纪60年代的嬉皮士，背带裤、衬衫这些元素来自于某一种亚文化。哥特亚文化融入到主流文化中是另外一个例子。这种时尚起源于青少年表达叛逆的模式，这些青少年崇拜19世纪的浪漫主义，用黑色服饰表达对传统风格的背叛（德古拉伯爵的斗篷、尖钉项圈、黑色唇膏）。他们喜欢像“苏克西与女妖”乐队这样的朋克音乐。如今，维珍超级卖场售卖吸血鬼女孩饭盒，在热点网站中，青少年们能买到多环项链。其实真正的哥特文化并不那么好笑，但是，这是他们的时尚。[46]

时尚的自下而上传递过程刚刚开始。然而如果刻意追求这种效果，如高端设计师非理性地借鉴低端服饰设计，就不一定很成功，比如20世纪90年代早期在青年人中间流行的颓废摇滚风。毕竟，谁愿意花500美元买回来的衣服，穿起来就像在旧货店里买的一样呢？

图1—5列出了作者关于时尚变革的观点，整合了自上而下和自下而上理论，同时考虑到了年龄和经济健康因素。在一个年轻人占主导的社会中，时尚变革最早来自于社会下层，也就是说，从发动某种时尚潮流的年轻人那里开始。在富有的上层阶层占主导位置的社会中，时尚从上到下进行传导，也就是说，是符合自上而下理论的。图1—5模型也考虑了一个国家的经济健康因素对时尚的影响：当经济发展状态良好时，时尚变革速度加快；当经济处于萧条期时，时尚变革变得缓慢。[47]

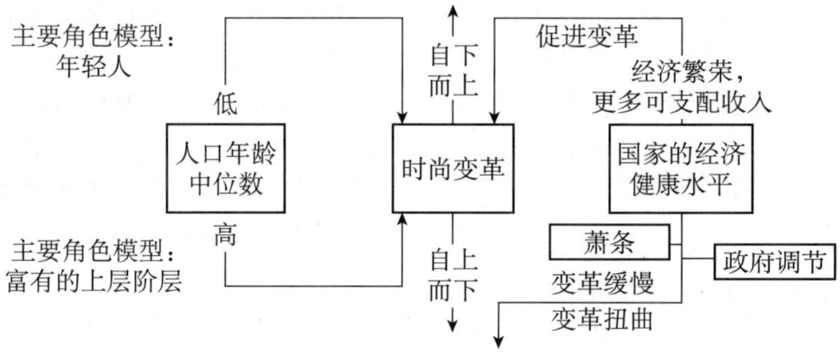

图1—5 整合了自上而下和自下而上模型的时尚变革模型

资料来源：Dorothy Behling，“Fashion Change and Demographics：A Model，” *Clothing and Textiles Research Journal*，4，No.1 (1985—1986)：18 - 24. Published by permission of the International Textile Apparel Association，Inc.

时尚的心理学模型

许多心理学因素能解释为什么人们会被激发起强烈的动机去追逐时尚。这些因素包括一致性、个体创造性以及性吸引力。例如，许多消费者有“看起来独一无二”的需要：他们想与众不同，但是也不要太与众不同了。[48]出于这种心理，人们会服从基本的时尚潮流，在基本时尚潮流下又要做一部分修改，以满足自己的个性化需求。

早期的时尚理论认为，存在随时代变化而发生转换的性感区（身体的性唤醒区）。性唤醒区随时代变化而发生转换，是因为它们反映了不同的社会趋势。20世纪20年代，J.C.弗吕格尔(J.C.Flugel)，弗洛伊德的弟子，提出为了保持性吸引力，服饰设计上要么凸显性吸引部位，要么隐藏性吸引部位。20世纪20年代和30年代，女性的腿是高性吸引力部位，这和当时女性的流动性和独立性是相吻合的。20世纪70年代，女性的乳房成为性吸引区，这和当时的母乳喂养潮流是相一致的。20世纪80年代后，随着女性越来越关注职业发展，母乳喂养的热情以及人们对女性乳房的关注开始下降。但是人们仍然认为，当女性既想职业发展，又想养育子女的时候，大乳房仍然是很流行的。一些时尚理论家认为，当前流行的女子露腰上衣反映了当今社会人们对合适体形的关注。[49]

时尚的经济学模型

时尚的经济学模型用供给和需求关系来解释时尚。有限供应的产品价值很高。而那些供应充分的产品，人们就会觉得不太理想。稀缺的产品能获得尊重、特权以及高价格。因此，我们看到，高端时尚品通常供应都非常有限而且价格昂贵。

关于这个理论，也有一些例外。20世纪90年代末期，泰·华纳公司开发的“豆豆娃”销售很火热，因此泰·华纳公司限制了配送给零售商的“豆豆娃”数量，然而，零售商却仍然按照常规价格出售这些商品（通常来讲，供应有限的产品会涨价）。限制供应会导致需求量高涨，以至于有的收藏家会列个单子，列出自己想买的稀缺商品。收藏的概念我们将在第 2 章中讨论。

美国经济学家和社会学家索尔斯坦·凡勃伦（Thorstein Veblen）提出了炫耀性消费的概念，指出消费者购买昂贵的商品（如购买昂贵的衣服）来显示自己的成功。正如第 7 章指出的，炫耀性消费现在有点过时了，因为一些高档消费者常被滑稽模仿秀恶搞。在那些节目里，他们故意用过时货或者便宜货，开吉普，穿仔裤，在塔吉特这样的平价商场购物。

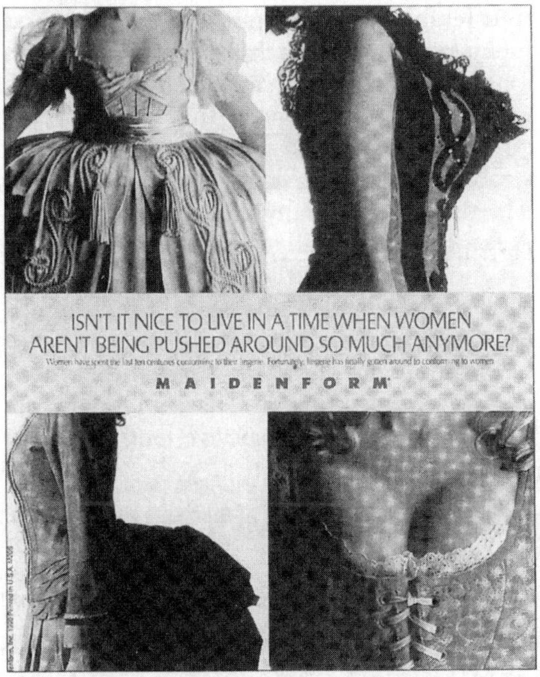

这张媚登峰（Maidenform）的广告表明，在不同的历史阶段，时尚强调的是女性身体不同的部位。

还有一些因素也能影响到时尚产品需求度，其中包括凡勃伦效应（Veblen effect）。这种情况下，高价格能促进产生高需求。对一些珍贵、独特的产品而言，高价格确实能促进需求，因为消费者通过昂贵的产品，能炫耀他们的财富。还有一种效应叫虚荣效应（snob effect），这种效应中低价格削减需求（“便宜没好货”）。[50]

时尚的模因理论

很多年来，卑微的书呆子一直是低端的暇步士鞋的主要购买群体。突然，几乎是在一夜之间，这款鞋成为街头时尚，这是在公司没有做任何事情促进产品形象的情况下发生的。为什么这种风格在大众中传播速度这么快？模因理论可以解释这个现象。模因这个术语，由理查德·道金斯（Richard Dawkins）在 1976 年提出，指的是能从一个人传递给其他人的文化信息单元。根据理查德·道金斯的观点，模因的例子包括音乐、流行语或者衣服（鞋子）时尚。在文化进化过程中，模因的传递方式在很多方面与基因——遗传信息的基本单位，有很多相似的地方。在消费者中传递时，模因以几何级数增长。就好像病毒一样，开始的时候数量很小，感染人群数量持续增加，然后突然成为流行性疫情。许多产品和时尚品的传播也经历过相似的历程，最初使用该产品的人很少，然而当到达临界量的时候，人数会急剧增加，达到所谓的引爆点。[51]手机时尚的传递就经历了这样的历程：刚开始的时候使用手机的人数很少，接着突然间每个人都有了手机。

模因理论的倡议者认为，模因按照自然选择的方式演化发展。在某种方式上与达尔文的生物进化思想一致，在进化中生存下来的是那些独特的、让人记忆深刻的模因。[52]

什么是消费者行为学?

让我们回到消费者行为领域，消费者行为学（consumer behavior）涵盖了很多方面：它研究个体或群体为满足需要与欲望而挑选、购买、使用或处置产品、服务、观念、经验所涉及的过程。消费者可以有许多形式：从求妈妈买神奇宝贝皮卡丘卡片的 8 岁小孩，到为数百万美元的电脑系统做购买决策的大公司经理。消费的商品包括古驰包、一则信息、民主政治、说唱音乐至明星亚瑟小子（Usher）等一切事物。而被满足的需要与欲望则包括饥渴、爱情、地位，甚至精神满足。

消费者行为是一个过程

在消费者行为学发展的初期，这一领域经常是指购买者行为，强调消费者和生产者之间的互相影响。现在大多数营销者已经认识到消费者行为是一个持续进行的过程，而不仅仅是消费者掏出现金或信用卡买到商品或服务那一刻所发生的事情。

这种交易，即两个或两个以上组织或个人付出和取得某种价值的过程，是营销中必不可少的部分。[53]尽管交易仍是所有消费者行为中的重要部分，但广义的观点还是强调了消费的全过程，包括购买前、购买中和购买后影响消费者的所有问题。图 1—6 说明了消费过程各阶段的一些问题。

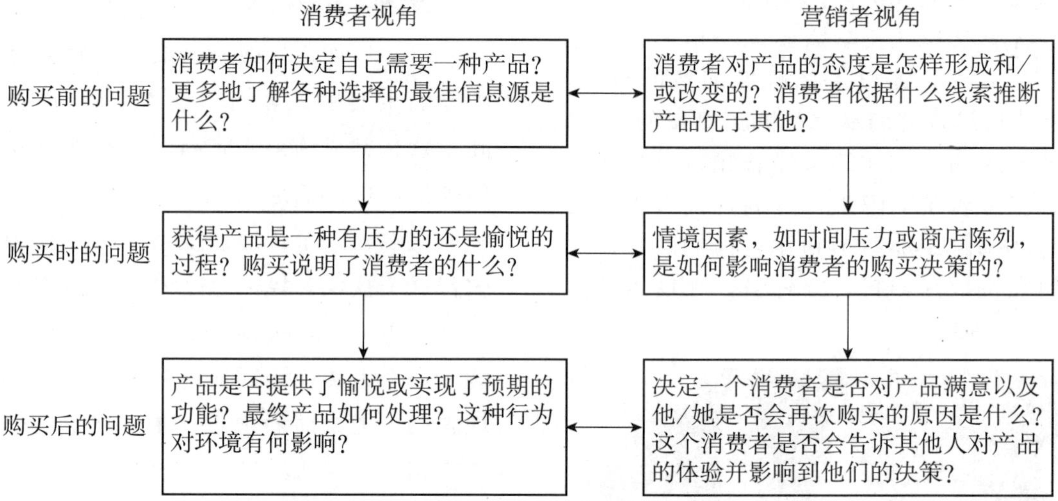

图 1—6 消费过程各阶段产生的一些问题

资料来源：Michael R. Solomon，*Consumer Behavior* 8e. © 2009. Reprinted by permission of Prentice Hall，Inc.，Upper Saddle River，NJ.

消费者是市场舞台上的演员

角色理论（role theory）认为，许多消费者行为类似于戏剧情节。[54]就像一台戏一样，每个消费者的出色演出需要台词、道具和服装。由于人们要扮演许多不同的角色，他们有时候会根据自己当时所处的特定“情节”改变消费决策。他们在一个“角色”中用以评价产品和服务的标准可能与另一个角色中的标准大相径庭。

消费者行为涉及许多不同参与者

通常认为，消费者（consumer）就是在消费过程的三个阶段中产生需要或欲望、实施购买并处置产品的人。然而在许多情况中，这一系列事件会有不同的人参与其中。产品的购买者和使用者可能并不是同一个人，比如父母为十来岁的孩子选购衣服（在青少年眼里，他们所做的选择可能是“老土”的）。在其他情况中，他人可以成为一个影响者，提供支持或反对某种产品的建议而并不真正购买或使用它们。例如，当你试穿一条新裤子时，朋友的一个鬼脸可能远比你父母说的任何东西都有影响力。

消费者对营销策略的影响

谈论购买什么样的杂志或时尚很有趣，甚至和实际的购买行为一样有趣。但从更细致的角度来看，为什么经理人、广告人和其他营销专业人士要了解消费者行为呢？

很简单，理解消费者行为是一件好事。一个基本的营销观念认为，公司是为满足消费者需要而存在的。只有营销者比其竞争者更好地理解那些可能使用他们正在销售的产品和服务的个人或组织，这些需要才能得到满足。

消费者反应是一项营销策略是否成功的最终检验。因此，对消费者的认识应成为每个成功营销计划的一部分。消费者数据有助于组织定义市场，并识别品牌面临的威胁与契机。而且，在这样一个广阔多变的营销世界里，没有什么是永恒的：对消费者的认识还可以保证产品不断地吸引自己的核心市场。在每一章，我们都能看到有关消费者行为的知识如何应用于市场策略的制定。

关系营销：与消费者建立纽带

营销者正小心翼翼地细分市场，并倾听来自市场中的人们的声音，这是前所未有的。许多人已经认识到成功的一个关键在于，在品牌与消费者间建立起维持终身的关系。信奉这一被称为“关系营销”（relationship marketing）哲学的营销者们与消费者定期互动，说服他们与企业保持长期关系。

一些公司通过把价值回馈给社会，来建立品牌与消费者之间的联结。汉娜·安德森公司是一家出售儿童服装的公司，发起了“汉娜慈善服务”：顾客购买汉娜产品时，如果把以前买过用过的汉娜服装回交给公司，那么这些顾客将能享受到 8 折优惠。回收的衣物汉娜·安德森公司将用于慈善事业。公司的网站 www.hannaandersson.com 列举了获得资助或奖励的非营利组织名单。起初的返还衣物计划后来对于顾客而言有点“太流行”了，公司推出更有力的“汉娜帮助计划”，延续自己回馈社会的传统。这种回馈社会的做法，一方面加强了消费者与公司的联结；另一方面，也给消费者一个合适的理由继续购买汉娜·安德森公司的产品（在第 14 章关于服装公司的社会责任中还有更详细的例子）。

关于关系营销的另外一个例子，是航空公司针对那些经常坐飞机的人开展的“忠诚项目”。“忠诚”这个概念借鉴于美国精品百货店内曼·马库斯公司。内曼·马库斯公司有一个项目，用礼品、折扣或者其他奖品奖励那些经常光临的顾客。[55]在其“内切圆”项目中，顾客根据光临的频次被划分为不同的等级。如果顾客达到“内切圆”等级，那么 1 美元的消费可以得到 5 000 点的积分；而如果顾客达到了“主席圆”等级，那么 1 美元的消费可以享受到 1 500 000 点的积分。详细内容可以参看网站 www.neimanmarcus.com。高档百货连锁店诺思通公司也有一个类似的忠诚项目，它用礼券代替积分卡奖励那些忠诚的顾客。[56]

美国以经营奢侈品为主的高端百货商店内曼·马库斯发起了“忠诚项目”，鼓励消费者继续在它的店内购物。

建立关系的另一项革命是计算机引发的。数据库营销（database marketing）包括密切跟踪消费者的购物习惯，并根据这些信息设计恰合人们欲望与需要的产品和广告。例如，沃尔玛公司统计每周光临的消费者，收集了大量的消费者信息（人数大约超过 1 000 000），根据这些信息调节超市的供应量。[57]

营销对消费者的影响

不论好坏，我们都生活在一个受营销行为强烈影响的世界里。我们被以广告、商店和产品形式出现的营销刺激所包围，它们为我们的注意力和金钱而竞争。无论是通过精美的杂志所描述的富足，还是广告中演员所扮演的角色，我们对这个世界的认识有很多是经过营销者过滤的。在循环回收、酒类消费和我们所希望拥有的房屋及汽车类型上，广告告诉我们应如何去做，甚至还包括如何根据别人买什么、不买什么来评价他们。在很多方面，我们是受营销者“摆布”的，因为要靠他们来销售给我们安全和履行承诺的产品，告诉我们商品的真实信息，并且合理地定价和分销。

市场营销与文化

大众文化（popular culture）包括服装、音乐、电影、运动、书籍、名人和其他大众市场消费的娱乐形式，对营销者而言既是产品也是灵感。从我们如何接受如结婚、死亡或节假日等文化事件，到我们如何看待空气污染、赌博和吸毒等社会问题，我们的生活也在更为深远的方面受到影响。不论是超级碗联赛（Super Bowl）、圣诞采购、总统选举、报纸回收、身体穿孔、吸烟、滚轴溜冰，还是在线视频游戏，营销者都对我们如何看待世界和如何生活起着重要的影响。

这种文化影响是不容忽视的，尽管许多人似乎并未意识到他们的观点——他们崇拜的电影和音乐明星、最新的服装款式、食物与装饰选择，甚至是对男女性身体容貌是美是丑的看法——受到了营销者多大的影响。

消费的意义

现代消费者行为学领域的一个基本前提是，人们购买产品往往并非因为它们能做什么，而是因为它们意味着什么。这一原则并不是说产品的基本功能不重要，而是说产品在我们生活中所起的作用已远远超出了它们所能实现的功用。产品的深层含义可以使其从其他类似的产品和服务中脱颖而出——在其他都相同的情况下，人们会选择具有与其潜在需要一致的形象（甚至是个性）的产品。

例如，尽管大多数人穿耐克鞋不一定会比穿锐步鞋跑得更快或跳得更远，但许多忠实客户都对自己喜爱的品牌忠贞不贰。这些商业对手们大力营销的重点主要在形象方面——用大批的摇滚明星、运动员、巧妙的商业广告及数百万美元精心打造出来的含义。因此，当你买了耐克的旋风鞋时，你可能并不仅仅是在挑一双穿着去逛街的鞋，还可能在表明自己的生活方式，说明自己是什么人或希望成为什么人。就一件由皮革和饰带制成的相对简单的商品而言，这可真了不起！

我们对运动鞋、音乐家甚至是软饮料的忠诚有助于我们在现代社会中界定自己的位置，同时这些选择还让我们每个人跟那些与我们有着类似偏好的人们建立起联结。以下这段话来自于一位参加聚焦小组访谈的参与者，抓住了有共同消费选择的消费者之间的联结关系：“我在参加超级碗派对，我拿起了一杯不起眼的酒，屋子里有人经过时跟我打了个招呼，因为他也在喝那种酒。当喝着相同的酒时，我们觉得有一种内在的联结。”[58]

正如我们所看到的，今天营销策略的一个标志是强调建立与顾客的关系。

这些关系的实质可以多种多样，而且这些联结有助于我们理解产品对我们可能存在的意义。以下是一个人与产品存在的一些可能的关系类型[59]：

- 自我概念依附——产品有助于确立使用者的身份。
- 怀旧依附——产品成为与过去的自我的一种联结。
- 互相依附——产品成为使用者日常事务的一部分。
- 爱——产品成为引发温暖、激情或其他强烈情绪的情感纽带。

全球性消费者

地球上大多数人会住在城市中心——巨型城市（megacities），即人口达到1 000万人或以上的中心城市。预计到2015年这样的城市将增至26个。[60]中国已在夸耀自己的四个商业中心比美国明尼苏达州的大型购物中心还要大，而且，在5年之内，它将成为世界七大购物中心之一。[61]复杂营销策略所带来的一个副产品就是全球性消费文化运动，在这种文化中，世界各地的消费者出于对品牌消费品、电影明星、名人以及休闲活动的热爱而联合起来。[62]许多著名公司的名字家喻户晓，被成千上万消费者广泛识别（尽管不一定都是喜欢）。麦当劳和微软是世界上视觉识别做得最好的公司。[63]有些产品传递着令人羡慕的美国风格。例如，李维斯牛仔裤，对于正处于上升期的亚洲以及欧洲消费者而言是身份和地位的象征。李维斯牛仔裤销售到遥远的国度，像印度、匈牙利、波兰、韩国和土耳其。[64]这本书中，我们将着重讨论文化同质性的优点和缺点，如本章就讨论了消费者行为的国际化。

虚拟消费

毫无疑问，数字革命是影响消费者行为最重大的事件之一，而且随着全世界联网人数的日益增长，网络的影响力会继续扩大。[65]我们中有许多人喜爱上网冲浪，难以想象我们日常生活中没有电子邮件、MP3 或掌上电脑的情景。在线购物使得消费者能找到平时很难找到的商品，同时也为一些小公司、专营公司提供了生存和发展的机会。想一想“大脚”公司的起源，这个公司不卖别的，就卖尺码超过 25EEEE 的特大号鞋。公司的创始人是兄弟两个人，他们都穿 16 码的鞋。在他们的网站 www. oddballshoe. com 中，有这样一段话可以表明该公司的特征：“我以前不得不穿着棒球鞋去教堂，所有‘正常’的孩子会围在我的周围，指着我的鞋子嘲笑我。谢谢你，伙计，我现在有了女朋友，在一家企业工作，而且我的狗也回到了我的身边。”[66]能拥有这样满意的消费者，真是惊人的业绩。

电子营销打破了许多时间和地域障碍，从而提高了便利性。你足不出户却能一天 24 小时购物，你不用冒雨取报便能读到当天的报纸，而且你也不用等到下午 6 点的新闻才能知道明天的天气——无论是当地的还是全球的。

而且，并不是只有企业对消费者（ B2C）的商务，网络空间的爆发性发展也开创了消费者对消费者（ C2C）商务的革命。正如电子消费者购物时不局限于当地的零售店一样，他们寻找朋友时也不会限于当地社区。交友网站 www. myspace. com 证明了这一点。还有像 www. match. com 这样的约会网站，每天都有上百万用户在线。聊天室的受欢迎程度与日俱增，在那里人们可以与全球志同道合的“网民”谈论各样的话题。来自世界各地的人们，拥有相同的爱好，在线一起讨论体育大事、芭比娃娃、哈雷摩托等。网络为消费者提供了一个非常方便的机会，使之能和来自世界各地的人们分享、交流各种信息，包括关于产品、服务、音乐、电影、饭店的信息，都可以在线交流。

网络是让人们走得更近，还是让我们每个人进入到自己的私人虚拟世界？一方面，可以上网的美国人花在朋友与家庭上的时间、花在商店购物上的时间都在减少，而下班后在家工作的时间却增多了。另一方面，“皮尤互联网与美国人生活项目”（Pew Internet and American Life Project）的研究表明，调查中超过一半的受访者认为电子邮件实际上加强了家庭联结。[67]

虚拟世界也不是尽善尽美的。许多电子商务公司一夜之间诞生，又在一夜之间消失了。有经验的互联网用户甚至打赌，看哪一家是下一个要破产的电子商务公司。确实，电子商务公司有其局限性。局限性之一和消费者的实际购买经历有关。通过网上购物，我们可以买到令人满意的计算机或者书；但是要买衣服或者家具这种需要试穿或触摸的产品，电子购物就没有那么大的吸引力了。很多电子商务公司制定了消费者自由退货政策；但是如果仅仅是因为穿着不合适，或者颜色不合适而退货并承担退货运输费用，仍然会让消费者有很强的挫败感。由于这种局限性，很多服装公司很谨慎地进入电子商务市场，它们仅仅开设了服装信息网站，而不是商务网站。消费者关心的另外一个问题就是安全，我们都听过那些很恐怖的故事：消费者的信用卡信息被盗，或者是在电子商务过程中，身份信息被盗取。

尽管电子购物有这些缺点，未来学家还是预测，很快我们每个人就会达到每时每刻随时在线的状态。我们会有自己的用户名，以生日为密码，一个微型计算机装置会移入我们的身体中。目前，这种情景还没有实现，但是，看一看由一家瑞士公司提供的设备：公司为每一个用户提供 6 位数的数字编号，用户可以将编号印在夹克上或者书包上，在街上或者在俱乐部，当你看见你想继续深入了解的人时，你可以去 www. skim. com 网站，输入这个人的 6 位数的数字编号，给他发一个信息。而且，如果你很幸运收到这样一条信息，你可以决定是否要回应。[68]

消费者行为学的跨学科研究

许多不同学科的观点塑造了消费者行为学这

一年轻的领域（事实上很难想象还有哪个领域比它更具跨学科性）。伊莱恩·斯通（Elaine Stone）写道："对于个体而言和对于时尚公司而言，时尚同等重要，然而，相对于人类的其他活动而言，人类对于时尚还所知甚少。尽管现在有大量有关时尚的材料，但是关于时尚如何形成、演化，以及变得流行、衰退的理论解释还很少。"[69] 很多不同学科影响消费者行为研究，你很难想象有多少学科涉猎消费者行为者研究。我们会发现，受过各类学科专业训练的人才——从心理生理学到文学——现在正在进行消费者研究。消费者研究人员受雇于大学、企业、博物馆、广告公司和政府。

要了解消费者研究工作者的兴趣是何其广泛，只要看看这一领域的重要期刊《消费者研究》（*Journal of Consumer Research*）的专业协会名单即可。这个名单包括：美国家庭与消费者科学协会（American Association of Family and Consumer Sciences）、美国统计协会（American Statistical Association）、消费者研究协会（Association for Consumer Research）、消费者心理学会（Society for Consumer Psychology）、国际传媒协会（International Communication Association）、美国社会学协会（American Sociological Association）、管理科学学会（Institute of Management Sciences）、美国人类学协会（American Anthropological Association）、美国营销协会（American Marketing Association）、人格与社会心理学学会（Society for Personality and Social Psychology）、美国公众意见研究协会（American Association for Public Opinion Research）和美国经济协会（American Economic Association）。

那么，既然有这么多具有不同背景的研究者对消费者行为感兴趣，那么哪一个准则才能用以"正确"地研究这个问题呢？你可能还记得盲人摸象的故事吧。这个故事的要点是，每个盲人摸到了大象的不同部分，因此对它的描述是不同的。这个比喻在消费者行为研究中同样适用。对于一种消费现象，可以从不同的学科，在不同的水平上进行研究，而这取决于研究者接受的训练和研究兴趣。表1—1列举了对像杂志使用这样"简单"的主题，如何从不同的学科用不同的方法进行研究。

表1—1　消费者行为学的跨学科研究论点

学科焦点	研究问题在杂志使用中的应用实例
实验心理学：产品在感知、学习和记忆过程中的作用	杂志特定的外观，如图案或者版面，如何被读者识别和理解，杂志的哪一部分可能被读到
临床心理学：产品在心理调节中的作用	杂志如何影响读者的形体意象（比如，苗条的模特会让一般体重的消费者感觉自己超重吗?）
微观经济学/人类生态学：产品在个人或者家庭资源分配中的作用	影响家庭的杂志开销的因素
社会心理学：产品对个人作为社会群体成员时的行为的影响作用	杂志广告如何影响消费者对其所描述产品的态度，同辈人的压力如何影响个人的阅读决策
社会学：产品在社会制度和群体关系中的作用	杂志偏好在社会群体（如女学生联谊会）中传播的模式
宏观经济学：产品在消费者与市场关系中的作用	在高失业期，时尚杂志和广告商品的价格产生的影响
符号学/文艺评论：产品在语言和视觉传播意义中的作用	人们解释杂志模特和广告所传递的潜在信息的方式
人口学：产品在人口可测量特性中的作用	杂志读者的年龄、收入和婚姻状况所产生的影响
历史学：产品在社会变迁中的作用	在杂志中，我们的文化对"女人味"的描述随时间变化的方式
文化人类学：产品在社会信仰和实践中的作用	杂志中的时尚和模特如何影响读者对男性和女性行为的定义（如职业女性的角色、性别禁忌）

资料来源：Michael R. Solomon，*Consumer Behavior* 8e. © 2009. Reprinted by permission of Prentice Hall，Inc.，Upper Saddle River，NJ.

消费者研究的两种观点

用于划分消费者研究的一种通用方法是以研究者对于研究什么、如何研究的基本假设为分类标准的。这样一套信念被称为范式（paradigm）。与其他研究领域一样，消费者行为由一种范式主导，但有人认为这些行为处在范式转移的过程中。当一个竞争性的范式冲击主导性的假设体系时，这种转移就发生了。

当前潜藏于主导范式之中的基本假设体系被称为实证主义（positivism，有时也称现代主义）。自 16 世纪后期以来，这种观点显著影响了西方的艺术和科学。它强调人类的理性是至高无上的，而且存在着能被科学发现的唯一的客观真理。实证主义鼓励我们重视客体的功能，推崇科技，而且要将世界视为一个理性而有序的场所，有着清晰界定的过去、现在和未来。

解释主义（interpretivism，或称后现代主义）范式的出现对上述假设提出了质疑。[70]这一观点的支持者认为，我们社会中的科学技术被过度强调了，而且这种强调行为的有序、理性的观点否认了我们身处其中的社会与文化世界的复杂性。还有一些人认为实证主义过于重视物质富足，其逻辑观念受制于白人男性所统治的、强调文化同质性观点的意识形态。

解释主义则强调了象征性主观经验的重要性，强调了意义存在于个人精神中的观点，也就是说，我们每个人根据自己特有的和共有的文化经验来构建我们自己的意义，因此也就无所谓对错了。在这种观点看来，我们生活的世界是由图像拼贴或混合而成的。[71]产品由于能帮助我们在生活中创造秩序而被赋予价值。两种范式的主要区别参见表 1—2。

表 1—2　消费者行为学中的实证主义与解释主义方法论

假设	实证主义	解释主义
现实的本质	客观的、实在的、唯一的	社会建构、复合的
目标	预测	理解
产生的知识	不受时间限制，不依赖背景	受时间限制，依赖背景
对因果关系的看法	存在真实的原因	复合的
研究关系	研究者与被研究者互相独立	研究者是所研究现象的一部分，与被研究者互相影响、互相协作

资料来源：Adapted from Laurel A. Hudson and Julie L. Ozanne, "Alternative Ways of Seeking Knowledge in Consumer Research," *Journal of Consumer Research* 14 (March 1988): 508 - 521. Reprinted with the permission of The University of Chicago Press.

从这里开始：本书计划

这本书涵盖消费者行为的很多方面，在本章中简短介绍的研究观点，在后面的章节中会详细介绍。在第 1 章中介绍了消费者行为分类以及消费者行为的概念，这在后面的章节中会用到。第一部分的其他部分将会介绍消费者行为的文化和背景因素。第二部分介绍影响消费者决策的个体因素，包括动机与价值观，年龄、种族和民族，收入和社会阶层，人格特征、态度和生活方式，以及我们对周围世界的感知。第三部分从个人和家庭两个水平探讨沟通和决策过程，群体对消费者的影响，以及最终的购买情境。当然我们也会简短讨论消费者如何处理那些觉得没有价值的商品。第四部分我们会讨论消费者与商家的伦理和社会责任。最后，我们评述了政府和企业在消费者保护中的角色。

本章概览

● 消费者行为是个人或群体为满足需要或欲望而选择、购买、使用或处理产品、服务、观念与体验所涉及的过程。

● 消费者可以购买、使用和处理一件产品，但这些功能也可以由不同的人来完成。另外，消费者可被视为需要用不同产品来帮助自己扮演不同角色的演员。

● 消费者常用互相交叉的方式进行时尚的分类。服装的风格指的是能将不同种类服装区分出来的独特的特性，比如不同风格的裙子。时尚指的是被很多人接受的风格，高端时尚品指的是由高端设计师设计的、新颖的、昂贵的东西。趋势是可能会导致时尚的共同的方向。商品划分在价格上可以分为设计师价格、桥线价格、中等价格以及实惠和流行价格。

● 时尚是可以循环的。我们可以从时尚周期循环的长度来区分两种时尚：经典和流行。

● 时尚被很多人自发采纳的过程叫集体选择。人们为什么采用新的风格？解释的理论观点有心理学模型、经济学模型、社会学模型。

● 网络正在改变消费者与公司彼此间互动的形式。在线商务使我们能够从全球找到难找的产品，而网上消费社区则提供了能让人们分享意见及推荐产品的论坛。伴随这些收益而来的是一些潜在的问题，包括人们上网时隐私泄露的增加和传统社交活动的退化等。

● 消费者行为学领域是跨学科的，它的研究者由来自许多不同领域的研究者组成，其共同的兴趣是市场与人如何相互影响。

● 关于消费者研究有很多不同的视角，从研究取向上看，可以分成两种基本方法。实证主义方法强调科学的客观性，消费者是理性的决策者。与此相对应，解释主义方法强调消费者个体经历的主观意义，强调对行为有多种解释方案，而非仅有一种解释。

关键词

符号	时尚	风格	时尚过程
高端时尚	高级成衣	经典	趋势
全国性品牌	私人品牌	二线产品	自上而下理论
自下而上理论	模因	时尚循环	消费者行为
角色理论	关系营销	数据库营销	流行文化
范式	实证主义	解释主义	集体选择
品位	时代精神		

问题讨论

● 一些消费者抱怨说：他们任由时尚设计师摆布。他们被迫买那些成为时尚的产品，是因为没有什么其他的选择。你同意这样的观点吗？是否存在一种所谓的“设计师共谋”？

● 流行、时尚、经典、趋势有什么差异？试举例说明。

● 找出一种最新的时尚，你认为哪一种领导理论最能合理解释这种时尚的起源？

● 把贝尔宁（Behling）时尚变革模型应用到新、旧时尚趋势或者流行中去。这个模型在解释这些变化的时候起作用吗？

● 找出一种除服装领域之外的其他时尚，比如电子产品、家具、汽车、音乐或其他娱乐活动，或者是流行文化的其他领域。你认为它们目前处于时尚循环的哪一个阶段？

● 在你和同伴中最流行的服装品牌是什么？

● 描述一家你熟悉的公司，这家公司是怎样努力保持你的忠诚度，促进你的购买行为的？

● 讨论你的在线购买经历。

● 这一章阐述了这样的观点：人们在社会中扮演不同的角色，消费者的消费行为因为其扮演的社会角色不同而不同。你是支持还是反对这个观点？根据你的生活经历，举出具体事例。试着为某个角色创设一个舞台背景，准备好你要扮演角色（像受访者、尽责的学生、聚会狂）的道具、服装和台词。

● 一些研究者认为，消费者行为学应该是一门纯科学而不是应用科学。也就是说，研究问题应该限定在科学的研究兴趣之内，而不是解决即时的市场问题。对于这个问题，说出你的观点。

● 指出消费者研究中实证主义和解释主义方法的区别。对于每一种方法，都举出一个产品的实例，指出用这种研究方法优于另外一种的原因。

第2章 文化对消费者行为的影响

惠特妮最近快被逼疯了。圣诞节将至，必须给自己开的礼品店做促销活动了，这是一件迫在眉睫的事情。除了工作上的事情，家里面的情况也很糟糕：儿子斯蒂芬准备放弃驾照考试，他害怕如果失败其他人会看不起自己。此外，她的女儿一直很期待和妈妈一起去迪士尼乐园游玩，而这事由于自己实在没有时间只能往后推了。

平时，惠特妮经常会和朋友加布里埃尔一起去本地的星巴克聚会聊天休闲。在安静的咖啡馆品尝着卡布奇诺，这让惠特妮放松很多。在聊天的过程中，她向朋友倾诉现在的一些烦心事，加布里埃尔给她提了一些建议：去梅西百货买一件打折的好衣服；回家泡一个放松的长浴；然后犒劳自己一支冰激凌。确实很神奇，做完这些事情后，惠特妮的心情确实好起来了。现在惠特妮想着应该买个好点的圣诞礼物给自己了，当作自己辛苦的酬劳。

理解文化

人们参与休闲活动，可增进相互间的友谊，像引例中惠特妮喝咖啡的习惯在全球有多种形式。当然，这些休闲活动所使用的产品范围很广，从黑土耳其咖啡到印度茶，从啤酒到大麻，等等。

星巴克通过把咖啡小憩变成文化事件，取得了巨大成功。对许多人来说，这一文化事件几乎达到风靡的地步。星巴克的顾客平均每月去18次，有10%的顾客每天去两次。[1]星巴克宣布，它的最终计划是在全世界建立30 000个连锁店（现在世界范围的连锁店数目是15 000个）。[2]连锁店在不断革新，并创造不同的咖啡小憩体验。星巴克用高档家具装修，装配高速互联网，提供音乐下载服务。在这个忙碌的世界中，星巴克提供了供人们休憩的绿洲。确实，星巴克的宣传理念是让每一位消费者感受到星巴克的宁静和神奇魔力："星巴克，交通便利，在这里你将思维清晰。"[3]美国人发现了一个欧洲人早就知道的秘密："生命太短暂了，不要把所有的时间都用于办公。"

文化是理解消费者行为的一个关键概念。人们可以把文化看成是社会的个性。文化包括价值和道德等抽象的概念，还包括社会所生产和重视的实质物品和服务，如汽车、衣服、食物、艺术和运动等。换一种说法，文化是组织或社会成员间共有的意义、仪式、规范和传统的集合。

不能离开文化背景去简单理解消费者的选择，消费选择来自于文化：文化是一面"透镜"，人们通过它审视产品。具有讽刺意味的是，文化对消费者行为的影响巨大而又深远，以至于人们有时很难领会文化的重要性。正如鱼儿在水中忽视水的存在一样，我们往往不能每时每刻都体会到文化的力量，直到遇到不同的新环境才有所觉察。我们许多吃、穿、交流方式等方面的习性，都被认为是理所当然的。如果突然间这些自然而然的假设都不成立了，这种变化、差异产生的影响是很大的，用"文化冲击"（culture shock）这个词来形容绝不夸张。举个例子，在看到英国查尔斯王子身穿苏格兰裙子之前，相信我们从来没有想过男人除了穿裤子外还可以穿裙子。

在美国这种糅合了诸多亚文化的国家里（接下来这一章会有详细的评论）讨论时尚和穿着并不容易。人们从一个国家移民至另一个国家时，同时也将自己的文化带入了另一个国家。人们通过很多行为来表达对自己原有文化的推崇，比如通过穿戴自己的民族服饰来展示自己的文化习俗。无论在本国还是在国外，一旦外出，穆斯林妇女都需要用纱巾将自己的脸和头发包住。在伊斯兰教国家，这种行为被认为是符合传统的，是端庄得体的表现。相反，在美国，妇女们的穿着非常开放与时尚，她们大胆地将身体展现出来。也有一些民族文化并没有得以传承，而是慢慢被美国本土文化所同化。部分移民只有在传统节日时才会穿上民族服饰，在日常生活中和本土的人们穿着没有区别。也有部分移民无论身处何时何地都会坚持着自己的传统。

只有当不同环境与这些文化期望背道而驰时，人们才会发现这些文化期望的意义。例如，在新西兰旅游观光时，辣妹组合（Spice Girls）表演的战舞在当地引起了骚动。土著毛利人认为只有男人才可以表演战舞，部落头领愤怒地说："这样的表演我们的文化是不能接受的，尤其是由其他文化的流行女星来表演。"[4]无论是摇滚明星还是品牌经理，只有理解了文化的潜在维度才能对文化问题保持敏感性——这些维度正是本章研究的对象。此外，我们还准备探讨消费文化如何演变成为全球文化。

这些学生身着波斯传统的服饰。

消费者行为与文化：相互影响

一种消费文化在整体上会影响个人如何选择购买商品，它也决定了产品成功与否。在消费市场，如果一种产品比较好地迎合了当时当地的文化氛围，它会更容易被消费者接受。举个例子，在美国 20 世纪 70 年代，人们喜欢苗条的身材。很多人为此目标而努力，他们认为这种外形是一种财富与健康的象征。这也是当时那些锻炼、健身、低卡路里的产品卖得非常火爆的重要原因。

消费者行为和文化间的关系是双向的。一方面，任何时期，和当时文化的优先选择相一致的产品和服务，都更有可能被消费者接受；另一方面，某一时期由某种文化成功引起的新产品研究和产品设计革新，又为人们了解当时主流文化提供了一扇窗口。让我们来看看一些美国产品的例子，这些产品的推出反映了潜在的文化过程：

- 由天然材料制成、免动物实验的化妆品，反映了消费者对污染、浪费和动物权益的忧虑。
- 电视晚餐（TV dinner）暗示了家庭结构的变化以及美国家庭生活的一种新的非正式形式的开端。
- 专为女性购买者设计的柔淡色包装避孕套，表现了人们对性责任和性开放的态度改变。

文化类别

产品本身所附带的意义在一定程度上反映了内在的文化特点，它与我们如何看待这个世界是一致的。[5]在不同的时代，休闲和工作之间，男性和女性之间，文化特点有着很大的差别。时尚界的体系给我们提供了一个很好的参考。比如，服装公司给我们提供了各种各样的衣服（晚宴服饰和度假服饰）。就像日常休闲服装与工作服装之间的巨大差别一样，男性和女性的服装之间也是有着很大差别的。

文化类别很重要，从产品设计到销售的过程中我们都可以看到主流文化的影响。这一概念有些难以捉摸，比方说，单从表面来看，衣服的款式和家具、汽车的款式之间没有什么关联。但是，更重要的一些概念，比如成功或环保理念会决定推向市场的产品是否会被消费者所接受。这些隐藏的深层次的概念通过产品的各个环节体现出来。下面举几个例子来说明一下主流文化是怎样影响工业生产的。

- 在"9·11"恐怖袭击事件后，设计师、广告商、销售人员们对公众的情感更加敏感。之前的一些时尚话题，如以军队战争为主题的商品，包括军装制服、迷彩服甚至巴勒斯坦式头巾都成为了禁忌。"9·11"事件发生后，美国兴起了一股爱国潮流。不管是在家还是在公司，不管是在车上还是在商店，我们都可以看到飘扬的美国国旗。人们通过这种方式来表达自己。部分人认为这是表达对遭受到痛苦的人的关心方式。也有的销售商每卖出一份商品便提取一部分收益，作为基金去帮助受害的家庭。[6]2005年新奥尔良的那次飓风发生后，同样的场景得到再现。

● 政治领袖或是影视歌星们的穿着会影响服装公司和配饰公司的运营收益。克拉克·盖博（Clark Gable）赤裸上身的电影银幕形象（当属首例）大受欢迎，让男士服装公司的销售受到了很大的挫折。20世纪60年代，肯尼迪夫人著名的“碉堡帽子”在时尚界刮起了一阵狂风。还有一些跨类影响的例子，包括因电影《闪舞》而流行的破洞衫，因电影《城市牛仔》而风行的牛仔短靴，受歌手麦当娜的影响，内衣外穿也成为被人们所接受的穿衣方式。

● 一些主要的体育赛事，包括奥运会和世界杯，以及一些极限运动赛事也会影响到时尚以及特定商品的销售。世界杯已经使耐克、阿迪达斯、斐乐、彪马风靡全球：从时尚之都巴黎直达土耳其。[7]

● 艺术家贝聿铭（I. M. Pei）对巴黎卢浮宫的改建中，在入口处前设计了一个金字塔形状的玻璃建筑，这个改造备受争议。但是很快，在巴黎时装展上，便有设计师将金字塔形状的服装搬上了T形台。[8]

20世纪50年代和60年代强调科学的文化，影响到产品的设计，正如我们在图片中看到的，汽车的设计中有长长的尾翼（和火箭很相似）。

● 20世纪50年代和60年代，美国的青年们大多数都热衷于科学技术。苏联“斯普特尼克”号卫星的成功发射让美国人开始担心在太空竞赛中会输给苏联，但这同时也点燃了美国人称霸“太空时代”的激情。成为自然与未来的主人，这一信念影响到了美国的许多方面，包括汽车设计中带有浓厚未来感的突出尾翼，以及厨房用品中那些越来越自动化的厨具。

● 20世纪50年代过后，科技依然影响着时尚与设计，现在人们更看重产品的多功能性，比如手机的功能越来越多。人们开始走进商场为自己买入诸如电子记事本、手机或iPod等产品了。

文化的构成

文化不是静态的，它会将新旧观念加以糅合而不断演变。它是一个很宽泛的概念，人们尝试从各个方面来描述它。文化系统包括以下三个功能领域。生态系统（ecology）、社会结构（social structure）、意识形态（ideology）。[9]

1. 生态系统：社会适应其环境的方式。它由获得和分配资源的技术所塑造决定（如，工业化社会与第三世界社会）。例如，日本非常重视为有效利用空间而设计的产品，因为这个岛国的空间狭小受限。[10]

2. 社会结构：维持有序社会生活的方式。这包括文化中占据主导地位的家庭和政治团体（如核心家庭和数代同堂的大家庭）。

3. 意识形态：人们的精神特征及与环境和社会团体的联系方式。意识形态围绕着一个观点，即社会成员拥有共同的世界观（worldview）。他们对秩序和公平原则持相同的观点，其精神特质、伦理观念、美学原则也是共通的。

另外一种帮助人们理解文化的方法是区分物质文化和非物质文化。

1. 物质文化：包括人工制造的物品，比如衣服、工具和家具等。在生活中它们无处不在，通过它们我们可以了解到人们的生活方式。人类学家们通过研究这些物质文化来探讨人们的思想和信仰如何与这些物质文化结合。正因如此，物质文化与非物质文化之间的关系是极其复杂的。比如怎样的装束被认为是合适的，这一概念同时也反映了群体的价值观。

2. 非物质文化：在交往过程中产生的各类思想、情感、感受以及行为。包括在群体生活过程中学习到的行为模式、规则标准、宗教思想以及语言和其他的符号意义。非物质文化会随着成员经验的不断积累、更新而缓慢改变。[11]

下面的解释方式包括四个方面，能够较好地解释文化的变化流动性[12]：

1. 权力距离（power distance）：当觉察存在权力差异时人际关系的形成方式。一些文化强调严格的上下级关系（如日本），然而其他文化强调更大程度的平等和非正式关系（如美国）。你可以回想一下今天老师是怎样的穿着打扮，有时候他们穿得很正式（可能是因为待会儿要与校长见面），但是更多的时候他们的穿着和学生们是差不多的。

2. 避免不确定性（uncertainty avoidance）：人们感到不确定环境威胁的程度，以及人们的信仰和社会团体帮助他们消除这种不确定性的程度（如，有组织的宗教）。

3. 男性特质/女性特质（masculinity/femininity）：性别角色描绘的清晰程度。传统社会往往有更多清晰的准则规定男性和女性行为，例如，家庭中谁负责哪些工作。

4. 个人主义（individualism）：重视个人幸福的程度与重视集体利益的程度。文化的差异之一在于对个人和集体的重视程度不同。在集体主义文化中，个人目标服从稳定的内部集体目标。相反，个人主义文化中的消费者更注重个人目标，如果团体（如工作单位、教会）要求个人付出太多，人们往往会更换其所在的团体。集体主义社会强调自律，认同个人在生活中的地位等价值观；相反，个人主义文化中，强调个人的享受、欢乐、平等和自由。强烈的个人主义文化表现在美国、澳大利亚、英国、加拿大和荷兰。而委内瑞拉、巴基斯坦、中国台湾、泰国、土耳其、希腊和葡萄牙是强烈集体主义文化的范例。[13]

价值观（value）是对善恶的一般看法。从价值产生了规范或准则（norm），即指明对与错、社会能否接受的规则。外显性准则是指可明确裁定的一些准则，例如绿灯可以通行、红灯必须停止。然而，还有许多准则却是难以绝对界定又深嵌于文化当中的。这些称为内隐性准则，人们只有通过和文化中其他成员相互作用才能意识发觉。内隐性准则包括以下几方面[14]：

1. 习俗。习俗是从过去传承下来的准则，它控制着人们的基本行为，例如家庭分工、举行特殊的典礼等。

2. 伦理。伦理是带有强烈道德暗示的习俗。伦理通常包括禁忌，也即禁止的行为，如乱伦。违反禁忌通常会受到社会其他成员的强烈制裁。裙子的长度以及裙褶的多少也事关服装禁忌。在伊斯兰教国家沙特阿拉伯，如果商店里面摆放只穿了内衣的人体模特，或是在广告里面出现女性身体的特写，那么这些行为会被认为亵渎了神灵，不被他们所接受。因此在沙特阿拉伯卖内衣的商家们都比较小心：你会看到商店里的内衣放在没有头、没有四肢、没有曲线美的人体模特上面。[15]

3. 习惯。习惯是人们每天生活的规范，它与消费行为密切相关，包括我们如何装修房子以及如何穿衣服。男式衬衣上的纽扣是在左边，而女式的扣子是在右边。如果没有穿过异性的衣服，我们很难发现这个有趣的现象。

这些“习惯”告诉人们如何生活。道德规范提醒我们衣着的暴露程度。当然，在不同的地方，道德的定义有着很大的不同，当伊斯兰教国家的妇女用纱巾遮面时，美国的女性正穿着短裤背心走在大街上。在美国，婚礼上应该穿白色的礼服，出席葬礼时要穿黑色的服装（在美国是这样，但在很多国家不是）。去餐馆吃饭的穿着更多受我们的习惯影响。

在美国，婚礼上应该穿白色的婚纱。

这些规范习俗是如此深入地影响我们的生活，以至于我们已经融入进去而觉察不到它的存在，我们会认为现在的状况是理所当然的（直到我们到了另一个文化环境）。很多时候我们间接学到这些知识，可能是通过电影电视中演员们的行为表现，也受到报纸杂志类的新闻以及其他的宣传媒介影响，这一点对我们来说非常重要。

神话与仪式

每个文化都会产生故事和习俗，以帮助其成员理解这个世界。当我们考察其他文化时，常常会觉得它们很奇怪，甚至难以理解。然而，我们自己的文化习惯却似乎非常正常——尽管游客同样会觉得很古怪！

为了理解“原始”信仰系统（可能有人认为“原始”信仰很古怪、不理智、迷信）如何继续影响我们自认为“现代”的理智社会，我们来看看许多美国消费者对魔术的强烈兴趣。健康食品、抗衰老化妆品、健身节目和赌场的营销者常常暗示他们所提供的产品具有“魔力”的特性，能够抵挡疾病、衰老、贫穷或者干脆是坏运气。上百万人拿他们的“幸运数字”抽彩，携带兔脚（象征幸运）和其他护身符来挡开“邪恶之眼”，穿着“幸运”服饰或者其他他们认为能够带来好运的产品。有时消费者把极限运动这样的“超常”活动当成魔术。例如，激流泛舟者说，他们在旅途中举行的典礼和仪式，给他们的生活带来深远的影响。软件开发者甚至提供“巫师”来指导没有经验的人使用他们的程序！

这一节我们会就神话与仪式进行讨论，从时空两个维度出发。

神话

神话（myth）是指包括象征性元素的故事，这些元素代表文化中共同的情感和思想。故事叙述一些对立势力的冲突，其结局就构成人们的道德指南。这样，神话故事减轻了人们的忧虑，因为它给消费者提供处世指引。每个社会都有一系列神话故事来详细阐明文化内涵。理解具有文化意义的神话故事对营销者来说是重要的，营销者在某些情况下（多数是无意的）模仿神话故事的结构制定策略。例如麦当劳宣传神话般品质的方式。[16]“金色拱形门”的标志广受认可，它实际上已经与美国文化同义。

一些企业和公司也经常会将神话故事融入到自己公司的文化历史中。一些企业为此会组织新员工学习这些故事。在耐克公司，公司高层人员的一个职责相当于传道。他们需要对公司的传统、背景极其了解，并且能够将这些知识很好地传达给公司的员工，甚至传达到雇用的钟点工。他们向大众传达耐克的理念，包括公司创始人的故事，比如俄勒冈州团队为了公司更好地发展引入塑胶鞋的故事。这个故事的目的是传达给员工团队合作的重要性。表现好的员工会被邀请到创始人工作的地方进行参观，以便进一步强化公司这些带有神话传说性质的传统和理念。[17]

神话的功能与结构

神话故事在文化中有四种相互联系的功能[18]：

- 形而上学的（metaphysical）：神话故事有助于解释万物的起源。
- 宇宙哲学的（cosmological）：神话故事强调宇宙所有的成分都是统一图景里的一部分。
- 社会学的（sociological）：神话故事授予文化成员社会准则，从而维持社会秩序。
- 心理学的（psychological）：神话故事提供个人行为楷模。

通过观察内在结构，我们可以分析、了解神话。这种方法是法国人类学学者克劳德·列维-斯特劳斯（Claude Lévi-Strauss）发明的。克劳德·列维-斯特劳斯发现，很多神话故事大量存在着二元对立的形式，比如善与恶、自然与科技之间的对立。角色的塑造，有时由一个中间角色（mediating figure）来解决，中间角色拥有双方共有的特征，把对立双方联系起来。比如，许多神话故事里会提到拥有人类能力的动物（如会说话的蛇），这样可以拉近人类和自然之间的距离。就像很多汽车也会经常冠以动物的名字，如美洲狮、眼镜蛇、北美野马。

在服装行业也会经常用到动物。皮毛制品上动物图标提醒着人类是大自然的主宰。拉夫·劳伦的保罗品牌使用的图标便是一位装备齐全的骑手，这彰显的是一种力量感。而法国鳄鱼公司和歌莉亚温德比公司则通过古老浪漫的传说向人们展现公司的理念与产品的价值。在童话里面存在着天鹅公主大变身的故事，还记得安徒生童话里那个丑小鸭吗？这是一个关于瘦弱小孩到成熟优雅女性的转变的寓言故事。关于天鹅的寓意，歌莉亚温德比公司很好地将它融入了自己公司传统信念：一个一无所有的小女孩克服了千辛万苦，努力奋斗，最终得到了幸福。[19]

现代神话故事

只要一讲到神话故事，我们马上联想到的是古希腊、古罗马。实际上，这些神话现在依然体现在现代社会中，包括商标（像我们上面讨论过的）、电影、漫画书籍、节假日等，甚至包括商业广告在内。商业广告经常会用这些方法来传达自己的思想。现在的一些流行广告，特别是香水广告就会用到奇幻神秘的神话主题。

超人漫画告诉我们，对任何年龄段的人来说，神话其实都是可以通行的。在这些漫画中推崇的是一种个人神话主义，在世界很多地方都盛行这类传说。[20]超人便是一个典型的例子，他借助自身的非凡能力可以随时出现在世界任何地方，完胜邪恶的敌人。对于大部分消费者来说，漫画里的超人要比现实中的名人更加让人熟悉，甚至更值得信赖。

很多大片和热门电视节目也会运用神话传奇来吸引观众。尽管这些作品的成功很大一部分离不开特效和出色演员的帮助，但许多人仍然会认为，成功应该归功于在神话人物基础上塑造的主角形象，他们对于观众的吸引是更重要的。下面几个大片可以说明问题：

- 《乱世佳人》：这部电影描述了美国南北战争，北方代表着民主和先进，南方代表着专制与落后。电影展现了人与自然和谐相处的那个逝去的时代。
- 《ET 外星人》：这部电影讲述了一个来自其他星球的善良的小外星人 ET 造访地球并最终创造奇迹的故事。在这个故事里面他有一个地球小伙伴，地球小伙伴和 ET 一起与世俗的地球社会以及先进的地球科技作斗争。
- 《星际迷航》：电视系列和电影描述的关于未来的太空旅行实际上影射的是现实的故事，“企业”号星际飞船的冒险经历也与神话有关联，例如，与新英格兰清教徒开发征服新大陆的故事相类似。与克林贡人（Klingons）的对抗反映出了与土著美国人的摩擦。另外，原著 79 段电影情节中至少有 13 段的主题是描述人对天堂的寻求。[21]

仪式

仪式（ritual）是一套复杂的多种象征性行为，这些行为有固定的发生顺序，而且常常需要定期重复进行。[22]当人们提到仪式，映入脑海的可能是古怪的部落典礼，也许包括用牺牲或杀人祭祀。但事实上，当代消费者的许多活动都具有仪式性质。有许多人与本章开头提到的惠特妮一样，已经将星巴克或是其他店铺当成了放松心灵的地方。

仪式也分好几个层面。一些仪式体现的是整体文化价值，另一些仪式可能只是小范围内通行。如果被运用或改造得恰当，仪式也能改变消费习惯与行为。仪式并非一成不变，它也会随着时代的变化而改变，以更好地适应社会。在婚礼上抛撒谷物，这意味风调雨顺。但是近年来，人们改用吹泡泡或是摇铃铛来代替抛撒谷物。这是因为抛撒谷物会致使鸟儿吃得太饱而受伤或撑死。一些商人发现了这一商机。位于宾夕法尼亚州的“手中的洞”蝴蝶农场应运而生，他们出售 100 美元一打的刚破茧的蝴蝶。蝴蝶被装在阴凉、避光的箱子里，打开箱子，蝴蝶便扇动五彩斑斓的翅膀，在空中翩翩起舞。另一个公司发明的则是“bio 婚礼用谷物”，这种复合谷物可以溶解于水中，不会对鸟儿造成伤害。[23]

仪式服装一般拥有特殊的意义。包括出席沙龙舞会时要穿的白色礼服，或是出席其他舞会时的礼服，以及晚礼服、毕业服装、婚纱和洗礼服装。这些是具有传承意义的服装，有时候女儿会穿着母亲结婚时的婚纱出嫁。此外，仪式会赋予其他物件一些特殊功能，就像法袍、宗教外衣、皇室服装。胸针、婚礼乐队和订婚戒指对于持有者来说都有着个人意义。

许多商家通过为消费者提供仪式器物而得以生存。如前文提到的特殊服装、生日蜡烛、毕业证书、专用的食物和饮料（如婚礼蛋糕、香槟）、贺卡以及退休纪念手表等。这些都是在特定时候必备的产品，表 2—1 有详细的描述。另外，消费者常常使用仪式脚本（ritual script）以确定需要使用的器物、使用顺序以及使用者。例如毕业典礼程序、协会指南和礼仪手册等。

最近天联广告公司（BBDO）进行了一项研究，说明了仪式在许多品牌中起到的重要作用。一旦与我们日常的仪式习惯相匹配（不管是刷牙还是喝啤酒），这些品牌便会成为“无可替代的品牌”，不会被别的产品所替代。他们调查了26个国家与地区，发现所有人大致都遵循这一消费法则。89%的人们会基于这一原因坚持使用同一品牌产品，3/4的人会因为习惯被打破或选用的品牌不再适用而感到失望或者愤怒。[24]

表2—1　仪式以及相关器物

习俗	必用物品
结婚	白婚纱、一些旧的东西、一些新的东西、一些借的东西
生小孩	小孩用银色汤匙、一张美国国家储蓄债券
洗礼	白长袍
生日	卡片、礼物、插着蜡烛的生日蛋糕
金婚	宴会、卡片和礼物、展示夫妻共同生活的照片
毕业	笔、一张美国国家储蓄债券、卡片、毕业服、手表
情人节	糖果、鲜花、卡片、内衣
新年	香槟、派对、好看的衣服
感恩节	为朋友、家人准备的火鸡
去健身房	毛巾、运动服、水、随身听
联谊会	好玩的游戏、运动衫、有象征意义的徽章
舞会	燕尾服和礼服
美容	梳头、洗脸、洁肤
周末看球赛	啤酒、薯片、比萨
超级碗派对	和上面的一样（但会更疯狂）
开始新的工作	理发、买新衣
升职	请同事外出吃饭、收礼物
退休	公司欢送会、手表、徽章
过世	送卡片、以逝者名义做慈善

资料来源：Adapted from Leon G. Schiffman and L eslie Lazar Kanuk, *Consumer Behavior* (Upper Saddle River, N. J.: Prentice Hall, 2000), p. 329.

美容仪式

不管是每天梳头要梳一百次，还是对着镜子自言自语，每一个消费者都会有自己的美容仪式。这种仪式有很多原因，有的是为了让自己更加自信，有的是想让身体保持干净与纯洁。当消费者谈论美容仪式时，经常会谈到美容后或是使用某些美容产品后产生的神奇功效。许多消费者看重的是前后对比效果，就是说，在使用产品之后她们能感受到神奇的转变（类似于灰姑娘的故事）。[25]

个人仪式中表现的两组二元对立是私人—公众和工作—休闲。例如，许多美容仪式反映了从自然状态到社交状态的转变（如女性化妆），或者相反。在这些日常的习惯中，女性重视本族文化对于美的定义，同时也都希望能够永葆青春。[26]玉兰油的洗护系列产品广告中强调“美好的一天，从玉兰油开始”，洗澡是一个神圣的过程，它可以

德国化妆品牌妮维雅（NIVEA）由于大量护肤产品而知名。关于这家公司开展的研究表明，妮维雅在所有的生产线中都保持了一致的品牌形象，以确保消费者在进行美容仪式的时候，强化妮维雅很重要、功能良好的印象。现在，消费者已经将妮维雅和湿润、清新、舒缓的意象联系在一起。

帮我们冲掉世俗世界的罪恶。[27]

送礼仪式

消费者仪式能对营销产生影响，商家迎合每个可能的节日和场合促销适宜的礼品就是极好的例子。[28]在送礼仪式（gift-giving ritual）中，消费者采购理想的物品，小心翼翼地除去价格标签，并仔细包装（象征性地把普通商品转变成独特的礼品），然后把它送给受礼者。[29]

对于研究者来说，礼物首先是一种“利益交换”，送礼者传达给受礼者一种意义价值。当送礼者成为受礼者时，也会收到别人传达给他的意义价值。送礼也可以是一种象征性的交流形式。比如，送礼者是因为爱或是崇拜等无私的原因送礼给对方，并不希望对方回报。比如，在自己需要帮助的时候，加布里埃尔给予惠特妮陪伴，惠特妮特别想感谢她。研究也表明，送礼有时候是一种社会表现：在关系刚开始时，送礼目的明确；而当关系进一步发展时，送礼的目的性便慢慢减弱了。[30]此外，研究也表明，在挑选礼物时人们很容易受到第三方的影响[31]，一些研究者列出了送礼注意事项和方式方法，见表2—2。[32]

一个历时25年，在多个国家进行的调查研究表明，人们在生日和节日时送得最多的礼物是服装。在母亲节、父亲节和圣诞节，商人们会做很多的广告，告诉人们衣服是又实惠又时尚的物品，吸引人们购买来作为礼物送给他人。送衣服给别人牵涉到的比人们想象的多。送礼者需要选择合适的衣服（包括款式、颜色、大小、质量、时尚度），更重要的是，对受礼者而言它是有意义的。送给女性内衣代表着什么意思？如果这是一个刚认识的男性送的呢？我们可以根据礼物来推测送礼者的意图。衣服就像言语一样可以传达个人意思，当使用不恰当时会造成一些误解。比如，“为什么他要送我这样的礼物？”用服装作为礼物送人成功与否，很大程度上取决于受礼者怎样看待送礼者的意图。[33]一项关于黄种人和白人的调查表明，对于内衣，不同的人会持有不同的态度。[34]衣服是一种较为私密的物品，只有穿着的人才会知道自己喜欢什么样的衣服，为什么喜欢。因此，给某人挑选一件完美礼物不是一件容易的事情。

表2—2　送礼与社会关系

影响	说明	例子
加强	送礼能够促进关系的发展	浪漫的时刻收到一份意想不到的惊喜
巩固	给关系稳定带来积极的影响	生日时送上的礼物
轻微促进	对关系发展产生小的促进作用	送礼不正规，对于现在的关系状态来说过重或过轻
消极影响	送礼阻碍关系的发展	对受礼者缺少了解，选错了礼物，或者送礼被认为是别有用心
削弱	送礼给双方的关系带来伤害	送礼是有附加条件的，或者礼物被认为是贿赂、不尊重、冒犯
阻断	送礼伤害以至于结束关系	当一段关系正接受考验时收到一份有着分道扬镳意思的礼物

资料来源：Adapted from Julie A. Ruth, Cele C. Otnes, and Frederic F. Brunel, “Gift Receipt and the Reformulation of Interpersonal Relationships,” *Journal of Consumer Research* 25 (March 1999), 385-402, Table 1, p. 389.

挑选衣服作为礼物也要分不同的场合。有研究表明，婚礼送人内衣很不合适，事实上，服装（除了婚纱）从来不是婚礼礼物的首选。有趣的是，人们发现，钱是很受欢迎的一种婚礼礼物，同样它也适合于很多其他的不同场合，包括毕业的时候。当然，如果圣诞节或是情人节你送钱的话就很煞风景了，在这两个节日里送衣服做礼物倒是更合适。[35]一个关于父亲节礼物的调查表明，送礼比例最大的是衣服（28%），类型从运动服（耐克）到休闲服（拉夫·劳伦）都有。[36]

研究表明，在挑选礼物这方面男性与女性有一些相似之处，但也有不同的地方。比如，送礼时，只有当男性觉得关系非常亲近的时候，才会送衣服给对方，而且他们选衣服时考虑更多的是对方的喜好，也会在意对方是否会穿。[37]表2—3告诉我们作为送礼者和受礼者应该注意什么。

表 2—3　如果衣服是礼物，男性和女性在接受或赠送时考虑的因素

收礼物（进行归因、比较）
我哥哥和姐姐收到的礼物要比我的好。（男和女）
当别人送我衣服作为礼物时，其实是他们想要影响我的穿着打扮。（男和女）
那些送给我的衣服根本不符合我的风格。（女）
当别人送我衣服时，我感觉他们限制了我穿着的自由。（男和女）
不要让别人知道我穿在身上的衣服是别人送的。（男和女）
送礼物（表达关心、对方是否满意）
当我要买一件衣服作为礼物时，我会选择在一家可以退货的商家购买。（女）
我会选择一件符合对方风格的衣服，而不是根据我自己的喜好。（男和女）
我不会选那些只能流行一时的衣服作为礼物。（女）
对方是否喜欢这件衣服对我来说很重要。（男）
对方是否会穿我送的衣服对我来说很重要。（男）
送礼（如何让对方印象深刻）
当我选择衣服作礼物时，我会从我自己喜欢的一些品牌里面选择。（男和女）
至少要让对方知道送礼物是因为我重视他们。（女）
至少对方要知道为了挑选合适的衣服我费了不少时间。（男）
我倾向于去拥有良好品牌形象的商店购买衣服。（男和女）
送礼和收礼（亲密度）
买衣服作为礼物的话，对象应该是好友或亲人。（女）

资料来源：Linda Manikowske and Geitel Winakor, "Equity, Attribution, and Reactance in Giving and Receiving Gifts of Clothing," *Clothing and Textiles Research Journal* 12 (1994): 22-30.

买衣服作礼物主要包括以下阶段[38]：

准备购买。为最终购买做铺垫。购买之前要考虑很多因素，包括所选择礼物的多层含义。选择礼物考虑到的因素包括：衣服的价格是否超出自己送礼开支的上限，受礼者和自己的亲密程度如何。

购买。什么样的服装商店会受到消费者的青睐，商业服务的重要性。

赠送。惊喜的重要性，礼物包装的重要性，体现它的价值（价格标签），以什么样的方式呈现礼物。

后续。赠送礼物对送礼和受礼者的关系产生怎样的影响，受礼者如何表达出对收到的礼物是否满意，受礼者怎样看待接收到的礼物，收到礼物后会怎样对待它，使用它的频率，收藏或是送回去。

你也可以将上面列举的阶段应用到任何其他礼物。

一个投票测试表明，美国民众购买礼物的数量有所减少，但却花费了更多的钱。平均起来每个人购买的圣诞节礼物从 25 份降到了 22 份。女性购买的礼物要比男性稍微多一些，大约 25 比 18。45～54 岁的消费者购买礼物最多，平均有 26 份，而且他们花钱也最多。[39]那么，你是怎样的情况？

对于送礼的场合与具体形式，每种文化都会有一些规则。比如说生日礼物应该是亲自送。平均每个美国人一年要购买 6 件生日礼物，总共耗费约 10 亿美元。商务用礼物是衡量职场关系的重要依据，每年用于它的支出达到 15 亿美元，在挑选这类型礼物时，人们耗费了许多心力（有时候特意去请教专业顾问）。

礼品在线

不管好坏，网络的出现的确改变了传统的婚礼礼品购买习惯。

婚姻市场之间的竞争非常激烈，因此婚礼购物网站经常会用一些比较吸引人的方式来吸引消费者。在 www.theknot.com，幸运的夫妇去度蜜月可以享受飞机票报销。在 www.weddingchannel.com，购物的夫妻会员有机会在官网拥有自己的主页，可以晒自己的蜜月照片及恋爱趣事。在网上购物只需要选定物品下好订单，网站会直接送货到家。在 www.weddingchannel.com 购物的夫妻们都存档在案，商家不时会发送一些商品消息给顾客（假定他们没有离婚）。因此当结婚纪念日或者有小孩的时候，消费者们会发现"哦，又该买礼物了"。

这项热门网上消费每年创造 190 亿美元价值。2001 年，威廉姆斯·索诺玛开的婚姻礼品网店的营业额达到 1.2 亿美元，超过了 200 多家实体婚姻礼品店的销售总额。[40]每一场婚礼，包括新郎、新娘在内平均有 162 人，新郎、新娘平均会收到 171 份礼物，而他们自己也会购买大概 50 件与婚礼相关的产品。[41]

当然，这种模式也带来了一些其他的影响。新婚夫妇会提前告知大家想要怎样的礼物，因此送礼者根本不用特意费心思去猜该送哪些礼物。送礼确实可以增进或巩固双方的关系，但现在，这种模式显得越来越机械化了。就像一个礼仪专家所说的一样，在互联网普及之前，人们会花很多心思挑选礼物，但是现在的送礼显得极其随意，有些时候人们甚至会在邀请函上直接附上一些婚礼用品网店的名字（这在以前是绝对不可能的）。[42]此外，这种消费模式也使得人们自己动手制作礼物或用心挑选的可能性越来越小。

受礼者在拿到礼品前便可以通过网上购物篮查看礼品的样子，因此，这也会使得收礼时的惊喜感减弱很多。[43]甚至他们可以通过获取其他夫妇的信息记录"窥探"别人买了些什么。

有时候，有些礼物对于受礼者来说并不合适。人们总会收到不合时宜的礼物。[44]一位经济学家重点研究了送礼的消极意义，他指出，人们每年花 400 亿美元用于购买礼品，但是有近 40 亿是被浪费掉的。这是因为，送礼者和受礼者对同一礼物赋予的价值并不一样。一件礼物的收益需要将它的意义价值与实际价值相比较才能得出。比如一根价值 10 美元的领带，如果受礼者觉得它只值 8 美元，那么它的收益是 80％。这位经济学家计算出礼物平均收益为 94.1％。[45]对 5 所高校大学生的调查结果显示如下（100％意味着礼物的实际价值与它的意义价值相平衡）[46]：

CD：104％
书：91％
袜子和内衣：87.7％
化妆品：85.7％

多元文化维度

在日本，送礼是一件很讲究的事情，他们很注重如何将礼物包装好，而礼物本身的经济价值在他们看来并不很重要。[49]①对日本人而言，送礼是成为社会一员的必要行为，是礼貌的象征。

在日本，给家庭、个人、公司或者同事送礼有自己的一套习俗。[50]在一些特定的场合，比如参加葬礼，看望病人，或是参加婚礼，需要给个人送礼。当公司开业酬宾，或者是开辟了新的业务时，员工需要给公司送礼。

日本人收礼有一个有趣的特点，就是从来不会当面拆礼物，这样一来反倒是缓解了礼物不合心意时的尴尬。

一项最新的研究表明，除了香水，买服装作为礼物的收益是最小的。另外，这个研究也指出，衣服是私人用品，很难选对合适的衣服作为礼物送人。而衣服也是退货率高的礼品。[47]这一现象恰好支持了上面的理论。为了应对退还商品的问题，购物卡应运而生，它现在成为节日礼品的首选。但是它同样也存在一定的问题：当别人收到的是并不需要的购物卡时怎么办？这时候交换卡跟着出现了，在 www.swapagift.com 网站，人们可以与别人交换购物卡。[48]

人们除了买礼物给他人表达情感，现在的研究也发现，越来越多的人开始买礼物给自己。或者是为了激励自己，或者是为了安慰自己。[51]确实，零售商指出，越来越多的人在为他人寻找美食的时候也在款待自己。正如最近一位购物者所言："一个买给他们，一个买给我，一个买给你们。"[52]

① 注码位置均与英文原书一致。这种小栏目由于排版位置与英文原书稍有不同，因此本书注码有时未按顺序依次排列。以下不再一一注明。——译者注

节日仪式

在节日，消费者从日常生活中抽身出来，表现出节日独有的仪式行为。[53]节日中充满着仪式器物和脚本。很多商家绞尽脑汁，想尽办法促使人们送礼物庆祝节日。大多数美国人都过感恩节。过感恩节的时候，人们需要准备一些特殊的食物，比如说火鸡和蔓越橘酱。在情人节，人们会向心爱的人表达心中的爱意。将近3/4的美国人会过情人节，在这天，男性会比女性花费更多的钱用于购买礼物（多为内衣）。[54]

许多节日源于古老的神话，在这些节日里面会出现一些历史人物或者传说中的人物，比如感恩节里的迈尔斯·斯坦迪什（Miles Standish），情人节中的爱神丘比特。这些节日习俗之所以能够一直传承下来，是因为它们能够满足人们心中一些深层次的需要。[55]圣诞节与万圣节不仅有着深刻的文化意义，对于现代的消费领域也有重要意义。

万圣节最早是一个儿童节日，它也给了成年人一个机会，去体验和扮演疯狂的角色，参加聚会。

● 圣诞老人是圣诞节的标志，许多小孩在这一天都等待他的到来。和耶稣相比，商人们更加青睐圣诞老人形象。临近节日，商店和超市到处都是他的身影。圣诞节的这个风俗让渐渐长大的孩子们知道这样一件事：当表现出色时，自己是值得奖励的。

● 万圣节现在是最受成人欢迎的节日之一，四分之一的成年人会在这一天戴上面具，穿上戏服参与节日。[56]随着万圣节的被推崇，将近33亿美元用于购买服装道具与糖果，万圣节礼品专卖店也越来越多。[57]和圣诞节不同的是，万圣节是一个和罪恶、死亡相关的节日。它鼓励狂欢的人们通过恶作剧去获得礼物。在这一天，人们可以自由自在，抛开束缚做一些平常不敢做的事情。由于它的特殊性，万圣节被越来越多的地方所接受与喜欢：新加坡、中国香港、斯里兰卡，甚至法国。当然也有批评指出，这只不过是美国经济全球化战略的产物而已。[58]在“9·11”事件后，节日规则有了一些改变：“可以有女巫，可以有鬼怪，但是，我们不欢迎武器。”[59]

除了现有节日外，人们还发明了新的节日，以增加贺卡及仪式器物的需求量。[60]这些文化事件常起源于贺卡工业。最近，被发明的节日包括“行政人员节”和“祖父祖母日”。

通过仪式

联谊会上，最近离婚的人们在一起跳舞。跳舞对于他们来说是一个仪式，意味着他们和过去生活告别。当生活出现转折时，人们的穿着打扮或多或少地会出现一些变化，这就是现代意义上的“通过仪式”。有些改变是必然的（比如青春期的结束），而有些改变是个人性质的（离婚或者开始一段新的感情）。

一些商家尝试向处于转变中的人们推销自己的产品，他们试着让人们相信，这些产品可以帮助他们更好地告别过去，走上幸福之路。[61]举个例子，一家皮革服装店为了销售，打出了“精彩生活每一刻”这样的广告。不管是你三十岁的生日，还是加薪，或是你的第二次婚姻，你都应让自己过得更好。其中一款衣服打出的广告是：“离婚没有什么人不了的，最多穿着自己的皮革大衣哭哭而已！”[62]

就像破茧成蝶一样，消费者的通过仪式包括三个阶段。[64]

分离是第一阶段。这意味着和过去的人或状态丧失连接（新生开学离家）。

憧憬是第二阶段。人们开始勾勒自己的生活（新生是在校园生活中开始摸索）。

整合是第三阶段。告别过去后，人们开始新的生活（新生假期回家）。

舞会——昂贵的通过仪式

毕业舞会是昂贵的，对收入水平不高的人来说更是如此。尽管如此，很多人都愿意参加，因为这是难得一次的机会。一场持续4小时的舞会，需要服装、高跟鞋、鲜花、做头发、做指甲、入场券、租用晚礼服、租赁礼车或豪华轿车、舞会结束后的晚餐，如要细说，一对舞伴可能需要成百甚至上千美元。学生们宁可选择逃课或者不去毕业旅行，也不会放弃参加校园舞会。有些人会说，一晚上花费这么多钱很不值，特别是对那些本身资金就比较紧张的学校而言。杂志《舞会》推算说，美国每年花费在举办舞会上的资金超过 4 亿美元，参与者则平均消费 600 美元。一位年轻人说道："其实这会让我有些压力，但是，钱没了还可以赚回来，而舞会，一旦错过就不会再有了。"[63]

通过仪式会影响人们的很多行为。包括联谊会上交换信物，婚礼上宣誓等。这种行为和职场上的一些行为有类似的地方。时装模特们造型千变万化，在台前他们光芒四射，向人们传达服装产品的理念，而在台下，他们有自己的生活。

葬礼有着严格的程序，不管是穿着打扮还是行为动作。参加葬礼时，人们穿黑色礼服，系黑色缎带。哀悼者需要向逝者鞠躬或致吊唁词，这是生者对逝者表示尊敬的方式。此外，参加葬礼时的座次安排是根据与逝者亲密度决定的。甚至送葬车队也符合特殊的仪式，使得其他汽车司机能识别出其不同的、庄严的性质，不会插进送葬的车队。[65]

在美国，高中生毕业舞会要花很多钱。有时候，为了毕业舞会的入场券、化妆、首饰、发型、服装、鲜花、租礼服、租礼车、晚餐甚至是第二天的早餐，学生们要花费几千美元。

神圣消费与世俗消费

观察消费者行为，我们可以发现存在着二元对立，某些行为间有明显的界线，比如好与坏，男性与女性，甚至还包括饮食与节食。而最为重要的是神圣消费与世俗消费之间的差别。神圣消费时，人们会带着一些特殊的敬畏之情。它或多或少地与一些宗教神话相关。世俗消费是平常人经常进行的消费行为（这里的“世俗”并不是低级、庸俗的意思）。

神圣消费

神圣消费事件渗透到消费者体验的方方面面。我们寻找各种方法来分离出各种各样的地点、人物和事件。在这一节，我们可以看到一些看似平常的消费并没有那么简单。

神圣地点

社会“分离出”神圣地点，因为这些地点对于宗教和神话有重要的意义，例如，伯利恒（Bethlehem，耶稣诞生地）、麦加（Mecca，穆罕默德诞生地，伊斯兰教圣地）、英国巨石阵（Stonehenge）；或者因为这些地点纪念国家传统的某些方面，例如，克里姆林宫、东京皇宫、自由女神像以及最近在曼哈顿的“零地带”（用于纪念“9·11”事件）。这些地点之所以神圣，是因为它们沾染（contamination）了某种特性，也就是，神圣事件在那里发生，那个地点本身就带有了神圣特质。

也有从世俗世界产生却也弥漫着神圣特质的其他地点。好莱坞的格劳曼中国大剧院（Graumann's Chinese Theater，现已更名为“好莱坞 TCL 中国大剧院”）就是这样的地点，影星在好莱坞为后来者留下脚印。幻境具有神圣特质，而主题公园是大量产生幻境的又一种形式。特别是迪士尼世界和迪士尼乐园（以及在欧洲和日本的其他国外基地），是全球消费者“朝圣”的去处。

在许多文化中，家是特别神圣的地方。它代表严酷的外在世界与消费者“内在世界”之间至关重要的区别。美国人每年在室内装修和家具上花费超过 500 亿美元，而且家是消费者个人身份的中心部分。[69]毕竟，正如谚语所说：“家是心之所在。”全球消费者竭尽全力，营造特别的环境，让自己有“家的感觉”。

为达到这一目的，人们使用各种装饰，例如，门上的花环、壁炉架摆设和悬挂家庭照片的“回忆墙”（memory wall），尽量使他的（她的）家庭个性化。[70]现在，一些售卖这些装饰物品的商店，包括“陶瓷谷仓”（Pottery Barn）、“雷斯托奥里欣家居”（Restoration Hardware）、“克拉特 & 巴雷尔”（Crate & Barrel）越来越受到人们的欢迎。甚至公众地点，如星巴克咖啡馆，也努力营造“家”一般的氛围，让消费者躲避严酷的外在世界。

神圣人物

当被他人所喜欢和崇拜时，有关这个人的纪念品、他曾经用过的东西也都会随之而升值。肯尼迪总统死后，公众一直对总统夫人杰奎琳的私人生活很感兴趣，即使是在杰奎琳逝世之后也是如此。《城乡》（*Town and Country*）杂志做过一个产品促销活动，预定杂志的前一百名幸运读者，都可以被免费赠送杰奎琳在白宫时曾穿着的一件衣服的样品，而这件衣服是由杰奎琳生前的御用时装设计师所设计的。2001 年，大都会艺术博物馆的时装学院特意展出了大量杰奎琳生前物品以纪念她。[71]

小姑娘打扮成迪士尼里面的人物，如灰姑娘和白雪公主，在东京迪士尼乐园的城堡前游行，庆祝女孩节。迪士尼乐园是全世界儿童的神圣地点。

现在，很多商家很好地利用了名人效应。名人的签名、用过的东西都大受追捧，不管是戴安娜王妃的礼物还是约翰·列侬的吉他，这些物品在包装宣传后，都可以卖出天价。一个叫做“他们曾经拥有”的小店出售一些名人们用过的东西（名人自己捐赠），一件雪儿（Cher）签名的黑色内衣要价575美元。事实上也确实会有很多人购买，因为“他们想要一些心中偶像曾经用过的东西留作纪念”[72]。

多元文化维度

拉美文化中，Quinceanera是当女孩15岁时要经历的成人礼。这一传统源于大约公元前500年的墨西哥，15岁意味着男孩开始成为战士，女孩开始步入社会，因为她们已经可以结婚与生育。这一习俗延续到现在。Quinceanera进行时，女孩被一群朋友围着，她们身着白色长袍，被叫做马德瑞娜（madriha）。活动的最后一项是馈赠礼物，由姐妹给她一个玩具娃娃（娃娃意味着婴儿），而她的朋友则会送给她一本《圣经》以及鲜花。仪式过后，女孩被认可为成年女性。这样的一个仪式大概会花费3 500～15 000美元不等。旧金山的一家公司提供这一仪式需要的所有东西，包括服装、摄影以及其他。[66]

太平洋小岛土著的后裔们文身的历史已经很长，现代文身起源于几百年前的萨姆索岛、塔希提岛，或者是夏威夷岛。当女孩成熟、男孩长大或者开始承担家族以及村落责任时，波利尼西亚人会用文身来标识。[67]

犹太人的成人礼有3 000年历史了。犹太人男性第一次成年礼在青春期，接下来便是婚礼。在成人礼中要布置场地，拍摄家庭成员照片，准备烛台以及荣誉奖章，同时还需要为仪式准备一个空椅子，而参加仪式者则需要穿着犹太人用于祷告用的塔利斯（tallis）。[68]

神圣事件

在一些特定的场合，人们会有一些特殊的行为。比如，在开始球赛之前，球员们需要先聚在一起宣誓呐喊。或者，在摇滚音乐会上，人们挥舞荧光棒。[73]

对于许多人来说，体育运动是很重要的，有时候，人们会用带有宗教的眼光去看待它。现代体育由古代体育演变而来，而古代体育多与宗教仪式相关联，比如奥林匹克运动会便是源于丰收庆祝。[74]到现在，我们还可以看到比赛前队员们的祈祷行为。其实，人们对体育的痴迷近似于宗教行为，都拥有极高的热情，看看场上欢呼的人群与涌动的激情就可以知道。参加体育赛事的时候，人们会穿特定的服装，这与宗教仪式也是相似的。比如，戴着印有队名标志的帽子。在美国，每当棒球联赛和橄榄球联赛要开始时，印有球队标志的T恤、运动衫和其他的商品都会迎来销售黄金期。在一些举办大型运动会的城市里，超市都会设有出售纪念品的运动专柜。球迷们将球员当神一样崇拜，球星们更是被赋予了超人的力量（“飞人”乔丹，是可以穿着耐克鞋飞起来的人）。

旅游也是一种仪式性事件，和日常生活相比，人们去旅游是偶尔为之。正因为偶尔为之，人们会比较重视它。旅游所带来的放松与工作时偶尔的休闲有比较大的差别。[75]不去旅游，在家我们也有休闲的方式，但是正像一句谚语所说：“在拉斯维加斯输得再惨，也要把痛苦的记忆留在拉斯维加斯，离开了就别再挂念了。”出去旅游的人都想留下一段美好的记忆，因此，可以看到由于旅游而衍生出来的商品很多。不管是婚礼上的一个个性火柴盒，还是印有纽约字样的T恤，这些纪念品都向人展示着与众不同的旅游经历。[76]

仪式性事件除了留给人们一段记忆，同时也会给人们留下一些独特的纪念品。比如一场精彩演唱会门票的存根。下面是一些常见的用作纪念的小物品[77]：

特产（例如加利福尼亚的葡萄酒）

纪念卡（例如明信片）

“带回来的石头”（例如海边的贝壳或是森林里面的松果）

纪念模型（例如自由女神像小雕塑）

标志（例如印有“硬石餐厅”的T袖）

从神圣到世俗，再回到神圣

为了让生活变得更有趣，人们的消费行为模式开始有了一些转变。比如，一些以前被认为是神圣的消费成为日常消费，而一些日常消费则开始转变成神圣消费。[78]从这些转变中，我们可以看到现代人对消费理念与行为的一些看法。

纪念品，尽管做工可能有点粗糙，但是却可以让消费者累积作为一名旅游者的、实体的神圣经历。

世俗化

世俗化是指，如果原本带有神圣性质的事物离开了赋予其意义的地方，或是数量泛滥，那么这些事物会褪去原有光环，成为世俗的东西。比如，复制神圣纪念碑和艺术品、一些本来拥有特殊意义的事物，诸如华盛顿纪念碑、埃菲尔铁塔，或是《蒙娜丽莎的微笑》这样的艺术品；或者改造重要标志，如服装设计师们大胆地把美国国旗改编进服装设计里。在转变的过程中，其原有的价值大打折扣。[79]同样，当稀有商品被市场化后，附加在它身上的那些高价值因素（精致的工艺与细节）也随之不见了。

其实，就算神话本身也会出现这种神圣性消失殆尽的情况。比如，以前属于宗教性质的物品——十字架和水晶，现在都成为大家喜爱的时尚制品。[80]而一些源于宗教的节日，比如圣诞节，现在成为了一个日常的节日（当然也有人反对这样的转变）。除了圣诞节，伊斯兰教的斋戒月也受到影响，在这个传统的节日里，人们需要进行为期整整一个月的斋戒，只能是早上太阳升起之前晚上太阳下山之后吃饭。由于被西化，现在中东地区的穆斯林的斋戒月也开始转变：人们开始购买伊斯兰教新月形状的灯，互送斋戒贺卡。[81]

神圣化

神圣化是指在文化或者特定文化团体中，平常的客体、事件被赋予特殊意义，因此具有了神圣意义。例如，超级美式足球赛这样的事件和“猫王”（Elvis Presley）这样的人物。事实上，任何一样东西都可能变得神圣。不相信吗？在互联网的世界里，什么都可以被出售，达拉斯牛仔橄榄球队队员曾经穿过的物品在网上卖得火热。橄榄球四分卫特洛伊·艾克曼（Troy Aikman）穿过的鞋子标价1 999美元，球队一位不知名球员的没有洗过的球衣也卖到了99美元，穿过的袜子以19.99美元热销。就像其中一名球员说的：“球迷们以前从来没有机会亲密接触我们，但现在他们有机会了。”[82]

迪赛牛仔广告借用了“神圣”意象，并且把这种神圣意象应用于世俗情景中。

要使得一些平常的事物（如臭袜子）变得神圣化，“客体化”是一条重要途径。名人接触或是某些宗教仪式都可以赋予事物神圣性。被接触后，物体便有了神圣意义。这可以解释许多狂热者为什么渴望得到属于名人，或者仅仅是名人接触过的物品。位于华盛顿特区的史密森学会经常会举办展览会，展品一般在坚硬的玻璃护墙后展出，包括第一夫人就职时穿的礼服、电影《绿野仙踪》里面的红宝石拖鞋道具、《星际迷航》里面的相位枪。这些都是很好的例子。[83]

除了博物馆展出的稀有物品外，世俗、不贵重的物件也可以在博物馆展出。一旦展出，加入到收藏品行列，这些物品的价值就会被抬高。一旦成为收藏品，这些产品就会变得神圣化，而且对于收藏者来着，收藏品具有特别的重大意义。有的时候，对于外人而言，很难理解这种收藏行为以及背后的意义和价值。收藏指的是系统收集一个或者一套特殊的物品。收藏不同于储藏，储藏只是不系统的收集。对于收藏而言，收藏者有明确的收藏指向，而且奇怪的是，会有一群人对于收藏品痴迷。收藏的范围也非常广泛，有值得纪念的电影、出版量很少的书籍、猫王纪念品、芭比娃娃、豆豆娃等。[84]收藏从孩提时代就开始了，根据美泰公司的调查数据，3～11岁的美国女孩平均每人拥有10个芭比娃娃。[85]

收藏其实是一种情绪化与理智并存的行为。[86]收藏者们会很小心地整理、布置自己的藏品，他们对藏品倾注了极大的情感。一位泰迪熊的女性收藏者的话便是一个很好的例子："如果我的房子被烧毁，我不会为那些被烧掉的家具而担心，但我会为不见了的泰迪熊而哭泣。"[87]

在20世纪90年代末，"豆豆娃热"感染了许多人。www.ty.com网站重点推出了250个豆豆娃。麦当劳为满足大小孩子的需求，售卖几个系列的豆豆娃。豆豆娃将停产的消息使得销量剧增。

一些消费者调查研究表明，消费者之所以收藏，是因为收藏是被社会认可的行为，通过收藏，他们可以实现对某些物品的追求，又不会感到内疚或不好意思。也有人认为，收藏是源于审美需求，从中他们能得到一些乐趣。不管是出于哪种原因，绝大部分的收藏者都会投入大量的时间和精力，用以维持或者扩大自己的收藏，甚至对于某些人来说，收藏已经成为他们扩展自我的中心成分。[88]

时尚标志：芭比娃娃

1959年，芭比诞生，那时候的她还仅仅是一个不能弯曲的玩具，但是已经很受小女孩的欢迎，同时也受到了一些女权主义者们的质疑。一开始，芭比的官网（www.barbie.com）上挂出的宣传语是"成为一个时尚的芭比女孩"。随着时代发展，芭比也与时俱进。到目前为止，芭比经历了8次角色改变。1998年，芭比进行了一次大的改装，这次改装由美泰公司操刀。针对主要消费群体，对芭比的轮廓进行了一次修改，因为，3～11岁的小女孩们希望芭比看上去能更酷一些，更成熟一些。[89]于是拥有含着笑意的嘴角、笔直长发的芭比诞生了。这次芭比的胸部和臀部变小了，腰也相应变粗了些。同时脚也变成了平的，而不像之前那样是只能穿高跟鞋的弓足。美泰公司说，这次改变并不是为了应付女性主义者对芭比的指责——若依照芭比的三围比率，成熟女性的三围应该是38—18—34（英寸），这是对女性设立的一种有害的、扭曲的标准——这次改变更多的是因为芭比的消费群体有这样的需求。

尽管大人们从来不会要求她们，但小女孩们都希望有一天自己也能成为像芭比一样的人。显而易见，以前的芭比是一个不可能达到的目标，所以，这次改变是为了满足消费者的需求。在东京的芭比专卖店，有真人尺寸的芭比服装出售，这让小女孩曾经的梦想成真了。[90]芭比拥有自己的服装设计师，包括范思哲等。每年，芭比娃娃销售盈利达到15亿美元。现在，为了扩展业务，美泰公司打算向美国最高法院提交诉讼，状告"芭比女孩"组合歌曲里的歌词"我是一个胸大无脑的金发女郎"，以及一些不雅照，认为这是对芭比的侵权行为。（这些诉讼最终以言论自由为由被取消）[91]

在不同文化语境下理解产品意义

当代文化产品的交流日益国际化，更新速度很快。和以前马可·波罗从古老的中国运来丝绸一样，现在，数不清的公司尝试着扩大自己的市场，它们想方设法使得当地的居民们对自己的产品感兴趣并购买它们。

现在，美国商品销往全世界，同时，美国人也在消费全世界不同产地的产品。猎酷人公司为MTV和斯普林特等公司进行的调查研究表明，融合成为经常被用到的词语。“按照原来的模式生存实在是太难了，现在看来，最简单的方式便是将原有的东西重新整合、合并……这种趋势很强劲，几乎所有事物都融合在一起，就像西班牙音乐与朋克音乐混在了一起一样，而这两样东西感觉实在是扯不上什么关系。”[92]法国艺术家帕斯卡（Pascal）说道。而此刻，他正在给一位准备跳巴西桑巴舞的西班牙/葡萄牙女孩的手臂上涂上五彩的颜料——一种美丽的、时尚的、没有痛苦的文身。随着旅行成本的大大降低，出行的人越来越多，相信融合的时尚元素会逐渐在世界流行。

纽约的Rootsein模特陈列店，这些设计中有日本的元素和主题。

了解一个国家或地区的文化很重要，如果忽视本地文化，无疑会给商家和公司带来不小的损失。穆斯林对耐克公司一直有抵触，他们认为耐克公司风格化处理过的“Air”图案设计与阿拉伯语“Allah”相似，而且还被用在鞋子上面，因此，他们感觉被冒犯了。耐克公司为此做了专门的道歉，解释说，这是不小心犯的错误。而这个错误的代价便是，耐克公司不得不在将近一亿穆斯林消费者联合抵制耐克产品后召回鞋子。[93]同样，在备受指责后，李维斯公司不得不撤下其在土耳其所做的广告。有人指责李维斯公司广告里出现的失业的圣诞老人扮演者，是对其形象的原型、生于土耳其的圣尼古拉斯的冒犯。[94]

随着美国（也包括西欧国家在内）对全球市场的占领，我们可以看到全球化的趋势。许多消费者甚至已经开始等待着“被美国化”，他们期待着和自己传统不一样的东西，比如麦当劳、李维斯、耐克以及MTV。

思想全球化，行动本土化

随着市场竞争越来越激烈，人们就如何占领海外市场的争论一直没有停止过。有的公司对不同地区采取不同措施；有的公司则认为不管是世界哪个地方，都可以采用统一销售模式。下面，我们就这两种不同模式进行一些比较。

标准化策略

拥护标准化策略的人认为，在已经工业化的国家里，文化的许多层面都已经相一致或者是相接近。对不同的市场推出统一的标准，这样不仅可以缩短上市的时间，同时也能节省更多的精力，无疑有很大经济吸引力。[95]这实际上是一个客位视角，是一种全球化策略，它将注意力集中在文化的共同点上，更多地从客位角度出发，从局外人的视角看待一种文化。宜家、星巴克、盖普和贝纳通公司是推行这一政策的典型代表。这些公司通常采取纵向一体化策略[96]（公司在产品生产和销售上有不同层级，就像工厂和零售商一样），进行品牌销售。这种标准模式虽然成功，但是它冲淡了本地习俗，同时也让一些本地公司和小公司不得不退出竞争舞台。

本土化策略

另一方面，一些营销者采用主位视角，崇尚本土化多重策略，他们更注重文化间的差异。他们认为每一个文化都是独特的，有自己的一套特殊系统。同样，他们认为每一个国家的人们都有着自己的个性，拥有自己的行为模式和性格爱好。[97]基于此，一个有效的策略应该是能迎合、满足本土特殊需求的策略。相对来说，主位的视角是一种比较主观、重体验的方法，它更看重的是局内人的感受。

有时候，采取这种策略需要对产品进行一些改变，以符合当地人的喜好。美国“R”玩具就是这样，在进入当地市场时，它会对其价格和产品类型进行一些调整。[98]在印度，露华浓公司进驻的时候，为了使产品更加适合当地妇女的肤色和当地的气候特征，对化妆品的颜色和材质构成都进行了一些调整。[99]宜家虽然推崇标准化管理策略，但是它发现，在喝饮料的时候，美国人喜欢放很多冰在玻璃杯里，所以欧洲产的小号玻璃杯自然不会受欢迎。同时也发现，美国消费者喜欢大的床、大的书架，喜欢不仅仅能坐还能够躺着的沙发。随着中国家具用品需求量的猛增，宜家北京店已经是除斯德哥尔摩旗舰店外规模最大的，里面拥有一个可以容纳 700 人的餐厅。[100]

一些公司修改了产品名称的提法或宣传措辞以适应不同文化。有些情况下，文字游戏就不够用了。有些消费者不喜欢四处泛滥的流行商品。在日本，美国服饰的状况不甚乐观。它们价格有些过高，质量却不见得有多好；更重要的一点是，美国服饰的样式与日本人的身形不是很搭配。同样，一些著名的跨国公司在美国也没有取得成功。家乐福大型卖场在美国最终关门大吉。中国香港的“上海滩”在曼哈顿的冒险也以失败收场。一方面是因为价格过高，另一方面也是因为它们并不符合美国人的生活习惯。[101]

影响市场的文化差异

哪种观点正确？是主位的观点还是客位的观点？这可能有助于帮我们弄清楚，在不同文化环境下，人们需要、欢迎什么样的产品。

考虑到单是美国人在品位上就已经有相当大的差异，你就不会惊讶于全球的人们各有自己的偏好——研究者需要揭示的偏好。消费者习惯于各种类型的广告。有时候，广告内容和商店营业时间由当地政府规定。例如，在巴黎，大多数商店周日是不营业的，最近，一家巴黎法院裁决，路易・威登公司在周日的时候同样也要关门歇业[102]德国的广告更多地关注事实信息，而不强调强行推销。实际上，在德国广告里，提到竞争对手的名字是非法的。[103]与此相反，英国和日本把广告看作是一种娱乐形式，与美国的广告相比，英国电视商业广告包含的信息量少。[104]日本广告则以情感诉求为主要特征，并且提供比较信息被认为是不礼貌的。[105]

沃尔玛超市在有些国家取得了成功，但是它也有失败的时候。在德国、日本和韩国，人们更喜欢去逛本地的特色小商店，去购买精致小包装的商品和自己熟悉的产品。因此，对德国、日本和韩国消费者而言，沃尔玛的低价、流程化的控制以及多样化并没有太大的吸引力。[106]

商人必须对某些特定的文化话题高度敏感。对英国人来说，猫眼石是厄运的象征；猎狗和猪是穆斯林的禁忌。日本人对数字 4 以及与“shi”同音的词很敏感，因为他们认为这和死是同音，是不吉利的。当然，在对待性这方面，不同文化的差异性会更大。美国人会因为自己的性经验而自豪，但是欧洲人相对保守，如果将美国的广告放在欧洲，估计大多数欧洲人都会面红耳赤。伊斯兰教国家遵循的是更为保守的制度，因此，力士香皂的广告模特必须穿上相对保守的衣服。在此之前，东正教犹太人因为代言人莎拉・杰西卡・帕克（Sarah Jessica Parker）在香皂广告中的穿着过于暴露而提出过强烈抗议。[107]

经济差异也是一个很重要的因素。在某些情况下，公司在全球扩展业务的时候也会遇到阻碍，特别是在经济欠发达的地区。对美国人而言，信用卡消费再平常不过，但在其他国家并非如此。在中国，人们习惯先攒钱，后消费。信用卡的使用还处于起步阶段，只有在少数大型商场里它才被普遍使用。[108]

有时候语言也会成为商品成功的一个障碍。游客们经常会遇到一些令人哭笑不得的广告宣传词，马略卡岛（Majorca）的干洗店的英文广告是：Drop your pants here for best results（本意是：在这儿，您的衣裤将会得到最好的待遇）。第 6 章提到了一些美国本土商人，他们即使在本国推销商品时也会犯错误，那么很容易想象，在国外市场上，这种错误更容易出现。避免这种障碍的一个方法是，寻找更加地道的翻译方式，将意思用正确的本土语言表达出来。[109]

营销全球化是否可行?

我们一直在讨论营销全球化的利弊，应用到实际中它也会产生不一样的结果。就像之前我们所说的，它失败的一个原因在于，不同国家的消费者们有着自己的一套消费规则和理念，这些理念不尽相同，所以很多时候，单纯的一套营销手段并不能总是奏效。

那么营销全球化是否可行？或者我们换一个更加合适的问法：它什么时候能奏效？为了使利益最大化，营销者们必须找到那些来自不同国家，但是却有共同消费信念的消费者。哪些人属于这一类？其中两种人是最好的潜在消费市场：（1）富人。因为商务交流、旅行等原因，他们更容易接收世界各地的信息。（2）年轻人。他们很容易受到时下流行的影响，比如MTV和其他的传媒所传播的内容，比较容易被他们接受。不管是身处罗马、苏黎世、卢森堡还是伦敦，MTV爱好者都可以聆听相同的旋律。[110]意大利人的时装一直是世界的时尚的风向标，他们的服装设计很新颖，设计理念更是打破了国家的边界。设计师们会用服装表达出对社会的种种现象，包括艾滋病、贫穷、种族歧视、战争、疾病和饥饿的批判。[111]

最近一项对41个国家消费者进行的大型研究，将消费者分为四大类型[112]：

- 全球化公民。这一类型的消费者所占比例最大，为55%。他们认为，只有成功公司产出的商品才会有较好的质量保证。他们比较看重这些公司有没有承担起自己的社会责任，包括保障工人权益以及保障消费者健康等。
- 理想化的全球化公民。占比第二大消费者，占23%。他们认为品牌是商品的象征。和全球化公民不一样的是，他们并不关注这些公司是否承担起了应有的社会责任。
- 反对全球化者。13%的消费者对全球化公司能否提供更好的产品与服务持怀疑态度。他们不喜欢那些宣扬美国价值的大品牌，也并不认可这些公司承担社会责任的行为。一句话，反对全球化者会避免这些全球化品牌。
- 不定论者。9%的消费者并不会根据品牌来决定是否要掏钱购买，他们会用评价本土产品一样的模式来评价这些国际品牌，不会因为商品是国际品牌而对其另眼相看。

西方消费文化带来的混乱

当你漫步在里斯本或者是布宜诺斯艾利斯街头时，你会看到耐克、盖普和李维斯的广告充斥街头。每年，美国国家篮球协会的特许商品在海外的零售额达到5亿美元。[113]在全球化的社会里，人们快速地接受外来文化，特别是那些让他们羡慕的文化。就像韩国对待日本的态度一样。在韩国，日本的摇滚乐要比韩国的摇滚乐更受欢迎，日本的漫画、娱乐节目和时尚杂志也备受推崇。一位韩国研究者解释这种现象说："文化就像是水一样，会从强国流向弱国。人们往往更加向往那些富裕、自由、先进的国家，而在亚洲，这个国家便是日本。"[114]

我想要买一杯可口可乐，或者一双耐克鞋

西方国家，特别是美国，一直是文化出口国。随着现代化进程的推进，许多国家的消费者都受到西方生活方式的影响，比如英语语言的使用。

一个市场民意调查指出，在海外，将近10%的消费者抵触美国的公司和商品，比如麦当劳、星巴克、美国航空公司、芭比娃娃等。抵触者认为，推销这些商品是美国单边主义的外交政策手段。研究也表明，越是西方文化渲染意图明显的商品，它们所受到的阻力也越大。因此，我们可以看到，一般来说，越是流行的商品，它们的营销方式越是低调，人们甚至很难发现这种产品是哪国产的。就像人们一般都以为喜力是德国产的，而实际上它是荷兰产的。诺基亚也被很多消费者认为是日产商品，而实际上它是芬兰产的。也很少有人知道美国是雅诗兰黛的生产地。[117]

美国的媒体，特别是电视媒体，也会对全球营销产生一定影响。就像《学徒》这一电视真人秀，它迅速出现了欧洲、南美、亚洲版。节目策划人的身份可以是德国足球教练、阿拉伯的身价过亿的企业家，也可以是巴西某个广告公司的CEO。地方版的学徒们有可能需要在伦敦卖花，在法兰克福卖热狗，在芬兰卖烤鱼。[118]有些选手会遭到淘汰，他们被告知这一情况的方式也是不同的，比如在芬兰，学徒被无情告知："你可以走了。"

尽管欧洲牛仔服装越来越受到欢迎，但像李维斯这样使人联想到美国西部、美国运动服的美国品牌，在全世界仍有大量需求。

人们批评美国文化在世界其他国家的渗透，一个重要的原因是认为美国文化太物质主义。法国是反对声音比较高的一个国家，它为此甚至尝试过禁止“franglish”（法式英语）这一词在药房、快餐店、超市的推广使用。[119]在阿拉伯国家，那里的父母们购买芙拉娃娃，这是一种打扮非常保守的娃娃，身着阿拉伯国家传统的服饰。它的主要市场是那些观念传统的阿拉伯父母们，在这些父母的眼中，芭比显然是过于性感了，违背了他们的传统理念。而且芙拉娃娃会一直单身下去，不会像芭比娃娃一样找了肯做男朋友。[120]

对国外产品的需求

有些产品在推销至全世界时用的是同一形象，但是这种做法并不适用于所有产品。这好像是基于消费者喜新厌旧的心理。美国的消费者想要国外的产品，而国外的消费者想要美国的产品。因此如何让一个公司的形象既能满足本土的需求，又能满足国外消费者的需求呢？这是一个值得思考的问题。在美国，宜家是一个物美价廉的家居连锁店，里面的设计很是时尚、有个性，很受美国人的欢迎。但是在瑞典，在宜家购买商品可并不是一件值得吹嘘的事情。一位瑞典的消费者说：“也许只有当孩子很小的时候我们才会去宜家选购一些合适的家具。”美国人把宜家看作是良好设计的典范。[115]而在世界的另一头，中国，美国商品被疯狂地追逐。一些老牌的商品，像李维斯仔裤、别克轿车在中国大行其道。因为在好莱坞的电影中它们曾频繁出现。一些商品经过一番包装后，形象焕然一新，之后再在新的市场中推销，美国的商品便经常会用这一招。李维斯的裤子在美国可能只能放在折扣店里，而当它转到中国市场时，便成为了时尚有型的美国服饰品牌。[116]

转型经济体中出现的新兴消费文化

60多个国家的对外贸易总额加起来才将近100亿美元，但仅仅135家跨国公司的对外贸易总额便远远超过这个数目。这些市场大鳄们有助于创造全球消费伦理。[121]世界上的人们被越来越多的豪华轿车、闪耀的摇滚明星所包围，现代技术的使用也让人们的生活越来越轻松。所有的这些让人们开始慢慢形成了一种物质主义价值取向，认为这些大品牌是财富的象征。购物也开始从一个轻松的满足基本需求的活动变成一种休闲消遣活动。拥有这些让人羡慕的商品成为了彰显自己地位以及满足自己欲望的方式。20世纪90年代后，东欧的许多国家开始从贫穷向富足过渡。但是在一些国家，传统的经济体制并不能一下子被改变，比如罗马尼亚等国家。这些国家正处于一个计划经济向市场经济转变过程中。在这种情况下，国外市场与全球经济扑面而来，不管是社会、政治、经济都需要一个快速的转变。[122]这种转变会带来一些后果，包括对本土文化信心的丧失与失望，压力的增加，为了拥有更好的生活而不得不选择牺牲休闲娱乐时间。在东欧国家，西方的物质主义文化正逐渐凸显。一旦开始有能力负担，东欧的人们便开始疯狂地追求来自美国、西欧国家的商品。一位分析师指出：“与苏联所梦想的社会相比，美国梦似乎和自由公平扯不上关系，而更多的是一种稍纵即逝的美梦而已。”[123]

随着全球消费市场的统一，产品开始走向同质化。甚至土耳其的一些都市人也开始过起了圣诞节。在中国，圣诞节受到新兴都市年轻人的热捧，他们将这一节日当成了一个可以购物、吃喝玩乐的平台。过圣诞节被他们认为是一件时髦的、国际化的事情，而实质上却并没有认可圣诞节的初始意愿。[124]中国的女性可以为了购买进口化妆品花费掉将近1/4的薪水，而完全忽视国产商品。就像一位中国经理所说：“有些女性仅仅会因为包装上面印刷了外国文字而购买它。”[125]

这张图片中，来自印度的母女在一起，既体现了国家地理特点，又体现了全球化的概念，是世界上不同风格的服饰的融合。

同质化

同质化并不是意味着不管是身处内罗毕、新几内亚、荷兰的人们，还是身处纽约、纳什维尔的人们在消费行为上没有什么差别。首先消费品本身的定义是随着当地的文化价值而变化的。在土耳其，城市妇女们会用微波炉来烘干衣服，用洗衣机洗菠菜。在巴布亚新几内亚，人们的传统服饰和米老鼠衬衫与棒球帽结合在了一起。[126]这些进程告诉我们：全球化进程虽然力量很强大，但是它很难真正意义上胜过本土文化；这一进程的结果将是消费文化多样化，消费品将会变得越来越有“弹性”，像耐克的旋风系列便带着浓厚的他族色彩。

当本土文化吸收外来文化并与之相结合时，我们便将这一过程叫做同质化。为了和当地文化需求相适应，很多时候我们会发现，有些产品在推销过程中被改变得甚至有些奇怪[127]：

● 在印度，有一种流行的混音音乐叫做“indi-pop”，它将印度传统音乐和摇滚、说唱融合在了一起。[128]

● 在美国，年轻的美籍拉美人将墨西哥大米与意大利面酱调和在一起，在玉米面饼上面涂上黄油和果酱。[129]

● 当斯威士兰公主嫁给祖鲁国王，身穿传统服装的她额头有一红点，红点周围有羽毛装饰，披一件由温多鸟羽毛、牛尾与豹皮做成的披肩。但是婚礼背景音乐却是《音乐之声》的电影配乐，同时整个仪式被柯达相机全程记录下来。

● 在巴布亚新几内亚，部落成员们鼻骨上打的孔里不再戴鼻环，而改插派通笔。

● 只要是外来的新奇事物，尽管有时候可能还不明其意，日本都喜欢用外语新造词来标识。比如名叫 Fairlady（贵夫人）、Gloria（歌莉娅）、Bongo Wagon（邦戈）的汽车。消费者们购买 de-odoranto（deodorant，除臭灵）、appuru pai（ap-ple pie，苹果派）。广告商让顾客“Stoppu rukku”（stop and look，停下来看看），而宣传产品的时候会说 yuniku（unique，独特）。[130]其中一些商家的产品用的是英文名字[131]，包括 Mouth Pet（口气清新剂）、Brown Gross Foam（染发摩丝）、Vir-gin Pink Special（润肤乳）、Cow Brand（美容香皂）。[132]

后现代社会的时尚

受当代社会和经济条件的影响，服饰以及其他各种可以表明我们身份或意义的事物，我们统称为“后现代时尚”。里昂（Lyons）表示，一种新的消费结构正在诞生：之前的中心是工厂和生产，而现在的核心则是消费者与消费。[133]就像我们所讨论过的，现在人们可以通过各种渠道获取各种时尚信息，包括互联网、旅游、电视等方式。随着全球化趋势的增强，传统文化的界限开始变得有些脆弱（有时候被同质化，有时候被完全打败）。比如说性别概念的转变，某些亚文化的流行以及一些复古潮流的新起。

凯撒（Kaiser）描述了在后现代社会里，消费者为自己形象负责时面临着一种“抉择、混乱、创造性”境地。[134]市场的选择太多，遍布世界的五花八门的商品扑面而来，时尚的范围也变得更为宽广。一条牛仔裤或一双鞋子也会根据穿着的不同目的做出风格迥异的设计。有时候，由于过于复杂，人们反而会更加混乱而不知道如何选择，这时候简单的黑色服装可能会受到更多人的喜欢。在这种环境下做决定，一方面会让消费者混乱，另一方面却让创新有了更多的发展空间。[135] 每个月都会有成千上万的服装商开发出无数条新的服装生产线（包括那些没有标牌的服装），形象和风格变化多端，服装时尚可能随时改变；MTV 的拍摄也很注重形象变化，在一个 MTV 里人的形象可以瞬间变化（麦当娜的百变造型）；一些小众青年崇尚朋克、哥特等风格。

后现代社会时尚最显著的不同，表现在它以一种新的方式来掌控时尚及其具体内容，这种新的时尚更具有包容性、多样性、不确定性，它可以吸收来自世界各地的元素并重新整合。我们是商品消费者，也是时尚创造者，我们掌控自己的风格，创造独特的自己。

本章概览

- 一个社会的文化包括它的价值、道德和人们生产出来的所有产品。它是社会成员们生活中积累起来的共同分享的传统。描述一个社会的文化可以从生态系统、社会结构和意识形态说起。物质和非物质文化是我们最常了解的文化形式。
- 神话是指那些包含了一些象征性要素，反映了某种社会文化精神需求的故事。许多神话都呈现出对立冲突的两面，对事物、事情的好坏进行了明显的定义（比如自然和科技之间的对立）。现代神话通过广告、电影和其他的媒介，包括简单的商标向世人传播开来。
- 仪式由一系列复杂的、具有象征意义的行为组成，它们会在特定的场合下发生并且会周而复始地进行。仪式对消费者行为诸如服装消费影响很大，特别是在特定场合下，比如节日或是送礼时。
- 通过仪式是一种特殊的仪式，当一个角色向另外一个角色过渡时举行。这种仪式对一些特定的物品以及服务有需求，这被称为仪式性物品，一般包括服饰，让角色转变容易一些。现代的通过仪式包括毕业、结婚、葬礼、第一次联谊会等。
- 消费者可以被分为世俗消费与神圣消费两大块。人、物、事都可以被神圣化。神圣化是指当平常的事物被一些特殊人物所拥有，或者因为其他原因和特殊意义相挂钩时，这些事物会附带地沾上了特殊的光环。世俗化是指一些原本神圣的事物或事件由于被复制而泛滥，融入到日常生活时，便会开始慢慢失去原有的意义价值而不再神圣。
- 文化风俗对人们的消费行为影响很大。营销者们必须了解不同地区的文化喜好和禁忌。当产品需要在其他地区营销时，需要首先解决的问题是了解当地的文化包容度，考虑是否需要对产品进行大的修改以适应本土消费市场。客位策略认为不同的文化总会有相同的、可以共用的信息。主位策略的观点是，不同文化的差别太大，不可能用一套标准的流程就走遍天下，营销者们应该抓住市场之间的不同点，更新产品以适应不同的消费市场。采用市场全球统一化策略的结果不尽相同，当产品与目的市场的文化较一致，或者当消费对象的国际化程度比较高时，这一策略成功的概率会比较大。
- 美国是一个文化出口国，许多国家都推崇美国的商品。对于美国化这一现象有许多的批评。同时本土文化与外来文化相融合的现象越来越多，我们将这一过程叫做同质化。
- 后现代社会的时尚是世界的一个混合体，它打破了之前的传统规则。

关键词

文化	神话	世俗消费	文化类别
二元对立	世俗化	集体主义文化	个人文化主义
神圣化	个人主义文化	仪式	主位视角
准则	客位视角	外显性准则	全球消费伦理
仪式器物	内隐性准则	送礼仪式	伦理
转型经济	通过仪式	同质化	神圣消费
传统			

问题讨论

1. 我们可以把文化看作社会的个性。如果你的文化是一个人，你会如何描述它的性格特质？

2. 外显性准则和内隐性准则的区别是什么？指出在你的文化中，当男女首次约会吃饭时的内隐性准则。他（她）们将穿什么样的衣服？

3. 阅读霍勒斯·迈纳（Horace Miner）发表在《美国人类学家》（*American Anthropologist*）上的《Nacirema人的身体仪式》，然后和同学们讨论那里发生了什么。

4. 访谈那些来自于其他国家的同学，比较他们国家的节日风俗与美国的节日风俗的差异，包括节日中器物的差别。

5. 在赠送礼物的消费过程中，消费者的购买决策和其他购买过程的有什么不同？你收到过服装类的礼物吗？你喜欢吗？购买礼品做自我赠礼的主要动机是什么？

6. 比较一下，购买服装类产品和非服装类产品作为礼物，在购买之前、购买过程中、赠送过程中、赠送之后，男人和女人的异同。

7. 描述一下你所属文化中婚礼的仪式脚本，在这样的仪式中，需要多少器物？仔细地描述在婚礼中人们穿的衣服。

8. 描述一下大学毕业典礼仪式的三个阶段。

9. “圣诞节越来越成为人们互相交换礼物的机会，并且可以促进经济的发展。”你同意这一观点吗？为什么？

10. 你有喜爱的收藏品吗？就你所知，描述一下这种收藏品。

11. 由于竞争越来越激烈以及市场饱和，工业化国家的营销者越来越注意开发第三世界的市场，鼓励不发达国家的人们购买西方发达国家的产品，你认为这种倾向应该被鼓励吗，尤其是营销人员鼓励第三世界国家的人们购买非生活必需品的时候？请问你的观点是什么？

12. 看一看在你周围有没有同质化的产品？这些同质化的产品都是什么类型的？

13. 最近你去过美国吗？如果你去过，那么美国在广告中，或者在产品的使用和偏好上与你的国家相比有什么不同？你最经常见到的美国品牌是什么？比较不同国家的杂志广告有什么差别。

第3章
时尚消费者文化的创造与传播

当阿莱克斯在位于美国堪萨斯州威奇托市阿贝克隆比 & 费奇商店浏览货架上的商品时，她的女伴克洛朝她喊道：“阿莱克斯，看看这件！这些豹纹裤子很紧绷！”看了 MTV 之后，阿莱克斯知道这是酷的意思，并且她也赞同这一看法。当她把裤子拿到收银台结账的时候，她已经迫不及待地想第二天穿上它去学校了。她初中的所有女伴都在穿衣上互相攀比，就像“天命真女”组合和其他受欢迎组合中的那些女孩一样。明天，她的朋友也许会不敢相信自己的眼睛。学校中低年级的学生也许会认为，她引领了一股新的纽约市街区潮流。尽管她从未到过密西西比以东的地方，但阿莱克斯很清楚，她与在报纸上读到的纽约布朗克斯的潮流风将会是多么契合。

文化的产生

尽管市中心的青少年只占了那个年龄段所有人口的8%，收入也远远低于市郊同龄白人，但是他们对年轻人的音乐和时尚品位的影响，却远远大于这个数字本身所代表的意义。打开 MTV，摇滚音乐充斥着整个节目。走到报摊，《感应》（*Vibe*）这类杂志等着你购买。许多网址如 www.vibe.com、www.templeofhiphop.org、www.b-boys.com 都是有关嘻哈文化的。

除了音乐之外，“城市”时尚也在向城市中心地带传送，越来越多的零售连锁店开始建立，它们的目标都是要吸引年轻的城市中产阶级的注意力。梅西和杰西潘尼创立了 FUBU。这家城市服装公司在城市中心地带销售光缎面的棒球夹克、喇叭状裤腿的宽松牛仔裤、羊毛上衣，但是其销售量中有40%销售给郊区的白人消费者。大的品牌如范思哲、汤米·希尔费格（Tommy Hilfiger）、诺蒂卡（Nautica）、盖尔斯（Guess）要考虑年轻人的嘻哈文化已经是一个标准化的需思考的问题。像 www.hiphopcapital.com 这样的网站售卖金光闪闪的牙齿配饰物——嘻哈文化的象征。嘻哈文化这样一种亚文化为什么会在这么多层面上影响了大众市场？

美国人总是着迷于圈外的英雄——无论是约翰·H·狄林杰（John Dillinger），还是詹姆斯·迪恩（James Dean），抑或安德烈·罗梅勒·杨。正如一位城市青年人的研究者所言：“人们会与强烈反压迫的信息——如表征反抗排斥黑人的说唱音乐有共鸣。”[1]

具有讽刺意味的是，阿莱克斯所经历的唯一“压迫”，是母亲在她卧室发现吸剩的半截烟头之后，父母对她的约束。她在美国中西部白人中产阶级居住区居住。但她却通过根源于遥远地方的穿衣风格——即使这些穿衣风格的原初意义几乎与她毫无关系——与美国数百万的其他年轻消费者象征性地联系起来。作为“白人面包”社会的特权成员，与纽约和洛杉矶街区的孩子相比而言，她的嘻哈服装在她所居住的乡村世界更具有不同寻常的意义，这些最新款式的服装类型甚至可以更好地阐释这样一个事实，即阿莱克斯的穿着风格标志着该产品已经不再流行，并且是时候更换服装风格了。

大公司正努力去捕捉黑人城市文化中酝酿的下一个主导时尚潮流。所谓的黑人城市文化就是人们在大街上称之为“风味”的时尚。例如，斐乐（Fila）是成立于1926年的一家意大利内衣制造商，最初通过集中精力于诸如滑雪和网球等“排斥黑人的纯粹白人运动”（lily-white），而进入到休闲运动服行业。斐乐公司签约将瑞士网球明星比约恩·博格（Bjorn Borg）的形象和签名印在衣服上，产生了强烈的影响。10年后，虽然人们对网球的狂热退却了，但是公司发现，Heavy D 等说唱明星正穿着斐乐的运动套装，以此象征着他们在白人乡村俱乐部的理想化生活方式。于是斐乐跟上了潮流，并且改变了目标市场的方向，从而使得斐乐在运动鞋市场的份额有了显著的增长。[2]

最初作为黑人城市文化表达方式的嘻哈风格音乐和时尚，是怎样成为美国主流的呢？嘻哈风格发展简要记事如下：

● 1968 年：布朗克斯的流行音乐 DJ 库尔·赫克（Kool Herc）创造了嘻哈风格。

● 1973—1978 年：城市街区宴会上演霹雳舞并展示街头涂鸦。

● 1979 年：一个名叫 Sugar Hill 的小唱片公司成为第一个说唱商标。

● 1980 年：曼哈顿艺术展览馆展出涂鸦艺术家的作品。

● 1981 年："金发女郎"乐队（Blondie）的歌曲《欢天喜地》登上了排行榜的第一位。

● 1985 年：哥伦比亚唱片公司收购 Def Jam 唱片公司商标。

● 1988 年：MTV 播放由嘻哈元老 Fab 5 Freddy 主演的《哟！说唱音乐电视》。

● 1990 年：好莱坞涉足嘻哈风格电影，推出《家庭宴会》（*House Party*）；Ice-T 的说唱集在校园广播站中频繁播放；在争辩中，Vanilla Ice 成为最杰出的白人说唱家；NBC 推出新的连续剧《贝莱尔的新鲜王子》。

● 1991 年：美泰（Mattel）公司引进了"铁锤娃娃"（说唱明星 Hammer 的形象，就是从前的 M. C. Hammer）；设计师卡尔·拉格斐（Karl Lagerfeld）在他的香奈儿秀里展出闪亮的尼龙雨衣和链式皮带；设计师夏洛特·纳维尔（Charlotte Neuville）以 800 美元出售配上棒球帽的金色尼龙套装；艾萨克·麦兹拉西（Isaac Mizrahi）采用宽边帽子设计以及非洲式花边装饰；布鲁明戴尔在其曼哈顿分店放映说唱表演，并推出安妮·克莱恩（Anne Klein）有说唱灵感的服装系列。

● 1992 年：说唱明星开始放弃这种形象，转向不太贴身的宽松牛仔裤；白人说唱歌手马基·马克（Marky Mark）在一个全美性的活动中穿着卡尔文·克莱恩内衣，露出紧身短裤；作曲家昆西·琼斯（Quincy Jones）推出杂志《感应》，吸引了许多白人读者。[3]

● 1993 年：嘻哈风格时尚和俚语仍然是主流消费者文化。可口可乐的一个户外广告声称："拥有你的 24—7"。公司相信，目标市场中的观众会知道这个标语是"永远"这个词的城市俚语（一天 24 小时，一星期 7 天）。[4]

● 1994 年：（已故）意大利设计师范思哲推出城市孩子喜欢的超大号罩衫。一则广告反问道："超大号的罩衫，有点像说唱歌手和街头男孩穿的衣服，为什么要穿成熟的款式？"[5]

● 1996：汤米·希尔费格，一位备受宠爱的年轻品牌服装的设计师，开始转向嘻哈风格服装设计。他为说唱音乐艺术家 Grand Puba Maxwell 和 Chef Raekwon 免费提供全部服装行头；作为回报，他的名字出现在说唱音乐歌曲里——这是最大力度的广告宣传。1996 年 9 月嘻哈组合"难民营"（the Fugees）发行单曲，几个乐队成员突出地展示了希尔费格 logo。

希尔费格最新的"汤米女孩"（Tommy Girl）香水上有他的名字。同时他的名字也出现在纽约嘻哈标志"汤米男孩"男士香水上。[6]

● 1997 年：可口可乐聘请了说唱歌手 LL Cool J 为其做电视广告，插播在喜剧连续剧《屋檐下》中，这部连续剧捧红了这个歌手。[7]

● 1998 年：为了与"多克斯"（Dockers）公司竞争卡其布制服的市场份额，盖普公司推出了它的第一个全球广告运动。其中一个电视广告"最佳的卡其布"，运用了比尔·梅森（Bill Mason）音乐伴奏的嘻哈舞表演。[8]

● 1999 年：转向说唱音乐的企业家肖恩·普夫·库姆斯开发了他称之为"城市高档时尚"的高品质男服。新品牌 FUBU、Mecca 和 Enyce 取得了销售额数十亿美元的成功。[9]美国著名歌手劳伦·希尔（Lauryn Hill）在由意大利知名服装品牌阿玛尼（Armani）资助的社交聚会中演唱并且称赞说："我们非常感谢阿玛尼品牌给来自贫民区的孩子们这么好的服饰。"[10]

● 2000 年：当 www.360hip-hop.com，一个致力于嘻哈文化的网络社区被建立起来的时候，嘻哈文化进入到了数字化时代。消费者可以一边看威尔·史密斯等明星的视频采访，一边在线购买服装和音乐。[11]加州大学伯克利分校通过教材《灌篮科学：说唱音乐和嘻哈文化评论》，将嘻哈文化作为一种流行文化来分析。"Vibe"风格时装表演代表了篮球场上的"新的年轻一代"，并于

2000 年将嘻哈文化阐释为运动装、街头潮流装、复古、多用途和态度的结合。[12]

● 2002—2003 年：玩具生产商模仿嘻哈的做法，把表示复数的字母“S”改成“Z”。这种趋势始于 1991 年的电影《街区男孩》（*Boyz N the Hood*）（这个名字本身来自说唱乐队 N. W. A. 1989 年的一首歌曲）。2002 年圣诞节期间，塔吉特百货创设了儿童玩具区，命名为“Kool Toyz”。这些玩具拥有“像闪亮小天后布拉茨娃娃”、“迷你女神”（Diva Starz）这样的名字。[13]

● 2005—2006 年：成功的艺术家们开始将帝国扩展到其他领域。Jay-Z 通过嘻哈财富成为新泽西篮球队的股东；Nelly 买入夏洛特山猫队（Charlotte Bobcats），然后扩展分支机构进军能源饮料行业，50％投资于“维生素水”。Esquire 以《时空英豪》中的主角 Andre 3000命名世界上穿着最好的男士。《火线》（The Wire）成为美国纽约的有线电视网络媒体公司最受欢迎节目。

在纽约的时尚风格贸易展上，嘻哈风格与亚洲主题结合。

● 2007—2008 年：随着世界范围的艺术家们各自作了具有地方色彩的阐释之后，嘻哈文化渐渐从美国土壤中脱离出来。一位土生土长的澳大利亚嘻哈舞蹈家告诉人们，他所穿着的 FUBU 品牌衬衫是“全金色”的意思。[14]土生土长的欧洲艺术家们非常受欢迎，如丹麦的 Jokeren 和嘻哈音乐组合 Den Gale Pose、德国的 Statis 和 NATill、英国的 Sway。[15]

主流文化改变“前卫”的亚文化群体所认可的标志，并且把这些标志推广到更广泛的群体，这是很寻常的。与此同时，这些文化产品要经历共同选择的过程，在这个过程当中外行人改变了产品原始的意义。在这种情况下，说唱音乐在很大程度上脱离了原来的意义，不再与年轻美国黑人的奋斗有联系了，并且成为现在的主流娱乐形式。[16]一个作家把白人“嘻哈族”看成一系列同心环。其中心是那些真正了解黑人和黑人文化的人，最靠近中心的环是那些通过亲友间接了解这种亚文化的人，但他们又不是真正去说唱、涂鸦或者跳霹雳舞的人。接着，更外围一点的环是那些只是演奏嘻哈音乐和其他音乐的人。最后更偏远的环是更多的城市知识分子，他们只是尝试跟上下一次的流行时尚。[17]当一种文化中的某些成员创造的含义被大众消费者解释和采用时，会出现许多情况，嘻哈时尚和音乐的传播只是其中一个例子。本章探讨我们所在的文化如何赋予日常产品以意义，这些意义又是如何通过社会向消费者传递的。如图 3—1 所示，广告和时尚工业通过将功能型产品与其象征的性质，如性感、有修养，或仅仅是“酷”联系起来，传递产品的意义。反过来，当消费者使用这些产品来创设和表达各自身份时，这些产品赋予消费者以意义。[18]

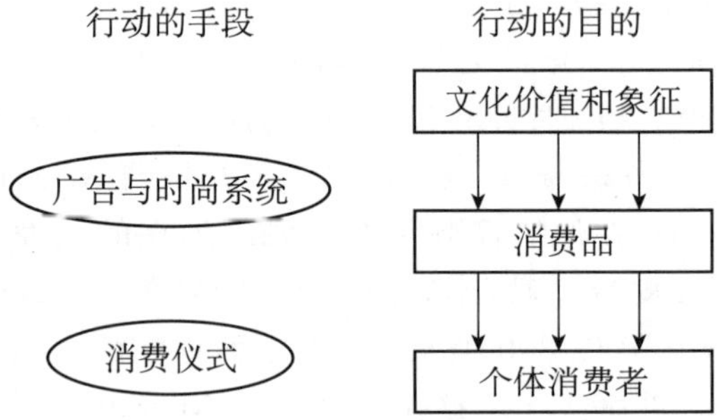

图 3—1　意义的运动

资料来源：Adapted from Grant McCraken，“Culture and Consumption：A Theoretical Account of the Structure and Movement to the Cultural Meaning of Consumer Goods，” *Journal of Consumer Research* 13（June 1986）：72. Reprinted with permission of The University of Chicago Press.

文化选择

豹纹裤子、乳头环、厚底鞋、寿司、高科技家具、后现代艺术建筑、聊天室、加一点肉桂的低咖啡因卡布奇诺。我们生活在充盈着各种不同风格和各种可能性的世界。吃的食物、驾驶的汽车、穿的衣服、生活和工作的地方、听的音乐……所有的这一切都受到流行文化和时尚兴衰的影响。

消费者常会感觉到自己被市场提供的大量选择所淹没了。某人想购买像领带一样平凡的物品，却发现有上百种选择！尽管看起来有很多选择，但是，消费者在任意场所的选择，其实只占所有可选择中的很少一部分。

如图 3—2 所示，挑选汽车、裙子、计算机、唱片歌手、政治候选人、宗教，或者甚至是科学方法，都要从特定选项中做出选择，就像漏斗，是一个复杂筛选过程。最初，许多产品在市场上相互竞争，争取消费者接受，随后，这些产品在文化选择（cultural selection）的过程中不断被选择，从概念到实际消费，备选的产品渐渐地被筛选掉。

我们的品位和产品偏好的选择并不是在真空中形成的，而是受大众传媒所传播的形象驱使的，是受对身边事物的观察驱使的，或者甚至是受营销者创造的对生活的愿望和梦想世界驱使的。这种选择在不断发展和变化之中，今年火爆的服装款式或烹饪方式，明年可能就会过时了。

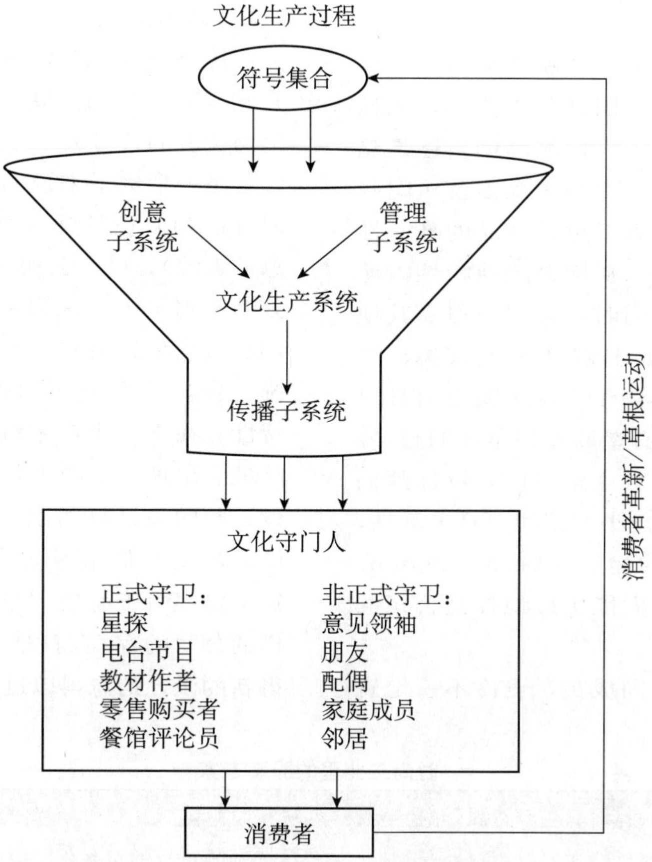

图 3—2　文化生产过程

资料来源：Adapted from Michael R. Solomon, "Building Up and Breaking Down: The Impact of Culture Sorting on Symbolic Consumption," in *Research in Consumer Behavior*, ed. J. Sheth and E. C. Hirschma, © 1988, pp. 325 - 351, with permission from Elsevier Science.

在本章开篇的时候，阿莱克斯对嘻哈风格的评估证明了时尚和流行文化的一些特征：

● 流行通常是更基本的社会趋势的反映（如政治和社会环境）。

● 一种风格刚开始的时候，少数人如冒险者或者独特者开始尝试。然后，随着其他人开始意识到这种风格并且大胆尝试，这种风格就流行起来。

● 流行风格通常源于设计师和商界人士的精心创作与普通消费者自发行动之间的互动。消费者改造风格，以适应他们的需要。能预测消费者需要的设计师、生产商和经销商将会在市场中胜出。在这个过程中，他们通过鼓励分销来促进消费者的购买热情。

● 这样的文化产品可以广为流传，可以超越国界，甚至跨越洲际。

- 有传媒影响力的人士将起很大的作用，他们决定哪种风格将最终胜出。
- 因为人们会不断寻求表达自我的新方式，营销者也会努力去迎合人们的欲望，所以很多流行最终都会过时而被市场抛弃。

文化生产系统

没有哪个设计师、公司或者广告商能单独创造流行文化。无论是畅销唱片、汽车还是新款服装，每个产品都需要不同参与者的参与。文化生产系统就是指创造、营销文化产品的个人和组织的集合。[19]

文化生产系统的本质决定了哪些类别式样最终会脱颖而出。其中，有些因素是重要的，包括竞争系统的数量和多样性、人们鼓励创新还是趋于保守等。例如，服装行业充满了太多公司间的竞争。设计师和生产商致力于创设产品的唯一性以区分于其他公司的产品，从而创造独特性以使该公司知名。然而，与此同时，大型公司和其他有强影响力的服装品牌如卡尔文·克莱恩、拉夫·劳伦、汤米·希尔费格和唐娜·凯伦通过对服装发展的相似视角，大有垄断零售市场的趋势。随着时尚工业已经融于一种生活方式，设计师们越来越难以保持独立。但是小型公司更具灵活性，并且许多人例如贝齐·约翰逊（Betsy Johnson）认为，通过保持独立，他们能更好地控制公司的发展方向和产品的质量。[20]

文化生产系统中的不同成员，也许不一定意识到或赞同其他成员所起的作用，但是事实上，大众流行文化依然是靠许多不同的机构才共同创造出来的。[21]每个系统成员都尽力去预测最吸引消费者的某个特定形象。当然，那些能够最准确地预测到消费者品位的成员才会成功。

文化生产系统的组成

文化生产系统有三个子系统：

创意子系统（creative subsystem），它产生新符号和产品；

管理子系统（managerial subsystem），它挑选、形成有形产品，大量生产以及管理新符号和产品的分销；

传播子系统（communications subsystem），它充实新产品的内涵，并为新产品提供一套传递给消费者的符号。

举一个例子来说明文化生产系统的三个组成部分：（1）设计师（如卡尔文·克莱恩，属于创意子系统）；（2）公司（一家授权公司负责生产和分销卡尔文·克莱恩牛仔服装，是管理子系统）；（3）负责促销的广告和出版代理商，是传播子系统。表3—1阐述了创造新时尚所需要的一些文化特性。在文化生产系统运行过程的中途，仿制产品就会出现，正如我们在第1章中所阐述的那样，设计师的设计被抄袭，被快速地仿制生产，这些产品被卖给低端零售商、折扣店以及超级市场。这个过程由于有像“第一印象”（firstVIEW）这样的公司的存在而得以加速。仿制产品的存在使得新的设计信息得以迅速传递。

表3—1　　时尚工业里的服装专家

专家	功能
设计师	设计具体项目，把创意转变成为样品，用立体剪裁的平纹细布制作，或者用纸样画出平面图
商人	开展未来趋势和风格的研究，计划、确定每个季节产品的数量
辅料采购	购买所有的原材料
成本工程师	分析生产成本以及最后给零售商的价格
质量控制专家	研发标准化的生产程序，识别问题，与生产员工一起改正这些问题
产品样品制定者	一旦定型，生产出高规格的产品样品
评级者	标定样品的尺寸
标志制定者	根据面料和剪裁的特征定出样品部件
缝制合同签订者	签订合同，将服装的缝制过程外包
生产商的推销员	为零售商展示样品
零售商	研究目前的市场趋势，购买最好的产品
计划者	决定每一家连锁店要采购的商品数量；和采购者合作

续前表

专家	功能
控制者	管理零售商的财政计划
店铺管理者	产品分类，确保解决问题，管理所有的员工
商品管理者	研发并监管公司在产品的计划、购买、广告、促销等领域的目标完成
销售管理者	监管商品信息，升级存货清单
营销人员	销售；为顾客提供信息和服务，做展品陈列并负责售出量与存货的平衡
广告部	构思、研发出宣传策略，创作广告以促销产品
公共关系部	在涉及公司的沟通、识别等领域处理公共关系

电子"晒衣绳"

网络使许多公司抄袭其他公司的设计变得比以往更加容易了。现在，仿版已和原版高端产品同时进入商场，一些投机冒险企业如"第一印象"已经建立自己的网址（www. firstview. com），向服装店和设计公司提供最新盗版产品，有时甚至泄露设计师最新产品的一切细节。事情变得越来越糟糕，以至于在春季时装秀上，法国女装品牌香奈儿要求摄影师们签署合同，承诺其所拍摄服装秀照片不在网络上发布。[22]

文化守门人

许多鉴赏家或者"品位制造者"都会影响将哪种产品最终提供给消费者。文化守门人（cultural gatekeeper）负责过滤那些提供给消费者的冗余信息和素材。守门人包括电影、餐馆和汽车评论者，室内设计师，音乐节目主持人，零售采购商以及杂志编辑。这些中介组合起来，就是通常所说的生产及市场推广部（through put sector）。[23]美国时尚刊物《女装日报》（*Women's Wear Daily*）是服装设计者们最重要的守门人。《女装日报》评论和发布每季最新设计，该刊物上的差评对设计师们而言可以说是最具破坏性的，无论是对于新的服装设计师还是地位已经确立的设计师而言均如此。正如"你最新的系列，就是你的水平"，这条标语在美国第七大道上已俨然成为一条规则。

高雅文化和大众文化

贝多芬和"吹牛老爹"（Puff Daddy）有共同之处吗？虽然这位伟大的作曲家和这位说唱歌手都与音乐有联系，但许多人会说，他们之间相似的地方仅此而已。文化生产系统创造了各种各样的产品，它们间存在一些基本的特点的区分。

艺术品和工艺品

艺术品和工艺品之间有一个主要的区别。[24]人们普遍把艺术品（art product）看成是艺术欣赏品，而不带有任何功能使用价值。相反，人们喜爱工艺品（craft product），往往是因为它既美观又实用（如陶瓷烟灰缸）。艺术品是新颖、精致和有价值的，并且一般和社会精英联系在一起。而工艺品往往遵守一套规则，可以快速生产。根据这个框架，精英文化是在纯粹的美学语境下产生的，并且参照公认的经典杰作来鉴定。它是高雅文化——"严肃艺术"。[25]

时尚和艺术

你对服装和时尚将作何划分？它是艺术品吗？是工艺品吗？一种"穿着艺术"——手绘丝绸和服也许被分类为艺术品，即使它可能作为功能性产品被穿着。相似的产品可能永远也不打算用于穿着，而是作为艺术品展示在墙上。一些人认为，高级定制女装可以被认为是艺术，因为一件价值 3 万美元，出自顶级设计师之手的作品，可与悬挂在客厅或博物馆中的画作相媲美。另一方面，根据定义，时尚被设计、生产并且以售卖到市场获利为目的，不应该被认为是艺术。纯粹艺术家认为，任何非原创性的、大宗生产或抄袭的产品都应该被视作拙劣或俗气的工艺品。

2000 年初，著名设计师吉尔·桑达（Jil Sander）与普拉达集团（Prada Group）因在创造性与成本控制方面存在分歧而毅然辞职。艺术和商业旷日持久的紧张关系在时尚界凸显出来。设计师们担心，一旦加入到大型市场团体中，就会失去对创造力的控制。另一方面，大型设计室（随着合并和收购，现在越来越流行）拥有资金，可以让顶级设计师自由设计以实践他们的创作想象。[26]迪奥（Dior）设计师约翰·加里亚诺（John Galliano）和古驰（Gucci）设计师亚历山大·麦昆（Alexander McQueen）二人的情况正是如此，他们设计出个性鲜明的极端作品。有些人说，像路易·威登和普拉达集团这样的大型奢华设计室提供这些昂贵的、个性鲜明的设计，是为达到天花乱坠的广告宣传目的，而最终却会将其标志产品售卖到低端市场。但唐娜·凯伦尽管拥有大规模的商品生产线如品牌DKNY，却不准备加入盖普。她说："若缺乏艺术之手，时尚将无法生存。对我而言，时尚是对人体的雕刻。"[27]但事实上，时尚是一种商业，底线是卖出衣服。

克里斯汀·拉克鲁瓦以及其他的前卫设计师有资金支持以"实现他们的想象"。

法国设计师拉克鲁瓦（Lacroix）将时尚和艺术的概念置于如下视角："……没有用于穿着的衣服对我而言不存在。如果我想将创作的幻想进一步深入，我会将目光投向剧院，以便这种创作能够在舞台上存在……或者，我会将目光投向概念艺术，将我最激进的想法展现在艺术殿堂 。"[28]

彼得·特雷纳的流行艺术鞋是为了纪念安迪·沃霍尔。特雷纳说："鞋子是艺术走进人们生活的表现方式。"

因此，他将时尚和艺术看做是一种连续体。川久保玲（Rei Kawakubo）说："时尚不是艺术，艺术存在于博物馆、艺术长廊或家庭。时尚是活生生的，用于穿着的。我发现，有趣的是，当不同种类的创作融合到一起的时候，会产生一种协作效果，这就是艺术与时尚相遇或时尚中的艺术的协作之美。"[29]

第一位获得普遍认同的女装设计师（不是女裁缝）是查尔斯·沃斯（Charles Worth），他为法国皇家宫廷设计的服装，19世纪60年代在欧洲流行开来，后来又在美国流行。自此以后，设计师开始售卖他们的"艺术"。一些人认为，艺术和时尚间最有效的联结是在20世纪30年代，当设计师夏帕瑞丽（Elsa Schiaparelli）与超现实主义者，特别是萨尔瓦多·达利（Salvador Dali）合作时（这就是时装与艺术的融合）。她的设计包括超现实的装饰细节，如装饰在夹克上的诙谐的串珠或蔬菜形状的帽子或家具。[30]

彼得·沃伦（Peter Wollen）提到：“人们认为传统上衣服的设计和制作是手工艺品而非艺术品……然而，在过去的200年里，它的地位正持续上升。”[31]并不是每位艺术批评家都赞同此观点。因为时尚商业不断变化的特征与艺术所要表达的东西是对立的。有些时尚来源于艺术的灵感，如1965年，伊夫·圣罗兰（YSL）的蒙德里安（Mondrian）绘画风格服装设计。1991年，范思哲的安迪·沃霍尔（Andy Warhol）风格的服装设计，采用的是詹姆斯·迪恩和玛丽莲·梦露的丝网彩印肖像。美国著名涂鸦大师斯蒂芬·斯普劳斯（Stephen Sprouse）的流行艺术绘画风格、卡尔·拉格菲尔德设计的作品被认为不只是源于历史灵感，而且冲击了其他产品的销量。尽管许多时尚设计师的灵感来源于艺术，其他人却认为，如果你单从“艺术”的字面意义上来理解，你将只能卖掉一件作品。

时尚通常代表一种艺术形式，有时候与其他艺术作品一起在艺术博物馆玻璃橱窗中展示。一个鲜明的例子是萨克斯第五大道精品百货店（Saks Fifth Avenue）的设计艺术馆和原创艺术收藏馆，这两大馆致力于将世界时尚、艺术和设计汇集起来，并以一种公众更容易接近的方式展示。原创艺术收藏馆收藏了一千多件永久安放于萨克斯第五大道精品百货店展出的艺术作品。设计艺术馆使用临街橱窗，展示摄影师威廉·韦格曼（William Wegman）、雕刻家查尔斯·隆（Charles Long）和画家兼雕刻家肯尼·沙佛（Kenny Scharf）的作品。位于纽约的包括拉夫·劳伦品牌服装店和范思哲女装店与艺术家们合作，共同致力于提升该地区“时尚与艺术汇合之地”的知名度。当地画廊艺术作品展示区域与时尚作品展示区域毗邻。[32]万宝龙和爱马仕在它们的旗舰店内或附近开设了艺术长廊。一些人认为，时尚品牌的第一职责是满足顾客的要求，因此，展示激进的或有争议的艺术作品会受到质疑。[33]

许多博物馆展示时尚，以及时尚与艺术之间的密切关系。比如：

● 20世纪80年代，据说三宅一生（Issey Miyake）是第一位将其作品展示在博物馆（旧金山现代艺术博物馆）并且大受欢迎的设计师，与此同时，他的作品正在商店被售卖。自此以后，我们又见到了其他作品。在位于纽约商店附近的三宅一生设计室画廊，三宅一生展示新的艺术作品。[34]

● 纽约的城市艺术博物馆服装馆举办了许多著名的展览。包括1985年展出的“伊夫·圣罗兰的25年”，1998年詹尼·范思哲（Gianni Versace）去世后的作品回顾展（有41万多人参观了此次展览，“时尚有比任何人设想的更宽泛的文化角色”）[35]，2005年举办的香奈儿展，2006年的“英国风：英国时尚的传统与超越。”

● 许多年来，时尚科技博物馆协会坚持举办其收藏品的展览。理查德·马丁（Richard Martin）是管理者，他创办了纪念碑式的时尚展览，如“三个女人”（克莱尔·麦卡德尔、川久保玲、玛德琳·维奥内特）、“时尚和超现实主义”、“运动迷和书呆子”。

● 1996年，佛罗伦萨双年会展举办了一场名为“艺术/时尚”的展览，这个展览由弗兰卡·索萨尼（Franca Sozzani）主持，他是意大利版《Vogue》杂志的总编辑。这件事情有艺术家和时尚设计师合作的特征。时尚设计师和零售商也支持艺术展。1996年，唐娜·凯伦在美国艺术中心惠特尼博物馆资助了“纽约纽约：满怀抱负的城市”展览。1998年，卡尔文·克莱恩在巴黎资助了图像展。香蕉共和国与宝马、德国汉莎航空公司在古根海姆现代艺术博物馆共同资助了“摩托车艺术展”，这是一个回顾展。另外，它们也资助了旧金山现代艺术博物馆的“亚历山大·考尔德”艺术展。雨果博斯（Hugo Boss）品牌一直以来都是古根海姆现代艺术博物馆的捐赠者，最近，古根海姆现代艺术博物馆以雨果博斯命名了一个奖项，奖励那些新兴艺术家。萨克斯第五大道整合了从伦敦皇家学院借来的艺术作品。[36]

● 1999年，海沃美术馆在伦敦举办了百年艺术与时尚展。

● 耐克为其新的气垫休闲运动鞋举办了纽约画廊艺术展。“我们想把这个产品推到艺术的高度，我们想用不同观点展现它，以重新界定跑鞋的定义。”（新产品采用优捷思网面材料，有17种颜色，尺码覆盖最小码到最大码。）[37]

● 有关2000年在古根海姆现代艺术博物馆举办的那场富有争议的展览，人们讨论得已经很多了。这个展览是乔治·阿玛尼（Giorgio Armani）

作品的回顾展。该展览由《造型》杂志资助，阿玛尼也曾是《造型》杂志的广告商。由阿玛尼支付的广告费以及给博物馆的巨额捐助，引起了有利益冲突的争议。

● 2002年，伦敦设计艺术馆举办了“约翰·加利亚诺在迪奥”展览。主题是“高质量生活与低质量生活”。2002年，在伦敦维多利亚和艾伯特博物馆举办了“范思哲艺术和工艺展”，回顾设计师最新的作品。[38]

● 国际时装艺术节每年都会给才华横溢的设计师颁奖。这件事本身就说明了艺术和时尚的融合。[39]

● 2006年，洛杉矶郡艺术馆举办了“打破模式：来自永久收藏品的当代时尚”展。[40]

美国以经营奢侈品为主的连锁高端百货商店内曼·马库斯（Neiman Marcus）提出了一个口号：设计师的工作是“时尚的艺术”。

正如我们看到的，高雅文化和大众文化的区分并不像最初我们预期的那样明显。高雅文化与大众文化，除了因社会阶层倾向而区分外（例如，我们假设富人有文化而穷人没有），也正以有趣的方式发生着融合。正如我们讨论的那样，时尚和艺术的关系已经延伸到市场营销领域。其原因何在？设计师发现，他们可以利用艺术来售卖服装。[41]目标市场是将艺术视作为自己生活方式的组成部分的人群。

流行文化反映了我们周围的世界并且触动着我们周围的每个人，无论他是穷是富。所有经由大众传媒传递的文化产品都是流行文化的组成部分。[42]经典专辑被策划成“专辑排行榜前40名”的营销模式，而展览馆也开始使用大众营销策略售卖产品。大都市艺术博物馆甚至使用卫星礼品商店的模式，模仿的是梅西百货广场和韦斯特菲尔德旧金山购物中心。

文化公式

相比之下，大众文化为大众市场大量生产商品。这些产品旨在满足大众的一般品位。无差异大众的品位是可以预测的，因为他们追随特定的模式。[43]许多流行的艺术形式，如侦探小说、科幻小说，其中特定的角色和道具常常出现。爱情小说是文化公式的一个极端例子。电脑程序甚至可以通过系统地改变特定故事背景，让用户“编纂”他们自己的爱情小说。

对这一公式的依赖，也导致了对大众认可的形象的循环利用，因为创意子系统的成员为寻找灵感通常会回顾过去，以至年轻人常看到重拍的《吉利根岛》。设计师修改了英格兰维多利亚女王时代和非洲殖民地的风格。流行音乐节目主持人从老歌曲中抽取乐段，用新的方式加以组合。而在盖普拍摄的广告中，则出现了身穿卡其布短裤的已故名人，包括汉弗莱·鲍嘉（Humphrey Bogart）、吉恩·凯利（Gene Kelly）和帕布罗·毕加索（Pablo Picasso）。由于现在有了方便使用的VCR、CD制作机，数码相机以及图形软件，所以几乎任何人都可以“重组”过去。[44]

现实虚构

无论是在商店、体育馆还是在主题公园中，我们都能在很多情景中发现自我，这种自我意象部分来自产品、市场营销策略或者是大众传媒。随着营销者借用并转化流行文化元素作为促销策略的一种工具，现实虚构（reality engineering）就出现了。[45]现实虚构使用的元素包括兼有存在的感觉和空间的知觉各方面，可能是电影、电视中的产品，也可能是办公室和商店的气味。于是很难分辨哪一个是真的了。甚至“旧牛仔裤”也由专家制作出来了，他们利用化学洗涤、砂纸打磨和其他技术，把新裤子做成旧得要扔掉的样子。时尚行业甚至用一个术语来概括这个矛盾，那就是：新复古风。[46]

现实虚构

营销和社会之间争议的焦点，集中在当公司提供素质素材给学校时。许多公司包括耐克、好时、绘儿乐、任天堂等提供免费的书本，封面上面印有公司的广告。12 000名美国小学生从第一频道的“电视早餐”开始一天的学习生活，第一频道向教室里的学生们展示电视广告，并以此为条件来交换教育节目。[47]

公司参与学校事务不是新鲜事。在 20 世纪 20 年代，象牙香皂赞助学生举办香皂雕刻比赛。但是，商家发现孩子减少了在星期六早上和工作日中午看电视的时间。为了补偿这种损失，商家必须与电视机、计算机游戏竞争，以争取到孩子的注意，于是他们干涉学校事务的程度大大增加了。[48]许多教育家争论说，这些物资对于资源缺乏的学校来说是天赐之物。[49]你怎么看呢？

营销有时似乎验证了对流行文化的一个自我实现的预言。随着商业对大众文化影响的增加，市场营销人员创造的符号更大程度地融入了我们日常的生活。例如，分析百老汇戏剧、最畅销的小说和流行歌曲的歌词，可清楚地看到，随着时间推移，品牌的名称被使用的次数大量增加了。[50]

由于目前流行的市场营销植入广告，现实虚构正在逐渐加快。经常会看到，在显著的位置陈列着真实的品牌，或是在电影和电视上听到讨论这一品牌的声音。在许多情况下，“插入信息”不是偶然的。植入式广告是指插入真正的产品和/或在电影、电视节目、书籍、戏剧和视频游戏中使用品牌的名称。

许多类型的产品在我们的文化中扮演主角（或者至少是支持）的作用。例如，在 2007 年，最为人们常见的品牌范围从可口可乐和耐克服装到芝加哥熊队和“猫咪洋娃娃”乐队。[51]当节目的情节使产品的效益明显时，消费者对配售反应良好。例如，观众对在家庭版节目中为寻求帮助的苦苦挣扎的家庭提供家具、衣服、电气用具和其他产品的零售商有良好的印象。[52]

在电影、电视和视频游戏中的时尚产品

一些研究人员声称，植入式广告可以帮助消费者决策，因为熟悉这些道具可营造一种文化归属感而产生情感上的安全感。[53]产品植入的成本各不相同，从商品上市所必需的金额以至于百万美元。高支出的风险包括出现在影视中的公司标志受到猛烈抨击，或者影视作品不卖座。[54]不论好坏，产品处处可见。以下是关于植入的其他例子：

- 以单身贵族为特色的百货公司的窗口摆满唐娜·凯伦的商品，同时唐娜·凯伦的广告贴在城市周围的电线杆和墙壁上。
- 《我所有的孩子》（*All My Children*）在某一集中推出了一款新的香水，名叫“我所有的孩子在一起”，这一集是一群高级美容编辑出演的。剧中这款香水在沃尔玛首次独家销售并取得成功。[55]
- 在视频游戏“酷边界”中，人物骑马穿过“金手指”糖果横幅的同时穿着李维斯的牛仔裤，而试图击败对手的时间记录在斯沃琪（Swatch）手表上。一个索尼的游戏机游戏，其主要人物穿的衣服和鞋子都来自潮流品牌万斯（Vans）。索尼的高管评论：“我们生活在品牌的世界里，我们不是生活在无商标的世界中。”[56]其升级版“大富翁”游戏使用的也是一些品牌王牌来进军国际市场。如摩托罗拉刀锋（Razr）手机、新百伦（New Balance）跑鞋、星巴克咖啡和丰田普锐斯，使之成为“美国在 21 世纪的代表”。[57]
- 纽约设计师安娜苏与插画家比利·图奇（Billy Tucci）合作，于是在连环漫画《Shi》中的人物穿着安娜苏的衣服、袜子，戴着安娜苏的配饰。[58]
- 有人说，忙着出售时尚，同时也影响设计师，煽动他们尝试植入广告的，是电视明星。《欲望都市》、《黑道家族》、《法外柔情》和《威尔和格蕾丝》一直是有影响力的。[59]由于曝光率巨大，莫罗·伯拉尼克（Manolo Blahnik）成为家喻户晓的名字，因为在《欲望都市》中，莫罗·伯拉尼克是卡丽最喜欢的鞋子的设计师。[60]
- 有一整集《老友记》（*Friends*）都专注于来自陶瓷谷仓的家具的大众营销。
- 哥伦比亚广播公司真人秀节目《幸存者》（*Survivor*）描绘了 16 个冒险者被困在一个险境，穿着锐步，喝着百威啤酒，睡在庞蒂亚克·阿兹台克（Pontiac Aztec）运动型多用途车中。[61]中国版本的《幸存者》使用 12 名选手寻找宝物，他们

开着福特翼虎的车，穿着耐克的衣服，喝着雀巢的饮料让自己冷静下来。福特说，它“真的围绕着产品创建了一个节目”。[62]

- 每一集《学徒》（*The Apprentice*）都可以被视为是广告植入，像选手市场环节，或者设计新的产品，或者为一个公司进行促销。其中一集，团队为李维斯策划了一个促销活动，为获胜的一组制作牛仔裤口袋形状的小册子，印有以参与者为模特展现的一系列风格。这本小册子做好后，放在杰西潘尼的店里。

- 《天桥骄子》（*Project Runway*），时尚行业对电视真人秀的回应，被说成是80%的娱乐、20%的现实。王薇薇（Vera Wang）和其他设计师充当裁判，同时，海蒂·克拉姆（Heidi Klum）因为主持而被成千上万的家庭所熟知，以至于自从节目在Bravo电视网中播出后，大学时尚专业招生人数也上涨。[63]职业装组胜出的设计作品可以在梅西百货售卖，还贴上梅西百货股份有限公司的商标。[64]

习惯上，网络要求品牌名称是隐去的或者出现在节目中之前要做改变，比如诺基亚（Nokia）手机在《飞跃情海》中被更改为Nokio。[65]然而现在，真正的产品被展示出来。今天大多数主要电影版本充斥着真正的产品，虽然大多数的消费者相信其广告和设计的路线变得较为模糊和分散。[66]导演喜欢包含品牌的道具，因为它们有助于使电影更加具有现实感。当斯蒂芬·斯皮尔伯格（Stephen Spielberg）拍《少数派报告》这部电影时，使用了盖普、诺基亚、锐步、雷克萨斯（凌志）、百事可乐和美国运通，为未来设置提供熟悉度（2054年）。雷克萨斯甚至为这部电影设计了一款新的跑车模型，称为“磁悬浮”。[67]

电视和电影中的知名人士穿着的时装非常有影响力，原因在于其有高度曝光率的风格或设计师。电影中的服装制作人有时直接为其他设计师提供灵感，使其品牌获得有力的推广。《老友记》的一集激发了30 000个电话来询问哪里能够买到詹妮弗·安妮斯顿（Jennifer Aniston）的裤子。莎拉·杰西卡·帕克在《欲望都市》中戴了一个大的花形别针，还有其他的一些配饰，为这些配饰带来了巨大的需求量。[68]有人认为电影《王牌大贱谍》是黑色迷幻的Pucci风格礼服回归潮流的缘由。[69]乔治·阿玛尼在美国突然变成了设计师的领袖，这是在理查·基尔在《美国舞男》中模仿他的服装以后。[70]而当莎朗·斯通（Sharon Stone）穿着一件简单的黑色盖普衬衫参加奥斯卡颁奖典礼后，盖普商店就被该商品的大量的需求所淹没。有一长串的例子，记载电影和电视明星对时尚的影响，比如，格洛丽亚·斯旺森（Gloria Swanson）、玛琳·黛德丽、凯瑟琳·赫本、克拉克·盖博、伊丽莎白·泰勒以及马龙·白兰度等。（见第12章）他们出现在电影和电视剧中，像《安妮·霍尔》、《都市牛仔》、《走出非洲》、《迈阿密风云》、《王朝》、《风云女郎》、《老友记》、《欲望都市》等。电视，也许比任何其他媒体在全球服装品牌的世界趋势和影响上都有更大的影响力。

植入式广告正变得司空见惯，以至于它演变成一种叫做“品牌娱乐”的新形式继续推广，在一个较长的版本中展示产品。在WE（女性娱乐网）中，真人秀是最新的进入企业电视的新兴类型的节目，在一个广告片中结合了真实情境与推销的言论。[71]并不是人人都赞同这种做法，美国西部作者协会就取笑电影和电视节目中穿插的广告。在一个视频中，热门的真人秀主角泰拉·班克斯（Tyra Banks）成了笑柄。视频中，一位女演员模仿着班克斯，称班克斯是“美国著名商业明星”，嘲讽班克斯的额头都被出租做耐克的广告。[72]

革新的传播

革新（innovation）是指消费者所认可的新产品或服务。革新可能是一种服装款式、一项生产技术（如在www.nike.com上设计自己跑鞋的能力）、配送产品的新方法（例如在线分享家庭视频的新方式）。

一种时尚创新可以被看作一种风格、一种设计，或者被消费者认为是新的视觉形象。服装时尚行业为公众提供新的风格，或者在制造和细节上改变从前的风格，持续不断地鼓励我们替换去年已购买的商品。一些人将这种改变看成是浪费和无聊的，这也是长期以来对时尚界的批评。一些公司已经形成了一种比“更新”和增加衣柜更负责任的服务，提供一系列基本款，每季可以增加新的单品。这些公司更有可能提供保守的、职业化的服装，而不是年轻、帅气、时尚前卫的商品。消费者评估新产品，并决定是否“沉迷”于每一季新的采购。因此，采用时尚的革新是一个持续的过程。

时尚的革新可能完全失去对时尚工业的控制，正如年轻人自己组合搭配单品以打造新形象时，任何一家公司也不能提供所有的单品。回想一下在第 1 章中讨论的自下而上理论的时尚领导理论。年轻人为了新的想法搜寻二手店，把它同其他物品混搭，这种做法已经流行很长一段时间了。目前，混搭在日本很流行：日本年轻的消费者将经典款盖普同昂贵的古驰手表、路易・威登手袋或者是普拉达的配饰搭配在一起。同时，经典的圆领衫同牛仔裤、裙子和凉拖搭配在一起也很流行。[73]

如果一些革新是成功的（大部分是失败的!），那么它将流行起来。开始的时候，只有小部分人决定尝试新事物，购买或者使用新产品。然后，更多消费者决定购买新产品，直到几乎每个人都购买、尝试。革新传播是指新产品、服务或者构思在人群中传播的过程。[75]

多元文化维度

东京似乎遍布街头风。时尚趋势分析师和时尚编辑川田（Tsuyoshi Kawata）说：“现在东京有很多时尚的街道。”涩谷和原宿，被称为年轻的街头时尚领域，但现在代官山及重建的原宿也很受欢迎。代官山是一条街道，从涩谷到那儿乘火车需要三分钟，这是一个面向年轻人的新兴的购物区域。好莱坞农场集市，代官山一个带有加州六七十年代灵感风格的商店，吸引了越来越多的青少年去购物。原宿，东京街头风的心脏，在不断地变化。重建的原宿（或关闭的原宿）现在是最热门的城区之一，因为年轻的独立设计师租不起昂贵的店面，这里是他们寻找附近低成本空间的主要的地带。赶时髦的人来这里寻找新的样式。东京成为跟单员和世界各地的设计师的一个圣地。这些商店正在扩大它们的经营范围，传递生活方式的概念。这里最近几年对美国零售商一直持批评态度。“只卖衣服是不够的，”地区发言人说，“我们同样也卖 CD。”星巴克最近的入驻对日本人来说促进了一个新的习俗：用一杯咖啡放松。作为响应，一些商店增设自己的咖啡馆。日本的消费者同世界各地的其他国家的消费者一样，从本地和国际来源上获得信息。[74]

新事物传播的速度和距离受很多因素的影响，比如使用怎样的通信和营销渠道、意见领袖的劝说效应（见第 12 章）、消费者的流动性和地理位置、社会规范等。例如，有些十分大胆的时尚风格可能很难被皮奥里亚人接受，但却会被纽约和加利福尼亚人广泛接受。新的时尚风格会随着时间而传播到全国各地（风格本身可能会有所改变）。一些分析家认为，新的时尚通常在美国的西海岸和东海岸产生，然后逐渐传播到消费者相对保守的内陆地区。有些时尚在欧洲或其他地方兴起然后传到美国。还有些时尚，比如加利福尼亚的运动装，是在美国兴起然后传播到世界各地，就像第 2 章中提到的那样。

新事物的接受

新事物传播的重点在于人们的接受决定。[76]消费者对新事物的接受就像做出决策一样，要经历一定的过程。由于消费者对不同产品的了解程度不同，以及文化因素导致的人们尝试新事物的意愿不同，所以在接受新事物的过程中，哪个阶段相对重要也因人而异。[77]罗杰斯（Rogers）提出的新事物接受过程的模型包括五个阶段[78]：

1. 知道：消费者获得有关新事物的信息。仅仅知道但还没有做出任何判断。

2. 说服：消费者开始形成对新事物的好恶。这一阶段与对新产品或服务的风险感知有关，也就是对使用新事物结果的评价。

3. 决定：消费者做出接受或拒绝新事物的决定。

4. 实施：消费者真正开始使用新产品或服务。

5. 确认：消费者从接受新事物的决定中得到强化。

有些研究者认为新事物传播的关键是让消费者知道新事物并形成对这一事物的体验模式[79]，因此要推出新事物的公司需要多做宣传。

接受者类型

即使在同一文化内，也并非所有的人都会同时接受一种革新。一些人很快便接受创新，例如走在时尚前列的消费者；而另一些人则永远不会接受创新。根据消费者接受创新的程度，可将其划分为几类范畴。接受者范畴，如图3—3所示，与营销策略广泛使用的产品生命周期循环概念有关。

正如图3—3所示，大约六分之一的人（革新者和最先接受者）很快接受新产品，另有六分之一的人（滞后者）接受新产品的速度很慢。另外的三分之二，所谓的早期和后期的大多数人，在某种程度上处于居中位置；这些接受者代表了主流公众，他们对新产品感兴趣，但不希望这些产品太过新潮。在某些情况下，人们只是刻意地等待一段时间才接受新产品，因为他们认为，产品在投放到市场一段时间后，价格会下降，或者，就技术方面而言，产品的质量和性能会提高。[81]我们要知道，消费者从属于某一范畴的比例只是一个估计；而从属于某一范畴的实际比例数依赖于这样一些因素，如产品的复杂性、成本，以及尝试接受新产品的冒险性的多少。

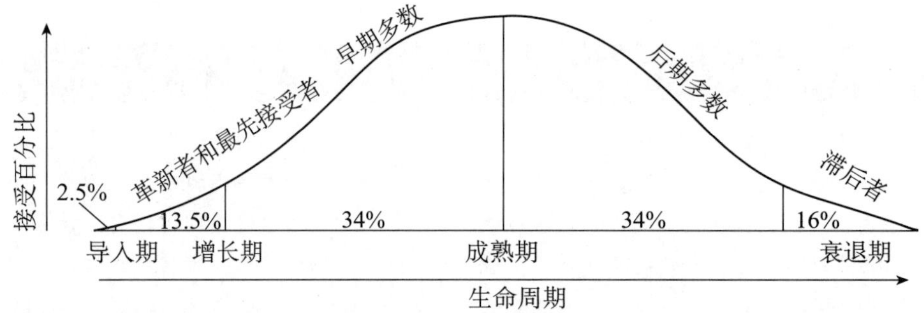

图3—3　接受者类型

资料来源：Michael R. Solomon，*Consumer Behavior* 5/*e*，© 2002. Reprinted by permission of Prentice Hall，Inc. Upper Saddle River，NJ.

全球消费文化的传播

原本是巴西农民穿的鞋，这种看起来低档的乡土产品却大范围地流行起来，这证明了随着消费者对来自全球的新事物和风尚的渴望，消费文化开始在全球传播。这种鞋是被称为“哈瓦那（Havaianas）”的人字拖鞋，“哈瓦那”是葡萄牙语中对夏威夷人的称呼。巴西人把这种低档的、只卖2美元一双的鞋与穷人紧密地联系在一起，所以“穿拖鞋的脚”成为一句很流行的俚语，用来形容在社会底层受压迫的人。在巴西主要是一些蓝领阶层的工人才会买这种鞋；但是现在，从巴黎到悉尼，很多时尚男女都穿着这种农民穿的鞋去时髦的俱乐部，有时甚至穿这种鞋去工作。

人字拖鞋是怎样一跃成为时尚的呢？为了提高利润，一家名叫“Alpargatas”的公司推出了新款的人字拖鞋，在原本是米色鞋底、黑色或蓝色鞋带这种单一样式的基础上增加了黄绿色和樱红色的款式，新款式的成本价是原来的两倍。之后它又推出了男士冲浪版拖鞋。巴西的中产阶级开始接受这种拖鞋，甚至能看到国家总统也穿着这样的鞋。随着一些像名模“黑珍珠”纳奥米·坎贝尔（Naomi Campbell）、凯特·莫斯（Kate Moss）以及巴西名模吉赛尔·邦辰（Gisele Bundchen）这样的一些名人开始发现人字拖鞋，这一风尚更大范围地传播开来。公司代表在戛纳电影节上向明星免费赠送拖鞋，进一步推动了人字拖鞋风尚的传播。结果就是，Alpargatas公司的全球销量急速上升，从几乎为零飙升到500万双。[80]

即使革新者仅代表2.5%的人口，营销者们也对如何识别他们很感兴趣。革新者们是一些勇敢的人，他们总是留意新的发展，并将是最先尝试新产品的人。革新者往往也需要分类。某个领域的革新者可能是另一个领域的落伍者。一个自认是时尚前沿的大学女生，即使她能在流行服装店里找到最新的前卫时装款式，也可能对唱片技术的发展一无所知，仍然有可能固执地抱着那古老的留声机唱片集。尽管有这样那样的局限，我们仍然可以对革新者进行简要概括。[82]例如，毫不奇怪的是，革新者往往更加富有冒险精神。还有，他们可能受到过较高的教育，有较高的收入，并

“猎酷人”

发掘新潮流的竞赛仍在继续，有些公司甚至雇用了“猎酷人”去寻找最新的潮流趋势然后报告给总部。例如 Steven Ritkind 公司派出了它的“街头部队”——来自 28 个城市的 80 个年轻人，到一些当地的俱乐部、唱片店以及其他一些人流聚集的地方。他们组成了城市情报网络，代表耐克、汤米·希尔费格、米拉麦克斯影业等公司搜集信息。这些“猎酷部队”向他们认为能够引领潮流的年轻人免费发放产品样品，然后收集他们的反馈，看他们认为哪些产品比较酷。[83] 洛杉矶的一个名叫“看一看”的年轻人市场调查公司，聘用了 35 000 多名 14～35 岁的“猎酷人”去时尚产品的主要市场，如纽约、洛杉矶、伦敦等地调查年轻人的潮流趋势。除此之外，这些调查公司还向它们的客户提供摄影爱好者拍摄的当地人生活方式的照片。有些人认为，随着互联网和博客的发展，预测潮流趋势变得更加复杂。“猎酷人”更喜欢别人称他们为未来学家或研究者，他们也确实是有时尚洞察力的社会科学家。[84] 但是最近，与营销者们长期合作的潮流预报者提醒我们，市场调查是一项严肃的工作，2004 年他们已经在全球市场调查上花费了 189 亿美元，时尚的创意或产品只是这项严肃工作的一小部分。但是潮流预报者们知道“猎酷”是有作用的，潮流预报者会运用他们自己的情报网络获得潮流信息，而其他人可以从一些独立的承办商那里获得潮流信息，如 www.coolhunting.com 和 www.joshspear.com 等[85]，可以上这些网站去查看。

且交际活跃。

早期接受者和革新者有许多相同的特点。但是有一个重要的区别是关注社会接受性的程度不同，尤其是对那些富有表现力的产品（如服装和化妆品等）。一般来说，早期接受者易于接受新的流行款式，因为他（她）喜欢流行中的产品和时尚价值。接受表面上看似乎是高风险的新产品（例如，当大部分人还在穿遮住了膝盖的裙子时，去尝试穿高于膝盖 3 英寸的短裙），实际上风险没有那么大。因为款式的改变已经由革新者“实地测试”过了。革新者是真的冒风险尝试新时尚的。早期接受者常常出现在展示最新“热门”设计的“时尚先锋”商店里。相比之下，在以尚未出名的设计师为主的时装小屋里，更容易发现真正的革新者。一项研究发现，在时尚的创造者和早期的接受者中，女性显著多于男性；而在较晚接受新时尚的人群中，则是男性更多。[86] 你认为这是在城市中存在的特殊现象吗？

革新类型

革新可以以不同形式发生。象征性革新传达新的社会意义（例如一种新的发型或汽车设计），而技术革新涉及一些功能性的改变（例如新的纺织品形式或中央空调）。[87] 无论是象征性的还是功能性的革新，新产品、服务或观念具有决定它们传播程度的特征。作为一种普遍规则，不太新颖的革新或差异不大的革新更有可能得以传播，因为与目前所使用产品相似的产品需要更少的行为改变。另一方面，从根本上改变个人生活方式的一种创新要求个体改变她或他的行事方式，需要更努力适应变化，因此，更不容易传播。

革新的行为需求

可以按照接受者改变行为的程度来划分革新的种类。3 种主要的革新类型已被认同。在相对意义上，这 3 种革新给人们的生活带来的改变或破坏程度不相同。

延续性革新（continuous innovation）是指对现有产品的小改进。例如，李维斯改进了紧身牛仔裤。这种改变类型可以使一个品牌和它的竞争对手拉开距离。大部分产品革新都属于这种类型。也就是说，产品是演变的，而不是革命性的。生产商做出小的改动，给产品定位，增加产品系列扩展，或者只是减轻消费者的厌倦。新产品吸引潜在的消费者，但是接受新产品只代表着消费习惯的微小改变。因为革新可能使产品使用更加方便，或者增加了选择的范围。大多数时尚都属于这个类别，并且能快速传播。

动态延续性革新（dynamically continuous innovation）是指对现有产品更明显的改进。如自动聚焦的 35mm 相机或按键式电话。这些革新对人们的处世方式有一定影响，要求行为有所改变。

突破性创新（discontinuous innovation）使我们的生活方式产生重大变化。如飞机、汽车、计算机和电视等的发明，都从根本上改变了现代生活方式。在许多情况下，个人电脑代替了打字机，并且使得许多消费者可以在家里工作，产生了“远程工作者”现象。当然，循环是不断发生的，如针对电脑技术不断涌现出延续性革新（如新版本软件），新的动态延续性革新（如“鼠标”）则为争取消费者接受而竞争，突破性创新（如手表式个人电脑）开始随之隐约浮现出来。网络和电子邮件已经改变了我们买东西，做生意，和家人、朋友联系的方式——甚至改变了你在大学里上课的方式。我们探讨过，新发明被人们接受的程度有差异。突破性的发明创造，往往比其他形式的创造要花费更长的时间。（但是认可度依然不同，这取决于消费者的感受性及其他一些因素。）比如说，自网络电视出现，历经 10 年，它被 40%的美国家庭所使用，光盘为 35%，答录机为 25%，彩色电视机为 20%。收音机出现 30 年以后拥有 6 000万使用者，电视机花了 15 年达到这一数字。与之对比，3 年时间就有 9 000 万人使用网络。[88]这怎么解释呢？

显然，当突破性的发明创新被不断改进时，这种循环还在继续。在其他产业看来，通信和娱乐产业正在引进的新型突破性发明，将给我们的生活带来革命。当唱片店和音像店关门歇业，iTunes 和 YouTube 发展壮大时，我们看到了音乐和娱乐产业的巨大变化。

Fractal Jean 公司推出的激光蚀刻图案牛仔裤是延续性革新的一个范例。图片由 Fractal Jean 公司和 Communica 公司提供。

成功应用的先决条件

放下革新所要求的行为改变的多少不谈，以下几个因素对新产品的成功不可或缺，包括产品可兼容性、可试用性、复杂性、可观察性以及产品的相对优势。[89]罗杰斯提出的这一模型，得到最近一项有关用电脑购买服装、食品和家居产品的研究的支持。研究发现，使用网购者比起不使用者，更倾向于认为网购有优势，符合他们的价值观和需要，可观察性强，而且更简便。[90]这些特质成为推销员向消费者推销时的强大依据。

可兼容性

新发明应该融入消费者的生活风格。举一个形象的例子，在 1970 年，设计师和时尚前沿销售商大力推崇将流行的迷你裙改为中裙时，消费者并不接受这种长度的改变。这是时尚界试图引导消费者的经典案例，但是这一次并没有成功。另一个分析这次失败的著名研究发现，当时女人们已预先把中裙看成过时的、穿起来更显老的东西——中裙与她们的生活风格是不兼容的。[91]此外，每隔一段时期总会出现让男人穿裙子的尝试，这种尝试接连失败，因为男人们认为穿裙子与自己的生活风格和自我概念不兼容。

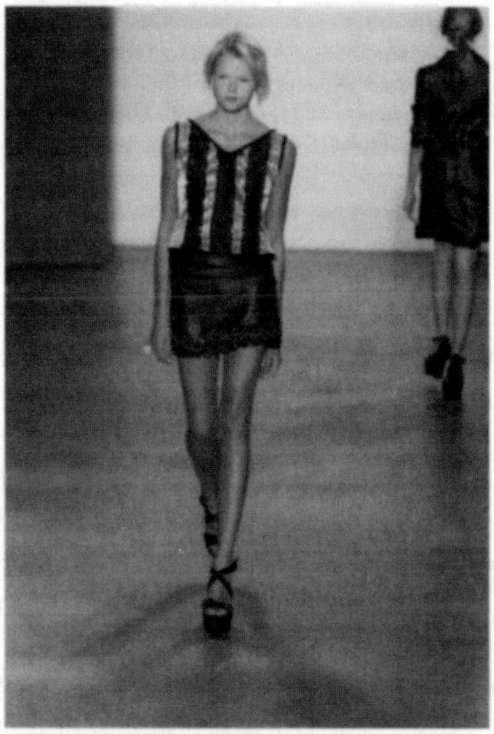

美国设计师的风格比起广为流行的欧洲设计师的风格，通常更适合美国人的生活理念。

可试用性

因为不知名的产品常常被认为是高风险的，所以如果购买前可以试用，人们会更倾向于接受这个革新。为了减少风险，公司常常选择一种代价高昂的策略，即散发新产品免费使用样本。大体上，时装可以在购买前试穿，但真正的“审判”在新装公开亮相时才发生。因为新时装可能不被大家接受，所以“与众不同”的人可能存在较高的社会风险。有些服装购买前不能试穿，例如网上购买（服装方面的另一相对不那么成功的创新）和邮件订购（有很高的退货率）。这些手段保证不合适的服装可以轻易退货，这就减少了消费者的风险。

复杂性

产品复杂程度应该处于低水平。如果与竞争产品在其他方面都一样，消费者会选择更容易了解和使用的产品。这个策略让消费者付出更少的努力，并减少消费者感知的风险。比如说，苹果通过兜售 iTunes 从网上下载音乐到 iPod 上的便捷性，来推广使用。有些手机公司发现所有让产品更有优势的多余功能只会让消费者沮丧。有些人只想买一个简便耐用的手机，而不是一个复杂的、提供高级服务的手机。一位公司代表指出，当手机的服务对象从早期的科技怪人扩大到主流消费人群时，手机接口必须简化。[92]虽然服装潮流大体上不具有“复杂性”，但是当人们尝试弄明白衣服的穿法——哪个洞是领子，哪个洞是袖子时，三宅一生的风格已经难倒了不止一个消费者（以及推销商!）。

可观察性

容易观察的革新更有可能流行起来，因为这使得其他潜在接受者更容易意识到产品的存在。新的服装潮流本质上是视觉的，这使它们能够迅速地被其他消费者了解。而且，由于该产业的激烈竞争，在《女装日报》和其他时尚杂志上见到的，以及在时尚前沿商店出售的设计品更可能被大家采纳。但是，请记住中裙的反例。如果它不是消费者想要的，没有任何一种促销手段能百分百保证一种新时尚的成功。

相对优势

最重要的是，产品应该要比其他替代产品更能提供相对优势，必须让消费者相信该产品提供了其他产品无法提供的优势。一个能说明具有超越现有产品的优势重要性的例子，是纳米布料（Nano-Tex）的产品。纳米布料是一家位于加利福尼亚的公司，采用了纳米纺织领域的新兴技术。在纤维中加入薄薄的化学保护层，使液体溅到衣服上时保持水珠状而不是吸进纤维中，这样就可以起到防水作用。另一个潜在优势的例子是“绿色”或环保服装和纺织品。它们在生产的过程中不产生有害物质，如污染性染色剂和人造的不可再生纤维。这些产品更有利于环境，因而被大力提倡。

仿制

对于很多商家来说，什么是“新”产品是一个很重要的问题。一方面，“仿制是最真诚的奉承形式”，某种产品在多大程度上与竞争对手的产品相类似，这常常是市场策略的中心（例如那些“我也是这样的”或者看起来很像的产品）。另一方面，产品不能是完全相同的，专利、版权以及注册商标对什么是新产品，什么是受保护的产品，都有精确的界定。

仿制是故意复制、修改款式，通常是为了到更大或不同的市场上出售。例如，巴黎和其他一些地方的一流设计师设计出的高级女装款式常常被其他设计师所仿制，并且销售到大众市场。在法律上，要想保护一项设计是一件困难的事情，但是某些企业已经开始着手施压，要求立法保护原创设计。要想了解更多，可参见第14章有关设计保护的内容。[93]

本章概览

● 任何一种文化下的任何一个时期的流行风格，常常反映潜在的社会和政治条件。一系列负责创造文体替代品的机构被称为文化生产系统。一些因素，如参与这一系统的人的类型和产品所形成竞争力的强弱影响了对风格的选择，最终这些产品得以进入市场被消费者挑选。

● 服装产业的一个重要的守门人是《女装日报》杂志，此杂志对设计师的作品进行消极或积极的评价。

● 文化总是被描述成高端的（高雅的）或低端的（大众的）。量身打造的服装可能被认为是高雅的，与此同时，可大批量生产的时尚被认为是低端的。流行文化下的产品倾向于遵循文化公式，并包含可预测的成分。另一方面，在现代社会，这些区分正因为“高端艺术”被越来越多地纳入营销领域而逐渐模糊。

● 汽车业作为流行文化的元素出现，为营销者所用并转化成方便汽车促销的策略。这些元素包括日常生活感觉和空间的方方面面，无论是以流行的形式出现在电影、电视剧上，还是以气味的形式进入办公室和商店中。

● 新潮流的出现往往以几个革新的风险声明开始，然后传播到其他人那里，最终在人们寻找新风格的时候淡出视野。

● 革新扩散的过程是指，一种时尚（产品、服务、思想）在人们中传播。革新者和早期的接受者率先采用新产品，滞后者的速度则很慢。消费者是否接受一种新时尚，取决于他或她的人格特点以及这个新产品的特点。如果新产品只需要使用者相对较小的行为改变，可以买前试用，容易理解，可被观察，并且与现有产品相比更有优势，那么它就更可能被采用。

关键词

共同选择	文化选择	文化生产系统	文化守门人
艺术品	工艺品	文化公式	现实虚构
广告植入	时尚革新	革新的传播	革新者和早期接受者
滞后者	技术革新	突破性革新	动态延续性革新
延续性革新	仿制		

问题讨论

1. 选择一种文化产品，比如音乐或是其他你熟悉的产品，分析这个文化产品系统的组成部分，区分出创意子系统、管理子系统和传播子系统。

2. 除《女装日报》之外，举出另外一个时尚界的守门人。

3. 艺术品和工艺品有什么区别？根据这个框架描述时尚的特点和广告的特点。

4. 从时尚的例子中识别出哪些是艺术。

5. 对于“小学生看第一频道”，你怎样看待？

6. 本章提到了一些例子，关于市场调查会对艺术方面的决定产生影响。在服装时尚方面确实如此，拥有大众市场的公司会用较低的成本生产迎合大众口味的产品；有些电影的结局也会完全改变来迎合消费者的喜好。很多人反对这种做法，认为书、电影、唱片以及其他的艺术作品不应该仅仅根据人们想要读什么、看什么、听什么来创作。对此你有什么看法？

7. 你认为植入广告是公平的商业竞争吗？在你喜欢的电视节目和电影中有哪些时尚品牌出现过？

8. 评论一下现在越来越多的“现实虚构”现象。是营销者掌握我们的文化吗？我们的文化应该被营销者所掌握吗？

9. 举出几个你所知道的新事物，它们是否符合本章提到的新事物的特点？问问你的父母、祖父母或其他年长的人，看哪件新事物对他们的生活方式产生过影响，分析这一新事物的特点，它备受欢迎的最主要原因是什么。你认为时尚就是指一种新事物吗？说说理由。

10. 你会较早地接受新事物吗？为什么？

第二部分　消费者特征和时尚内涵

在这部分里，主要关注社会因素的影响。考量人口学特征基础上的亚文化和心理学特征基础上的亚文化的社会影响，能帮助我们对商品进行定位。第 4 章讨论个体获取信息的原因和动机，以及文化价值观是如何影响这些动机的。第 5 章探讨个体如何看待自己对所做、所需和所买的影响。其中，身体意象的影响尤为重要。

各种亚文化协助我们从年龄、种族、民族、收入和社会阶层等方面对自我进行定位。第 6 章和第 7 章将这些亚文化考虑在内。一旦社会地位确定，那么个体将量入为出，买个体所能负担的东西。年龄、个体与同龄人的关系都是影响因素。种族和民族也利于我们了解自己。

第 8 章讨论个体的态度是如何形成的。我们在这一章中，会了解人格特质如何影响个体的决策；了解如何对物品、服务等做出选择。这些将有利于对我们的生活方式进行定义。第 9 章阐述个体获取、解译关于商品和外部世界其他人的信息的整个知觉过程。

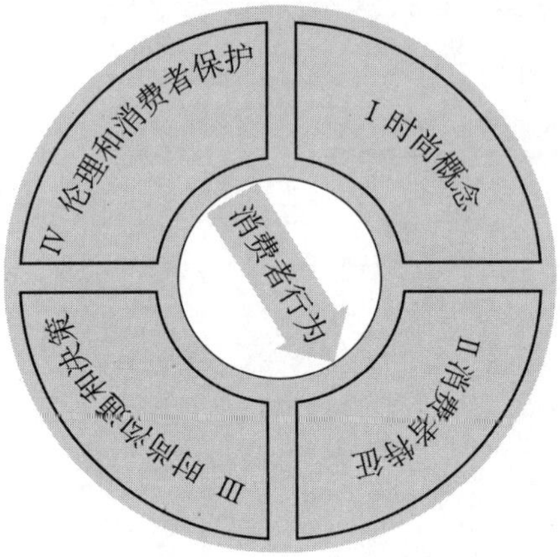

第4章

个体消费者动力学：动机和价值观

巴兹尔戒烟、戒酒、不吃膨化食品已经两年了。他将过去参加聚会的热情投入到工作中。他现在已经成为一名专业的铁人三项运动员。参加跑步、游泳和骑自行车这样的体育锻炼对他来说是如此重要，以至于锻炼充斥着他的日常生活。他的锻炼程度甚至超过了他的专业级别需要。这主要是因为体育成为他唯一的爱好，占据了多数空余时间。

巴兹尔全神贯注于体育运动。不参加训练的时候，他会将所有的业余时间用于读体育杂志、读购物杂志，看一些介绍跑鞋和冬训用的莱卡紧身衣等体育用品的内容，或者是读《世界三项全能之旅》杂志等。这样一来，他的朋友很少能见到他。他的女朋友朱蒂也时常抱怨说，巴兹尔宁愿花费更多的时间去关注自己，而不是她。

巴兹尔也承认了这一点。但是，他认为如果自己不这样的话，那么生活对于他来说将毫无意义。

引言

一些人热衷于某一活动，达到狂热的程度。不管是参加铁人三项、看电视节目，还是玩音乐，他们的共同特点是全身心地投入其中。他们会进入到“积极成瘾”状态。比如说，对像巴兹尔这样的铁人三项运动员所做的一个调查指出，对体育职业的高度承诺带来的是严格遵循的时间表。这个时间表表明，即使是他们受伤了，他们的主要饮食发生了改变，他们也不愿意停止运动。或者，他们会转向替代性体育活动，如观赏比赛，关注专门的运动服装，成为健康俱乐部的成员。[1]

一般来说，当人们选购每天要穿的跑鞋的时候，驱使其购买和使用物品的力量是较为直接的。一个狂热的铁人三项运动员在选择日常生活用品的时候，也会趋同于大众思维，购买比较合适、比较有吸引力的商品。在一定程度上，这些情绪化的反应会带来一种对商品的深度迷恋。在有的情况下，人们对这些驱使他们朝向某些商品而舍弃其他商品的驱力一无所知。这些决定往往是受他们世界观影响的。

了解动机就是了解个体为什么会这样做。为什么有人会将自己收入的一大部分花费在昂贵的服装上，而有人则会买价格平平的衣服？同样，为什么有人选择蹦极或者是去育空（Yukon）玩漂流，抑或是参加现实的竞争活动，而有人会选择玩象棋或者种花种草？做任何事情都有目的，我们是为满足欲望、驱散无聊还是获取某种内在的深层精神体验？消费者行为和市场营销专业的学生从一开始就被灌输这样的知识：营销的目标就是满足需求。但是，只有我们知道这些需求是什么，这些需求为什么会存在，这句话才有意义。一则啤酒广告说道：“为什么要问为什么？”在这一章中，我们要寻求出答案。

着装的动机理论

谈到时尚，我们就不得不说明人类穿衣的基本理由。这看似一目了然，但事实上是很复杂的。早期人类学家和心理学提出了衣服的功能论。[2]时尚和服饰研究者对此也进行了讨论。[3]在人穿衣服的动机这一问题上，早期的理论家各持己见；但是，对时装的主要功能的看法却比较一致。他们认为，时装的主要四种功能是端庄、张扬、自我保护、作为装饰物。（在下面的讨论中，消费者和研究者在使用功能、需要、驱力和动机上具有不一致性。）

端庄理论

这个理论认为，人们穿衣的目的是为了遮盖身体的隐私部位。伦理学家相信，赤裸身体带来的内疚感和羞耻感是人们穿衣的主要原因。因此，这一理论又被称作《圣经》文化理论，该理论引用亚当和夏娃的故事。但是，端庄理论并不适用于所有的文化。比如说，在一个文化里要遮盖的隐私部位，可能在别的文化看来并不是隐私的，因而根本就称不上羞耻。在伊斯兰教文化里，端庄是明文规定的。穆斯林女性穿黑色的衣服，戴面纱，这样，黑色精灵才能保护她们的圣洁。她们也不允许小孩子不穿衣服四处乱逛。随着时间的迁移，端庄的定义也在发生变化。例如，在对暴露的接纳程度上，20 世纪 20 年代的泳衣与当今的是截然不同的。最近的一篇报道中，报道了那些不喜欢低腰牛仔裤和露脐 T 恤暴露性装扮的年轻人。他们已经厌烦了这种“垃圾”似的打扮。他们甚至称这样穿着的女生为妓女或婊子。基于此，端庄是否是一个时尚的因素是值得探讨的。[4]

服装的意义很深远，不仅仅是遮盖身体那么简单。

张扬理论

事实上，穿衣是为了引起他人对身体某个部位的注意。我们会选择适当的衣服达到适当暴露的目的。即使是一件紧身毛衣和牛仔裤，同样也会引起注意的。性感是时尚所关注的，也是女性的性特征和其衣着共同体现的。戴维斯也提出，性感女性时装要表现得若隐若现。在这一点上，他同米歇尔·菲佛（Michelle Pfeiffer）的服饰顾问观点一致。[5]

自我保护理论

一些理论家认为，衣服的首要功能是御寒和远离昆虫、动物的侵害。另外一部人认为，服装有御敌和摆脱超自然能量伤害的功用。这些说法都是将衣服看作人与环境之间的一道功能性屏障。我们穿衣、戴帽、戴手套，无非就是为了遮风挡雨、御寒、防止紫外线的照射。此外，我们还戴各种配饰。我们将其看作护身符，坚信它们能为我们消灾祈福。因此，我们可以说，迷信、对未知的恐惧和善恶存在论的信念致使我们穿某种衣服、戴特定的珠宝和配饰[6]：

- 在许多环太平洋地区的文化里，人们坚信玛瑙贝会使女性脱离不孕之苦。
- 新娘戴的面纱可以驱赶邪恶灵魂。
- 在东南亚地区，魔珠链子能保佑孩童和动物不受神秘力量的侵害。
- 幸运符、珠宝、硬币、衣服、鞋、帽子都能带来好运。

你也许听说过某人拥有一件幸运衬衫。尽管当今时尚的主要关注点往往不再是功能性或者保护性的，但是保护性因素却是大多数衣装的主题元素之一。

装饰物理论

也许大多数服饰、配饰都被用作个人的装饰，或者用以表达美感。装饰物体现的是一个人的社会地位和身份，有利于增强他们的自尊感。[7]人们通过衣物及其配饰，或者是整容达到装饰的效果。某个作家曾指出，像围在身上的披肩、戴在脖子上的项链、凸显身材的夹克衫、坠在双耳上的耳环、楚楚动人的假睫毛、女士手提包等都是额外的装饰物。[8]身体装饰物包括文身、穿洞，或者是整容手术。短暂的身体装饰则是指改变发型、化妆、剃体毛、用化妆品改变皮肤纹理。随着时代的变迁，女性按照当今美女的定义重新塑造自己。她们穿塑形衣来凸显身材，通过穿裙子等有衬料服装来增加自己的韵味。[9]第5章将详尽描述这一点。

衣服的这些功用可能是人们穿衣的基本动机。接下来，我们将阐述社会心理学和快乐论知识对我们择衣的影响。

动机过程

动机指的就是推动人们做他们想做的事情的力量。当人们想去满足自己的某种需求时，动机就会产生。一旦这种需求被激活，比如说安全需求，那么人们会感到一种紧张感。这种紧张感促使个体想极力满足这种需求，以减少紧张感。动机也可以被认作是推动力。或者说正是因为动机，个体才会获得力量和行动的方向，进而才会产生各种缓解这种需求压力的方法。

动机的相关理论

早期的动机研究将行为归因于本能（instinct），即一个物种中普遍存在的先天行为模式。现在这种观点受到了大量的质疑，原因之一就在于，本能的存在很难得到证实或证伪。本能是由它所要解释的行为推导出来的，这种循环的解释被称为“同义反复”（tautology）[11]。就像说一个消费者购买有地位象征意义的产品是因为他（她）有获取地位的动机一样，这并不是一个令人满意的解释。

当一个人决定要花多大的精力去实现一个目标时，他潜意识里就会有多强的动机去达到与之相反的目标。现在不少理论已涉足解释人为什么会这样去行事。对这一点有一个共同的解释就是：人的内心中有一部分力量必须指向外部世界的某些特定的目标。

驱力理论

驱力理论（drive theory）集中关注那些唤起不愉悦状态的生理需要（比如，你上午上课时肚子饿得咕咕叫）。我们被推动着去缓解由这种唤起引起的紧张感。缓解紧张感被认为是支配人类行为的一个基本机制。

在营销情境下，紧张是指一个人的消费需要无法得到满足时存在的不愉悦状态。一个人没有吃饭时脾气可能会很暴躁，而如果买不起自己所喜欢的物品时则可能会沮丧或生气。这种状态会刺激目标导向的行为，即努力减轻或消除这种不愉快的状态，并回到所谓的内环境稳定（homeostasis）的平衡状态。那些能满足人们需要的行为，减少个体内在紧张感的行为，都会被不断地重复。

但是，动机理论很难解释为什么有些人会有跟预期相反的行为。人们往往去增加这种紧张状态，而不是减少。例如，人们的延迟满足。如果知道要参加一个盛大的晚宴，那么你尽管很饿也不会去吃零食。

耐克给你奋发的动机

我们或多或少都有实现某个目标的愿望。耐克集团对此也深信不疑。耐克一个广告展示给大家的是一种气垫跑鞋，广告是这样说的：

这不是一双跑鞋。它是一直陪伴着你的战友，它给予你通向成功大门的动机和力量。它是光和速度的结合体，它像忠实的小狗一样蹲坐着，并用坚定的眼神告诉你：“该启程了。让我们系好鞋带，走出房门，冲向胜利。”[10]

期望理论

当今，大多数动机理论主要关注的是认知方面的因素，而不是生理上的。期望理论认为，人的行为在很大程度上是由对所实现的结果的期望所推动的。这种期望被称为积极的诱因。我们之所以会选择这个物品而不是其他的，原因就在于这个物品能提供给我们更多的积极因素。例如，一个十几岁的女孩在成为自己梦寐以求的团队中的一员时，会选择穿更为特别的衣服。研究发现，人们通过电视购买衣服而不是去零售店，其动机是前者更为便利，在购物频道上的信息更为可靠，并且可以自由退换。传统意义上的零售者不能满足消费者这些需求。这些动机为电视购物提供了得天独厚的资本。[12]

动机冲突

目标是有正负价（valence）的，即它可能是正效的，也可能是负效的。正效价的目标是指消费者的行为趋向的目标，他们有接近这一目标的动机，并且会找出有助于他们达成目标的产品。然而，并非所有的行为都是由渴望达成某一目标的动机驱动的；消费者可能会有回避负面结果的动机，他们会安排自己的购买与消费活动以降低达到这种最终结果的可能性。比如，许多消费者努力地回避遭受拒绝的负效价目标，他们会远离社会不赞许的产品。他们将那些不被大众认可的事物拒之于千里之外。如果去年的时尚可能会引起同辈人的不满，那么你就得尽可能地远离这些产品。当然，并不是所有人都是这样做的。这些人或许会觉得打折的上一季的服装比较划算。像除臭剂和漱口水这样的产品，则常利用消费者的负向动机，比如描述腋臭和口臭所带来的麻烦的社交后果。

由于一项购买决策可能包括超过一种来源的动机，因此消费者常常会发现自己处于不同的正负动机互相冲突的状态中。既然营销者试图满足消费者的需要，那么他们就可能通过为这种两难处境提供可能的解决方案而发挥作用。如图 4—1 所示，通常发生的三类冲突是双趋、趋避和双避。以下将对每一类进行分析。

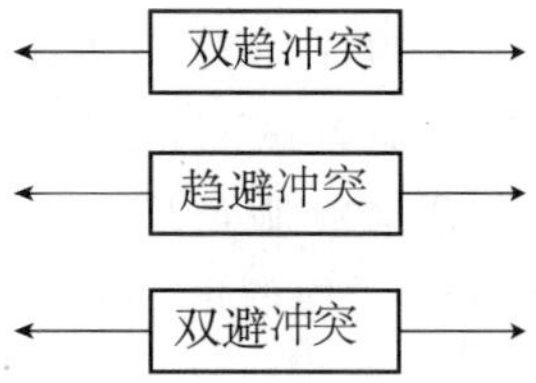

图 4—1　动机冲突的三种类型

资料来源：Michael R. Solomon，*Consumer Behavior* 8e，© 2009. Reprinted by permission of Prentice Hall，Inc.，Upper Saddle River，NJ.

双趋冲突

在一个双趋冲突中，个体面对的是在两个正性目标中选择。一个学生可能在决定聚会穿哪一件时尚服装时踌躇不定，也可能在放假到底是回家还是跟朋友一起去滑雪之间徘徊。

认知失调理论（theory of cognitive dissonance）基于以下假设。在生活中，人们存有对秩序和一致性的需要，当信念与行为互相冲突时，就会产生一种紧张状态。这种在两者间做取舍而产生的冲突可以通过减轻认知失调而得以解决，在这一过程中人们被驱使着去减轻这种不一致（或失调），进而消除不愉悦的状态。[13]

两种或两种以上的信念与行为在心理上发生不一致时，就会产生失调状态。当消费者必须在两个各有好坏的产品中做选择时，就常会出现失调状态。选择一个产品而放弃另一个，个体就会得到所选择产品的不良品质，而失去所放弃产品的优良品质。这种损失造成了不愉悦的失调状态，这驱使着个体去减轻这种状态。在选择已成事实后，人们往往会寻找额外的理由来支持他们的选择，或可能“发掘”他们未选择的产品的缺点，以此使自己确信所做的选择是精明的。营销者可以通过组合几种利益来解决双趋冲突。例如，新近的时尚品就在打折出售。

趋避冲突

许多我们所渴望的产品和服务也带有消极的后果。我们在购买毛皮大衣这样有浓重地位象征意义的产品时会有负罪感或夸耀感，在盯着夹馅面包的诱人包装时感觉自己像个暴饮暴食者。当我们既渴望达成一个目标，同时又希望回避它时，趋避冲突就产生了。

解决这类冲突的一些方法包括，制造仿皮毛以消除为追求时尚而伤害动物的负罪感，体重监测等节制食品技术的成功普及使我们远离高卡路里的用餐。许多营销者试图通过使消费者确信自己值得享用奢侈品来克服负罪感（比如，欧莱雅化妆品的模特宣称：“你值得拥有！”）。

双避冲突

有时，消费者处在一个左右为难的境地，面临着两种不情愿的选择。例如，他们会为到底是花高价买一件新的时尚单品，还是低价买一件上一季的款式而苦恼。后者看起来自己能支付得起，但是，在大众看来就算你买了也是过时的。在面对这种双避冲突时，商家总是给予意想不到的优惠。比如，如果你开个赊购账户，那么买新款会给你优惠10%。

这个运动装备广告展现了男人的需求（西方文化支配的）以及解决之道（当然是购买装备，达到目标）。

多元文化维度

购物欲望是人们对获取现在还未拥有的时尚品或服务的渴望。[14]奢侈品频频冲击着消费者的眼球，就算是在他们日常基本需求未满足时也是如此。在一项研究中，罗马学生列出了一张他们想要物品的清单。在这张清单上有他们想要的物品，如赛车、最新款的电视机，还有水、肥皂、家具和食物等基本生活用品。

一位消费者总结了人们的挫败感。他解释道：“以前，虽然商品的种类少，但是我们却能够支付得起。现在，商品极大丰富，却很少有人能够买得起。具有讽刺意味的是，消费者也不像从前那样快乐了。他们的欲望增加了，但是他们却无法真正拥有这些物品。”[15]提供的多、拥有的少，这就是所谓的相对剥夺现象。这种现象导致人们产生挫败感。

需要

需要是消费者现状与理想状态之间的差距。这种差别带来一种紧张感。消费者急需消除这种不安的状态。对此，商家采取的策略是，提供能满足消费者购物欲望或者是能缓解他们紧张感的商品和服务。

需要 vs 欲望

人们通过各种方式满足基本需要。个体满足需要的方式，取决于个体的经验以及养育个体的文化及价值观。个人欲望的产生既取决于个人因素，也取决于文化因素，是二者的交互作用结果。例如，安全和饱足是我们必须满足的基本需要。花10美元就可从古德威买一件能保暖的外套，这样我们就满足了安全感的需要。花1 000美元买一件名牌衣服也能满足安全感。同样，当我们饥饿的时候，我们吃汉堡、奥利奥夹心曲奇、生鱼片、豆芽进行充饥。在电视节目《生存者》中，他们吃虫子和烤野鼠。满足需要的不同方式是由文化或者特定的情境决定的。

需要的种类

从一出生，人们就要满足自己的需要，比如说食物、水、空气和住所。这些被称作生理需要。人类还有许多其他需要，但都不是天生固有的。当我们成为某种文化的一员时，我们称这样的需要为心理需要，包括：地位需要、权力需要和归属需要。心理需要反映的是一种文化的主要特色。

需要可以分为功利性的和享乐性的。功利性需要实现的是一些功能性或者是实际性的利益（比如舒适、安全等）。功利性需要得以满足，说明消费者会强调客观、可触摸的物品，比如注重一条蓝色牛仔裤的经久耐用，汽车一公里的耗油量，芝士汉堡里所含有的脂肪量、卡路里量、蛋白质量。享乐性的需要满足则是主观性的、带有情感体验的经验。消费者可能会依赖某种能带给他兴奋、自信、奇幻感的产品来满足这一需要。物品带给他们的这些感觉可以使他们免除现实的折磨。[16]当然，我们也会买一些同时兼有这两种特性的商品。例如，人们之所以会买貂皮大衣可能是出于以下两个原因：一是貂皮大衣是一种奢侈品的象征，二是寒冬中它起到御寒保暖的作用。

消费者需要分类

对人类需要进行分类的研究不胜枚举。心理学家也开始列出能系统解释人类行为的需要清单。亨利·莫里（Henry Murray）描述出能解释人类行为的近 20 种心理性需要。这些需要包含自主性、依赖性和娱乐性三个维度。[17]

具体需要

其他的一些研究关注的是具体的需要和行为的后果。这些个体需要与消费者的下列行为有很大的关联：

- 成就需要（个人的成就受到了极高的关注）[18]：有这种需要的人会格外重视意味着成功或者是成就证明的物品或服务。一项针对工作女性的研究表明，那些具有高成就需要的人，更倾向于选择穿商业化的职业装，而不是那些凸显其女性气质的服装。[19]
- 归属需要（从属于某个团体）[20]：这种需要与在群体中“消费”的及减轻孤独感的产品和服务有关，如团队运动、酒吧和大型购物中心。青少年也总是喜欢结伴逛街。
- 权力需要（获取对环境的控制感）[21]：许多商品和服务能提供给消费者一种掌控环境的感觉。从动力强劲的车型到高级音响，再到衣服都能起到类似的作用。20 世纪 80 年代，约翰·莫里（John Molloy）所倡导的“走向成功的着装法则”，就是利用个体权力需要为职场人员营造一种权威感。[22]
- 独特性需要（凸显个体个性）[23]：产品可以通过保证突出消费者与众不同的特质来满足这种需要。例如，凯歌皇牌香水宣称可以“像你一样独特”。

马斯洛的需要层次理论

心理学家亚伯拉罕·马斯洛提出了一种影响很大的需要理论。他的理论成为了解人类发展和高峰体验的方式。[24]他提出了生理和心理需要的层次理论，这个理论将需要具体化。这种等级化的方式认为个体的发展顺序是固定不变的。换句话说，当某一级的需要得到满足后，更高一级的需要才会被激活。商家很喜欢这一点，因为，当个体处于某个发展阶段时，他们会寻求某种特定的物品，那么，商家就会提供相应的商品。

图 4—2 总结了这些不同层次的需要。在不同的需要层次上，商家提供商品以满足消费者的需要。理想地说，一个人只有把主要动机作为自己关注的终极目标时，需要层次才能完全获得满足。不幸的是，这种状态是很难实现的。我们大多数人偶尔才会有高峰体验。

马斯洛的需要层次理论认为，一个人必须先满足其基本生理需要，然后才能激发更高层次的需要。（一个饥饿的人不可能会对地位象征物、友谊或者自我实现感兴趣。）但是在消费领域，这不是一成不变的。在市场中，商家只是比较简单地运用这一理论。有时，你会发现，商家推出的一种商品其实能满足多个层次的需要。例如，衣服可以满足多个层次的需要：

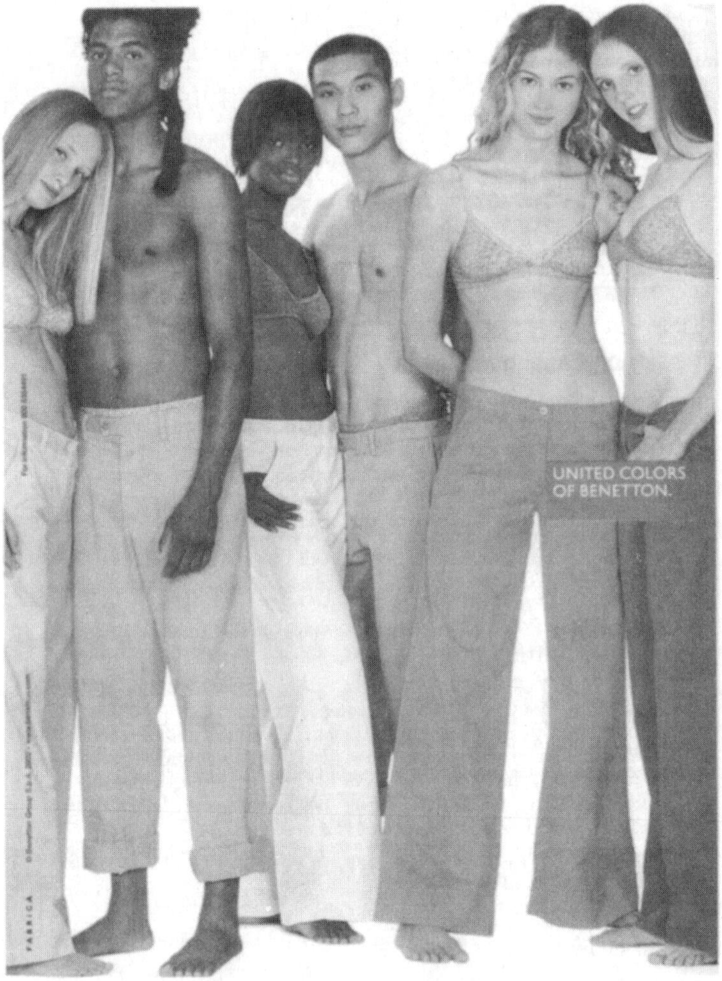

服装品牌贝纳通这个广告针对的是人们归属的需要。

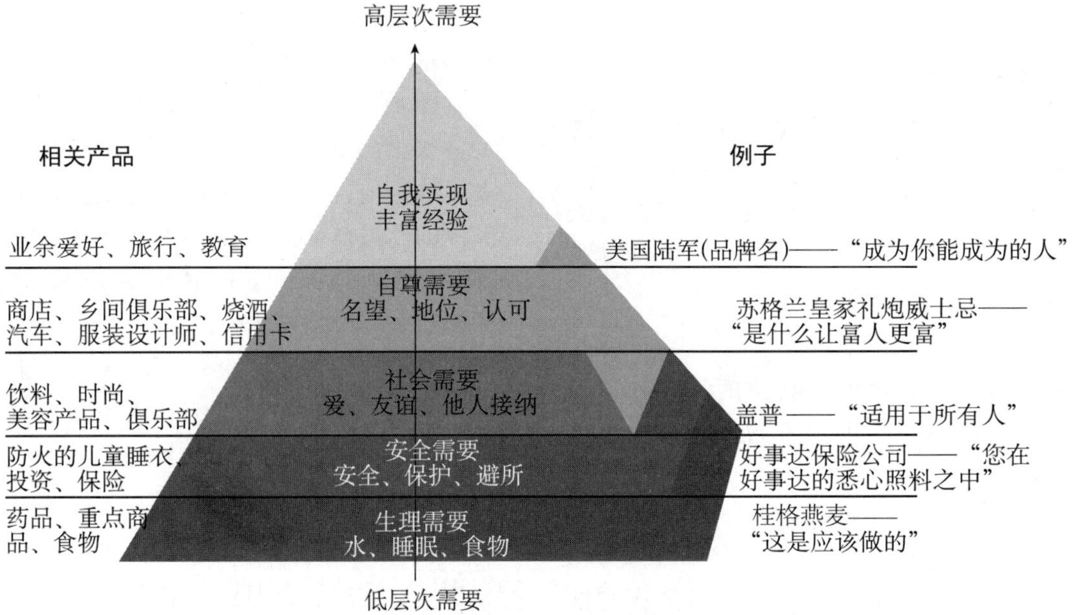

图 4—2　马斯洛的需要层次理论

资料来源：Adapted from Michael R. Solomon，*Consumer Behavior* 8e，© 2009. Reprinted by permission of Prentice Hall，lnc.，Upper Saddle River，NJ.

● 生理需要：我们用衣服来蔽体，防止受到各种外在因素的伤害。

● 安全需要：在美国，服装必须通过阻燃性指标——当靠近易燃物时不会引起火灾。穿这样的衣服你会感觉到特别安全。

● 社会需要：衣服可以用来与他人分享时尚感。

● 自尊需要：穿当下最流行的服装或者艺术装，让我们对自己产生好感，让我们觉得自己是高人一等的。

● 自我实现："衣服是自我的充分表达。"

马斯洛需要层次理论过于教条化的另一个问题是它存在文化局限性。该需要层次的假设可能仅局限于西方文化，其他文化中（也在西方文化内部）的人们可能会质疑各个层次的先后顺序。一个立誓单身的宗教信仰者就不一定同意在达到自我实现之前必须先满足生理需要。

同样，在很多亚洲文化中，群体的福利（归属的需要）要比个体的需要（自尊的需要）更受重视。关键就在于，尽管某一需要层次已在营销中得到广泛应用，但是它对营销者有所裨益的不是它明确指出了消费者在需要阶梯上爬升，而是它提醒了我们，消费者在不同的消费情境中和不同的生命阶段会有不同的优先需要。

消费者卷入度

消费者能否与商品或者服务建立强有力的联系？如果你对此持否定态度，那么请看下面的例子。

《幸运》(*Lucky*) 是一本杂志，介绍鞋和其他时尚商品。在第一期杂志中的插页上，介绍化妆海绵。杂志的编辑说："其实，《高尔夫》杂志在宣传时也是采用这种方式。和《高尔夫》杂志一样，《幸运》杂志也用具体的方式来吸引女性注意力。"[25] 田纳西州一个男性被女朋友甩了之后，就想与自己的车结婚。但是，当他列出"未婚妻"出生地底特律，"她"的父亲亨利·福特，"她"的血型是 10W40 时，他的计划就化为泡影了。在田纳西州，法律不允许他跟汽车结婚。[26] 同样，法律也不允许他在洗车场度蜜月。

这些例子都表明，人们可以与商品有亲密的依恋关系。正如我们了解到的，消费者的欲望会影响到他是否有需要获取某种商品、服务。消费者认为，购买这种商品能满足目标的实现感。但是，这并不意味着每个人的动机激活度是一样的。某些人可能会对某件时尚品情有独钟，但是其他人却对此毫不在乎。

卷入度是"个体根据自己的内在需要、价值观和兴趣对客体所做出的关联度判断"。[27] 客体在这里指某一商品或品牌、某个广告、某个购物场景。消费者以不同的程度卷入到这些客体中。这种卷入是一种动机性的构造，图 4—3 中间栏的任何一种都可以引发卷入状况的出现。图中所涉及的卷入可能与个体有关、与客体有关、与情境有关。图 4—3 中右栏显示的就是卷入的结果。

卷入也可视为对信息进行处理的动机。[28] 消费者的需要、目标或价值观与产品知识间的感知关联有多强，消费者受驱动去关注产品信息的程度就有多高。当记忆中的相关知识被激活时，就会产生一种驱动行为的动机状态（如购物）。随着对产品卷入度的增加，消费者就会更加关注有关该产品的广告，付出更多认知努力来理解这些广告，并且更关注广告中与产品相关的信息。[29]

另一方面，如果这些商品不能满足自身的某种需要，消费者就不会将注意力放在这些信息上。一个熟知健身器材的人会阅读任何与这个主题相关的信息，在闲暇之时，会逛体育用品商店。而其他人会想都不想就跳过这些信息。时尚也是如此。许多年轻人会深深卷入到时尚中，花费大量的时间和金钱，购买最新款的时尚用品，而另一些人则厌恶这样的购物。

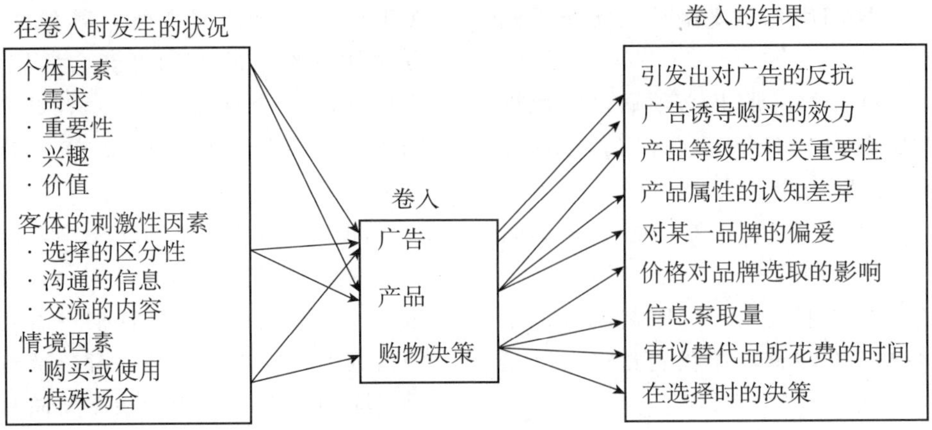

卷入＝f（个体、客体、情境）

卷入可能受到上述三个因素中至少某一个的影响。个体、情境、客体之间的互动模式会出现。

图 4—3　消费者卷入概念模型

资料来源：Judith Lynne Zaichkowsky，“Conceptualizing Involvement，” *Journal of Advertising* 15，No. 2（1986）：4-14.

卷入的水平：从惯性到激情

采用何种信息加工取决于消费者的卷入水平。最低的水平是简单加工，就是只考虑到信息的基本特质。还有一种是细化加工，就是将新接触的信息编码到原先已有的知识体系中去。[30]

惯性

个体的卷入水平是一个持续性的统一体。从对营销刺激丝毫不感兴趣的一端，到完全着迷的另一端。低卷入端的消费以惯性（inertia）为特征，在这种水平状态下，消费者做出购物的决定完全是出于习惯的力量。因为他们缺乏考虑其他选择的动机。在高水平的卷入状态下，消费者对商品怀抱高涨的激情，对他们而言，商品是极富意义的。例如，那些热情追捧明星的消费者，在一定程度上就很好地诠释了卷入状态的最高点。但是，就一般人来说，他们的卷入水平都是处在中间状态。市场营销策略家必须根据相对的卷入水平决定商品信息细化的程度。

膜拜商品和痴迷

2007 年 6 月，一件声势浩大的事情震撼了当代世界：苹果公司开始出售苹果手机。在美国，数以千计的消费者提前几天蹲守在苹果商店门前，想成为第一时间拥有该商品的人。尽管他们可以从网上预订，但是这要花三天的时间才能拿到货。一个忠实的消费者说道：“如果苹果推出切片面包，我也会去买的。”[31]

膜拜商品促使消费者对其怀有忠诚、虔诚甚至是膜拜之情。消费者对商品处于一种高卷入状态。这种状态可能会以不同形式展现出来。他们或许会追捧苹果手机，迷恋哈雷摩托车，爱慕莫罗·伯拉尼克鞋，更不用说某位音乐人或者是某支运动队了。[32]

痴迷于篮球鞋

有些鞋太好了，从某种程度上说穿这样的鞋子很奢侈，但是你还是会花上一周的时间去排队买一双。穿着雨衣或者打着伞，支付 295 美元，为的就是在旧金山的耐克城从金柜中获取一双篮球鞋。这些被称为“球鞋迷”的粉丝们总是耐心地等待着。Air Jordan VI Retro 和 Air Jordan XI Retro 篮球鞋在 20 世纪 90 年代第一次发行后再次改版。一些热衷于该产品的人不惜牺牲一周的时间去购买。一个热心的粉丝和收集者说：“这些鞋是用来收藏，不是用来穿的。穿上它们，也许顷刻之间，它们会贬值。”这样的鞋带来的是退役的篮球明星迈克尔·乔丹的图像、一种真实感的体验和一对镶着金边的鞋带。[33]

这则广告说明了消费者对鞋子的卷入度水平。威兹曼先生对鞋子有点着迷，他在周围的任何事物中都能看到鞋子。在这个案例中，他甚至在四叶草中看到了鞋子。

卷入的多样性

正如上文提到的，卷入的形式多种多样。卷入可以是认知上的，如一名“网虫”受驱动去尽可能了解新型多媒体个人电脑的最新配置；也可以是情感上的，如一想起新的阿玛尼套装，一个讲究穿着的人就会精神一振。[34]此外，对于热衷购物的消费者来说，购买阿玛尼服装这一行动也可能是一件使人高度卷入的事情。更进一步说，像耐克或阿迪达斯所做的广告，本身就因某些原因而令人卷入。(如因为它们让我们欢笑、哭泣，或鼓舞我们更努力地工作)

看起来卷入是一个模糊的概念，因为它与其他事物有重叠，而且不同的人有不同的含义。确实，大多数人认为实际上存在着与产品、信息和情境相关的几种类型宽泛的卷入。[35]

产品卷入

产品卷入指的是消费者对某种特定商品的兴趣程度。消费者对某商品卷入越多，他们就越倾向于购买，或者第一时间做出购买行为。他们甚至还会说服他人购买。促销活动就旨在增加产品卷入度。由 Dare 香水赞助的比赛中，女性通过写信或者是打电话向电台脱口秀节目递交最亲密约会细节。班特姆出版的爱情小说中，将这些引人入胜的故事编入。当你购买该品牌的香水时，这些书又将作为礼品赠送给你。[36]

聪明的营销商坚信，狂热的粉丝是一个巨大的市场。不能无视这些狂热者的需求，而应该谨慎对待。或许，增强产品卷入度，最强有力的方式就是让消费者参与到产品的设计和个性化过程中。

定制是一种个性化服务模式，是在大众化价格基础上，针对消费者对产品和服务进行改进，以满足消费者个性化要求。[37]通过改进生产技术，许多行业都能按照不同客户的订单、需求进行生产。一项服装研究表明，不管男性还是女性消费者都喜欢定制牛仔裤，尤其是女性，对合身的要求是相当高的。[38]消费者比较偏爱定制这种模式。如今，40%的“最个性化”购物者会选择定制服装。虽然这种方式要多花 20 美元，会耗费消费者 3 到 4 周的时间，购买者还是乐此不疲。在 Land's End 网站上，你只需根据你的实际状况，选择一个符合你尺寸和颜色偏好的模特，网站就会呈现由你选择的尺寸和颜色所定做的衣服的效果。耐克的网站为买家提供一个独特的颜色调色板，消费者可以在鞋上设计自己喜欢的字，并为鞋面上的字配上自己喜欢的色彩。Venturoma 网站则为

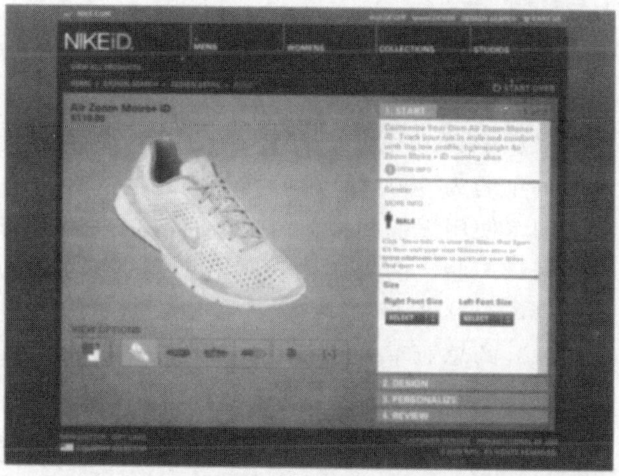

耐克网站允许消费者“打造自己风格的鞋子”。在网站中，有面向客户端的颜色选择，消费者可以为脚跟、标志、内层、鞋带、鞋底、鞋主体选择自己喜欢的颜色，甚至还可以在鞋舌上写上个性化 ID (耐克的个性化政策解释说，耐克只接受适宜的建议)。

购物者创建了一个属于自己的乳液、护肤霜、身体洗护品的混合档案库。“大家都在关注”（Whatshotnow）网站以消费者为中心，为消费者提供体育娱乐、休闲商品、服装清单。一个月之内，消费者就在此构建了4 250家新的商店，这些商店以销售他们所需求的商品为主。每一次访问该网站，消费者都会关注喜欢的商品。[39]

信息—反馈卷入

消费者民间市场是非常火爆的。粉丝将他们喜欢的产品做成商业化的宣传片，然后将这些片段传到网上。虽未经授权，却吸引到了像《连线》(*Wired*）杂志这样的媒体关注，在“联属营销”这样的广告博客中频频亮相。[40]这种忠诚只是信息—反馈卷入的极端化例子（这种卷入也被称为广告卷入）。

信息—反馈卷入（message-response involvement），也称广告卷入（advertising involvement），涉及消费者处理营销传播信息的兴趣。[41]电视被视为低卷入体，因为它只需要观众被动地观看。尽管可以用遥控器随意地选台，但观众缺乏对内容的控制权。相反，印刷品是一种高卷入的媒体，读者可以对卷入进行主动处理，并且能够停下来思考他/她刚读过的内容，然后再继续读下去。[42]第10章将讨论信息特性在态度改变中的作用。

高信息卷入也推动了消费者对移动互联营销兴趣的快速增长。在这种市场中，消费者通过手机投身到实时宣传活动中。通常他们通过手机短信参与电视上直播比赛。在英国，这种策略屡见不鲜，从电话和电视节目短信服务中获取的收入，一年约为500 000 000英镑。但是这种策略对美国（使用无线网络、跨多个时区）来说花费时间稍长一些。两天之内，观众就发送500 000条短信，给《老大哥》真人秀投票。第七届《美国偶像》的总冠军争夺赛中，观众以短信方式参与，投了97 000 000张票。[43]同样，耐克也以互动的方式促进消费者卷入。客户可以点击进入30秒或60秒的电视短片，再根据明星访谈中的选择跳回到LaDanian Tomlinson和其他与耐克有关的运动员身上，耐克品牌的游戏是想测试人们的远程控制反应或者是对变焦鞋的三维演示的看法。[44]

购买情境卷入

购买情境卷入涉及购物者在购买同一商品时不同的目的性。个体可能会察觉到一个很大的社会风险或者根本不存在的什么风险。当消费那些自己所需的产品时的所想、当别人消费自己所买的商品时的所想都是很鲜明的、直观的。比如，当你想给某个人留下深刻的印象，你会去买某一个品牌的或者是某一件具有特殊形象的商品，因为你认为这样能反映自己品位不错。当你处在一个强制性的情境中时，你不得不去给别人准备礼物，比如说，你不喜欢自己的表妹，但是你不得不去给她准备一个结婚礼物。在这样的情况下，你根本不会去在意商品所勾勒出的形象问题；也许你还会直接买一个廉价的、能表达你想与之的疏远的想法的东西。

卷入的测量

对许多营销者来说，测量卷入度是至关重要的。比如说，研究表明，那些全身心投入电视节目的观众对节目中的商品也表现出较高的兴趣。那么这样的节目在很大程度上就会影响到他们的消费意向。[45]因此，许多研究公司会去测试消费者的卷入度，从而预测广告成功与否，比如营销卷入有限责任公司（Involvement Marketing Inc.）。最常用的卷入度测量方式如表4—1所示。因为不牵扯情境因素，所以适用于各种产品、广告和购物情境。

表4—1　卷入度量表

要评价的客体对我来说是	
1. 重要的	不重要的
2. 无聊的	有趣的
3. 有关联的	无关联的

续前表

4. 兴奋的	不兴奋的
5. 有意义的	无意义的
6. 吸引人的	不吸引人的
7. 迷人的	平凡的
8. 一文不值	价值连城
9. 卷入性的	非卷入性的
10. 不需要的	必需的

注：10 道题的总分从最低分 10 分到最高分 70 分。这 10 道题采取的是 7 点计分法，1 代表完全不，7 代表完全是。

资料来源：Judith Lynne Zaichkowsky，“The Personal Involvement lnventory：Reduction，Revision，and Application to Advertising，” *Journal of Advertising* 23，No. 4（December 1994）：59－70.

卷入的维度

购买服装和时装是一种公认的高卷入行为。许多研究者认为，“时尚参与”这个词并不精确，“时尚参与”可能包含多个维度。服装对消费者来说是重要的，消费者在购物之前会进行大量的搜索，但是在目前的研究中，尚没有对“时尚参与”的清晰界定。[46]目前，测量工具种类繁多，研究者使用不同的测量工具，泰格特（Tigert），林（Ring）和金（King）在关于时装卷入的早期研究中指出了五个维度[47]：

- 时尚觉察力。
- 时尚知识化。
- 时尚兴趣。
- 时尚个人通信能力。
- 时尚创新。

最近的研究表明，时尚卷入包含两个维度：用着装表达个性，用着装充当信号设备。[48]测量这些维度的题目有：

1. 着装表达个性。

- 一个人的装扮能为我们提供大量的个人信息。
- 我的着装能帮助我表达出我是怎么样的一个人。
- 我们能从某人的穿着中了解到这个人的一些个性特征。

2. 着装充当信号设备。

- 当我穿上我最喜欢的外出装备时，别人能看到我预期想表达的样子。

最近的一项研究以韩国和美国学生为被试，该研究证明了米塔尔（Mittal）和李（Lee）的“持续性卷入量表”在时装方面的有效性。[49]目前，许多研究都采用这一量表。[50]这个量表包含如下题目：

- 我对新款时装有浓厚的兴趣。
- 新款时装对我来说意义重大。
- 新款时装对我来说没有太多的意义。（反向计分）

量表最后一部分涉及其他假设。比如，高时尚卷入的消费者会持续逛街，他们更具创造性，使用的信息量多，很少关注商品的价格。高时尚卷入度的消费者也常常是冲动购买者。[51]扎克夫斯基（Zaichkowsky）一般卷入性工具在时装界中也占有一席之地。[52]因此，在日常生活中，我们采取不同的测量方式去测评时尚卷入度。下面的几个题目是测量逛街购物卷入度的：

- 逛街购物是一种娱乐性活动。
- 逛街购物是一种享受性活动。
- 我喜欢逛街买衣服。
- 逛街购物浪费我的时间。（反向计分）

法国研究者设计量表来测量产品卷入度的前因。他们认为，消费者之所以会卷入产品中，是因为这是一种冒险性的购物行为，或者该产品反映了自我，影响了自我。因此他们将卷入度问卷划分成五个部分[53]：

- 消费者对产品的兴趣度。
- 对选择较差产品带来潜在负性结果的觉察力。
- 做出错误购买决策的可能性。
- 产品带来的愉悦感、价值感。
- 符号性价值（与自我价值相关）。

研究人员以家庭主妇为被试，让她们对 14 种产品按照卷入程度进行排序。结果如表 4—2 所示（只包括四个部分）。

表 4—2　　对一系列法国产品的卷入度解析

	负性结果的重要性	错误购买决策的可能性	愉悦感	符号性价值
服装	121	112	147	181
文胸	117	115	106	130
洗衣机	118	109	106	111
电视机	112	100	122	95
吸尘器	110	112	70	78
熨斗	103	95	72	76
香槟	109	120	125	125
石油	89	97	65	92
优酸乳	86	83	106	78
巧克力	80	89	123	75
洗发剂	96	103	90	81
牙膏	95	95	94	105
洁面皂	82	90	114	118
洗涤剂	79	82	56	63

注：产品平均分＝100。对个人的重要性和负性结果的重要性这两个前因变量数据进行了综合。

资料来源：Giles Laurent and Jean-Noël Kapferer，"Measuring Consumer Involvement Profiles，" *Journal of Marketing Research* 22 (February 1985)：45，Table 3. By permission of American Marketing Association.

这些数据表明，单个因素不能判明消费者的卷入度。比如说，购买耐用性产品，如吸尘器，是一种风险性行为。某些人可能因为决策失误而后悔好多年。然而，吸尘器却不能提供给人们愉悦感（享乐价值），也不存在什么符号价值问题。与此相反，巧克力却是一种高愉悦性、低风险性、低自我关联性的。服装具有社会风险性（哪种着装风格会被公众所认同?）、高愉悦感，与自我有着极高的关联度。

细化卷入度

研究者可以构建多样化的卷入度测量结构，而且消费者卷入度可以作为市场细分的基础。比方说，文胸在愉悦感方面的得分较低，但是，神奇胸罩、水袋文胸，"维多利亚的秘密"的"梦想天使"等文胸与普通文胸之间肯定存在差异。或许，我们还可以找出运动型文胸和水袋文胸之间的区别。[54]制造商根据产品信息加工的不同部分，随时调整自己的市场策略。在不同文化之间，这种产品类别的卷入度可能有所差别。尽管法国消费者在个体价值和符号价值两个方面对香槟给予较高的评价，但是香槟的这种愉悦性和自我界定感在身处其他文化的消费者中可能就不存在。（比如伊斯兰教文化）

对品牌承诺或者卷入的研究旨在构建一个细分牛仔裤市场的品牌参与模式。在对四种服饰选择的卷入度和品牌承诺的高低评分上，我们划分出了四种类型。早在20世纪30年代，这种研究就已经很显著了，但是这么多年来，对价值的定义和衡量始终是一个急需解决的问题。

高产品承诺度/强品牌承诺度的消费者更少关注产品价格，有更高的时尚意识，既关注牛仔的意象也关注其实用性。[55]针对这四种类型的消费者，建议采用不同的市场策略。

增加市场卷入度的策略

尽管消费者对产品信息的卷入水平会有差异，但营销者并非只能守株待兔。通过了解那些增加或减少注意的基本因素，他们能够采取措施来提高信息到达消费者的可能性。营销者能够通过下列手段中的一种或多种来增强消费者处理相关信息的动机。[56]

- 针对消费者的享乐需要诉求，比如，在广告中运用感性诉求来吸引更多的注意。[57]
- 在网站中使用图像交互技术，诸如特写镜头或者放大的图像。研究表明，高本平的交互作用与消费者高卷入相关。[58]
- 使用新奇的刺激，如广告中不寻常的拍摄技巧，突如其来的安静或出乎意料的移动，等等。
- 在广告中运用显著的刺激，如喧闹的音乐或快速的动作，以吸引注意力。如果采用印刷品形式，较大的广告能提高消费者的注意力。另外，观众对彩色图片的注意时间也要比黑白图片长。
- 在广告中引用名人的支持以使人产生更大

的兴趣。

● 通过保持长期联系与消费者建立关联。在第1章讨论过的忠诚项目是服装公司保持与消费者联系的良好范例。

● 正如前面讨论的，使产品个性化。互联网一个令人兴奋的优势在于，它可以把内容个性化，从而使网站提供的信息适合个体。[59]

研究显示，个性化的电子商务网站在第一年就能增加47%新顾客。[60]

消费者创造的内容

消费者通过博客、播客、Facebook和MySpace这样的社交网站表达自己对产品、品牌及公司的看法，甚至可以在视频网站YouTube上上传他们自己的商业广告。这种现象也许是过去几年中最引人注目的市场现象（甚至比iPhone还要引人注目）。这种重要的趋势帮助人们界定了Web 2.0时代的到来。Web 2.0时代使互联网从单一的信息传递模式转入到社会的、交互的信息传递模式。

公司不必再单纯依靠"推动法"向消费者传递产品信息，现在它们需要鼓励这种充满活力的双向对话模式。这种模式允许消费者在各自的Web社区中评估公司产品，消费者也非常欢迎这种趋势，有如下几个原因：技术容易而且使用起来也不贵；而且，与大公司提供的建议相比，人们更愿意相信同辈群体的意见和建议。[61]市场营销人员要接受这种现实——尽管他们可能不喜欢消费者对自己品牌的品头论足。以下是最近一段时间以来，消费者创造出的运动：

● 匡威允许顾客在www.conversegallery.com上提交顾客自制的商业广告。这次运动吸引了大约1 500个自制商业广告，匡威在电视中播放了其中的几个。

● 百事可乐给消费者提供了为饮料设计新罐装包装的机会。在众多的设计中，最终获胜的设计将被采纳，用以包装500 000 000罐百事可乐。

● 加利福尼亚州立大学，发起了一项校园竞赛项目，制作短视频并发布到YouTube上，以吸引潜在的申请者，同时也借助视频激发起学生、校友、教职员工的荣誉感。

● 苹果公司与18岁的英国学生尼克·哈雷联系，因为他在YouTube上制作了新款iPod的30秒钟的电视插播广告。起初，这听起来像是天方夜谭，但是，苹果公司的确使用了这款广告，并且在美国、欧洲和日本，以这款广告作为主打广告促销。尼克·哈雷的一首歌在抒情诗中获得灵感："我的音乐就处于你能触碰到的地方。"[62]

● 美国人喜爱的多芬沐浴露广告，是犹他州曼图亚的西里斯·沃登创作的，这个广告是多芬沐浴露广告竞争赛的一部分。这个竞赛邀请普通女性参加，拍摄一段30秒的广告，分享她们自己对奢侈品的观点。这一策略收到了令人震惊的好效果，超过3 500名女性递交申请，这一数字几乎是多芬去年就职演讲竞赛申请者的两倍。

核心价值

《时尚伊人》（*Cosmopolitan*）有28种不同语言的版本。在50个国家中大约有8 200 000人读过这本杂志。这个数字很可能是保守的估计。因为一些女性不得不在丈夫面前掩盖这一事实，于是要想在世界各地都获取"快乐、勇敢的女性"这一都市认证变成了一个棘手的问题。[63]不同的文化强调自身的价值体系，这种价值体系定义了什么是女性，怎么样才是女人，什么样才算是吸引人的，以及在书刊上怎样描述这些问题才是合适的。[64]在印度就不会在《时尚伊人》杂志上看到任何关于性方面的内容。这样的话，文中的"乳沟"等被那些"令人振奋的青春奉献"所取代。具有讽刺意味的是，即便是由于不同的原因，在瑞典语版本中也没有什么低俗的内容：因为这个国家是一个十分开放的国家，以至于这种方式不会像在美国那样奏效，因此它必须从其他方面来获取读者的兴趣。[65]

每个文化中的价值体系会传递给其中的每一个成员。[66]例如，某一个文化赞扬那种独特自我的展现，而不是依附于集体中其他成员；而另一个文化则注重集体荣誉感。沃思林在全球范围的一个研究表明，对亚洲居民来说，最重要的价值观是勤奋好学、正直。北美商人则与之不同，他们突出个人自由、自力更生、表达自由的重要性。[67]某种营销工作在某一国家带来轰动而在另一个地方无声无息，这种价值观上的不同经常可以对之做出详尽的解释。比如，在日本推出了这么一个很成功的广告：一群男性盯着一个穿着夏装的女性看，这时旁边有一个声音出现——"如果女性能像男性一样关注自己的胸部，那么乳腺癌就会从我们的生活中销声匿迹。”但是在法国，这个广告则是一个失败的案例，因为这种幽默方式惹恼了法国民众。[68]

但是在许多案例中，价值是趋于统一化的。任何人都崇尚健康、智慧、和平。那么什么是这些普遍文化之外相对重要的东西？排名的设置构成了一个文化的价值体系。[69]比如，一项研究表明北美国家更加支持那些关注自力更生、自我提升、个人成就的实现的广告，而不是那些强调家庭和睦、集体性目标、与他人之间的融洽关系的广告。后者却是韩国民众所推崇的。[70]

文化中成员所认可的价值体系就是这个文化的特点之一。但是并不是每个人都在相同程度上接受这一价值体系，甚至从某个层面上说，这些价值之间会发生冲突。（比如，美国人或许会同时注重一致性和个性化，然后再去调和这两种不同的价值。）不管怎么样，一般只会强调一种核心价值。我们通过社会性机构，如父母、朋友和老师等，来获取自己文化中的核心价值。

美国的核心价值强调的是自由、青春、成就、物质主义、活力，现在这些基本的信条却有所变动。例如，随着老龄化的加剧，青春渐渐褪色（第6章有所描述）。同样，在2001年“9·11”事件后，美国则更加注重爱国主义精神。一项针对潜藏在美国1900年到1980年之间的广告背后的核心价值的研究表明，流行产品的实用性和有效性是广告所关注的主题。但是这些价值在今天却不一定适用。

可持续性是否是美国一个新的核心价值？在2007年的一项调查研究中发现，十分之八的消费者声称他们觉得购买绿色品牌、从绿色公司购买商品是至关重要的，而且他们也愿意花费更多的钱去这样做。美国民众关注个体的健康，这种关注也随即引发了全球人民对健康的关注。一些分析师称这种新的价值观为“认真消费”。[71]市场营销者指出，那些强调健康可持续性的生活方式的消费者对环境有所担心，购买那种采用可持续性方式生产的产品。这些消费者为有机食品和服装、混合动力汽车、生态旅游提供了一个巨大的市场。一个组织指出，针对这个群体的产品一年可以带来2 000多亿美元的销售额。[72]一些服装公司和设计者利用那些可回收的商品生产自己的商品，并研发出有机棉布和其他可再生资源的生产线。《可持续性，为什么是现在?》（*Sustainability, Why Now?*）[73]这本书强调这种可持续性产业可以减少对环境的破坏。各个行业和消费者现在也开始使用生态词组、生态时尚和环境性友好词汇来表达这一价值。最近一项针对学生的研究表明，一些企业的专家对这些词汇的意义相当明了，而消费者则对其知之甚少。[74]减少我们的碳足迹、减少我们对环境的影响这样的概念，在当今的商业圈和消费者领域的意义是不言而喻的。

与衣着选择有关的价值观

这里主要阐述的是服装价值研究中的三种主要范式[75]：一是斯普朗格（Spranger），二是哈特曼（Hartmann），三是AVL（Allport-Vernon-Lindzey）。后两者主要以斯普朗格的工作为基础，他通过阐述每一种人格的主导特点，详尽地描述了6种理想人格类型。哈特曼进一步发展了斯普朗格的人格类型，他的研究旨在测量穿衣的价值，这在表4—3中得到了明确的阐释。

表4—3　　**个人价值观和着装**

价值观	着装要求
理论性的	强调织物的客观属性
经济型	精明的买家，避免浪费
美感	只要好看就行，其他的都不重要
社会化	认真体面，不要衣衫褴褛也不要华丽
政治性	需求能换取他人的敬仰和认可
宗教性	简单化，像原贵格教一样

资料来源：Marcia A. Morgado，“Personal Values and Dress：The Spranger，Hartmann，AVL Paradigm in Research and Pedagogy，” *Clothing and Textiles Research Journal* 13，no. 2（1995）：139－148.

AVL继续采用斯普朗格的类型学。该工具对那些代表价值观的行为进行描述。这些价值观之间是相关联的，其中有些是互相对抗的。这种范式是服装研究者最常用的工具，因为它会帮助研究者发现这些一般性的价值观与具体着装的概念化、倾向之间的关系[76]，他们还会发现跨文化着装价值观的不同之处。[77]在过去的 30 年间，服装学者一直在书中描述这种类型学，他们阐述了一般价值观与他们着装价值倾向之间的关系。[78]由于该类型学自身的不足，不少学者还将探索、感官性、第二社会类型（社会的认可）等价值观念加入到这个体系中。早期的工作因为自身的局限性和以具有争议的假设为基础而备受质疑。服装研究者也因此开始超越斯普朗格的类型学，提出新的理论，这在该领域的研究中具有里程碑的意义。从该类型中分离出去的研究者，将自己的关注点放在一些更为具体的价值观念上，如时尚、功能、美感和人际价值观。比如，一项研究表明，时尚倾向的消费者更看重数量而不是质量，买自己想买的而不是自己需要的。[79]

对这些价值观念类型学的评判之一是，它们关注的是一种封闭式的结构而不是开放式的。一项开放式的研究将这些价值观念分为 16 种类型：乐趣、独立或者自由、魅力、远离打扰和烦恼的自由、安全、成就、被他人认可、生活的标准、自爱、自我表达、时尚、与众不同、节俭、创造性、功能性、性感。其他一些学者也列举了一些关于购衣的功用和动机。

桑塔格（Sontag）和施拉特（Schlater）创立了一种双维度理论模式来测量价值观念。在这个理论中，他们将大约 50 个着装理论研究进行归类。[80]这两个维度被命名为“重点和主体对象的纳入”。这两个维度包含了价值的名称、它们的结构和加工过程、有具体客体的价值观念、没有具体客体的价值观念、个体对这一客体行动带来的互动性效应。

运用价值观解释消费者的行为

尽管价值观念很重要，但是我们却很少把它们作为消费者行为的直接检测器。这种现象存在的缘由之一，就是像自由、安全和内在和谐性（主体性的价值观念）这样的广泛性概念更能影响到一般的消费模式，但是用来区分某一产品类型中的品牌则收效甚微。正是由于这个原因，一些研究者发现能比较容易地区分像安全感、幸福感等这样宽泛的文化价值观的，是像便利的购物或者促销服务等消费具体化概念，与方便使用和耐久性等产品具体化概念之间的差异。[81]比如，在评估服装产品的适宜性时，那些重视群体间联系和群体支持的人会比较关注服装的风格和品牌名称。[82]

既然价值观念驱动消费者的购物行为（至少从较广的意义上说），那么可以说，所有的消费者研究最终将指向对价值观的定义和测定。下面我们将着重阐述学者关于测定价值观的几种方式和这些方式在营销策略中的应用。

罗克奇价值调查研究

心理学家密尔顿·罗克奇（Milton Rokeach）界定了一系列的终极价值观念，而且这些观念是全球通用的。罗克奇价值调查研究使用一个测定价值观念的量表。该量表包含一系列的工具性价值，并且包含着那些能实现终极价值并与工具性价值相对应的行为。[83]表 4—4 详细阐述了这两种价值观念。不同国家的核心价值观念有所不同，同样，美国不同地区间的价值观念也是存在差异的。研究者发现，居住在山区的人们更多地关注对环境的掌控性，居住在西南中心地段的人们强调快乐感和幸福感，西北中心地区的人们追求平静感、祥和感和满足感，来自东南中部地区的人会更关心自我对他人幸福感的贡献度。[84]

表 4—4　　在罗克奇价值调查研究中的两种类型

工具性价值	终极价值
上进心	舒适性生活
视野开阔	激动人心的生活
能力	成就感
快乐	世界和平

续前表

工具性价值	终极价值
干净	美感
鼓励性	平等性
宽容	家庭安全
有帮助的	自由
正直	幸福
想象力	内心和谐
独立	成熟的爱
智慧	民族安全
逻辑性	愉悦性
爱	救赎
顺从	自尊
礼貌	社会认可
责任感	纯真的友谊
自控	明智

资料来源：Richard W. Pollay，"Measuring the Cultural Values Manifest in Advertising，" *Current Issues and Research in Advertising*（1983）：71－92. Reprinted by permission of University of Michigan Division of Research.

价值观念列表量表

尽管一些研究已经表明全球价值观念的差异会影响消费者对产品的偏好并对媒体报道的方式产生影响，但是罗克奇价值调查研究却没有在销售领域找到自己的用武之地。[86]事实上，价值观念列表量表是建立在马斯洛理论和罗克奇研究的基础之上的，但是它将价值观念与直接的市场应用隔离开来。该量表把消费者的价值观念分成9个部分，这9个部分之间又与他们之间的消费行为差异有着密切的关系。这9个部分包括：

- 归属感。
- 与他人之间的良好关系。
- 安全感。
- 自尊。
- 成就感。
- 自我实现。
- 被尊重感。
- 享受生活乐趣。
- 兴奋感。

研究者将一些价值观念最终归结到"享受生活乐趣"和"兴奋感"中。[87]使用该量表作为工具的一项研究表明，那些给予归属感优先权的消费者更倾向于成为《电视导航》（*TV Guide*）的忠实读者，他们吃喝比较多、娱乐比较多、对集体活动有一种狂热感，而且他们比持有其他价值观的人年长。相反地，那些对兴奋感高度重视的年轻人更喜欢购买《摇滚》（*Rolling*）。

多元文化维度

日本文化强调干净整洁。神道教要求信徒在进入神社之前，必须经过洗手漱口的仪式。为了保持清洁，日本人进屋时必须脱鞋。当他们参加婚礼给新娘子红包时更是精细有加，他们会在将钱放进信封之前把钱熨平。一些洗衣店还允许客户在使用机器之前对机器进行冲洗。

但是这一价值标准因一个夏天的食物中毒事件而发生了新的变化。消费者对防腐自行车把、无菌卡拉OK话筒、纱布口罩的需求直线增长，针对文具、电话和洗碗机的消毒产品成为市场上的狂热追求品。宾得推出了一款配有医疗性质的蓝色十字架的无菌钢笔。针对这款钢笔的宣传广告更是引人注目，其标语是："钢笔比细菌还要强大。"[85]日本的三和银行声明，它们为消费者提供了一款无菌自动取款机的硬币。而东京的三菱银行则推出一款无菌自动取款机。这款取款机可以有效清除细菌，深受年轻女性的青睐。

辛迪加式产业调查研究

一些公司通过大型的调查研究去发现价值观念改变的踪迹。商家通过购买这些研究的结果而获取当下价值观念的变化和发展趋势。[88]这种方式起源于20世纪60年代。那时，倍儿乐十分关注日益下降的腰带销售。为了查明销售量下降的原因，该公司委托扬克洛维奇公司进行市场调查。实施的调查表明，销售量的锐减源于消费者对外表和自然性价值观念的转变。因此，倍儿乐设计出更为轻便、宽松的服装。与此同时，扬克洛维奇继续跟进这些新设计所产生的影响。逐渐地，这家公司就形成了追踪美国消费者价值观念的理念。20世纪70年代，该公司建成了扬克洛维奇监测系统，这个系统是建立在对4 000名消费者的访问的基础上的。[89]这项研究试图去捕捉到价值观念变化的蛛丝马迹，追踪到在美国正发生着的一场崇尚简约、远离夸张、简化自身忙碌生活的运动。

一些联合企业组织的调查也有同样的发现。一些企业组织通过广告公司来确保自己引领当今时尚潮流的地位，宣传它们针对顾客需求精心制定的理念。与之相关的服务形式有价值观与生活方式体系（VALS 2™）、国际电子商情网、新浪潮和由恒美世界通信集团设计的生活风格研究等。加拿大的研究组织安格斯列德集团（Angus Reid Group）改变了具体市场集团的价值观念。比如说，卡顿公司的生活风格监测器则是指向与时尚相关的价值观和态度。

1997年的Roper全球消费者调查项目调查了37个国家的消费者。这些被试根据自身生活中的主导性原则列出了56种重要的价值观念。这项研究界定了6种价值观模块，分别是：奋斗、真诚、利他性、亲密、享乐、创造性。此外，这项研究还揭示了在核心价值方面的一些异同。例如，印度尼西亚消费者将其祖先当作他们的最高信念来源。英国人将保护家庭作为自己的首要职责。巴西的消费者是快乐的寻求者。荷兰人高度看重正直。韩国人则以健康和保健为重。[90]

另一项全球调查，即新世界青少年研究，以来自44个国家和地区的27 000名青少年为被试，界定了6种年轻人崇尚的价值观念。这6种观念是：惊险刺激、顺从、拯救世界、低调的成功、自力更生、支持。表4—5详细阐述了研究中的其他一些发现。

物质主义：“会玩之人，死而无憾”

在第二次世界大战期间，南太平洋地区的某些民族成员十分崇尚物质，以至于他们会去打捞失事飞机和船只里遗留下来的物品。他们坚信这些飞机和船只失事是他们祖先的旨意所致，因此，他们要将这些东西挪至自己的生活领域中。他们甚至用秸秆做成假飞机来吸引真正的飞机降落到他们的岛屿上。[91]

尽管大多数人并不通过这样的方式来崇拜物质，但是物质的确是在人们的生活中起着举足轻重的作用。物质主义将这种重要性与财产相联系。美国居民生活在一个高度物质主义的社会中，在这个社会里，人们经常衡量自身的价值和估计自身的财产。最流行的保险杠贴纸上的标识语“会玩之人，死而无憾”也是建立在这一信条上的。我们有时认为拥有这些物质是理所当然的。而今，在一些研究的协助下，我们开始意识到这是一种幼稚的想法。比如，20世纪50年代，五分之二的美国家庭没有电话，而40年代时室内管道的普及率也不及四分之一。尽管当下的美国人正意气风发地寻求美好的生活，但是这种生活也是物质至上的。许多年轻人无法想象没有手机、没有MP3、没有其他任何物质消费品的生活是怎样一番景象。尽管家庭基数在减少，汽油燃料价格在增长，我们看到的依然是超大的家庭和巨大的SUV模式。一些人认为我们所拥有的房子面积是20世纪50年代时的两倍，所以我们处在最近美国物质主义循环圈中的一个制高点上。要不然，奢侈品店、针对娇生惯养的宠物狗的甜点的流行又如何解释呢？[92]

物质主义者对那些能突出他们地位和形象的产品情有独钟，而那些享乐者注重那些能带给自身及他人愉悦感的产品。[93]因此，研究表明，狂热的物质主义者对那些昂贵的公共消费品表现出了极大的热情。一项针对低物质主义者与高物质主义者的研究也表明，前者对那些像新娘的婚纱礼服、相册、孩子的摇椅、花园等价值不菲的商品给予了较低的关注度，而后者则对珠宝、瓷器或者家庭式度假给予了很高的评价。[94]

表 4—5　　新世界青少年研究

价值观念	主要国家和地区	驱动原则	概观	营销方式
惊险刺激	德国、英国、挪威、比利时、加拿大、土耳其、法国、日本、意大利、丹麦、阿根廷、荷兰、南非、美国、立陶宛、希腊	感知觉、傲慢、乐趣、朋友	肆无忌惮、试图独立，为享乐主义者的刻板印象。这群人中的大多数来自富裕的或者是中产阶级家庭。他们生活在发达国家，拥有经济能力支持他们消费。	针对感官刺激的反应。那些陈旧的易令人厌烦的广告信息会脱离他的视野。他们喜欢的是那些花哨、幽默、新颖、色彩丰富和声音生动的动感广告。他们比自己的同龄人更为边缘化，因为他们持续不断地追求新颖。他们总是最新高科技和最前卫网站的追随者。体验是消费的第二性特质。他们会穿奇装异服，追求前卫的发型。
顺从	西班牙、法国、日本、挪威、德国、比利时、立陶宛、阿根廷、加拿大、土耳其、英国、丹麦、瑞典、韩国	低预期、家庭、朋友、乐趣	像惊险刺激型的青少年一样，他们总是戴一只耳环，在身上涂一些颜料等。他们与这个社会是格格不入的，认为能在经济上取得成功的机会是微乎其微的。世界上的朋克摇滚乐手总是吸食致瘾物和酗酒。他们的重金属音乐都强调愤怒与社会负面性。	缺乏强大的经济支持。他们主要购买的是快餐、廉价的服饰、烟和酒。他们嘲笑讽刺社会华而不实的一面。
拯救世界	墨西哥、英国、巴西、西班牙、哥伦比亚、阿根廷、俄罗斯、新加坡、法国、波兰、乌克兰、意大利、南非、匈牙利、菲律宾	朋友、人道主义、乐趣、环境	对全球和当地的积极性事业比较关注。那些学校中的知识分子精英们是这些正性组织的领导者。他们像惊险刺激型青少年一样参加统一俱乐部。但是他们更加热衷于浪漫、彼此间的关系和友情。他们喜欢参加各种演唱会、话剧、歌剧表演。他们展示了一种生活的乐趣，强调了与朋友在酒吧、咖啡馆聚会的那种情趣。此外，他们还喜欢野营、徒步旅行等其他户外活动。	他们信奉真诚和正直，反对任何贬低他人或者讽刺性的广告，提倡有意义的事业。
低调的成功	泰国、中国内地、俄罗斯、秘鲁、韩国、立陶宛、中国香港、乌克兰	成功、匿名者、反个人主义、乐观社会主义	重视匿名和不张扬。他们是群体中最安分的成员。他们避免成为群体中的聚光点，远离群体中心位置。他们是那些能长时间学习的书呆子。他们志向高远、目标明确。在学校中，他们总是名列前茅，而且优先获取继续深造的机会，从而为自己未来的事业打好基础。在亚洲，尤其是中国和泰国，这种现象尤为普遍。学习型的群体在美国也同样存在，这些人被称为书呆子。	喜欢购物。勤奋工作的目的也是为了消费。父母也会为他们提供那些有助于他们学习的物品，如电脑或者其他的技术产品。他们还极其喜欢音乐。他们是内在导向性的人，因此会适应自身的娱乐方式，喜欢那些强调产品性能的广告。会因那些性广告而感到羞耻尴尬。不会对讽刺或者虔敬性广告做出任何反应。

续前表

价值观念	主要国家和地区	驱动原则	概观	营销方式
自力更生	南非、墨西哥、美国、印度、智利、波多黎各、秘鲁、委内瑞拉、哥伦比亚、尼日利亚	成就、个人主义、乐观主义、权力、决心	最爱幻想和最孩子气的一类。他们过着受保护的、有序的生活。这种生活使青少年远离了对那种野性的行为模式的模仿。他们的大部分时间是在家度过的。在家做作业、做家务。他们崇尚权力，在学校里，他们往往是政治领导人物。他们将权力看作维护安全的有效工具。此外，他们还表现出想持续不断地获取他人的认可。他们来自那些发展中国家，如印度、尼日利亚。在美国，这些人占据了四分之一。可能超 40％的非裔美国青少年属于这个群体。而美国的一些主要商家则低估了这个数据和非裔美国青少年的影响。	他们是些雅皮士。他们想要拥有著名品牌和奢侈品。他们也想获取能确保他们的优势的商品。他们穿着那些能象征成功的服装，接触相关科技和软件，与世界媒体和文化融为一体，从而在竞争中获得优势。他们总是被那些自称能带给自己上述特点的商品广告所吸引。
支持	越南、印度尼西亚、菲律宾、意大利、秘鲁、委内瑞拉、波多黎各、印度、新加坡、中国台湾、中国大陆	家庭、风俗传统、对个体的尊重	他们把传统作为硬性的指导原则，对叛逆不热衷。他们享受主流文化带给他们的安适。女孩结婚生子，男孩子承父业。这种现象主要出现在亚洲的一些国家中，比如说印度尼西亚、越南。人们特别注重传统和家庭关系。生活在这样文化背景下的孩子，也是顾家和爱护兄弟姐妹的。在一些国家或地区中，他们会看重基督教教义、传统的学校观念、态度和价值观。	商家已经成功推出一些具有青春活力、针对该群体的商品。这些青少年仍是动画的忠实观众。他们对电视和体育项目有着较高的卷入度，尤其是足球和篮球。他们可能更喜欢一直留在出生地，而且基本都是居家型的。他们的家庭观念很强，而且会做出那些利于和符合父母价值观念的购物决定。品牌对他们来说是很具有吸引力的。因为它们可以为他们提供质量保障和安全性。

资料来源：Adapted from "The Six Value Segments of Global Youth," *Brandweek* 11, no. 21 (May 22, 2000) 38, based on data initially presented in *The $ 100 Billion Allowance*: *How to Get Your Share of the Global Teen Market* by Elissa Moses (New York: John Wiley & Sons, 2000).

尽管那些购物狂不会出现物质短缺的状况，但是他们还是力图在生命中的每一刻都享受着这份购物竞赛的乐趣。除此之外，众多迹象也表明，一大批美国人正在卷入到一个价值观多样性的体系中。一份研究报告指出，大约四分之一的人持有与传统的价值观念相反的思想体系。更重要的是，这个持有新价值观体系的群体中有一半以上的人年龄在 35 岁以下。尽管他们的成就动机比较强，但是在快节奏的生活中，他们试图在发展亲密个人关系与享受乐趣之间寻求一个平衡点。

这些变化其实不仅仅局限在青年人身上。在过去，青年人与老年人之间的价值观念存在巨大的分歧，但是现在看来这种分歧已经毫无意义可言了。正如一个分析师所言，即使在一个保守型的小城镇里，各个年龄层的人也都愿意光顾"新时代"商店并享受服务。现在，那些"波西米亚"式的零售成为主流；出售素食狗粮饼干的新型杂货店的顾客也是形形色色的。像苹果和盖普这样的大公司，在广告中会采用甘地（Gandhi）和杰克·凯鲁亚克（Jack Kerouac）这样的文化形象，或者是本和杰瑞的非传统的吹嘘式的企业理念。当 20 世纪 60 年代的嬉皮波西米亚态度与 20 世纪 80 年代的雅皮资产阶级态度融合为一个综合体时，再对正统派与非正统派加以区分就是一件很棘手的事情。当今主宰主流文化的人们（分析师称他们为"BoBo 族"或者是资产阶级波西米亚人）是一个比嬉皮士更为丰富、更为世俗，比雅皮士更为精神化的群体。[95]

那些受大企业主导的文化影响的人们的觉醒，在那些推进独特性和反公司的声明活动中得到了淋漓尽致的阐释。可能最吸引公众眼球的运动就是每年一次的“火人节”活动，该活动是一项为期一周的反市场事件。在这一周内，数千人聚集在内华达州的黑岩沙漠，宣称他们要从美国公司中解脱出来。该节日的高潮就是将木制的巨大人像烧掉，象征他们从市场的统治中获得自由。正如我们前面所说的，即使是核心价值也会随着时代的变化而变化。既然如此，就让我们拭目以待：我们不断变化发展的文化是如何将新鲜血液注入物质主义和其他价值观念里的。

美国内华达黑岩沙漠举办的反传统狂欢节“火人节”(Burning Man Festival)，是参与者表达自己个性化的一种方式。

“9·11”事件后的消费者行为

2001年“9·11”事件以后，平衡的需求已经成为生活中的一个中心。这件事导致消费者价值观接受了一次广泛的审核，从安全保障、隐私和诚信角度都重新检测了一遍。这种情况是史无前例的。那些威胁我们安全保障的因素对某些商业领域产生了直接的影响。比如，可以直接影响到旅游业，购买家具、装修产品和外卖食品的热情等。因为人们追求的是来自家园的庇护，而不是像以前那样四处探险。电视节目也受到了影响，传统的情景喜剧和家庭剧重新被搬上荧幕。[96]而一些人也开始将注意力从奢侈品上转移到社区活动和跟家人一起相处的时间上。但是一些人对奢侈品的热情仍居高不下，因为他们坚信这些东西在死后是带不走的，所以他们要在活着的时候尽情享受。[97]当然，爱国主义热情也随之高涨，以至于

2001年“9·11”恐怖袭击事件之后，我们在零售店里看到更多的美国国旗在出售。

你随时随地都会看到爱国主义的踪迹。比如说，在商业区、居住房屋外都升起了国旗，国旗甚至成为衣服上的装饰图案。

本章概览

营销人员试图去满足消费者的需要，但是消费者购物的动机各异。对顾客的购物欲望的界定，对设计出能满足人们需求的商品来说是一个关键的步骤。

着装动机理论或者功能包括端庄、张扬、自我保护、装饰。

传统的消费者行为研究关注产品能满足基本需求的属性，但事实上，享乐性也是众多购物行为的主要动机。

依据马斯洛的需要层次理论，即使是同一个商品也会满足不同水平的需要，因为消费者的状态会有所不同。除了消费者的主观状态不同外，他们对商品的卷入度也是不同的。

潜在的价值观也是驱动消费者的消费动机。从这个层面讲，这些商品是具有意义的物品，因为它们能帮助消费者实现那些与一般价值观相关的目标。这些价值观可能是个性化、自由等等。或许，它们能帮助顾客实现那些经济、美感等具体化的衣着价值观念。文化不同，价值观念也是不同的。每一种文化的人们世代传承着自己文化中的核心价值观念。

物质主义者极度重视自己的所有物。尽管大多数美国人还是物质主义的拥护者，但是随着时代的变化，这种价值观也发生了一些改变，而且已有不少人已经持一种与众不同的价值观念了。

关键词

动机	碳足迹	物质主义	需求
双趋冲突	消费主义	趋避冲突	双避冲突
价值观念	市场营销	期望理论	享乐需求
认知失调	卷入	价值体系	终极价值
工具性价值			

问题讨论

1. 阐述一下服装的功能。你认为早期的理论能对我们当今的着装提供一个合理的解释吗？如果不能，你有什么可以补充的？

2. 描述三种动机冲突理论。引用当今的市场营销运动中的实例来说明一下这三种冲突。

3. 为某一款衣服制定单独的促销策略，使每一款的衣服能反映不同水平的需要。

4. 收集那些能反映消费者消费观念的时尚广告。每一个广告中体现的价值观念是什么？具体是怎样体现的？这是一种有效的市场沟通方式吗？

5. 解释一下为什么一个人对商品的卷入度能影响到不同的营销刺激对其的运作方式？你打算如何设计一项针对低卷入度消费者的西装宣传策略？这种策略与那些针对高卷入度消费者的策略有何不同？

6. “高卷入度是昂贵的一个新的代名词。”你同意这种观念吗？

7. “ 大学生关注环境、动物权利、素食主义和健康意识，这种现象只是昙花一现，只是一种耍酷的方式而已。”你同意上述看法吗？

8. 你如何看待“9・11”事件后消费者行为的改变？

第5章 个体消费者动力学：自我

洛达正聚精会神地撰写一份报告，因为她五点就需要提交给客户。为了能让这个大客户满意，她总是努力工作。但是，今天她却心不在焉的样子，时不时想着前一天晚上与罗伯的约会。尽管一切似乎都挺顺利，可不知为什么她总感觉罗伯似乎更倾向于把她当作普通朋友，而不是浪漫女友。

午间，洛达随意地翻着本《魅力》杂志，她被关于如何通过饮食、锻炼、穿性感的衣服等方式提高魅力的文章所吸引。广告中模特身上散发着香水味，她们的衣着、打扮使洛达陷入了深深的沮丧中：一个个都如此光彩夺目、魅力四射。她坚信，有些人一定做过隆胸或其他的整形手术——现实中的女性看起来不是那样的。再说，在路上罗伯也不可能被误认为是法比奥（著名球星）。

尽管心情郁闷，可事实上洛达还是考虑了做整形手术的可能性。她甚至在 www.onlinesurgery.com 上搜寻过成功隆鼻的事例。她从没有认为自己很有魅力，但谁知道呢，也许一个高鼻子或者更大的胸部就足以让罗伯神魂颠倒。至少，也许她应该买一件“维多利亚的秘密”品牌的“幻想奇迹”胸罩，或者买一款可以任意改变胸型的X胸罩，这种胸罩有个中心扣，可以随意调整，可以多露出些乳沟或者少一些。或许她可以咬咬牙，买下“好莱坞之吻”内衣。“神奇的内衣钢圈创造不可思议的效果——‘从此刻到永恒’。”[1]转念一想，罗伯真的值得她这么做吗？

关于自我的不同理解视角

像洛达一样，认为自己的长相和财产影响了自我价值的人不在少数。消费者对于自己外貌的不安全感是很普遍的：据估计，72%的男士和85%的女士会对自己外貌的至少某个方面不满意。[2]许多产品，不管是衣服还是香水，抑或是轿车，人们之所以购买，都是为了试图突出或者隐藏自我的某些特征。

桑塔格和斯考雷特认为，衣着和自我间的相似性可以作为衡量衣着的重要性和与自我间联结度的手段。这种测量方式通过将人们对于以下问题的反应编码来实现：“你选择着装时主要考虑哪些方面的因素？”[3]研究中，有一半的女性和三分之一的男性回答的理由都跟自我有某些相似之处。在这一章中，我们将探究这些消费者关于他们自我的想法和感受是怎样影响到他们的形象以及消费行为的，尤其是当他们努力使自己的外貌和行为符合社会的期望时。

自我存在吗？

20世纪80年代被称作“我时代”，因为种种原因，这个时期标志着对于自我的接纳。20年以后，《自我》（*Self*）杂志将3月7日定为自我日，并鼓励女性花尽量少的时间来打扮自己。[4]尽管认为每个消费者拥有一个自我是很自然的事情，但这种观念事实上是评价人们与社会之间关系的一种新的方式，而且存在着文化的差异。为了说明这种跨文化的不同，全球市场调查公司对比了30个国家的消费者，看看哪些国家的消费者最虚荣，哪些国家的最不虚荣。生活在委内瑞拉的女性位居榜首，65%的女性表示她们无时无刻不在关注着自己的外貌。其他的获得高分的国家包括俄罗斯、墨西哥。获得最低分的国家是菲律宾和沙特阿拉伯（只有28%被调查的消费者同意这种观点）。[5]

中世纪后期（11到15世纪之间），人们形成了这样一种观点，即每个个体都是独特的，而不是属于某个群体的一部分。自我是需要被呵护的这一观点更加普遍。除此之外，在西方社会，对于独特的自我的重视更加明显。[6]许多东方文化却强调集体自我的重要性，他们认为个性很大程度上是来自于自己所属的那个社会群体。

例如，儒家文化强调“脸面”——其他人对自我的看法，并且要维持自己在其他人眼中的形象。“脸面”的其中一个维度是“面子”——通过成功以及炫耀获得的声誉。一些亚洲国家甚至对不同社会阶层和职业的制服和颜色都做了规定。这些在日本着装小册子上都很流行，而且针对不同社会阶层有非常详细的说明。[7]这与西方“随意周五”有些不同，那天，公司鼓励员工们穿出能体现他们独特自我的衣服。

自我、个性以及衣着

根据格雷戈里·斯通（Gregory Stone）的观点，衣着是表达个性的工具。

当人们以一个人自己所表现出来的或者宣称的那些社会特点来看待他时，一个人的个性也就形成了。正是在这样的过程中，个性成为自我的一部分内涵。[8]

衣着是宣告自我个性的一种方式。它能帮助人们建立自己的个性：“无论何时，我们的衣着都会受到一些周围人的反应的影响，这对于我们建立自我有很大的帮助。”[9]

自我概念

自我概念是指个人对于自我特征的认识以及自己对于这些品质的评价。个人对自己的总体的自我概念是积极的，而且在自我中一定有一部分是比其他部分更加积极的。例如，相比女性这一身份，洛达更喜欢自己的职业身份。

自我概念的组成

自我概念拥有复杂的结构。许多学者从不同的角度，通过不同的范式，做了大量研究。凯撒是这样讨论分析自我概念的[10]：

- 自我结构或者自我图式：形成自我的结构组成。衣着能被认为“像我”或者“不像我”两类，研究显示人们能很快决定哪种衣服属于哪种类别。[11]
- 自我即过程：象征交往学者通过社会交往来探索自我的发展过程。人们对我们的外貌或者衣着的反应影响到我们对自我的感受，社会交往使我们不断地检验并且精确我们对自我概念的认识。
- 自我感知或者自我形象：基于对我们自己行为的观察，我们对自我特质有了认识。我们也可以从其他人身上得到反馈，以形成对自我形象的认识。我们选择衣服的过程与我们期望给人留下怎样的印象以及我们是怎么认识自我的是一致的。
- 社会对比或者自我评价：我们与社会中其他人的对比。[12]人们很自然地会将自己的形象与他人进行对比。
- 自我定义或象征性地自我实现：关于自我的陈述。自我定义同样被认为是目标或者角色，比如职业、宗教或者性别自我定义，人们使用象征来建立并且保持自我的这些部分。通过对自我的评价，认识到自我不足之处，人们就会通过寻找合适的符号来缓解压力以完善自我，这些符号可能就是衣着或者时尚。
- 自尊：自我价值感，对自我的积极感受或消极感受。我们常常在对比中评价自我；当我们在评价自我时，仿佛我们自己是个客体。那些高自尊的人对自己有很高的评价。人们的自我评价有时是这样的，有时是那样的，这取决于现实。

在接下来的章节中，我们将会看到，消费者的自我评价可能是相当扭曲的，尤其是当受到生理外貌的影响时。

自尊和衣着

自尊是指个人自我概念的积极程度。那些低自尊的人并不期望自己表现很好，他们会努力避免尴尬、失败或者拒绝。相反，高自尊的人则期待着成功，他们会冒更大的风险，更渴望成为人们注意的焦点。[13]自尊常常与他人对自己的接纳度相关。你也许还记得，那些在高地位群体中混的高中生看似比其他同学有更高的自尊心（即使事实也许并非如此！）。[14]

像时尚以及外貌这些文化标志可以作为表达自尊的工具——也就是说，当人们自我感觉良好的时候，他们会更加关注他们的外貌。另一方面，那些低自尊的人也许会忽视或者被迫过分关注他们的外貌。克里克莫尔（Creekmore）将这种通过衣着来获得社会赞许的现象称作适应性功能。[15]在一个关于青少年的研究中，那些高水平自尊的人更加关心外貌，并且不会害怕通过衣着来吸引其他人的注意。对于其他人而言，衣着可以反映一个人的不安全感。因此，衣着也许是一种自我表达的工具，或者是融入社会环境的一种方式。[16]一份关于抑郁和外貌自我概念的研究得出了相似的结论。研究者发现，这些观念成正相关——抑郁的人也许会通过衣着来提高他们的自我观念，改变这种压抑的状态，尤其是当感觉失落的时候。[17]

许多现有的研究发现衣着与自我概念是相关的。我们知道，自我概念和衣着（外貌）是相关联的，但二者的关系并非哪个居于首位。因此，在这种情况下，我们很难把握其中的因果。同样，现有研究中也没有达成一定的共识。一些研究专门去证实一些大众想法，发现了衣着和自尊的关系，这在前面已经讨论过了；然而，许多研究发现并不存在这些关系。[18]因此，需要进一步探索衣着和自我概念结构间的关系。

自尊广告

然而，很清晰的是，营销能影响消费者的自尊水平。常常暴露于广告中，正如洛达翻看各种广告，使人们在评价自我和他人中会受到社会对比的影响。这种对比的形式似乎是人类的基本动机，而且许多营销人员抓住了这一点，于是在营销过程中，通过一些快乐而且有吸引力的理想形象使用他们的产品的方式来做宣传，从而达到更好的宣传效果。

许多研究结果证明了社会对比的过程。有研究指出，女大学生确实倾向于将自己的外貌与广告中的模特进行对比。而且，还有研究表明，那些暴露于美女广告中的被试，比那些没有看到美女广告的被试对自己的外貌更加不满意。[19]另一项研究表明，年轻女性对于自己身材的感知会因为看了仅仅 30 分钟的电视节目而发生改变。[20]年轻男性也会受这种社会对比的影响。那些观看以健康、肌肉美男为主角的商业广告的男士，比起看中性广告的男士来说会更加压抑。[21]有分析表明，商业电视节目通常选择大量过于苗条的模特作为主角。[22]这些研究似乎加重了媒体批评家们的担心——广告中的模特通常都以平面的方式展示出来，而且非常瘦或者很性感。正是因为特别强调完美主义，这样的广告就很容易引起人们对自己身材的不满意。有研究者认为通过电脑软件来直接对照片进行处理的技术成熟后，这种理想化就更加难以企及了，当今更是如此。这种理想化模特不再是现实中的真实人物。[23]

自尊广告试图通过刺激自我积极情感来改变对产品的态度。其中一个策略就是挑战消费者的自尊，并且展示产品能够弥补这种不足——例如，伊卡璐说“你并没有变老，你变得更好了”。[24]另一个策略是直接奉承，正如维珍妮香烟广告语：“宝贝，你已经走了很长一段路。”许多化妆品和香水公司都采用这样类型的广告。

自尊广告的转折点是在 2006 年。多芬通过商业广告改变了美国超级碗大赛派对的环境。它是“真美全球运动”项目的一部分，其目的是提高女性自尊，引起了很大的反响。一个黑发女生希望自己能拥有金黄色的头发，一个红发女郎讨厌自己的雀斑，另一个女孩认为自己太丑了。这些都应改变。[25]密歇根大学的专家、教授、学生们通过研究认为，这则广告极为引人注意。[26]

莱恩·布赖恩特为身材肥胖的女性提供内衣（睡衣）时附上了这样的标语：“身材高大的女孩把握良宵。”这说明了体形偏高大女性与身材相适应的舒适水平。

真实自我与理想自我

当消费者将自己真实的长相与广告中理想的形象作对比时，他们的自尊心会受到影响。有消费者也许会问：“我和我期待中的一样迷人吗？”“我赚了我该赚的那么多钱吗？”等等。这个理想自我也就是我们应该怎样，而真实自我就是现实中我们的状态。

理想自我部分是通过消费者文化中的要素而

塑造的，比如广告中的英雄等形象成为成就与外貌等的典型。[27]我们之所以购买，是因为我们相信这些商品能够帮助我们达到这些目标。我们选择一些产品，是因为我们认为这些产品是与我们的真实自我相一致的；我们选择另一些产品，是为了借助它们帮助我们达到理想自我的标准。图5—1说明了关于与模特和英雄进行社会对比的效果，以及利用产品来达到自己理想的状态。当人们努力打理出的形象并没有达到与理想状态相接近的状态时，他们就会努力采用各种策略，以达到这种社会标准（包括其他的策略）。另一个时尚研究发现，人们选择的衣服通常代表了真实自我和理想自我的中间状态的一个形象。这也许是另一种应对方式[28]，正如图5—1中所描绘的那样。

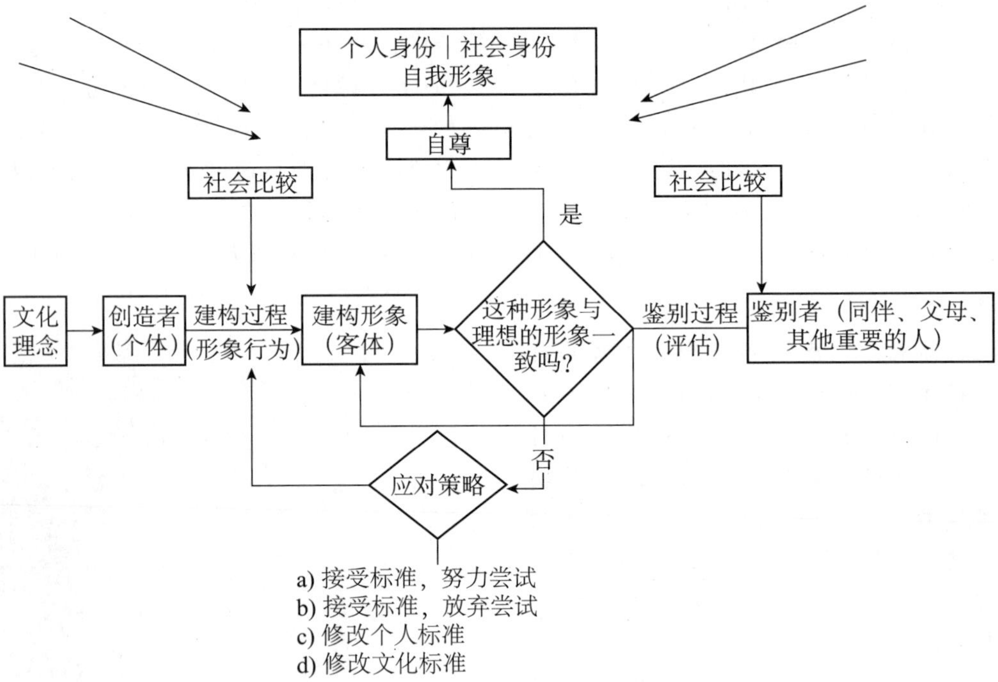

图5—1 社会比较效果模型

资料来源：Sharron J. Lennon，Nancy A. Rudd，Bridgette Sloan，and Jae Sook Kim，"Attitudes Toward Gender Roles，Self-Esteem，and Body Image：Application of a Model，" *Clothing and Textile Research Journal* 17（1999）4：191 - 202. Published by permission of the International Textile and Apparel Association，Inc.

公众自我与私人自我

理想和真实的自我常常是不相协调的。打理外表至少表面上来说是人们在试图达到理想自我的状态。公众自我关系到他人是怎样看我们的。因此，对于年龄、性别以及其他的角色社会期望是会被充分考虑的，尤其是当人们在打理他们在公众场合下的外在形象时。

私人自我涉及反省。人们并不会将其与他人进行讨论，而很有可能将其视为向公众展示的一次排练。一些研究者进一步打破私人自我以期包容秘密自我。艾瑟尔（Eicher）认为，人们打扮是为了开心而有趣，同时表达私人自我和幻想，并且表达他们的秘密自我。[29]私人自我和秘密自我观念的衡量被称作"为了有趣和幻想而打扮"，这包括关于职业的、健壮的以及性感的等方面，还包括涉及衣着的孩童时的记忆。据研究，性感幻想与孩童穿衣记忆与秘密和私人自我表达是相关的。[30]

幻想：架在自我鸿沟上的桥梁

大部分人都体验着真实自我和理想自我、公众自我和私人自我间的差距。对于一些消费者，这个差距比其他人更大些。这些人是那些懂得幻想吸引的营销策划者的目标市场。[31]幻想或者白日梦是意识中自我诱导的改变，它有时是对缺乏外在刺激的一种补偿，有时是对现实世界的逃避。[32]许多产品与服务所以成功，就是因为它们刺激了消费者的幻想。这些营销策略将我们置于不熟悉的、令人兴奋的情境中，或者允许我们尝试扮演有趣的或者刺激性的角色，以此来加深我们对于自我的认识。香奈儿香水营销中直接发动了主题运动“感受幻想!”。使用现在的高科技，比如全球虚拟外貌装扮软件来处理 www. rayban. com 上的扫描照片，消费者就能在实际改变形象之前体验不同的装扮。[33]

人们制作成千上万个人网页，在上面发表自己的言论，并且将流行文化注入自我中（也许是理想自我）。目前的研究调查了为什么消费者制作页面，并且对比了通过网页表达自我的策略与通过真实生活展示自我的策略的效果。研究者发现，许多个人网页的出现都是受到毕业、升学等事件的触发，这是一种个人的成长（比如掌握科技或者找工作），或者是一种拥护（比如对于自己喜欢的艺术家或产品的尊敬）。网页制作者精心地设计每一个网页的元素，选择那些能代表他们自我个性的图像和文章，并将他们的自我数字化为自我展示的一部分。同样，这些网页也常常揭示了人们不愿在真实生活中分享的自我亲密的方面。[34]当然，在 www. myspace. com 这个网站上，你能分享你的照片、生活、博客等信息，它已成为年轻人中最为流行的网站——每个月的访问量几乎达到了 8 000 万人次。[35]它同样也吸引了一批年龄大些的参与者。[36]

创造你的第二自我—— 一个真实的个性

你可以在 www. meez. com 上创造你的第二自我，一个关于你自己的理想的、栩栩如生的自我，然后发送到朋友的邮箱或者手机上。选择性别、肤色、眼睛颜色、化妆品、衣服、发型、鞋子、装饰和活动，成为一个玩 Meez 者（一个术语，源于 me，被用作“化身”，在虚拟的世界中通过科技手段创造出来的某人的虚拟存在)。[37]这是使用者表达自我的另一种方式。它很像手机铃声，能从中很快地辨认出你爱好 rap 还是乡村音乐。在网络世界中，化身是他们展现他们热爱什么的方式。一些女性已经知道应在日常基础上使她们的 Meez 看起来更加时尚。这种趋势成为一种潮流，许多人都这样做。大部分的东西是免费的，但是有些需要你花费 beenz（Meez 的流通货币，你可以将其存在你的信用卡里)。很快，你就会为你的化身买卖衣服。这使化身可以被联结且看到。

其他的一些网站，比如 www. secondlife. com 和 www. there. com，有超过 100 万的用户群，他们创造一个化身来代表生活在幻想世界中的自我。一个用户说：“在 SL (Second Life，第二人生）中我可以成为我想要成为的人：一个市场营销人员或 PR 或设计师。我穿着商业套装，戴着代表着智慧的黑框眼镜，穿着高跟鞋，走在第二人生的大道上……我在 SL 中的行为和在真实中的行为是一样的。我从头到尾都是一个人，精神上和现实中的自我的合体。”[38]随着一些公司比如耐克、索尼、美国服饰等开始推广产品，SL 越来越不像是现实世界的一个避风港，反而成为它的延伸。

这个化身创造于 www. meez. com，并作为个人象征而存在于人们的邮件、博客等中。也许这就是人们的幻想中的自我。

多重自我和个性

在某种程度上，我们每个人确实都是不同的——当你和一大群朋友凌晨两点在跳锐舞时，你的母亲很可能都无法认出你！当我们扮演不同的社会角色时，我们拥有不同的自我。我们扮演不同的角色，使用不同的产品与服务，甚至在不同的阶段，我们对“我”的喜爱取决于不同的情境。一个个体可能会需要不同的产品来扮演自己渴望的角色：当她是一个教授自我时，她可能会选择淡雅一些的香水；但是当她作为一个女性自我要参加周末聚会时，她就会洒上更加浓烈的香水。当从戏剧视角来看消费者的行为时，消费者们似乎就是扮演了不同角色的演员。我们每个人都扮演了许多不同的角色，而且每个角色都有着它自己的剧本、道具以及服装。[39]

自我可以被认为由不同的元素或者说是不同的角色个性所构成，并且其中只有某些角色在任何时候都是活跃的。一些身份（丈夫、老板、学生）相对于其他的一些身份来说处于更加中心的位置。但是其他的身份（集邮者、舞蹈家、流浪儿的保护者）可能只是在某个特定情境中起主导作用。[40]

符号交互主义

如果每个人都潜在地拥有许多社会自我的话，他们是怎样成长的？我们又怎样决定何时何地要让哪个自我发挥作用呢？符号交互主义的社会传统强调，与他人的关系在塑造自我的过程中扮演了很重要的作用。[41]这一观点坚持认为，人们都存在于某个符号环境中，这个环境中所具有的意义是由这些符号之间的相互作用所决定的。作为社会成员，我们要学会分享这些意义。因此，我们知道，红灯意思是停，“金色拱形”意思是快餐，“金发女子更加有趣”。

我们每个人都在诠释着我们的个性，而这种诠释随着我们面临不同的情景、遇见不同的人而不断丰富。根据符号交互主义理论，我们多次讨论了这些意义。消费者一般都会提出这样的疑问：“在这个情境中我是谁?”这个问题的答案很大程度上受我们周围人的影响：“其他人认为我是谁呢?”我们的行为受到自我实现预言的影响，会倾向于迎合其他人对我们的期望。当我们按照我们所推断的他人对我们的期望去做时，我们常常不会有这样的感觉。

镜像自我

想象他人对我们的反应，这个过程被认为是“扮演他人心中的角色”，或者“镜像自我”。[42]根据这个观点，我们努力将定义自我操作定义为一种心理声呐：我们通过向其他人发出信号，并且试着接收他们给我们的反馈，来读取我们自我的个性。正如奇幻屋里的哈哈镜效应，我们对于自己的评价也各不相同，这主要取决于我们站在什么样的立场，以及我们判断他人对我们评价的准确性。作为一个像洛达一样自信的职业女性，可能会忧郁地坐在酒吧的一角，想象着其他人可能会认为她是一个没有魅力、没有性需求的女性（不管这些感知是否真实）。此时，当这些“信号”影响洛达的行为时，自我实现预言就起作用了。如果她不相信自己是有魅力的，她所选择的衣服也将会使她魅力大减。从另一方面来说，她对于自己专家角色的自信，也会使她推断自己在其他人的心目中的地位比实际上更加重要。

自我意识

当人们认识到自我时常常会很痛苦。如果走进一个正在举办讲座的教室中，发现所有的眼睛都望着你，此时你就会产生这样的感受——自我意识。相反，有时消费者行为几乎没有自我意识。例如，人们也许会在舞台上、在群体性事件中、在联谊会上做许多事情，这些事情也许他们在意识到自己的行为时是绝对不会做的。[43]

通常，一些人对于自己与他人沟通中的形象更加敏感。另一方面，我们都知道，人们都倾向于表现得表里如一。一个人对于自己公众形象本质的高度关注，也会导致人们更加关注产品以及消费活动的社会适合度。

许多方法已经被修改过，以更好地测量这一趋势。例如，那些自我意识很强的消费者可能对衣着更加感兴趣，并且更经常化妆。[44]他们也许通过衣着“装扮出社会喜欢的装束”，以减轻社会焦虑。[45]那些专注于自我的人对自己应对社会压力的微小反应貌似都很敏感。[46]一项调查显示了体重满意度与公众自我意识间的直接的关系。对于自己的体重越是不满的女性，越可能在公众和私人场合表达自我意识。[47]

一个相似的测量是自我监督。高度自我监督

与人们目前在社会环境中的状态更加协调，而且他们对于产品的选择也会受到他们对于他人感知力判断的影响。[48]自我监督被消费者评价为“我认为我穿上这身衣服能更加吸引人，让他人看了更加舒服”或者“我很有可能成为一个好演员”。[49]高自我监督的人比起那些低自我监督的人在评价公共消费的商品时更可能注重给他人留下的印象。[50]与之相似，大学足球队队员以及时尚模特这样的群体更加虚荣，更加看重外貌或者个人成就。[51]比起低自我监督的人来说，高自我监督的人被认为具有时尚领袖的特征，他们更加欣赏形象时尚的广告，愿意在一些产品上付出更多——例如，名牌牛仔裤。[52]

消费以及自我概念

因此，我们的自我个性和自我概念直接影响到整个市场。通过延伸这种戏剧化的视角，很容易就能发现产品和服务的消费是怎样作用于自我定义的。对于一个演员来说，要表演得更加专业，他或她就需要合适的行头、舞台设计等等。消费者会发现，会有不同的产品与活动帮助他们定位他们的角色。[53]一些行头对于角色非常重要，它们被认为是自我的延伸。这点在下面即将展开论述。

产品塑造了自我：你就是你所消费的东西

回顾那些能反映自我的东西能帮助我们塑造自我概念，这暗示了人们看待自己正如想象中的其他人看待他人的方式一样。因为他人一般关注的是衣着、珠宝、家具、汽车等等，这些产品同样能帮助人们认识被感知的自我。一个消费者的产品将他或她定位于一定社会角色中，这有助于人们认识“我现在是谁”。

人们通过一个人的消费行为来帮助他们评价这个人的社会个性。除了考虑他的衣着、洗漱习惯，等等，我们常常基于他的休闲活动（比如壁球、保龄球等）、食物偏好（比如豆腐、豆类或者牛排和马铃薯等）、汽车、房屋装修等等来推断他的品质。[54]例如，人们可以通过卧室来判断他的品行特征。同样，消费者通过产品使用影响其他人的感知，帮助他或她确定自我观念和社会个性。[55]

消费者通过向其他人展示其装饰品以影响人们对其自我观念的看法。[56]尤其在特殊的情境中，人们会通过加强个性，使自己的行为成为一种保护自己的安全毯。例如，那些根据自己的喜好精心装点自己宿舍的学生辍学的可能性更小。这个过程能够保护自我不被陌生环境影响。[57]衣着有着相似的功能。

个性形成的过程中，当消费者扮演了一个新的或者不熟悉的角色时，消费信息定义自我的作用显得尤其重要。符号自我实现理论指出，那些没有完整的自我定义的人倾向于通过获得以及展示相关标志性符号来实现这种个性的塑造。[58]在早期职业生涯中，女性常将衣着作为获得成功感的策略；另一些职业女性将从他人身上接受更多衣着方面的信息，因为职业化的着装带给她们的自信感减弱了。[59]

自我的迷失

当一些珍贵的物品遗失或者被偷走后，其对于自我个性的作用也许是最明显的。一些制度规定会压抑人们的个性，或者鼓励人们的群体个性，比如监狱或者女修道院将没收个人财产。[60]盗窃以及自然灾害等通常给人传达的是一种疏远、压抑，或者被亵渎。消费者被抢劫以后的感受通常都是这样的：“被剥夺是最糟糕的事情之一，就像被强奸一样。”[61]盗窃犯罪的受害者具有更少的隐私，并且与邻居相比，他们对房子的自豪感更弱。[62]

消费者可能在火灾、飓风、洪灾或者地震中失去一切，除了身上的衣服。通过后灾难现象研究，丧失的戏剧化的影响受到重视。一些人并不愿意通过获得新东西来重建个性。这表现在卡特里娜飓风发生之后，许多人在灾难过后并没有回到新奥尔良重建家园。对灾难受害者的采访揭示了一些人并不乐意将自我融入到新东西中，而是与自己所购买的东西更加疏远。一位五十来岁的女士的观点代表了这种态度：“我是如此喜欢我的东西。我无法承受再一次的失去。现在我要买的对我来说不再那么重要了。”[63]

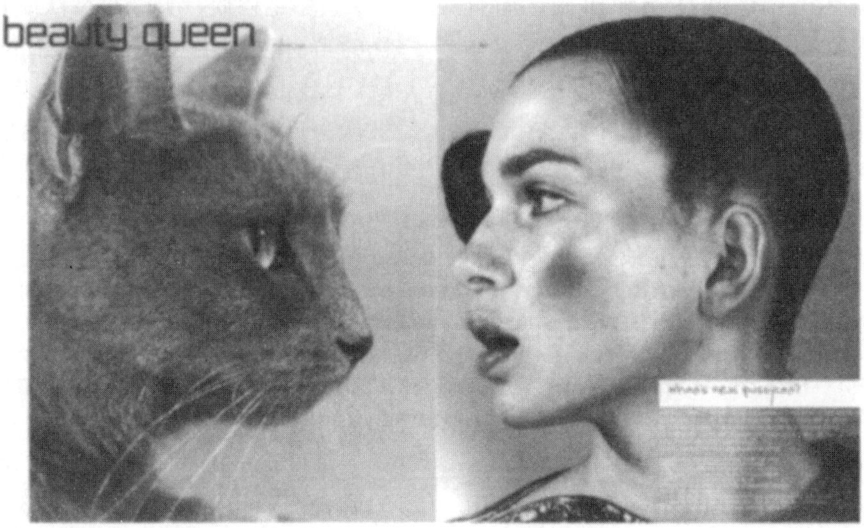

强调正确视角将给你自信。《尼龙》杂志这个广告很有创意，以“与猫对话”来告诉我们怎样看起来很美。编者说这则广告讲述了猫和自信的关系，他强调：炫耀你的美丽。《如果生命可以重来》里说：“猫创造了自尊。它们的身体中不存在不安全感。”

自我/产品一致性

由于许多消费活动都与自我定义相关，消费者在他们的价值（详见第4章）与他们所购买的东西之间具有一定的一致性，这并不令人惊奇。[64]自我形象一致性模型表明，当商品的某些特征与我们自我的某些方面相契合时，我们就更倾向于选择那些产品。[65]从这些模型中可以推断出产品特征与消费者自我形象之间的认知匹配过程。[66]

理想的自我与具有高度表现力的社会产品如香水的相关性更高。相反，真实的自我与日常实用的产品相关性更高。这些标准根据使用场合的不同而不同。例如，学生每天上课时可能更想穿戴舒适的衣服，而参加周末聚会则会选择时尚、有趣，甚至更加大胆的着装。

研究倾向于支持将产品用途和自我形象融合。之前有很多研究检验这个过程，其中有一项研究发现，轿车的拥有者倾向于将他们自己与自己对轿车的感知匹配：庞蒂亚克轿车的拥有者认为自己比大众轿车的拥有者更加充满活力[67]；消费者的自我形象和他们最喜欢的商店也是相协调的。[68]在描述消费者和产品之间的匹配度时，通常用到以下词：粗糙的/精致的，令人兴奋的/平静的，理性的/情绪化的，正式的/非正式的。[69]

尽管这些发现在一定程度上我们能直观地感受到，但我们并不能由此非常确切地推论消费者总是买一些跟他们性格相匹配的产品。不太明朗的是，顾客确实能够在实用的、功能性的产品上看到自己的影子。建立品牌人格，比如为像香水这样有表现力、形象导向型的产品做宣传时，可以融入特定的性格。

这则意大利广告说明，我们喜欢的产品是我们延伸的自我的一部分。

另一个问题是一个古老的"先有鸡还是先有蛋"的问题：是人们因为一个东西与人们的自我相匹配而买它，还是人们因为买了它所以它与人们的自我相匹配？人们的自我形象和产品的形象的相似性确实能随着人们拥有这个产品而提高，因此这个解释不能被排除在外。

延伸的自我

正如之前我们所提到的，许多被消费者用来定义他们社会角色的物品、场景，在某种意义上成为他们自我的一部分。那些被视为自我一部分的外在物形成了延伸的自我。实际上，在一些文化中，人们将物品视为自我的一部分——他们珍视新的所有物，为它们命名（或者在某些情况下食用），或者在埋葬死者时将其生前的东西一起陪葬。[70]

有些人确实特别珍视物品，甚至将它们视为自己的一部分。比如说鞋子，你会发现有很多人对鞋子有特别强烈的感情。一项研究表明，人们通常将鞋子视为自我的神奇象征，像灰姑娘的方式一样，预示着自我的转型。研究推断，相比男性，女性对于鞋子的象征意义一下就能辨别出来。比如一双鞋，第一双皮鞋、第一双高跟鞋或者第一双牛仔靴所蕴含的意义，都会对她们今后的人生带来很大的影响。这些经历与家喻户晓的童话故事如《绿野仙踪》中的多萝西的红鞋子，以及灰姑娘的水晶鞋中的情节相似。[71]

许多物体，小到个人物品和宠物，大到国家历史遗迹或界标，都有助于形成消费者个性。几乎每个人都可以说出一个珍贵的东西，比如心爱的照片、旧衬衫、小纪念品、轿车或者一只小猫等，这些东西中包含着自我的许多方面。事实上，将一个人的卧室或者办公室中的物品分类，通常就可以精确地描绘出一个人的个性特点。

一项关于延伸自我的研究给人们提供了一个清单，上面有喜欢的衣服、面巾纸、电视节目，也有父母、身体的部分以及电器等。然后要求他们将其按照与自己的亲密程度排序。研究发现，如果东西是好不容易才获得的，或者它们被拟人化并保存很长时间，则这些东西蕴含着更多的心理能量，因而更容易被认为是延伸自我的一部分。[72]

延伸的自我可以分成四个层面，即从非常个性化的物品到那些可以让人们感觉到的根植于更大的社会环境背景之下的东西。[73]

- 个人层面：消费者拥有许多反映他们自我定义的个人物品，包括珠宝、轿车、衣服等等。"穿什么就是什么"反映了这样的信念：一个人的东西就是他个性的一部分。
- 家庭层面：这部分的延伸自我包括消费者的住宅和家具。房子可能被认为是家庭的象征，而且是个性的核心方面。
- 社区层面：消费者通常通过介绍自己来自哪个社区、城市或山村来向别人介绍自己，因为家庭都和社区有着紧密的联系，这种归属感特别重要。
- 集群层面：我们所归属的特定群体同样能反映我们的部分自我——这将在后面有详细论述。消费者也会感受到土地、历史遗迹或者运动队都是延伸自我的一部分。

性别角色

性别特性是消费者自我观念的重要组成部分。性和性别常常可以互相替换，然而它们确实有不同的意思。性是指男女生理上的区别，性别更强调社会结构层面的不同——强调男女承载了不同的社会期望。人们常常在衣着、言行方面都遵循这些期望。当然，这些规则也会随着时间和社会的改变而改变。

小的时候，孩子们就习得了男孩和女孩的不同。性别差异通常是通过婴儿时期收到的第一份礼物的颜色（是蓝色还是粉色）获得强化的。社会预期常常过于简化——例如，女性就应该对衣着、时尚、美丽感兴趣，而男性则不同。

男性气质和女性气质很难定义，而从时尚变化的角度来说，更难以定义。[74]男性气质被定义为缺少女性气质。[75]从可接受的外貌来看，对男性来说，讨论他们不想接受的外貌更加容易。当男性在描述衣着时，他们并不集中于男性气质，而是更喜欢描述衣服的意义，比如成就感或者过去的美好回忆，如与朋友在一起以及当时所穿的衣服（“我希望他们仍然能做那样的衣服”）。[76]当被问及最不喜欢的衣服时，男性似乎觉得更应该是那些被认为有些女性化的衣服，因为它们显得太潮或太时髦，等等。[77]

性别差异在多大程度上是天生决定的，多大程度上是文化建构的，这并不清楚——但是这种差异确实在许多消费决定中表现得很明显。

社会化中的性别差异

社会通常通过强化男女合适的行为来传播其关于男女合适的角色定位的假设。除了父母和朋友，许多商业广告也在性别社会化方面为男孩、女孩们提供了一定的指导。

- 美国女孩广场的成功基于美国女孩玩偶，它以购物及娱乐为特征。纽约第五大道迪士尼旗舰店也会让小女孩们装扮成小公主。当然，扮演这个角色并不便宜：进入灰姑娘的皇宫需要 75 美元，买一个皇冠需要 24 美元。每个镯子和项链需要 6～8 美元，一些其他的装饰需要 4 美元。其他的女性商品包括羊绒衫（360 美元）、头巾（260 美元）等。[78]
- 芝加哥的娱乐体育节目电视网以男性的视角主张让男孩成为男孩，让男人成为——男孩。据研究报道，在这儿，男孩们可以一起观看男人的运动，相互间可以建立起特别的感情；而女性则被当作是娱乐的奖杯或仅仅是一种形式。[79]

性别角色会随着时间的改变而改变——即使是在传统社会中。在一些国家比如日本、韩国，随着女性地位的上升，女性变得更加独立，传统男性的保守、很有男性气概的形象也逐渐发生变化。美容产品的广告首次塑造了温柔男性的形象。正如一位亚洲主管描述的，“当代，韩国女性希望男性能够有帅气的脸蛋、大大的眼睛、白皙的皮肤，以及男性气质适中的身体。”韩国最近的一个广告中，一位男演员小心谨慎地为一位女生抹口红。在日本，沙宣在一个广告场景中，让八个男性因为一位女性而落泪。（这则广告使该公司的市场份额提高了 15%）韩国最大的广告代理商将新型男性和女性定位为“漂亮男生”和“健壮女生”。[80]然而，在亚洲，传统的角色并没有完全消失。[81]

许多社会都期待男性能追求远大理想，要很有主见，很优秀。另一方面，它们指导女性应该珍惜共同的目标，比如合作以及培养和谐的人际关系。[82]一项研究表明，即使是电脑中发出的男性声音，听起来也会比女性的声音显得更加准确而有权威性。[83]

性别个性

性别个性是一种精神和身体的状态。一个人的生理性别并不能完全决定他表现出来的性别类型特征及其性别典型的特点。消费者关于自己性别的主观感受很重要。[84]

与男性特征和女性特征相比，男性气质和女性气质并不是优势特征。某个行为在这个文化中被认为是体现男性气质的，在另一种文化中可能就不是。例如，在美国，有这样的社会标准：男性应该强壮（“真男人不吃乳蛋饼”），穿着经典、简洁的衣服，而不是柔软的衣服［宋飞（Jerry Seinfeld）在一集情景喜剧中穿着宽松的衬衫，正传达了这样的意思］，而且要避免相互接触（除了在一些特殊的场合，比如在足球场上）。在一些拉美国家和欧洲国家文化中，男性之间相互拥抱是很正常的事情。每一种社会都决定了真正的男性和女性应该做什么，不应该做什么。

性别类型产品

许多产品（包括乳蛋饼）都是有性别取向的；它们具有男性气质或女性气质的特点，并且消费者通常将它们与一种性别相联系。[85]通常衣服具有很明显的性别取向，要么很适合男性，要么很适合女性。另一方面，“unisex”是指中性风格的衣服，这种衣服在 20 世纪 70 年代很流行，而且即使现在也受到许多年轻人和亚文化群体的喜爱。

产品的性别类型常常由商人所创造并传承（例如公主电话、男孩女孩的玩具，以及乐芙适的彩色尿布等），即使商标也显得有性别特征：那些含有字母、数字（Formula 409、10W40、Clorox 2）的东西被认为是技术类的，更具有男性特质的。[86]电脑总是被认为是男人和男孩们的领域，然而软件设计者努力吸引年轻女性。美泰公司芭比时尚设计师设计的软件很受 13 岁以下的女孩喜欢，因为在设计中，他们将用特殊织物制作的洋娃娃的衣服显示在电脑上。认为软件制作者要弄明白女孩想要什么其实很难的观点过时了。有个公司表示："可以弄明白女孩喜欢做什么，并将其录入到电脑上……十几岁的女孩喜欢男孩、购物、化妆品和约会等。"[87]因此，电脑时代产品依然存在着性别类型特征。

双性化

双性化（androgyny）是指同时具备男性气质和女性气质。[88]研究者区分了不同性别类型，即男性气质的、女性气质的以及双性化的。双性化的人同时具有男性气质和女性气质的特征，他们可以更好地适应社会。20 世纪 80 年代，女性商务套装呈现男性元素：简单利落、保守。许多人感觉女性看起来更加像男性了。在男性主导的社会中，要与男性竞争，这是很有必要的。时尚行业在男款西服和简洁的女款服装发布会上使用"双性化"这样的词。后来，女性的商业形象变得更加柔和一些，显得更加女性化。这个行业同样使用了这个术语来指代同时适合于两种性别的产品。

目前，研究者编写了一个量表来判断一个男性是否为"非传统男性"，这类人具有一定的女性气质。量表有类似这样的题目："我喜欢浏览时尚杂志"以及"我擅长于修理机器"。不出所料，传统男性和非传统男性之间有着很大的不同。当被问及他们希望其他人怎么看待自己时，非传统男性比传统男性更期望自己被认为是敏感、纯洁、亲切、有原则且节俭的，而不是"野性的"。[89]

女性角色和市场

女性的性别角色正在迅速转变。当代年轻女性的观点已经与上一代为女权主义而战的女性的观点有了很大的不同。在某种程度上，她们把当前拥有的某些权利当作理所当然的，而在以前，这些权利是需要女性不断争取才能获得的。毕竟在她们成长的这个时代，女性可以成为很强的领导者，参与更多的体育活动，也会花许多时间上网。而在网络中，性别、种族和社会地位等因素也在慢慢消失。有一项针对 13～20 岁的女孩进行的调查研究发现，仅有 34%的人认为自己是女权主义者，但她们都强烈支持女权运动所倡导的信念；97%的人认为，如果是做同一份工作，那么女性的薪水就应该与男性一样；92%的人认为女性对自己生活方式的选择不应该因性别而受到限制。[90]

然而，现在就断言传统女性的性别角色观念已经消亡了还为时过早。广告商和媒体还是会按照数年前的性别角色观念来描绘女性。售卖物品时，上至汽车，下至啤酒、洗衣粉等，都会把女性当作装饰物随商品一起展现。20 年前，对诸如《时代》（*Time*）、《时代周刊》（*News Week*）、《花花公子》（*Playboy*）等美国杂志的广告进行分析，可发现里面所包含的大部分女性以性感尤物（所谓的半裸美女广告）或传统性别角色的形式出现。[91]在英国也有同样的发现。[92]广告似乎也会强化女性的传统负面形象，广告中的女性往往是愚蠢的、顺从的或是多愁善感的形象，在车里、厨房或是浴室里往往会有一心想打扫卫生的女性，这些女性往往包括四类基本角色：母亲、伴侣、职业妇女以及性感尤物。伊卡璐洗发露激情广告就是一个臭名昭著、让人厌恶的广告宣传活动，这条广告让大多数女性感到很难为情。尽管媒体仍以这样的方式来展现女性形象，但是当广告商慢慢意识到现实已经与从前大不相同时，上述的那些情况就慢慢开始改变了，他们意识到全世界的女性受教育程度越来越高，赚的钱越来越多，承担家庭 80%的开销。[93]

耐克是一家先进的公司，它的宣传往往会展现出女性积极且真实的一面。一项调查分析为我们分析了两个最令人难忘的耐克广告。一个是 1993 年的广告，展现的是两个女运动员的运动风采；另一个是 1996 年的广告"如果你让我参与"，主角是几个十几岁的女孩子，讲述的是如果让她们参与运动，那么就可以帮助她们远离吸烟、毒品，使她们避免遭受虐待。[94]不过，也不是所有女性都喜爱耐克的广告。一些女性就认为 2005 年的"霹雳无敌腿"、"顽皮女孩的膝盖"、"惊人的屁股"缺乏吸引力。这些广告的本意是向女性传达一个信息，即"我能控制自己的身体"，但一些人认为这些广告有点否定消瘦女性的形象。[95]最近由英国推出的"多芬真女人"广告宣传活动，展示了各种女性的相貌身材，以此来鼓励那些相貌身材不符合传统美丽定义的女性。这大大转变了媒体广告塑造女性的形象方式。

很讽刺的是，在某些情况下，商人们似乎又过度否定了他们之前强调的女性家庭主妇形象，而把她们塑造成了完全相反的形象。诸如锐步、斯凯奇、A/X（阿玛尼副牌）等品牌的宣传册中，都有女性饥渴地扑倒男性的画面。《Elle 女孩》（*Ellegirl*）杂志里不断地出现“吃男人”的女性。这种所谓“前进的退步”似乎成了当下流行的市场策略，广告商们通过反过来利用那些守旧派关于性别角色的陈词滥调，奋力地将创新改革后的观念加入到他们的广告中去。讽刺的是，他们在广告中所呈现出的女性角色的态度和行为——攻击性、对支配地位的需要、缺乏情感、自私自利，现实中的女性却恰恰对此感到沮丧。一条锐步广告将一个女孩转变成了缺乏情感的“花花公主”，代表着强壮独立的未来女性形象。但一些女性认为这样的形象并不怎么时髦，简直就是一团糟。她们认为广告中应该展现出真挚、自然、真情真意、关爱、牵挂家庭、诚实、值得信任的角色形象，展现出和谐、慈爱而且有价值的形象，而不是精力过剩的形象。[96]

男性角色

传统观念认为，理想男性的形象是坚强、有进取心、强壮、喜欢男性活动，这样的观念尽管仍然存在，社会对于男性角色的定义却在不断演化。正如对于女性，真实的故事通常都非常复杂。对男性化的研究就是对男性形象和男性气概复杂文化意义的研究。[97]男性可以更加有同情心，且可以与其他男性建立亲密关系。相比那些情感不外露的大男子气概的男性，一些市场营销人员正在宣扬男性敏感的一面。许多广告都在强调男子柔情。[98]

男性的生活方式正在变得更加自由，他们更加自由地选择衣服、爱好，比如煮饭等等，但是也有人提醒这需要适可而止。有些男人不想看到自己的生活受制于“粉红救兵”，或者感觉他们的私人场所——浴室变成了女性主义的避难所，现在他们至少“可以洗个热水澡”。一则商业广告对话表明，真正的男人不喜欢印花枕头以及素食色拉。男性使用男士专用产品的时刻来临了，这样他们就不必再用妻子用剩的沐浴乳了。[99]

广告中，男性和女性的行为通常都是较消极的。他们经常碰到一些无助或者出错的场景，正如许多广告中的情境那样。女性运动使商业广告更清楚地意识到了应该怎么描述她们。有一种想法是，如果我们不能将女性放入传统的非时尚角色中，至少我们可以让男性显得比较傻。[100]一些广告通过将男性描述得比较傻，来表现他们的怀疑和不安全感。通常，这样的广告利用了这两种性别的固有模式。在一个信用卡广告中，男性蜷缩在沙发上看了一天电视，而他的妻子却不停地打扫房间。最后，妻子怒了，将丈夫吸入了吸尘器中。人们猜测，信用卡应该可以解决所有的生活问题。[101]广告常常因将女性描绘成性工具而被批判，当男性被不合理地描绘时，也可能引起同样的投诉。一则低腰牛仔裤广告中牛仔裤腰如此低，以至于很多读者好奇，到底低腰牛仔裤怎样穿才不至于掉下来。

男性角色演化体现在男性不像之前那样对自己的外貌漠不关心。每年全球男性会花 77 亿美元在化妆品上。男士洗面奶、保湿霜、防晒霜和香体剂成为一种潮流，从欧洲市场席卷美国海岸。联合利华调查发现许多美国男性除了做日常的护理以外，会喷一些香水，于是决定投资 9 000 万美元用于研发埃克斯香体剂。为了鼓励青年男子使用香体剂，公司将被称作埃克斯天使的女性送到夜总会和足球场，通过这种方式培养潜在顾客。相似的产品改变了整个市场：现在男性买的防臭剂比女性还多。[102]

毫无疑问，过去多年的热门话题之一就是都市美男（metrosexul），异性恋都市男性对时尚、家具设计、美食和个人护理等都感兴趣并且很了解：这与传统的男性角色完全不同。马克·辛普森（Mark Simpson）是一位同性恋作家，他在 1994 年的一篇文章中揭露英国球星、流行巨星贝克汉姆为都市美男时，提出了“都市美男”术语。[103]都市美男的现象是怎样蔓延开的呢？毫无疑问，尽管人们日常都会扩大视野，但许多人强烈抵制这样的标签，在这些圈子中，M 成为一种禁忌；但其他的一些标签却流行起来。其中有一种标签即魅力超男（übersexul）。

在德语中，übersexul 的意思是最棒的、最伟大的、超级的或者超越一般的。魅力超男是最有魅力、最具活力的、最有吸引力的男性。他们自信、有男子气概、有深度、很敏锐、有个性……与超性别相似，但是他们同时具有传统男性的自信、力量等特征。

魅力超男当代的典范是波诺（Bono）。他世界知名、自信、有热情。而且他因其音乐和人道主义而拥有很多忠实粉丝。其他著名的魅力超男有比尔·克林顿（Bill Clinton）、乔治·克鲁尼（George Clooney）、乔恩·斯图尔特（Jon Stewart）和皮尔斯·布鲁斯南（Pierce Brosnan）。[104]营销人员称，这些对魅力超男型着迷的顾客是参与产品制造的消费者或者对城市有影响力的人——教育良好的顾客想要努力将注意力集中于个人外形以及生活环境。在英国，男士化妆品的销量在过去的5年中增长了560%。吉列印度公司一项研究表明，印度男士现在每天早上在镜子前面的时间平均为20分钟，超过了平均时间为18分钟的印度女性。[105]

新男性超市

这些年，随着男性角色的发展，之前女性用的产品，比如香水和染发剂都进入了男性市场。像雅男士(Aramis)、倩碧以及一些美容公司也正在逐渐开拓男性市场。指甲油也逐渐打入男性市场——“水果硬糖”为其男顾客准备了一些产品，其中包括金色和绿色指甲油。[106]

在过去的十年里，为了缓解男性变老的压力，关于男性白发问题的广告增加了三倍。世界波普尔调查公司报道，36%的男性要么染头发，要么干脆放任不管。欧莱雅的新产品专门针对男性头发问题研制而成，包括新的色调，比如驼色和樱桃可乐色。这些年还引入了一些其他产品，比如瘦身内裤（紧紧裹在腰上）以及超级塑型内裤（紧紧地包裹着臀部，若多加5美元，消费者可以额外获得一个前垫）。[107]

男同性恋、女同性恋、双性恋和跨性别消费者

男同性恋和女同性恋所占人口的比例很难说清，因为普查这个群体常常会带来一系列争议。[108]据估计，在美国，同性恋比例为4%～8%，许多研究初步估计有1 500万人，大约占人口比重的6%。自从1971年以来，扬克洛维奇公司一直在研究消费者价值和态度，在今年的年度报告中设计了一份关于性特征的问卷。事实上，这份研究采用的样本首次涵盖了整个同性恋群体，而不是从中选取一个小群体或者有偏见的群体（比如同性恋出版物的读者）。因为只有对整个群体进行研究，才可能更准确地反映这个消费群体的状况。

男女同性恋者、双性恋者以及跨性别者的购买力估计可以超过600亿美元。[109]然而，大部分公司都没有直接将市场目标指向这个群体。宜家是一家主要市场在美国的瑞士家具零售商，在20世纪90年代中期，通过电视直播讲述了一对同性恋夫妇购买餐桌的故事。这在当时是一大突破并引起了很大反响。耐克一个电视广告首次也是唯一一次直播同性恋运动员瑞克·穆尼奥斯（Ric Munoz）——艾滋病病毒携带者在洛杉矶的真实生活。这被认为是日本和英国“只管去做”运动的一部分。[110]

随着对同性恋的关注增加，人们谈及这个群体时也显得更加自然，而不会有特别感觉。公司开始支持同性恋节日，并且制作一些有关同性恋的有创意的广告，比如女同性恋夫妇和她们的孩子们。旧金山男同性恋节有24个公司支持，其中包括富国银行和美国银行等金融机构以及其他公司，比如达美航空公司以及百威啤酒。许多公司发现，同性恋消费者对于支持他们的公司是非常忠诚的。[111]

在时尚广告中，同性恋形象很含糊或者性别取向不清晰的情况仍占主导。这颇有讽刺意味，因为营销通常是为性吸引力服务的，而且同性恋组织的领导风格也是众所周知的。美国最大的同性恋群体“人权运动”组织将那些以同性恋为主题拍摄广告的公司进行排名。排名前几位的是耐克、李维斯、盖普、诺德斯特姆、联合百货公司、锐步、唐娜·凯伦等。“商业秘密协会”——一个非营利机构，正在努力推动广告业理解、尊重并包容同性恋群体，这也将提高收视率。[112]

许多消费者对同性恋文化比较熟悉，主要是因为同性恋在如《拉字至上》（*The L Word*）《粉雄救兵》（*Queer Eye for the Straight Guy*）以及《兄弟姐妹》（*Brothers and Sisters*）等电视节目中表现突出，也得益于如艾伦·德杰尼勒斯（Ellen DeGeneres）和罗丝·奥唐纳（Rosie O'Donnell）

等明星们决定公开谈论他们的性取向。互联网在建立同性恋社区和对同性恋群体的营销中发挥了很重要的作用。商业网站 www.gay.com 在同性恋网站中居于首位，PlanetOut and Evite 位居第二。

除了男同性恋，女同性恋消费者目前也处于文化的焦点。迪奥、查尔斯·大卫和希思黎时尚广告清晰地描述了女同性恋者的关系。也许“女同性恋时尚”的趋势某种意义上取决于著名文化人物，比如网球明星玛蒂娜·纳芙拉蒂洛娃（Martina Navratilova）、歌手凯蒂莲（KD Lang）和梅丽莎·艾瑟里奇（Melissa Etheridge），以及演员艾伦·德杰尼勒斯。女同性恋杂志《女友》（*Girlfriends*）中的一项读者调查发现，54％的人在做专业或者管理类工作，57％的人有交往对象，22％的人有孩子。但是女同性恋者比男同性恋者更难被人发现，因为她们并不喜欢在社区、酒吧聚集，也不喜欢阅读同性恋刊物。因此，一些举办营销人员只能放弃这些地方而选择一些举办女子篮球赛或者女子音乐会的地方。[113]

凯撒在性别社会化领域已经做了相当多研究，并对外貌管理产生了重要影响。但同性恋群体表达了要通过衣着挑战这些主流性别标准的愿望。一些人并不想显得很“主流”或看似很“直”。[114]

身体意象

一个人的外貌是这个人的自我概念和自尊很重要的一部分。一份最近的调查表明，当一个人的身体与文化标准或者感知标准不一致时，可能会引起低自尊和消极情绪。女大学生感觉到自己的身体与想象中的不一致时，会对身体更加不满，以至对自己整个外貌都不满，从而加大在外貌方面的投入。[115]相反，另一项跨种族研究表明，高自尊与积极的身体意象有关。[116]身体意象是指消费者对自己身体的主观评价。

正如自尊一样，身体意象也并不准确。在想象中，男性可能会感觉自己比现实中更加强壮，而女性可能会感觉自己比现实中更胖。事实上，我们会发现商家经常会使用这样的市场策略：探索消费者的身体意象，感知消费者对外貌的不安全感，创造真实与理想状况之间的差距，然后使他们产生购买产品或服务以缩小差距的欲望。事实上，Glamour Shots 照片链的成功在于它为消费者提供了戏剧性的美容效果（90％是女性）并且让他们感觉到自己的美丽潜力，从而使他们每天至少有一两个小时会幻想自己变成名模的样子。[117]

在真实生活中，衣着会被用来修饰身体，改变人们感知的体形。由于人们存在消极的身体意象，特定的衣服风格常常被用来伪装部分身体。许多消费者（不是全部）擅长于运用设计原则从而使自己显得更苗条、更高挑，使自己不满意的部位显得不那么突出。

人们通常用衣服或装饰品来掩饰身体不美的地方，甚至通过整形手术永久地改变这些部位。由此可见，尽管人们对女权主义者有担忧，身体意象的重要性却在渐渐加强。《今日心理学》（*Psychology Today*）20 世纪 70 年代、80 年代和 90 年代进行了三个标志性的研究，描述了我们身体意象的不断变化，并指出现在人们对自己的体形比过去更加不满意。

身体关注

一个人对于自己身体的感觉可以描述为身体关注。“关注”这个词指的是对一些物体或对他人看法的情感上的重视。身体的一些部位成为自我概念的中心。《今日心理学》研究指出，通常女性对于身体的不满意程度要高于男性（身高常常是个例外）。对于女性来说，在过去 25 年中，最大的不满还是指向整体的形象；而男性的不满则指向腹部——尽管研究发现，过去这么多年中不管是男性还是女性几乎对身体的每个部位的不满都在上升，如表 5—1 所示。[118]

表 5—1　男性和女性对于身体的不满意

	1972 年调查		1985 年调查		1997 年调查	
	女（%）	男（%）	女（%）	男（%）	女（%）	男（%）
总体形象	25	15	38	34	56	43
体重	48	35	55	41	66	52
身高	13	13	17	20	16	16
肌肉弹性	30	25	45	32	57	45
乳房/胸膛	26	18	32	28	34	38
腹部	50	36	57	50	71	63
臀部/大腿	49	12	50	21	61	29

注：人数：女＝3 452，男＝548。

资料来源：David Garner, "The 1997 Body Image Survey Results," *Psychology Today* (January/February 1997): 30-40.

其他研究发现，女性对于臀部和大腿不满意。[119]不出所料的是，这种不满与衣着是否合身相关。[120]对身体的满意度在不同的文化中有不同的体现。非裔美国学生对身体的满意度最高，而亚裔美国学生对身体的满意度最低。[121]据调查，女性越是对自己的身体不满，就越想要改变。她们想要改变的意愿也与他人对她们改变的期待程度有关。[122]

另一项关于年轻人对自己身体感觉的研究表明，人们最满意的是头发和眼睛，而最不满意的是腰。这些感觉与美容产品的使用有关。那些对自己身体更加满意的消费者通常使用一些护理产品如吹风机、古龙香水、古铜色粉底、牙膏以及浮石皂。[123]但是许多研究并没有发现在衣服方面的相似，也就是说对衣服的兴趣和对身体的关注并不是必然相联系的。很明显，女性通常更加看重衣着、时尚，而忽视了对身体的满意度。[124]宽松服饰商业的成功正是这样的一个例子。那些体形偏胖的女性，她们也许对自己的身体并不满意，但由于已经疲于减肥，她们反而更愿意购买适合她们尺寸的质量较好、更加时尚的衣服。

完美形象

一个人对于自己身体形象的满意度受他所在的文化的影响。事实上，两个月大的孩子就已经表现出了对有吸引力的面孔的偏好。[125]完美形象是指外貌出众。不管是男性还是女性的完美形象都包含身体特征（丰满的胸或发达的肌肉）、衣着风格、化妆、发型、皮肤（淡色或暗色），以及体形（娇小型、运动型还是性感型体形）。

真实的美丽

多芬对全球不同社会中的美丽定义进行了开创性的研究。[126]通过对十个国家数千名女性进行调研，发现只有2%的女性认为自己是美丽的。难道这意味着我们生活的世界中大部分女性都不美吗？还是意味着我们在以一种狭义的方式定义美丽呢？

事实上，过半的被试强烈认为当今女性的美丽特征定义得非常狭隘。超过三分之二的人强烈地表示媒体和广告设定了一个非常不现实的美丽标准，这个标准大部分女性都是难以达到的。被试说她们感到要达到这些美丽的标准压力很大。这个社会期望女性能提高她们外形的魅力，而只有这样的女性才显得更加有价值。

几乎所有的女性都对自己的整体外形很关注。日本的女性对体重和体形最不满意（59%），第二是巴西（37%），第三是英国（36%），第四是美国（36%）。

面对各种文化描述的美丽标准，人们常常很难感觉自己很美。人们希望媒体能改变这样的美丽标准。超过四分之三的人希望女性的美丽不仅仅局限于身体的吸引力，希望媒体能引导宣扬女性各个方面的美丽：身体的吸引力、年龄、体形。美丽应该包含性格、热情、仪态和自尊。超过90%的人强烈地感觉到各个不同年龄段的女性都有她们的美丽之处，并且每一个女性都有自己美丽的方面。

这份研究发现，若女性对自我形象不满意，她们也不愿意参加日常活动，比如约会或者运动。为了下一代，她们很热衷于改变这种情况，她们强烈地渴望能早点为女孩们做些关于美丽和身体形象方面的建设性的演说。

基于这个研究，多芬发起了一项意在引起并鼓励人们进行自然美讨论的运动，即“多芬真女人”。为了使人们更能意识到美丽和自尊的联系，多芬建立了自尊基金。在英国，它支持一个由饮食失调机构建立起来的学校教育项目——“让身体说话”。在美国，基金用于“女童子军”，以提高女孩的自尊。在加拿大，举办名为“超越比较”的旅游照片展为国家饮食失调信息机构筹集资金。在荷兰，建立了荷兰饮食失调知识组织来募集资金，用于应对饮食失调的干预和治疗。详见 www. dove. us。

美丽标准是全球性的吗？

近日研究表明，对某些身体特征的偏好是非常令人兴奋的，而且全世界范围内人们对这些的反应都是一样的。人们似乎尤其偏好这样一些身体特征：健康、年轻、强壮、高生育能力。这些特征还包括大眼睛、高颧骨和尖下巴。另一个各个种族都看重的，能体现其是否称心如意的重要特征是这个人的整体形象是否平衡。一项研究表明，那些长得更加匀称的人通常比长得不够匀称的人性生活提前三到四年。

男性也更倾向于认为女性的身体曲线是一种性暗号。理论研究表明，这是由于女性曲线是生育潜能的指示。在青春期，通常女性在臀部和大腿处会增加大约 35 磅的“生殖脂肪”，这为孕育下一代提供了大约 8 万卡路里热量。大部分丰满的女性拥有 0.6～0.8 的腰臀比，漏斗形被男性认为是最美的。即使对整体体重的偏好随着时间的变化在不断地变化，但是腰臀比依旧保持在这个范围内——即使超级瘦的模特推姬（Twiggy）（她是凯特·莫斯之前几十年时纤瘦身材的典范）也拥有大约 0.73 的比例。[133]其他积极的有价值的女性特点包括：高高的前额、厚厚的嘴唇以及小下巴和鼻子。另一方面，女性心目中理想的男性拥有浓眉大眼（代表了高浓度雄性激素，这预示着充满力量），比一般人更高一些并且有着突出的额头。

当然，人们可以以各种不同的装扮出现，而这也正是市场营销者的入口：不管在什么时候，广告和大众媒体都在决定什么是美丽中扮演了重要的角色。完美形象是一种文化衡量标准。消费者将自己与某些标准（常常由时尚媒体确定出来）进行比较，对于自己的外貌都有一定程度上的不满。

这些文化完美形象常常以文化速记的形式得以总结记录。我们可能会聊到一个“傻里傻气”或者“冰雪聪明”的“邻家女孩”，有时我们谈到满足完美形象标准的女性，比如珍妮弗·洛佩兹（J-Lo），格温妮丝·帕特洛（Gwyneth Paltrow）或者戴安娜王妃。[134]相似的对男性的描述有：“勇猛的”、“帅气的”、“儒雅的”、“布拉德·皮特类型”或者“韦斯利·斯奈普斯类型”，等等。

西方完美标准

西方完美女性的标准是圆圆的大眼睛、细腰、丰满的胸部、金色的头发以及蓝色的眼睛；男性应该要有很强的男子气概、健壮的肌肉。不管是男性还是女性的时尚杂志中都在强化这些完美标准。当迷人的美国明星们在媒体中的形象在全世界传开，西方完美形象的标准正在形成，许多人都通过手术想达到这些标准。

- 许多韩国女性为了达到西方美丽标准，去隆鼻、削下巴以及做大眼睛。最近很多人在狂热地追求瘦小腿，正如西方名模正在追求瘦腿一样。[135]
- 在过去的十年中，通过手术追求美丽的非裔美国女性的比例几乎翻了一倍。《本质》的专栏作家目前在关注这样一个女性黑人群体，她们想通过花钱进入一种“蕴含着女性理想的文化”，使自己的非洲特征变成欧洲特征。[136]
- 一个名叫辛迪·伯布瑞吉（Cindy Burbridge）的模特，曾代言过力士香皂和欧米茄手表，现在成了一个蓝眼睛的泰国小姐。她是有泰国血统的混血儿。随着公众逐渐喜欢西方的完美形象，而不再青睐圆脸、弯眉和小嘴的传统形象，她成为当地时尚和娱乐行业的主导。许多人开始戴上蓝色美瞳以使自己更加漂亮。[137]
- 阿格巴妮·达瑞葛（Agbani Darego）是 2001 年尼日利亚最美的女孩，又获得了世界小姐的称号。她成为选美比赛 51 年以来的第一个非洲籍冠军。然而，自豪中却掺杂了一些困惑。新的世界小姐并不具有非洲文化所倡导的撩人的外表。一个非洲人解释道：“丰满意味着兴旺。”但是达瑞葛有 6 英尺高，而且非常非常瘦。尼日利亚的老人们并不觉得她特别迷人。有的人甚至挖苦地说她是黑皮肤的白人女孩。但是年轻人有着不同的想法。他们认为瘦是一种美。在拉各斯，非常时尚的瘦女孩被称作 lepa，甚至有流行歌曲以此为题，还有电影为此宣扬。[138]

一些研究指出，平衡或者匀称的面部特征被认为是有魅力的一个标准。乡村歌手莱尔·劳伏特（Lyle Lovett）是一个没有对称外貌的例子。左边这幅图是他的真人照，右边的是电脑处理过的对称图。

大号时尚

美国国家健康组织调查发现，三分之一的美国女性穿着 16 号或者更大号的衣服。大约一半的女性穿着 14S 号的衣服，在生育高峰期，穿这个号的人数更多。一份全国妇女着装尺码调查发现，美国人变得比以前更高、更重了。[127]据估计，大约 30%的美国成年人肥胖，另外三分之一过于肥胖[128]，据 NPD 市场调查发现，大号衣服的销量大约占女性服饰销量的 25.4%[129]，而且仍有很大的市场空间。奢侈品零售商，如内曼·马库斯和诺德斯特姆正推动着女性加大号市场，这块市场曾经被专门的零售商如莱恩·布赖恩特所占领。Torrid 以为女性提供加大号时尚品而出名，随后，越来越多的公司开始进入这个市场。

莱恩·布赖恩特将重心由舒适、宽松的风格逐渐转向小号的紧身风格。它细致地梳理了一种时髦的风格，并请了一些身材较丰满的明星，比如安娜·妮可·史密斯和卡穆琳·曼海姆来代言。莱恩·布赖恩特的一个主管说："即使今年秋天短袖条纹羊毛套头衫卖得很火，对我们来说，要卖给我们的客户也是有一定难度的。但我们设计的这款并不会使消费者看起来像根香肠。"[130]并非所有的身材丰满的女性都对莱恩·布赖恩特的衣服满意。时尚设计师设计的一些大号衣服也会引起一定的不满。几乎没有人愿意生产加大号；但是有些女性对美国设计师唐娜·凯伦和奥斯卡·德拉伦塔的设计理念给予了很高的赞誉，因为他们设计的小码型衣服很巧妙。[131]

Cazak 是香榭丽舍大街上一个优雅的加大号服装品牌，它的许多顾客都是政界和商界人士的妻子。但是 Cazak 也会抱怨只有一个欧洲设计师——奇安弗兰科·费雷为较丰满的女性设计合身的衣服。Cazak 的总裁说："设计者就像是鸵鸟、不接受现实的人——他们假装现实问题并不存在，因此，也许忽视就会使这个问题自动消失。" 2006 年，马德里 T 台表演中，五个过瘦的女模特被取消了表演资格，这引起了很大的争议。乔安娜·德瑞是一位成功的身材丰满的法国模特，她穿的衣服是 16 号。她说只有寥寥无几的设计师会愿意让身材丰满的模特来展示他们的设计。但是在德国，模特代理机构正在寻找健康好看的模特。[132]未来美丽的标准是否可以接近现实，这只有让时间来证明了。你觉得呢？

历年的美丽标准

虽然美丽也许很肤浅，但历史上女人们却一直在努力地追求。她们为了保持身材忍受着饥饿，承受着缠小脚的痛苦，将金属环插入嘴唇，不惜花好多时间在镜子前做发型，进行缩胸或丰胸手术以改变自己的容貌，从而满足美丽女性的社会标准。

回想起来，不同的历史时期对美的追求有不同的特点。美国历史上追求的美可以被认为是主导性的完美标准。例如，与当今强调健康和活力完全不同，在18世纪早期，美的标准是看起来很脆弱，像有病似的是一种时尚。诗人济慈这样描述那个年代的美女："牛奶一样白的绵羊，正寻求着男人的保护。"

莉莲（Lillian Russell），19世纪90年代的运动型"吉卜森少女"，代表撩人而精力旺盛的女性；20世纪20年代的克拉拉·鲍（Clara Bow），代表着小巧而像男孩的女性。[139]

在19世纪的大部分时间里，美国女性追求的理想腰围都是18英寸，因此不得不通过紧身胸衣来将自己绑得很紧很紧，以至于引起头疼、昏厥甚至子宫和脊椎骨疾病。现代女性不用忍受紧身胸衣带来的痛苦，却仍要承受一些痛苦，比如高跟鞋、割眼皮、吸脂等。除了将大量的钱花在化妆品、衣着、健康以及时尚杂志上，这些行为还提醒我们——不管是对是错——努力满足现代美丽标准的现象依旧一直存在着。

贝纳通这则广告告诉我们，对美丽标准的一个全球化的视角是，人们对美有不同的理解。

随着时间的改变，西方女性理想的体形不断地发生着变化，这些变化导致身体三围比例的重新调整。20世纪90年代，纤瘦身材的出现引起了争议，很多成功的模特（最出名的是凯特·莫斯）都倾向于装扮得像男孩一样。美国小姐冠军通过身高和体重优势脱颖而出，然而营养专家推断，这些选美冠军都营养不良。在20世纪20年代，选手们的人体重量指数在正常范围之内，即20～25之间。从那以后，越来越多获胜者的人体重量指数都低于18.5，这是世界卫生组织对营养不良设定的一个标准。[140]相似的是，一项研究表明，自从玛丽莲·梦露以37—23—36的撩人的漏斗状身材登上《花花公子》杂志以来，55年来，该杂志插图中女性变得越来越瘦并且更加中性化。然而，一本杂志发言人评论道："随着时间的流逝，女性变得越来越运动，参与的商业活动、政治活动越来越多，她们的身体在逐渐变化，我们也在不断地反映着这些变化。"[141]

导致这种变化的其中一种因素是过多地使用了过瘦的模特，因为这些模特无形中鼓励人们为了美丽而节食。[142]这些群体引起人们抵制像卡尔文·克莱恩和可口可乐这样的公司，因为这些公司用非常瘦的模特来做广告。一些反对者甚至在这些广告上写上："喂喂这个女的"或者"给我一个奶酪汉堡"。

我们也可以通过面部特征、肌肉和发型作为区分美丽与否的标准。事实上，一份最近的调研要求人们对男性的外貌做出评价，结果表明，男性美丽的主要标准是具有很强的男子气概并且肌肉发达——尽管女性倾向于选择肌肉较少的，然而男性自己却希望能拥有更多肌肉。[143]广告商似乎在头脑中对男性之美有一定的标准——一项针对广告中男性外貌的研究发现，大部分男性形象都拥有强壮而肌肉发达的体魄。[144]

男性对身体的感知像女性一样在一点点地加强。一些厂商正在为男人引入弹力牛仔裤，这在几年前是不可能的。也有一些新的类型出现，比如设计师设计的女性化牛仔裤：低腰、有弹性、磨白，将后面的口袋向下移几英寸，从而使梨形身材穿着者显得体形更好，紧身弹力牛仔裤"Bumix"因性感的裤裆而显得很特别。[145]

改善体形

由于许多消费者被鼓励努力去达到外貌的一些理想的标准，他们常常竭尽全力去改变他们身体的一些部位。从化妆品到美容手术，从晒肤沙龙到喝减肥茶，各种各样的产品和服务指导着人们改变或者维持身体的某些方面，以使自己呈现出令人满意的外貌。对身体的自我概念（消费者渴望使自己变得更美）对于许多商业活动的重要性不言而喻。

肥胖歧视

正如这句话所言："你决不能太瘦或者太肥。"我们的社会对体重有这样的一个要求。即使是中学生也都说他们宁可残疾也不能被嘲笑。[146] 由于广告模特和同伴们的身材特征，保持苗条的压力变得越来越大。尤其是美国人，他们对自己的体重非常关注。我们也在不断受到那些苗条而开心的人们的冲击。一项关于 12～19 岁女孩的调查显示，55％的女孩表示她们总是在看广告，正是这些广告使得她们不断地想要坚持减肥。[147]

美国人受身材过于肥胖困扰的现象世界闻名，因而减肥压力在蔓延。例如，在传统的斐济文化中，女性的理想身材是健康的。如果一个斐济女性体重下降，人们会考虑她也许是生病了。当电视剧如《飞越情海》和《比弗利山庄 90210》中开始出现一些很瘦的演员时，十几岁的小女孩们便开始出现饮食紊乱。她们想要让自己看起来像明星，比如像海瑟·洛克莱尔（Heather Locklear）。[148] 在英国，瘦身速食目前很流行：英国女性在欧洲海岸线上属于比较丰腴的。英国拥有欧洲最高的肥胖率，15 岁青少年中近五分之一都过于肥胖。一些公司正在通过广告鼓励英国女性减肥，比如在面对广告中呈现的比自己瘦的来自于其他国家如法国、西班牙和瑞士的女士时，英国女性会感觉不好意思。在一个瘦身速食广告中，一个法国模特说："我喜欢英国女人，因为她们使我看起来更美。"[149]

这些外貌标准有多切实可行呢？美国女性的平均身高和体重是 5 英尺 4 英寸和 142 磅，而模特的平均身高和体重是 5 英尺 9 英寸和 110 磅。[150] 时尚玩偶，比如芭比娃娃则强化了人们瘦的观念。相比平均女性的身材，这些玩偶的身材通常显得偏长且偏瘦，三围通常是 38—18—34。[151] 1998 年，美泰公司对芭比娃娃进行了整形手术，使她胸部不那么凸显，臀部更小。[152] 即使是新晋模特，也想拥有更宽的臀部、更小的胸部，显得更加运动，更加自然。[153]

许多消费者仍然专注于获得不切实际的理想体重。有时他们通过身高体重表来督促自己，这些表格由保险公司编写，上面写明了一个人的标准体重。这些表格常常都是过时的，因为它们并没有考虑到现代人的体形总体偏大，也没有考虑到其他的一些因素比如肌肉、年龄，或者活动水平。[154] 事实上，大都会人寿保险公司根据这些现实的因素，对这些表格进行了修订。确实，只有 12％的黑人和 21％的白人（43％是西班牙裔）的体重在合适的范围之内。[155] 美国女性相信理想的尺码应该是 7，这是不现实的目标。[156] 即使那些身体处于最佳状态的女性仍希望自己的体重能再轻 8 磅。[157]

一场关于体重的争论引起了人们关于健康和苗条的讨论。旧金山一个有氧运动教练被"爵士健美操"以身体显得不够健康为由拒绝聘用，因此该教练控告"爵士健美操"并获胜。这个案例在国际上产生了很大的影响。这是首个违反了旧金山《肥胖与矮小法》的案子，这个法案有利于防止人们对身高和体重的歧视。研究表明，即使一个人不苗条，他也能显得很健康。[158]

然而人们仍然坚持认为"苗条更佳"，尤其是当苗条与时尚挂钩时。一项研究表明，大学生宁愿拥有平均的体重，去追求时尚，也不愿意过于肥胖。几乎 93％的人认为相比肥胖的人，身材苗条的或者平均体重的个体将可能更追求时尚。[159]

身高歧视

与肥胖歧视相似，有些人对于个头稍矮的人存在偏见，这会给身材矮小者带来一定的伤害，使他们不那么理性。低于 5 英尺 5 英寸的男性通常被认为不成功、男子气概较弱，甚至他们自己都显得很消极。西方理想男性的身高是 6 英尺 2 英寸，并且身高和地位的关系已融入我们的语言：尊重某人即"敬仰"。研究发现，个高的男性比个矮的男性在方方面面更容易成功：如在政治、经济、专业地位、工作和收入上，甚至在性生活上。[160] 与体重问题不同，面对身高问题，我们除了穿增高鞋以外，无能为力。

多元文化维度

一项对9万名暴食症和神经性厌食症青少年的调研发现，阿根廷大约有十分之一14～18岁的女孩饮食失调。[161]这项研究的对象是来自欧洲、亚洲、拉丁美洲和非洲20个国家（美国除外）的女高中生和女大学生。研究结果表明，女孩饮食失调现象阿根廷与印度并列第二，在这两个国家中，29%的女孩饮食失调。在中国只有4%的女孩饮食失调。日本位居各国之首，多达35%的人有饮食失调症状。

健康专家认为，阿根廷饮食和化妆品行业大肆的宣传对青少年的心理产生了很大的影响，对服装行业同样也带来了影响。阿根廷国会通过了一个议案，要求服装行业生产时必须严格按照具体的尺码来制作衣服，而不能随意地按小、中、大号。这种按小、中、大号生产的服装各个品牌尺码不同，与国际尺码标准也不同。当一件的中号衣服只能给8岁孩子穿，大号衣服青少年穿着不合适时，他们就会认为自己太胖了。

什么时候瘦不太受欢迎？

近日，人们被T台模特的形象所震惊：她们瘦得肋骨突出、膝盖和胳膊肘看似比大腿还要粗。人们并不认为这种虚弱的外表看起来很有女人味，很有魅力。似乎设计师们在用一种新的观念引导渴望出镜的模特们不健康的、有潜在生命危险的行为。然而设计师们仍然存在这样的观念，即谁的身材更苗条，谁将更加有机会出境。[162]这个行业确实需要被敲敲警钟了，乌拉圭模特露西尔·拉莫斯（Luisel Ramos）由于减肥过度，在一次走完T台后死于心脏病。据报道，她连续好几天没有吃东西，连续数月以生菜和无糖苏打饼干为食。年仅21岁的巴西模特安娜·卡萝琳娜·瑞斯顿（Ana Carolina Reston）死于厌食症后，时装周要求模特必须16岁以上，且需要达到良好的健康标准。[163]

其他一些时尚公司的董事会也已经修改了模特的标准条例。马德里2006年时尚周废除了要求模特保持很瘦的无理要求，组织者表示他们想要强调美丽而健康的形象。马德里人体体重指数标准为至少18——根据体重和身高衡量身体的肥胖程度。世界卫生组织认为这仍低于正常标准（18.5～25是正常标准）。但是对平均水平徘徊在14～16间的模特来说，这要求还算偏高的。[164]美国时尚设计理事会（CFDA）的新规定中并不包含这样的限定，除了年龄和工作准则外，它强调要教育模特们注意健康饮食，以防出现饮食失调。[165]

身体意象歪曲

尽管许多人感觉自尊和外貌之间有很强的联系，一些消费者仍然夸大了这种联系并竭尽全力以拥有理想的身材。相比男性，女性在更大程度上被告知身材的好坏反映了她们的自我价值，所以对自己身体意象歪曲的现象大部分发生在女性身上不足为奇。

男性在评价自己的身材时并没有出现分歧，他们所认为的最具有吸引力的体形与实际的身体状况是一致的。相反，女性在评价中却出现不一致，即她们所认为的吸引男性的理想身材比实际的身材瘦得多。[166]在一项调研中，三分之二的大学女生承认曾采取不健康的方式来控制体重。广告中传达的苗条形象通过唤起对体重的不安全感，强化了人们的不健康减肥行为。[167]

身体意象歪曲与饮食失调有很大的相关性，这在年轻女性中尤其普遍。有厌食症的人认为自己太胖了，因而为了追求瘦而让自己忍受饥饿。这常常导致饮食失常，包括两个阶段：首先是大吃大喝，继而引起呕吐、泻剂滥用、禁食，以及/或者过度锻炼——这个“泻”的过程强化了女性减肥的意识。

饮食失调很大程度上影响了女性，同样也影响了男性。尤其是一些男性运动员如骑师、拳击手和男模，他们为了达到各种体重要求而出现饮食失调的现象也很普遍。[168]大体而言，大部分男性之所以出现身体意象歪曲现象是因为自己体重太轻，而不是过重：社会要求他们必须肌肉发达以使自己显得很有男子气概。在身体方面，男人比女人更没有安全感，因而他们不断地诉诸锻炼。事实上，男性不加节制的运动和女性厌食症如出一辙。

与女性一样，男性也许也受大众媒体和产品宣传的形象影响，因而不断地追求不切实际的体形。想一想，如果GI. Joe的玩偶按比例变成一个

5英尺10英寸高的真人，他将拥有32英寸的腰围、44英寸的胸围和12英寸的上臂围。那么蝙蝠侠的体形是怎样的呢？如果这个英雄变成真人，他的腰围将是30英寸、胸围将是57英寸、上臂围将是27英寸。[169]

整形手术

越来越多的消费者正通过整形手术来改变自己身体意象中不满意的部位。[170]从两个电视节目的广受欢迎程度可见整形日渐为人们接受：《Nip/Tuck》——关于有抱负的两个迈阿密外科整形医生的话剧，《极端美容》——美国广播公司的系列外科整形真人秀节目。人们不再觉得进行整形手术有什么不好意思的，这在许多消费者看来是很正常的，是可以接受的。进行整形手术的并非仅仅限于女性，现在，来整形的人中大约有20%是男性，他们中大部分人做的是抽脂手术。通常人们还会做的手术主要有隆胸，甚至将大腿肌肉植入瘦弱的小腿中。[171]一些人开始争论男性整形和女性整形的区别，男性整形是由于体形不佳带来的不安全感和由此造成的困扰。而女性这种不安全感来源于理想身体形象与真实身体状况的不一致。[172]

一些女性感觉胸部丰满可以提高魅力，于是不惜代价进行隆胸手术。在美国一些比较传统的地方，比如"阳光地带"，隆胸手术现象也很普遍。[173]这样的手术由于潜在的危害引起一定的争议，人们现在还不确定，由此引发的一系列医疗问题会不会阻止女性通过手术以提高女性气质。内衣公司一直在强调胸部大小对自尊的重要性。在欧洲和美国，戈萨德和哺儿适都不赞成通过手术整形。它们极力推广一种用金属丝和内垫做成的有增大胸部效果的内衣。尽管一些女权主义者反对，其销量却随着人们对理想身材的追求而不断上涨。

多元文化维度

整形手术常常将人们塑造成符合美丽标准的样子，比如像美女格蕾丝·凯丽和凯瑟琳·赫本。整形手术中运用的美的标准被称作经典，它详细地说明了美丽的面部特征。例如，鼻子底部的宽度应该与眼睛间的宽度一致。

然而，这个应用于白种人的理想的美丽标准正在被修改，因为许多来自其他道德标准文化背景下的人们依据的是其所在文化对美的定义：人的身体部位不应该是僵硬的。一些消费者反对遵从西方的审美标准来整形。例如，圆脸被许多亚洲人认为很美。

一些专做非裔美国人整形手术的专家正在试着改变美的标准。例如，他们认为相比白种人的鼻子，美丽的非裔美国人的鼻子更短，并且有一个圆圆的凸起。医生们正在努力使整形标准多样化，以更好地反映不同文化中美丽的多样性。[174]

种族不同，美丽的标准也不同，这也体现在一项关于青少年的研究中。白人女孩认为，美丽女孩的身高应该是5英尺7英寸，体重应该是100～110磅之间，并且拥有蓝色的眼睛和飘逸的长发——换句话说，美丽女孩应该长得像芭比娃娃一样。在这项调研中，几乎90%的女孩表示对自己的体重不满意。

相反，研究发现，70%的黑人女孩对自己的体重很满意。她们不太倾向于用身体特征方面的词来描述理想女孩的样子，相反，更愿意强调某人的个性特征或者与人相处的情况。只有当必须用身体特征方面的词来描述时，她们才会指出厚厚的嘴唇、结实的大腿和细细的腰围，这些特征恰恰是黑人美女的特征。[175]

身体装扮与致残

在每种文化中，人们都会通过一些方式来装扮或者改变身体。许多美国十几岁和二十来岁的青少年是形成新的亚文化圈的一部分："探索时尚与致残，设计和破坏，选择与被迫。"对于一些人来说，痛苦是有吸引力的一部分，对于大部分人来说，它也是自我定义、自我发现的一部分。[176]近年来，装扮自我主要有以下目的[177]：

- 为了区分团队成员与非团队成员：北美的奇努克人用两块板夹着一个新生儿的头以使之改变形状。在我们的社会中，年轻人做特别的发型、穿不同的衣服正是为了使自己与其他成年人区分开来。
- 为了使个体置身于社会组织之中：许多文化中都有成人仪式，即标志着孩子从青春期进入了成年阶段。加纳的年轻人在自己身上涂画白色条纹，看起来就像骨骼，象征着孩子阶段的结束。在西方文化中，有些地方通过轻微的自我损伤或者进行一些危险活动来迎接成人阶段的到来。

● 为了将个人融于性别类型中：南美的Tchikrin人将一串珠子塞入男孩的嘴唇中以使嘴唇变大。西方女性通过涂抹口红使自己更具女人味。在20世纪早期，薄薄的嘴唇显得很时尚，因为这代表了那个时代女性的顺从。[178]而现代，厚厚的、红红的嘴唇则显得更美丽并暗示了性。有些女性，包括一些著名的演员和模特，通过注入胶原蛋白等方式使嘴唇变厚、变得噘起（模特行业认为这样更性感）。[179]

● 为了提高性别角色的可识别性：高跟鞋（足科医生认为穿高跟鞋是引起膝盖和臀部问题、背疼、疲劳等的主要原因）被认为有和传统缠小脚一样的效果，都可以让女性显得更具有女人味。正如一位医生所观察到的，女性到家后不能很快地脱掉高跟鞋。但是不管所有医生怎样呼吁都不能使高跟鞋终结，女性将会继续穿着它们，直到世界末日。[180]

身上打孔或者文身成为年轻人表达自我的一种方式。

● 为了彰显期望的社会行为：南美的Suya人通过戴耳饰来强调在他们文化中倾听和顺从的重要性。在西方社会中，一些男同性恋也通过戴一只耳环来表示他们在关系中的角色，比如戴在左边或右边分别表示顺从方或者主导方。

● 为了彰显高地位或高层次：北美Hidates人通过戴羽毛来表示他们所杀的人数。在我们的社会中，一些人视力并没有问题却戴着眼镜，只是为了提高自己的地位。

● 为了满足安全感：消费者常常戴着幸运链、护身符、兔脚等保护自己不受“邪恶之眼”所害。一些时尚女性在脖子上戴着“泽鳄哨子”同样也是出于这个原因。

文身

不管是短期还是长期的文身，都是一种身体装扮的流行方式。近日更多的女性通过文身使自己显得更加时尚。这种身体艺术形式被认为是自我表达的一种方式。近日，中年女性流行文身以纪念某些特别的里程碑性的事件，比如生日、离婚或开始空巢。[181]一个健康研究表明，有些青春期的孩子去文身只是为了“成为自己，并不想表达其他意思”。[182]正如原始文化中的一些身体艺术一样，文身也起到了一些其他的作用。文身（来源于大溪地语“ta-tu”）深深地根植于民族艺术中。直到现在，一些形象也还是很原始，要么是死亡象征（比如骷髅）、动物（尤其是美洲豹、鹰和蛇）、美女图片，要么是军用设计。最近主要的影响包括科幻小说主题以及部落标志。

文身，尤其是很容易被洗去的短期的文身，可能被认为是一种无风险的表达勇敢的方式。文身有很长的历史，曾经是社会流放者的标志。例如，在6世纪的日本，罪犯的脸和手臂都被刺上文身以利于辨认。19世纪的马萨诸塞州监狱和20世纪的集中营都使用了这样的方式。一些小组织，比如自行车队或日本的黑帮（yakuze），通过文身来表明身份和团结。

然而，文身和身体穿孔（通常是相通的），都跨越到了流行文化中，普遍为年轻人所接受。一项新近的调查发现，18～29岁的人有15%既有文身也有穿孔。公众将这种行为视作“叛逆”和“实验性的”。大部分人认为文身和身体艺术是令人恶心的。文身和身体穿孔不适合所有人。[183]

身体穿孔

即用各种金属环装扮自己的身体从而使自己显得更加时尚。身体穿孔起源于 1993 年“史密斯飞船”的 MV《哭喊》，其中，艾丽西亚·西尔维斯通肚子上穿了一个孔并文身。[184] 穿孔有许多不同种类，比如在肚皮或头皮（以便将铁环插入头颅）上穿孔，戴上铁环（在家里千万不要尝试）。像《身体穿孔迷国际季刊》（*Piercing Fans International Quarterly*）这样的杂志销量猛涨，关于身体艺术的网络点击量也在不断上升；然而这些流行常常来得快去得也快。这种流行并没有让这些穿孔发烧友觉得很开心，因为在他们看来这是一种仪式，人们这样做也仅仅是由于它现在流行。一个消费者在等待乳头穿孔时说：“如果你穿孔没有任何意义，那就相当于买了一双平底鞋。”[185]

本章概览

● 消费者的自我概念是他们对待自己的态度的反应。这些态度是消极还是积极，将引导他们做出购买决策。产品可以用来增强自尊或者激励自我。

● 衣着和时尚被某些人用作表达积极自尊的一种方式，被另一些人用作战胜自卑的方式。

● 许多产品的购买是由于消费者感知到自己的个性和产品的特征之间存在着相似处。符号互动理论者对自我的感知表明，事实上，我们每个人都拥有许多自我，不同的东西反映并支撑着其中某个自我。许多东西（除了身体）可以被认为是自我的一部分。有价值的东西、衣着、轿车、房子，甚至是球队纪念品或者国家纪念碑被注入延伸的自我中时，都可以用来定义自我。

● 个人的性别角色是自我定义的主要成分。男性气质和女性气质的观念主要是在特定的社会中形成的，引导着性别类型产品和服务的获得。

● 媒体在将消费者社会化为男性和女性时起到了重要作用。传统的女性角色一直在广告中存在着，显示出女性扮演了不同的角色。然而媒体对男性的描述并不十分准确。

● 一个人对自己身体的感知同样可以体现出他的自我形象。每种文化中孕育着不同的美的标准，消费者也在竭尽全力地去追求它。除了通过时尚消费满足这些完美标准，许多消费者还通过节食、整形手术、穿孔或者文身等方式实现美丽。

● 有时，当人们试图达到这些文化理想时，做得有些过了。很普遍的一个现象就是饮食失调，特别是女性，为了使自己变得苗条可能会出现这种情况。

● 身体装扮/致残能够使个体区别于群体，可以用来标志个体在一个社会组织或性别范畴中的地位或层级（比如同性恋），甚至带来安全感或者好运。

关键词

自我概念	自我意象整合	身体关注	理想自我
模特	完美形象	真实自我	延伸自我
男子气概	幻想	都市美男	符号互动理论
魅力超男	镜像自我	性别类型特征	身体意象

问题讨论

1. 自我概念跟消费者购买衣服有怎样的关系？在镜子前整理衣服的行为是否会影响人们的购买决策？为什么？

2. 市场营销者鼓励人们迷恋自我的行为道德吗？

3. 列出自我概念的六大元素。

4. 比较真实的自我和理想的自我。在购买某些时尚产品时。自我类型可以作为一个参考点，请列出三种这样的时尚产品。

5. 观看电视广告中男性和女性的特点，并努力想象当角色互换（即男性扮演的部分由女性来扮演）时的情况。你觉得在性别类型行为中有什么区别？

6. 迄今为止，大量针对同性恋的广告出现在同性恋媒体中。如果你是决策者，你会考虑通过主流媒体投放这些广告吗？有些同性恋者强烈反对同性恋广告只出现在同性恋杂志上的做法，他们说：难道同性恋者就要被市场单独分离出来么？

7. 你同意市场策略具有男性主导倾向吗？如果是这样的话，可能导致的结果是什么？如果可以的话，你将怎样改变这种情况？

8. 在过去，一些市场营销者不太愿意让残疾人来做广告，因为担心他们做的广告会显得有些压抑。残疾人应该被人们认为是一种市场的一部分吗？市场营销人员应不应该继续认为他们的需求与主流大众的需求是一致的？什么公司在衣服广告中描绘了残疾人？

9. 编写朋友或家庭成员的消费记录。列个单子或者拍下他们最喜欢的东西，看看你能不能仅仅通过被提供的信息描绘这个人的特征。

10. 一些消费者反对广告中出现超级瘦的模特，因为这些模特鼓励了人们为了苗条而忍受饥饿。有批判家回应道，媒体塑造人们行为的作用被夸大了，认为人们无法区分幻想与现实，这本来就是对人们的一种侮辱。你是怎么认为的？

11. 分析许多时尚杂志或其他类型的杂志（比如家庭、男人、运动等等）中的广告。数一数，比较超瘦女模特和普通身材的女性、肌肉发达的男模和普通身材的男性的数量。

12. 采访盗窃被害者，或者那些在洪水、飓风或其他自然灾害中失去个人物品的人。他们将怎样做以重建家园？这些损失给他们带来了怎样的影响？

13. 找出自尊广告的例子。评价这些呼吁的可能的效果。奉承能让你无所不能，这是真的吗？

第6章

基于人口学特征的亚文化：年龄、种族、民族

这已经是暑假的最后一周了，布兰登一直期待着返校。这是一个艰难的暑假。他陷入了找工作的困境中，似乎与朋友们失去了联系——他和妈妈处得也不怎么好。跟往常一样，布兰登扑通一下坐在沙发上，随意地切换着频道——从MTV的明星配对到娱乐与体育节目电视网（ES-PN）的索尼沙滩排球锦标赛，又调回到MTV……突然，妈妈走进来，拿走遥控器，调到公共电视台。这是伍德斯托克音乐节的纪录片（可以追溯到1969年）。布兰登有些生气："拜托，杰克，别这样……"妈妈厉声叫道："你在大学到底都学了些什么？你怎么可以叫我的姓氏？我是绝对不可能直呼爸爸妈妈的姓氏的！"

布兰登感觉非常迷茫。他已经厌烦了听伍德斯托克、伯克利以及其他20多个地方的"光辉的过去"，他对此一点兴趣也没有。除此之外，妈妈的大部分嬉皮士朋友一直在他们曾经反对的大公司

工作——他们一直在念叨要他去做些有意义的事，过有意义的生活。由于经济很不景气，布兰登明年拿到毕业证时要是能找到任何一份工作就算是很幸运的了。

布兰登挺反感，钻进自己的房间，戴上耳机，蒙上头听着音乐。这有什么区别呢？不管怎样——当他毕业的时候，他们很有可能都要死于"温室效应"。

消费者的生活方式受到他们所在社会群体的影响。这些群体被称作亚文化群，他们拥有共同的信念，有相似的经历，这些将他们与其他人区别开来。亚文化群内成员的关系对消费者行为有很大的影响作用，一些亚文化特征比其他因素更有力。在本章中，我们将讨论年龄、种族和民族特征这几个影响消费者自我观念的重要因素。

年龄和消费者的个性

消费者出生的时代使他（她）与百万同龄人形成了一种自然的文化联结。随着我们渐渐长大，我们的需要和爱好也在慢慢改变，并逐渐与同龄人相一致。因此，消费者的年龄是个性的重要影响因素之一。当其他条件一样时，我们在购买东西时，更倾向于做出与同龄人一样的购买决策，很少与比我们小或比我们大的人决策一致。而且，布兰登发现，当一代人的行为或目标与上一代人出现冲突的时候，年轻一代的个性可能会更加突出。

市场营销者需要用目标群体所特有的语言与他们进行沟通。牛仔裤成功地被卖给了码头工人、"婴儿潮"时期出生的人，销量一直很好，但最近出现下滑。李维斯指出如何才能开拓青少年市场：公司赞助音乐会，从而引起年轻人的注意。相似地，奢侈品商店也在通过独特的商品搭配吸引年轻购买者（从青少年到30岁的人），他们逐渐成为主要市场目标。一些零售商发现，相比"婴儿潮"时期出生的人，年轻人更可能购买奢侈品。例如，波道夫·古德曼（Bergdorf Goodman）的五层新开了一家帕尼尼酒吧，里面播放着很悠闲、轻松的音乐，主要的顾客对象是年轻人。内曼·马库斯引入了顶端设计观念，这种观念很适合X代人（那些三十来岁的人），那儿卖一些高级设计师的作品，比如克洛伊手提包，也有较便宜但新潮的东西，比如J牌牛仔裤。年轻一代更加看重新潮而不是品牌的忠诚度，因此奢侈品就应该制作得更加有创意，而不应该仅仅卖传统产品。[1]在这一部分，我们将一起探索不同年龄群体的不同特点，考虑怎样改变市场策略以吸引各种年龄的亚文化群。

同龄人："我们这一代"

同龄人是指那些年龄相仿、拥有相似经历的人。他们拥有共同的记忆，约翰·韦恩和布拉德·皮特是他们都知道的文化英雄，第二次世界大战和2001年美国遭恐怖袭击是他们都了解的历史事件，诸如此类。尽管没有一个共同的标准将我们每个人分入某代人，但我们每个人似乎都清晰地知道"我们这一代"是什么意思。图6—1列出了一些定义每一代人的理由。

大萧条 & 第二次世界大战时期
（GI 代）
生于 1925 年前
年龄（2010）：超过 85 岁
人口百分比：2%，600 万人
金钱观：存钱，以备不时之需
最喜欢的音乐：大乐队、摇摆曲
代表人物：罗纳德·里根、凯瑟琳·赫本

出生于大萧条时期的人们有时仍会害怕——尤其是涉及经济方面的事情时，比如花钱、节省或者债务。大萧条时期也首次受到当时的媒体比如收音机和电影的影响。“国家证券发行”（GI）是第二次世界大战期间的一种分配方式，这是当时最具影响力的事件。他们认为自己应当享受社会安全和政府福利。休闲服和全国性品牌很重要，名牌商标并不重要。

战后时期
（沉默的一代）
生于 1926—1945 年
年龄（2010）：65～84 岁
人口百分比：11%，3 400 万人
金钱观：多存，少花
最喜欢的音乐：弗兰克·西纳特拉
代表人物：乔治·布什、杰克·尼科尔森

战时出生的孩子受益于战后长期的经济增长和社会的平静。但是全球的动荡和核战争的威胁使人们不得不担忧。他们之中最小的又被称作“冷酷的一代”，他们首次接触民谣摇滚。物美价廉是很重要的。他们希望衣服不是很贵，却也能穿很久。

“婴儿潮” Ⅰ
（伍德斯托克一代）
出生于 1946—1955 年
年龄（2010）：55～64 岁
人口百分比：12%，3 600 万人
金钱观：花钱、借钱、花钱
最喜欢的音乐：摇滚、汽车城、披头士
代表人物：比尔·克林顿、哈里森·福特

越南战争爆发。肯尼迪总统遭暗杀标志着现状的终结，这激励着那一代人。早期出生的人仍然享受着美好时光，至少过着与前辈们一样的生活。小的时候，他们创造了 20 世纪 60 年代的青年文化。20 世纪 60 年代，他们穿着李维斯；70 年代，他们跳着迪斯科；80 年代，他们用着名牌产品。休闲李维斯就是为他们而生产的。

“婴儿潮” Ⅱ
（“放大镜”一代）
出生于 1956—1965 年
年龄（2010）：45～54 岁
人口百分比：15%，4 500 万人
金钱观：花钱、借钱、花钱
最喜欢的音乐：摇滚、埃尔顿·约翰、U2
代表人物：汤姆·汉克斯、肯尼迪

“水门事件”后，一切都改变了。年轻人的理想主义热忱消失了，取而代之的是自恋情结。他们发起了一项自助运动。在这个不景气的时代，债务用来作为维持生活的一种方式是可行的。衣服品牌很重要，但是这个品牌更应该拥有特别而时髦的意义。

X 一代
（生育低谷一代）
出生于 1966—1975 年
年龄：35～44 岁
人口百分比：13%，4 100 万人
金钱观：花钱？存钱？
最喜欢的音乐：说唱乐、“猫头鹰与河豚”乐队
代表人物：麦当娜、汤姆·克鲁斯

图 6—1　同龄人

一些人认为，那些懒惰的人没有什么可以抓住；他们也许是被人们误解最深、最复杂的。离婚家庭的孩子过着脖挂钥匙和日间托管的生活，他们正在探寻一种固定的生活方式：舞会、聚会以及联谊会等。他们的政治保守主义受“我怎么从中受益”的犬儒主义的激发。当这一代人对上一代人叛逆时，品牌也并不重要。他们反对惯例，创造了一种时尚。

Y一代

（网络族）

出生于1976—1985年

年龄（2010）：25～34岁

人口百分比：13%，4 100万人

金钱观：乐观的和体验性的

最喜欢的音乐：后街男孩、布兰妮·斯皮尔斯

代表人物：威廉王子

这一代人生活在一个前所未有的经济发展时代。他们没有受到战争或者军事冲突的影响。这些人享受高科技所带来的便利，他们身边有各种高科技产品，比如互动玩具、语音学习系统、录像技术、有线电视和网络。Y一代人已经拥有他们自己的信用卡和网上账户。他们喜欢购物，熟悉各种名牌和时尚，但是也质疑传统市场。迪莉娅和美国鹰派服装很受这个群体欢迎。

Z一代

出生于1986—1995年

年龄（2010）：15～24岁

人口百分比：14%，4 300万人

这一代人伴随着互联网、MySpace、Facebook、YouTube和社会网络成长起来。他们使用iPod和手机进行交流，而不是电子邮箱，他们身兼数职。他们不迷信他人，也不愿意或者不欣赏有攻击性的、无礼的广告。营销者必须要展示产品与他们的生活相关的那一面。

？一代

出生于1996—2010年

年龄（2010）：0～14岁

这个群体还没有一个昵称，但由于他们与Z一代人一样，都是伴随着网络和科技成长起来的，因此他们与Z一代人有一定的相似处。在发展中国家，即使穷人家的孩子也能拥有一台便宜的电脑并连上网，从而联结到一个虽小却广阔的世界。

图6—1 同龄人（续）

资料来源：Adapted from “Generation Cohorts，” *Fortune*（June 26，1995）：110，updated with U. S. Census projections.

尽管许多服装公司声明，服装设计是根据某一特定的理念，而不是针对某个年龄层次的群体，但时尚营销人员常常将产品和服务定位于某个或者更多特定年龄层次的人。正如图6—2所示，尽管中年人赚钱最多，其他年龄层次群体却仍有很大的市场潜力。市场营销人员认识到，同样的产品（服务）、同一种语言风格或形象难以吸引不同年龄层次的人。在一些案例中，不同的促销活动将会吸引不同年龄层次的消费者。例如，定位于13岁到16岁消费者的美国鹰派服装店最近新开了一家马丁奥萨，这家店主要定位在25～40岁的消费者，服装风格为运动风格。盖普开创了第四个品牌福斯汤尼（尽管它并不成功）。阿贝克隆比&费奇新创了“吕尔”子品牌，目标群体是22～30岁的群体，这些人穿着随意，喜欢穿羊毛衫，佩戴装饰品。Y代人定位于后大学时代消费者，当他们开始工作时，他们将追求复杂而潮流的东西。[2]

怀旧的吸引力

同一个年龄段的消费者将同时经历重要的人生转变，所以曾经吸引他们的价值和象征物能唤起他们很强烈的怀旧感。三十多岁的成年人更容易有怀旧情绪。[3]当然，年轻人和老人也都会受到过去记忆的影响。事实上，研究表明，不管是哪个年龄层都有一些人更容易有怀旧之情。怀旧量表测量了怀旧情绪对消费者的影响，如表6—1所示。

产品的销量受到品牌的影响，也和消费者的记忆、经验关系紧密，尤其是那些与消费者童年或青少年记忆、经历有关的产品。许多广告使用经典怀旧歌曲，唤起消费者的集体记忆。看似古老的东西，在新一代人的发掘下可能成为一种新时尚。盖普将20世纪40年代的摇摆音乐、20世纪60年代音乐剧《城西故事》的音乐和当代青少年舞蹈相结合，成功地策划了一个广告。近日，盖普公司还在黑色紧身裤的广告中，加入了奥黛丽·赫本经典的

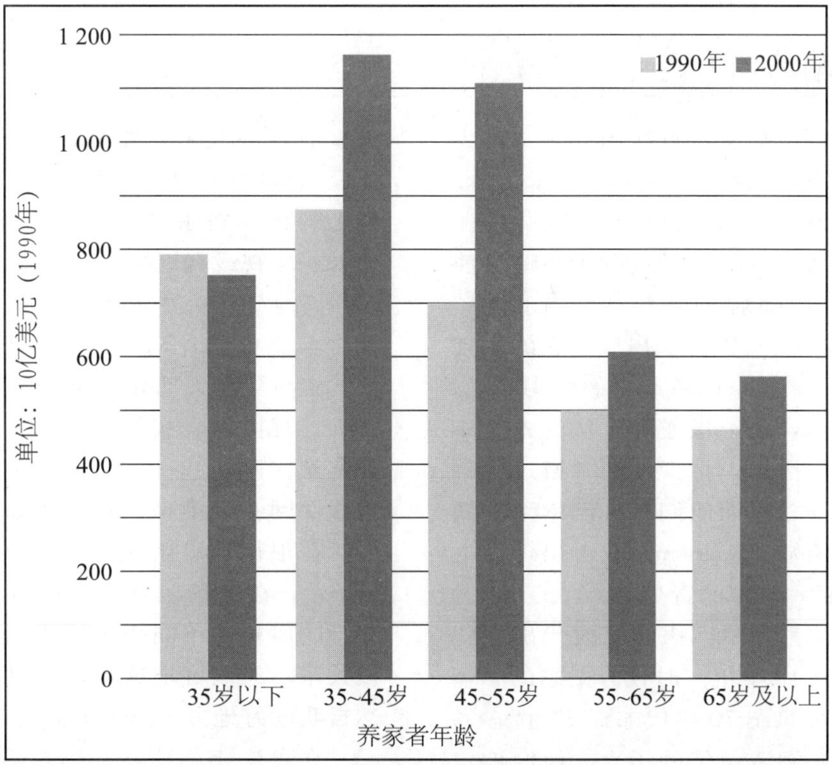

图 6—2　不同年龄阶段的家庭收入

舞蹈镜头；同样，华纳在广告中加入了玛丽莲·梦露，而碧碧（Bebe）引入了 20 世纪 30 年代的即席伴奏。这都是通过消费者过去的记忆来吸引不止一代消费者。这种方式也被称作多代市场营销策略。

表 6—1　怀旧量表

- 它们做得跟原先那种不一样了。
- 过去似乎总是更加美好。
- 产品做得越来越假。
- 科技进步将使未来更加美好（反向计分）。
- 人类的福利待遇将稳步提高（反向计分）。
- 我们的生活质量在下降。
- GNP 的稳步上升提高了人们的幸福感（反向计分）。
- 现代商业不断地创造着美好的明天（反向计分）。

资料来源：Morris B. Holbrook and Robert M. Schindler，"Age，Sex，and Attitude toward the Past as Predictors of Consumers'Aesthetic Tastes for Cultural Products，" *Journal of Marketing Research* 31（August 1994）：416. Reprinted by permission of the American Marketing Association.

Fossil 的产品设计唤起人们对早期经典形象的记忆。

年轻人的市场

1956年，在美国辞典里，首次出现了“青少年”的称呼，弗兰基组合（Frankie Lymon and the Teenagers）成为首个标榜青少年亚文化的流行乐队。每个人都从儿童阶段经过青少年期过渡到成人阶段（常常伴随着一些仪式）。《17岁》（*Seventeem*）杂志于1944年首次出版，它的出现是因为年轻女孩并不希望自己看起来像妈妈那样。第二次世界大战以后，关于叛逆和服从的青少年戏剧开始流行起来。今天，青少年经常通过各种行为表达自己的叛逆，比如他们有自己崇拜的偶像：嘻哈明星艾米纳姆（Eminem）或者出现在电视脱口秀中的迷茫的、忧郁的青少年。

现在的青少年被称作“回声潮”时代出生的人（该词首次出现于1995年《时代》杂志的一篇文章中，指出生于20世纪70年代末到20世纪90年代，为美国“婴儿潮”一代的子女，他们被定位为电脑时代种族多元化的子女）、跨世纪的一代、Y一代。他们出生并成长在高科技发达的时代，因此他们可以获取无限的知识。他们生活的时代经济空前繁荣，每年用于购买产品或服务的花费超过1 750亿美元。零售商认为，Y一代最具有吸引力，是充满机会的一代，因此蒙哥马利证券一则报道标题为“青少年的‘美元’威力：从李维斯到唇彩”。[4]有些人认为，这一代人对时尚着迷；青少年，尤其是女孩，他们为了时尚不惜付出大量金钱。营销人员看到了青少年需求，而且了解青少年女性怎样想，她们有怎样的期待，她们到底想要什么。事实上，正是这个“什么”是非常重要的。简·白金汉姆（Jane Buckingham）使用首字母IWWIW来描述这个群体，即“我要我想要的，我要的时候我拥有，我用我想要的方式拥有”。[5]

这一代人可以充分利用网络，经常上网并且善于使用各种媒体，这完全不同于之前的几代人。青少年爱好网络，因为在网上他们有充分的控制力。根据哈里斯的一份调研可知，青少年花在网上的时间远远多于看电视的时间。在网上，他们常常处于多任务状态，他们可以同时做家庭作业、看电视、使用其他媒体，比如CD、MP3、电话和收音机等。只有10%的青少年上网的时候不做其他事情。[6]网民的主要组成部分是青少年，他们是网民结构中增长最快的一个群体。对许多人来说，网上购物和娱乐已经可以替代传统的娱乐方式，比如看电视或者逛超市。

青少年研究中心的研究发现，84%的青少年拥有家用电脑，74%的青少年可以上网。[7]在网上，青少年的大部分时间用来玩游戏、下载音乐、聊天、写博客、买东西。他们愿意活跃在网上，尤其是在网上找一些很酷、很独特的东西。他们喜欢在网上玩虚拟游戏，比如定做衣服。许多青少年花很长时间待在耐克ID网（www.nikeid.com）上，在那里，可以设计自己喜欢的鞋子，试穿不同风格、不同颜色的服饰，即使他们不买也没关系，他们可把这当作一种体验。这是一个表达自我的好地方。这是他们自己的游戏。[8]

在青少年当中，10%左右有自己的信用卡，另外9%可以用父母的信用卡。考虑到安全问题，有公司创建了“数字钱包”，即父母可以建立一个账户，并设定存取限制。另外，青少年和不到10岁的孩子可以使用“口袋卡”，这是一个预付资金储存卡，年轻人可以用它来买东西，同时又能保证自己的消费控制在一定范围之内。当父母没有时间陪孩子一起去买东西的时候，这种卡很方便。

青春期前的少年，大概是8～12岁（有的资料上写的是5～12岁），拥有一些和青少年一样的特征，尤其是现在，他们长得都很快。（这个群体属于Z一代）营销人员感觉这些青春期前的少年不稳定，因为他们既脱离了玩芭比娃娃的年龄，又还没有达到约会年龄。[9]许多青春期前的少年感觉玩具店太幼稚。FAO施瓦兹玩具商店，玩具反斗城和K-B系列专门为这个群体创造了一些产品，比如电子设备、运动器材和音像制品。有个适合青春期前的少年的产品（即使是给6岁孩子设计的）是一款像萤火虫一样的手机，配置了一些求助电话号码、预付通话时间以及GPS装置，很受欢迎。

青春期前的少年取得很大成功的典范就是玛丽-凯特（Mary-Kate）和阿什莉·奥尔森（Ashley Olsen），她们由于出演《浪漫满屋》（*Full House*）中的小女孩迅速成名。她们已经成为历史上最有钱、最成功的童星，并且为国际知名品牌代言，所代言的产品既有化妆品也有衣服、地毯等。希拉里·达芙（Hilary Duff）因主演电视剧《新成长的烦恼》（*Lizzie McGuire*）而一举成名，她为8～12岁的女孩们设计衣服和房间饰品。美泰公司是芭比娃娃的发明者，请希拉里·达芙代言，生产芭比娃娃真人衣服。13岁的迪伦·斯普拉尔斯（Dylan Sprouse）和科尔·斯普拉尔斯（Cole Sprouse）是一对双胞胎演员，她们也为这个品牌代言。[10]这些青春期前的少年明星对于孩子们具有很强的说服力。

《少女漫画》（*Cookie*）杂志的编辑说："追逐时尚的消费群体年龄变得越来越小。"[11]青春期前的少年容易被新潮服装吸引，并希望这能使他们显得更加成熟。一些低端公司，像埃斯普利特和艾康尼斯，许多年前就开始生产女孩的衣服，现在，我们会发现，Juicy Couture、Calypso、Scoop、Paul & Joe、True Religion、Diesel和Sonia Rykiel开始生产一些小号的成熟些的衣服。令人吃惊的是，孩子们对那些传统的甜蜜—热辣的女孩服装并不满意——她们觉得自己穿这些衣服不像成人那样性感，不够挑逗。[12]青春期前的少年只是希望自己看起来像哥哥、姐姐那样。

年轻人的价值观、冲突、外貌

众所周知，青少年时期将是人生中最美好也是最糟糕的时期。当人们从孩童逐渐过渡到成人时，会发生许多令人兴奋的改变。这些改变带来了自我的不确定感，归属感需要增强。在这个过程中，非常重要的是要发展自己独特的个性。活动、朋友、外貌能否为社会接纳都很重要。青少年积极地从同伴中寻找认同，从广告中追寻保持美的方式，学习如何穿衣和如何表现。广告对青少年行为有很大的导向作用。

每一种文化中，青少年都在努力地应对从孩童转变到成人的过程中可能碰到的一切问题。盛世长城国际广告公司对广告代理商的研究表明，青少年都要面临四种主题的冲突：

1. 独立vs归属：青少年需要获得独立，所以他们努力摆脱家庭。另一方面，他们需要找到社会支持，比如同伴，以免孤独。欣欣向荣的网络文化也起到了社会支持的作用。网络的匿名性使得人们与异性或者不同种族的人进行交流显得更加容易。[16]

2. 叛逆vs服从：青少年会反叛许多社会标准，从外貌到行为的社会标准都在反叛的范围内然而青少年仍需要融入社会并为社会所接受。因为这个原因，孕育着叛逆元素的时尚产品获奖了。位于加利福尼亚波莫纳的一家连锁专卖店是人们讨论的热点。这个店卖各种小饰品，比如金环、舌铃和紫色染发剂，每年零售额达440万美元，满足了人们表达叛逆的需要。[17]

1999年，科伦拜恩中学枪击事件使人们更加意识到，青少年自我感觉被社会疏远时，会带来巨大的危害。一些学校规定，在校内穿黑色长风衣是违反规定的，因为它们和"风衣黑手党"有关，而且，杀害12个学生和一个老师的凶手也穿这样的衣服。在弗吉尼亚理工大学和北伊利诺伊大学中，也发生了枪击事件。

3. 理想主义vs实用主义：青少年认为成年人是伪君子，自己很真诚。他们在努力地协调理想世界与他们所感知到的世界。

4. 自恋vs亲密行为：年轻人经常关注自己的表现和需求。另一方面，他们也有与其他人进行有意义的交往的欲望。[18]

多元文化维度

日本因服从精神和追求成功备受压力而闻名，然而，近年来青少年叛逆成为这个国家的一个新现象。越来越多的青少年在质疑规则。近两年，中学生退学率提高了20%。超过50%的高中女生有过性行为。[13]

日本年轻人都非常有个性，很有想法。目前，他们建立了很多组织，每个组织有自己的规则与目标。[14]日本长得很漂亮的女孩被称作Gals。人们很容易认出她们，因为她们有染黄的头发、褐色的皮肤、白色嘴唇和7英寸的高跟鞋。其他的群体包括运动派（低跟鞋子和带帽衣服）和后原宿（宽松的运动衫、彩色牛仔裤、运动鞋和长长的围巾）。

在日本，为了赢得年轻消费者的忠诚，日本五家大公司，包括丰田、松下和朝日酿造株式会社等形成了一个市场联盟。它们推广各种产品，从啤酒到冰箱，这些产品都有一个共同的品牌，即威尔（Will）。评论家并不确定是否这个计划将要施行，因为这些公司还没有非常现代化的形象，所以只有让时间来证明这个雄心勃勃的计划是否能实现。[15]

URBAN DECAY
COSMETICS

Urban DeCay 指甲油是第一家引入反叛概念的化妆品公司。

时尚广告中的青春期性征

20 世纪 80 年代，卡尔文·克莱恩（CK）开始使用青春期性征策略来销售公司的产品。波姬·小丝宣称，任何东西都无法使“我与我的 CK”分开。歌手麦基·马克在广告中只穿内衣出场，掀起了新一轮的时尚风暴。然而在 1995 年，克莱恩向前迈了更大胆的一步。当时公司推出了一个极有争议的广告活动，一些看起来很年轻的模特被放在了含有性暗示的情境之下。在其中一个场景中，一个老人用冷森森的声音对一个穿着很少衣服的小男孩说：“你长得真好看。你多大了？你强壮么？你觉得你能撕下你身上的衬衫么？真是个漂亮的躯体。你成功了？我就知道。”后来达顿·赫德逊（Dayton Hudson）公司的总裁要求把商店的名字从广告中去掉，《17 岁》杂志也拒绝刊登，于是这个活动便停止了。[19]当然了，到那个时候克莱恩已经从青少年和成人对这些画面是否合理的争论中收获了无数的公众关注。

年轻人市场的诉求

青少年是化妆品、服饰和其他相关商品的狂热消费者。大部分钱用于购买“感觉不错”的商品：化妆品、海报以及快餐，偶尔也有鼻环。

现在的青少年是看电视长大的，他们接受信息的渠道比之前的任何一代人都要多，而且他们的悟性也比上几代人要强，因此，商家在接触他们时必须小心。特别是信息传递，一定是要看上去真实可靠而且不是居高临下的。像一个研究者观察到的：“他们有一个谎言警报系统，作用很快……通常是这样的：他们走进来，很快就确定它是出色的还是不出色的，或者确定这是他们想要的还是不想要的。他们知道，很多广告宣传是建立在谎言和大话上面的。”[20]

想要占领这个市场，可信性和与青少年生活方式的关联性是必要的。一些调查发现，时尚品牌有时犯了一些错误。比如说，在广告中，千禧世代的年轻人经常天真幼稚，但是实际上他们不是这样的。他们和他们的父母相处得很好，甚至也比之前的几代相处得更好，而很少像市场营销广告中表现的那样。他们是文化与种族最为多样化的一代。[21]那么和年轻消费者的相处之道是什么呢？[22]

规则 1：**不要居高临下**。他们想要的是这样一种感觉——自己总结出了对于商品的评价。所以不要唠唠叨叨。用一个年轻人的话来说：“有人告诉我该怎么做的时候，我就会觉得讨厌。”

规则 2：**不要试图伪装自己**。保持你品牌真实的形象。孩子们讲究直来直去的交流。履行自己诺言的公司会给他们留下深刻的印象。

规则 3：**娱乐他们。使推销富有互动性并且简短**。强行推销是死路一条，可供人分享的经验才是可靠的。如盖普公司要求网站的用户为一个广告活动做志愿者（提交数码照片供网上投票）。个性化商品以及评估商品在年轻人当中非常流行。

规则 4：**表现出你知道他们经历了什么**。李维斯的一个宣传中使用了一句广告语：“何谓真实？”这是孩子们直来直去风格的记录，标榜着穿自己挑选的李维斯的年轻人有着同样随意的路边哲学。[23]

Candies 特别吸引那些 11 到 19 岁的少年，以及二十出头的年轻人。

当出版业看到这个繁荣的市场，它会了解并且给年轻人提供很多选择。比如 www.teenpeople.com，一份低年龄版的《人物》（*People*）"杂志"，它把十几岁的读者视为年轻的成年人。上面的信息要远远多于像《17 岁》、《YM》等传统的青春期恋爱期刊。青少年杂志的读者大多数是女孩，但是也有一些男孩，甚至还有一些父母也会看这些杂志以保持自己能跟得上孩子们的流行文化。此外，一些公司，像 Delia's、Girlfriend、Alloy，甚至是 Wetseal 这样的零售店都把目标瞄准了 Y 一代。[24] 个性化的模特们有着时髦的发型、另类的商标以及地下厂牌（没有传统的展厅的小公司），他们展现了服饰间的区别，并且使得年轻人对这些新潮时髦的货品感兴趣。非传统的网购过程非常适合青少年的生活方式。

营销人员把十几岁的青少年视作"状态很好的消费者"，因为在这个年龄段，品牌忠诚很容易建立起来。看看《都市女孩》（*CosmoGirl*）和《青少年》（*Teen People*）杂志[25]，你认为它们的读者在长大之后会买什么杂志呢？做广告的人有时会试着使消费者"固着"于某些品牌，这样一来，他们在以后也会自动地买一些这些品牌的商品。就像一个青少年杂志的广告主管发现的："我们拥有习惯总是比戒除容易。"[30]

什么是酷

在一项研究中，研究者要求一些美国和荷兰年轻人写一篇关于什么是酷和不酷的短文。[26] 研究者发现，两种文化中的年轻人在使用酷的时候有很多相似性，尽管酷有很多含义。酷的相同维度包含有魅力、有掌握力以及特立独行。很多参与者同意酷是一种不确定的目标：你越是试着酷，你越不酷！具体的说法是这样的：

"酷意味着放松，任何情况下都对老板无动于衷，并且表现出来。"（荷兰女性）

"酷是一种别人对你的看法，你的男子气、时髦、漂亮，等等。"（荷兰男性）

"酷是一种冷漠的感觉，同时还有吸引力。"（荷兰男性）

"与众不同，但也不是太不一样。做你自己的事情，并且脱颖而出，在你做这些事情的时候从不绝望。"（美国男性）

"夏天你坐在台阶上，看到那些男人走过，拿着手机，戴着太阳镜。你懂的。我总是想：'哦，现实点吧！'那些家伙只想给人留下深刻印象。那样太不酷了。"（美国女性）

"当一个人认为他很酷的时候，他完全不酷。"（荷兰女性）。

"想要酷，你得确定你配得上。我们需要为我们自己创造一个身份，以模仿我们在杂志和电视中看到的，和我们在收音机中听到的。"（美国男性）

多元文化维度

从世界范围内来看，发达国家出现老龄化趋势，发展中国家则出现年轻化趋势。发展中国家出生率较高，因而人口比例中年轻人居多。举例来说，在美国，21%的人口是 14 岁以下的，而下面列举的国家这一比例要大大高出这一水平。[27]

- 中国：25%。
- 阿根廷：27%。
- 巴西：29%。

● 印度：33%。
● 伊朗：33%。
● 马来西亚：35%。
● 菲律宾：37%。

另一方面，日本是世界上老龄化比较严重的国家，意大利紧随其后。欧洲的出生率最低。这一老龄化趋势对消费者的品位形成了冲击。杜嘉班纳在机场跑道的广告上用了一个头发灰白的老年模特。但是，大多时尚设计者的目标是年轻消费者，尽管老年女性有足够的收入来买奢侈品。[28]

在日本，21%的人口达到了65岁及以上，零售业也调整自己的策略以适应老年消费者。许多便利店原来的主要目标是为年轻人服务，现在转而迎合老年人：拓宽的通道、较矮的货架、大的价签、自动门以及休息桌椅，等等。现在它们会出售健康杂志、速食快餐以及单人餐。另外还增加了本地蔬菜和清酒的供应。[29]

大学生：大学市场

广告商们每年要花一亿多美元来争取大学生的支持。在大学做的一项调查显示，在美国，超过1 650万大学生的购买量已超过410亿美元。[31]许多学生有大量的空闲时间和金钱。一般来讲，一个大学生每天平均有1.7个小时用于上课，另外还有1.6个小时用于学习。在美国，平均每个学生（也许所有的学生都在平均值以上？）每个月（四分之三以上的时间被占用）有287美元用于购买物品。大学生们的自由和收入使他们产生了无尽的渴望和对自我表现、放纵以及尝试新事物的需要。

一个营销主管发现："在生命的这段时间里，他们乐于尝试新的产品……在这段时间，你可以把他们纳入你的计划中。"[32]对很多公司而言，大学市场都是有吸引力的，因为许多大学生第一次离家，所以他们需要建立稳定的品牌忠诚度。

尽管如此，对于营销者来说，向大学生推销也是一个特殊的挑战，因为大学生很难被报纸等常规的媒体所打动。他们中的许多人对传统营销手段有抵触。他们对名流市场有一种厌恶，而很多广告都具有这个特征。他们更喜欢普通人的推荐，就像多芬和耐克在活动中做的那样。[33]当然，在线广告的效果显著：99%的大学生至少一周会上几次网，90%的人其实每天都会上网。另外，像www.mtvU.com这样的企业因关注学生生活娱乐而迅速发展起来。[34]还有像www.simplysearscollege.com这样的网站也特别迎合大学生市场。一些大公司发现，校园报纸是向学生宣传的好方式，但是大多数学生并不阅读报纸。一个学生说："报纸太大，翻起来还哗啦响。"他所有的信息都来自互联网。所以其他的公司会为手机、iPod和电脑做可供下载的广告短片，以便学生浏览。[35]

向学生进行宣传还有一些其他策略，如免费发放个人护理用品的试用装，张贴海报（这被称为墙面媒体）。另外，越来越多的公司利用学生的假期对学生进行宣传。沙滩上的营销活动过去总是被防晒霜和啤酒占据着，但是现在，香奈儿、宝洁也加入了这个阵营。还有像汤米·希尔费格这样的品牌也在沙滩上进行模特选拔和时装表演。[36]

生育低谷儿：X一代

在美国，1966年到1976年之间，有超过4 000万人诞生。这个群体被称为X一代，X一代这个名字来自于1991年的同名最畅销小说。X一代被称为"混子"或者是"生育低谷儿"。他们对周围环境有疏离感，伴随着《独领风骚》等电影长大，喜欢玛丽莲·曼森音乐中所弥漫着的老式流行文化。[37]但是随着这群人的成长，这些传统开始变化了。

研究X一代的专家宣称："美国最保守的人都会和带着孩子的X一代结婚。"[38] X一代的父母是"婴儿潮"一代。当父母为了工作原因成为双职工，X一代成为第一代"挂钥匙的孩子"，X一代比千禧世代更加独立、自负。在性格形成的重要几年，他们是美国历史上最少有父母培养教育的一代人。强烈独立风格的敏感性使得市场营销人员很难去迎合他们。X一代的人到了而立之年，大多安定下来，养家糊口，偿还助学贷款。他们很少考虑时尚。事实上，NPD调查公司发现，X一代是唯一一个最近一年的服装开销比前一年少的群体。[39]

CNN 和《时代》的一项调查发现，60%的 X 一代自己想要当老板，而另一项调查则显示，他们已经担负起了美国 70%的新兴商业。一个产业专家说："X 一代的人既是基于价值观的，也是基于价值的。"[40] 十分之七的人会有定期存款，这个比例可与他们的父辈相比。X 一代把家庭看作个性表现而不是物质成就。他们对于功能性、实用性与可购性也有自己的价值观。他们引以为傲的是展示他们节省了多少而不是花了多少。

和今天的年轻人一样，X 一代不喜欢夸大吹嘘，也不喜欢过于一本正经的广告。他们把广告看作一种娱乐，但是讨厌过于商业化。就如 MTV 市场部门的副总裁说的："你必须让他们知道你知道他们是谁，你理解他们的生活。你要让他们觉得你在直接和他们对话。"[41] 举个例子来说。耐克采取了一种软推销手段来促销，它的广告几乎不涉及其产品，而是把关注点放在鼓励读者通过锻炼来提高自己上。其他的广告也有打趣广告业的：在美宝莲眼影的广告中，超级名模克莉丝蒂·杜灵顿（Christy Turlington）很酷地摆出了一个迷人的造型。突然她出现在起居室的沙发上，大笑着说道："忘了它吧！"

总的来讲，市场营销人员并不急于与这一代人接触，X 一代的规模比"婴儿潮"一代少大约一半，最近也不太富足。被 Y 一代与"婴儿潮"一代夹在中间，X 一代有点被忽略了。一般来讲，商家期望着他们继承"婴儿潮"一代的特点——像安·泰勒、埃迪·鲍尔、J. Crew 这种专卖店。但是这些店并不总是以 X 一代为目标。对这个群体而言，塔吉特和星巴克倒是更有吸引力。两者都是在经营一种风格——塔吉特是价位，星巴克则是生活方式。然而，现在一些连锁店开始把销售目标转向 X 一代。马丁奥萨（Martin & Osa）和鲁尔 925 号（Ruehl No 925）就把目标人群定位为 35 岁以上的妇女。行业的焦点从时尚转向了品质，从一致转向了个性。[42] X 一代的消费者精于消费，也喜欢一站式购物，所以我们看到沃尔玛、塔吉特和杂货店在完善形象，这当然给新兴店铺带来了竞争压力。

"婴儿潮"一代

"婴儿潮"一代（1946 年到 1965 年出生的人）超过 7 800 万。他们是很多文化和经济变革的源头。原因在于数量决定力量。在第二次世界大战之后，美国大兵返乡，开始以创纪录的速度成家立业（在美国陆军法案的帮助下）。想象一下，一只巨蟒吞掉一只老鼠，老鼠在巨蟒的体内穿过，形成一个移动的凸起。

20 世纪 60 和 70 年代的年轻人，就是伍德斯托克一代，创造了作风、政治和消费态度上的革命。当他们长大了，他们共有的意志成就了很多文化活动，从 60 年代的言论自由和嬉皮士运动到 80 年代的里根经济政策和雅皮士。现在，虽然他们老了，但仍继续影响着流行文化。总统乔治·布什生于 1946 年。在执政时他已经快 60 岁了。他坚持每天骑山路自行车两个小时，使得年龄只有他一半的保镖都非常疲倦。许多人都说他给他的同僚树立了一个好榜样。

时尚、外貌和"不服老"

联邦百货公司的 CEO 指出："针对 40 岁以上人群，设计师和零售商的营销工作要做得更好才行。"[43] 年长消费者感觉，在成年人购物区摆放的迷你裙和其他不适宜的款式并不能满足他们的需要。许多公司把资金投向"婴儿潮"一代的需求，因为他们开始变得"臃肿、松弛，眼看着要迈向老年"。Lee 的市场目标是那些有一颗年轻人的心，但是臀部较大，又喜欢穿牛仔服的中老年人[44]；李维斯的卖点是宽松合适。很多"婴儿潮"一代的女性想要酷的牛仔服，如果能买到一件合身的，她们愿意花 100 美元以上的价钱。Vitamina、Sergio Valente 是最近才开始关注这个市场的。它们专注于制作舒适合体的弹力牛仔服，还有可用各种方式洗涤的优质意大利牛仔服。[45] 眼镜制造商们推出了混合式或者无框眼镜，虽然价格要比有框眼镜贵不少，但是这是一个正在崛起的市场。在"瘦腿带"、"塑身器"等产品的带动下，腰带市场重焕生机。甚至零食也是这样，纳贝斯克推出了迷你奥利奥，目标市场是那些怀旧但是注意节食的成年人。

虽然女性解放运动对降低年龄壁垒有影响，

但是化妆品行业还是得靠像“不要对抗它，而要藐视它”这样的口号，保持对中年妇女的吸引力，以便出售染发、去皱祛斑的相关商品。以“婴儿潮”一代为目标群体的化妆品公司，强化“对抗衰老”或是“藐视年龄”这样的否定性口号。为了迎合40岁以上的女性，《摩尔》（*More*）杂志使用肯定的、积极乐观的和鼓舞人心的标题和文章。《摩尔》的编辑说他厌倦了使用“对抗衰老”这样的词语，而是使用“活力、自信、态度：40多岁的新形象”和“40岁后的非凡风格”等标题。世界在年轻人手中，但是《摩尔》找到了合适的目标群体，借以平衡这个世界：他们雇用了一些二十出头的媒体策划，他们会和他们的妈妈一起购物、度假，能制作与他们的“酷”妈妈有关的杂志。[46]各大美容公司也会在广告中使用“婴儿潮”一代的模特。最近有两个公司与“婴儿潮”一代的名流签约，为新产品做代言。欧莱雅抗衰老亲钙护肤系列签了黛安·基顿（Diane Keaton），而露华浓的抗衰老产品系列签了苏珊·萨兰登（Susan Sarandon）。[47]

由于受到社会影响，20世纪的女性一生都重视外貌。[48]事实上，对年长的女性消费者的调查显示，她们对时尚的兴趣并未随着年龄的增加而减少。[49]一项研究表明，三分之二的年长女性对时尚观念表现出了积极的态度，并且想要与时尚保持一致。她们对价格不特别敏感，也不倾向于仔细寻找，但是她们确实有很多途径获得信息。[50]这些女性很少受社会压力的影响，她们更乐于创造一种适合她们的、与众不同的形象，也愿意为高质量的服装花更多的钱。[51]

许多设计师和服装公司认为，时尚营销还是很适合于“婴儿潮”一代的，即使他们正变得成熟。[52]以“婴儿潮”一代为目标群体的市场营销，主要是标榜产品适合某种生活方式或者精神状态。“婴儿潮”一代比他们的前辈更加活泼，更加健壮。“婴儿潮”一代参与一些类型的体育运动的比例比平均值要高6%左右。[53]虽然人过五十（其实是四十）就被认为是“巅峰不再”，但是，现在这年龄只会被看作一个数字，“婴儿潮”一代正处在他们职业和个人生涯的顶点。[54]我们听到营销者说：“40岁是新的30岁。”“50岁是新的35岁。”这种态度对于女性消费者特别有吸引力，她们不认同那种老套的想法，即成熟就代表着没有吸引力和诱惑力了。[55]许多时尚公司注重感觉而不看年龄。丽诗加邦市场部副总裁说：“这确实只与品牌有关，而不是年龄……”[56]

这款Chic牛仔裤广告暗示它适合于所有年龄段的女士。

银色市场：老年人的购买力

考虑一下，到2100年，100岁以上的美国人数量将会上升到500万。[59]也许我们中间没人能看到那时候，但是我们已经能够看到今天老年人市场的效果以及老年人对市场的影响。年长的人支配着半数以上的自由收入。[60]全世界范围内，50岁以上的消费者每年消费近4 000亿美元。[61]老年人市场在美国增长得第二快，仅次于“婴儿潮”一代市场。[62]我们可以用更健康的生活方式、更先进的诊疗技术，以及由此带来的平均寿命的增加来解释这一引人注目的增长。事实上，今天的老年人更加健康、富有，并且比之前的几代人受过更好的教育。[63]很多情况下，与其他年龄阶段的消费者相比，他们花钱更多：老年人在女性服装上花的钱要比其他年龄段的人多56%。[64]与25到44岁的人群相比，作为祖父母的他们花更多的钱在宠物、玩具和运动场设施上。[65]一项调查发现，几乎四分之三的老年人喜欢自己买服装，而不是将钱给孩子们。[66]事实上，祖父母们一年平均花费500美元给孙子孙女买礼物[67]——所以，你今天给你爷爷奶奶打电话了么？

适合所有年龄段的牛仔服

Chic牛仔的广告创意很简单：无论我们的身材、年龄、肤色、体态如何，我们都是美的！是改变媒体上宣扬的女性魅力先入为主观点的时候了。真正的女人并不仅是年轻人，60%的美国女性身材在12码以上。[57]

“我很漂亮”这个活动是由阿莫德奥·佩蒂事务所策划的。它现在是所有“真正女性”的一个庆典，无论其身材、年龄和肤色。[58]

Chic牛仔广告由托尼奖的获得者安·赖因金（Ann Reinking）设计舞蹈动作。出演者包括《佛西秀》（*Fosse*）和《芝加哥》（*Chicago*）的百老汇明星，也有像84岁的米米·维德尔和18岁的学生卡梅伦·理查森这样的普通人。这种创意超过使用苗条超级模特的创意：普通女人梦想成真……Chic牛仔来了！

资料来源：www. chicjeans. com.

大部分老年人过着比我们想象的更有活力、更丰富的生活。他们中大概60%的人热衷于志愿者活动，年龄在65岁到72岁之间的人当中，有四分之一还在工作。140万以上的人每天照顾孙子孙女。[68]有些人仍然拿过时的眼光看待老年消费者。《美国退休者协会》（*AARP*）杂志的编辑拒绝了三分之一针对老年人的广告，因为它们带着消极的眼光看老年人。在一项调查中，三分之一55岁以上的消费者说他们会故意不去买某种商品，因为广告中的老年人形象老套。[69]

重要的是，要记住，收入问题不足以限制老年群体的消费。和年轻人不同，老年消费者没有那么多必须要面临的财政问题。65岁以上的老年人中，80%拥有自己的家庭，这些家庭中的80%没有抵押贷款。另外，也没有育儿的负担。就像流行的保险杠贴纸宣称的一样：“我们在花我们孩子的遗产。”现在，许多老年人开始把钱花在自己身上，而不为孩子和孙子节省下来。

时尚产业对老年人的兴趣

对于时尚产业来讲，年龄在55岁以上的消费者市场很重要。这些消费者会花费200亿美元购买服饰。然而，定位于年轻人市场的时尚产业，一开始可能还不知道如何和这个市场打交道。许多零售商和服饰制造商会努力提供时髦款式，以适应老年人年老变形的身体。[70]不同的公司使用不同的策略，以增加老年客户群。服装中加入了一些元素，如有弹力的腰部、可调节腰围的裤子、尼龙粘扣、易用口袋、长袖衬衫、长款夹克、弹力织物以及舒适造型。杰西潘尼大型超市里为关节炎患者和有特殊需要的女性提供时尚产品名录，麦考尔的“完美合体”系列款式都附有细节介绍，告诉人们如何调节款式以适合自己。这些是另一种迎合成熟妇女的手段。

尽管老年女性关注时尚，但是有证据表明，她们在寻找自己喜欢且合适的服装上会遇到麻烦。

瑞典做的一项调查显示，750名65岁到80岁女性中，50%穿不了常规尺码。[71]一些公司开始使用美国材料实验协会（ASTM）身体测量标准。这一标准是从7 000名55岁以上的女性中得到的测量结果而制定的。[72]在这项研究进行期间，研究者们发现，三分之二的调查对象对于现有服饰的合适程度不满意。

超过三分之一的美国女性因为衣服不合身而退货[73]，基于这一点，合身系统的推出者科瑞克特·李（Cricket Lee）认为，该系统将解决女性经常出现的衣服不合身问题。合身系统基于三种身体类型而设计：腰部丰满型、臀部丰满型和细腰粗腿型。该系统采用十进制标示身体类型（8.1即8号，体形1）。纽约琼斯是第一个使用该系统的公司。

当服饰公司考虑老年人的体形开发产品时，公司面临的问题在于如何向老年人推销商品，同时不自降身价。美国寇芮特（Koret）将裤子的腰围尺寸增加或者减少三英寸的做法很成功。但是在营销时也没有提到年龄问题。

为老年人提供服装目录，这也是一种重要的销售方式。现在，零售店变得越发庞大、复杂、拥挤，老年人更喜欢简单、安全的方式，如邮购。邮购的一大缺陷是退换货品不方便，但是这对于老年人来讲不是一个问题，他们有足够的时间。研究者针对1 000名美国退休者协会成员的调查发现，老年消费者认为，在选购衣服的过程中，他们自己的经验是最有用的信息来源，而营销人员是最不可信赖的。也许这是老年人心中商场销售不如邮购的另一个原因。[74]

针对老年人的设计标准

在美国国际老人年上，针对“活力与永恒”（运动产品制造商联合会为了提升老年健康而创立了一个同名品牌），提出了消费者的服装设计标准。标准有如下四条[75]：

● 合身：合身意味着衣服与身体和谐匹配，不会有妨碍活动的情况。衣服必须与身形的变化相符合，舒适而不过分强调年龄特征。

● 制造：焦点在于颜色、材料、款式、纹理和制造者。明亮的颜色会突出灰白的头发。轻质、飘逸、吸汗且有伸展性的织物会提供更舒适的感觉。材料应该给皮肤以柔软的触感。

● 款式：当前，传统经典服饰会强调老化的身体，即使变化是年龄造成的。衣服款式应该遮挡、掩饰身体关键部位；同时，设计要便于行动，便于穿上和脱下。衣服要有可调节的部分，要耐用，例如位置合适的口袋。

● 护理：易于护理的衣物和那些不需要熨烫的衣服最受欢迎。便于放置，洗涤提示标签文字大、对比度高、易于阅读，这样的衣物易受好评。

这些标准可用于衡量符合“活力与永恒”品牌营销要求的运动服饰。

感知年龄：你感觉自己多年轻，你就有多年轻

老年人市场研究专家认为，人们的感知年龄通常比实际年龄要小10～15岁。事实上，研究证实了一个共识：年龄是一种心灵的状态而不是身体的状态。从对个体的长寿和生活质量产生的影响上看，个体的见解、眼光和活动状况的影响要远大于时间因素的影响。

感知年龄，即一个人感觉自己有多老，这是对老年人进行分类时更好的标准。一项服装研究表明，相比实际年龄，感知年龄是预测着装和其他自我展示因素重要性更加可靠的指标。[76]感知年龄可以通过许多维度来测量，如感觉年龄（你感觉自己多大）和表面年龄（你看起来有多大）。[77]消费者年龄越大，他们的感知年龄会越小。因此，在市场营销活动中，许多营销人员更加强调产品效益而不是年龄合适度，因为，许多消费者购买时并不会衡量某产品是否适合他们的实际年龄。[78]

了解老年人并成功营销

通过年龄和家庭生活状态，我们很容易区分出老年消费者。老年人可以获得社会保障机构的福利，可以不用通过努力就拥有居住地，而且许多老年人还加入一些组织，比如美国退休者协会（www.aarp.org），这个组织拥有超过1 200万会员。《美国退休者协会》杂志（原名“摩登老人”）根据年龄来细分读者，将读者区分为50岁的、60岁的和70岁或更老的。[79]

许多市场细分都是以这样的内容为前提的：告诉老年人如何应对变老的问题。[80]老年社会学理论试图理解社会如何对不同的个体分配以不同的角色。例如，当人们退休后，他们可能会在这个阶段对社会期望作出反应——这是一个主要转折

点，人们从许多社会关系中撤出。[81]随着年龄的增长，一些人变得抑郁、离群、冷淡；一些人一想到自己变老就很生气、怨恨；而另一些人则欣然接受这个阶段新的机会与挑战。

研究者发现了与老年消费者相关的一系列关键因素。成功的市场策略需要满足至少一个或多个以下因素[82]：

- 自主权：老年消费者想要过积极的、自给自足的生活。
- 联结：老年消费者珍惜与朋友、家人之间的关系。
- 利他主义：老年消费者想要回馈社会。

总体来说，老年人对于信息量丰富的广告反应更加积极。与其他年龄层次不同的是，这些消费者常常不会受表面宣传的影响。成功的市场策略应该将年长者描绘成整合良好、视野开阔、贡献很大的社会成员。事实上，这是一个还没有被主流服装零售商开辟的市场。

种族和民族亚文化

种族或民族亚文化群由许多拥有共同的文化和/或遗传联结的消费者组成，人们可以通过群体成员的共同特征来区分辨别。[83]民族和种族个性是消费者自我观念的重要成分。

在一些国家，比如日本，民族几乎等同于主流文化，因为大部分人都追求相同的文化联结（尽管日本少数族群很多）。在像美国这样的大熔炉社会中，许多不同的文化共存，消费者尽最大努力保护自己的亚文化特征不被主流文化所同化。尽管人们很认同亚文化，但马瑞兹（Maritz）市场调研公司发现，83%的美国人认为，他们的文化和传统是独特的美国文化。90%的欧裔美国人接受美国方式，大部分拉美裔美国人、非裔美国人和中东裔美国人觉得他们的传统是典型的美国文化。亚裔美国人则不太可能被同化。[84]

为什么需要重视民族市场？

市场营销人士不能忽视丰富多彩的多样性文化，这种多样性文化塑造了主流社会。现在，美国人口中10%都是移民，到2050年底，这个数字可能增加到13%左右。[85]每年，少数族裔在产品和服务上的花费超过6 000亿美元，因此，在做产品市场策略时，公司应该努力去满足这些亚文化群体的需要。在世界1 000强公司中，差不多有一半专门设立民族市场项目部，然而时尚行业还没跟上这个步伐。

民族和市场策略

在制定市场策略时，应该充分考虑人们的种族和民族特征，对此，有些人感觉不舒服，但事实上，这些亚文化因素在满足人们需要的过程中起着很重要的作用。亚文化群体成员的行为可以预测消费变量，比如特色服装、食品偏好、政治行为、休闲活动、媒体曝光水平和类型以及对新产品的期待。

此外，研究表明，少数族裔成员觉得，如果广告中的代言人是自己民族的，那么这样的广告会更加可信，更容易获得积极的认同。[86]此外，在制定市场策略过程中，应该充分考虑到不同亚文化群的区别。社会学家对高语境文化和低语境文化做了区分。在高语境文化中，群体成员倾向于紧密团结在一起，他们传达意思的方式超越了口语方式。非言语，如象征和手势，承载了许多信息。相反，在低语境文化中的人们更加重视语言文字的交流。与盎格鲁民族相比，许多少数族裔文化都是高语境文化，并有很强的口语传统，所以感知者对于广告中的细微差别更加敏感。[87]

民族——不断变化的目标市场？

尽管许多公司重视民族化营销，但在我们的社会中，以民族为基础进行市场细分并不是件容易的事情。2000年，美国民意调查显示，超过700万人认同两个或多个民族，他们拒绝把自己仅仅描述为白种人、黑种人、亚裔人、韩裔人、萨摩亚人或者任一民族的人。[88]高尔夫球手泰格·伍兹（Tiger Woods）的案例说明了在美国种族认同的复杂性。尽管伍兹作为非裔美国人的模范而受到高度赞扬，然而事实上他是一个多种族的典范。他的妈妈是泰国人，他还有高加索人和印度人的血统。还有一些文化名人也同样具有多种族血统，比如演员基努·里维斯（有夏威夷人、中国人、高加索人血统）、歌手玛丽亚·凯莉（有黑种人、委内瑞拉人和白种人血统）、超人迪恩·凯恩（有日本人、高加索人血统）。[89]另一些明星努力把自己装扮得有不同亚文化特征：碧昂丝（Beyoncé Knowles）是非裔美国人，有时染金黄的头发；詹妮弗·洛佩兹是波多黎各人，在路易·威登广告中呈现拉美—亚洲公主的样子；克里斯蒂娜·阿奎莱拉有一半的厄瓜多尔血统，在《诱惑》（*Allure*）杂志的封面上装扮成印度女神。随着时间的推移，这种种族、民族边界模糊的现象出现得更加频繁。

产品具有民族吸引力，并非只能在本民族亚文化群中推销。"去民族化"指的是某一个特定民族的产品将市场开拓到其他的亚文化中。发型和食品是民族传统的两个主要成分，它们可以说明这个现象。非裔美国人的发型被叫做"圆蓬式发型"（Afro），这是20世纪60年代和70年代的黑人觉得很自豪的发型。"圆蓬式发型"和"玉米辫发型"都成为白种美国人流行的发型，尽管对某些人来说这发型看起来并不自然。正如我们所说的，时尚可以超越文化，食品行业也同样发生这样的现象。贝果面包与犹太文化有关，现在有非常广阔的市场，种类繁多，包括墨西哥胡椒贝果、蓝莓贝果，甚至在爱尔兰圣帕特里克节出现了绿色贝果。[90]还有一个例子是沙司（墨西哥食物中辣调味汁），这是现在美国最受欢迎的调料，每年销售额比番茄酱还要多4 000万美元。[91]

文化适应

辨识一个亚文化群，一个重要的方法就是看看个体对于民族的认同感有多强。文化适应是指一个人到另一个国家后，对这个国家的文化环境的适应过程。[93]

多元文化维度

民族特色的产品很流行，销量在不断上升。在针织衫上，出现阿兹特克印第安原住民风格的设计；运动鞋上绣有非洲部落的肯特服饰图案；祝福卡上面有美国传统的沙画。然而，许多人对采用这种特色标志有一定担忧——因为有时在不同文化中会对特定标志存在误读。例如，最近香奈儿裙子设计引起了伊斯兰世界一场反对风暴。在一次时装秀中，名模穿着一件由卡尔·拉格斐设计的露肩晚礼服。设计师以为，衣服上的阿拉伯字母组成了一首爱情诗。但事实上，这些句子来源于《古兰经》。更糟糕的是，God这个单词刚好出现在模特右边的胸部处。设计者和模特受到了死亡的威胁，直到三种款式的衣服都被焚烧了（价值23 000美元），争论才得以平息。[92]一些行业专家感觉，来自其他文化中的合适标志是可以接受的，即使购买者可能并不能理解其原本的意义。他们认为，即使在东道主社会，同样会有一些人不同意这些意义。你觉得呢？

为了更好地理解这个因素，我们以西班牙裔市场为例来说明，因为西班牙裔消费者群体融入美国生活的程度各不相同。例如，38%的西班牙裔生活在西班牙语社区或者其附近，因为这样可以与主流社会隔离开。[94]表6—2根据文化适应的程度将西班牙裔消费者进行分类。

表6—2　　根据文化适应程度对西班牙裔美国人亚文化进行分类

分类	类型	地位	描述	特征
早期适应者	17%	积极进取	长者，生于美国	对西班牙文化的认同相对较低
年轻的奋斗者	16%	重要性不断上升	更年轻，生于美国，成功动机很强，适应美国文化	转而重寻西班牙文化之根
满怀希望的忠诚者	40%	数量最多，但在减少	工薪阶层，依赖传统价值观	慢慢适应美国文化，多数情况下使用西班牙语
目前的追寻者	27%	正在增长	最新的，志向不高	最强的西班牙文化认同感，几乎不关注非西班牙媒体

资料来源：Adapted from a report by Yankelovich Clancy Shulman, described in "A Subculture with Very Different Needs," *Adweek* (May 11, 1992): 44. By permission of BPI Communications.

西班牙裔消费者文化适应可以归纳为渐进学习模式，即人们在面对新环境过程中，渐渐地学习、适应新文化。因此，我们期待西班牙裔消费者能够很好地将他们的民族文化与美国文化相融合。[95]

当考察购物倾向性、产品特征的重要性、媒体偏好、品牌忠诚度这些因素的时候，研究人员广泛报道了这个模式。[96]一项研究表明，考虑到民族认同感，会发现，与那些更好地融入新文化中的人相比，具有较强民族认同感的西班牙裔消费者有以下几个方面特点[97]：

- 总体上，他们对于商业抱着消极的态度（有可能是由于低收入带来的挫败感）。
- 他们是西班牙语媒体的忠诚受众。
- 他们有更强的品牌忠诚度。
- 他们更倾向于选择有威望的品牌。
- 他们更倾向于购买那些专门为他们做广告的品牌。

转变过程受到许多因素的影响。个体间有所不同，比如这个人是否说英语就会影响转变的稳定性。个人与文化适应组织的联系——传授文化适应方法的人或组织同样很重要。一些机构与文化起源地结成联盟（比如墨西哥）。家庭、朋友、教堂、当地商业机构和西班牙语媒体，这些使消费者与他们自己的传统文化保持联系。其他机构与移民文化有关，帮助消费者学习怎样在新环境中生活。这些机构包括公立学校、英语语言媒体和政府机构。

当移民适应了新环境，许多过程就变得很简单。行动（movement）指的是激励人们从自己文化中脱离出来去适应新文化。在一个案例中，人们离开墨西哥，主要是因为没有工作，想要为孩子们提供更好的教育环境。到达新环境以后，移民面临的第一个需求就是转换。这意味着要掌握一系列的规则以适应新环境：要学习如何辨认不同的流通货币，或者要理解衣着风格的社会意义。这一文化学习就是适应的过程，在适应过程中，形成了新消费模式。例如，自从定居在美国后，一些墨西哥女性开始穿短裤和长裤，而这在墨西哥是不流行的。

在文化适应的过程中，许多移民正在被同化（assimilation），他们使用具有主流文化特征的产品。同时，他们也在努力维持他们的传统文化。移民们仍保持与自己国家的联系，许多人仍吃具有自身文化特色的食物，读自己国家的报纸。墨西哥移民对于墨西哥传统文化保持认同；当自己的墨西哥文化被同化、自己不得不承担起新的角色时，他们感到压力很大，甚至会产生抵触。最后，一些移民会采取隔离的方式（自愿或者被迫），他们倾向于聚居在一个地方，共同生活与消费，从而与主流的消费者分离开来。

这些过程说明种族是一个流动的概念，亚文化的边界不断地被重新建立。民族多元论认为，在许多方面，民族群体与主流群体都有差别，但是民族群体会选择性地适应社会。专家反对“同化必然引起对自身文化认同的消失”的观点。例如，据一项研究发现，许多法裔加拿大人表现出了高水平的文化适应，然而同时拥有很强的民族合作。研究者认为，预测民族同化最好的指标是，民族群体成员与其他民族成员间社会互动的程度。[98]

种族群体

美国主流文化不断地给移民带来一定压力，使他们渐渐地脱离自己原来的文化而融入美国主流文化。历史上，大量的美国移民来自欧洲；20世纪后半叶，移民模式发生了很大的改变，新移民主要来自亚洲或拉美。这些新移民在美国定居后，市场营销人员正努力了解他们的消费模式，并对市场策略做出相应的调整。针对这些新移民，不管是来自中国的、阿拉伯的、俄罗斯的，还是来自加勒比海地区的，最好用他们的母语来进行推销。历史上，他们喜欢聚居在一起，这样，营销者可以更加容易争取到这块市场。当地社区是信息和建议的主要来源，所以口口相传非常重要。（见第12章）

美国民意调查局预计，美国人口将由2000年的2.82亿增长到2020年的3.35亿。而人口增长的主要来源在于少数族裔群体成员的增加，而不是美国本土的新出生人口。到2020年，非西班牙裔白种人在总人口的占比将从69.4%降低到61.3%。[99]

非裔、西班牙裔和亚裔美国人构成了美国三大主要亚文化群，这正是美国人口增长的主体。2000年美国调查显示，西班牙裔美国人将从2000年的12.6%上升至2050年的24.4%，成为最大的民族亚文化群。非裔美国人将从12.7%上升到14.6%。亚裔美国人尽管在绝对人口数上少得多，只占到总人口的3.8%，但却是增长最快的群体，据估计，到2050年底，他们将达到总人口的8%。[100]这种增长主要取决于移民人数，每年，美国的亚裔新移民人数都要多于新出生的人口数。

非裔美国人

非裔美国人是重要的种族亚文化，非裔美国人大约占美国人口的13%。正如许多人所认为的那样，黑人消费者与白人在很多方面都有区别，这两个市场并非同质。历史上，黑人曾被主流社会分离出来。现在，黑人群体对经济的发展、文化的繁荣做出了很大的贡献，他们逐渐融入主流文化，美国黑人和白人之间的界限在渐渐模糊。

事实上，一些评论员认为，黑人/白人的区分很大程度上是幻觉。黑人和白人有不同的消费行为，可能是由于收入的不同造成的，或者由于处于不同的社会阶层。除了一些例外，黑人和白人花钱模式大体相同。[101]

时尚/服装/零售意义

黑人和白人有很多相似之处，但是二者在消费优先级和市场行为方面有一些差异，这需要引起营销人员的注意。[102]有时，这种差异很微小，但是很重要。非裔美国人占了头发护理市场的30%。非裔美国女性在头发上的花费是白人女性的三倍，在美容产品上，她们的平均花费是市场平均水平的四倍。[103]一些大公司已经认识到了黑人市场的重要性。比如伊卡璐、欧莱雅和雅涛正在通过收购以扩张它们的生产线。[104]例如，欧莱雅收购了卡森公司后，成为世界上种族细分市场的最大的头发和皮肤护理产品生产商。[105]宝洁公司的新多元文化运动叫做“我黑得很美”，新多元文化运动使黑人女性感受到自己的美丽，而且，在这个过程中跟宝洁建立起了更加密切的关系。[106]

一项研究发现，黑人消费者和白人消费者在服装购买方面存在四个方面的不同：计划性、商店偏好、商店光顾和服装选择。白人女性通常在每个季节开始时购买衣服，而黑人女性主要是冲动购买。在黑人女性看来，配饰是更加重要的。常见的商店类型和消费者态度的重要性都是不同的。因此，这些细微的区别都是商人和营销人员需要关注的。

越来越多的服装公司开始专门为某个族裔设计衣服。演员/歌手黛汉恩·卡罗尔（Diahann Carroll）在衣服和配饰生产线上刻上自己的名字，同时希望通过价格和丰富的色彩吸引非裔美国人和西班牙裔美国消费者。富贵猫（Baby Phat）、洛卡薇尔（Rocawear）等都在努力满足年轻黑人女性的要求。一些城市品牌，比如福步和肖恩·约翰吸引了零售商的注意。但是，许多非裔中产阶级女性仍然抱怨时尚产业忽视她们的需求；尽管她们更时尚，而且在服饰方面花钱要比其他美国人还多。[107]她们认为主流设计师没有考虑到她们的腰围和臀围都偏大。她们需要更多供选择尺码和款式，设计师同样没有满足。[108]尤其那些衣着挑剔的人，她们更希望有更好的整体形象。美容、汽车和娱乐行业已经成功地迎合了这个群体的需要，相比之下，服装行业在这方面就显得落后了。

具有民族特色的玩偶

在美国的玩偶商店中，具有民族特色的玩偶激增，这反映了社会文化多样性的发展。过去，非西班牙裔玩偶常常出现在世界各地的玩偶收集中心。现在，所有大型制造商都将具有民族特色的玩偶引入大型市场。每年，非裔美国人在玩具和游戏上的花费超过7亿美元，玩具行业正在兴起。美国女孩玩偶系列引入阿迪·沃克，一个非白人玩偶。阿迪·沃克和一套故事书搭配出售，讲述了阿迪·沃克作为奴隶的生活和一些虚构类的故事，故事情节是由专家顾问团提供的，这确保了阿迪·沃克的经历符合黑人的视角。

其他新的玩偶包括亚裔时尚玩具——基拉（亚裔社团批判玩具产业，称玩具商店架上的亚洲面孔太少了）[111]，以及非裔婴儿玩偶——艾米。美泰公司引入了三种玩具，分别是：沙尼（在斯瓦希里语中意思是“惊人的”，她有一个男朋友名叫贾马尔）、阿莎和尼歇尔，这个系列代表了非裔美国人的面部特征和肤色。美泰公司销售黑人版芭比娃娃长达二十年，只是最近才开始在电视和活动中促销。[112]

非裔美国人和媒体

从历史上来看，主流广告中并没有很好地反映非裔美国人，但是，目前这个情况正在改变。现在，黑人在广告中占了四分之一（这个比例大于他们在整个人口中所占的比例），商业广告很有可能实现人种上的整合。[109]目前，非裔美国人在电视上的形象发生了显著的改变。在早期，黑人通常以传统刻板形象出现；而现在，大部分电视节目都倾向于将非裔美国人描绘成中产阶级或上层阶级，他们只是碰巧是黑人而已。

许多主要杂志，比如《尊翔》（*Jet*）、《黑檀》（*Ebony*）、《精华》（*Essence*）和《黑人企业》（*Black Enterprise*）专门立足于黑人市场，并取得了很大成功。例如，《尊翔》杂志声称要覆盖90%的黑人女性读者。

非裔美国明星和体坛明星的出现频率也在不断上升。黑人典范人物的激增表明，种族特征和种族歧视在减弱。例如，奎因·拉蒂法（Queen Latifah）为 VF（VF Intimates Curvation）做代言人。但是，也有一些人担心媒体对黑人的讽刺性描绘。例如，一则奶油广告中，黑人女性被塑造成强壮、有侵略性、有控制力的[110]。

西班牙裔美国人

西班牙亚文化像一个沉睡的巨人，一直被许多营销商所忽视。西班牙裔美国人影响力不断提高，不可避免地引起人们的重视。现在，许多大型公司都开始关注西班牙裔美国人消费者。1993年，耐克在美国广播公司黄金时段里播放了历史上第一条西班牙语广告，这是值得载入史册的。美国棒球全明星比赛经常为那些来自多米尼加共和国穿着破烂的孩子提供一定赞助。要知道，在球队俱乐部的球员中，有超过70%来自多米尼加共和国。他们中的许多人开始时都是打游击手的位置。开辟西班牙裔美国人市场需要注意以下问题：许多人发现，面对西班牙裔美国人时，商业广告显得有些居高临下（如演员褴褛的着装），而且令人感觉这些广告支持了这样一个观点，即西班牙裔美国人并不是很想融入主流的盎格鲁文化。[113]大公司的商业广告凸显了一个无可争议的事实：市场营销者应该相当重视西班牙裔美国人市场。

西班牙裔美国人聚居地主要在迈阿密和得克萨斯州，最近的数据表明，以下城市西班牙裔美国人数量较多：洛杉矶、纽约、圣安东尼奥、圣迭戈和休斯敦。西班牙裔美国人也正在往一些物产丰富的地方搬迁，比如南达科他州和印第安纳州。[114]

西班牙裔美国人市场的吸引力

在人口学上，西班牙裔美国人市场有两个重要的特征值得注意：第一，这是一个年轻的市场，平均年龄是 24 岁，而全美国的平均年龄是 34 岁。许多消费者是“双重文化”的，他们在嘻哈文化和摇滚乐两种文化中来回，墨西哥米饭和意大利面条混吃，在玉米饼上涂上花生酱和果酱。[115]拉丁美洲的年轻人正在改变着主流文化。据美国人口普查预计，到 2020 年底，西班牙裔青少年将增长 62%，而美国青少年总体增长幅度为 10%。他们正在追寻灵性、强烈的家庭联结和更加多彩的生活——拉丁美洲文化的三个标志。音乐的跨文

像夏奇拉（Shakira）这样具有感染力的歌手及其音乐，给主流音乐带来一阵西班牙之风。

化正在引领着这个趋势，包括：卡洛斯·桑塔纳、夏奇拉、克里斯蒂娜·阿奎莱拉、马克·安东尼、安立奎·伊格莱希亚斯和瑞奇·马丁，此外还有影视明星比如珍妮弗·洛佩兹、伊娃·朗格利亚（《绝望主妇的》主角）和亚美莉卡·费雷拉（《丑女贝蒂》主角）。在时尚方面，流行的是瓜雅贝拉衬衫和77号棒球服——77是波多黎各之前的区号。[116]

第二，是人口的规模。在美国共有3 900万西班牙裔消费者。同样，西班牙裔家庭也比其他的家庭人口更多。每个西班牙裔家庭平均有3.5个人，而美国其他家庭平均只有2.7人。这些因素明显影响到了家庭收入在各种产品中的分配，比如食品和衣服。许多因素使得这个市场非常具有吸引力：

- 西班牙裔有较强的品牌忠诚度，尤其对他们自己国家的品牌。一项调查研究表明，大约45%的人总是购买自己常用的品牌，而只有五分之一的人经常换品牌。[117]另一项研究发现，具有强烈认同感的西班牙裔更倾向于找西班牙裔商人，他们对家庭和朋友使用过的品牌很忠诚，受西班牙语媒体的影响很深。[118]
- 西班牙裔高度集中地分布在城市，他们相互联系相当容易。西班牙裔占迈阿密人口总数的60%，占洛杉矶人口总数的40%，占纽约人口总数的30%。[119]
- 教育水平提高，收入水平急剧增长。

西班牙裔女性引领潮流

西班牙裔女性对于时尚很感兴趣。相比其他人，她们在购物上愿意花更多的时间，在衣着上愿意花更多的金钱，对自己的外貌更加挑剔。一项研究发现，西班牙裔女性宁愿挑选一件看起来更好看的衣服去参加晚宴和跳舞，哪怕它穿着不那么舒服。[120]而且，许多西班牙裔觉得，穿着名牌时装是一种成功的标志。[121]时尚业应该对这个市场非常感兴趣。

吸引西班牙裔女性的时尚公司

市场营销人员发现，和其他较大的亚文化群市场一样，西班牙裔市场并不是单一性质的。美国在线（AOL）根据文化适应水平而不是根据来源来区分这个群体，发现西班牙裔网民本质上都是双重文化的。[122]他们购买商品时使用两种语言（两种语言间可以随意转换）：大部分人倾向于选择英语，40%的人觉得西班牙语也很有吸引力，另有15%的人选择只说西班牙语。西班牙语广告代理机构的一项调研表明，西班牙裔中，不仅仅老人观看、收听西班牙语媒体，年轻人也使用西班牙语媒体。[123]许多公司很想占领这个赚钱的市场，有些公司发现，只使用西班牙语和西班牙裔模特还不够。文化的细微差别对于理解和交流是很重要的。Lingerie时尚内衣公司发现，真实地介绍商品比夸大其吸引力更重要，因为夸大宣传反而会疏远消费者。[124]

诺德斯特姆是这个市场唯一的高端广告商，赢得了凯马特公司、科尔士百货公司、西尔斯控股公司和杰西潘尼的关注。在服装领域，凯马特公司和科尔士百货公司已经分别与拉丁美洲超级明星坦莉雅（Thalia Sodi）和黛茜·富恩特斯（Daisy Fuentes）取得了合作。美国顶级零售商西尔斯公司新开了100家多元文化商店以及露西·佩雷达女装生产线（以古巴明星命名）。另一方面，在很多商店，珍妮弗·洛佩兹的活力受到众多青少年的追捧。[125]

家庭的角色

对于西班牙裔而言，家庭的重要性是不容忽视的。集体主义文化中更加强调合作，重视家庭的需要而不是个人的东西。市场营销人员需要将家庭理解为一个进行群体决策的整体，避免个人和家庭需要之间的冲突。宗教和灵性影响着这个亚文化群看待世界的方式，使之崇尚宗教、仪式和庆典。[126]让孩子穿好衣服被认为是一件值得骄傲的事情。相反，商品是否方便，是否可以节省时间，这些对于西班牙裔家庭主妇来说一点都不重要，她们希望能买到劳动密集型产品，这样能使家庭受益。

西班牙裔美国人的偏好，比如愿意与家人在一起，影响了许多消费活动的结构。摩雯思商店设计了许多很宽的过道以容纳婴儿车，这样，当西班牙裔家庭一起外出购物时，就更加方便了。另一个例子是关于看电影——对许多西班牙裔人来说，这有着不同的意义，他们将看电影看作一次家庭活动。一项研究表明，42%的西班牙裔看电影都是3个或3个人以上一起，而英裔美国人通常只有28%是3个或3

个以上一起看电影。[127]

在西班牙裔家庭中，男性和女性扮演着不同的角色，通常女性扮演着比较传统的角色，男性在保护和支撑家庭中起着重要的作用。女性的外貌和衣着都相当女性化，这使她们成为化妆品和服装的很大一块市场。

雅芳将西班牙裔美国人作为目标消费群体。

亚裔美国人

大体上，在美国，亚裔美国人是最富有的，他们的购买力增长最快，受过最好的教育并且最可能从事科技工作。他们存起来的工资比其他美国人多，而借的钱却比他们少。另一方面，正如一个亚裔美国广告总监所说的："富有的亚洲人有很强的等级观念，他们愿意花钱购买名牌衣服和高级品牌产品，比如宝马和奔驰。"[128]这个群体也是高科技产品的一个巨大市场。在购买个人电脑、数码相机和 MP3 播放器等方面，他们比一般人花得都多。[129]加利福尼亚硅谷的一些公司调查发现，亚裔美国人是美国最大的网民群体，并且他们在网上购物花的钱比其他美国人都要多。[130]公司要是能利用好互联网，将会获得一个很大的潜在市场。美国广告产业正在投入 2 亿到 3 亿美元以吸引这些消费者。[131]

风水

一些房地产商在亚裔美国消费者集中地区从事经营活动，他们正在学习如何适应亚洲独特的文化传统。亚洲人对于房子的设计和地理位置很敏感，尤其是当这些因素影响到家庭的气时（气，即一种能量的流动，它将带来好运或者厄运）。亚裔房屋购买者关注房子是否拥有很好的风水。旧金山一个房屋设计师通过做些小小的改造，比如减少房子中交叉口的数量，在院子里增加圆石头（有害的气走直线，而有益的气是走曲线的），使他的房子销量很好，80%都成功售给了亚裔消费者。通常亚裔美国购房者都会请风水师来看房子或办公室的风水，确保气很好时，他们才会购买。[143]

争取亚裔美国人消费者

亚裔美国人是一个很有潜力的市场，但这个市场比较难开拓，因为亚裔是由文化多元化、语言和方言众多的亚群体组成的。亚裔美国人来自 20 个不同的国家，最大的是中国，第二大是菲律宾，第三大是日本。亚裔美国人只占了美国总人口的一小部分，因此大超市都不太可能顾及这个群体。美国营销人员要想争取到亚洲人或亚裔美国消费者就会碰到这个问题。当他们刚开始开拓西班牙裔美国消费者市场时也碰到了同样的困难。一些人想把广告翻译成中文，却适得其反。有个公司想要祝中国人新年快乐，于是用中文制作了一个广告，却把汉字写倒了。有些广告忽视了亚洲亚文化的不同点，比如有一则鞋子广告，描绘了日本女性缠小脚的场景，而事实上这是旧中国所独有的一种现象。[132]

大规模生产的产品宠物小精灵最早起源于日本。

许多市场营销者因为缺少针对亚裔美国人的宣传媒体而感到灰心。事实上，在广播中做广告，使用英语是最有效的；以印刷的方式来进行广告宣传，使用亚洲语言更加有效。菲律宾是一个以英语作为母语的亚洲国家，其他国家则偏好用自己的语言。亚裔美国人最频繁使用的语言是汉语普通话、韩语、日语和越南语。

时尚/服装/零售意义

亚裔美国女性比其他美国人更喜欢逛街。[133]与其他人相比，她们更愿意花更多的钱购买衣服。她们是很好的消费者，但是，这个群体对于品牌的忠诚度却比较低——尤其是对亚洲的品牌！她们也表现得相当保守。流行的日本时尚通常通过日裔美国年轻人带入美国，并且很受欢迎。此外，在纽约出现了第一家日本流行时装店优衣库，将日本休闲形象引入美国。

关于亚文化群体中的时尚和服装，有很多有意思的研究。在颜色偏好方面，盎格鲁美国人和亚裔美国人存在一些不同。[134]相比美国人而言，颜色对于日本人显得更加重要。日本人表示品牌是他们判断是否时尚的部分依据，而美国人则不这样认为。[135]这也许跟这样一个事实有关，即在美国，一些大众时尚并不总是有品牌的，而是处于许多不同的价位并且常常是单独贴牌的。另一项研究发现，民族特色衣服只有在特别的节日中人们才会穿；那些民族认同感较强的人会穿上那些民族服饰，表现自己的民族身份。日裔美国学生中认为民族认同感和民族服饰的穿戴确实存在这样的关系。而华裔美国学生却不这么认为，这也许是因为日本设计师比如三宅一生和川久保玲很出色，而中国却缺少这样高水平的设计师。[136]还有一项研究发现，家庭成员和媒体对亚裔美国人的买衣决策的影响，要大于其对高加索美国人的影响。亚裔美国人也比其他人更会考虑到衣服的质量。[137]

时装零售商和生产商正在意识到这些不同和这个市场的重要性。西尔斯公司为了争取到亚裔美国人消费者，聘请广告代理商专门为这个群体设计广告语。这个公司在节日比如中秋节时，在亚洲人聚居的社区的商店里提供一天打折优惠，并将这个打折的广告用亚洲语言刊登在报纸上。[138]逢龙年，杰西潘尼也曾在婴儿服饰区悬挂龙的广告，因为他们知道许多亚洲人计划在那年（龙年）生宝宝。[139]杰西潘尼公司既非常重视满足身材娇小者的需要，也重视亚洲人的其他特点，能做到这点的公司为数不多。“神奇胸罩”也意识到了亚洲人娇小的身材，于是专门为她们投产了一条特殊的生产线（49%的亚裔美国女性的长裤是0～6号，而其他美国人只有19%穿这个号）。[140]

许多亚裔美国消费者对化妆品行业很失望，因为这些产品不适合黄皮肤、小眼睑的亚洲人，不能满足他们的需要。因此，有些合适的品牌应运而生，重塑着化妆品行业。例如有个名叫Thi（越南语，意思是“女士”）的小公司，它是由一个叫泰勒·范（Taylor Pham）的年轻的旧金山人所创办的。她卖一些定做的假睫毛、颜色适合亚洲人的口红和粉底霜，这些都很好地满足了顾客的需求。她之所以生产这些化妆品，是因为她在市场上无法找到适合的产品。[141]

时装广告通常并没有瞄准这个市场。那些通

过亚洲明星来做的广告特别有效。当锐步请网球明星张德培做了广告后，它的鞋子在亚裔美国人中的销量骤升。还有一些邀请亚洲模特来做广告代言的公司，比如普拉达、J. 吉尔和杰西潘尼等。[142]西尔斯公司和凯马特公司正在一些特定贸易区域做文章。也许其他公司应该重视这个赚钱的市场。

本章概览

● 消费者认同那些与自己拥有共同的特点和个性比如年龄和种族的群体。这些大群体形成社会中的亚文化，其中的成员常常为营销人员提供有价值的消费决策线索。衣着是这些亚文化个性的重要部分。

● 由于年龄相同或者生活在同一个地方，人们相互之间有许多共同之处。那些年龄相仿的消费者分享着共同的文化记忆，所以营销人员设置的“怀旧的吸引力”可以唤起人们对这些经历的回忆，从而产生共鸣。

● 四个重要的年龄层次为：青少年、大学生、中年人、老年人。青少年处于童年到成年的过渡时期，他们的自我观念还不稳定。他们能迅速接受产品，尤其是时尚，这能帮助他们被接纳，也是他们表达独立的一种方式。因为许多青少年赚了一些钱，但同时不用承担经济责任，因而他们成为许多非必需的但有表现力的商品如口香糖、时装、音乐等的重要市场。大学生是很重要但是很难触及的一块市场。在许多情况下，他们首次独自生活，在家庭消费的决策中起着重要的作用。

●“婴儿潮”时期出生的这一代人数众多，又适逢经济复苏，是最有力量的一代。随着这个群体渐渐长大，他们的兴趣在慢慢发生改变，优先选择的市场也在发生改变。“婴儿潮”一代的需要和愿望影响着住房、育儿、汽车、衣服等产品的需求。

● 随着年龄的增长，中老年消费者的需求将变得越来越有影响力。以往，由于老年人不怎么活动，花费也少，因而许多市场营销人员习惯性地忽视了这个群体。这个老模式已经行不通了。55 岁以上的女性会花相当多的钱在衣着上，但是对于所买的东西并不满意。一些服装公司正在努力为这个年龄的群体设计并且销售时装，但是还不能确定怎么去做。大部分老年人都很健康、有活力，而且对新产品和新体验很感兴趣——他们有足够的收入去进行这些消费。对这个年龄亚文化群体进行市场营销时，应当立足于消费者的自我观念和他们能感知到的年龄，这个年龄通常比他们的实际年龄小。市场营销人员也应该强调产品的具体好处，因为这个群体的人对于模糊、表面的促销比较怀疑。个性化的服务对这个群体来说尤为重要。

● 一个人的个性很大程度上是由他们的民族起源和种族特性所决定的。非裔美国人、西班牙裔美国人和亚裔美国人是三个最大的种族/民族群。市场营销人员也开始重视这些多元文化群。事实上，越来越多的人声称自己具有多种族背景，这一现象开始模糊这些亚文化下的传统特征。

● 近来，许多少数族裔的经济实力逐渐增强，引起了市场营销人员的注意。用民族来将这些消费群体进行分类是有效的，但是还应该重视每个民族具体的模式。

● 非裔美国人是个非常重要的市场群体。尽管在一些方面这些消费者的消费与其他白人没有很大的差别，但黑人在个人护理产品上的消费高于平均水平。

● 西班牙裔美国人和亚裔美国人是正在兴起的两个民族亚文化群，受到一些市场营销人员的关注。这两个群体的人数规模增长很快，而且在未来将主导一些主要市场。总体上来说，亚裔美国人受过良好的教育，西班牙裔美国人的社会经济地位则一直处于上升状态。

● 争取西班牙裔美国人的关键是消费者融入主流美国社会的文化适应程度。

● 亚裔美国人和西班牙裔美国人都非常重视家庭，很容易接受那些理解他们传统、强调传统家庭价值的广告。

关键词

亚文化	X一代	民族或种族亚文化	同龄人
“婴儿潮”一代	去民族性	市场策略	“婴儿潮”
文化适应	渐进学习模式	Y一代	感知年龄
青少年			

问题讨论

1. 电视上或杂志上有哪些时尚广告是你最喜欢的？为什么？有没有你不喜欢或者冒犯到你的地方？哪一个？为什么呢？

2. 你认为什么时尚适合老年女性而不适合大学生？时尚都太年轻化导向了吗？它们适合每一个人吗？如果你要开一家时尚公司，你的目标群体是哪些人？为什么？描述一下你要卖的产品。

3. 以大学生作为市场目标群体有哪些优点和缺点？列举一些失败或成功吸引顾客的市场策略。成功的市场策略有哪些特点？

4. 为什么“婴儿潮”时期出生的人对于20世纪后半期的消费者文化有很重要的影响？这怎样影响了过去50年的时尚？

5. “婴儿潮”一代是怎样改变人们在培养孩子方面的态度，使人们产生了对不同产品和服务的需要的？

6. “现在孩子们喜欢整天外出闲逛、上网和看一些无聊电视节目。”这个表述准确吗？

7. 当制定针对老年人的市场策略时需要记住哪些重要的因素？

8. 找出针对老年消费者的成功的广告和失败的广告。这些广告采用了怎样的模式？广告或其他促销方式的哪些因素决定了其能成功地争取到这个群体的消费者？

9. 你能找出依赖于民族传统模式传递信息的市场刺激方式的例子吗？它们的效果怎样？

10. 进行民意调查以了解民族传统模式的力量。针对一些民族，通过自由组合的方式，请人们无记名评价每个组的成员的特点（包括个性特征和品质）。

11. 找出一两个移民消费者。采访他们，看他们是如何适应新文化的。尤其要询问他们的消费行为，特别是时装消费方面有什么变化。

第7章

基于人口学特征的亚文化：收入和社会阶层

最终，大喜的日子到来了。菲尔跟玛丽莲回家去拜见她的父母。他在证券公司做一些合约性的工作，跟玛丽莲在同一家公司。他们是一见钟情。菲尔已在布鲁克林街区体验了很长时间的人间百态，玛丽莲刚从普林斯顿大学毕业，而且他们的背景有很大的差异。但是他们知道事情会迎刃而解的。玛丽莲一直在暗示卡德维尔家族很有钱，但是菲尔并没有感到害怕。毕竟，他了解那些富有讲究的人们。他可以成功地应对一位身穿丝绸套装、显摆自己金钱、四处炫耀昂贵现代家居的重要人物。

当他们到达康涅狄格的家中时，菲尔本想看看一辆劳斯莱斯，但是他看到的却是一辆切诺基吉普车。一走进屋，简单的家具和装饰就让菲尔十分惊讶。一切看起来都是那样的破旧不堪。入口处的地毯已经褪色，所有的家具看起来都是那样的老旧，事实上房子里的家具看起来没有一件是新的。它们都是古董。

见到卡德维尔先生时，菲尔更为吃惊。他曾猜想玛丽莲的父亲肯定穿着昂贵的晚礼服。事实上，菲尔为此穿上了他最好的意大利品牌的黑色西装，以显示他自己也算是有钱人。当玛丽莲父亲穿着一件旧的皱巴巴的开襟毛衣从书房走出来时，菲尔意识到卡德维尔先生绝不是他以前见到的那些类型中的一员……

消费开支和经济行为

在卡德维尔家的经历使得菲尔大开眼界。原来花钱的方式也是多种多样的，有钱人和穷人之间的消费方式也是迥然不同的。而且这种不同也可能存在于那些长久以来都不缺钱的人与只是挣工资的人之间。本章针对经济条件一般的家庭是如何影响消费者分配其开支的做一个简单的介绍。其目的就是突出这条格言："富人是不同的。"同样，它也会揭示不同社会阶层的人消费方式的不同。

其实，不管是像菲尔一样的技术熟练的员工还是像玛丽莲一样有特权的孩子，一个人的社会地位对他的开支分配，像买衣服、购房和娱乐等消费选择都有深远的影响。同样，这些行为又在一定程度上反映了其社会地位。正如在本章中要阐述的那样，这些选择也充当了目的的角色。我们购买这些具体的商品和服务的目的，往往是想确保他人知道自己的社会地位或者是我们将会成为什么人。那些经常消费的商品是一个社会阶层的标志物，它们被称为地位象征。在现代型社会中，这一点尤为突出。因为在这样的一个社会中，单纯的行为和名声已经不能充分展示某一个体在团体中的地位了。

收入模式

许多美国人也许会抱怨钱总是不够花，但是事实上美国居民的平均生活水平却在不断地得到提高。收入上的改变主要源于两个关键因素：女性角色的转变和教育的普及。[1]

女性工作

收入增加的一个重要原因就是各个年龄层的群体都加入到了劳动大军的队伍中。那些学龄前儿童的母亲们是这个队伍中人数增加最多的一个部分。尤其是她们已成为像医药和建筑等高收入行业的新鲜血液，打破了男性一统这些行业的局面。尽管，在某些领域，女性比例少之又少，但是女性正在不断扩充自己的支配范围。女性工作者人数的稳步增长是中高收入家庭迅速增多的一个首要的缘由。[2]

归因于教育

另一个主要的因素就是教育。尽管上大学需要付出的代价是巨大的，但是从长远利益来看是值得的。与那些只是高中毕业的学生来说，大学生的工资比他们高至少50%。一个高中文凭的女性的工资只有大学文凭女性的40%。[3]因此，教育是至关重要的。

消费还是不消费，这是一个问题

消费者根据自己的支付能力和消费欲望来决定自己的消费行为。尽管对必需品的需求是稳定的，但是如果觉得现在消费不是一个好的选择时机，那么他们会推迟或者取消某些其他开支。[4]例如，一个人可能会根据他衣柜里衣服的状况而不是自己的意愿或者是支付能力来决定是否该买一件新衣服。

可自由支配开支

可支配收入是指那些在添置完家里的必备品之后还可以支配的资金。也就是说，为寻求更为舒适的生活所花费的钱。然而，对舒适的定义因人而异，动机和价值观念也是影响因素。当下我们购买的大多数衣着都是基于必需，但是我们也会偶尔仅仅因厌倦了那些旧的或者过时的衣服而买一些新款的衣服。因此，一般的服装消费是一种可自由支配开支。不同年龄段的消费者在他们的时装上的可支配开支也是迥然不同的。大部分的青少年和年轻人将自己的大部分可支配开支用在衣服上，当他们年长后，则会将这些开支用在家庭、孩子、教育和旅行上。

美国消费者一年大约掌握4 000亿美元的可自由支配支出。收入达到高峰期的35岁到55岁年龄段的消费者的支出占据了这个数据的一半。美国在拥有健康的经济和繁荣的股市的状态下，大多数消费者仅仅只是想从股市中获取更多的利益回报以增加其可支配支出。但是这种摆动性的增长导致加入到市场的新手们有点措手不及，因此一夜间的破产成为另一道“风景线”。然而富人却有足够的资金去承受这些不正常的波动。事实上，像蒂凡尼这样的奢侈品公司几乎不会受到这些波动的任何影响。正如一个房屋设计公司的最高执行总裁所说：“我们的主要消费对象是那些富人。不管市场是起还是落，他们都是富人。”[5]

随着人口年龄和收入的增加，美国家庭也逐渐改变了其开支模式。最显著的改变莫过于尽管在吃和着装上的花费还是较大，但是大数额的开支用在了房屋建设、交通运输、娱乐消费和教育上。这些变化应归结于一些因素，如家庭所有权的普及（在过去的30年中，房主的数量增加了80%）、女性工作的需求（支付家庭开销）。面对这些改变，服装销售者绞尽脑汁去获取更多的消费者，因此，你会看到服装店是随处可见的。图7—1详细阐述了普通美国家庭开支。

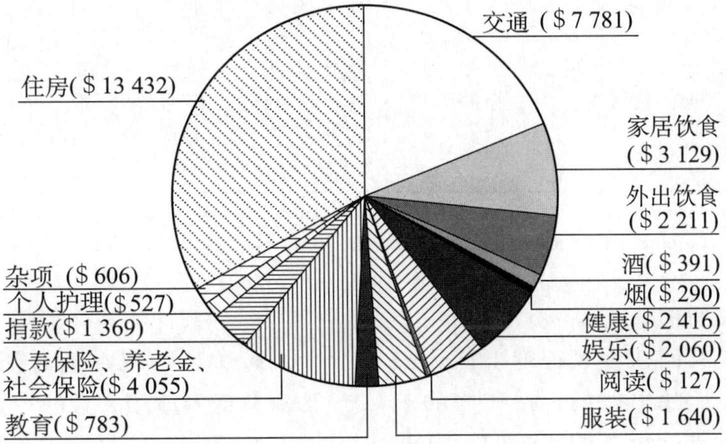

图7—1　普通的美国家庭如何花钱

资料来源：Reprinted with permission from the February 7, 2005 issue of Advertising Age. © Crain Communications Inc. 2005.

对钱的个体观点

尤其是在“9·11”事件后，美国消费者开始重新思考关于他们个体化和集体化的消费模式，担心自己现在拥有的东西是否能够持久。在一项由美国知名调查公司Roper Starch Worldwide进行的研究中，尽管有半数的消费者说他们不相信钱可以买到幸福，但是将近70%的人依然表示如果他们的收入能翻一番的话，他们会比现在幸福多了。[6]

个体对金钱的担忧，不是与他们事实上拥有的金钱数有关，而是与获取和管理金钱的能力有关。金钱是一个多种心理学意义的载体。它可以等同于成功、失败，可以与社会接纳度相连，可以与自由、安全、爱密不可分。[7]一些临床的心理学家甚至专门研究和治疗那些与钱相关的障碍，临床术语如破产恐惧症、恐盗贼症、贫穷恐惧症、恐金症等都是与之相关的。[8]他们指出，某些个体会因为成功而感到内疚，因此，他们会故意做出错误的投资决定以减缓这种内疚感。

这项研究还表明，迄今为止，安全感与金钱之间的关系最为密切。其他的一些关系密切的因素有舒适、对孩子有所帮助、自由和快乐等。表7—1详细阐述了研究者定义的7种主要的金钱人格类型。

消费信心

在行为经济学领域或者是经济心理学中，主要考察的是经济决策中人的因素。（包含将在第11章的讨论中）心理学家乔治·卡托纳（George Katona）是该领域的研究先驱者之一，他的主要研究成果是消费者动机、他们的未来预期是如何影响他们当下的消费，这些个人的决定又是如何影响到整个社会经济福祉的。[9]

表7—1 金钱人格类型

	猎人型	收集者型	保护者型	挥霍者型	奋斗者型	自耕农型	理想主义者型
人口比例	13%	19%	16%	14%	13%	14%	10%
平均收入	44 000美元	35 000美元	36 000美元	33 000美元	29 000美元	31 000美元	30 000美元
实例	比尔·盖茨（微软）	巴菲特（内布拉斯加州的投资者）	保罗·纽曼（演员和企业家）	伊丽莎白·泰勒（电影明星）	托尼·亚哈丁（花样滑冰选手）	罗萨·安娜（喜剧演员）	艾伦·金斯堡（已逝诗人）
概况简介	承担风险，获取成功	永远追求安全第一	把他人放在首位	要么是一流的旅游，要么就什么也别做	金钱的奴隶	只需要足够的金钱以养活自己	生活中的其他东西要比金钱来得重要
性格特点	对钱表现出积极进取性，将它等同于幸福和成就，就好像是一种不安定的生活模式	持有传统观念的一个保守型的投资者。注重节俭和尽量避免借贷行为	认为金钱是保护自己所爱的人的一种方式，女性占大多数，已婚的可能性比较大	喜欢买奢侈品而不是实用性较强的产品，是一个以自我为中心的人，而不是一个好的规划者	认为有了钱，世界就变得很美好，将金钱等同于权力，受教育程度高，但是离过婚	对金钱不感兴趣，对即时的需要满足关注较多	认为金钱是罪恶的根源，对物质化的东西不感兴趣

资料来源：Adapted from Robert Sullivan, "Americans and Their Money," *Worth* (June 1994): 60 (8 pp.), based on a survey of approximately 2 000 American consumers conducted by Roper Starch Worldwide. © 1994 Worth Magazine. Reprinted by permission of *Worth* magazine.

一个消费者对未来的信念是消费自信的一个指标。消费信心能反映人们在多大程度上认为经济未来趋向健康发展，反映出他们是持积极的观念还是消极的态度。在支配可支配支出时，这些信念会影响消费者对经济的关注度。在《女装日报》时装产业篇中也极力强调信心指数的重要性。

许多商家仔细地考察消费者的消费参与度，他们会根据一些调查研究去试图获取美国民众的消费动向，以此对接下来的营销做一个预测。大企业联合会进行了一项针对消费者信心的研究，密歇根大学研究中心也进行了相同的研究。在这些研究中，消费者会接触到这些问题[10]：

- 与一年前相比，你或者是你的家庭在财政上是变好了还是变坏了？
- 你预计明年你的财政状况会变好还是变坏？
- 你认为现在适合添置大件的家庭用品吗，像家具或者冰箱之类的？
- 来年，你打算买车吗？

当消费者对这些问题或是对当前的经济现状持消极态度时，他们就倾向于减少开支和贷款。反之，当他们对未来信心十足时，他们就会减少储蓄金额、贷更多的款、买一些可支配的物品。换句话说，储蓄率也受下面三个因素影响：（1）个体消费者对其所处环境所持有的积极态度或者消极态度，比如说在一个股市高科技板块中获取了财富。（2）世界性事件，比如伊拉克战争。（3）储蓄态度的文化差异（比如说，日本人比美国人更喜欢存钱）。[11]

社会阶层

经济条件和社会地位决定我们衣着的类型。整个社会可以大致被分成“富人”和“穷人”两个部分。（尽管富人和穷人的界限是模糊的）美国是一个崇尚人人生而平等的国家，尽管如此，还是存在贫富差距的。当菲尔遇到卡德维尔一家时，一个人的社会地位从不同的层面得到了验证，这些因素包括收入、家庭背景、教育和工作。凯撒从社会定位这一广义层面对此进行了描述。他认为社会阶层指的就是上述这些东西与其他变量之间的交叉点，变量包括个体的性别、年龄、特定时间特定地点所持有的信念和价值形态。通过社会化过程，个体学会了对自己做出预期。他们的所作所为都与自己的身份地位相符。[12]

个体在社会结构中的地位是决定消费支出多少的一个重要因素。它不仅对支出多少有影响，而且还影响到个体是如何支配支出的。菲尔对卡德维尔一家感到吃惊，因为这么有钱的一家人却没有任何吹嘘的举动。这种低调的生活方式是所谓旧货币时代的一个标志，拥有金钱的个体不会对自己的生活做出任何改善。相反地，那些新时代的有钱人会用一种与之完全不同的方式花自己的钱。这一点，尤为突出地体现在他们的衣着、汽车和其他能展示财富的外部标识物上。

啄食顺序

在动物世界中，自信和攻击性强的物种掌握控制权，它们对食物、住所和交配享有优先选择权。像鸡这样的动物，也存在着一个界限明确的控制—服从社会化体系。在这个体系中，每一只鸡都有自己特定的地位。在这个地位上的它就必须对高于自己的成员表示服从，对低于自己的成员展示自己的控制权。这就是啄食顺序的起源。[13]

这同样也适用于人类。人类也形成了与自身社会地位相符合的啄食顺序。这种体制决定了他们获取教育、住房和消费商品资源的先后顺序。因此，人们会不遗余力地改变现有社会地位以获取更好的生活质量。这种想改善生活的欲望在其所作所为中得到了诠释，因此商家也据此制定了市场营销的核心策略。

社会阶层影响资源的获取

正如营销者出于市场细分的目的，想提供给不同阶层消费者不同产品一样，社会学家也努力寻求一种根据个体的社会经济资源对其进行有意义的、合理的地位划分的方法。尽管一些划分只是单纯的经济层面的划分，但也有些划分是包含着政治权力的。卡尔·马克思认为，个体的社会地位是由个体与社会生产方式的关系所决定的。那些掌控资源的个体利用他人的劳动来维持自身的优先权地位；而那些贫穷的个体则没有控制权，他们完全依靠自身的劳动来维持生计。因此，如果改变该社会体系，那么这些贫穷者将会是获益最多的人。所以，人类之间的这种差异，由于既得利益者要继续保持利益而得以保存。[14]

社会学家马克斯·韦伯（Max Weber）认为这种排序并非是单一层面上的划分。比如，某些个体会关注自身的威信或社会荣誉，某些个体会关注权力，某些个体则聚焦于财产和财富。[15]

用以区分不同阶层的服饰

纵观历史，那些掌权群体总是能够维持各个阶层之间的区分，而衣着是一种主要的掌控方式。尽管这对我们现代人来说是一件不可思议的事情，但是在那时，穿衣是法律严格规定的。限制法令对穿衣风格、个人在穿着和饰品上的花销进行了明确的规定。通过规范穿着，法律在西欧国家还起到了将贵族阶层与其他阶层加以区分的作用。当商人阶层获取足够多的财富时，他们的着装接近于贵族阶层。基于这样的情况，法律又继续推出限定扩充财富的相关规定。在英国伊丽莎白一世时期，法律禁止平民穿金饰或银饰服装，丝绒、毛皮服装，各个特定阶层的人要穿特定颜色、主题、风格的服装。

在韩国、日本等国的历史中，限制法令同样占有一席之地。追溯到公元前200年，那时对长袍装饰的限定就已表明个体所属的社会阶层。在韩国，直到20世纪初期，仍然不允许平民穿某种服装，这种服装是体力劳动者的一种标志。[16]在17世纪，日本的商人富甲一方之后，地方领导人不甘示弱，因此他们制定了相关法律，对各个阶层的和服做了相应的规范和限定。在一些国家的历史中，服装是一种人人平等的象征，而不是将各个阶层分化的工具。[17]

19世纪，西方的束腰服装和中国女性的裹脚成为一种阶级的象征，而男性则是一种家庭财富掌控者的角色。当今时代，随着人们各自生活风格的选择不同，社会阶层由于易变性而难以辨识。服装能很好诠释这一点。但是，在接下来的讨论中，我们会发现，当下的地位象征物还是能反映一个人的社会地位。

社会地位影响品位和生活风格

当今社会，社会阶层一般被用来描述整个社会的序列状况。如果是同一阶层的人们，那么他们之间享有的社会权利是平等的。他们从事相似的工作，有着相似的生活风格，收入水平基本一致，社会地位平等。这些人之间彼此社会化，并不断分享生活思想和价值观念。[18]事实上，物以类聚、人以群分是这种现象的最好阐释。人们倾向于和与自己同阶层的人结婚。

社会阶层就是这样一种存在状态。正如菲尔所见，阶层是关于人们用钱来干什么以及个体如何界定自己在社会中的地位和作用的。尽管人们不喜欢社会中的某些人与众不同，但是大部分个体都承认不同阶层的存在，也承认这种群体消费效应的存在。正如研究中的一个有钱的女性对社会阶层的见解一样[19]：

> 我认为社会阶层意味着你去什么样的学校，这个学校离你有多远，你的智商是多少，你住在哪里，你送你的孩子去什么样的学校，你有哪些爱好。比如说，滑雪就明显比雪地摩托来得有尊严。这不仅是钱的问题，因为别人并不确定你究竟有多少钱。

社会分层

在学校课间的时候，孩子们总是集结在一起。他们有许多资源可以利用，比如说一些特权、豪华轿车、大额津贴、与一些受欢迎的同学约会等。在工作时，一些人被提上了“快车道”，他们获得晋升机会，工作更好，工薪更高，或许他们还会获得停车场、大工作室、公司主管私人盥洗室的钥匙，等等。

在任何情境中，总有些人处在位高权重的位置上。这种社会安排模式揭示出一些人能通过他们相对较高的权力、地位或控制权获取更多资源。[20]这种社会分层的现象指的是社会中人为的划分。这种划分造成了某些稀缺且珍贵的资源被不均衡地分配到那些位高的人手中，且这种分配在很大程度上具有很强的稳定性。[21]

成就地位与先赋地位

想想自己所在的团体，不管这个团体规模是大还是小，都会存在内部成员分配不均的情况。一部分人会获取好的东西，而其他人则没那么幸运。而且这些资源的一部分是可以通过辛苦劳动或者是勤奋学习而获取的，这种现象叫“成就地位”。其他的一些奖励则完全是因为某些人出身富贵或者天生美丽，这就是“先赋地位”。

不管这些奖励是由于他们本身是优秀的还是由于与其他要人相关而获取的，这种定位很少会公平地对待每一位成员。大多数的团体都呈现出一种阶级结构，在这个结构里，总是一些人的地位高于其他人。他们拥有非常多的权力，而且他们也受到了大家的更多尊重或喜爱。“地位”这个概念事实上是个中性词，在一个阶层结构中，它只是意味着位置。例如个体的婚姻状态，个体可以是已婚或是未婚的。但是，如果我们讨论一些地位倾向性的东西，那么我们在很大程度上是说一种特权的连续体——从高的地位到低的地位。

美国的阶层结构

美国没有一个清晰客观的阶层系统。但是，美国仍倾向于根据收入分配来维持一种稳定的社会阶层结构。与其他国家不同，在美国，不同时代不同阶层的人的工作并不会呈现出明显的阶级性。[22]1914年W·劳埃德·华纳（W. Lloyd Warner）最早对美国阶层结构进行了研究。华纳定义了六种社会阶层。[23]

1. 上上层
2. 下上层
3. 上中层
4. 下中层
5. 上下层
6. 下下层

这是根据金钱、教育、奢侈品等因素划分的社会阶层。虽然这些年来研究者一直在对阶层的影响因素进行划分，但是目前这六种水平是社会所公认的。图7—2为关于美国社会阶层结构的一种观点。

世界范围内的阶级/阶层结构

每一个社会中都会有某种特定的社会阶层结构类型，这种阶层结构决定了人们获取商品和服务的行为。当然，营销商的成功必然会考虑人们所在文化背景及其价值观念。对中国消费者来说，经济的飞速发展导致中产阶级的出现，这个阶层所容纳的人数大约为 1.3 亿。在未来的十年内，这个数字将扩大到 4 亿。因为消费成本比较低，所以他们的整体收入较美国民众低。年收入14 000美元的家庭就可享受中产阶级待遇，比如说购买时髦的衣服、中国制造的彩电和 DVD 播放器以及手机等。同样，收入的增加促使某些理想变成现实。自从欧盟国家成为中国的旅游地之一后，到欧洲旅游的中国观光游客的数量也急剧增加。其中，法国是他们的首选地。到 2020 年为止，世界旅游组织估计每年将有 1 亿的中国游客出国旅游。[24]像日本的游客一样，当他们到达某一个地方时，会花一大笔钱用于住宿和购买奢侈品。因为同国内相比，这些奢侈品在欧洲更为廉价。现在很多的法国知名品牌店允许中国顾客使用中国银联卡。

中国中产阶级的崛起也给耐克带来了收益。耐克品牌被中国消费者认定为最酷的消费品之一。耐克鞋已成为成功的一种象征。现在，耐克公司在中国平均每天开 1.5 家店。这种成功不是一瞬间获得的，而是付出了很多的努力换来的。起先是因为耐克公司赞助中国运动员，尤其是赞助 1995 年国家篮球队。而能在一个并非为体育疯狂的国家成为时尚象征，这无疑是耐克公司的一个壮举。之后，它与美国国家篮球协会合作，这样就可以吸引像乔丹这样的巨星为之代言。慢慢地，内行的中国人开始以“耐克”代指运动鞋。2001 年，耐克在中国市场的发展迎来了新的阶段：“街舞风雷”。[25]

日本是阶级意识很强的国家。在这个国家里，高端设计师品牌是很受欢迎的。代表地位的新产品总是广受追捧。对日本人来说，传统的岩石庭院、敞篷车都成为大家日益追捧的东西。岩石庭院代表了家族财富，因为这些东西都是贵族所赞赏的艺术形式。除此之外，必须拥有足够多的资金，因为在一个地价昂贵的国度里，你必须有足够的钱去购置一块地。日本土地资源的匮乏很大程度上源于日本人对高尔夫运动的热衷，因为高尔夫场地占用了大量的空间。如果你是高尔夫会馆成员，则意味着你是一个有钱的人。[26]

收入 ↑

上层美国民众 上上层（0.3%）：继承财富的“资本社会”世界。 下上层（1.2%）：来自目前专业人士中的新社会精英。 上中层（12.5%）：出身高校的其他管理者和专业人士。他们的生活风格聚焦在私人俱乐部、个体事业和艺术上。
中层美国民众 中层（32%）：平均水平收入的白领和一些高收入的蓝领。住在“城里更好的地方”，试图“做一些更为合适的事情”。 工人阶层（38%）：一般的蓝领阶层。不管他们的收入、学历、背景和工作如何，他们都过着勤奋工作的生活
下层美国民众 属于下层但不是最底层（9%）：有工作，但没有福利，生活标准刚及贫困线。他们的行为在公众看来是粗鲁、蹩脚的。 真正的下下层（7%）：依靠福利生存，处在特别贫困的状态中。一般他们都是失业者，同样也是法律的破坏者。

图 7—2　美国社会阶层结构一览图

资料来源：Richard P. Coleman, “The Continuing Significance of Social Class to Marketing,” *Journal of Consumer Research* 10 (December 1983)：265-280. Reprinted with permission of The University of Chicago Press.

对于阿拉伯的女性来说，购物是一个消磨时间的爱好。而与日本女性不同的是，她们中的大多数都是非职业女性，因此寻求那些西方奢侈品牌就是一项主要的休闲活动。她们的更衣室是比较大的，前厅大得可以容纳那些经常一起去购物的朋友和家人。在中东，西方奢侈品是极度受欢迎的，因此许多奢侈品牌考虑在那里开设分店。萨克斯第五大道和阿玛尼等品牌都在那里开设了零售店，为的是迎合那里消费者的需求。但是，这些时尚的零售店也必须考虑到当地的文化和宗教习俗。米索尼（Missoni）指出，长裤、裙子和带披肩的晚礼服（能盖住头和肩膀）是当地人所喜欢的。广告和展品是处处受限的：不允许出现性爱等因素。在沙特阿拉伯严肃的宗教文化氛围中，展柜模特不能显示出性别或身体曲线。在萨克斯利雅得的店里，模特都没有头也没有手指，而且三分之二的商店是不对男性开放的。[27]

英国也是一个社会阶层区分明显的国家，至少到目前为止，消费模式完全因社会地位和家庭背景的不同而不同。上层社会成员接受的是伊顿或牛津的教育，像《窈窕淑女》里亨利·希金斯那样讲话。这种僵化的阶级结构的残余仍随处可见。“Hooray Henrys”（有钱的青年人）在温莎玩马球，而且会继承上议院的议员席位。

这种世袭财产的主流文化在英国传统的贵族社会中似乎渐渐褪色。一项调查表明：200个英国富人中只有86人是靠继承财产而成为有钱人的，其他人都是靠自己挣来的。尽管皇室家族的尊严是贵族的缩影，但是经过一些八卦新闻的报道，也逐渐逝去了先前的荣耀。而且有些年轻家族成员的一些举动更为滑稽可笑，他们成为摇滚明星而非王族的名人。正如一位研究者所说：“皇室家族正逐渐退出历史的舞台……从某种意义上说，这就像具有盛大歌剧风格的肥皂剧一样，最终会落幕的。”[28]

现在，像联合利华、达能集团这样大的营销商家已经将自己的市场定位到那些较低阶层——被称为“查韦斯”（chavs）的消费阶层。“查韦斯”这个词被广泛使用，用于指那些年轻的、低阶层的人们。他们将博柏利等大品牌服饰和运动服混搭。他们的穿着类似于偶像贝克汉姆和其妻子维多利亚（前辣妹组合成员之一）这样的明星。除了他们喜欢购买这些产品外，商家转向他们的另一个主要原因是他们有足够的可支配收入来持续购买这些时尚品、食物、小饰品。法国达能出产的HP酱是一种调味剂，一个世纪以来，人们都将其涂在培根三明治和薯条上食用。而针对“查韦斯”阶层的广告也是一系列的有“查韦斯”文化的宣传品：一个比较新颖的形式是，在婚礼上的自助餐“斗殴”。另一个广告是著名球星的妻子们因HP酱而使舞会的气氛顿时活跃起来。[29]

多元文化维度

石油和资本带给中国和俄罗斯繁荣。在仅仅几年内，俄罗斯就出现石油繁荣的景象。莫斯科因此成为一个奢侈品群聚的市场。因为，莫斯科已经拥有25个亿万富翁和88 000个百万富翁。[30]甚至有人说莫斯科比纽约还要富有。127万美元一部手机？170万美元一辆布加迪轿车？这些事情在莫斯科百万富翁贸易市场上是屡见不鲜的。这种现象在一定程度上是石油经济驱动下国民日益富有从而可以自由消费的国家的缩影。但少数有钱人与20%生活在贫困中的俄罗斯民众之间存在一道鸿沟。[31]始于荷兰的百万富翁展览会，在莫斯科也取得了巨大的成功。在其他的会场，如阿姆斯特丹、戛纳、上海、比利时等，人们来看，而俄罗斯人来买。

中国拥有的小汽车数量在世界上排行第一。拥有一辆属于自己的汽车也是新崛起的中产阶级的梦想。[32]但是拥有一辆汽车还不够，而车牌号才是身份地位的象征。将新货币愿望与旧世界迷信相混合，这是车牌号的一个重要组成部分。4的发音同“死”，在中国文化中是不吉利的；而8与“发”同音，代表财富，因此8是最吉利的数字。车牌号一般是随机编码的，但是以4结尾的车牌号被认为是不祥的预兆，带8的车牌号则被认为是幸运的象征。像一则关于车牌号的网络广告，“A88888”这个车牌号的要价是140 000美元。跟俄罗斯情况类似，中国贫富差距也较大。车牌号在一定程度上是这种差距的代言。也有些人会说这是有钱人炫富。

大众阶层的崛起

尽管社会阶层仍然很重要，但要想找出匹配某个阶层的品牌或者商店则是件很棘手的事情。这是因为过去那些大多数人买不起的奢侈品，在今天或多或少是各个阶层消费者清单中可支付的一项了。收入分配导致了这一全球性变化。在许多国家，过去只是单纯的贫富两极分化。你要么是富人，要么是穷人。但在今天，像韩国、中国这样经济飞速发展的国家，其国民收入不断增长，而相应的产品和服务价格的下调导致了更为公平竞争的市场环境。在这样的环境中，人们可以通过高消费来改善自身的生活水平。例如，短时间内我们看到了手机、电脑、VCD和高清电视价格的不断下调。

这种变化促进了人们对大众阶层消费品的需求。这些消费品在一定程度上也有风格。这也是H&M、Zara、盖普、耐克、欧莱雅、诺基亚这些大公司取得成功的原因之一。它们迎合大众阶层消费群体对消费品的需求，使全球数以百万计中等收入的消费者都有更多机会过上有品位的生活。他们对大学教育、住房、豪华车等表现出了极大的欲望。[33]

面对这一潮流，时尚的策划者们在一定程度上也措手不及。他们称其为奢华风大众精品(Masstige)，这些产品是大众与威望的结合产物。[34]麦兹拉西为波道夫·古德曼做设计，但他还拥有供应塔吉特商场的一条颇为成功的生产线。卡尔·拉根费尔德、斯特拉·麦卡特尼、维果罗夫、罗伯特·卡沃利、川久保玲也都采取相同的策略。其中有的产品会在数小时或者几分钟内售光。[35]如果大众都能支付得起这些时尚品，那么它们在一定程度上就不再是奢侈品了。就像盖普、塔吉特、萨克斯第五大道等日渐成为大众的消费品。消费群体不断融合，他们会攒钱买一件好市多（Costo）T 恤，会在萨克斯零售店买一些高档商品，会在沃尔玛店买衣服，等等。总之，大众消费阶层日渐活跃。

社会流动

人们倾向于在多大程度上改变自己所属的社会阶层呢？在某些社会中，社会阶层是很难发生改变的。如印度就沿用着种姓制度。这与任何人都有可能成为总统的美国的状况是截然不同的。社会流动是指个体身份从某一阶层跨越到另一阶层。[36]

流动可以是向上的、向下的或者水平的。水平流动指的是个体从一个位置移动到相对平等的另一个位置上，比如，小学老师成为了护士。当然，向下的流动并不是大家所喜欢的，但最近几年这种模式却频繁发生。如大量的农民和失业者加入到靠社会福利生活的行列中，成为无家可归的可怜人。据保守估计，大约 200 万的美国人处于无家可归、流离失所的状态。[37]

除了这种令人失望的向下流动趋势，人口统计表明，还存在向上流动的现象。整个社会中上层的人口数量在逐渐减少（因为他们每家拥有的孩子数越来越少），如果与下层群体数量相比，这一点则更为明显。在更替水平方面，他们也在不断地调整家庭的大小（一家只有一个孩子）。因此，上层就必须吸取其他阶层的血液来补充自身。[38]总体而言，蓝领阶层的后代可能还会成为蓝领阶层，白领阶层的后代也会倾向于成为白领阶层。[39]虽然人们倾向于提升自己的社会地位，但是这并不能使他们戏剧性地从所属阶层跨越到另一阶层。

可以用时尚解释为什么某一阶层的成员会模仿另一个阶层的成员，为什么这一阶层的成员反过来又会推动新一轮的时尚潮流。[40]昆汀·贝尔（Quentin Bell）和其他社会学家认为，时尚的历史跟社会阶层毫无瓜葛，这一点十分令人费解。因为一个阶层经常会努力想达到更高阶层或者至少是模仿更高阶层的特质。大多数时尚权威认为，中产阶级力量的增长及推动力与时尚需要的增长有着密不可分的关系。中产阶级在总人口中的比重是最大的，他们对时尚的流行有绝对的话语权。正如第 1 章中所提到的，中产阶级成员在潮流中扮演的角色更像是追随者，而不是领导者。他们对时尚的不懈模仿促使潮流的引导者不断寻求新的、区别于他者的时尚模式。[41]

社会阶层的组成

当我们考虑一个人的社会身份时，我们会想到许多支离破碎的信息。其中两个主要的信息是收入和职业。第三个因素就是教育成就，而这一点又与收入和职业密切相关。

职业声望

在一个社会体系中，往往通过职业声望来界定一个人。而这些也是评估个体财富的一种方式。职业声望体系看似比较稳定，而且在不同的社会中，它也表现出一定的相似性。在巴西、加纳、日本和土耳其等不同的社会中，职业声望都呈现出了较高的相似度。[42]

典型的职业声望阶层体系包含以下几点：各种专业性的、商业性的职业排在首位，如大公司的高级行政总裁、医师、在一流大学任教的专家（在美国还将最高法院的首席法官列入其中）；那些徘徊在社会底层的工作者，则包括擦鞋匠、挖沟者、捡垃圾者等。因为个体的职业与他的闲暇时间、家庭资源的分配、政治倾向等都高度相关，所以这个变量被看作社会阶层的一个很好的指向标。

收入

社会科学家和营销者对社会财富的分配表现出极大的热情。因为社会财富的分配决定了个体的购买能力和市场潜力。毫无疑问，财富是各个阶层的区分线。上层5%的人掌握了75%的社会财富。[43]正如我们所知，收入本身并不是社会阶层一个很好的标志，怎么花费更能说明问题。但是，人们需要金钱以支付那些能反映自身品位的商品和服务，从这个意义上说，收入还是很重要的。美国消费者趋向于老龄化和富有化，这些改变将会对消费偏好产生直接的、持续性的影响。

收入和社会阶层之间的关系

尽管消费者倾向于将金钱等同于社会阶层，但是金钱和社会其他方面间的精确关系却并不是那么清晰。这一话题曾一度引起了社会学家间的争论。[44]金钱与社会阶层两者在某种程度上可以被看作同义词，这也就是有些人愿意通过炫耀财富以表明自己的社会地位有多高的原因。

另一个问题随之而来。那就是，如果一个家庭通过增加工作人数来提高家庭收入，那么每一份额外的工作都可能具有更低的社会地位。比如，配偶寻找一份兼职，这并不会提高其社会地位。此外，这些额外的钱并不会对家庭整体的生活改善做出贡献。往往个体会用这些钱来满足自身的一些需求。因此，更多的钱并不能改变一个人的社会地位或者消费模式，因为这些钱可能更多地被用来购买一些普通生活用品而非提高其社会地位的产品。[45]

考虑到社会阶层的相对价值观念（居住地、工作、文化兴趣等）与对消费行为起一定预测作用的收入之间的关系，我们得出以下几个结论：

● 社会阶层能更好地预测购物行为，它具有象征性的一面，但是对价格的调节作用不大（如化妆品和时尚）。

● 收入能更好地预测不具备地位性、象征性特质的主要开支（如大件用品）。

● 社会阶层和收入数据都是预测购物水平和象征性产品的必备要素。

社会阶层的测量

因为社会阶层的影响因素繁多，因此在某种程度上社会阶层是一个复杂的概念。那么，测量社会阶层自然也就不是件易事。早期的测量工具包含20世纪40年代的地位特征指数、20世纪50年代由霍林席德（Hollingshead）提出的社会地位量表。[46]这些测量工具都是综合各种个体特征来达到对某种社会阶层的定义描述。这些主观指标的客观性也引起了不少争议。一项研究称，为示区分，可采用对教育、收入水平的单项测量，它们和综合社会地位测量一样有效。[47]

美国消费者很容易将自己划分为工薪阶层（比中间阶层更低）和中间阶层。同样，那些认为阶层区分不存在的人也是少之又少。[48]到了20世纪60年代，宣称自己是工薪阶层的人数开始上升，但是之后又处于下滑的状态。

那些具有较高声望的蓝领工作者倾向于将自己看成工薪阶层，即使他们的工资与那些白领旗鼓相当。[49]这样的事实更加确定了工薪阶层与中间阶层的划分是主观性的。这种分类的意义至少说明了他们对自我的认同和主观的经济幸福感。

社会阶层测量中的问题

市场研究者最早提出，可以以某种重要的方式将不同群体的人加以区分。不幸的是，尽管划分的某些维度还在，但是其他的一些因素已经发生了改变。[50]这些测量大多已经过时，在现在的环境中适用性是很差的。[51]

大多数的社会阶层测量工具主要是针对传统的核心家庭而设计的。在这样的家庭中，中年男性正值事业高峰期，是整个家庭的支柱，而女性则是全职的家庭主妇。如果将其应用到双职工家庭中，问题就会接踵而来。这样的家庭中，独生子女单独在家生活，女性也是家庭的支柱，等等。

另一个问题则是我们所处的社会中日益加剧的匿名化现象。早期研究主要是基于信誉方法，在社区内进行广泛采访，通过这些采访来考察一个人的声望和背景（第12章中我们会详细讨论）。这种通过互动模式获取的信息为社区地位提供了有效而可靠的参考。但是，在当今的社区环境中，这种方式是行不通的。目前采用的一种综合性的方式是，通过采访获取人口统计资料，并将这些数据与采访过程中的主试对被试财产和生活标准的主观印象相结合来进行分析。

图7—3展示了这种方式的一个案例。问卷问题的精确性在很大程度上依赖于采访者的判断，尤其是受访者邻里关系的质量。这些印象在很大程度上会受到采访者的主观偏见的影响，这种偏见会对他研究比较结果的客观性造成不良的影响。更为严重的是，这些阶层的特点也是主观性极高

的词汇，比如贫民窟、优秀都不是客观性指标。高能力的采访者才能避免这种潜在的问题，因此我们还要考虑到数据的交叉验证，比如说多个评分者对同一项进行评测。

请被采访者在符合自己或是家里情况的数字前的横线上打勾。采访者会根据实际情况提出不同的问题，比如说职业，并对这些信息进行排序。被采访者要用自己的语言描述邻里关系，还要填写自己的收入。然后采访者将这些资料反馈给他们，让他们给予评价，看看记录的这些资料是否属实，并给予相应的说明。

教育	被采访者	被采访者的配偶
初中阶段（8 年或者更少）	__ 1	__ 1
高中阶段（9～11 年）	__ 2	__ 2
高中毕业（12 年）	__ 3	__ 3
高中毕业后的继续教育（商业、护理、1 年左右的大学经历）	__ 4	__ 4
两年或者三年的大学教育	__ 5	__ 5
四年制大学毕业	__ 7	__ 7
硕士学位或者 5 年的专业教育	__ 8	__ 8
博士学位或者 6～7 年的专业教育	__ 9	__ 9

作为户主的职业声望水平

（如果回答者已退休，就问问他以前是干什么的；如果是寡妇，就问问其丈夫生前的职业状态是什么。）

长期失业——日工工作者、没有技能、靠社会福利生活	__ 0
有稳定的工作，其工作需最低限度的技术。例如保管人、工厂最低工资补助领取者、服务性工作人员（加油站工作者等）	__ 1
一般技术性的流水线工作者、公共汽车或卡车司机、警察、消防员、路线送货员、木工、水泥工	__ 2
技术工（电工）、小承包商、工厂工头、低薪店员、办公室人员、邮局工作者	__ 3
小型公司的老板（2～4 个雇员）、技术员、销售人员、办公室人员、公务员	__ 4
中层管理者、教师、社会工作者、低水平的专家	__ 5
较小的公司官员、中等企业的所有者（10～20 个雇员）、中等成功的专业人士（牙医、设计师等）	__ 7
高层企业管理人员、世界知名的专业人士、成功的商业人士	__ 9

居住社区

（对邻里关系的描述作为该社区声望的参考）

贫民窟阶层：接受救济者、一般的劳动者	__ 1
工人阶层：不在贫民窟但是住房条件差	__ 2
一些坐办公室的蓝领阶层	__ 3
坐办公室的白领阶层或者是薪金较高的蓝领阶层	__ 4
较高层次的白领阶层：不是行政主管，但是工资待遇绝对比蓝领高	__ 5
行政管理阶层：专家、管理者	__ 7
富裕或喜欢社交的类型	__ 9

总分：________

年家庭收入

5 000 美元以下	__ 1	20 000 到 24 999 美元之间	__ 5
5 000 到 9 000 美元之间	__ 2	25 000 到 34 999 美元之间	__ 6
10 000 到 14 999 美元之间	__ 3	35 000 到 49 999 美元之间	__ 7
15 000 到 19 999 美元之间	__ 4	50 000 美元以上	__ 8

采访者的估计：________ 阶层评估：________

解释：____

被采访者的婚姻状况：

婚否：________ 是否离异：________ 是否丧偶：________ 是否单身：________

图 7—3 电脑化的阶层问卷例证

资料来源：Richard P. Coleman, "The Continuing Significance of Social Class to Marketing," *Journal of Consumer Research* 10 (December 1983): 265-280. Reprinted with permission of The University of Chicago Press.

另一个问题发生在某个阶层的个体与其预期不相符时。例如，一个赚很多钱的人发现自己并不像社会期许的那样幸福。这种情形就是大家熟知的超水准（指经济收入），而且这种情况经常出现在那些收入超过中层以上25%或者30%的群体中。[52]相反，经济水平低的消费者，即那些收入较平均水平低15%左右的群体，他们会牺牲某些必需品以达到社会对其的期许。

彩票中奖者就是那些一夜之间成为特权拥有者的例证。尽管对大多数人来说，中奖是件吸引力巨大的事情，但是它本身也存在着问题。那些特定阶层的人本应过着特定阶层的生活，想要瞬间适应那种暴富、浮夸、不负责任地炫耀自己财富的生活，肯定问题也是很多的。具有讽刺意味的是，在中奖的几个月后，中奖者出现抑郁情绪的情况并不少见。他们或许在适应陌生环境上出现问题，还会感到来自朋友、亲戚、商人等各方要“共享财富”的压力。

另一种瞬间暴富的高收入群体是硅谷百万富翁。他们是20世纪90年代加州高科技公司的掘金者。这种情形适用于数以万计的百万富翁。这群人发现自己有钱了，但随之而来的是自我认同的危机。心理学家将其命名为“暴富综合征”。这种综合征就像鼠疫一样泛滥开来。也只有在加州硅谷，金钱、意义、选择研究机构才会出现。这些财富专家为硅谷人的子女介绍新学校、帮助他们结交新朋友、为他们介绍证券新动向、慈善活动信息，以使这些富人成为真正的富人。这样，他们就不会对内疚感加以关注，不会有亿万富翁的生活适应上的困扰，不会管理财富的困境就不会出现。[53]在2000年初，这种现象随着网络的飞速发展而迅速崛起。

对阶层地位的传统性假设是，丈夫定义了一个家庭的社会地位，而女性只是从丈夫那里获取相应的社会地位，从属于丈夫。[54]事实上，相貌姣好的女性更倾向于与高阶层的男性结婚，而有魅力的男性则不是这样。传统的观点认为，女性拥有的是性方面的资源，而男性则是经济上的资源。[55]

而在当今世界，这种假设的准确性是堪疑的。女性对家庭幸福感的贡献与男性旗鼓相当。她们与男性从事相同的或者地位更高的工作。《时尚伊人》杂志是这样描述的：

> 自从女性获得解放以来，她们可以选择自己喜欢的男性并与之结婚。她们不会考虑其社会地位，她们在乎的是彼此之间的关系是否融洽愉快。这与那种只看重男性权力时代的观点是大相径庭的。[56]
>
> 职业女性估计自己的主观性地位时，她们既会看重自己的地位状态，也会评估丈夫的地位状态，并且取其平均值。[57]而且，在评估备选商品时，社会阶层意识的唤醒常常是一项重要的产品属性。

社会阶层仍然是划分消费者群体的一个重要方式。许多的营销策略就是针对不同的社会阶层。但是，营销者总是不能充分发挥社会阶层信息的效力。

社会阶层如何影响购物决策

消费者购买的不同商品应该与其特定的社会阶层相符。[58]工薪阶层的消费者倾向于从实用性角度看待商品，比如说耐用性、舒适性，而不是什么风格或者时尚。他们也很少去尝试新的产品和风格。[59]相反，那些富裕的人更多地关心外表和形象。这种差异表明，服装、时尚等不同的商品是针对不同的消费阶层的。[60]

社会阶层决定购买倾向

蓝领阶层和白领阶层穿衣的差异在于白领男性的着装直截了当。在本章的后面我们将详细讨论凡勃伦（Veblen），他强调通过“一尘不染的白衬衣”来界定一个人是否属于上层阶级。在19世纪90年代，他就详细阐述了各阶层的不同穿着，尽管这种区分在当今并不是那么明显了。相对于男性间着装的差异而言，女性着装的区分更为不明显，因为女性没有男性那种商务制服。服装研究表明，女性的工作性质决定了选衣标准。一项研究发现，那些舒适、得体、质量好、有魅力的服装最适合当职业装，而不是代表社会阶层的服装。[61]在选择模式上，职业女性与住家女性的选择差异也是巨大的。[62]但是大多数研究仅限于白领阶层。男性之间的差异显著，女性之间的差异则是细微的，并且她们的衣着情境性区分比较大。[63]

因为现代社会不断将时尚民主化，所以其阶层性越来越不明显。时尚跨阶层的领导模式理论表明，某种时尚潮流是适合每一个阶层的。这种现象要归功于不同群体间自发的、快速的交流。但许多研究也表明，时尚和阶层间不存在一致性或者说两者间不存在必然的联系。[64]时尚的理念和方式源于各个阶层的需要。但在这些时尚中还是存在着一些细微的差异，如奢华面料或品牌，这些仍造成了价格差异和地位差异。

在将阶层作为解释消费者行为的因素时要小心谨慎，因为这并非易事。勒博描述了为什么消费者的一些文化类型会看似跨阶层，不分收入水平，不受年龄、职业等的影响。20世纪80年代的一项全国性的营销研究将某一类型的人群界定为“极端消费者”。[65]这项研究是建立在对成功的看法和对新事物的贪得无厌的欲望的基础之上的。这些人大部分属于上层社会，但也有一小部分是来自中间阶层的。44%的极端消费者都拥有顶级设计师设计的服装。但是这个群体将那些对时尚不感兴趣的上流人士排除在外，这也说明了这种人为划分的市场群体的不充分性。

阶层的世界观差异

社会阶层之间的一个主要差异在于消费者的世界观不同。工薪阶层（下中层）的世界观是更为私人和狭隘的。比如，工薪阶层的男性更倾向于视当地的运动明星为英雄，而且他们也很少会离开自己的居住地去远方旅游。[66]电冰箱、电视等即时需要在一定程度上能反映出他们的消费行为。而更高阶层的人通过存钱来实现付学费或者养老保险等长久目标。[67]工薪阶层的消费者很看重来自家人、亲戚的情感支持，因此他们倾向于从集体的角度看待问题而不是从整个大的世界看待问题。他们是更为保守的、以家庭为中心的群体。无论家庭的大小，他们的首要责任都是维持整个家族的颜面和财产。

尽管他们会比较在意物质形式的产品，但却不会嫉妒那些阶层地位高于自己的人。[68]在他们看来，那种为过高阶层生活而付出的努力是不值得的。正如一位蓝领阶层的人所言：“对某些人来说，生活是忙碌的。他们的生活可能充斥着障碍和酗酒。维持那种高阶层地位的着装、聚会一定很困难。我不认为我想过那样的生活。”[69]

这个人的观点或许是对的。尽管在大家看来那些美好的东西总是伴随着高地位和富有的人，但是这种景色却似乎只可远观而不可亵玩。社会学家埃米尔·涂尔干发现富人的自杀率是很高的。他于1987年写道：“最舒适者也是最痛苦者。”[70]他的真知灼见仍适用于当下。尽管那些有钱人拥有财富，但他们确实是抑郁和不幸福的。这种现象被称为富裕病。[71]在《纽约时报》/CBS的新闻中，将13～17岁孩子的生活与他们的父母同样大时的生活作比较。其中43%的孩子回答说，比起父辈们当时的生活，他们的生活更为艰难，尤其是上层社会的孩子会抱怨说自己的生活更为困难，自己根本应对不了那些压力。很明显，通过去一流的学校读书来维持其家族的声望对他们来说并不是件轻松的事情。[72]

法国理论家皮埃尔·布迪厄（Pierre Bourdieu）提醒我们不要忽视文化资本的重要性。文化资本指的是一系列独特的、社会罕见的品位和规则——其中彬彬有礼的举止等会使一个人进入到上层社会中。[73]精英们收集了一系列的技能，这些技能确保他们获取权力和权威。他们又将这些技能传给自己的下一代，比如让孩子参加一些礼仪课及元媛舞会（debutante ball）的课程学习。但是在当今美国的一些城市中，元媛舞会课程的开设也只是依据高校的安排，而不仅仅是由单纯的家庭地位所决定的。他们之所以会想去获取这些资源，是因为这些资源本身就是有限的。这也是为什么大家会挤破头进入一流学府。我们不得不承认，那些富人是与众不同的。

面向穷人

大约14%的美国民众属于贫困阶层，而且这部分群体也往往是商家忽略的。尽管比起富人来，穷人的花费比较少，但是他们同其他人一样也有基本需求。低收入家庭的主要消费是各种主食，如牛奶、橙汁、茶，这一点与其他阶层的消费者并无差异。最低工资水平的家庭在医疗花费、房屋租赁、食物消耗上的支出比例会比社会平均水平高。[74]但不幸的是，仅仅因为他们处在社会的最底层，这些需求往往会被忽视掉。一般来说，那些贫穷的人会去两英里之外的超市、大药店或者银行，这种情况在富人身上是几乎不可能发生的。[75]

另一方面，商家在一些城市设立了具有明显地域特点的分公司。比如，Borders在底特律和芝

年轻女性初次参加上层社会社交活动，或者参加沙龙名媛社交舞会，这些都是上流社会的传统。

加哥等城市的街区都设有分公司。事实上，一些零销商也考虑到了这点，正打算扩展服务范围。此外，在这些地方设立分公司可以免去竞争压力。[76]一些邮购公司也采取了同样措施。例如，Fingerhut销售各种商品，但它主要是为中下层家庭提供信用消费（利息很高），目的是扩展该阶层的消费范围。比如，你要买一双40美元的鞋，可以分期13个月，每个月支付7.49美元。销售额达20亿美元的零售业中，很多商店建立了数据库，共储存了大约5 000万潜在消费者的信息，信息内容包括消费者的爱好、生日、消费记录等。[77]

有趣的现象是，低收入家庭的市场好像比富有家庭还要大。尽管这部分市场已经追赶上了上层阶层，但是大多数商家却没有注意到这一点。在一家廉价服装店，你看不到时尚的元素。[78]对低收入阶层，沃尔玛只投入了28%的精力，塔吉特12%，杰西潘尼也是12%。但也有一些非传统型的商店，如“柏拉图的衣橱”、二手店“吾家有儿已长成”（Once Upon A Child），开始活跃在这个市场上。它们为低层消费者提供了机会。

在消费领域提及无业游民是件奇怪的事情，因为他们没有能力支付任何商品。要想能消费，我们就必须成功，这也是社会文化传达给我们的信息。理想化的广告好像也不会将这些群体纳入到自身的组成因素中去。他们看似用以维护自身尊严的方式就是将自己置身于消费文化之外，强调非物质性生活方式的意义是何等重要。在某种程度上，他们也关注广告，但是他们只将其作为一种消遣而不是寻求消费的模式。一位32岁的英国女性这样描述：“它们好像也不是针对我这样的人设计的，肯定不是。它们看起来不错，但是因为不是为我设计的，那么我也没必要记住它们。”[79]

面向富人

我们生活在一个美好的时代，在这个时代里，我们可购买一整套“粉红回归”限量珍藏芭比——配有水晶项链和24K金线缝制的蓬松礼服。[80]为了装扮这个逼真的芭比娃娃，“维多利亚的秘密”还提供了带有一百多克拉真钻石的价值百万美元的“神奇胸罩”。[81]而且某位有钱人还不惜重金将其买下。

一些商家将目标锁定在那些富裕的上层社会市场。国际购物中心理事会一项公约表明，商场开发商逐渐注重那些高端产品的专卖空间，形成了主力店（anchor store）。[82]将目标锁定为这些富裕人群是明智的，因为他们有能力支付各种高价产品。门德尔松传媒研究机构对这个市场进行了一项年度研究，表明富裕阶层的年消费开支可以分为三个部分：85 000～99 999美元，100 000～249 999美元，250 000美元及以上。前两个部分的金钱主要花在各大主流消费品上，但是在一般情况下，越富有的人花费的越多。比如，在服饰珠宝方面，他们的花销要比一般男性女性高两到三倍。同样，这种差异也表现在家具装饰类的花费上。

但是将所有的高收入者都归于同一市场阶层是一个错误。正如前面提到的，决定社会阶层的不仅仅是绝对收入，它还包含其他因素。在某种程度上，这是一种生活方式。从哪儿获取了资本、怎样获取的、如何处理这些资本，这些因素都影响了富人的消费兴趣和优先消费选择。[83]例如，同文化活动相比，那些接近富裕的人们更喜欢体育竞技；仅有半数的人喜欢像上层富人一样去看歌剧。[84]

SRI商业智能咨询依据消费者对奢侈品的看法，将顾客分为三个群体。

- 奢侈品是功能性物品。那些喜欢购买具有持久性价值物品的顾客，在购物之前，会进行深入的调查研究。这样，他们就会做出合乎逻辑的决定，而不是一时冲动之下买下某件东西。
- 奢侈品是一种奖励性质的物品。在年龄方面，该群体的成员介于第一群体和第三群体之间。当他们使用奢侈品时，总会说："我做到了。"想要成功的欲望和想要将自己的成功展示给他人的冲动激发他们购买著名品牌的奢侈品，如高档汽车、名牌商品。

● 奢侈品是一种放纵型物品。这个群体的成员年龄最小。年轻消费者和男性居多是该群体的特点。对于他们而言，拥有奢侈品意味着豪华和自我放纵。他们愿意买超高价奢侈品，以此来彰显个性和获取他人的关注。购买奢侈品的行为更多是情绪性的。[85]

在这样的社会中，要想占据重要地位，仅仅靠财富是远远不够的。最近"慈善事业"一词为人们所熟知。这些慈善机构也许是针对艾滋病治疗、非洲贫困、教育而捐献资金的。这似乎才是富有的个体的最终成就目标。[86]

啃老本

那些老式的家庭依靠父辈留下的财产过活。一位评论家称此类家庭为"隐藏的阶层"。[87]在 20 世纪 30 年代的经济大萧条的影响下，有钱的家庭对彰显自身财富的举动更为谨慎小心。你会发现弗吉尼亚、康涅狄格、新泽西等州，大量的富人搬离了自己的豪宅。

正如上文中所说，仅凭财富已经不能获取重要的社会地位。家族公共服务、慈善史与金钱一同起作用。这三者能使那些捐献者永垂青史。[88]这些啃老本的有钱人，通过这种方式来表现出自己与祖先有所不同。[89]这群人的社会地位具有极强的稳定性。从某种意义上说，他们终生都在学习如何成为一个富有的人。

暴发户

如今像比尔·盖茨、史蒂夫·乔布斯、理查德·布兰森这样高调的亿万富翁被看作"工作着的富人"。[90]这种靠勤奋劳动和运气白手起家的神话仍然是美国人心中的一个信念。这就是当宣传片展示惠普两位联合创始人早年曾在车库工作能引起人们共鸣的原因。

尽管有许多人是白手起家成为亿万富翁的，但在这些人变得富有，社会地位也随之改变之后，他们会遇到以下问题（虽然这个问题并不是那么糟糕）：这些突然间变得极其富有并成为上流社会一员的人们被称为"暴发户"。"暴发户"这个词是一种带有贬损意味的术语。

许多暴发户都被这样的问题所困扰。他们随时关注文化环境的变化，以确保自己的所作所为都是正确无误的。他们在特定的场所穿着得体、餐饮方式适宜，等等。[91]这与硅谷百万富翁现象如出一辙。奢侈的消费在一定程度上代表了自我成功，但是这种彰显阶层的象征性符号只是用来掩饰自身对行为正确与否的不确定性。[92]

于是，针对这个群体的广告主要是强调外观部分，因为这部分正是他们所不确定的。聪明的商品供给商为这些消费者提供所需的道具，以帮助他们扮演富人的角色。

富人是精明的购物者

2005 年马瑞兹公司调查结果表明，70%高收入水平家庭的人（收入高于 125 000 美元）忠诚于那些能提供奖励体系的公司。当他们兑换这些奖励时，更多的高收入者希望是现金奖励（70%）而不是免费旅游（62%）。将近 95%的人为兑换奖励而积分，而大众消费者中这个比例仅为 79%。马瑞兹忠诚度营销的发展总监盖尔·斯尼德（Gail Sneed）说："富人是精明的购物者。当他们用家庭收入购买某些基本用品时，他们喜欢那些能省钱的奖励。这是一个很有意思的悖论。"[93]

社会地位象征

人们总是执著于将自身、自己的专业成就以及拥有的物质财富与他人相比。"赶上琼斯家"是人尽皆知的俗语，意思是与邻里攀比生活水平。在日本也有类似的说法。我们必须使自己处在一个他人定义且不断变化的位置上。不幸的是，购物、服装展示等行为，其主要动机之一是让他人知道我们可以支付得起，而不是自己真正喜欢这样。换句话说，这种商品所起的作用就是社会身份地位的象征。社会地位的寻求成为人们购买适宜性产品的一个重要动机。通过这些商品或服务，他们希望他人看到自身的能力。

社会地位象征物的本质

社会地位象征物服务于不同的社会阶层。自古以来，服装就是社会地位的一种代表。除了在前面的内容中我们提到相关法律会规定穿衣的风格，服装本身就能将皇室家族与平民百姓区分开来。但是，最终价格成为区分社会阶层的一个重要因子。丰富的素材、装饰品、难以匹敌的风格都是区分社会阶层的决定因素。通过使用现代的布料和控制成本效益比的制造方法，每个人都能消费得起制作精良的服装。尽管穿衣已经民主化，但是衣服还是在一定程度上代表了我们的社会地位。劳尔兄妹是这样解释这种矛盾现象的：民主意味着各个阶层没有固定的风格。[94]但是依据我们穿衣的设计、品牌、价格，还是可以透露出我们社会地位的信息。这不仅是一种恰当的选择，而且还是一种交流的模式。卢里将这种分化明显的标志进一步发展，认为这种现象只需通过消费价格就可以将社会地位诠释得淋漓尽致。同时，还可以将制造者的名声从产品的内部结构发扬到外部环境中。因此，设计师商标、logo会出现在我们的衣服、鞋子、书包、床单和毛巾上，以此作为我们身份地位的象征。[95]

服装可以作为个体间身份地位信息的交流渠道。通过服装我们可以了解以下信息：个体的工作（比如说护士帽、警服）、性别、在群体中的地位或者职责（代表军衔的徽章）。越是高地位的象征物越是难获取。这些产品都是稀有昂贵品。而正是因为这点，它们才变得更为独特。当大众接受一种风格后，它将失去原有的那种独特性。[96]若代表上流阶层的象征物被下层人士所模仿使用，那么它就不再是上层的独特象征了，也就不具备阶层区分的特性了。因此，我们所看到的零售店中那些针对所有阶层的商品，并不具备阶层象征物的特质。特定阶层的象征物必须是经典性的、传统性的、不可模仿复制的，就像哈里斯花呢和香奈儿套装一样。这样的品牌始终都是昂贵的、原创性的。但是有些象征高阶层的产品却遭受着不断被模仿的厄运，市面上经常出现其仿冒品。某件物品的流行化，就是这件物品作为阶层象征物命运终结的标志。

随着时代的发展，象征高地位的具体商品和活动也在不断发生变化，但是对社会地位象征物的基本需求却从未改变过。

时尚和炫耀性消费

在20世纪初，社会学家凡勃伦首先探讨了消费动机。他认为，商品所起的主要作用是它的区别功能。因为不同商品能展示个体财富和权力状况，因此往往引起个体间的妒忌。

凡勃伦用炫耀性消费来指代那些想通过商品来证明自身能力的消费者行为。那个时代的这种风尚促使他进行了该项研究。他表达了对这种炫富性消费的鄙视：

> 为了实现服装该有的功用，着装不该是昂贵的，而应该是平等的，不显示个体身份——或者说不能通过着装分辨出谁是体力劳动者。如果衣服能显现出别人的劳动者身份，那么这就不是优雅的、像样的服装。[97]

在凡勃伦的时代，对男性而言，奢侈品标识物就是漆皮皮鞋、大礼帽、手杖。而这些物品没有一件本质上是功用性的。

在强盗式资本家的年代，摩根（Morgan）、亨利·克莱·弗里克（Henry Clay Frick），威廉·范德比尔特（William Vanderbilt）建立了庞大的金融帝国，他们通过穿梭于各大豪华派对来彰显自身的财富。其中有些成为了传奇事件，人们是这样描述的："在聚会上，主人会在客人的餐巾中放上百元钞票，甚至烧大面额钞票来点雪茄。"[98]身处这样的背景下，凡勃伦进行了自己的研究。

他们这种炫富的举动同样在其妻子身上得以体现。她们的消费程度变为彰显其丈夫财富的代表，她们的着装必须也与此相匹配。[99]凡勃伦对此表示强烈的批判，他认为，这些女性透过昂贵的服装、自命不凡的家庭背景以及奢侈的生活方式来彰显丈夫的财富地位，在某种程度上，她们就像其丈夫手中的手杖。高跟鞋、束胸衣、大量的服饰、精心的发型等都是为了使她们看起来更高雅，与体力劳动毫不沾边。

尽管现在可能与凡勃伦时代有些不同，但服

装依然是我们炫耀财富的一种方式。劳里概述了炫耀服装的几种类型[100]：

- 上等皮装——昂贵、高质量、上等阶层人的着装。
- 夸张的层次——穿多层衣服。
- 夸张的分类——日常生活情境不同，服装不同：冬天穿的、夏天穿的、看话剧时穿的、去博物馆时穿的、运动服装（蹦极、远足、滑雪等的着装）。
- 夸张的一次性——一个大衣柜：一件衣服从不穿两次！F·斯科特·费茨杰拉德的《了不起的盖茨比》中上演了精彩的一幕。盖茨比将一大箱的衬衫扔掉——条纹的、涡卷纹的、格子的、LV 字母纹的……
- 炫耀性布料——像毛皮或者昂贵的面料。
- 炫耀性财富——用钱来装饰自己，过去是鲨鱼的牙齿、贝壳念珠、硬币，现在是珍珠、宝石等。
- 炫耀性标签——将设计师的名字露在服饰的外部。
- 炫耀性浪费——多余的布料（高成本的东西用料过多）。
- 炫耀性奢侈品——用厚重的服装来说明自己的生活是有仆人侍奉的，女性的高跟鞋等就是这一类的。
- 炫耀性个体——随时都在改变自身的穿衣风格，以代替那些流行过的服饰。

贝弗利山庄和罗迪欧大道（Rodeo Drive）是奢华的代名词。

炫耀性消费的其他形式

现代的冬节

凡勃伦的研究也受到人类学研究的影响。居住在西北太平洋地区的瓜扣特尔人（Kwakiutl），在冬节仪式上，主人向客人展示自己的财富，并赠送客人精致昂贵的礼品。给客人的越多，主人越被人看重。有时，主人会使用各种策略来炫耀自身的财富。他甚至会通过毁坏一部分财产来展示自己的财富。

这种仪式其实类似于一种社会武器。因为当穷人想要模仿这种行为时，有钱人会邀请其参加富有的冬节聚会并对其加以侮辱。要拿出和主人一样多的礼物，穷人根本无法承受。如果强行这样做，他将面临破产。如果你认为这是特例，那么想想现代的婚礼。父母会花一大笔钱去装扮婚礼，目的是想让他人知道自己给予女儿的是世界上最好的东西，他们操办的婚礼也是最奢华的。即便他们要花 20 多年去积攒钱财筹备这场婚礼。

另一种现代的冬节形式是豪华休假。这种休假是与生日或纪念日的庆祝活动紧密相关的。在《明星伙伴》时代，X 一代的人会结伴旅行。在这个过程中，他们的花销会很大。美国的许多富有者都热衷于异域情调的旅行。他们可以与自己的亲朋好友一同旅行。其中安圭拉一处 7 间卧室式别墅，就是他们向往的地方之一。该别墅设有游泳池、网球场、体育馆、热带花园以及 14 名工作人员的服务团队。此处一周的消费是 33 000 美元。虽然费用较高，但是其体验是很特别的。[101]

休闲类

对凡勃伦来说，大多数的炫耀性消费都属于休闲类。这些活动对于那些体力劳动者都是禁忌的。在马克思主义哲学术语中，这种态度是将个体与所有权或是对某种产品的控制权联系在一起的。这种态度不会单单指向产品。那些为生计而劳碌的人是不会接触这些东西的。

像冬节仪式一样，展示资源的富裕性可用来炫耀自己的财富。因此，在非建设性购物中，消费活动会优先考虑占有尽可能多资源的。这种炫耀性浪费表明他们有能力这样做。

社会地位象征的消亡与再生

20 世纪 90 年代，对奢侈品的热爱又再次复活。像爱马仕国际、路威酩轩、百家乐等公司都是通过向富裕的消费者提供更好的物品牟取暴利的。在中产阶级的消费领域中，这种奢侈品的复苏也是有迹可循的。因为他们从股票中牟取了巨额财富。这也许就是爱马仕会出售价值 14 000 美元的手提包的缘故。同样，这也是为什么湾流公司称它有一百多份豪华客机订单的原因。[102]纽约零售通信网络时尚报告的出版商艾伦·米尔斯坦（Alan Millstein）说："奢侈品现在很火，而且有利可图。那些与身份地位相符的品牌在全国范围内都是畅销的。如果一个人拥有一件古驰，价格肯定就是不言而喻的。在一定程度上而言，这些奢侈品的重生需求是毫无内在价值的。它仅仅是一种展示成功的欲望。"[103]

一位市场研究者将这种趋势称为"享受复仇的乐趣"——人们已经厌倦购买普通商品、食用低脂肪的食物，因此，他们会购买皮毛大衣、小型冰激凌、鱼子酱等自我享受的奢侈品。正如路威酩轩执行官所言："对奢侈品的渴求越来越强烈。与 20 世纪 80 年代唯一不同的是，人们将奢侈品的标签扩充到一切销售得最好的商品上。"[104]

但是，"9·11"事件后不久，服装销售出现了下滑趋势。同样，奢侈品市场也因此受到了重创。消费者对未来的恐怖袭击感到恐惧和无望，他们的自信心开始消退，并尽量避免购买时髦高价的商品。[105]奢侈品市场的低迷带来的直接后果就是研发新产品部门的关闭。产业分析师说，可能大量的产品正移出消费者的视线，正如设计师成衣这个百亿美元的世界级产业，获得的利润率却是最低的。[106]

尽管一些消费者能支付得起昂贵的物品，但他们却很享受讨价还价的过程。寄售商店以每年 10%的速度增加其市场份额，这一点比其他产业要好得多。像纽约上东区的迈克尔商店，其交易过程变得越来越繁杂。一些商店还出售古驰、普拉达、香奈儿这样的奢侈品。一位销售经理说："在商店里，你会遇到许多名人。他们也会讨价还价，你会惊奇地发现，他们在购物后会在 Bergdorf's 吃午餐。"[107]

当采用一种新的奢侈品消费模式时，大多数人会将他们购买那些代表身份的奢侈品行为理性化。Lands' End 公司目录表明，一件价值 225 美元的手工针织衫可以作为传家宝。同样，购买一辆价格昂贵的路虎被看作合理的，因为在探险中可以派上用场。陈列室里也堆满了旅行箱、望远镜、地图。公司还会给司机提供可以挂在宝马或奔驰上的昂贵汽车标志。一位研究者称其为"条件性享乐主义"。这种方式为富人消费者炫耀提供了合理的理由。[108]

恶搞展示

随着地位的象征物竞争日趋激烈，有时最好的战术就是"避免地位象征"——通过嘲笑它达到对地位的追求。这种炫耀性消费的复杂模式被称为"恶搞展示"、"炫耀性反消费"、"反向势利"、"炫耀愤怒"等。[109]迪赛广告通过"拖车垃圾"式人生表明恶搞意图。伍迪·艾伦（Woody Allen）曾穿着一件晚礼服出席奥斯卡金像奖颁奖礼，但是通过穿一双不搭调的网球鞋，他表达了对这种炫富形式的不满。这种策略表明，炫富是多么的无意义。因此，破破烂烂的蓝牛仔裤、吉普等"实用的"道具又再次在上流社会流行开来。由此可见，地位是通过与产品象征体系的匹配来展示的。这种体系在某种意义上是刻意的而非时尚的。

购买档次上升和下降

你是否吹嘘过买某种东西省了多少钱？很多易趣买家这么干过。别的地方可能会稍有不同，比如欧洲的洳宝（Tchibo），它因每周更换"专题世界"而闻名。阿尔迪（Aldi）是德国的一个连锁店，也是世界范围内享有盛名的"硬折扣店"，该店经常推出一些比沃尔玛价格还低的商品。一元店、美元树和其他一些类似的商店也在以每年 10%的速度扩展。其中高阶层的消费者是一元店顾客中人数增长最快的群体。[110]

波士顿咨询集团副总裁迈克尔·J·西尔弗斯坦（Michael J. Silverstein）在他的《寻宝的人：消费者的内在思想》（*Treasure Hunt: Inside the Mind of the New Consumer*）中这样写道："当今的消费者喜欢将钱花在一些高价品上，但他们在购买高价品的同时，却通过砍价来省钱。"[111]不同阶层的消费者总是根据自身的情况购买自认为的珍品——在沃尔玛、塔吉特、好市多、劳氏、一元店这样的地方讨价还价。他们这样做的原因就是不希望花冤枉钱。这样，他们还可以有更充裕的钱挥霍在奢侈品和个人享乐上。

4 800 万中层家庭的年收入在 50 000 美元到 100 000 美元之间。他们掌控了美国 75%的消费支出。生活是需要和欲望之间的一个平衡。该阶层的消费者采用一种“价值演算”的方法来决定期望价格的上涨与否或者生活质量的预期水平。

购买档次下降——以最合适的价格获取最好的价值——将带给美国约1万亿或3.7万亿美元的消费。八种消费种类占据消费领域的主力：家庭、交通、外出就餐、旅行、食品和饮料、个人用品、时尚产品、家庭用品。跟十年前相比，2004年女性服装购买档次的降低带来了9%的销售量的增长。[112]你认为这能精确反映中层消费者的情况吗？

考虑到美国富人研究中心相关的消费者研究结果，你会发现这些消费者的年收入在359 000美元左右：61%的人在塔吉特这样的商店购物，57%的人去好市多，30%的人在沃尔玛消费。[113]

不断变化的社会地位标志

既然象征身份地位的产品和活动在不断变化，那么消费者要花很大力气才能了解自己怎样做才是合乎自己身份的，买什么样的产品才能展示财富，什么样的物品才是大家公认的地位象征物。

破洞牛仔裤（尤其是那些在你买的时候价格昂贵的）是恶搞展示的例子。

展示正确的象征物的需求是出版业的一个福音。市面上有很多有关“如何去看”的书籍、杂志、光碟。这为那些希望涉足的学生提供了一定参考资料。“通向成功的着装”概念教给大家如何通过着装成为上流社会的一员。[114]

本章概览

● 行为经济学的视角主要是看消费者如何处理自己的钱。尤其是，可支配支出的情况只有在消费者有能力而且愿意的情况下才会出现。这些可支配支出的部分用来购买时尚品。但是某些群体将这一举动看作生活的必需因素。消费者的信心——消费者对自身处境、整个经济发展的感觉，能帮助他们决定该买什么样的商品和享受什么样的服务，决定是贷款还是存钱。

● 一个消费者的社会阶层指的是他的社会地位。它的影响因素繁多，如教育、职业、收入。

● 实质上，不同阶层的成员是通过彼此的相关优越性、权力、对价值资源的可获得性来区分彼此的。这种社会分层形成了一个地位体系。在这个体系下，某个阶层可能倾向于使用某种商品来表明自己的身份。

● 纵观历史，服装一直起着阶层划分的作用。有关法律曾限定各个阶层的穿衣规范。当今社会阶层的流动性更强，因此消费者可以自由选择穿衣风格和生活方式。

● 尽管收入是社会阶层的一个重要指向标，但却不是决定社会地位的唯一因素。像居住地、文化兴趣、世界观等因素也会影响其社会地位。

● 消费决定常常受“成为上层一员”或者是“炫耀性消费”的影响。在这样一个消费过程中，那些价值性资源的非结构性使用会彰显一个人的社会地位。这种消费模式被称为“暴发户”模式。他们的财富不是通过继承祖辈财产，而是通过自己努力获取的。他们的出现加速了社会流动。

● 时尚过剩以不同的水平出现：高价格，设计者标签，不必要的浪费，不同场合、不同季节、不同颜色的衣服的数量，时尚风格即时改变使消费者觉得自己又得换行头了。

● 时尚被当作社会阶层或预期阶层之间交流的象征。恶搞展示是消费者通过故意避免策略来彰显自己的社会地位。

关键词

可支配收入	社会阶层体系	地位象征物	消费者信心
地位	社会阶层	消费	炫耀
社会定位	社会流动	文化资产	大众阶层
恶搞展示			

问题讨论

1. 西尔斯、杰西潘尼、凯马特近几年努力提升自身形象，并将自己的市场指向高阶层群体。这些努力的成功程度如何？你认为这种策略是明智的吗？

2. 在当今社会，衡量社会地位的障碍是什么？有什么方法可以排除这些障碍吗？

3. 一个弱势家庭购买衣服的状况与生活水平在平均线以上的家庭的购衣情况相比，你认为区别是什么？

4. 什么时候社会阶层比个体收入能更好地预测消费者的消费行为？

5. 你如何划分社会阶层？用什么样的消费标杆去划分社会地位？

6. 托尔斯坦·凡勃伦认为女性只是展示丈夫财富多少的一个工具。你认为这个观点在今天还适用吗？

7. 描述当今那些代表炫耀式消费的环境条件和萎缩资源。这些想要证明自身的欲望是否被消除了？如果没有，能否采取其他更为安全的方式？

8. 一些人认为地位象征物已不复存在。你同意吗？什么样的时尚能代表高层群体？

9. 估算你所认识的人的社会地位。如果可能的话，还可以包括他们的父母。可以询问不同阶层的朋友，让他们填一些他们所认识人的资料。你的这些答案之间的相似度是多少？如果发现了不同，你又如何解释这些不同？

10. 列举出一系列的职业，让不同专业的学生根据其声望对其排序。你能找出这些排序由于专业不同而产生的不同之处吗？

11. 列举一系列针对不同消费群体的广告。你能从这些广告中的现实或者其所在媒体中得出什么样的结论？

第8章 消费心态学：人格、态度和生活方式

南希和安娜都是洛杉矶高级广告公司的主管。她们正在商讨该怎么花奖金。奖金是公司给每个职员的。她们情不自禁地对她们的朋友马吉的计划嗤之以鼻。马吉沉溺在网络信息里，她对一套最先进的家庭影院系统表现出极大的热情，想将其购买回家。在南希看来，这一点都不值得。南希是一个寻求刺激的人，与马吉相比，她更愿意去科罗拉多州展开一次狂野旅程。对她来说，这将是长达一周的刺激的蹦极之旅。安娜则想：“对，就这样，去那里……我会骑着自己的新款自行车旅行，去内华达参加下一场比赛。”自从安娜接触到摩托车网站和针对女性赛车手的《女骑士》（*Women Rider*）杂志，她就对赛车表现出一种坚持不懈的态度。

有时南希和安娜也会惊奇，为什么她们跟马吉的行为差异会这么大。马吉会将自己的空闲时间花费在老电影和书上，而她们俩则绝对不会这样做。她们三个人的工资相同，而且安娜跟马吉还就读于同一所大学。但是，为什么她们三个人的品位会迥然不同？也许，这个原因同样能解释她们是会喜欢巧克力味的还是香草味的食品。

人格

南希和安娜是那种将时间花费在寻求新奇刺激事物上的典型代表。这种需求促使了“冒险旅行业”的繁荣。这个行业带给人一种奇特的体验。最近，冒险旅行已经成为一种消磨业余时间的时尚。目前，有五分之一的美国人会在自己的闲暇时间从事蹦极、漂流、跳伞、摩托车赛、山地自行车赛等刺激性活动。[1]美国蹦极协会估计，从20世纪80年代末以来，参加蹦极的有7 000 000人次。与此同时，美国的降落伞协会也声称，跳伞的人数也在持续不断地增加。摩托车过去是男性专属，但是现在女性跻身于这一时尚的行列。像单板滑雪、摩托－X等这种高强度、个体化的极限运动成为新的理念。此外，X一代和Y一代的运动成员不仅会参加这些极限运动，而且他们还会在ESPN上观看相关的游戏活动。

是什么原因促使南希和安娜有别于像马吉这样的比较稳重的朋友呢？人格观念可能是原因之一。人格指的是个体独特的心理特质，这种特质会影响到个体回应自身周边环境的方式。

最近，人格建构的本质备受争议。一些研究表明人们在不同情境下的行为并不总是保持较高的一致性，而且个体的人格特质也并不那么稳定。事实上，人格只是人们谈及他人的一种简便的方式而已。

可能因为我们习惯于在一个有限的情境中去看待他人，所以大众似乎不太愿意接受这种争论。在这样一个有限的角度下，我们会倾向于认为个体的人格特质是持续稳定的。另一方面，我们也知道我们自身也不总是行动一致。有时我们会狂野不羁，有时我们却又会彬彬有礼。尽管心理学家并没有完全抛弃人格这一心理特质，但是大多数人已经意识到：个体的潜在人格只是个体间差异的一小部分原因，其实，情境因素对个体的行为也起着很重要的决定作用。[2]

尽管如此，人格仍影响着消费者的一些市场决策。这些影响在音乐会选择、政治观、时尚和品位、生活方式中都有所体现。我们在后面的章节中对此进行详细讨论。

20世纪一开始，心理理论学家就在不断提供理解人格这个复杂观念的途径方法。这种解释大多数都是质性的，从某种意义上讲，这种质性的解释主要来源于分析师对患者梦境、创伤性体验、与他人相处模式的见解。

消费者行为：弗洛伊德的理论

西格蒙德·弗洛伊德发展形成了成年个体人格

的思想体系，他从个体满足生理需求的欲望和作为社会成员的责任感之间的冲突入手。这种冲突表现在三种体系中（这些体系指的并不是大脑的物理实体）。

弗洛伊德知识体系

本我所追寻的完全是即时快乐及满足。这就是人心理中的动物属性部分。它所遵循的是快乐原则。如果受这种原则的支配，人的行为就倾向于最大化快乐、最小化痛苦。本我具有自私性、不遵守逻辑性的特点。正是因为这些特点，个体会不计任何代价而追求快乐。

超我比本我要来得重要。在很大程度上，超我是意识层面的东西。它通过将社会规则内化的方式来防止本我的自私性欲望满足。

最后，在人格结构中，自我起着调节本我和超我的作用。打个比方，自我就好像是诱惑和道德战争间的仲裁人，在遵循现实原则的基础上，试图平衡两种对立的力量。它在寻求一种既能满足本我需求又被超我认可的途径。而整个过程都是在无意识层面上发生的，因此个体很难意识到这些冲突。这也就是个体对自己行为的潜在原因一无所知的缘由。

一些消费研究学家引用了弗洛伊德的某些观点。弗洛伊德特别重视无意识动机对消费的潜在影响力。这一点深受消费研究学者的追捧。他们深信，自我通过商品所呈现的象征性特质来调和本我需求和超我限制之间的冲突。个体通过购买那些象征本我欲望的产品，将这些不被接受的需求合理化。这就是产品象征主义与动机之间的关系：商品代表的是消费者的真正目的。从一般意义上讲，这些真正的目的都是不被社会认可和接纳的。但是通过商品这个跳板，他们却品尝到了本我的禁果。

以弗洛伊德理论为基础的时尚观

以精神分析为基础的时尚理论主要关注的是时装的性象征。根据这个理论，个体会受到潜意识的支配，通过穿戴各种有性象征意味的服装来满足潜在的性驱力和沟通的欲望。一位着装分析师指出，女性可以通过着装展示自身的性感，对男性产生影响。反之，那些认为自身性感的个体也会倾向于选择较易唤起性的服装。[3]尽管心理分析师很少会去解释时尚选择，但是一些研究者却将这个理论用于解释关于美的历史性观点。[4]像雨伞、手杖、领带、胸前口袋方巾等服装配饰都与生殖器的象征密不可分。[5]

詹姆斯·雷沃（James Laver）提出的“性欲区的交替理论”，是弗洛伊德知识体系解释时装更替的一种表现。[6]正如第 1 章那些理论所描述：时装的改变是基于对女性身体性欲区的不同解读。一旦性欲区成为强调的中心点，那么，性欲就会成为永恒的主题。例如，在 20 世纪 20 年代之前，人们总是穿长裙和马裤。但是，当腿被视为性欲区之后，短裙开始风靡全球。雷沃将这种现象称为数年间蓬勃发展的“性欲产业”。而另一位学者也认为，这种从“遮盖”到“展示”的转变是需要花费很长时间的。与 20 世纪 20 年代风靡的性感大腿相类似，露背装成为 30 年代性感的标识物。随之而来的还有泳衣，泳装因展示女性的腰部而受大众的追捧。纵观时装历史，不难发现，其实，我们通过衣服强调不同的性欲区：紧身裤凸显美腿、腰带塑腰、低胸衣秀胸部、凉鞋和高跟鞋展露靓脚等。总体上说，这些性欲区主要是指腿、后背、胸部和臀部。时尚会在这些区域来回转化，或许，更具创新性的时尚会开发出新的性欲区去传达信息。

特质理论

人格的另一种研究方法则是侧重其特质的量化研究，也就是鉴别出那些能代表个体的人格特征。例如，我们可以通过个体的社交开放性（外倾性特质）来区分不同的人。马吉可能就是一个较内向的人，而她的同事南希则更为外向。

某些特质与消费者行为有关，像创新性（个体期望尝试新物品的程度）、物质性（对获取和占有物质的关注度）、自我意识（自我控制的能力）、理性（在多大程度上去思考自己喜欢的事物、以何种方式去加工其相关的品牌信息）。[7]

既然个体的特质可以将大部分消费者区分开来，那么我们就可以将其应用到划分不同的消费目的中去。例如，商家可以寻求消费者的某个特质，根据这个特质开发一种商品。一旦商品跟其特质相匹配，那么收益将是不可估量的。事实也表明，消费者倾向于直觉性地选择与自身特质相符的产品。针对这一情况，市场管理者着力开发适合不同人格特质的品牌，以此来赚取高额利润。

应用特质理论揭示时装选择的奥秘

研究者试图通过特质理论将消费者的人格与其时装选择结合在一起。艾肯（Aiken）总结了五种时尚选择的人格倾向[8]：

服装的装饰：那些高度强调着装上的配饰的个体，是比较保守、勤奋、刻板、中规中矩、非智力型、有同情心、世俗、唯命是从的人。

服装的舒适度：看重这一点的个体具有自控性高、社会合作性强、世俗化、做事细致周到、有权威感的特质。

服装的趣味性：和那些着迷于服装饰品的群体有相似的特质。

服装的从众性：追随主流文化、自我克制、遵守道德、传统观念强、唯命是从是这类人的特点。

服装的经济价值：负责、灵活可变、勤奋认真、办事高效周密、自控能力强。

尽管分类出现了一些重合，但是，却是从人格角度最早探索具体性时尚消费者行为的尝试。

同其他的市场研究类似，时装研究的结果也会显示与人格特质不一致性的一面。一些研究甚至会表明，人格特质与消费者的创新性和消费思想是毫无瓜葛的（这一点将会在第12章中详细阐述）。但是，其他研究还是证实了时尚革新者和领导者身上的5种人格特质[9]：

- 对模棱两可的高容忍性、自我接纳、高度自信。
- 自信、讨人喜爱、阳光、外向。
- 情绪稳定、支配性强、竞争心强、胆大冒险、合群、自信。
- 言听计从、冲动性、表现狂、自恋。
- 低焦虑水平、高认知复杂性。

品牌人格

我们认为个体具有人格，那么产品是否也同样具有人格呢？1886年，桂格麦片代言人出现在热卖的燕麦片盒子上。这一事件具有里程碑的意义。在19世纪的美国，桂格因工艺精良而享盛名。这也是不法商贩会盗用桂格公司包装的原因。这些商贩这么做，盘算的是消费者会将对桂格的情感投入到该企业的产品中。[10]

品牌人格是消费者赋予商品的人性化特征。这种人格特征是品牌价值的重要组成部分，它强调的是消费者对该产品的情感记忆。[11]品牌名称的认可度是如此重要，所以公司企业会在产品品牌推广上花费超乎寻常的精力和资金。耐克没有一家运动鞋的加工厂；莎莉集团通过出售其旗下的西点面包店、肉食品加工厂、纺织印染厂而成为一个享誉盛名的企业。该企业的首席执行官说：“屠杀生猪、运作针织机的时代已成为过去。”[12]

因此，大众是如何看待品牌的？广告学家对此是乐此不疲。相关的研究能帮助他们在推行广告计划之前先了解消费者是如何解读品牌的。为此，恒美（DDB Worldwide）在全球调查了14 000名消费者，他们将其称为“品牌资本”；而李奥·贝纳（Leo Burnett）关于“品牌份额”的研究调查人数达到28 000人；同样，WPP集团开展了“Z品牌”计划；扬·罗必凯广告公司（Young & Rubicam）开展了“品牌资产评估”。OOB的全球品牌策划执行官说：“我们并不是针对单独个体进行营销的，而是针对整个社会。个体对一个品牌的观点在很大程度上受社会他人对该品牌观点的影响。”这句话背后的含义是：除非个体与品牌之间的联结足够强大，否则，在同辈群体的压力下，他们很可能会更换商品品牌。[13]

一些人格特质可以用来比较不同品牌的特性，比如：老式守旧的、有益健康的、传统的、出人意料的、充满活力的、跟上潮流的、严肃的、睿智的、精明能干的、迷人的、浪漫的、性感的、健壮的、爱好野外活动的、坚韧的、运动型的。[14]那些从商品人格出发的市场营销行为会影响消费者对其人格特质的推论。表8—1阐述了这样的品牌行为。

表8—1　品牌行为和人格特质推论

品牌行为	人格特质
随着时代的变迁，不断重新定位并改变口号的品牌	轻浮、精神分裂
在广告中总是显现出某一永恒特质的品牌	熟悉、舒服
价格昂贵并使用奢侈装饰品的品牌	恃才傲物、老于世故
总是迎合大众的品牌	低贱、没文化
扩展商品品种的品牌	多才多艺、适应性强
出现在美国公共广播公司的品牌赞助商，或者是倡导使用可再利用材料的品牌	助人为乐、靠得住
强调易于使用的包装，并站在消费者角度进行广告宣传的品牌	热情、可亲
季节性清仓品牌	有计划、现实
提供五年保单或者是免费消费者热线的品牌	可靠、值得依赖

资料来源：Adapted from Susan Fournier, “A Consumer -Brand Relationship Framework for Strategic Brand Management,” unpublished doctoral dissertation, University of Florida (1994), Table 2.2, p. 24.

一些服装和品牌的个性是鲜明的：

- 埃迪·鲍尔和乐斯菲斯——户外型。
- 盖普——随性。
- 耐克——性能。
- 拉夫·劳伦——时髦、田园。
- “维多利亚的秘密”——浪漫、感官主义、性感。
- 劳力士——昂贵。

事实上，消费者总能轻而易举地指出这些商品的人格特质。从个人护理用品到世俗化的、功能性的商品，甚至厨房用具，它们的人格在消费者面前展露无遗。[15]一个与众不同的品牌在激烈竞争中取胜的一个重要因素就是品牌人格的塑造和交流。这种人格可以争取消费者甚至使之成为长久顾客。这个过程可以被看作“泛灵论”。赋予无生命物体以人格的做法普遍存在于各种文化体系中，这种泛灵论的模式使这些物体变得有生命力，鲜活起来。从某种意义上说，泛灵论带有宗教色彩。人们总是坚信神圣的物品、动物以及地方等都具有神奇的特质，或者是携有先祖的灵魂。在现代社会中，我们坚信，这种崇拜性的物品能影响到其拥有者的心理欲求。即使不是崇拜，所有者也会视它们为朋友。

从人们赋予物品人格的现象中，我们可以清晰地区分出两级泛灵论[16]：

1 级：在泛灵论的高等阶段，人们坚信物品归灵魂所有，就好像商品是其代言人或者开发者的所属一样。这种泛灵论给消费者提供了一种通过品牌与名人或者是产品设计者进行沟通的机会。而这种情况大部分会发生在那些知名度较高的设计者身上，如范思哲或者唐娜·凯伦。

2 级：将物品拟人化——给予物品人格特征。动画形象或者是神话人物都被看作鲜活的人物形象。这些物品好像同人一样有着丰富的情感世界。就像金枪鱼查理（Charlie the Tuna）或者奇宝小精灵（Keebler Elves）这些为大众所熟知的“代言人”一样。在这种情形下，虽然这些商品不是个体的人，但却被选择性赋予了人性的特质。比如，20 世纪 70 年代李维斯的缩水合身牛仔裤。在推广该产品的广告中，一个坐在浴盆里的年轻人通过使牛仔裤缩水而使其合身，而且，这个过程看来是那样的舒适、自然。现实生活中，我们也总是满怀情感地看待我们所喜爱的商品，甚至还会给其取个亲切的昵称。比如说“布鲁米”（布鲁明戴尔）。某些“维多利亚的秘密”胸衣有自己的名字。此外，一位法国的设计师只设计黑白两种颜色的衬衫，她会给每一款取一个名字。她还强调：“我是根据我脑海中浮现的女性形象来设计每一件衬衫的……有时我会花费很长的时间来取一个合适的名字。”[17]

态度

在主流文化中，总能追寻到“态度”这个词。别人可能会问你：“你对建造一个小型的购物中心的态度是什么？”父母可能会谴责：“年轻人，我不喜欢你的态度。”一些酒吧甚至会将欢乐时光委婉地说成是“态度的调整时期”。在我们看来，态度是持续性的、普遍性的评价尺度，衡量他者、事物、广告、话题等。[18]态度指向的事物被称为“态度对象”。态度与消费心态学密切相关。它同人格一起描述个体的生活方式和消费模式。美国棉花公司的“生活方式检测”具有检测美国民众对于服装和家庭摆设的态度的作用，对于了解美国当今的市场状况是必不可少的。这种分析其实很简单。分析师会询问消费者一些关于他们买衣购物的问题，如：比起舒适的服装来，他们是不是更愿意购买更为时尚的服装，或者是他们对“我喜欢逛街”这个陈述的赞成度。

许多研究也采用更为复杂的数据分析模式来界定消费者买衣购物的消费态度。比如，研究发现，美国居民对美国自己制造的服装更感兴趣。[19]另一项调查母女态度的研究表明，消费者的社会化程度影响其选衣购物的态度。[20]环境态度也会影响特定情境下的购衣态度。[21]

因为态度具有较高的稳定性，因此其影响也持久。换句话说，态度在不同情境中具有较高的一致性。消费者对所有的对象都持有一定的态度，不管是具体的购物行为还是那些广义上与消费相关的行为，都能找到态度的印记。态度决定个体会选择什么样的音乐，决定消费者以何种方式改造老式服装。在本部分中，我们将探讨态度的内容、态度的形成、如何测量态度、态度和行为之间的复杂关系等。

态度的情感—行为—认知模式

大多数研究者都赞同态度是由三个因素组成的：情感、行为、认知。情感指的是个体对态度对象的整体感觉，行为涉及个体采取与态度对象相关行为的意图，认知则是消费者对态度对象所持有的信念。总之，我们称这三要素为态度的情感—行为—认知模式（Affect-Behavior-Cognition-model，ABC 模式）。

这种模式强调的是情感、行为、认知之间的内在关系。不能由单一因素决定消费者对商品的态度。例如：研究者发现，即使购物者知道一件衣服的面料 65%为涤纶，35%为棉，出产地为美国，这一认知也并不意味着他们对该件商品的态度，也不会决定他们到底会不会买这件商品。一切都是未知的。

尽管态度的三因素都很重要，但是消费者购买物品的动机水平不同，其展现出的重要性也不同。研究者详细解释了态度三因素重要性的不同。每一个层次都是对一种态度的诠释。图 8—1 总结了这三种层次。

标准式学习层次

大多数的态度都是通过这个过程形成的。消费者的消费决定就好比是一个问题解决过程。首先，他会根据日常对某件商品生活常识的积累形成一个基本的认知（比如，牛仔裤是耐穿的）。随后，消费者对这些认知进行评估，在这些评估的基础上产生自己对该商品的情感（对我来说牛仔裤是完美的，所以我喜欢它们）。[22]最后，根据这些评价，消费者会采取相应的行为，如购买该物品。这种精心的选择加工过程带来的是消费者对某一品牌商品的钟爱，随着时间的迁移，消费者与该商品之间的情感纽带逐渐紧密起来。一旦情感纽带紧密起来，别的物品则无法取代其地位。标准式的学习层次理论，其前提假设是：消费者高度卷入到消费决策中。[23]

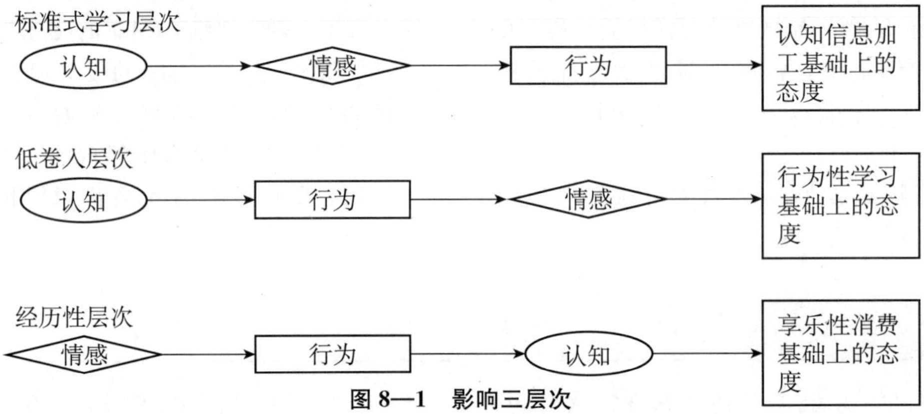

图 8—1　影响三层次

资料来源：M . R . Solomon，*Consumer Behavior*，8th ed. ，p. 259，© 2009. Reprinted by permission of Pearson Education，Inc. ，Upper Saddle River，NJ.

低卷入层次

在这个层次等级中，消费者不需要先对某种品牌的产品产生偏爱，但是他们会根据有限的信息采取行动，在行动之后才会形成相应的评估。[24]这种态度是基于行为学习而形成的。购物行为的体验会强化该认知。在这个过程中，消费者并不十分在乎消费决策，因为对他们来说，精细的信息加工在很大程度上是一种浪费时间的表现。甚至有些消费者根本不会去考虑这个事情，他们的行为就像条件反射一样简单：刺激—行为。当他们看到货架上的物品时，或许他们就会将其买下。那么，这就导致了所谓的“卷入矛盾性”：商家会增加那些对消费者不重要的商品的刺激性来促使其大量购买。

一般来说，时装是一种高卷入度商品，因此，消费者很看重服装的品牌。但是，从另一方面说，连裤袜和衬衣却是低卷入度的。（尽管女士内衣已经成为一种时尚消费品，而且也能诠释女性的身份地位，但是整体来说还是低卷入度的。）

经历性层次

因为情感是态度中的核心因素，所以研究者开始重视情感反应。根据影响的经历性层次，消费者是依据情感反应来采取行动的。这种观点认为，态度会受到难以捉摸的因素的影响，如包装设计、品牌名称和广告。正如在第 4 章中涉及的：消费者的享乐性动机会影响到其态度，比如说商品带来何种感受，能提供何种快乐。时装是一种高卷入度商品，但是如果对消费者来说时装是情绪性而非理性产品的话，那么它就会被归属到经历性层次中。事实上，消费者往往并不必然按照结构化路径发现自己所喜爱的时装的。

产品态度并不能说明一切

那些关注消费者态度的营销商们总是被复杂的问题弄得愁眉不展：在做出决定的情境中，决定顾客最终选择的不是产品本身，而是消费者对产品所持有的态度。此外，还有其他的一些因素可以影响到消费者决策，如对该产品广告的态度、自身购买行为——有时人们会不情愿地、尴尬地或者是单纯因为懒惰而不想花费精力购买自己想要的产品或者服务。

对待广告的态度

消费者对待产品的态度受到其对广告的评价影响，这种态度并不单单指向产品本身。有时我们对一件商品的评定完全受广告中的信息所左右。通过广告，我们会对那些未曾见过、未曾试用过的产品形成自己的态度。

一种比较特殊的态度对象就是市场营销信息本身。这种针对广告的态度被界定为对某种特定产品产生偏爱或者厌恶感的倾向。例如，当消费者正兴奋地看着自己喜爱的电视剧，这时插入了一则关于某商品的广告。那么，这种情形就会影响到消费者对该产品的态度。[25]此外，广告的娱乐价值也是非常重要的。[26]盖普的广告都是以音乐和舞蹈取胜的高娱乐性广告。还有，针对孩子的糖果类广告总是呈现出一种娱乐氛围，这种气氛总是能促使它们从各种尴尬场景中解脱出来。

广告也有感觉

广告所传达的感觉能直接影响到消费者对品牌的态度。广告节目总是能唤起消费者众多的情绪反应，不管是恶心还是喜爱。这些情绪反应是广告传达给消费者的，也是消费者对广告的回应。例如，贝纳通服装的一则广告因其本身的争议引发了消费者的愤怒情绪，以至于杂志也拒绝刊登这则不被大众认可的广告。

一般的广告中总是包含着至少三种情绪体验：欢乐、温情、消极。[27]我们将这些情绪加以具体化[28]：

- 欢乐的情绪体验：愉悦的、高兴的、好玩的。
- 温情的情绪体验：柔情的、沉思的、乐观的。
- 消极的情绪体验：批判性的、挑衅的、生气的。

态度形成

我们总是持有各种各样的态度，但是，我们很少知道态度是如何形成的。当然，一个人不会天生就有这些态度。一个刚出生的孩子，根本不会区分是李维斯还是李更好，也根本不会明白非正统音乐是否能使人的灵魂获得自由。

并非所有的态度形成方式都是一样的。[29]接下来，我们将从理论角度探讨我们的态度是通过何种方式形成的。

态度承诺的水平

消费者对待态度的承诺水平是不同的，承诺的水平与对态度对象的卷入度有密切关系。[30]消费者总是喜欢卷入到那些能激发强烈积极态度的品牌中。[31]

服从：在低卷入水平中，服从油然而生。服从态度可以帮助消费者获得奖励，同时又避免惩罚。从某种意义上说，服从是一种肤浅的表现。在没有他人监视或者是有另外一种选择时，消费者会毫不犹豫地变化消费态度。比如，一位女士之所以喜欢用某种香水，是因为在促销期间营销者会赠送顾客一件小样。面对这样的奖励诱惑，她当然会毫不犹豫地选择这款香水。

认同：如果个体想与某个团体或者是团体成员保持一致，那么他往往会采取认同的态度。消费者对模范式人物有模仿、认同倾向，所以许多广告采取展示某种商品社会效果的策略来吸引顾客。

内化：内化是一种高水平的卷入，不断深化成为消费者的价值体系中必不可少的一部分。这一部分起着举足轻重的作用，稳定性极强。在该机制的作用下，消费者会将品牌视为带有爱国、怀旧等色彩的社会地位象征。

一致性原则

在日常生活中，你几乎听不到这样的调侃："我最喜欢喝百事，其味道糟糕透顶"、"我爱我的丈夫，他是我目前为止遇到的世界上最愚蠢的笨蛋"。这样的话语看似前后矛盾，也许正因如此，我们并不能常常听到这样的评述。根据认知一致性原则，消费者的认知、情感和行为应该和谐一致。而这种和谐也驱动他们去维持各个因素之间的均衡。

认知失调和态度间的和谐

认知失调理论认为，当个体的认知或者行为不一致时，他会采取一些措施去解决这种不一致的情境。为了解决困境，他们或许会改变其中某一个认知或者行为方式。[32]

这则广告尝试反对态度形成中一致性所起的这种作用：消费者经常扭曲信息，以使这些信息符合消费者的已知信息，或者他们自己确信的信息。

根据认知失调理论，我们会发现，这种由不一致带来的不适感会促使个体采取措施进行缓解。简单地说，当我们饥渴时，会想办法消除其带来的消极感受。该理论的立足点是，两种不一致的认知因素彼此不相容。这些认知因素或许是个体深信的信条，或许是个体行为，或许是自身对周边环境的观察。例如，"吸烟有害健康"、"我吸烟"这两种认知因素是难以调和的。这种难以调和带来的心理层面上的不适感会促使消费者减少自身的吸烟行为。

个体可以通过消除、添加、改变认知因素等方式来达到减少认知失调的目的。例如，个体可以戒烟，或者是以苏菲为榜样（虽一生吸烟，但却活到 90 岁的高龄）。前者采取的是消除的方式，而后者则是添加。或许，个体也会去质疑吸烟和癌症关系的相关研究。他们会因为这种质疑，进而深信那些有烟草商赞助的试图泯灭两者关系的研究。

这种理论在很大程度上解释了为什么当个体在购买某件商品后，其相同的消费行为只增不减。"我怎么会这么愚蠢，蠢到购买这样一条裙子"与"我是一个明智的人"这两种认知因素彼此是不相协调的。因此，当这种失调感出现时，个体更倾向于寻求借口将这种购买行为变为明智。同样，这种现象其实也在昭示消费者倾向于从消费决定中获取支持。因此，商家就会抓住这一点，"注射""强心剂"，以使消费者对品牌塑造持积极的态度。

自我知觉理论

自我知觉理论却对认知失调提供了另一种解释。[33]这个理论假设，如果我们观察他人的所作所为就能了解其对产品的态度，那么我们就可以说，个体完全可以通过对自我行为的观察来决定自己该采用哪些商品。该理论坚信，这种维持一致性的行为表明，我们的消费行为透露出自身对商品积极的态度。

自我知觉理论与商品低卷入度有密切的关系。

当购物行为发生后，态度中的认知和情感因素就会流露出来。于是，购买行为就会导致对商品积极态度的形成。换句话说，如果我不喜欢这件商品，我干吗还要购买它呢？

态度测量

在对商品进行全面评估时，个体的态度起决定性的作用。市场研究者通过简单的一个问题就可以知晓消费者所持有的态度，如："你认为卡尔文·克莱恩或者是汤米·希尔费格怎么样?"事实上，大多数态度研究总是习惯用李克特式类型量表或者是语义分化量表来测量个体的赞同度或者反对度。表 8—2 就是最好的说明。

尽管如此，态度仍是一个较为复杂的概念。一种商品或者服务或许拥有多种特质或者品质，并且其中一些较为重要。同样，个体的消费行为也是受各种因素制约的，比如，家人或者朋友对自己这种消费行为的赞同度。因此，态度模式试图将那些影响个体态度的因素细化、明朗化。

表 8—2　用李克特式类型量表和语义分化量表来阐述如何测量态度

李克特式量表					
	完全同意	同意	中立	不同意	完全不同意
对环保型服装的态度					
买衣服时，应该考虑能源节约问题。	5	4	3	2	1
衣服是一种资源浪费的表现。	5	4	3	2	1
对舒适的态度					
舒适和灵活性是时装最重要的特质。	5	4	3	2	1
我在择衣时，总是以无拘无束为标准。	5	4	3	2	1

语义分化量表		
对商店的态度		
服务态度彬彬有礼	9 8 7 6 5 4 3 2 1	服务态度极差
选址便捷	9 8 7 6 5 4 3 2 1	选址极为不便
价格低廉	9 8 7 6 5 4 3 2 1	价格昂贵
环境舒适	9 8 7 6 5 4 3 2 1	环境恶劣

资料来源：Adapted from Sarah M. Butler and Sally Francis, "The Effects of Environmental Attitudes on Apparel Purchasing Behavior," *Clothing and Textiles Research Journal* 15, no. 2 (1997): 76 - 85.

多属性态度模型

简单的回应并不会让我们彻底知晓消费者对某商品持有的态度，也不会让我们明了商家会作何改变来转变顾客的态度。正因如此，多属性态度模型成为市场研究者解开这些谜底的杀手锏。该模型认为，消费者对某一产品的态度是建立在他对该产品某些属性的解读基础上的。同时这种模型也揭示，我们可以通过鉴别这些具体的信念、融合这些信念为一个全面检测消费者态度的工具，借此来推断顾客对某商品持有的态度。接下来，我们将用鞋作为实例详细阐述这个模型的运作过程。[34]

多属性态度模型的基本构成为三个要素[35]：

态度对象的属性。例如，舒适和时尚是鞋的属性。[36]（图 8—2 列举了着装的属性）

信念是对态度对象的认知。信念可以帮助我们了解个体对某商品特定属性的熟悉度。例如，有的消费者会认为爱柔仕（Aerosoles）鞋是舒适的。

重要权数则反映了产品某一属性的优先权。在商品的众多属性中，总是有一部分要比其他属性重要。权重的赋予权掌握在每个消费者手中，那么重要权数也就因人而异。还是以鞋为例，一些消费者会强调鞋的舒适性，而其他的一些顾客则看重其时尚特性。

菲什宾模型

菲什宾模型是最具影响力的多属性态度模型。[37]该模型是以其研发者的名字命名的。它主要测量态度的三个因素：

- 在该评估中，我们会考察个体对态度对象所持有的显著信念。

● 某商品拥有某一特定重要属性的可能性。

● 对所有重要属性的评估。

Ⅰ. 物理属性	Ⅲ. 表达效果
质地	穿在自己身上很不错
做工	留给个体自我发挥的空间
风格	与自己的生活风格相得益彰
	获取他人的认可度
Ⅱ. 物理性能	Ⅳ. 外在性
布料	品牌
颜色	价格
洗护方式	商品目录
手艺	出产地
舒适度	服务状况

图 8—2　着装属性

资料来源：Adapted from Liza Abraham-Murali and Mary Ann Littrell, "Consumers' Conceptualization of Apparel Attributes," *Clothing & Textiles Research Journal*/13, no. 2 (1995): 65-74. Published by permission of The International Textile & Apparel Association, Inc.

将这三因素融合在一起，就可以估算出个体对某一商品的整体态度。具体的运算公式如下：

$$A_{ijk}=\sum B_{ijk}I_{ik}$$

这里的 i 为属性，j 为品牌，k 为消费者，I 为消费者赋予属性的权重，B 为消费者对具有某种属性的商品所持有的具体信念，A 为个体对某品牌商品所持有的态度。

A（个体对商品所持有的态度）是由消费者根据对商品各个属性的评估及赋予的权重综合决定的。

为了能更好地阐述该模型，我们以桑德拉买鞋为例加以解释。在了解其决定之前，我们必须熟知她比较在乎鞋的哪些属性，这些属性又会帮助其对相应的品牌形成何种态度。随后，我们会要求桑德拉列出各个属性在每一种品牌上的表现，然后标出自己认为比较重要的属性。我们会将每个品牌的属性的相应得分相加以估算其态度。表 8—3 展示了这种排序。根据此分析，我们可以看出桑德拉所喜爱的属性在凯尼斯·科尔（Kenneth Cole）中得到了最好的诠释。按照我们的推算，她很有可能会买这个品牌的鞋子。因为她是一个追求时尚而对舒适要求并不高的消费者，即使在大多数人看来，舒适更为重要。（我们的评估显示其对时尚的重视度远远高于对舒适度属性的重视。）

表 8—3　　基本的多属性态度模型：桑德拉的买鞋决定

属性	重要性**	信念*			
		史蒂夫·马登	凯尼斯·科尔	玖熙	爽健
舒适	4	7（28）	6（24）	9（36）	3（12）
时尚	3	8（24）	10（30）	7（21）	2（6）
耐久性	2	7（14）	7（14）	4（8）	4（8）
双腿运动	1	3（1）	2（2）	2（3）	10（10）
态度分数		67	70	68	36

* 信念维度是 10 点计分法，分数越高代表越好。括号内数字为该品牌该项属性得分。

** 重要性维度则是 4 点计分，分数越高表明越重要。

注：重要性得分乘以信念得分等于该项属性的态度得分。

多属性模型的应用

假设你是一位市场总监，根据这些数据，你会采取什么措施以获取顾客的倾心？

增强其相对优势。如果某一品牌的商品在某一属性上处于优势地位，那么像桑德拉这样的消费者就会认为这一特定属性是举足轻重的。例如，尽管桑德拉对爽健鞋的“双腿运动”一项给予了很高的评价，但是在她的信念体系中，这一属性并不十分重要。那么，作为该品牌的市场营销总监就该设法去提升“双腿运动”这一属性的重要性。

强化对商品属性的觉知性。营销者必须敏感于消费者不会将品牌等同于某一属性这个现象。各种宣传活动都会突出这一问题的重要性，不管是何种形式的宣传，无非是宣扬自身商品的品质以解决这一问题。桑德拉对玖熙鞋子的耐久性持有怀疑态度，那么市场营销者就必须去改善这一较弱的属性感知能力。

增加新的属性。商品的生产厂家总是通过增

加商品属性这一途径在激烈的竞争中占据优势地位。这种方法也是竞争性广告的基本理论基石。商家们最擅长鼓吹自家商品与其他商品相比，不仅价格低廉，而且质优且舒适。总之，物有所值是它们的突出点。

依据态度推测行为

长久以来，多属性态度模型受到了消费者研究者的追捧，但是，不可否认，这一模型也存在弊端：在许多情况下，该模型测量出的态度并不能很好地预测行为。正如那句谚语所说的："跟着我所说的去做，但是结果往往出人意料。"多数研究在证明消费者对商品持有的态度与其相应消费行为之间的相关性上是苍白无力的。一项研究也表明，那些对"美国制造"的服装持有积极态度的消费者，却很少做出实际的购买行为。[38]这样看来，态度与行为之间的相关并不强。消费者会说要买美国制造的服装，这一点是很重要。但是，一旦他们要做出消费行为，他们则会将服装的颜色、风格和价格作为商品的最重要属性。

拓展后的菲什宾模型

早期的菲什宾模型将关注点放在了消费者对待产品某一属性的测量上，随着研究实践的进展，研究者不断完善这一模型。拓展后的菲什宾模型具备更好的预测能力。这一新的模型被称为理性行动理论。[39]接下来，我们将详细阐述新模型的创新点。

意图 vs 行为

俗话说得好："好心干坏事。"即使消费者怀着诚挚的意图，但是在众多因素的干扰下，结果也总是让人大吃一惊。个体或许会掩盖想买一件新的价值不菲的阿玛尼衣服的意图。因为在短短的一瞬间，很多事情都可能会发生：失业、支票账户已经透支、你想买的那件商品没有现货。因此，在有些情况下，我们会发现，曾经的消费行为对将要发生的消费行为具有很有效的预测效果。[40]因此，该理论就是想测量行为意图，以区分出那些影响实际消费行为预测效果的不可控因素。

社会压力

该理论首先认可了他人在影响消费行为方面的作用。尽管我们不愿去承认这一点，但这就是事实。他人希望我们去做的事情往往比我们自身的喜好要重要得多。

在桑德拉买鞋的例子中，她对凯尼斯·科尔情有独钟。但是如果这双鞋得不到大家的认可（或许是她的朋友），那么最终她不会将其列入自己的购买清单中。因此，该理论提出了一个新的因素：主观规范。这一因素将会影响我们的信念，比如说自身怎么看待他人对自己的评价。主观规范这个因素可以分为两点：（1）规范性信念的强度，也就是他人认为这种行为的可行性。（2）实施该行为的动机（考虑某消费行为带来的他人反应）。

那么，比起单纯地考虑消费者对商品的态度来说，消费者对购买或者是使用某商品的感受在预测行为上更为可靠。[41]

新模型

这种模型将行为意图纳入测量的范围内。换句话说，该模型将对实际购买行为的态度考察在内，而不单纯是对产品本身的态度。此外，主观规范也在一定程度上反映了购买行为的社会效果。综合上述几点，这个范式可以变为：

$$B \sim BI = (A_{act}) + SN$$

这里，B 为具体的行为，BI 为实施该行为的消费者意图，A_{act} 为消费者对该行为的态度，SN 为社会是否期许个体做出该行为的主观行为规范。

该模型并不适用于所有文化。在美国实施的研究表明，态度、主观规范和消费者的实际行为意图之间有较高的相关；而在中国的研究则表明，主观规范与消费者的实际行为意图之间没有太大的相关关系。[42]

多元文化维度

2003 年，棉花公司与国际棉花协会进行了第三次全球生活方式调查，该调查涉及消费者购买使用服装、家用纺织品的态度和行为。该田野调查在巴西、中国、德国、印度、日本、英国、中国香港等九个地区展开。被试样本年龄介于15～54岁之间，每个地区样本量为500人。

调查发现，喜欢穿或者是想要穿牛仔服的消费者与日俱增。在短短的两年时间内，德国的牛仔服拥护者已从68%上升到70%，而在哥伦比亚其爱好者也从65%增至75%。这种调查第一次在中国展开，结果也显示，大约50%的消费者喜欢穿着牛仔服。当问及在接下来的日子里，他们是否会买更多的牛仔服时，48%的消费者明确表示，他们会对牛仔服锲而不舍，会购买更多的这类服装。这一点在南美和英国最为突出。同样，你会发现，牛仔服的盛行与它具备适应全球各种气候条件这一特质密不可分。不管是在潮热的南美、中国香港，还是在温暖或者是偏冷的北美、欧洲，牛仔服都是炙手可热的消费品。表8—4表明牛仔服是青少年的最爱，各个年龄段的消费者对牛仔服也都情有独钟。[43]

追溯态度变迁

每一项态度研究都是从某一特定视角对当时市场状况的再现。它让我们了解到当时的消费者态度或者是品牌的市场定位，但是，在相关信息的时代变迁或者是消费者态度未来变化的预测上，这些研究总是收效甚微。为了弥补这一缺陷，我们有必要研发一种态度追溯项目。研究者通过分析过去某段时间的态度趋势来预测消费者未来的行为。这样，研究就不再像一张反映时代的照片，而是一部鲜活的电影。

持续追踪研究

持续追踪研究包含定期的态度调查。更可取的是，因为每次研究都是用相同的方法，所以研究间的比较是较为可信的。像盖洛普民意调查、扬克洛维奇监测这样的联合性研究详尽地阐述了态度演变的历史。棉花公司实施的生活方式监测调查了着装、外表、时尚、购物、纤维选择、家居等维度的消费者态度，该监测从1994年开始实施，每次调查都涉及3 600个被试。每年的监测，被试都回答同样的问题。该监测的研究者称这些问题为“态度的晴雨表”。表8—5就展示了关于购物态度的持续追踪研究结果。

表8—4　　各年龄段消费者对牛仔服的态度（喜欢穿牛仔服的比例）

	15～24岁	25～34岁	35～44岁	45～54岁
亚洲	68%	66%	58%	45%
南美	80%	71%	66%	50%
欧洲	75%	70%	67%	51%
美国	79%	74%	77%	65%

注：其中美国的被试年龄段有所不同：16～24岁、45～55岁。

资料来源：Cotton Incorporated and Cotton Council International，*Global Lifestyle Monitor Ⅲ*（2003）.

表8—5　　对逛街买衣服的态度

	1994	2003	不同
我喜欢逛街买衣服			
女性	53%	57%	+4%
男性	23%	24%	+1%
我不喜欢逛街买衣，除非在我需要的情况下			
女性	28%	28%	0%
男性	64%	59%	−5%

资料来源：Cotton Incorporated，*Lifestyle Monitor*（Fall 2003）.

追溯历史中的变化

在态度追溯中，一般会涉及以下几个方面：

- 不同年龄段的变化：年龄层不同，态度往往不同。
- 对未来的憧憬不同：对未来的规划、对经济信息的掌握度等都是影响消费者的因素。
- 对促变者的认同：社会现象可以改变消费者对某种基本消费行为的态度，比如说消费者对购买皮毛大衣的态度的变化。

生活方式和消费心态学

个体的人格、态度、年龄、教育背景、收入、社会阶层等变量决定其生活方式。本部分主要阐述生活方式的概念，以及如何运用消费决定信息去调整商品和沟通以适应个体的生活方式。“利基营销”和“品牌”是营销者口中的时髦语。据研究发现，在不久的将来，公司会采取更为综合性的方式，在同一理念下出售各种商品以迎合消费者的品位和生活方式。

生活方式：我们是什么样的人，我们就做什么样的事情

在传统社会中，社会阶层、种族、群体、家庭在很大程度上决定了个体的消费选择。但是在现代社会中，消费者在选择商品、服务以及活动中拥有较强的自主权。他们的这种自主选择展现了自我价值，营造了一种互相交流沟通的社会氛围。个体对商品和服务的选择无疑是向世人宣称自己是什么样的人、想要成为什么样的人以及避免成为什么样的人。

生活方式指的是能反映个体时间安排和金钱支配选择的消费模型。[44]在经济层面上，个体的生活方式就是个体选择支配收入的方式。生活方式体现在对不同产品的支出分配模式上，也体现在同类商品间的选择上。[45]同样，我们从消费模式上去区分不同的消费者。比如说，食物、先进的科学技术、娱乐、教育等信息密集型的商品都可能成为不同消费者所追求的生活方式。[46]

以生活方式为理论基础的市场营销观点认为，人们依据自身的喜好、如何打发业余时间、如何支配可自由支配收入来将自己归入到不同的群体之中。[47]反过来，这些选择也为市场细分提供了机遇。市场细分让我们清晰地认识到消费者的生活方式在其购买商品和选择品牌上的巨大决定意义。《读者文摘》（*Reader's Digest*）、《大众》等主流杂志都在不断丧失自己的客户。在短短的十年内，前者就丧失掉了 300 万读者，后者则是 200 万。[48]而这一切则与那些强调美好生活方式杂志的流行、邮购订单商品的繁盛、网络业务的普及密不可分。那么，这些新新事物的流行就是生活方式营销的最好证明。时尚、家居饰品、健康、运动、厨艺成为迎合具体生活方式市场的众多产业中的一部分。

时尚生活方式营销

一些服装和家庭时装公司运用生活方式营销手段。在生活方式营销中，拉夫·劳伦处于领跑地位。该品牌旗下的零售店不仅出售男女服装，而且还销售壁纸、床单、毛巾等家居品和装饰品。汤米·希尔费格也已经在一些主要城市的新卖场中加入了生活方式概念。而阿贝克隆比 & 费奇（Abercrombie & Fitch）则主打学生生活方式商品。即使是塔吉特也呈现出一种以生活方式为主体的倾向。该公司有一位副总裁全权负责诠释自己商品的独特气质。[49]该公司也认为自己与那些只突出商品而非生活方式的凯马特公司完全不同。[50]该公司会在曼哈顿举办时装秀，出售由建筑师迈克尔·格雷夫斯（Michael Graves）设计的家居用品，莫辛莫（Mossimo）和艾萨克·麦兹拉西（Isaac Mizrahi）设计的服装。《今日家纺》（*Home Textiles Today*）指出，陶瓷谷仓（Pottery Barn）利用生活方式营销在市场中获得一席之地。它通过全功能家居用品和独特卧床、桌具纺织品、各种饰品打造自身品牌，驰骋商场 50 年之久。[51]随着房屋装修和装饰成为一个重要的流行趋势，像克拉特 & 巴雷尔（Crate & Barrel）、雷斯托奥里欣家居（Restoration Hardware）这样的公司都变得家喻户晓，其销售服务范围遍布整个美国。目前，许多时装公司也开始经营生活方式类型的商品，如“维多利亚的秘密”、内曼·马库斯、布鲁明戴尔百货。它们力图满足某一类型消费者的所有需求。

生活方式作为群体认同的工具

经济学方法在社会跟踪调查中寻求变化点是十分有效的，但是经济学一开始并不认同存在于不同群体中生活方式的细微差别。其实，生活方式远远超出可支配收入的意义。它是对群体成员和非群体成员的划分依据。不管是对时装达人、运动员还是吸毒者的群体认同，都围绕着生活方式的象征性表达来展开。群体成员都致力于加入他们自己的共同符号系统。人们会用不同的词汇来加以阐述，如：生活方式、市民口味、消费群体、象征性社区、文化地位。[52]

那些有着类似社会经济环境的个体总是共享相同的消费模式。此外，每个人还有自己的独特性，将自己的个性注入生活方式。例如，一个大

学生穿衣打扮可以完全模仿其同伴，与同伴出入各种场合，品尝同种食物。但是，他还可以拥有跑马拉松、收集邮票、参加社团活动等兴趣爱好。也正是这些兴趣爱好让他成为一个与众不同的个体。打开学生的衣柜，一开始你会觉得跟外面同年龄的人着装相类似，但是仔细一看，你会发现，他们在大众化外表下也彰显了自己的个性。

生活方式也不是一成不变的。这一点与我们第4章讨论的价值观念体系有所不同。随着时代的迁移，人们的品位和偏好发生着翻天覆地的变化。因此，我们的消费模式也在变化。在这个时代所追捧的模式或许会成为下个时代嘲笑的对象。你要是对此有所质疑的话，那就回想一下五年前或者是十年前你或你朋友的衣服吧：这些可笑的衣服是从哪儿弄来的？

商品是构建生活方式的原材料

消费者选择某种商品、服务或者从事某项活动，那是因为这些都与自己的生活方式密不可分。也正是因为如此，生活方式营销策略试图将商品定位到现存的消费模式中。

生活方式营销的目标之一就是允许消费者按他们所追求的生活方式进行消费，通过消费彰显自身的社会身份。所以该策略的关键因素是，注重商品在理想的社会环境下的使用。将商品与特定的社会情境相连接，这是广告商要付出长久努力才能实现的目标。比如说，高尔夫可以是家庭聚会时的娱乐活动，也可以是俱乐部的专项活动。[53]因此，个体、商品和情境联合在一起，才能充分表达某种特定的消费模式。图8—3就展示了这一点。

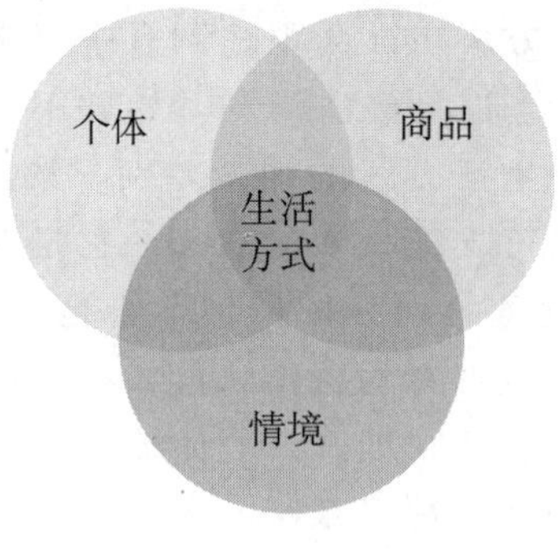

图8—3

资料来源：M. R. Solomon, *Consumer Behavior*, 8th ed. p. 235, © 2009. Reprinted by permission of Pearson Education, Inc., Upper Saddle River, NJ.

生活方式营销手段的使用表明，我们必须通过消费者的行为来了解他们。我们可以通过观察消费者在面对一系列产品时的消费行为，从而界定他们是如何通过使用商品来体现自身生活方式的。正如一项研究表明的：所有的商品背后都有自己的意义，但是一旦脱离了其他商品，那么单一的商品就不再具有意义。这句话强调的就是商品间的关系，就好像音乐由各种不同的音符组合而成，而单纯的一个音符不足以称其为音乐。[54]

事实上，许多商品和服务看似并不互相匹配，但它们却是同类消费群体的最爱。在许多情况下，如果没有相匹配的商品加以修饰（西装和领带），或者是不匹配的商品在一起（职业装和鼻环），这些商品看起来会毫无价值。因此，生活方式营销的一个重要方面，就是要根据消费者的生活方式将特定的商品加以搭配。研究表明，当这种匹配符合消费者的生活方式时，再不起眼的物品对消费者来说也是极具魅力的。[55]那些采用联合品牌策略的营销者就深知这一方式的无限魅力。这也是里昂·比恩（L. L. Bean）和斯巴鲁（Subaru）联合打造品牌业务的原因。斯巴鲁市场营销副总裁说："里昂·比恩对本品牌而言是一个中性的合作伙伴，它能为我们提供配套的、适合消费者户外活动的商品，这一点对我们来说受益很大。"[56]

另一组联合品牌合作者是耐克和苹果。它们创造了"Nano成为贴身教练"这样的概念。这个概念是建立在音乐和运动手牵手的灵感之上的。鞋子发出声音，你的Nano（一款iPod）会接受相应信息，耐克鞋子和苹果商品共同谱写属于你的音乐。也就是说，你的耐克鞋子上安装了一个传感器，你的Nano接收器会接收其传来的所有信息。同时，你也可以通过耐克官方网站传送同步数据。这个体系会追踪你的运动量、运动时间、运动速率和每分每秒的热量消耗。在你运动的过程中，你会接收到一个汇报你进度的声音。当然，这些都要感谢运动音乐的帮忙，你可以通过iTunes下载到Nano上。[57]

当具有不同象征意义的商品彼此产生联系后，一个概念也浮现在人们的面前——产品的互补性。[58]这些属于"消费星座"的产品通过互相搭配组合，帮助消费者更好地定义自我、与他人沟通并扮演好自身的社会角色。[59]例如20世纪80年的美国雅皮士。一块劳力士手表、一套阿尼玛西装、一辆宝马汽车、一个古驰公文包、一个壁球拍、新鲜的蒜蓉酱、白葡萄酒和咸味干乳酪的经典搭配成为雅皮士的象征和代言。同样，英国的“上流社会游侠”（Sloane Rangers）和法国的“好的款式与好的仪态”（Bon Chic Bon Genres）也同样具有各自的象征搭配。尽管当下的人们不想被划分到雅皮士行列中，但是这种社会角色却对 20 世纪 80 年代的文化价值和消费优先权的定位产生了巨大的影响。[60]那么，像这些“消费星座”套装将会赋予你或者你的朋友什么样的特征呢？

消费心态学

假设你是一位营销者，想以学生为主导消费群体。那么，对你来说，最理想的顾客是：21 岁左右主修商业的大四学生，就读于规模较大的学校，其父母的年收入在 40 000 美元到 80 000 美元之间。你或许知道，有很大一部分人符合这个条件。但是，你想过没有：他们是否是一样的？他们的兴趣爱好是否相同？他们会钟情于同种商品吗？其实，答案有很大可能性是否定的。因为，他们的生活方式有可能是迥然不同的。

正如我们在本章开始的时候提到马吉和安娜的选择一样，尽管她们的人口学信息相同，但她们却属于不同类型的人群。也正是因为如此，营销者应该将“生活方式”和人口统计学资料加以融合，以区分不同的消费者，理解他们的需要，找出那些喜欢同种类型商品和服务的群体。本章一开始就探讨了消费者人格会对商品选择产生一定的影响。那么，当研究者将消费者人格与其生活方式相融合后，其影响力就更加不可小觑。

这种综合后的工具被称为“消费心态学”。它融合了心理学、社会学、人类学的知识，它试图将如何市场细分明确化，试图找出消费者对商品、思想，或者是态度、媒介的使用原因。[61]该工具还可以帮助商家改善自身商品以迎合不同类型消费者的需求。人口统计学资料阐述的是什么样的人会进行消费行为，而消费心态学则强调的是为什么他们有这样的消费行为。

消费心态学分析：使用 AIO

当下，多数消费心态学研究针对群体消费者，融合活动（active）、兴趣（interest）、观点（opinion）三个变量。人们称之为 AIO。从大样本中获取数据，研究者可获取在活动或者是产品使用方式上较为接近的消费者资料。这些资料用来评估消费者的生活方式。[62]表 8—6 详细阐述了这些评估维度。

为了将群体消费者划分到 AIO 类型中，消费者需要根据给出的清单，对上面的每一个点做出赞同度的回答。这样的话，生活方式就会展示人们如何支配自己的时间，他们感兴趣的或者是认为重要的是什么，他们是如何看待自己、看待周边环境的。此外，还提供给研究者一些人口统计学信息。顺便说一下，美国人最常用的消磨时间的方式就是看电视。[63]

具有代表意义的是，消费心态学分析的第一步就是发现生活方式中的哪一部分决定了消费者会购买某种特定的商品。根据我们在市场调研中的经验，也就是“80/20 规则”。20%的产品使用者带来了 80%的产品销售量。研究者试图找出该品牌的使用者，将这些使用者按照强、中、弱三个等级划分开来。他们也努力研究这些消费者使用商品的方式和对待商品的态度是什么样的。在许多情况下，一小部分消费者的生活方式就可以在大范围内影响到品牌的使用者。[64]因此，即使这些消费者的比例小之又小，商家还是会将其作为主要的市场目标群体。

表 8—6　生活方式评估维度

活动	兴趣	观点	人口统计学资料
工作	家庭	关于自身	年龄
爱好	家	社会话题	教育背景
社会事件	职业	政治	收入
假期	社团	商业	职业
娱乐	休闲	经济	家庭状况
参加俱乐部	时尚	教育	居住情况
社团	食物	商品	地点
购物	媒体	未来	居住地情况
运动	成就	文化	生活水平

资料来源：William D. Wells and Douglas J. Tigert, “Activities, Interests, and Opinions,” *Journal of Advertising Research* 11 (August 1971): 27-35. © 1971 by The Advertising Research Foundation.

多元文化维度

伦敦的女孩一般会用那些能代表其生活方式的名字来获取认同，如模特、洋娃娃、黑丝菲尔德、朋克等。但是今天你却很少能用一个词对伦敦女性进行贴切的描述。也许这样说太绝对，因为“热门店女孩”这个词能胜任这项任务。这个词是因周六早上的牛津街而走红的，因为在那里总是有女孩子的男友成排等候在试衣间外。“热门店”成了英国大众生活中必不可缺的生活元素。

伦敦的公交车上充斥着“最近的主打热门店”标语，因此如今的“热门店女孩”自然而然也就成为时尚的领军人物。[65]

一旦把消费者按照强、中、弱三个等级区分开来，他们的需求就能得到商家的彻底理解，他们与品牌之间的关系也就一目了然。重要的产品使用者对该产品拥有自己独特的见解。根据他们从这些商品或者服务中获取的利益，我们可以继续将他们分为小的群体。例如，营销者起初认为，购买休闲鞋时尚品的人是那些狂热的慢跑爱好者。随后，消费心态学研究表明，其实这些群体是由几个不同特征的小群体组合而成的。他们有的是喜欢步行去工作，有的则是纯属娱乐爱好。这个发现导致制鞋业针对不同的群体制造不同的鞋。比如说“欢乐步行者”、耐克的“健康步行者”。

时尚消费心态学研究

许多研究试图将服装市场进行划分。20世纪80年代，李维斯推出一款新式的服装时研究了男性服装市场。除了主流传统型、有效实用型、时髦型、价格型之外，发现了一个新的细分市场：经典独立型。李维斯的设计和市场的投入主要是针对这种新的划分。[66]但是由于当时经济的低迷和市场的激烈竞争，收效甚微。这种宽泛式的研究并不能保证商场上的成功。

一项关于女性服装的理论研究登上了历史的舞台。该研究考察各种生活方式和标准，以做出符合消费者需要的服装。8种生活方式分类横空出世：自信、性感时尚、生活自足、传统、亲美/教育、价格敏感/获取信息、当代旅行/花销、能动性/冲动性。这些种类和择衣决定之间关系密切，并且也验证了先前的理论：消费者会根据其生活方式中的特定角色选择服装。[67]

使用这种区分方式，其他的服装研究者也指出了三种市场群体：象征性/功用性的使用者（51%）、务实/保守型的使用者（35%）、浑浑噩噩的使用者（14%）。三个群体在消费心态学特征、购物倾向、偏好行为和人口统计学资料上都有很大的不同。例如，象征性使用群体（将衣服当作增强自尊、彰显事业成就、获取名声和社会威望、突出女性气质和性感的工具）具有较高的创新性、独立性，社交、运动能力强，对教育、事业和财政持有积极的态度。那些喜欢在高档商店购买服装的顾客则是时尚达人和信用卡的持有者。他们往往是年轻又有活力，处在教育、工作、收入和住宅的高层位置上。表8—7对此进行了详尽的陈述。[68]象征性使用者也是支持那些认为服装应作为事业型女性策略工具的早期研究的最大群体。[69]表8—8使用了鲜活的实例对此加以说明。

消费心态学信息的使用

消费心态学信息可以通过以下几种方法加以使用。

- 确定目标市场：允许市场营销者用简短的人口统计学信息或者是产品的使用说明进行描述（比如说中年女性或者是老顾客）。
- 创建一个新的市场观点：有时营销者会根据固有的典型消费者制定策略。这种偏见会使策略因不能满足消费者的真实需求而化为泡影。例如，为年轻女性设计一款面霜，但营销商却发现主要消费者是那些上了年纪的寡妇们，而不是年轻的社会化女性。
- 商品定位：消费心态学信息能帮助营销者凸显商品适应消费者生活方式的特性。如果针对的消费群体对生活方式有着极高的需求，那么产品就必须突出强调其能满足这一需求的品质。
- 更好地宣传产品的属性：消费心态学信息能为产品的宣传广告提供很多有效的信息。如果演员、作者能抓住消费者心目中的理想形象，而不是靠枯燥的数据来说服他们，那么就能促使该产品更好地与消费者沟通交流。

表 8—7 服装获益分类

	群体 1：象征性/功用性的使用者	群体 2：务实/保守型的使用者	群体 3：浑浑噩噩的使用者
从服装获取的利益的特点	维持自尊、获取成功事业、赢取声望	是否具环保、功用性，是否舒适	对促进自身来说是否有意义
消费心态学特征	创新性、喜欢新鲜刺激的事物、独立、有自己的想法	独立、有想法、喜欢独处	创造性不强，独立的领导者
购物倾向	喜欢购物，沉迷于时尚	不喜欢购物，不沉迷于时尚	不喜欢购物，不沉迷于时尚
偏好行为	喜欢到好的商店、高档的服装店或者是专卖店购物	在一般性的商店购物	喜欢买打折的衣服
人口统计学资料	拥有大学及以上学历，从事专业性工作，年轻	各个教育水平都有，从事专业性职业，年纪较大	高中及以下学历，家庭主妇，年纪较大

资料来源：Soyeon Shim and Marianne Bickle, "Benefit Segments of the Female Apparel Market: Psychographics, Shopping Orientations, and Demographics," *Clothing and Textiles Research Journal* /12, No. 2 (Winter 1994): 1-12. Published by permission of The International Textile & Apparel Association, Inc.

表 8—8 消费者从服装中获取的利益

利益	被试观点
1. 自我形象改善	服装利于维护我的自尊
2. 社会地位/声望	穿设计师设计的服装给予我较高社会地位
3. 性感/女性气质	在异性面前穿着得体对我来说很重要
4. 时尚/形象	穿最新潮的服装能帮助我维持时尚达人的形象，这一点很重要
5. 功用性/舒适	穿衣的最主要目的是蔽体
6. 角色认同	我的服装就代表我的社会角色
7. 缺陷补偿	我试图通过服装来掩饰自身的缺陷
8. 个性	我更注重自身的个性，因此我不会追随当下潮流
9. 成熟/干练的外表	我会买那些让我看起来更为老练的服装

资料来源：Soyeon Shim and Marianne Bickle, "Benefit Segments of the Female Apparel Market: Psychographics, Shopping Orientations, and Demographics," *Clothing and Textiles Research Journal*/12, No. 2 (1994): 1 - 12. Published by permission of The International Textile & Apparel Association, Inc.

基于消费心态学的市场分类

营销者也在不断地更新自身的理论观点。他们试图通过这些新的理论，获取消费者的生活方式信息，并借助生活方式来识别和划分消费群体。为了满足这种需求，许多研究公司和广告商发展了它们各自的细分类型。被试回答一系列问题，研究者可以根据被试回答的内容，将其划分到相关的生活方式类型中。这些问题包括 AIO 的所有问题以及与具体品牌、喜爱的明星、媒体偏好等相关的题目。这些成果往往出售给那些想获取客户或者是潜在客户信息的公司。

从整体上说，这些分类一致性较强，大多数将消费者划分为五到八个群体。每一个群体都有自己的描述性名称，而且相应的群体特征也已备案。不幸的是，因为这些数据和方法都是私有的，所以不同的分类方法之间是不能进行比较或者评估的。（这些数据和方法都归公司所有，它们不会将这些信息与外界共享。）

价值—生活方式体系（Values and Lifestyles System，VALS）是人们最为熟知的细分体系。这个体系是斯坦福研究所研发的。VALS2 系统使用的是 39 个心理和人口学项目，将美国民众划分为不同的群组。每一个群组都有自身的特性。图 8—4 展示了这些群组。群组纵向维度是按照资源（包括收入、年龄、教育、精力、自信、创新性、创新精神、领导能力）程度排列的，而水平维度则是按照主要动机划分的。主要动机决定个体的核心价值，这些价值会决定消费者行为并在市场模型中表现出来以彰显自身的身份。[70]

三个动机都是水平层面上的。那些持有理想动机的消费者总是被知识和规则所左右。他们倾向于根据由质量、完整性、传统性标准组成的信念体系来做出购物决定。他们根本不在乎他人的眼光。那些被成就动机驱使的人则会为清晰明了的社会地位奋斗不息。他们会想方设法获取那些位高权重的社会群体的认可。而那些受自我表现动机控制的人，则是行动倾向型消费者。他们在购物时，总会强调物品要凸显出其个性的特点。

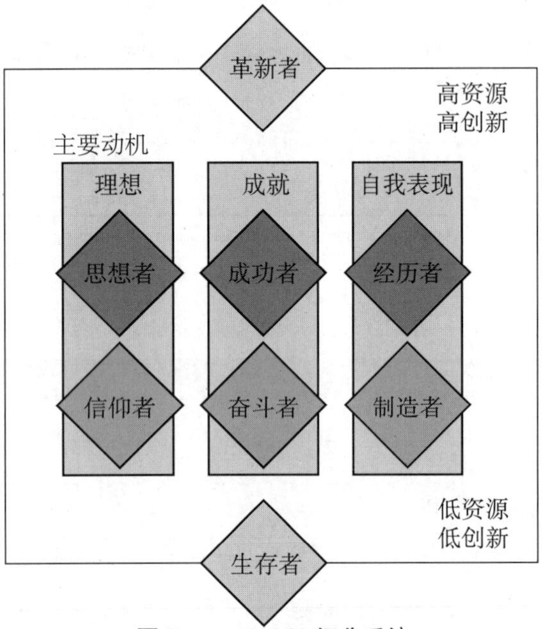

图 8—4　VALS2 细分系统

资料来源：© 2001 by SRI Consulting Business Intelligence. All rights reserved.

革新者是 VALS2 中最上面的一个群体。他们是功成名就者、行为的负责人，是拥有高自尊、丰富资源的群体。他们是变革的先锋，总是提出新奇的想法，研发新技术。他们是有着独特品位的积极消费者。形象可以彰显他们独特的品位和个性，而无须与他们的身份地位相关。

下面的三个群体虽也拥有丰富的资源，但是他们的生活观却截然不同：

- 思想者：他们的主要动机是理想。他们是成熟、自足的消费者。他们趋向于实际化，并从他们购买的物品中获取其功能性和价值属性。
- 成功者：事业至上的人。他们喜欢冒险和自我发现。
- 经历者：他们冲动、年轻，崇尚另类和冒险经历。

下面的四个群体享有的资源比上面的相对少一些：

- 信仰者：他们总是怀有坚定的信念。他们保守，对拥有的品牌很忠诚。
- 奋斗者：与成功者类似，但是没有成功者的资源丰富。他们在意的是他人的支持。
- 制造者：也是行动倾向型群体。他们集中精力于自我满足。他们自己修车，自己种菜，自己盖房。
- 生存者：在经济阶梯的最底层。他们最关心的是自身基本需求的满足，而不是成就欲望的实现。他们是谨慎型消费者，但对自己喜欢的品牌也表现出极大的忠诚。

VALS2 体系对于我们了解像南希和安娜这样的人来说十分有用。SRI 估测，约有 12%的美国成年人是快感的追求者。他们属于经历者这一类别，他们特别赞成这样的话语：我希望我的生活中充满刺激，我想要尝试新鲜事物。经历者喜欢打破常规，对冲浪、蹦极这样的极限运动表现出极大的热情。毋庸置疑，三分之一的 18 岁到 34 岁的消费者属于该群体。这个群体的热情所能带来的利益也让商家兴奋不已。如果你想知道自己是哪一种类型的消费者，请登录 www.sric-bi.com/VALS/presurveys.shtml。

像 VALS2 这样的体系对美国民众的类别区分相当有效。但是跨国公司的营销商则希望在别的国家也能区分不同的消费者。这也就是为什么会出现 VALS 的修订版，如日本的 VALS 对原有的体系或多或少做了些修改。此外，研究者还在不懈地努力，试图研发出超越国界的生活方式类型体系。

另一种细分的工具就是地理人口统计学。该技术将消费者的开支数据、其他的社会经济学因素与地理信息加以融合进行分析。通过了解消费者的居住区域来了解那些享有共同消费模式的消费者。这个方法的理论基石就是“物以类聚，人以群分”，那些拥有相同品位、需求的消费者往往会聚居在一个地方。因此，这种方式对划分消费群体是相当简单方便的，商家可以通过直接的邮件或者是其他更为直接经济的方式联系那些志同道合者。例如，如果商家想针对那些受过良好教育、财政上保守的单身白种人，那么就不应把邮件发往邮件目录里邮递区号为 20770 和 90277 的那些加州或马里兰州的小地方，因为那里根本没有这种顾客。

一种较为快捷的分类方式是按邮政区划为基础的潜力等级指数（PRIZM）。这个系统是克拉瑞塔斯有限公司（Claritas）开发的。该方法将美国所有邮递区号划分为 66 个种类。从最富有的“蓝血一族”（贵族血统）到福利最差的“公共援助”。[71]加州南部的一位公民说，如果她在恩西诺市的话就会被划分到“富有、智慧”一类中，但是，如果是在谢尔曼奥克斯，她则属于“年轻、有影响力”一类。该体系从最初的 40 个种类不断更新，这种更新的状态反映了美国现代的民族经济日益繁荣和多样化的趋势。像“美国梦”、“年轻的文人”都是新增的种类。该分类包含了地理信息和生活方式特点。你可以知道某个地区的人们喜欢吃什么，喜欢看哪个频道的电视节目，他们读什么书，他们最常去的商店是哪些。

趋势预测：凝视着预测消费者行为的水晶球

消费者的生活方式日益成为营销商追逐的对象。社会的优先权和偏好也随着时代而不断变迁。营销商必须跟上这些变化的步伐。更为重要的是，他们要参与到这些变化之中。看看黄页上的商业条目。牲畜、拖把的分类已经从电话簿中淡出；而穿耳、网吧、风水、芳香疗法等则是新增的词条。[72]如果一个营销者能看到未来，那么他所拥有的优势将会是多么巨大啊。他们必须知道明天消费者的需求是什么，接下来五年的需求是什么，接下来十年的又是什么。虽然没有谁能做到，但是大量的市场研究公司使出浑身解数来预测社会趋势或人们态度行为的重大转变。Trendwatching. com 说：“我们不是预知未来的水晶球，但是我们却在观察并试图了解已经发生的事情，不管是大的还是微不足道的，不管是主流的还是非主流的。”[73]

趋势分析

许多公司都想通过消费者调查以便使自己站在时尚的前沿。例如，扬克洛维奇公司实施的扬克洛维奇监测，每年都要采访 2 500 名美国成年人。自从 1975 年以来，恒美、尼达姆世界广告公司也开展了生活方式调查。这项研究抽取的是 4 000 名美国居民的大样本，调查的题目多达 1 000 个。通过这些，研究者想追寻到消费行为的变化踪迹。《爆米花报告》的作者费思·波普考恩（Faith Popcorn）在将近 20 年的时间里跟踪访问了 500 个客户，采访了卡尔文·克莱恩、雷诺兹烟草有限公司的行政总裁等人。[74]这些服务收集信息，然后再出售这些信息。

随着网络时代的到来，公司和个体获取的信息日益增多。大家获取的信息大多是来自于个体对外公开的博客，比如 www. ubercooi. com，www. trendwatching. com，www. trendsetters. com，www. trendcentral. com，www. trendhunter. com。位于阿姆斯特丹的网站 www. trendwatching. com 拥有 13 万商业和市场营销专家用户，该网站的订阅户范围遍及全球 120 多个国家，很多公众订阅该网站的免费通讯。一般来说，来自 70 多个国家的 8 000 名网民会浏览该网站。他们从那些商业人士的博客中获取正在转变的思想、观念、思维。该公司还积极监控美国社交网站 MySpace、Cyworld、Flickr、YouTube、Second Life，通过阅览作者展示的信息、看他们的所作所为所好，从而触摸新新文化的脉搏。[75] http：//www. trendwatching. com 将过去几年的趋势一一列举出来。一些是当时的“潜力股”，后来带动了其他趋势的发展。这些大部分归结于当今信息技术的大爆发，并且其中有些更是对零售商和时装产生了直接的影响。下面描述的只是其中一部分。你认为这些趋势会持续多久呢？点开网址看看这些趋势中的热门。你如何看待这些文章的作者对消费者的态度？

- 非廉价时尚：低成本的商品和服务却被赋予了设计和高质量元素以及特别的顾客服务，使得顾客能以最优的价格买到质优的商品。想想沃尔玛、好市多、西南航空公司、乔氏连锁超市、日本的无印良品。
- 超特权经营法：与上面的不同，该类是远远超出大众的承受能力范围的。不用说买，碰一碰都是件奢侈的事情。它具备的是难以模仿的独特性。
- 旅游购物狂：处于过渡阶段的消费者，如旅行者和其他那些正在体验生活转变的个体，他们怀有短暂的幸福满足感，活在当下。
- 微型企业家：那些易趣的卖家。每个人都可以被称为企业家。
- 生活兑现：为自己、朋友、家庭乃至全世界而收集、储存、展示、精心钻研整个生活。他们将全部精力投注到写和发布自己的博客上。这一点在 http：//www. blogger. com 就能做到。

● 网上搜索：公司会在网上搜寻你的信息以使它们的产品个性化，符合你的要求。只要你留下你的要求，这些公司就会找到你。

● 网络氧气：消费者希望能随时随地上网，他们期望在飞机场、卧室、屋顶花园、教室、城市公园都能在线。

● 看见就买：不管你身在何处，看见的听见的东西你都会购买。你只是在电视上看了几秒关于某产品的的讨论，接着就可以从亚马逊网站上购买了。登录 http：//www. like. com 看一下自己喜欢的产品的链接，搜一下自己喜爱的明星佩戴的珠宝或者穿的靴子。http：//www. launch. com 网站则保存着你的购买体验，因此你会在最短的时间里买到你喜欢的音乐。

● 弹出式零售：临时性的零售空间。潮流来去匆匆，零售也来去匆匆。有时它的目的就是快速时尚，有时又是再度引发潮流。李维斯、斯沃琪、像男孩一样（Comme des Garcons）、塔吉特、沃尔玛等也有这样的零售商店。

● 生态标志性、生态嵌入式、生态助推器：这是一种状态转变。许多消费者喜欢炫耀这些绿色环保行为和物品，因为世界上以这种方式生活的人数少之又少。

● 地位叙述：很多品牌都比较小众，它们讲述的故事也不是针对大众消费者的。因此，越来越多的消费者会争相讲述自己的故事以彰显自己的身份地位。

● 粉色利润：现在许多的品牌已经指向同性恋市场，即使是最保守的市场营销执行官也能发现其中诱人的利润。

● 此地制造：包括那些新的或经久不衰的当地厂家和承办商。世界好像被全球化和大规模生产所包围，但是一个急剧增加的消费者群体却在追寻那些本地出产的货真价实的物品。

● 先驱消费者：对当下广告有免疫力，喜欢全面接触信息、反复核查、引领时尚。他们探寻新的服务、新的风味、新的作者、新的目的地、新的艺术家、新的装备、新的关系，任何新的东西。

● 创新超负荷：成千上万的明智企业家、发明者、营销者集聚一堂，开发那些具有开创性意义的想法。

● 量身定做：公司为那些有经验和创造性的消费者量身制造各种产品或者提供服务。说出自己想要的，公司就会为你做出满意的产品。

● 刁钻：那些有经验的消费者总是在追求好中之最好、廉价中的最低、首先中的最早、健康中的最健康、酷中最酷的。

这些还远远没有结束，该清单随着时间的推移会变得更长。

时装预测

因为服装行业变化过于迅速，所以处在该行业中的人的当务之急就是跟上潮流的节奏。生活方式预报给予营销商新产品接纳度信息，但是服装的生产商和零售商却必须进行一些时装的预测。一种方式就是每个季节都预订这些服务，比如：时尚咨询公司 Promostyl、Nigel French、Here&There，或者是从事时尚预测的纽约 Doneger 公司等。正如前面提到的，其他一些原材料企业（比如说杜邦化纤公司）、其他一些相关的贸易行业（如棉花公司），都会为顾客提供一些关于潮流的书籍。公司职员则周游世界、参观各个景点、拍下街边的时尚元素，回到公司后，将这些元素组合在一起提供给生产商和零售商。

除了这些服务之外，还有在线的不断更新的时装潮流网站。www. style. com 就是这么一个网站，它提供了200名设计师的时装秀。www. wgsn. com 网站则让你领略世界各地的时装风采。走在伦敦的英皇大道上，看着巴黎跳蚤市场上发生的一切，流连于各个时尚秀之间，看别人所看的，这一切只需点一点鼠标就可以实现。[76]这些免费的网址提供给你信息，并不替你做分析，分析只能由你来做。

时装预测有一点像报纸上的星座运势预测。有时候预测看起来就是泛泛而谈，没有什么用，但正因如此它才显得准。（有这样一条标题："我们从来没算错过！"）只有一小部分的预测能被验证。问题就在于：直到事情发生，我们才知道哪条说准了。你能预测到下一波时尚潮流吗？

本章概览

● 人格这一概念指的是个体独特的心理特质，它能持续影响个体对待周围环境的态度。基于个体人格差异的市场营销策略和时装研究或多或少取得了成功。这一点或许要归功于对个体间人格差异的测量以及将其应用到消费情境中的举措。尽管大多数研究总是以大样本为研究对象并采取复杂的量化研究方法，但是一些以弗洛伊德心理学和其他的变体理论为基础的研究，还试图在小样本范围内找出内在更为深层的不同。

● 态度由三元素组成：认知、情感和行为。

● 传统的态度研究者认为，态度是按照一定的顺序形成的。首先是认知的形成，它指向一个态度对象，然后对该对象评估、产生情感，最后付诸行动（行为）。根据消费者的卷入程度和消费情境，态度也形成了自己的影响层次结构。

● 态度形成的一个组织性原则就是态度成分间的一致性。也就是说，态度的某一元素要与其他保持步调一致。认知失调理论和自我知觉理论这些偏理论性的方式都强调了一致性的重要性。

● 基于态度的复杂性，多属性态度模型成为大家争相使用的工具。在该模型中，一系列的认知和评估用于鉴别和预测消费者的整体性态度。为了增强预测能力，主观规范和态度量表都被融入了测量。

● 消费者的生活方式指的是个体如何安排自己的时间，如何支配自己的收入，以及他的消费选择是如何反映其价值观和生活品位的。生活方式研究对追寻社会消费偏好和将具体的商品和服务进行市场定位是十分有效的。营销商根据生活方式的不同对消费者进行细分，尤其采用 AIO 项目进行细分。

● 消费心态学技术试图根据消费者的人口统计学信息、心理主观变量等对其进行分类。像 VALS 这样的体系被研发出来对消费者进行种类的划分。通过划分可以了解不同群体的品牌和商品偏好、媒介使用、业余时间活动、对政治宗教等广义上的话题的态度。

● 商品和行为之间的内在关系与社会角色一同决定了消费模式。个体会购买某一商品是因为符合其模式，而这一商品正与他们所追寻的生活方式相关。

● 在消费领域和实践中总会发生巨大的变化。多数趋势预测信息对零售商和时装公司是有用的。与日益变化的消费者生活方式保持步调一致是至关重要的。

关键词

人格	本我	快乐原则	自我
现实原则	超我	特质	品牌资产
品牌人格	态度	态度对象	泛灵论
影响	行为	认知	影响的层次结构
行为意图	一致性	认知失调	自我知觉理论
多属性态度模型	产品互补性	消费星座	消费心态学
AIO	80/20 法则	价值—生活方式体系	地理人口统计学
生活方式			

问题讨论

1. 创建一份关于某种时尚商品的三种不同品牌的品牌人格清单。询问消费者，让他（她）对每个品牌在十项不同的人格维度上排序。你会发现哪些不同之处呢？这些“人格”是否与商品的广告或者是包装策略有关？

2. 在何种情境下，人口统计学信息比消费心态学信息更为重要？反之，在何种情况下，后者更为重要呢？

3. 收集近期的将时尚产品与生活方式相衔接的广告。

4. 构建针对成功者、经历者、信仰者等VALS类型的不同广告宣传策略。针对不同群体类型的宣传口号有何不同?

5. 通过针对特定群体的媒体，构建大学生社会消费群。在这些针对大学生的广告中，什么样的商品、活动、兴趣点是重点?

6. 列举态度的作用，并举出一个作用在以时装为主体的营销情境中的实例。

7. 使用语义分化量表来策划一项态度的研究。这项研究的对象是彼此竞争的时装公司。通过该研究，指出它们的优势和劣势。

8. 构建一种商品的多属性态度模型。根据你的发现，阐述一个品牌是如何根据本章中提到的策略来改变已有的市场形象的。

9. 描述你周边比较流行的一种生活方式。描述应尽量详尽和可信。哪些商品属于该生活方式?你认为它会持续多久？为什么?

10. 你预计下一季度的时装会是什么样的？你是怎么得出这一结论的?

第9章 消费者知觉

苏珊发现，在网上进行服饰购物非常有趣。现在很多实体购物中心或购物公司都已经开设了网络购物，以至于人们很少再需要忍耐拥挤的交通去真正的购物中心购物。苏珊登录过的网站有www.fashionmall.com、www.productopia.com，她还登录过许多购物公司的网站，包括：www.llbean.com、www.levi.com、www.delias.com、www.dickies.com、www.diesel.com、www.bcbg.com、www.landsend.com、www.jcpenneycom、www.bisou-bisou.com、www.gap.com、www.bluefly.com、www.bluelight.com和www.bloomingdales.com，这份列表甚至可以更长，而每一次发现一个新的网站都是令人兴奋的。一旦所购货物不对，可以直接寄回。购物公司时刻努力着为那些因对货物不满而退货的顾客们提供方便。然而上一次苏珊的购物经历让她多少有一点沮丧。苏珊在网上看中一件非常棒的亮橙色上衣，收到货物后打开包装，发现寄来的衣服颜色很暗，实际上是一件暗橘红色的衣服，与原先看中的那一件完全不同。这是怎么一回事呢？苏珊已经有了合适的裤子和帽子来配那件上衣，本应是非常完美的搭配。或许她本该去梅西百货公司买一件颜色搭配的衣服。现在这件上衣与准备搭配的裤子和帽子搭起来很糟糕，苏珊猜想，购物公司会为了信誉调换衣服的。

引言

我们生活在一个充满感官刺激的世界。无论身在何方，我们都被一首由颜色、声音和气味组合起来的“交响乐”轰炸着。这曲交响乐的一些“音符”是自然发生的，例如一只狗大声地吠叫，夜晚天空的阴影，或者玫瑰花丛那令人陶醉的芬芳。另一些“音符”来自于人类，教室里你的邻座可能会向你炫耀他刚染过的亚麻色头发、亮粉色裤子，也许还有令人厌烦的足以让你眼睛流泪的香水气味。时尚工业每个季节都会添加新的颜色到新销售线，以确保时尚市场这台机器不停地运转。苏珊的橙色上衣是最新的颜色，在网上购买也许是最新的最方便的购物方式，但她这一次的体验却没有其他购物方式令人满意。如果衣服的颜色是白色或黑色，也许她的体验就会好很多。

商人们为这些充满各种刺激的环境贡献了颜色、声音和气味。消费者身边总是充满各种广告、产品包装、商业电视、广播以及广告牌，它们都强烈地吸引着我们的注意。对付这些轰炸似的刺激，我们都会选择注意一部分刺激而忽略其他。而对于我们选择去注意的那些信息，到最后，我们理解的往往与商人们所期望的不同。我们都会把自己独有的偏见、经验和希望与广告的实际意义相混合，从而赋予商品新的意义。这一章着重探讨在观念的类型，以及在观念形成的过程中，消费者是如何吸收身边的各种刺激并用它们来解释身边的世界的。

感觉（sensation）是指我们的感知受体（如眼睛、耳朵、鼻子、嘴和手指等）对一些基础刺激（如光、色、声音等）的直接反应。知觉（perception）是我们对于各种感受进行选择、组织和解释的过程。于是，对于知觉的研究就集中于我们对于未加工的感受添加或删去的部分，即指我们选择注意的内容，然后赋予其内容意义。

知觉研究视其结构可分为几种方式。这几种研究方式存在着明显的重叠部分。

- 物体知觉是我们对于客观存在的实体的印象或想象。
- 个人知觉是指我们通过观察人们的外在表

现而形成的对他们的印象。这一印象是我们对于人们的内在特性如人格进行归因的基础。大部分关于认识的研究都会涉及着装，而个人的着装时尚是与个人认识有关的。

- 物理知觉都是通过诸如视觉、嗅觉、听觉、触觉、味觉等感觉发生的。这种知觉主要是与感受的产品以及物体有关联。这一篇将主要集中在物质认识上展开。

像电脑一样，人们经历了刺激输入和储存的信息加工阶段。然而与电脑不同的是，我们并不是被动地加工所有的信息。在认识形成的第一阶段，我们所处的环境中只有很少的一部分刺激被我们注意到；在我们所注意到的刺激中，同样只有很少的一部分是被我们有意识地注意到的。而进入我们直觉的那部分刺激也不可能被我们客观地、不带偏见地加工。一个进入知觉的刺激的含义，是被接受刺激的个人来理解的，而这个人会被自身独有的偏见、需要或经历所左右。正如图 9—1 所展示的那样，暴露、注意、解释三个阶段共同组成了知觉的形成过程。在考虑每一个阶段之前，既然知觉研究与穿着和购买服饰以及着装时尚有关，让我们返回到前一步来考虑一下知觉研究的种类。

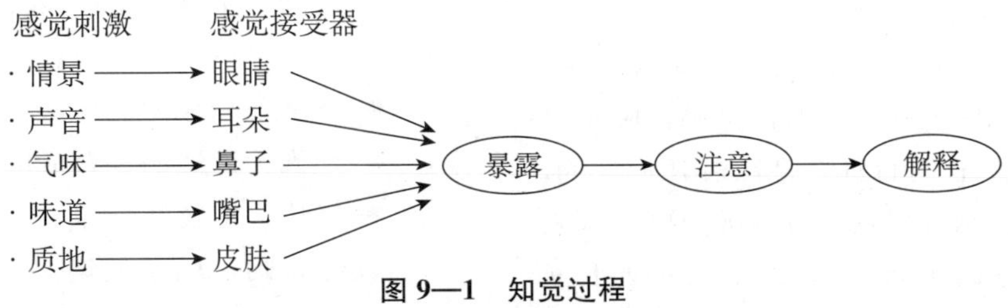

图 9—1　知觉过程

资料来源：M. R. Solomon，*Consumer Behavior*，8th ed.，p. 53. © 2009. Reprinted with permission of Pearson Education，Inc.，Upper Saddle River，NJ.

物体知觉

许多产品同时拥有象征性和实用性两方面价值。[1]在许多产品的消费（例如服装、化妆品、珠宝、家具、汽车等）中，人们更多地关注产品所带有的社会象征性意义而较少关注它们的实用性价值。作为商品，人们认为它们应该舒适、体现购买者的身份、独一无二或者极具使用价值。对于服装质量的认知往往能够通过服装面料、外观结构、舒适度、价值、风格等预测出来。[2]一项研究发现，商标名称影响着人们对商品价格的认知。[3]同时，商标被不同的人以不同的方式理解，因此，在消费者心目中，商标具有品牌意象和品牌人格（brand personality）。我们也调查了全国性品牌和私人品牌以及和产品知觉相关的其他品牌特性。

价格、独特性、实用性或者时尚的外形以及引人注意这些品质，使商品对消费者自身的性格觉察具有暗示性。象征性的东西往往影响人们的认知，观察者会在这种信息的影响下，把一些特定的内在特性看作某个特定个体的。认识到商品选择具有的社会含义的能力是因年龄的不同而不同的，但这种能力基本上最多发展到六个级别，大学是最高级别，随后会随着年龄的增加而逐渐减弱。[4]

服饰的背景意义

要想理解我们穿着服饰的意义，就要考虑穿着的背景、社会环境，或者更复杂点，穿着服饰的日常生活框架。我们所理解的外观信息是嵌在背景中的，这些信息可能是一种设定、一种关系，可能是着装者的特性，或者是我们生活于其中的普遍文化，以及这种外观信息的历史性意义与着装之间的联系。[5]

关于着装研究的连续性探讨由两条原理构成：（1）在现实生活中，我们很少会见到服装与社会背景相分离。（2）经验证明，我们对于着装的诠释是随着背景的变化而改变的。[6]凯撒已经设定了一个模式用于观察并解释服装与时尚的背景意义[7]，下面就是相关描述（由笼统到确切）：

文化
各部分的合作
社会环境
即时身体空间
个人特征（年龄、性别）

运动配合度（运动时材料发出的声音）
衣服/身体的相互作用（合身、匹配得体）
衣服本身

衣服还可以进行再分，如按照衣服的不同种类（裙子、紧身短裤、夹克）、处理方法（聚合、披挂、打褶），还有衣服面料的不同状态（新的、做旧的、褪色的、撕裂的）。我们每个人对于衣服都有不同的看法，有些人穿的衣服明显是崭新的而且面料讲究，相对而言，有些人穿的衣服一看就是穿了很久的。后者是出于善意而买了一件旧衣服吗？或者是长辈传下来的？也许这个人只有这么一件衣服所以经常要穿吧。

最终，服装设计中的感性因素可以使着装者、服饰本身给人留下不同的印象。对通过操控服装设计元素而产生的视觉形象的研究是针对其本身的，本书对之没有详谈但稍有提及。有一部分更为深入的讨论会在本章后面出现。感性因素包括下面这些[8]：

- 线条：直线、曲线，斜线、竖线、平行线，粗线、细线，模糊的、清晰的，间断的、连续的。
- 空间或区域：大的、小的，开放的、封闭的，空白的、填满的，重叠的、分离的，凸出的、凹陷的。
- 形状或形式：二维的、三维的，衣服的形状或轮廓，脸的形状及发型，衣服各元素的形状（衣领、袖口）。
- 颜色：色调（色组）、色值（深、浅）、强烈程度（鲜明的、晦暗的）、衣服颜色、皮肤颜色、眼睛和头发颜色。
- 样式：几何的、用花装饰的、抽象的。
- 面料质地（手感）：柔软、光滑、粗糙，明亮的、灰暗的，半透明的、不透明的，杂乱的、宁静的。
- 体量：庞大的。
- 纤维：天然的、合成的。
- 气味：织物的气味。

设计原则，用于使诸多设计元素协调，产生出和谐统一、有韵律、平衡、有重点以及匀称。这些原则适用于创造出特定形象和印象的广告及服装设计。

个人知觉

着装是一种非言语信息交流的工具，这种交流已经成了我们判断一个人的基础。我们对一个人产生的第一印象是在有限的信息基础上迅速形成的。因此，我们常说“你绝不会有第二次机会给别人留下第一印象”。我们每个人的着装也许就是我们所营造出的关于自己的、最有象征性的形象了。鉴于着装是我们表露或传达自己观念的实体化方法[9]，它也就是我们最有说服力的给人留下印象的方法了。我们通过自己着装的象征性风格中包含的意义来向别人传达关于我们的信息。霍夫曼从前面章节讨论过的服装元素中，发现了一些与服装元素相关的引申信息[10]：

- 男人特质：裤子，重磅面料。
- 妇女特质：裙子，轻柔面料。
- 有优势的：挺括面料，皮毛，皮革，高帽或高领，深色，金属。
- 社会影响力：贵重材料，设计师设计的时装。
- 自主：非量身定做，不经熨烫，卷起袖筒。

看到这张年轻女性图片时，你头脑中映射出什么样的人格特征？你怎样感知她？

我们的着装与配饰也在传达着个人与社会的变量，诸如性别、年龄、职业、婚姻状况、经济状况、宗教信仰、态度以及价值观，诸如此类在本书的章节中讨论较多。一些人通过我们的着装对我们做出一些判断，因此，我们常常根据这些象征来操控或掌握我们给人们产生的印象（见第10章）。

着装可以表达大量的意思。例如，如果你问："牛仔裤这个词是什么意思?" 回答可以有很多种。[11]牛仔裤可能暗示一个群体的成员身份，例如农业劳动者、民权运动团体，或者青年亚文化群体；牛仔裤也可能代表设计师服装，不分性别，舒适、朴实，以及性感。虽然着装象征有很多含义，但它所表达的一些模棱两可的信息其实隐藏着许多潜在意义。因此我们要再一次承认，背景在理解这些含义时是很重要的。

目前，已经有很多以着装为变量进行的有关人的认知的研究。研究结果指出，我们穿衣的方式影响着他人对我们的判断。着装和化妆已经被认为与吸引力相关[12]；诸如个性，社会地位，关于社会、政治、性的观点，交际能力、诚实这些特性，以及管理者和教师的特性，都是在着装的基础上对之进行判断的。[13]即使是对学生智力和学校成绩的判断，某种程度上也是基于学生的穿着的。[14]

在一项研究中，大学生比较了对穿名牌牛仔裤和穿普通牛仔裤的人的认知，认为穿名牌牛仔裤的人们更追求奢华和舒适。[15]你是否同意这一观点呢?

除了对一个人的内在人格的推论外，人们还打算做出一些扩展推论，例如关于一个人的家庭、生活城市以及工作地点的推论。在一项研究中发现，出租车司机们穿着合适的服饰，反对不恰当的服饰，由此引出一个积极的推论，那就是他们所工作的城市安全，不拥挤，有好的机遇、好的购物环境，等等。[16]

物理认知：感觉系统

外界刺激或是感觉功能的摄取，提供了可利用多种渠道的感受。我们可以看一个布告板，或者看穿着正式的男人，聆听叮当声，感受一件毛衣的山羊绒的柔软，尝试新口味的冰激凌或者闻夹克上的皮革味道。各种刺激被感官获取，这些未加工过的资料就进入了我们的认知过程。例如听到电台播放的一首曲子，当歌曲勾起年轻人第一次跳舞的回忆，并让他感受到那个年代的气息时，外界的刺激就引起了内在感受。这些反应是享乐主义消费的一部分，刺激了消费者的多重感受，引起了消费者与商品间的情感互动。[17]

一件商品独一无二的特征，能够帮助该产品在与其他产品的竞争中脱颖而出，特别是当产品商标与人的感受形成独特的交互作用时。欧文公司是第一家注册颜色的公司，该公司的绝缘材料选用亮粉色，同时采用粉红色的卡通形象作为代言人。哈雷试图注册一头猪欢呼的独特声音。[18]在许多侧重强调产品幻想的市场策略中，奢华消费占有重要地位，例如香奈儿的"体会幻想"广告。

享乐主义消费与设计经济学

最近几年，我们从产品和服务中获得的感官体验在商品选择中占有越来越大的优势。随着生产成本的不断降低，产品数量的不断增加，消费者们越来越希望他们买到的东西除了具有卓越的本职功能外，还能带给自己一些奢华享受。一个滑稽的脱衣舞表演曾讽刺过这种趋势，该表演以一个设计师为主角，这个设计师说："质量是昨天的标准，今天我们关注的是产品是否能让人情绪高昂。"此外，有意思的是，新的关注焦点在于情绪体验，这一点与一项心理学的研究是一致的，该研究发现，人们在收入提高时更倾向于在购买商品时有额外的体验和收获。[19]

在2000年初，两个年轻创业人，亚当·洛瑞（Adam Lowry）和艾瑞克·赖安（Eric Ryan）就已经发现一个基本事实：在当今环境下，商品外形就等同于功能。他们停下手中原有工作，转而开发一系列房屋清洁产品。房屋清洁产品，多么枯燥的东西！不是吗? 不过我们再想一想：很多年来，对于那些饱受洗涮、抛光、打扫卫生辛劳之苦的女性，许多公司提供的一直是盒装洗衣粉。他们俩断定，他们可以提供装在精美瓶子中的具有黄瓜、薰衣草和依兰混合香味的清洁剂。现在设想已经践行。不到两年，这对搭档就赚了两百多万美金。之后不久，他们把生意做大，和塔吉特签订合约销售该产品。[20]

在塔吉特有这种瓶装的清洁剂。设计不再单纯是那些顶层设计师的职责，他们离清洁工作很远，也不会因为频繁清洁而心生厌烦。红得发紫的连锁销售店帮助了很多设计师，使他们的名字家喻户晓。如卡里姆·拉希德（Karim Rashid）、迈克尔·格雷夫斯（Michael Graves）、菲利普·斯塔克（Philippe Starck）、托德·奥德曼（Todd Oldman）以及艾萨克·麦兹拉西（Isaac Mizrahi）。许多消费者都渴望伟大的设计，并且这些消费者会热情购买那些伟大设计公司的产品，作为对它们的设计的回报。从T恤衫到苹果电脑甚至到垃圾筒，设计始终是主旨。

欢迎来到“感官市场”新纪元。在这里，各公司都尤为注意产品体验带给人们的感官印象。在这里，我们会更近距离地观察那些聪明的营销者们是如何利用我们的感官系统在竞争中取得优势的。

视觉

市场中的人们非常信赖展览、广告、设计和包装中能看见的因素。产品的内在含义都是通过视觉渠道反映出来的，表现在产品的颜色、型号和风格上。20世纪90年代后期，苹果电脑公司推出彩色外壳的iMac电脑，成为第一家在精确功能产品上使用彩色的公司。这个观念很快就传播到了电话领域，诺基亚添加了颜色并且用花样图案装饰电话，摩托罗拉随之也出产了粉红色手机，同时其他公司也出产了彩色相机、CD机等系列产品。

颜色反应：习得的和生理的

颜色可能更直接地影响我们的情绪。证据显示，一些颜色（特别是红色）使人有被唤醒的感觉，而冷色（例如蓝色）则更使人放松。广告中，产品呈现在蓝色背景中的效果要好过红色背景。跨文化研究还发现，不管是加拿大人还是中国香港人，对蓝色都有一贯的偏爱。[21]绿色、黄色、青色和橘红色被看作吸引人注意的色调，但是这类颜色的大规模使用会导致视觉疲劳。[22]

人们对颜色的某些反应来自习得联结。在西方国家，黑色是与哀悼相联系的，而在一些东方国家则是白色代表该意义。此外，我们会把黑色与力量相联系，黑色着装对穿着的人有更大影响。在美国国家足联与曲棍球联盟里，那些身着黑色队服的队员大都是最好斗的，他们是在赛季中受到处罚最多的。[23]

全国范围的民意调查发现，在诸多的人口统计学数据中，年龄、种族和性别对颜色偏好一直是有影响的。[24]在老人的视觉中，颜色都变得比较浅，因此他们更容易被白色和亮色吸引。这一事实对于现代工业有着很重要的影响。西班牙裔更强调亮色和柔和色调，非裔和印第安裔则喜欢强色调。蓝色仍然是大众的第一偏爱，然而人们第二偏爱的颜色则不尽相同，非裔和印第安裔以及西班牙裔更多关注紫色，亚裔关注粉色，而白人们则倾向绿色。妇女们被亮色调所吸引，并且更加容易受到微妙的底纹和花样图案的影响。然而，性别的不同造成的颜色偏好影响看上去在逐渐减弱，特别是对于那些不到30岁的群体。一位咨询师说：“这其实是取决于情境因素的，你无法把特种部队（G. I. Joe）放在粉红色背景中。迪赛品牌能生产出粉红色的男性衣服吗？答案是显而易见的。”[25]

色调并不是决定我们对颜色的印象的唯一因素。色值（浅与深）和强度（明与暗）同样是重要元素。就像刚刚提到过的，大部分人认为红色令人兴奋而蓝色使人冷静，但是事实总是这样的吗？暗红色与亮红色给人留下的印象是不同的；相似的是，浅蓝色与深蓝色也会让人产生不同的感觉。

相关研究已经调查了人们对颜色的生理反应，例如心率、血压、皮肤电等；其他的研究则更注重个体主观的心理反应。有人指出，在早期的研究中存在的一个问题是缺少控制。人们最经常引用的实验就是1942年关于颜色对人的行为的影响实验[26]，而这个实验的对象是三到五个患神经系统器质性疾病的人。早期颜色研究是以类似的方式进行的，研究我们对颜色做出主观心理反应的基础。使用恰当的科学性控制的实验性研究中没有发现生理数据的显著区别。人们对红色与对蓝色的反应可能仍然存在不同，但这种反应可能更贴近于学术性。如果我们学到的内容是相信红色是让人兴奋的，我们就会感觉红色令人兴奋。[29]

潘通（Pantone）色卡公司，印刷机色卡的独家生产商，在许多工业领域，如纺织业、服装生产、绘画艺术以及数码技术等领域是颜色精确生产的领跑者和经营者。它的独家产品即潘通色卡匹配系统，已经成为了颜色精确复制的世界标准语言。颜色的意义会随着时间而改变。迪拉德百货公司的广告中提出：“粉色，不只是一种颜色，它是妇女特质的一个象征，它是妇女健康和与乳腺癌抗争的象征，是与我们息息相关的。”[30]

多元文化维度

颜色偏好的文化差异使制定适合不同文化的商业策略成为一种必要。例如，宝洁公司（P&G）在卖给拉丁美洲国家的化妆品中使用了很明亮的颜色。[27] 宝洁和其他化妆品公司已经发现，墨西哥和南美的女性愿意花大价钱购买颜色大胆的指甲油，如“热情的橘色”。拉丁美洲的主妇尤其喜欢穿上染着热带颜色的高跟鞋去逛超市。对于这些女性，自然的打扮是过时的。就像墨西哥立法部长解释的：“当你不化妆时，男人们会以为你生病了或者是有其他的消极原因。”[28]

颜色预测

颜色常常是生产和包装设计中的关键问题。曾几何时，这是很随意的选择。例如，我们熟悉的坎贝尔汤罐是红白两色的，只是因为生产公司的主管喜欢一家大学的队服，而队服就是红白相间的！然而现在，颜色已经是个重要因素了，许多公司已经认识到，它们所选择的包装颜色将会在很大程度上决定消费者对包装里面的东西的猜测。这里提到的包装包括服装，还有汽车、电脑、电话、手表等。这些领域的消费者更希望产品颜色随潮流而变。这就是为什么许多公司投巨资致力于预测消费者未来一年、三年、五年内的颜色品位变化。

在西方文化中，黑色与世故关联紧密，而白色和纯真关联紧密。

20世纪90年代大部分时间里，黑色是潮流颜色。当你走进商店，导购身上、货架上，总之店里基本看不到别的颜色。然而潮流在转变，我们现在可以看到各种时尚品都充斥着各种颜色。红色成为了颜色复兴的中心。[31]即使是橘红色在每一个季节里也是随处可见的，男人和女人的穿着都是如此。

颜色的意图

潘通色卡已经开发出了颜色意象，也叫做“颜色的意图”，显示了和特定颜色相连的含义。和颜色相联系的关键词如下：

红色：对生活有热情；赢家、成功者、紧张、冲动、有活力、有竞争力、大胆、有攻击性、有激情。

粉红色：温和的红色，它把热情和纯洁相调和。它和浪漫、甜蜜、娇嫩、文雅以及温柔相连。

黄色：灿烂的、温暖的，因为它和阳光的联系很强。

橘色：结合了红色和黄色，所以它带有两种颜色的特征。它是有活力并且温暖的。

棕色：结合了坚实和稳定，就像大地母亲，稳固、可靠。

米色：和棕色接近，但是没有那么强烈；温暖、实际。

绿色：稳固和平衡，就像大自然，考究的、慷慨的。

蓝色：安宁和祥和，可能是普遍都喜欢的颜色，冷静和自信。

蓝绿色：结合了蓝色和绿色很多的特点，整洁的、自信的。

紫色：结合了红色和蓝色，神秘、诱人、不可思议、创造力高。

淡紫色：追求精致。

灰色：所有阴影的中间色，安心、谨慎、安于现状。

灰褐色：也是中间色，但是增加了米色的温暖，经典、实际。

黑色：彩色的对立面，传统的、保守、严肃。

白色：干净、纯洁。

当下，有许多颜色预测协会和组织，它们的首要目的就是向工业领域推荐它们认为在接下来的几年内将会流行的颜色。在服装工业里，纤维和织物市场的早期决策取决于颜色，因此设计者与销售者们都与专职的颜色预测工作室联系密切。这些组织中工作突出者大部分都是国际性的颜色权威，比如美国颜色协会、色彩营销集团等。[32]颜色预测也是趋势预测的一部分，趋势预测是一种预测服务，提供者如 Promostyl、Doneger 集团的预测部、创意服务部以及纺织物贸易组织（包括美国棉花公司）。www.colourlovers.com 意在保持与网络博客的趋势相符以及分享信息，是一个供人们张贴颜色或用调色板调自己喜欢的颜色的网站，在这里人们可以投票选自己钟爱的颜色，并发给其他的颜色爱好者们。[33]

潘通色卡也在周期性地研究消费者偏爱的颜色。它最近的研究报告说蓝色是这个国家最流行的颜色，仅次于蓝色的是绿色（就像先前讨论的一样，它随着种族的不同而不同）。随着生态学的发展，对自然环境的保护变成一个社会性的论题，绿色变得流行起来。时尚颜色的问题之一就是它们创造性的名字。一个公司的产品的“味道”和另一个公司的“味道”是不同的。有一年“云”这个词很流行……它是粉红色的！因此，潘通色卡或蒙赛尔色卡这些具有特定的数字标志系统的颜色系统将精确的颜色输送给生产商方面是很重要的。

新的颜色趋势在全世界商业展览和交易会上也有介绍，包括德国法兰克福的纺织品交易会、法国巴黎的“第一视觉”（First Look）、意大利的可莱创意展、纽约的国际时尚织物展览会（IFFE）。

颜色作为产品标识

一些颜色的组合和企业紧密地联系起来，所以它们变成了企业的产品标识，类似于商标，企业甚至会对这些颜色的利用申请专利。例如，柯达公司已经成功地通过法律保护了它的黄、黑和红相间的产品标识。但是，作为一种准则，只有在消费者对他们购买的产品产生疑惑时才会对产品标识进行保护，因为它和竞争者包装的颜色类似。[36]汤米·希尔费格试图成为唯一一个用红、白、蓝做标志的企业，这在美国是不可能的。

春季的颜色

潘通色卡是颜色方面的权威，是颜色系统和不同产业之间选择颜色和准确沟通颜色的主导技术。PANTONE®这个名字已经众所周知，从设计师到制造商，再到零售商和消费者，它都是颜色沟通的标准语言。[34]一个颜色编码系统，而不是颜色的名字，被用来沟通正确的颜色。下面是由纽约的设计师制作的一个春季的预告，有编码、名字和描述。[35]只通过名字和描述你能认识这些颜色吗？

1. Pantone 16-1720：草莓冰——温暖，仍然新鲜的感觉，有营养。

2. Pantone 16-3801：乳白灰——秋季霜色灰的变种，一种料想不到的中间色。

3. Pantone 14-4318：天空蓝——以它的真诚和镇静的效果闻名，这种柔和的颜色一直在演变；可靠的、乐观的。

4. Pantone 16-1220：咖啡奶酪色——奢华、细腻，就像它的名字；一种内敛的朴实。

5. Pantone 16-1220：龙蒿色——舒缓、放松，色调不那么亮丽；如今自然而不做作的形象很重要，这个颜色在此基调上又加入了些许清新感。

通过媒体转化颜色

在开头的章节中我们分享了苏珊对在网上购买的一件橘红色运动衫的失望，因为与她的期望不符。邮购和网上购物的问题之一就是销售目录中的颜色是否和实物相符。根据 CyperDialog 最近的调查，大约 60%的顾客不相信电脑中呈现的颜色。另外，30%决定反对购买颜色对其至关重要的商品，15%的人退还了商品，因为和他们对颜色的预期不一样。[37]这个问题的“电子解决办法”就是色彩校正向导软件（www.colorwizzard.com），它可以调整显示器和打印机的颜色匹配。提高网站的形象，网页显示准确的颜色是未来发展的一个趋势。

嗅觉

气味能激起情绪或者创造一种安静的感觉。它们可以激起记忆或者舒缓压力。我们对气味的一些反应来源于早期气味和好的或者坏的事物的联系，这也解释了为什么商业正在探索嗅觉、记忆和情绪之间的关系。[38]许多新的气味在一些意想不到的地方出现以激起这些感觉。泥土古龙水（Dirt cologne）闻起来像盆栽土，它是 Demeter 香水公司生产的 62 种“独一无二”自然香水中的一种。其他品种有胡萝卜味、芹菜味、黄瓜味以及研制中的汽油味和汗味（很吸引人吧）。[39]宝洁的 Physique 洗发水闻起来一股西瓜味。[40]云缇佛媚丝品牌染发剂包括与 11 种气味搭配的颜色，其中包括肉桂色、榛木色、杏色、西瓜红、草莓色、巧克力色和葡萄紫。[41]

气味是由大脑边缘系统加工的，这个系统是大脑最原始的部分，也是体验即时情绪的地方。嗅觉是直接感觉快乐、饥饿，甚至快乐时光记忆的途径。这也解释了为什么“简单”的香草最近被广泛应用于嗅觉产业中，从香水、古龙水到蛋糕糖霜、咖啡和冰激凌［例如科蒂（Coty）在四个月的时间里卖出了总计 2 500 万美元的“香草天地”古龙水］。一位商业主管解释说“香草”能激起家乡、健康、温暖和拥抱的记忆。[42]芝加哥嗅觉和味觉治疗与研究基地的一项研究发现，使用特定的香水能使女性知觉到的体重减少 12%！[43]

香水基金会和纽约嗅觉研究基金的董事长这样说：“我们可以通过嗅觉整体上提高我们的生活质量——性能力、精力和睡眠质量。香水产业单在美国就能挣到 60 亿美元……香水产品在过去的十年里增加了两个百分点。”[44]商家已经发现了古代芳香疗法（aromatherapy）的经济价值，芳香疗法是通过创造、改变或者遮蔽香味来给大众提供“改变其所在环境”的工具：

- 海风气味有利于平静。
- 薰衣草气味有利于放松。
- 绿茶气味有利于内省。
- 菠萝气味能使人精力充沛。
- 茉莉气味有助于感官享受。

一位芳香疗法上瘾者这样说：“转向香味的理由很简单：如果坏的气味能使你生病，就有理由相信好的气味能使你健康。”[45]在蜡烛和洗液中这个概念应用得最成功，而其他产品如睡眠疗法也变得流行起来。1997 年，香奈儿引进了一种芳香疗法“康复花园”，从而使大众熟悉了这个品牌。但是一些公司只利用芳香疗法的名字而没有实质的内容，其产品只是香水而不含基础精油。大多数公司意识到，向更多的消费者普及这一知识是必需的：自然因素是怎样帮助我们减轻压力或者提升放松状态的。[46]

许多公司已经搭上了嗅觉的宣传车。例如，托尼 & 蒂娜（Tony&Tina）已经在传统的“美丽事物”如唇膏和泡泡浴中加进了一些基础精油，如薰衣草、香橙、迷迭香和玫瑰水。它的唇膏有天竺葵的香味，颜色橘红。

嗅觉广告是从香水开始的，现在是市值 9 000 万美元的产业。时尚杂志中，香水无处不在。但是，一些对香水过敏的人就会觉得这些气味很麻烦。加利福尼亚北部的一个村庄甚至努力把有香味的邮件定为不合法的。广告商们需要注意的另外一点就是：这种技术至少增加了广告成本的 10%。

大多数商店的顾客都有过这样的经历，因为一瓶酒的芳香而驻足或者在香水柜台上亲自体验几种气味。稍顷，这几种香水气味就变成了“浓郁的不能区分的混合物”。[47]纽约巴尼斯公司有一种新办法来解决这个问题，通过把每种香水分开，使消费者不会闻到周围其他香水的味道。巴尼斯使用一种法国香水室，把香水喷在室内，把门关上几秒钟，然后领消费者进入室内闻到准确的气味。利用香水的另外一个最新的好办法就是制造含香水气味的衣服。纺织企业正处于发展新织物的时代，通过把香水嵌进衣服里面的微胶囊来得到“有香味的”特性。法国的一家女性睡衣公司正在销售一种在触摸时可以散发香味的睡衣。

就像我们看颜色一样，当购买有气味的产品时，网络也有它的缺点。当你仅仅点击鼠标的时候，你是不是丧失了一部分购物体验？怎样在网上购买古龙水和香水而不错过气味，就像错过商场中烘烤的曲奇饼干气味一样？目录和杂志用香味带来解决这个问题，网上零售商已经做出了反应（就像他们对颜色转化问题的处理方式一样）。只需要把 DigiScents 公司的气味发生器（iSmell box）软件装进你的电脑里，在你购买商品时就可以闻到气味了。与颜色印刷融合红、蓝和黄调出合适的颜色类似，这种软件指导气味发生器综合樱桃、巧克力或者菠萝的气味，以使其混合达到

这则广告将色彩、气味（产品上附有一条香味带）、感觉结合起来，而且在对提取物的描述中也暗示了产品的治疗效果。

128 种“气味元素”或者“主要的气味”来。[48]

听觉

音乐和声音对商人来说也很重要。消费者每年买的唱片总价值亿万美元，广告短歌能维持消费者的产品意识，背景音乐能创造出想要的情绪。[49]声音的许多方面能影响人们的感觉和行为。贺曼公司已经发现了音乐的效果，它在卡片中增加了音乐（叫做有声卡片），使得消费量猛增。这些卡片也帮助公司实现年轻男孩和成熟男性的共鸣，这是两个很难结合在一起的人群，现在他们一起跟着蒂姆·麦格罗、滚石乐队，甚至皇家爱乐乐团唱。一个小小的电脑芯片能播放至少 200 次 45 秒长的音乐片段。[50]两个领域的研究成果，即背景音乐对情绪的影响、说话速度在对态度的改变和信息理解方面的影响，已经被广泛应用到消费领域中。

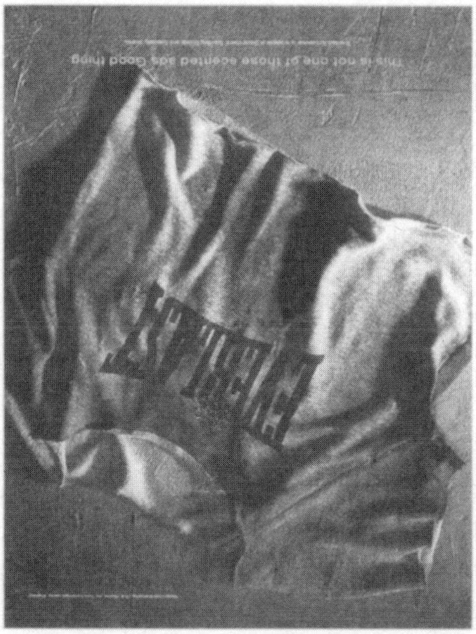

这则永恒运动衫广告嘲弄了香味广告及其扩展势头。

背景音乐

时尚销售商一般都会选择适合自己市场的音乐，而档次较低的商店一般播放嘈杂的流行音乐。百货商店会迎合很多目标群体的品位，在不同的商品区域播放不同的音乐是很常见的。非正式的研究已经发现，消费者部分地依赖于商店播放的音乐类型和声音响度来对产品进行判断。一些零售商发现，他们在店里播放的音乐唱片销量很好。生活方式集锦唱片正在一些商店里销售，如拉夫·劳伦、盖普、星巴克、“维多利亚的秘密”和雷斯托奥里欣家居。随着音乐产业在分布上的不确定性和主要变化，集锦唱片正逐步获得成功。“皮质沙发是把生活方式放在家里的一种简单办法，音乐也同样是必需的东西。”陶瓷谷仓的员工这样说。[51]音乐是另一种净化生活的方式。

比时尚商店音乐轻柔一些的是米尤扎克公司(Muzak)出产的唱片。米尤扎克公司估计，每天听它唱片的人有8 000万。这种所谓的实用性音乐在商店、大型商场和办公室播放，以使消费者放松或者刺激消费者购买。研究表明，工人在上午过半和下午过半的时候效率会降低，所以米尤扎克采用名为“连续刺激”的系统，在这段懒散的时间段里音乐节奏会加快。米尤扎克公司甚至将工人的出勤率、鸡的产蛋量、牛的产奶量和这种音乐结合起来。[52]想象一下它能为你的学期论文做些什么吧！

时间的凝缩

时间的凝缩是广播对声音进行操控的一种技术。它是一种方法，通过提高讲解员的语速，把更多的信息压缩在有限的时间内。当语速提高到正常语速的120%到130%时，大多数人是觉察不到这种效应的；实际上，一些测试表明，消费者偏爱比正常语速稍微快一些的广播节目。[53]

时间凝缩的有效性，其支持证据是复杂的。它曾被用来增加一些情境中的说服力，减弱另一些情境中的说服力。正性效果的一个解释就是：听众通过一个人的语速来检验他是否自信，人们似乎认为说话快的人一定对所讲的内容自信满满。[54]另外一个貌似合理的解释就是：听众只有很少的时间来详细分析商家的主张。主张扰乱了听众对广告正常的反应，改变了其对广告内容进行判断的线索。这种改变在其他条件的基础上阻碍或者促进态度的改变。[55]

触觉

尽管关于触觉刺激对消费者行为影响的研究几乎没有，但是通常的观察告诉我们，这种感觉通道是很重要的。在购买时尚的服装时，触觉是最重要的一个标准，我们购买行为的其他方面也很重要。皮肤的感觉会使情绪兴奋或者放松，不管是来自奢华的按摩抑或是冬日的冷风。

一些人类学家认为，触觉像一种在我们读写和讲话之前已经发展很好的语言。确实，研究者开始确定消费者行为中触觉的重要作用。当我们触摸产品的时候，我们更加确定我们的知觉。在“触摸需要”量表上得分高的个体尤其会受到这种维度的影响。（这是在网上销售产品最大的问题。）那些有高的触摸需要的人确定地做出如下回答：

- “当路过商店时，我不由自主地触摸各种商品。”
- “触摸商品很有趣。”
- “在检查过产品的物理特性后，我感到更舒服了。”[56]

服装、床上用品或布艺的奢华和品质，是和触摸的“感觉”或者“手感”相连的。“手感”被定义为当织物拿在手中时个人对触感的反应。织物可以被感觉为轻柔的、天鹅绒般柔软的、圆润的、似绸缎般光滑的、像纸一样干燥的、脆的、沙的、厚重的、粗糙的、简陋的、扎人的、皮毛的、蜡质的、有绒毛的或者柔软如羽绒般的等，就像一项对纺织品外观美学的早期研究所定义的那样。[57]

这则Lubriderm广告使用了鳄鱼纹概念，告知消费者怎样使皮肤不再干燥。

光滑的织物如丝织品是和奢侈相关的，而棉布很实用也很耐用。表9—1概括了这些触觉/质量关系。由稀有材料制成的织物或者要求很高的加工过程才能达到光滑感，精美织物的价格也会更昂贵，因此，此类织物也被视作高级品。更轻柔、更加精美的织物能表现女性气质。

味觉

味觉和服装时尚产业的关系是非常规的，但是味道确实进入了香水工业。想象一下水果味的唇膏和今天的唇膏选择。杰西卡·辛普森等共同创立的“沙漠之美”唇膏，“可以舔、可以亲的唇膏，尝起来像看起来一样好……奶油身体乳霜、润唇膏和闪光爽身粉，带给你甜蜜的感觉，让你沉溺于甜食中——同时减少卡路里和碳水化合物摄入。”[58]

食品时尚和服装是相似的。名为“芳香小屋”的公司忙于发展新的调和物来改变消费者的味觉。例如，消费者更欣赏不同的异国饮食，这有助于增加对加香料食物的渴望，所以胡椒酱是流行的趋势。美国50多家商店现在专门提供“劲爆的”调味剂，以正宗、辣、冲闻名。[59]确实，美国在饮食方面变得更加具有开创性。我们想要在各种食物中品尝大胆的味道——法国传统的高级菜肴、快餐、小吃甚至甜点。让我们看一下可口可乐的Blak，它是一种融合了可可和咖啡的混合饮料；Frito-Lay的感觉系列：薯片加墨西哥玉米片，有辣椒和红胡椒的口感。[60]

在味觉的另一个极端，日本的饮料公司正在年轻的日本消费者中捕捉一种新的时尚，这些年轻的消费者变得更有健康意识，他们尽量避免喝软饮料，这种饮料是有害的，并能让人上瘾。饮料制造商正在制造透明的水果饮料。可口可乐引进了新的凉茶，邀请一名演员盯着瓶子很好奇地说：“这是水还是茶？”商店堆满了“近似水”（near water）的纸箱——装着一种味道清淡的矿泉水。札幌（Sapporo）销售一种冲淡了的冰咖啡。同时朝日啤酒（Asahi Breweries）制造出像水一样清澈的啤酒，有一个名字可以总结这种趋势：水啤酒。[61]水啤酒对美国人不是很有吸引力，但或许能冲洗掉一些热辣的酱汁？

表9—1　触觉对比

知觉	男性		女性	
高阶层	羊毛织品		丝绸	精致
低阶层	牛仔布		棉布	↕
	厚重	←→	轻柔	粗糙

资料来源：M. R. Solomon，Consumer Behavior，8th ed.，p. 63 © 2009. Reprinted with permission of Pearson Education，Inc.，Upper Saddle River，NJ.

暴露

当刺激来自个人感觉器官的感受范围之内时，暴露（exposure）就发生了。一般来说，刺激（或者信息）暴露得越多，消费者就越熟悉它。户外的广告最近被时尚界大幅度地应用，如广告牌、公交车上的广告、公交车站的广告、飞艇上的广告甚至广告车。广告到处都是，消费者不可避免地看到这些信息。户外广告增长是由于企业试图利用广告吸引在市中心工作的女性的注意。公交车广告使信息移动起来，更容易吸引人的注意。这种广告就像汽车的塑料包装。一英寸的千分之一厚，这种材料无损于汽车美观，很容易使用，而且一旦合同失效，可以很容易去除（www. autowraps. com）。[62]

这辆广告车行驶在纽约的街道上。如果消费者没有去注意这则广告，那么这则广告会“跑到”消费者眼前，唤起注意。

消费者会觉察到一部分刺激，还有一部分刺激未被觉察到甚至被忽略。明尼阿波利斯银行开展的一项实验说明了消费者有错过或忽略一些他们不感兴趣的信息的倾向。在国家出台一条律令，要求银行解释电子银行中交易的明细之后，西北国际银行出资向其 120 000 位消费者赠送小册子以提供必需的信息。但小册子不是令人兴奋的床头读物。如果读者能够在小册子中间找到某个段落，那么银行可以提供给读者 10 美元奖赏。在一百封回复邮件中，没有一个人来领取奖励。[63]让我们思考一下他们能知觉到的内容。

感觉阈限

如果你试过吹狗笛，看到过宠物对你听不到的声音做反应，那么你就会知道，有些刺激人类是无法觉察的。当然，一些人会比其他人更易接收一些感觉信息，而一些人的感觉通道因为残疾或者年龄的增长有所损伤。心理物理学关注于探讨物理环境是如何整合进我们的个人主观世界的。

绝对阈限

当我们界定一个刺激最低的、能被感觉通道觉察的刺激时，我们就会说这是感受器的阈限。绝对阈限（absolute threshold）是指能被感觉通道觉察的最小的刺激量。由狗笛发出的声音对人的耳朵来说分贝太高了，很难觉察到，所以这个刺激是在我们听觉阈限之外的。在设计商业刺激时，绝对阈限是一个重要的考虑因素。一个平面广告可能有最好的内容，但是如果尺寸太小，开车路过的人从高速公路上看不到的话，就会被浪费掉。

差别阈限

差别阈限（differential threshold）是指感觉系统觉察两个刺激之间的改变或者差别的能力。两个刺激之间能觉察的最小的差别被称为最小可觉差。消费者何时以及能否注意到两个刺激之间的差别，和许多商业情境是相关的。当商品打折时，商人可能想要确认人们是否觉察到了改变。在其他情境中，当价格上涨或者当产品尺寸缩小时，变化就要小，这样消费者不容易察觉。

消费者觉察两个刺激之间差别的能力是相对的。在吵闹的街上，悄悄话很难被听到，但是在安静的图书馆，它会突然变得公开，令人尴尬。决定刺激是否被觉察的，是对话和其所在背景间分贝的差别，而不是语音本身的强度。

阈下知觉

大多数商人希望能创造出消费者阈限之上的刺激以确保能被觉察到。讽刺的是，相当一部分消费者似乎认为，许多广告信息实际上是无意识中被觉察到的，或者说在识别阈限之下。阈限下的刺激作用在消费者意识之下时，阈下知觉（subliminal perception）就发生了。

阈下知觉论题已经吸引大众四十多年，尽管实际上并没有确凿证据表明这个过程对消费者的行为有影响。一项美国消费者调查发现，几乎三分之二的人相信阈下广告的存在，多于一半的人相信这种技术能让他们买不想买的商品！[64]

实际上，大多数已经被“发现”的阈下知觉不是完全的阈下，它们是可见的。记住，如果你可以看见或者听见它，是因为刺激是在意识水平之上的。然而，关于阈下知觉持续的争论影响了消费者信念，这种信念就是：广告商和商人可以操作消费者违背自己的意志。

根据推测，阈下信息能被发送到视觉和听觉通道。有种被称作 embeds 的微小的图像，通过高速摄影或者喷枪嵌入杂志广告中。这些隐藏的图像，一般是性感的图片，假定可以对读者产生强烈的但是无意识的影响。迄今为止，这种方法唯一真正的影响就是，使一些消费者（消费行为的新手）看印刷广告时更近一些——或许是在看他们的想象能引导自己看到什么。

许多消费者也对隐藏在录音里面的阈下信息着迷。在自助磁带市场中，人们正尝试利用阈下听觉技术。这些磁带录制了碰撞的声音或者其他自然情境，假定特定的阈下信息能帮助听众戒烟、减肥、获得自信等等。尽管这个市场发展得很快，但是，很少有证据表明，发送到听觉通道的阈下刺激能够改变行为。[65]

随着阈下刺激磁带市场的发展，一些消费者开始关心摇滚音乐中的阈下刺激，如“撒旦式”的信息。流行刊物对这些故事投入了太多的注意力，国家立法机关已经考虑立法，要求对阈下信息贴上警告标示。这些阈下信息确实在一些唱片上出现过，包括齐柏林飞艇乐队（Led Zeppelin）的经典歌曲《天堂阶梯》，它包含了这样的词句“还有时间改变”（“there's still time to change”）。当倒过来播放时，这句话听起来像“致我亲爱的撒旦”（“so here's to my sweet satan”）。

反转播放，这很新颖，可能对卖唱片有用，但是，唱片里的“撒旦式”阈下信息没有什么作用。[66]人类没有能在无意识水平操作的能解码反转信号的话语知觉机制。另一方面，轻微的听觉信息，如“我是诚实的。我不会偷窃。偷窃是不诚实的表现”，在一千多家商店通过广播来传递，在阻止偷盗行为方面确实有点作用。[67]在一个名叫“六店”的连锁店里使用阈下信息的技术，在为期九个月的测试之后，小偷减少了大概 40%，损失减少了 60 万美元。但是，一些证据表明，这些信息只对那些易受暗示的人有作用。例如，一个人可能有偷东西的胆子，但是又会感到内疚，那么这种方法可能就会阻止他；但是这些温柔的词语不会改变一个专业小偷的思想。[68]

这些技术在商业背景中能有多大作用还有待验证。不过清楚的是，还有更好的方法获取我们的注意——下面将会对此进行探索。

注意

当你听演讲的时候，你可能发现自己走神了。（是的，就是你！）前一分钟你专心致志于演讲者的话，下一分钟，你就会发现自己在做白日梦，幻想即将来临的周末。当你听到叫自己的名字时，你会突然回过神来。幸运的是，它是一个错误的警报——教授已经叫了另外一个同名同姓的“牺牲者”。但是教授所讲内容现在吸引了你……

注意（attention）是指认知加工集中在一个特定刺激上的程度。就像你聆听有趣的和不太有趣的讲课内容那样，这种分配随着刺激的特点（即课程本身）和接受者（那个时间你的精神状态）的不同而变化。

我们生活在“信息社会”，但是，大家不觉得信息量太多了吗？消费者经常处在感觉超载的状态，承载超量的信息。这种信息轰炸多数来自商业，商业信息不断攫取我们的注意。成人平均每天暴露在 3 500 条广告信息之下——30 年前是每天 560 条。许多年轻人（大约是 80%）已经具有处理多项任务的能力，能同时加工多个媒体信息，比如手机、电视、即时信息等。[69]

现在许多人仍然（或许是年轻人的父母？）非常厌倦广告信息——在最近的一项调查中，54%的回答者说他们“避免购买那些被广告和商业信息淹没的产品”；60%的人认为他们对广告的意见“比几年前更加负性了”；69%的人认为他们“对那些帮助他们省略或者回避商业信息的产品或者服务感兴趣”[70]，这些人可能对名为 TV-B-Gone 的产品感兴趣，它是价值 14.99 美元的一个塑料钥匙链，它会发出这样的声音：“关闭所有电视频道！”[71]

电视网正在节目中植入许多商业广告——平均播放一个小时的电视节目，就有16分43秒的广告植入[72]；更糟的是，这种趋势正在增强，当我们浏览网页时也是如此。这些在线广告通过吸引浏览者点击相关内容来发挥作用，只需点击一次就能够增加其对品牌的意识。[73]

知觉的选择

因为大脑加工信息的能力是有限的，所以消费者会选择他们要注意的东西。知觉选择（或者选择的意识）过程意味着人们只会注意很小一部分信息。消费者在练习一种“心理经济”的形式，在信息中进行选择来避免被信息淹没。他们怎么选择？个人和刺激因素共同决定了选择过程。

个人选择因素

经验是长时间获得刺激的结果，它是一个人接受多少信息的一个决定因素。在我们过去经验的基础上的知觉过滤会影响我们决定加工的内容。

知觉的灵敏性也是这样一个因素。消费者更容易意识到与他们最需要的内容相关的刺激。一个很少注意到传统职业装的消费者，当他得到一份工作的时候，会特别注意这种信息而走进职业装商店。

另外一个因素是适应，它是指消费者长时间注意刺激的程度。当消费者因为太熟悉而不再注意刺激的时候，就会发生适应过程。消费者会变得“习惯”，这时要求给刺激增加更多的“份额”以确保能被注意到。例如，当一则新的平面广告刚出现的时候，消费者在去工作的途中可能会浏览它的信息，但是一些时日之后，该广告就会变成转瞬即逝的风景。下列这些因素会导致适应：

- 强度：低强度的刺激（例如轻柔的声音或者灰暗的颜色）会使人习惯化，因为它们的感受冲击力很小。
- 持续时间：那些要求较长的暴露时间以便能够加工的刺激会导致习惯化，因为它们要求长时间注意。
- 区别：简单的刺激会导致习惯化，因为它们不要求注意力来详细化。
- 暴露：频繁地接触刺激会导致习惯化，因为暴露增加了。
- 相关性：那些不相关或者不重要的信息会导致习惯化，因为它们不能吸引注意。

刺激选择因素

除了接受者心态之外，刺激本身的特点也起很重要的作用，它决定哪些信息消费者会注意、哪些信息会被忽视。商人们需要理解这些因素，他们可以在信息和包装上应用刺激特点来提高注意。一般而言，那些和周围信息不同的刺激更容易被注意到。可以用以下几种方法来制造这种对比。

- 尺寸：相对于竞争者的尺寸而言，你推销的商品尺寸是否有助于获得消费者得到注意。对杂志而言，读者数目随着广告尺寸的增加而成比例地增加。[74]平面广告的外缘也变得越来越大。在城市里面，整个建筑的侧面都被印上材料商的广告。一些广告的面积太大了，人们抱怨视觉上的损害，这可能会导致在一些地方设立法规对之加以限制。[75]
- 颜色：如我们所见，颜色能有效地吸引人们注意，或者能够使产品清楚地区分于其他产品。诺基亚印着动物图案的手机、摩托罗拉粉红色的手机，这些显著不同于沉闷的黑色手机，获得了人们的注意。
- 新颖性：科技的发明，如等离子布告栏和电子平面广告使得城市平面广告变得生动，更能吸引人们的注意。一些广告甚至能和装有电脑集成电路的智能车谈话。[76]那些在意想不到的地方或以意想不到的方式出现的刺激更能吸引人们的注意。我们的方法就是把广告登在不寻常的地方，那里的竞争比较少。这些地方包括购物车的后部、隧道的墙上、露天体育场的地面上，甚至包括公共厕所。[77]把一系列广告登在纽约地铁的隧道里，这样乘坐地铁的人会在列车快速移动的时候看到它。
- 位置：不奇怪的是，在我们容易看到的地方呈现广告，消费者更容易看到。这就是为什么供应商之间如此激烈地竞争，要使其产品摆放在商店里与视觉水平持平的位置。若把你的广告登在显著位置，如纽约市时代广场，保证该商品能受到注意。在这个地方，卡尔文·克莱恩的内衣广告得到了很多的注意和评论。在杂志里，广告放在目录前面，尤其是在右手边，更能得到读者的注意。（提示：下一次阅读杂志时注意看一下你会花时间读哪一页。）[78]美国棉花公司的广告登在

《女装日报》和《每日新闻记录》（*Daily News Record*）背面的页面上，这样安排的原因是：当报纸放在写字台或者餐桌上，以及当人们拿起来阅读的时候，背面的页面能最大限度地暴露。一项消费者眼动研究关注消费者看电话簿时的眼动现象，该研究同时解释了信息位置的重要性。被试注意到四分之一页面上刊登的广告的93%，但是只注意到电话簿清单的26%。他们的眼睛首先会注意彩色广告，注视时间比黑白广告的时间长。另外，被试会花多于54%的时间注意那些他们没有选择的产品的广告，这也解释了注意对以后的产品选择的影响。[79]

解释

解释是指消费者赋予感觉刺激的意义。就像消费者感知到的刺激不同一样，最终消费者对这些刺激意义的解释也不同。两个人可以看见或者听见相同的事情，但是他们对它的解释就像白天和黑夜一样不同，这有赖于他们对刺激的期望。

消费者在图式的基础上给刺激分配意义，或者设置信念。一定数量的刺激能激起一个图式，这会引导消费者根据遇到的其他类似刺激来对它进行评估。识别和激起正确的图式对商家来说很关键，因为这决定了用哪种标准来评价产品、包装或者传递信息。当美国托罗公司（Toro）介绍一款重量轻的扫雪机时，它被命名为“小雪狗”。销售量很让人失望，因为单词“小狗”激起一个图式——小的、可以抱的东西。这不是扫雪机的形象。当产品被重新命名为“扫雪能手”时，销售量显著增加。[80]

一家叫“French Connection”的著名的英国零售商采用启动加工策略，以唤醒人们对广告的注意。它用的是一个缩写词，而这个缩写词和另一个单词词形看起来非常接近。

刺激的组织

外在刺激如何被解释？这依赖于外在刺激和其他事物、感觉的关系。我们的大脑倾向于在一些根本的组织原则基础上，把感觉和记忆中的其他感觉联系在一起。这些原则是建立在格式塔心理学基础上的。格式塔心理学认为，人们从刺激的整体来获得意义，而不是从单个刺激。格式塔的含义是“整体”、“模式”或者“完形”，格式塔的观点可以概括为“整体大于部分之和”。单独分析刺激的各个组成部分，是不能把握整体效应的。

我们的知觉总是依据刺激的整体意义，形成总体印象，脱离整体意义就会丢失。思考一下整体的形象和“什么衣服搭配什么”。想象一下 20 世纪 60 年代嬉皮士的打扮或者 20 世纪 80 年代雅皮士的打扮。当所有部分属性叠加在一起，零售商才能卖出更多的套装。同样，零售商店通过商品、展示、灯光和道具呈现视觉上的整体印象，想象一下“维多利亚的秘密”商店里的浪漫感觉。格式塔心理学提供了知觉的组织原则。

- 闭合原则阐明了人们倾向于把一个不完整的图形看成完整的。即我们倾向于根据我们先前的经验把空白填满。这个原则解释了为什么我们中的大多数人可以毫不费力地阅读霓虹灯标志，即使它的一两个字母烧坏了；或者在一个不完整的信息中填补空白。当我们听到诗句或者主题的一部分时，闭合原则也在起作用。在商业策略中应用闭合原则是鼓励听众参与，这增加了人们参与信息的概率。
- 相似原则告诉我们消费者倾向于把物理特征相似的客体组织在一起。
- 图形—背景原则说明，刺激的一部分（图形）会主导其他部分，同时其他部分会成为背景。想象一张照片，中间有着清晰和突出的聚焦客体（图形），那么这个概念就很容易理解了。图形是主导，眼睛会直视它。完形的部分被视为图形还是背景，这依赖于消费者和其他因素。类似地，在商业信息中利用图形—背景原则时，一个刺激可以是信息的聚焦点，或者仅仅是背景。

在图形—背景概念方面，匡威的一个广告玩了一个有趣的新花样，除了一双 Chuck Taylor 鞋的形状之外，剩下的空间主要是空白，以及一句广告词“只是橡胶和一块空白的帆布”。匡威在纽约和洛杉矶不同的社区刊登了 4 000 多张海报，供人们涂画和装饰。[81]

注视着的眼睛：解释偏向

我们感知到的刺激一般都是模棱两可的——我们是在过去经验、期望和需要的基础上决定刺激的含义的。我们经常看我们想看的事物。当刺激模棱两可时，个体通常用非常个人化的方式解释它。你们应该非常熟悉心理学的墨迹测验了。罗夏墨迹测验要求被试对意义不清的图片进行解释。个体对图形的描述或者解释反映的不是单个刺激本身，而是反映了个人的需要、愿望、个性或者经验。

符号论：我们周围的符号

当我们试图弄懂商业刺激的含义时，我们关注其包装是否与众不同，一个电视商业活动是否精心策划，杂志封面上的模特是否吸引人。我们对刺激含义的解释受到我们感知符号的影响。表面上看，许多商业形象和实际产品没有实际的联系。一个牛仔和纸卷的烟草之间有什么关系呢？前篮球明星奥尼尔和软饮料或者快餐店的吸引力有什么联系呢？为了帮助消费者理解符号的含义，一些商业机构转向符号学研究，符号学检验了标志和符号之间的一致性以及它们在意义分配中的作用。[82] 符号学对理解消费者的行为是很重要的，因为消费者用产品表达他们的社会身份。产品已经有了内在意义，就像一些研究者指出的：“广告的作用像一种文化/消费词典，它的词条是产品，定义是文化含义。”[83]

从符号学的观点出发，每一个市场信息有三个基本组成因素：客体、标志（或者符号）和解释。客体是指信息聚焦的产品（比如万宝路香烟）。标志是感觉上的形象，代表了客体潜在的含义（如万宝路牛仔）。解释是得到的含义（比如粗犷、个人主义、美国人）。图 9—2 解释了这种关系。

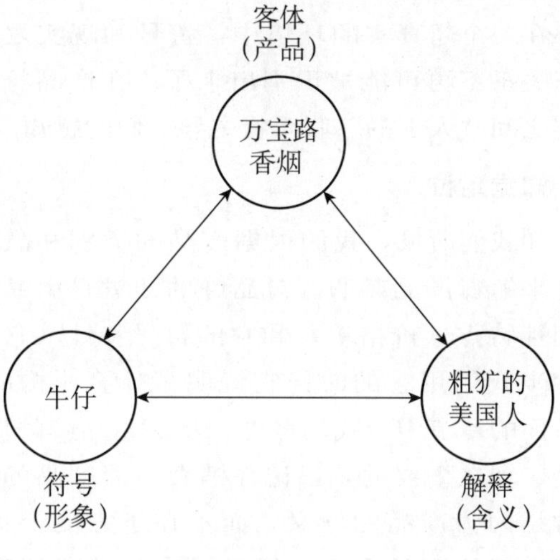

图 9—2 在符号学中，分析含义时各个因素之间的关系

资料来源：M. R. Solomon，*Consumer Behavior*，8th ed.，p. 78，© 2009. Reprinted by permission of Pearson Education，Inc.，Upper Saddle River，NJ.

根据符号学家查尔斯·皮尔斯（Charles Sanders Peirce）的观点，标志以三种方式和客体发生联系：和客体类似，和客体相连，或者和客体的联系是约定俗成的。[84]图像（icon）是一种标志，和产品在某种方式上相似（例如，福特的野马汽车篷上有一匹飞驰的野马）。索引（index）也是一种标志，它和产品联系起来是因为它们享有共同的特性（例如，耐克的标识表达了共有的特性：活力）。符号（symbol）是另一种标志，通过一致的联系把符号和产品联系在一起（例如，在李维斯牛仔裤腰部的铭牌和广告中，有两匹马把牛仔裤拉开，这和牛仔裤的强度、实用性相连）。歌莉亚温德比的天鹅、万星威的企鹅、伊索·拉科斯特的鳄鱼和拉夫·劳伦的马球运动的矮脚马都可以用符号学进行分析。对图像、索引和符号的解释有一些建议：动物图像的使用代表人类对大自然的主导，符号被解码为微妙的地位制造者。Polo产品市场定位以及相关的符号表征上层社会。[85]这些关系一般是文化的联系，即它们只对属于特定文化的成员。营销商不会不经加工就把这种文化含义从一个文化背景转移到另一个，因为这样做是自寻死路。

现代广告的一个里程碑就是创造出“超真实”（hyperreality）的状态。超真实是指把原先的“骗局”变得真实。广告商在产品和利益之间制造联系，在客体和解释之间创造出新的联系，比如把万宝路香烟和美国的探索精神画上等号。[86]

在一个超真实的环境中，符号和现实之间的真正关系不再可能被识别出来了。在产品符号和现实之间“人工的”联系将主导人们的感知。

知觉定位

如我们所见，我们根据产品的类别和品牌的特性来解释产品刺激。对品牌的知觉是由品牌的实用性特点（价格等）和它的符号特性（它的形象和当我们用它的时候它说明了什么）构成的。在后面的章节中，我们将进一步探索品牌的形象，但是，现在重要的是，记住消费者对产品的评估通常是因为产品的含义，而不在于它能干什么。消费者感知到的含义，组成了产品的市场定位，和产品自身相比，市场定位和产品的颜色、包装、款式或者设计期望更有关系。

定位策略（positioning strategy）是公司市场努力的基础，它利用市场元素（如产品的设计、价格、分布和市场沟通）来影响消费者对它的含义的解释。市场定位在推销策略中是很关键的。定位策略可以集中在产品的特性或者竞争力上。

定位的维度

许多维度可以帮助品牌在市场中建立定位[87]：

- 生活方式：古驰的包袋是“高社会阶层”。
- 价格主导：沃尔玛对低价设定了标准。
- 品质：乐步鞋的广告说：“舒适，不妥协，从你的脚开始。”
- 产品的等级：妮维雅在皮肤护理方面是世界第一。
- 竞争者：一个李维斯的广告说：“卡尔文穿过它们，汤米穿过它们，拉夫穿过它们。”
- 场合/情境：《Vogue》在纽约、得克萨斯和洛杉矶有不同的封面。
- 使用者：李维斯的Dockers主要针对30岁和40岁的男人。
- 质量：“Sea & Ski，是你信任的防晒品牌：要用就用最棒的。”

重新定位

当一个品牌修改原来的市场定位的时候，重新定位就发生了。举个例子，商家可能发现自己的一个品牌正在和自己的另一个品牌互相争夺销售量。这是LTD服装公司决定重新定位Express的一个原因，Express是其旗下子公司。LTD服装原来的目标是新开一个公司，而不是受众更年轻的品牌连锁店；但是因为两个品牌连锁店互相争夺对方的资源，所以最后销售量总体上都下降了。[88]

另一个重新定位的原因是太多的竞争者都强调同一个品质。例如，质量是大多数服装公司都强调的一个品质，从高端到低端产品都是如此。它们当然不能都有同样的质量特征。无疑，不同的消费者对这个词的定义不同。

最后，当原来的市场不存在了或者消费者不能接受卖出的产品时，也会发生重新定位。《细节》（*Details*）杂志原本的定位是一本“秘密的夜生活杂志”，但是后来又重新定位为20多岁男性的时尚和生活方式方面的杂志。先前有批评称其太露骨和大胆，现在它努力变得更加老练。由于广告商希望能争取到年轻的男性群体，这样做将会拥有一个更加有利的环境来刊登广告。[89]

知觉图

知觉图技术能够帮助公司决定它们的产品或者服务怎样和竞争对手在一个或者更多的相关的特性方面发生联系。它使得公司能够在所有品牌的位置中看到空白，并确定消费者的需要没有完全满足的区域。一种技术就是问消费者对他们来说什么品质是重要的，以及在这些品质上他们感觉竞争的概率有多大。图9—3是一本对象是Y一代的杂志的知觉图。出版商会发现消费者认为它的杂志《Splash》在文章内容和形式上都和它最近的竞争者《Bash》和《Crash》非常相似。通过改变编辑特色、焦点从而占据一个新的市场空间，出版社可以重新定位杂志，从《Splash》变成《时尚Splash》。

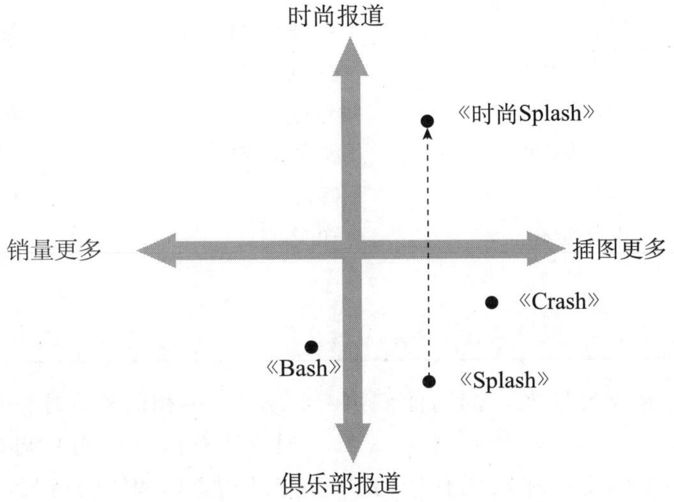

图9—3　竞争者的知觉图能帮助杂志重新定位

资料来源：Leon G. Schiffman and Leslie Lazar Kanuk，*Consumer Behavior*，9th ed.，© p. 176，2007. Reprinted by permission of Pearson Education，Inc.，Upper Saddle River，NJ.

本章概览

● 知觉是一个过程，通过它，生理上的感觉如视觉、听觉和嗅觉被选择、组织和解释。我们根据呈现给我们的刺激来判断人们和客体。对一个刺激最终的解释使得它具有含义。这样我们就会基于人们的外表感知到特定的品质；类似地，我们基于产品的包装感知产品的形象。

● 市场刺激有着重要的感觉品质。我们依赖颜色、气味、声音，甚至产品的“感觉”对它们进行评估。

● 颜色预测是时尚导航一个重要的因素，因为颜色一般是在产品到达消费者之前做出来的。

● 不是所有的感觉都能成功地通过知觉的过程。许多刺激在吸引我们的注意，而其中大多数我们是没有注意到或者没有准确理解的。

● 人们有不同的知觉阈限。一个刺激在被感受器觉察之前，必须以一定的强度水平呈现。另外，消费者觉察两个刺激是否不同（差别阈限）的能力在很多市场情境中是很重要的，例如改变包装的设计，改变产品的尺寸或者降低价格。

● 对阈下知觉和相关技术有很多争议。研究表明，证明阈下知觉有效的证据并不存在，但是，许多消费者还是相信广告商利用了这项技术。

● 一些因素决定了哪种刺激能被知觉到，即刺激的暴露量、它吸引多少注意以及它是怎么被解释的等。在一个刺激日益增加的拥挤环境中，在许多商业信息竞相争取人们注意的时候，广告喧闹就发生了。

● 知觉到的刺激不是孤立的。它们是根据一定的原则进行分类和组织的。这些原则是由格式塔或者完形引导的。特定的组织原则包括闭合、相似和图形—背景原则。

● 知觉过程包括三步，暴露、注意和解释。符号通过为刺激提供解释来给这个世界赋予意义。符号的象征意义和我们先前的经验一致，这会影响我们赋予相关的客体以特定的意义。

● 知觉图是一种广泛使用的商业工具，能够在相关的维度上评价竞争品牌的相对地位。

关键词

感觉	知觉	背景	感觉营销
享乐消费	颜色	强度	芳香疗法
手感	暴露	心理物理学	绝对阈限
差别阈限	阈下知觉	注意	知觉选择
知觉灵敏性	适应	解释	图式
格式塔	闭合原则	相似原则	图形—背景原则
符号学	客体	标志	超真实
定位策略	重新定位	知觉图	

问题讨论

1. 采访三到五个男性和女性朋友，询问他们对男性和女性香水的知觉。为每一种产品制作一张知觉图。在你的香水知觉图上，你发现有任何现在的产品无法满足的区域吗？

2. 许多研究已经显示我们的感觉识别能力随着我们年龄的增长而降低。讨论一下商人为了吸引老年人设定绝对阈限的含义。

3. 分析时尚广告中的图形—背景关系。寻找在这个原则基础上有效的和无效的广告。

4. 假定阈下知觉对消费者有直接的影响，你认为利用这些技术是道德的吗？解释你的答案。

5. 从杂志中收集一种产品（例如香水、化妆品、时尚的牛仔服或者运动鞋）一系列现在的广告，分析其中应用的颜色。描述一下不同的颜色表达的形象，根据产品包装应用的颜色或者广告的其他方面来确认一下跨品牌之间的一致性。

6. 你相信芳香疗法吗？你有没有感觉到精油对身体有治疗作用？调查你周围的同学关于这些产品的意识和使用情况。

7. 调查不同价位的牛仔裤的网站，如李维斯牛仔裤等。分析它们在市场中的定位，包括时尚、价格和其他你可以确定的因素。李维斯最近是如何重新定位的？

8. 调查消费群体对不同产品的颜色偏好，包括运动服、正装、汽车和家具。时下最流行的颜色是什么？

9. 浏览一本最新的杂志，挑选一个吸引你注意力的广告，给出理由。

10. 寻找应用了新颖性技术的广告。每一个广告有效性如何？这个技术是否适用于广告的目标群体？给出你的看法。

第三部分　时尚沟通和决策

这部分探讨了市场信息和周围人是怎样影响我们的消费决策的，并且评判了市场中存在的信息和时尚沟通的来源。第10章、第11章聚焦于时尚沟通以及家庭决策时的步骤。第12章关注群体影响，第13章评判了特殊的购物环境是如何影响我们的购买行为和满意度的。

第10章 时尚沟通

尼科尔正在整理自己的邮件。账单、广告信息、一个政府候选人筹集资金的邮件以及一封信用卡的邀请信。

啊哈！她看到了一直在等待的邮件：来自她朋友特蕾西所在的广告部门的一封邀请信，请她参加一个上流社会的鸡尾酒会。她将有机会看到其他人，也被其他人看到，可以和他们交往，建立关系网络……甚至可能得到一份工作。但是，穿什么呢？不知道为什么，她已有的衣服似乎都变成了垃圾，很不适合她想象中的作为一名客户主管的新生活。尼科尔需要帮助，所以很自然地她这样做了。首先，她用 IMs 告诉了朋友们这件事情；然后她打开电脑，看看在博客空间里徜徉的那些时尚人士在这个季节里有什么推荐的。通过浏览 www.shoppingblog.com，她很快了解到新的时尚款式。在看完一堆博客之后，她准备去布鲁明戴尔。现在好像每个人都走“绿色环保风”。梅西每售出一只环保手袋，就捐 1 美元给国家公园基金会（National Park Fundation）。甚至芭比也变得环保了。美泰推出了一系列环保的芭比饰品。尼科尔决定给她的芭比迷小外甥女订购一些。在观看了两个视频和最新的《美国偶像》新闻之后，尼科尔决定好为了这个酒会要买些什么了。她很快从一些网页上复制了一些快照，发邮件给她的朋友们，征求意见。从一些对时尚产业上瘾的“真正的普通人”身上得到信息是很有意思的一件事情。

沟通的基本因素

在消费决策中，会经常用到信息的沟通，包括视觉沟通、语言沟通或者两者的结合。许多时尚沟通是视觉上的，或者说是非言语的。消费者可以从非个人的渠道获得这种信息，比如媒体（例如杂志和网络）；他们也可以从个人渠道获得信息，包括朋友、家人、售货员和路人，有时路人会起到更重要的作用。本章我们将会讨论沟通的基本因素，包括非言语沟通的衣着。我们也会评论决定沟通有效性的因素。焦点将会集中于沟通的一些基本环节，特别是沟通与态度形成、态度改变之间的关系。态度改变是和说服（persuasion）相联系的，它是积极改变态度的一种方法。当然，说服也是许多市场沟通的中心目标。

一般认为，沟通有以下几个要素：信息发送者、信息、沟通渠道、接收者和反馈。传统上，商人和广告商都会试着根据沟通模型来思考广告词是怎样改变人们的态度的。沟通模型会指出，为了达到沟通，一些因素是必需的。在这个模型中，发送者必须选择并编码信息（即通过选择合适的、能代表那个含义的符号形象来传递信息）。

商品含义以信息的形式输出。有很多方法传递信息，信息的构造对消费者如何感知信息有很大的影响。以鸡尾酒会为例，知名的设计师以及名人，作为视觉信息的范例，本身就阐述了当今的流行趋势。

信息必须通过传播渠道或者媒介来传递，对于想要和消费者沟通的公司来说，传播渠道可以是电视、广播、杂志、广告牌、网页、光盘、个人接触，甚至火柴盒。然后这个信息会被一个或者更多的人解码（比如尼科尔），她会根据自己的经验来解释它。最后，信息的来源处会接收到反馈，他们会用这些反馈来修改信息。许多网站从它的用户和浏览者那里收集这样的信息。图 10—1 描绘了这种传统的沟通模型。

在个人的沟通中，这个过程是相似的。一个人发出一个信息，可以是言语的，比如关于流行趋势的讨论；或者是非言语的，通过外表或者手势表达出来。这个信息被另外一个人接收到，他会对这个信息进行反应，并把这个信息反馈给发送者。如果反馈是有指示性的，这时发送者就会调整信息（对一个非言语的外表信息进行反馈："你今天看起来很累"，那么可能就会使发送者快速地补一下妆）。第 5 章讨论了自我是通过社会反馈建立起来的一个过程。另外，像在第 9 章中讨论的一样，这个过程也是知觉他人所必需的。

许多时尚的沟通应该列入个人沟通的范围之内，包括言语的或者非言语的沟通。人们会讨论最新的潮流或者最好的购物场所，就像尼科尔和她的朋友那样。在这个领域里，早期研究强调了在时尚决策里意见领袖的重要作用。三分之二的女性群体的时尚概念已经有了变化，而个人的影响占了这些决定的绝大部分。[1] 我们讨论的时尚，受与我们年龄相当、社会地位相似的人的影响很大。

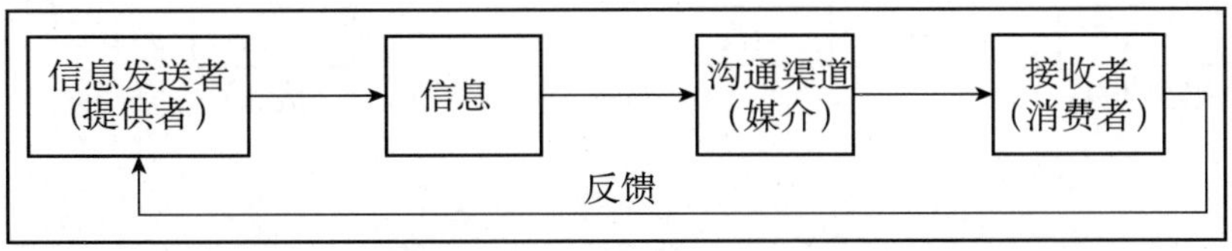

图 10—1 基本的沟通模型

资料来源：Leon C. Schiffman and Leslie Lazar Kanuk，*Consumer Behavior*，9th ed.，p. 276，© 2007. Reprinted by permission of Pearson Education，Inc.，Upper Saddle River，NJ.

视觉观察在时尚的沟通中同样重要。当我们和周围的人说话时，我们会有意识或无意识地观察他们；不说话时，我们也会观察周边的人。许多媒体不仅是直接的说服者，而且还通过电视节目、电影和杂志的内容来达到促销的目的。例如《老友记》中的詹妮弗·安妮斯顿，影响了烟丝发型（Shag hairstyle）的流行。实际上，好莱坞顶尖的女明星通过电影和电视留下了她们的时尚印迹。[2] 如：葛丽泰·嘉宝，玛琳·黛德丽，丽塔·海华斯和她的抹胸黑色绸缎礼服，凯瑟琳·赫本的裤子，奥黛丽·赫本的黑色小礼服，玛丽莲·梦露，伊丽莎白·泰勒，费·唐纳薇的《雌雄大盗》戏服，米亚·法罗在《了不起的盖茨比》中的女性气质，麦当娜，《老友记》中的詹妮弗·安妮斯顿和丽莎·库卓，《独领风骚》（*Clueless*）中的艾丽西亚·西尔弗斯通，詹妮弗·洛佩兹，等等。

作为非言语沟通的衣着

我们会通过我们的外表、衣着、饰品和行为表达很多信息。在很短的时间内，我们能够加工详细的视觉信息，我们会迅速地对其他人和事情形成第一印象。

衣着是非言语沟通的一种形式，是其他沟通形式的背景。麦克拉肯（McCracken）把衣着称为主题行为（nondiscursive behavior），因为衣着在一天中的很长时间内是不变的，不像其他行为会显著变化。[3] 符号互动论者把外表描述为一个符号（有时有社会意义）。凯撒对编码（或者规则）进行了讨论，认为个人可以通过外表或者衣服的款式来编码。能指（signifier）是一个工具，通过它，符号能够表达意义。衣服和外表的元素就是能指（或者说渠道）。久而久之，能指会获得或者失去意义[4]，这在时尚领域当然是重要的。对于商人来说，能理解消费者附加在这些商品上的意义是很重要的。

在衣服的层数和沟通水平之间有一个有意思的类比[5]。信息发送者的每一件衣服都在向不同的观众传递不同的信息。最外层的衣服能被一般的观众看见，里面的衣服能被更亲密的人看到。想想你现在穿衣服的层数，以及看见每一层的观众。可能你是唯一一个能看见最里层衣服的人。

当涉及沟通的所有因素的时候，外表的沟通有很多变量：发送者、信息、渠道和接收者，这使它变得很复杂。我们一般认为外表沟通的渠道是视觉，但是我们也会用听觉、触觉和嗅觉（在第9章讨论过）。我们可以听见丝织品的沙沙声，可以触摸到天鹅绒的柔软，可以闻见一些宜人的香水味或者烟味。

图10—2显示了在外表沟通这个复杂过程中都发生了些什么。像我们在其他章节中讨论的那样，发送者能够操纵线索或者符号（去设计他或者她的外表），试着给接收者创造一个特定的印象。大多数人都参与了这样的印象管理（impression management），尤其是女性。我们从服饰专家和其他人那里得到了关于如何着装或者怎样给别人留下一个好印象的建议，即操纵线索。不管我们的目标是什么，我们通常知道怎样着装来给人留下好的印象，或者怎样衣着得体。我们可以用外表来控制情境，但是在这一领域一些人会比其他人更擅长。所以，接收者在试图发现“真正的你”的时候，可能得到一个完全错误的结论。发送者给接收者发送一个特定的信息，接收者通过解释这些信息来理解发送者。

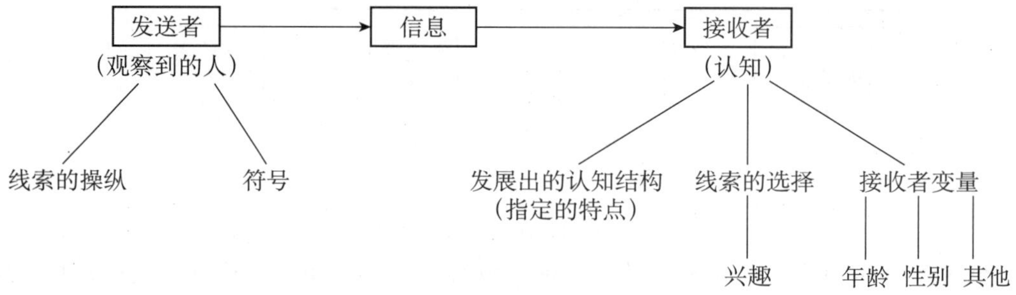

- 发送者（观察到的人）可能加入到印象管理中
- 接收者依靠外表理解发送者，解释符号
- 接收者发展出对特定人的认知结构
- 接收者注意已选择的线索
- 接收者独特的特点影响认知

图10—2　外表沟通

个人觉察的过程（在沟通中不可或缺的一部分）涉及在有限的线索、标志或者符号的基础上形成一个印象。接收者选择的线索是推论个人的性格的基础。根据阿希（Asch）[6]在19世纪40年代做的研究，每一种性格都有独特的认知内容和特点，二者相关联。接收者发展出“认知结构”，它是思维网络结构的一部分，使接收者能够对刺激做出反应，比如对外表。认知结构提供了一种秩序感和可预言性，解释发送者的行为。它可以发展出认知目录，比如刻板印象和晕轮效应，这会使我们采用“认知飞跃”（cognitive leaps），即把刺激归为一种印象：全好或者全坏——也就是在一个或者一些印象的基础上把特点联系起来。印象不仅是一些独立特点的总和，也是彼此之间有联系的所有特点的总和，用以完善整个性格。

在沟通过程的这一点上，当在解释信息的时候，接收者的变量也在“把水搅浑”。接收者的特质或者独特的性格特点会影响对信息的整体感知。一个特点就是选择的意识或者线索的选择。我们觉察到的一般都是我们感兴趣的。举个例子来说，如果外表对我们来说是重要的，我们就会注意外表的细节，而对于那些不重视外表的人来说，就会忽视这些潜在的信息。其他和接收者相关的、能影响接收到信息的因素是年龄和性别，它们会对信息的解释产生影响。比如，男人和女人看事情的视角不一样（当然，你知道，男人来自火星，女人来自金星）。因此，接收到的个人的信息和发送者的意图是不一样的，这就导致了模糊的沟通。

通过沟通改变态度

营销沟通（marketing communication）比个人沟通更正式一些，在这个过程中投入很多努力、研究和经费来确保消费者接收到的是明确的信息，最终能导致消费者行为的改变。

消费者一直都被密集的信息轰炸着，这些信息力图促使他们改变态度。从逻辑争论到生动的图片，从同龄人的说服到名人代言，这些都是营销者沟通的方式。沟通是双向的——消费者会寻求信息源以便能选择更多的信息。就像尼科尔的行为表明的一样，对商业信息的选择是自己主导的，它正在改变我们对说服的看法。

决策：有策略的沟通选择

设想一个知名度很高的服装公司设计一个广告，向年轻人推出一条新的时尚路线。在这个广告中，它必须设计并传递出一种信息，能够激发潜在消费者的购买愿望。为了正确传递这个信息，使消费者选择这个商品而不是其他同类的商品，我们必须回答一些问题：

● 广告中的主角是谁？谁将穿着时尚的服装，知名的模特、职业女性、摇滚明星？信息的来源会影响消费者的接受度以及他们购买商品的愿望。

● 怎样建构信息？应该强调负面影响吗？比如当其他人都跟着潮流的时候，你却还在穿着去年的款式，这很落伍！或是直接对比该商品和市场上的其他同类款式，又或者呈现一个幻想，如在一个浪漫的岛上，一位性感的年轻女性遇见了一个帅气的陌生男人？

● 用什么样的媒体来传播信息，平面广告、电视、广告牌，还是网站？如果采用平面广告，是刊登在时尚杂志《珍妮》（*Jane*）上还是《Vogue》上，或者是在世界上销售规模最大的年轻女性杂志《时尚伊人》上，又或者在《好主妇》（*Good Housekeeping*）上？有时候在什么地方刊登和要表达什么意思一样重要。理想的目标是，商品的属性和媒体相匹配。例如，知名杂志在传达商品整体形象和质量上面更为有效，而专业杂志在表达商品实际的信息方面做得更好一些。[7]

● 目标市场的哪些特征会影响广告的接受度？如果潜在的使用者在他们的日常生活中受挫了，那么就会更易于接受幻想式的信息传递。如果他们的社会阶层是固定的，那么也许可以做这样的设计：一个知名演员穿着时尚服饰翩翩走过，旁观者都“晕”倒了。

升级的模型：交互沟通

尼科尔忽略她信箱里的“垃圾邮件”，但是她不可能完全避免商业信息——相反，她选择那些她想要的信息。先前谈论的沟通模型没有错，但是它未能说明所有的情况——尤其在现代相互作用的动态社会中，消费者可以有很多的选择，他们会选择那些自己更有把握的商品。[8]

实际上，现在流行的“许可式营销”就是基于这样一个理念：营销商在说服消费者同意让他们尝试上应该付出更多的努力，尽管在聆听信息时，那些“选择性退出”的人可能本身就不是好的潜在顾客。[9]另一方面，有一些消费者对学到更多的信息感兴趣，他们更可能接受他们看见的或者听见的商业沟通。像许可式营销提醒我们的那样，消费者不只是坐在这里然后接受信息；他们有权利决定选择什么样的信息，选择在什么时间看这些信息，然后实施购买行为。

传统模型用来理解大量的信息传递过程，信息是从生产者（来源）同时到达多个消费者（接收者）——主要是通过印刷品、电视或者广播传递信息。这个观点认为，广告是在销售之前传播信息的一个过程。信息被视为容易过时的——在相当短的时间内大量地（或者频繁地）重复，最终被一个新的信息所替代。

传统模型受到很多理论家的影响。法兰克福学派在 20 世纪大部分时间内控制着沟通研究。传统的沟通模型认为，媒体对个体发挥直接和有力的影响，并为那些有权力洗脑和利用媒体的人们使用。接收者基本上是被动的——一个“电视虫”，只是简单地接受信息——经常上当受骗或者被媒体灌输给他们的信息劝服。

使用和满意

传统模型是消费者与商业沟通的精确方式吗？使用和满意理论的提倡者认为：消费者是主动的、目标指向的听众，众多的媒体是消费者满足自身需要的信息来源。使用和满意理论想要知道的不是媒体说什么或者做什么，而是人们和媒体之间的关系是什么样的。[10]

使用和满意理论强调，媒体应该和其他资源相竞争来满足人们的需要，这些需要包括娱乐消遣需要以及信息需要。这意味着商业信息和娱乐信息的界线变得模糊——尤其是公司设计出许多有吸引力的零售商店、商品的目录和网站来吸引消费者。

娱乐的概念在零售业已经非常普遍了。比如在耐克店里有视频和游戏；在李维斯店里有高科技的小器具和工艺玩具，比如一个和照相机相连的电子潜望镜，消费者可以通过变焦拉近或者拉远镜头，一边观察每一个楼层发生的事情，一边拍摄，而不再是二维视觉的观念。

Hello Kitty 的例子说明了商品形象对日常生活的渗透。Hello Kitty 的形象已经出现在好多东西上面，从豆腐餐具到电话。Hello Kitty 热潮最早在日本产生，然后传播到美国；三丽鸥公司每年从 Hello Kitty 上能得到超过 10 亿美元的收入。当一家中国台湾银行把它印在支票簿上时，人们排着长队想要得到它们，别人还以为银行发生危机了呢。[11]很明显，市场观念和产品是满足人们需要的来源——这时可能别人正抓头挠腮，想要知道为什么呢！

在英国，对年轻人的调查发现，英国年轻人依赖广告来满足自己的需要，包括娱乐、逃避现实、游戏（一些年轻人跟着广告唱歌，还有一些人把杂志上的广告做成剪贴画）和自我确认（广告能够强化他们自己的价值或者提供榜样角色）。很重要的一点是，使用和满意理论不是说媒体在我们的生活中一直扮演着积极角色，而是说接收者用不同的方法使用这些信息。例如，商业信息会潜在地强调自尊，消费者就会用媒体来为自己的行为、态度甚至外表设定标准。在一个研究中，一位参与者解释了这种负面的影响。她观察到：当她和男朋友一起看电视的时候，"真的，它会让你想：'噢，不，我可成不了这样！'我的意思是当你和你的男朋友在一起看电视里的模特时，他会说："噢，你看她，身材真棒！"。[12]

谁掌握着遥控器

不管是好是坏，人们逐渐在沟通中扮演积极角色。技术在不断进步，社会在不断发展，这一切都让我们重新思考被动消费者的概念。换句话说，在沟通过程中，消费者很大程度上正在变成合作者。消费者的投入能帮助他们明确接受信息的形式，此外，他们可能去寻找这些信息，而不是在家里看电视或者在报纸上看这些信息。图10—3 说明了交互沟通的升级方法。

沟通革命的一个早期的征兆就是遥控器。随着录像机在家庭中的普及，消费者突然间将更多关注他们想看什么以及何时看的问题。他们不再受电视的支配，而是可以自己决定何时观看他们喜欢的节目，也不必舍弃一个节目来观看同时段的另外一个节目。

当然，从那个时候起，我们的媒体技术突飞猛进。很多人都开通了视频点播或者电视有偿点播服务。电视购物网络鼓励我们在节目播放时打进电话，讨论对首饰的热爱。来电显示和电话答录机使我们能够决定在吃饭时间是否接听电话，并在回电话之前知道信息的来源。上网浏览能使我们在全球范围内找到志同道合的人，寻找产品的信息，甚至可以给产品的设计者和市场研究员提供建议。

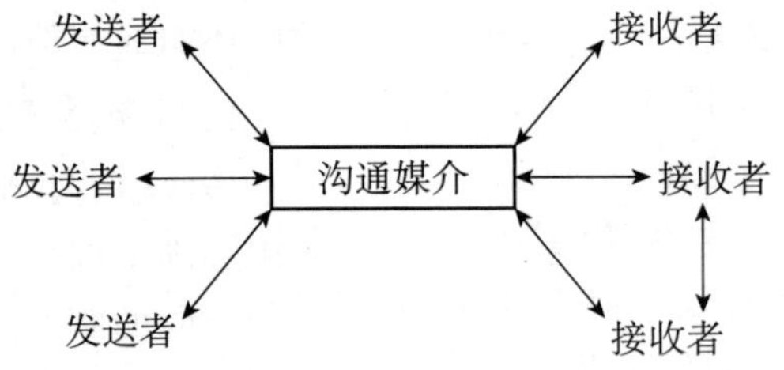

图 10—3 交互沟通模型

资料来源：M. R. Solomon，*Consumer Behavior*，8th ed .，p. 290，© 2009. Reprinted by permission of Pearson Education，Inc.，Upper Saddle River ，NJ.

新的信息模式

现已发明了一系列新方法来同时传送文本和图片信息，在传统的电视广告、平面广告、杂志等基础上，这种新方法给商人们提供了振奋人心的新选择。[13]移动商业（mobile commerce）现在很火，它是指商人通过无线设备来促销他们的产品和服务，这些设备包括手机、PDA（个人电子助手）、iPod。在欧洲和亚洲，消费者越来越依赖手机联系自己和世界，这种方法我们最初只能在美国看到。2007 年，全世界移动信息和娱乐的收入达到 390 亿美元。在亚洲，手机已经变成了电子钱包，可以在自动贩卖机上买可乐，也可以在屏幕上买小份的麦当劳优惠券。在中国，手机是很重要的身份的象征，以至于在葬礼上，亲戚们会烧纸做的手机给死者，让他们在死后的生活中也可以用手机。

美国的公司注意到了这种深入的联系，它们通过移动通信和亚洲消费者联系。在日本，宝洁公司的女性保健品品牌护舒宝，通过无线网络使80 000名女性收到关于“快乐周期”的信息。在美国，无线公司开始推销更高传送速度的网络，不久在手机上就能查找相似的信息了。电视公司开始用视频手机来推销它们主要时段的电视节目。为了推销布兰妮·斯皮尔斯香水“好奇”给青少年，雅顿举办了一个活动，在青少年网站上登大字标题广告，并呈现一个问题：“你敢吗?”那些好奇心足够大的人留下了自己的电话号码——在七个星期内有27 000人，然后他们收到了来自布兰妮的一个语音信息，讨论正在维亚康姆的 MTV 播出这个活动的电视简讯。在短短五周之内，“好奇”成为了美国销量第一的香水。

你用博客吗？博客是另一种得到很多关注的媒体形式，人们可以利用博客，以日记的形式发布很多信息。开始的时候，博客是一个草根运动，人们围绕一系列主题分享自己的想法，从日常琐事到深奥的哲理。公司也利用博客来引导大众的意见，例如沃尔玛因为低薪和健康保险问题而受到了猛烈的抨击，形象受损，于是，它用官方博客影响并引导公众意见以挽回形象。还有的公司用博客来推销产品，如微软公司推销它的 Xbox 游戏。[14]这种现象现在并没有减少，人们每天登出40 000条新博客。博客的形式也在不断地发展，如下所示：

- 移动日志（moblogging）：用时髦的东西登录博客，如用能照相的手机或者掌上电脑。
- 视频博客（video blogging）：发布视频日记。
- 播客（podcasting）：创作你自己的广播秀，人们可以用电脑或者 iPod 来收听。甚至帕丽斯·希尔顿都做了一个播客来宣传她的电影《恐怖蜡像馆》。
- 简易信息聚合（really simple syndication, RSS）：注册的人可以获得订阅内容的自动更新。最近，大约 600 万美国人使用这个功能，还有一些公司，例如雅虎正鼓励利用这种形式来维持用户忠诚度。
- 假博客（flog，fake blog）：一些公司用博客来制造流言。例如，为配合其超级碗广告，麦当劳做了条假博客，调侃说有人发现了形似林肯总统的法国炸鸡。[15]

有一种博客结合了社会网络和购物功能，被称为“社会购物”。www.thisnext.com 和 www.kaboodle.com 网站集合人群，开辟平台，促进那些销售不易找到的商品的自由店主交流销售心得，希望能够掀起“我的空间”的热潮。[16]这些网站可以浏览也可以在上面开博客，只需要上传一张你最喜欢的商品的照片到你的博客里，就可以和朋友分享了。

交互作用反应的水平

市场沟通是一个充满交互作用的动力过程，理解这一点的关键是准确理解反应的含义。早期的沟通观点主要考虑了消费者的行为反馈——接收者在看了广告之后，存货用完之后，是否会买这个产品？

但是，其他反应也可能建立品牌意识，告诉消费者产品的特征，提醒消费者当包包坏掉了之后买一个新的——或许，最重要的是建立一个长期关系。因此，达成交易是一种反应类型，但是营销商会认识到，消费者可以用其他方式和他们沟通。为此，区别这两种基本的反应类型是很有帮助的：

- 首要反应：直接的商业工具，如商品类目单、电视上的专题广告片、网站都是交互作用——如果成功了，将会产生订单，这是最确定的一个反应。所以，直接产生的一个交易就是首要反应！除了订单之外，销售数据也是一个很有价值的反馈源，它可以使经销商评估沟通的效果。
- 次级反应：但是，商业沟通并不意味着必须立即产生购买行为，购买行为也不是商业沟通中的决定因素。商业信息可以促进消费者有用的反应，即使信息接收者在接触过这种沟通之后并没有立即订货。消费者对商业信息的反馈不是以交易的形式进行的，这就是次级反应。次级信息沟通可以采取这样的形式：商家陈述关于产品、服务或者组织更多的信息，或许还可以从消费者那里接受一个“愿望清单”，上面列出了他们以后想要得到的商品的信息。在网站上可以留下电子邮箱。

来源

无论是以“普通邮递”的方式还是电子邮件的方式传递，常识都告诉我们，同样的话由不同的人说会产生不同的效果。对来源效应的研究已经进行了五十多年。研究者把相同的信息交给不同的信息源进行信息传递，在观众听了之后，测量其态度的改变，研究沟通者的哪些方面能够导致态度的改变。[17]

在大多数情况下，信息的来源会对信息接收性产生很大的影响。信息来源最有可能改变态度的特质可以分为几个类型，如专家，有吸引力的、有名气的甚至“典型”的消费者，以及深受喜爱和信任的人。信息来源的两个尤其重要的特征是可信性（credibility）和吸引力（attractiveness）。[18]

可信性

信息的可信性是指消费者感知到的信息的专业性、客观性或者可信赖的程度。这个维度和消费者的信念有关。消费者认为，沟通者是有能力的，他们愿意提供足够的信息来评估与之竞争的产品。当一个公司试图宣传自己公司的社会责任感，如对社区有益的活动时，真诚尤其重要。当消费者相信公司做好事并且是出于真诚的动机时，这家公司的形象就会飙升。但是，当人们质疑组织者的动机时（例如，如果他们认为公司是在更多地“宣传”它的善良行为，而不去“实际”行动）[19]，就会事与愿违。当消费者获得的信息不多，消费观念尚未形成时，可靠的信息来源尤其具有说服性。[20]尽管请一个专家或者名人来推销产品是很昂贵的，但研究者已经作出结论：这种投资是值得的。原因很简单，我们可以做一个类比：市场分析经常用一份有担保的合同来评估公司潜在的收益，而这会影响到期望的回报。一般来说，在股票回报中，担保的影响都是积极的，既然如此，聘请专家或名人也会起到同样积极的效果。[21]

这则广告通过阐明倩碧公司所做的广泛而严格的产品过敏性检验，建立了可信性。

建立可信性

如果信息来源的品质和推销的产品相关，会加强消费者的信任度。对于一些产品，销售员以专家身份进行宣传以获得信任。一项研究表明，在广告中，信息提供者的穿着如果和任务相匹配，并且背景合适，就会显著增加信息的可信性。[22]

我们常会看见商店里的销售员穿着正在销售的时尚服装。实际上，穿着服装展示所要售卖的衣服，是帮助消费者想象穿在他们自己身上的最好办法，尤其是当时尚的东西摆在衣架上没有什么吸引力的时候。零售商经常鼓励导购穿自己的产品并慷慨地给他们折扣价；一些零售商实际上会制定服饰销售计划，规定在员工与消费者打交道的销售区，员工必须穿特定款式的服装。

很重要的一点是，一种销售策略能让一些消费者建立对产品的信任，但可能对另一些消费者并不起作用。确实，难对付的甚至是古怪的名人可能只对特定的人群有吸引力。汤米·希尔费格时尚男装创造出了一种反叛的时尚风格，他们请说唱歌手 Snoop Doggy Dogg（他在一起谋杀事件中被宣布无罪）和 Coolio（以前是瘾君子和小偷）当模特，帮助品牌传递自己的风格。[23]家长对这些信息的传递者或许并不兴奋，但这是关键吗？

魅力名人常常是顶级设计师发布时装信息时的可靠消息源。魅力名人实际上可能是顶级设计师昂贵产品的最大消费者。许多名人在颁奖典礼上穿着专为她（他）们设计的晚礼服。聚光灯下，如果魅力名人穿着设计师设计的衣服获得广泛认可，设计师就会获得很大的关注度。实际上，一位“最佳着装”名人的照片可以在全球被很多出版物使用，这会让设计师声名鹊起，设计师因此可以节省一年的广告费。[24] 1995 年，身穿普拉达的乌玛·瑟曼（Uma Thurman）就帮助人们认识到，普拉达这个意大利品牌不仅仅是皮包制作商。同样，1993 年，莎朗·斯通穿着王薇薇（Vera Wang）为她设计的晚礼服时，打破了设计师仅设计婚纱的模式。在金·贝辛格穿了爱斯卡达的晚礼服之后，这个品牌瞬间被人们熟悉；在雪儿大胆的晚礼服之后，卜麦琪变得声名臭名昭著；格温妮斯·帕特洛粉红色的拉夫·劳伦晚礼服因为舞会而脱销；当然，莎朗·斯通选择价值 22 美元的盖普衬衫也使得该衬衫的销售量飙升。[25]名人使设计师的作品和形象的可信性增加，另一方面，设计师也通过自己的名声和荣誉提升了名人的可信性（当然要记住，设计师最近的设计才是他水平的体现）。

来源偏差

如果信息提供者在呈现信息的时候被认为有偏差，那么消费者对产品品质的信任度就会减弱。[26]“知识偏差”表明信息提供者传递的产品知识不够准确。若信息的提供者有足够的知识，但是他们不想精确传递信息，如制造商向一位明星运动员支付费用，让他使用自己的产品如网球鞋，而不使用其他制造商的产品，那么就会发生“报告偏差”。尽管他们的保证是无误的，但是名人被视为“枪手”，这降低了信息的可信性。零售商的名望对信息的可信性有很大的影响。名声好和为人熟知的商店所卖出产品的质量似乎有商店本身的信誉作为其保证：“如果内曼·马库斯拥有它，那么它肯定是好的。”零售商店的名望产生的信任光环也强化了制造商的的信息。这就是为什么许多国际广告（即关于制造商的广告）有这样的宣传语：“最好的商店都有销售。”媒介的声望能加强或者减弱登广告者的可信性。刊登在著名的时尚杂志如《Elle》或者《Vogue》上的广告也随之更有时尚感。

公众认为名人只是为了钱而代言，这越来越引起广告界人士的关注。布兰妮·斯皮尔斯作为百事可乐代言人，却被拍到在喝可口可乐，泰格·伍兹为劳力士的 Tudor 手表代言了五年，却突然转而代言其竞争对手瑞士豪雅表（TAG Heuer）。广告商发现时已经于事无补了。尽管泰格解释说这次变节仅仅是因为“我的品位改变了”，但是他从这次新的代言中能得到 200 万美元也是一个因素。[27]一个调查公司跟踪名人的可信性，2006 年的报告指出，在知道家居改善专家泰·贝宁顿的回答者中，多于三分之一的人说他们愿意买他代言的产品。但是，只有 4%的人说他们相信帕丽斯·希尔顿（这还是在她入狱之前）。[28]

吸引力

信息提供者的吸引力是指信息提供者被觉察到的社会价值。这种品质来源于信息提供者的外貌、人格、社会地位或者与接受者的相似程度（我们喜欢听那些和自己相似的人说的话）。

“美就是好的”

我们的社会高度重视外表的吸引力，而且我们倾向于假定那些长得好看的人更聪明、更酷并且更幸福。这个假设被称为晕轮效应，是指若一个人在某一方面出类拔萃，我们就会倾向于假定他其他方面也很棒。在第8章中的一致性原则可以解释这个效应，是指当人们对一个人的所有判断始终一致时，人们会感觉比较舒服。这个概念被称为“美的就是好的”模式。[29]

信息提供者外表迷人，这能促进信息接收者态度的改变。外表迷人者传递的信息能对消费者购买的意向或者其对产品的评价产生影响。[30]这是怎么发生的呢？

一个原因是：外表吸引力作为线索起作用，这个线索可以促进或者改变消费者的注意及其对相关商业刺激的信息加工过程。一些证据表明，消费者更注意那些由美丽模特表演的广告，尽管对广告而言，这个线索并不是必要元素。[31]换句话说，广告中如果有漂亮模特，就可能更有机会得到注意。不过，尽管我们喜欢欣赏漂亮的或者英俊的人，但是这些积极的感觉并不是影响产品态度或者购买意向必需的因素。[32]

美也可以作为信息源。在广告中，魅力代言人似乎极大地限制了情景，产品显然和吸引力或者性感相联系。[33]社会适应观点假设，在态度形成过程中，信息能否起作用，受接收者的影响极大。我们过滤不相关的信息时遵循最小努力原则。

在正确的环境下，代言人的魅力是一个信息源，在态度改变过程中是起作用的，所以是中心的、和任务相关的线索。[34]因此，当产品和代言人魅力相关时，有魅力的代言人是更有影响力的信息源。例如，消费者对古龙水广告的态度受到明星吸引力的影响，在此，产品和代言人的吸引力是相关的；但是咖啡广告则不是这样，代言人的吸引力和产品是不相关的。

明星的力量：作为沟通来源的名人们

名人代言并不便宜，但是许多广告商还是相信明星的影响力。泰格·伍兹是体育史中最富有的代言人，每年有6 200万美元的收入（这还不包括他从高尔夫比赛中得到的收入）。[35]为什么明星代言这么有效？一项研究发现，明星面孔能获得更多的注意力，能比“一般的”面孔在脑中得到更有效的加工。[36]明星增加广告的知名度，同时提升了公司的形象。[37]另外，名人代言能有效地区分相似的产品。

名人效应产生的一个原因是，消费者更容易认同明星代言的产品。盖普公司签约的名人有麦当娜、梅西·埃丽奥特、莎拉·杰西卡·帕克、身穿紧身裤跳舞的奥黛丽·赫本。其他明星也有过代言经历，例如“吹牛老爹”为雅诗兰黛代言，碧昂丝为欧莱雅代言，席琳·迪翁、凯莉·米洛、仙妮亚·唐恩和詹妮弗·洛佩兹为科蒂代言，玛丽亚·凯莉、希拉里·达夫和布兰妮·斯皮尔斯为伊丽莎白·雅顿代言。[38]当科蒂公司和《绝望主妇》的五个女演员签约时，它增加了一种新的代言方法，即用名人的概念而不是名人[39]，多么合适啊。

美国服装品牌汤米·希尔费格资助了“小甜甜”布兰妮演唱会，在时尚和名人之间建立起了联系。

而且，设计师的个人形象（很多设计师自己一般也是明星）在宣传他们的公司时也是很有用的。对设计师和零售商来说，专为有钱的顾客安排的内部（或非公开）的时装表演是很成功的一种模式，这会把整个系列的时装带到商店里，专供最好的消费者挑选。这种场合需要设计师亲自出席。

明星之所以起作用，是因为名人们体现了文化含义——他们代表了重要的内容，例如地位和社会阶层（一位“劳动阶层英雄”，例如《后中之王》里的凯文·詹姆斯)、性别(“少妇杀手”,例如莱昂纳多·迪卡普里奥)、年龄(孩子气的迈克尔·J·福克斯),甚至人格类型(《英雄》里书呆子气而真诚的Hiro)。理想的情况是,决定商品要传达的含义(即在市场中它应该怎样定位),然后选择能体现类似含义的明星。产品的含义就这样从制造商传递到消费者那里:用明星做传达信息的工具。[40]

设计师经常借用明星的力量,并且他们的时尚秀发布会也是了解时尚信息的有效途径。

公司该怎样决定谁来传递商业信息?歌手/演员詹妮弗·洛佩兹或者碧昂丝?四分卫法佛尔(Brett Favre)或者杰森·坎贝尔?为了活动的有效性,代言人必须有清晰和流行的形象。另外,名人形象和他们要代言的产品形象要类似——研究者称之为“匹配假设”。[41]即使他们的“人格品牌”和要宣传的产品不一致,我们仍需要各种类型的明星。例如,“维多利亚的秘密”和一位民谣歌手鲍勃·迪伦签约(他曾经写过“欺骗你的广告招牌”这样的歌词)来推销“天使”系列内衣,同时模特们在他1997年的歌曲《爱生病了》(*Love Sick*)的混音版伴奏下跳舞[42]。一个市场调查公司发展了一种测量方法,该测量方法被广泛使用,叫做“Q计分法”(Q代表质量)。“Q计分法”可以测试名人是否是一个好的代言人。这个评分考虑两个因素:消费者对名人名字的熟悉程度;有多少人认为一个人、节目或者角色最受欢迎。每年,这个公司评估1 500个名人(其中运动员超过400人)。[43]

名人代言并不总意味着品牌成功或带来商业利益。1985年,“用国货光荣”委员会委员们提议,电视商业广告要努力使美国消费者从买进口商品转而购买国内商品。这些广告用了很多名人,当他们称赞买美国制造的服装和家具的好处时,会说“这对我很重要”。20世纪90年代早期,委员会改变了传播技巧,由名人转向直接展现失业的服装工人。这些广告灰暗、压抑,是公众不想看到的。这些广告的预算高达8 000万美元,传播策略也有所改变,但是收效甚微。[44]很明显,购买国内商品会伤害到美国消费者的经济利益,在这种情况下,名人的积极影响力以及失业工人引发的内疚情绪都不是能改变消费者态度的强有力信息。(美国制造的服装价格很高。)

可信性vs吸引力

当选择信息的来源时,市场专家应该如何决定是强调产品的可信性还是强调产品的吸引力?消费者需要和信息来源之间有一种平衡关系。当这种平衡发生时,接收者加工这些信息的动机会很强。人们对社会接受性和他人的看法很敏感,例如,人们会更容易被有吸引力的信息提供者说服,同时,人们也更倾向于相信专家提供的专业信息。[45]

非人类代言人

名人代言是很有效,但是也有很多缺点。明星推荐的产品不一定符合他们的形象,消费者有时也认为他们就是为了钱,动机可疑。名人也可能卷入丑闻或者让消费者失望。玛莎·斯图尔特因为在出售票事件上说谎而进了监狱。这使得卡马特担心玛莎·斯图尔特日用品的销售状况。H&M、博柏利、香奈儿和其他公司因为凯特·摩丝的毒品丑闻解雇了她。[47]伊卡璐决定不用奥玛罗莎·斯塔尔沃斯洗发水广告片段,她是NBC秀《学徒》的参赛者,有很多有粉丝反对她。一些商人开始寻找其他选择,包括卡通形象或吉祥物来做代言。就像一位运动服装公司的市场主管指出的:“你不必担心你的吉祥物有名誉上的纠纷。”[48]

一些大公司正在尝试这种方法。加拿大多伦多的罗茨有限公司“雇用”了吉祥物“海狸兄弟”来宣传它的商品。罗茨的沟通主管观察到:“我们很多店铺是在商场里。商场很拥挤,但是人们很难忽视七英尺高的海狸。”[49]

现在,许多商家利用虚拟模特。虚拟化身的一个例子就是将印度女神以超人类的或者动物的形式表现出来。在计算机世界里，虚拟模特是指在虚拟空间内可视的、可互动的角色。电影《西蒙妮》(*Simone*) 请阿尔·帕西诺当导演，阿尔·帕西诺创造了虚拟女演员，观众还以为是真人呢。伴随着这个电影，许多消费者越来越熟悉计算机模特。[50]

西蒙妮这样的虚拟化身最初来源于电脑游戏，例如《模拟人生》(*The Sims*)，现在开始出现在在线广告和电子商业网站上，来加强网站浏览者的在线体验。摇滚乐队、软饮料制作商和其他制造商也用虚拟化身。可口可乐公司最近在中国香港市场创办了虚拟人居住的网站，那里有很多虚拟人，可以在可口可乐赞助的虚拟世界里交谈。英国电信业在实验这样的产品，如虚拟人电子邮件，可以显示发送者的脸并读出信件的软件。[51]德国公司 No DNA GmbH（www.nodna.com）提供了多种“虚拟明星”。这些漫画人物、“vuppets”（卡通吉祥物和动物）和“真人的复制品”都是电脑生成的。虚拟模特能收到很多求爱信，甚至一些求婚信。[52]

消费者信息选择也依赖于产品的类型。积极的信息提供者能够减少风险，增加消费者的信息接收度，但是，在消费者面临不同消费风险时，不同信息提供者的信息传递效果是不同的。对于功能性风险很高的产品，在改变消费者态度时专家更为有效，例如真空吸尘器。对社会风险很高的产品，如珠宝和家具，使用名人说服会更有效，因为产品使用者会根据他对名人的印象来评估该产品。最后，“典型的”消费者，他们是有吸引力的信息源，因为“典型的”消费者和信息接收者很类似，当为低风险的日常产品代言时，他们更有效。[46]

信息

一项实验研究了一千多个商业认同的因素，这些因素决定了商业信息是否具有说服力。最重要的一个因素是，沟通中是否包含区别品牌的信息。换句话说，沟通中是否强调了产品独特的属性。

信息本身的特征会对接收者的态度有影响。这些特征包括信息是怎样被表达的，信息表达出了什么。沟通者面临的一些议题如下：

- 信息应该以文字还是图片的形式表达？
- 信息重复的频率是多少？
- 应该形成一个结论呢，还是把它留给观众？
- 争论的双方是否都应该呈现出来？
- 把自己的产品与竞争者做清晰的对比是否有效？
- 是否应用露骨的性感形象？
- 是否应该激起负性的情绪，如害怕？
- 观点和形象应该多具体或者生动？
- 广告应该是可笑的吗？

发送信息

谚语说得好：“一张图画抵得上千言万语。”这就表达了这样一个观点：视觉刺激能够更有效地传递信息，尤其是当沟通者想要影响接收者的情绪反应时。因此，广告商特别强调使用生动的和有创造性的图片或者照片。[53]贝纳通、耐克、拉夫·劳伦的广告形象中除了公司的名字之外没有文字，但是，它们成功地传达了强有力的形象。

另一方面，在实际沟通中，图片信息并不总是管用。包含同样信息的广告，用语言或者图片呈现，会引起消费者不同的反应。语言信息会影响商品的实用性，而图片信息影响消费者对商品美的评价。当呈现图片的时候，伴随语言信息会更加有效，尤其是当图片信息和语言信息有很强关联的时候。[54]

因为消费者需要更多努力去加工语言信息，所以在高卷入情境中最适合使用语言信息，如在印刷的背景中，会激发读者真正去注意广告。因为语言材料遗忘得更快，所以暴露频率要多一些才能达到预期的效果。相比之下，视觉形象能使接收者在解码的时候获得大量的信息（把小部分的信息合并成大量信息）。这使得记忆痕迹很强，信息在很长时间后仍然可以被记起。[55]

视觉因素可能会以两种方法影响对品牌的态度。首先，会使消费者形成对产品的信念，进而对其品牌态度产生影响。其次，品牌态度可能更直接地受到影响。例如，由视觉因素引发的强烈的正性或者负性情绪，会影响消费者对广告的态度，进而会影响到品牌态度。图10—4对品牌态度的这个双重因素模型进行了解释。[56]

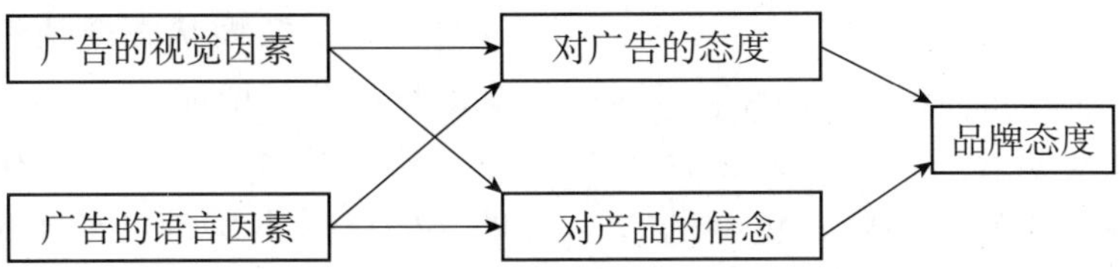

图 10—4 广告视觉和语言因素对品牌态度的效应

资料来源：M. R. Solomon，*Consumer Behavior*，8th ed.，2009，p. 302，© 2007. Reprinted by permission of Pearson Education，Inc.，Upper Saddle River，NJ.

生动性

视觉刺激和语言信息的区别在生动性方面。有力的描述或者视觉刺激都要求消费者提高注意力，都会深深地刻在记忆里。这可能是因为它们能激发大脑的形象思维，而抽象的刺激会阻碍这个过程。[57]当然，这种影响是双向的：如果以生动的方式呈现负性的信息，可能会在过后的一段时间里导致更加负面的评价。[58]

对广告中产品态度详细的讨论也会影响消费者态度，因为它吸引了更多的注意力。例如，一个手表的广告是这样的："根据厂家信息，四分之三的手表都是因为进水而损坏。"上述广告比下面这条更有效："根据厂家消息，许多手表因为进水而损坏。"[59]利用数据来支持一个观点比笼统的描述更加有效。

重复

对于商家来说，重复是一把双刃剑。经常暴露于一个刺激中能够引发学习（条件反射）。和谚语"熟悉滋生轻视"相反，人们倾向于喜欢熟悉的东西，即使他们最初并不喜欢它。[60]这被称为简单暴露现象（the mere exposure phenomenon）。时尚杂志经常隔几页就重复相似的广告，有时就在很近的下一页。《名利场》（*Vanity Fair*）杂志为卡尔文·克莱恩制作了厚厚的一个增刊。甚至在成熟产品中也能见到广告重复的积极影响，没有新信息可说的时候，重复信息也是有效的。重复广告信息可以增加消费者对品牌的了解。[61]另一方面，过多的重复会引起适应（habituation），消费者会因为疲惫或者厌烦而不再注意。过多的暴露会引起广告疲惫（advertising wearout），即在看一个广告太多次之后产生对它的消极反应。[62]

双因素理论（the two-factor theory，重复增加了熟悉性，但是也增加了厌烦感）暗示了广告商可以限制重复暴露的量来解决这个问题（例如利用电视节目 15 秒的间隙）。这样也能维持熟悉性，但是通过轻微改变广告的内容又可以缓解厌烦，尽管每一次内容可能不同，但是都围绕同一个主题。消费者暴露在有变化的广告下和暴露在单一重复信息下相比，当暴露于有变化的广告中时，能吸收更多的信息，能感受更多积极的品牌思想。这种额外信息能使消费者在面对其他竞争品牌时不改变自己的态度。[63]

争论的构成

许多商业信息近似于争论，其中一些信息试图说服接受者相应地改变其观点。争论呈现的方法和它想要表达的内容一样重要。

单向信息 vs 双向信息

大多数信息仅仅呈现产品的积极态度或者购买的理由。这被称为支持性争论（supportive argument）。还有一个选择是用双向信息（two-sided message），在其中，积极和消极信息都呈现。研究表明，双向信息广告也很有效，但是这种方式没有被广泛应用。[64]

为什么商人想要利用广告宣传产品的负面信息呢？在正确的情境下，利用辩驳争论（refutational argument）是很有效的，即提出一个负性的论点然后使之消失。这种方法通过减少报告偏差来增加信息的可信度。而且，怀疑产品的人们更易接受平衡的观点而不是"粉饰的言辞"。[65]皮毛产业一般用双向沟通的方法，因为社会很反对皮毛制衣。

双向沟通并不是说商人应该热衷于展示产品的主要问题。在典型的辩驳策略中，会讨论一个相对较小的不良品质，因为和竞争对手相比，这可能代表一个问题或者缺点。然后通过强调积极的、重要的品质来反驳这些不足。

受众是受过良好教育者时，双向沟通策略是有效的。（假定对平衡争论印象更深。）[66]当接受者对产品还没有形成品牌忠诚时，也最好使用双向沟通策略。另外需要注意的是，"宣传"可能的缺点也会引起不必要的怀疑。

达成结论

在广告传递争论性观点时是否要达成结论？或者仅仅呈现观点，让消费者自己达成结论？广告商传递的信息应该说“我们的品牌是更好的”，还是应该补充说“你应该买我们的品牌”？一方面，自己做出判断的消费者比填鸭式的消费者会形成更加有力、更不易受影响的态度。另一方面，让结论处于模糊状态会使消费者未形成广告商预期态度的几率增加。

消费者加工广告信息和广告中的争论信息时的动机是很重要的。如果信息是和个人相关的，那么人们就会注意它，同时形成判断。但是，如果争论很难理解，或者消费者想要理解它的动机不足，那么广告中达成结论还是比较安全的。[68]

皮毛——双向争论

一个小册子名为“皮毛，你的时尚选择”[67]，由美国皮毛信息委员会（FICA）出版，使用了双向争论的策略。它是这样陈述的：

“……一般来讲，你有权决定穿什么。穿皮毛是个人的选择。自由地做出自己的选择是我们都享有的权利。这是我们国家建立的基础。皮毛的流行并不奇怪，它温暖、耐用、耀眼地美丽。随着设计师创造出更多的皮毛艺术品，你最重要的决定不是是否选择，而是选择什么。

“动物保护积极分子不仅仅反对皮毛。他们走得更远……他们反对穿羊毛、皮革和丝绸制品；反对吃肉和鱼；反对在马戏团、动物园、水族馆里或者医学研究中使用动物。

“皮毛产业认为，动物保护积极分子有表达他们意见的权利。最重要的是，我们想要消费者有同样的权利，有选择的自由。我们都关心野生生物和环境。美国的皮毛企业承诺：合理对待所有皮毛动物。

“在美国，有严格的产业规则确保美国的皮毛动物农场支持人道主义标准，美国法律规定了野生动物保护标准。实际上，皮毛产业保证：一旦发现任何不负责任的行为，就会进行调查并采取补救措施。

“在美国，任何濒危动物都没有被用来制作皮毛衣服——这是由法律保障的。你知道美国的皮毛动物农场是生产资格认证体系的一部分吗？实际上，美国兽医医疗协会的标准必须被严格遵循才能通过认证。请务必相信，皮毛产业是很负责的，无论对环境还是消费者都是如此。”

比较广告

1971年，联邦贸易委员会（Federal Trade Commission）发布指导原则，鼓励广告商登出竞争性广告。采取这项措施，目的是在广告中增加消费者可用的信息。有证据表明，至少在某些情境下，这种方式呈现了更多信息，消费者在此基础上能做出自主决定。[69]比较广告是一种策略，在其中，根据一个或多个产品属性，将一个品牌与两个或者更多品牌进行对比。[70]这种策略也有反作用，尤其是发起者以卑鄙、消极的方式进行对比的时候。一些比较广告能达到预期的效果，即消费者的态度达到了预期，改变或者形成了积极的广告态度；但是研究者也发现，比较广告降低了广告的可信度（消费者会怀疑偏见描述的可信度）。[71]确实，在世界其他地区（如亚洲）比较广告很少见，因为在一些文化里，比较方法是有冒犯性的。

对一些新的产品，比较广告确实有效，比较广告试图通过把新产品和市场上占主导的产品进行对比，建立新产品清晰的形象。这种方法可以

许多广告，比如这家中国台湾化妆品公司的广告，更注重情感因素而不是认知因素。

增加消费者注意力，了解消费者态度和购买倾向。但是，具有讽刺意味的是，消费者可能因为广告本身的攻击性而不喜欢它。[72]如果把新品牌和占市场主导的品牌进行对比，仅仅说它们一样好或者前者比后者好，都是不够的。

信息吸引力的类型

信息传递的方式和信息的内容一样重要——同样的观点可以用不同方式编码。它可以触动你的心弦、吓你、让你笑、让你哭或者让你想知道更多。在这一部分，我们将要回顾几种信息沟通中可用的方法。

感性诉求 vs 理性诉求

应该从感性层面还是从理性层面吸引消费者？答案取决于产品属性类型以及消费者与产品的关系。感性诉求的目标是在产品和消费者之间建立联系，这种策略被称为绑定（bonding）。[73]感性诉求能够增加信息被觉察到的概率，使信息更可能被消费者记住，也可以增加消费者的商品卷入度。许多香水广告应用感性诉求策略。

许多公司（尤其是那些良好的、成熟的品牌公司）认识到，消费者发现不了品牌之间的差别，因此这些公司转而应用感性诉求策略。从效果上看，人们很难精确比较理性诉求广告和感性诉求广告的实际效果。尽管“回忆”广告的内容比“思考”广告好，也比“感觉”广告好，但是传统的广告效应测量方式（比如在一天之后回忆）不足以测量感性广告的累积效应。传统的广告效应测量方式会导致个体认知上的反应，而在测量感性广告的效果时，感性广告可能处于不利地位，因为很难清楚地表达感性反应。[74]

尽管感性诉求广告会给人留下很深的印象，但是这类广告也存在不能传达足够多产品信息的问题。这个问题提醒广告商，感性唤起广告只是在卖出多少产品上起作用。

使用感性诉求广告还是理性诉求广告，取决于产品的类型。从信息加工的角度来看，产品可分为搜寻、体验或者信任三种类型。[75]

- 搜寻产品——消费者可以找到产品特性的相关信息，如价格、实用性、优先购买的特性。通过衣服上面的标签，人们很容易就可以找到该商品的价格和品牌信息。
- 体验产品——在购买产品之前，消费者不可能获得彻底的商品体验信息；这种信息来自于消费者体验到产品之后。人们可以在商店里试穿，寻找适合自己的鞋子，但是，要知道鞋子是否磨脚的唯一方法是，整天穿着体验它们。看电影也是同样的道理，即使你读评论，你所知道的也只是别人是否喜欢这部电影，而只有亲身体验才会真正知晓。
- 信任产品——消费者甚至在使用产品后，即使没有高昂的信息成本，也不能搜寻信息或者评价信息的可信任性。所以政府干预是很常见的。消费者不可能知道他们得到的大学教育是好是坏或者为他们治病的药是否是最好的。类似地，他们不知道他们衣服材料里面的化学成分，除非用标签列出来；但即使如此，我们又怎么知道标签是正确的呢？

再回到感性诉求和理性诉求的概念上来——特定的商品类型决定了使用哪种吸引方式。一方面，逻辑上来说，在宣传搜寻类产品时，要用知识性的广告，因为可以提供信息并可被搜寻到。另一方面，宣传体验和信任类产品更困难一些，因为在广告上不能得到这些信息。在使用一种香水一天之后，你是否喜欢它的香气？不体验一下你不能知道，在买之前你也不能知道。因此，推销的吸引力通常都是感性的、不切实际的、吹捧性的。夸张不实广告“夸大宣传”产品或者用当红的名人支持、宣传它的独特性而不是确凿的事实。它们是一些无关紧要的事实，不包含多少知识。这主要是因为没有确凿的事实可以提供，因为信息来自于体验，因此，体验和信任类产品是感性广告逻辑上的产物。想一下香水广告：它们探讨说明书或者其他技术上的信息吗？绝不可能！

多元文化维度

耐克公司传递的运动感性信息是咄咄逼人，以此公开宣传它想销售的鞋子。这些策略在美国表现得很好，但是当公司试图把这种态度传播到国外的时候却遇到了阻碍。耐克公司寻找新的市场，试图以征服篮球的方式征服足球。美国足球杂志上的一个广告表明了这种“入侵”态度：“欧洲、亚洲和拉丁美洲：挡住你的运动场。藏好你的奖杯。

买点除臭剂。”这个信息在一些足球地区的反应不是很好。类似地，一个描述撒旦和他的魔鬼们和耐克代言人打对抗赛的广告在美国很成功，但却被欧洲电视台禁播，因为对孩子们来说它让人害怕和讨厌。一则在英国播放的电视广告，描述了一个法国足球运动员，他向粉丝吐口水，侮辱自己的教练，却依然赢得了与耐克的合同。这则广告遭到某国际通讯社一篇社论的严厉批评。耐克面临一个很艰巨的任务：赢得欧洲足球粉丝，那里是阿迪达斯的天下。如今受到一些小惩罚后，耐克正在调整它的“质疑权威”的风格，努力讨好那些不欣赏它的暴力广告和反正统主题的官方体育组织。只有时间能告诉我们这个运动大牌会不会被欧洲粉丝和官方体育组织“红牌”罚下。[76]

性诉求

广泛存在着这样一个信念——“性感卖点”，从香水到汽车的许多市场沟通都用了大量的性暗示，从隐晦的暗示到公然地袒露身体。许多时尚公司在宣传中应用了大量的性诉求策略。卡尔文·克莱恩、盖尔斯、阿贝克隆比 & 费奇，甚至李维斯都用性诉求来推动时尚。当然，性诉求普及率在各个国家不同。例如，Shai，一家法国高档服装公司，在网络广告中，让色情明星穿着公司最新的款式嬉戏打闹。在法国，这个广告没有激起明显的反对，但是在美国，广告中的裸体画面引起很大的争议。该色情广告的出现，说明了网络怎样迅速地改变了广告的规则，公司不必担心有什么尺度限制。超过 200 万人观看了这个广告，也注意到了这个公司，但是我们不清楚到底卖掉了多少衣服。[77]

许多人觉得把女性的身体具体化是可耻和不恰当的（参见第 14 章）。但是广告中不是所有的性都被视为无礼的；它被视为销售的一种可接受的方法，甚至著名的女性运动领导人如国际女性组织主席也同意，如果女性“能控制局面和她自己的性欲”，那么可以接受。[78]

可能并不奇怪的是，平面广告中女性的裸体会在女性消费者中产生负性的感觉和紧张感，而男性的反应则较为正性。[79]反之，另一项研究发现，男性不喜欢广告中的男性裸体，而女性反应则很好——但不是所有的裸体都是这样。[80]为了回应消费者的负性反应，阿贝克隆比 & 费奇终止了它刚出炉的季刊，它是一个“精美的商品目录”，里面有著名模特裸体摆出有性暗示的姿势。[81]

性诉求确实有效吗？尽管利用性诉求看起来的确吸引了人们对广告的注意，但是它事实上可能并不能达到营销者的目标。具有讽刺意味的是，一幅煽动性的图片可能过于有效了，它吸引了如此多的注意力，以至于阻碍了对广告内容的加工和记忆。当性诉求仅被用做吸引注意力的“套路”时，它似乎不是那么有效了。然而，当产品本身与性相关时，它的确是很有效的（如女性贴身内衣或者避孕套）。总之，人们不是很乐意接受广告中使用强烈的性诉求。[82]

幽默诉求

幽默的应用是很棘手的，主要是因为，对一个人而言可笑的事情对另一个人来说可能是冒犯的或者不能理解的。特定的文化可能有不同的幽默感，应用搞笑材料的方法也不同。例如，英国的商家和美国相比，利用双关语和讽刺的可能性更大。[83]

幽默起作用吗？总体上说，幽默的广告确实吸引注意力。Joe Boxer 的一系列广告描写了尴尬情景中的人们，这是一个以青少年为目标市场的幽默广告例子。20 年前，Joe Boxer 是在一个简单的概念上建立起来的：如果男人服饰的基本元素被重塑，反映出幽默、时尚和流行的趋势的话，会有什么样的效果呢？其中一个效果就是 90%的消费者都知道了这个品牌。在 www.joe-boxer.com 网站上，消费者在许多不同的水平上玩和品牌相关的游戏。他们可以分享不同的推销事件，观看过去的电视广告，一边玩游戏一边进行一次有关品牌历史的虚拟旅程。对幽默是否显著地影响了回忆或者品牌的特性，还没有达成定论。[84]它可能起到的一个作用就是可以分散注意力。一个有趣的广告可阻止消费者的争论，因此增加了信息接收的可能性。[85]

当品牌被清晰定义时，幽默更可能起到作用，但幽默的材料最好不要“吞没”信息本身。这和漂亮的模特转移了对广告本身关键点的注意力的危险是类似的。轻微的幽默通常是好的，因为幽默没有取笑潜在的消费者。最后，幽默应该适合商品的形象。

美国品牌 Joe Boxer 的广告都是很幽默的。

恐惧诉求

恐惧诉求强调了行为的负性结果，除非消费者改变了行为或者态度。害怕不正常对青少年来说可能是重要的，因为他们相信群体会用惩罚措施来处置那些和群体不同的行为。

在社会背景下，当一些组织鼓励人们通过戒烟、避孕、依靠指派的司机等方式向更健康的生活方式转变时，恐惧策略很常见，在商业沟通中，也会用到它。

恐惧起作用吗？大多数此类的研究都表明：只有适度的威胁以及同时提出了解决问题的方法，负性的吸引力才通常是最有效的。（否则，消费者不会注意广告，因为他们无法解决这个问题。）[86]当提供信息者信誉很高的时候，这种方法也会起到很好的作用。[87]一个微弱的威胁没有起到作用，可能是因为没有精心地策划行为的有害结果。一个强烈威胁不起作用，可能是因为详尽的细节太多了，干扰了所建议改变的行为的信息——接收者忙于思考这些信息不适用于他的原因，而没有注意到提供的解决方案。[88]比如，对某些人而言，反皮毛运动广告太逼真了，令人不快，所以他们直接屏蔽不看了。

时尚杂志广告的内容

利用一些我们刚才讨论的概念，一个学生分析了时尚杂志上广告的不同内容和类型。有很多分析方法：时尚的内容（社论或者文章）与广告相比较，知识性的和夸大的广告的对比，性和无性的对比，出现在广告或者社论中的产品的类型，等等。在回顾了六种不同的时尚杂志之后——包括《17 岁》、《时尚芭莎》——结果显示：最多的页数用来刊登广告；其次是关于时尚社论，传达了最新的时尚信息；最后是关于时尚的文章。

表 10—1 中列出了对广告内容的分类。分类有一些重叠，所以有的广告被分在不止一个类目下。最大比例的广告是酒、烟和女性卫生产品，其次是知识性的时尚广告、性感广告、香水广告、化妆品广告、护发产品广告和珠宝广告。用你最喜欢的时尚杂志试试，和这个分析结果对比一下，结论如何？你有没有发现这是令人兴奋的，或是有用的、恼人的、冒犯的？

表 10—1　对时尚杂志中广告内容的分析

杂志	总页数	其他广告*	知识性的时尚广告	性感广告	香水广告	化妆品广告	护发产品广告	珠宝广告
《嘉人》	152	45	37	36	7	11	9	7
《时尚芭莎》	137	27	29	24	21	23	0	10
《YM》	132	38	23	26	26	8	8	3
《Vogue》	126	37	27	23	9	9	6	15
《17 岁》	126	32	24	27	22	10	10	1
《诱惑》	126	21	26	24	25	14	10	6
合计	799	200	166	160	110	75	43	42

* 酒、烟、女性卫生产品。

资料来源：Nancy J. Rabolt and JoAnna Combs，1997.

艺术形式的信息：在你身边的比喻

可以把商人看作是一个讲故事的人，他提供了对现实的幻想，这和作家、诗人和艺术家提供的幻想类似。这些沟通之所以采取故事的形式，是因为它们描写的产品的益处是无形的，必须用具体的和可见的形式来表达出来。广告的创造力（有意识的或者无意识的）依赖各种文学的工具来表达这些含义。

例如，一个产品或者服务可能通过一个角色来拟人化，如加利福尼亚葡萄干的拟人化形象Goodwrench先生，或者“鲜果布衣”广告中会说话的水果。许多广告采取比喻的形式，通过拟人化，将产品转变成一个人、动物或者蔬菜，来讲述一个关于抽象的特质或者概念的故事。

比喻涉及应用明晰的比较，如“A像B”（例如，锐步在一则广告中把一款鞋子放在图片框中展示，标题是“像图画一样美丽，像锐步一样舒适”）。比喻使得商人激活有意义的形象，把它们应用在日常的事件中。在股票市场，“白衣骑士”使用“毒药”与“有敌意的偷袭者”斗争，美林证券公司用这种方式发出信息，说公司是“与众不同的”[89]；贝玲妃化妆品的超级英雄Zaparella模仿神奇女侠，装备有“神奇魔力去痘水”，作为令“邪恶疤痕”害怕的敌人而与之斗争。

塔吉特公司使用这样的文字游戏来展示其商品的多样性。

共鸣是另一种形式的文学工具，广告商用得很频繁。它采取的是把用语言表达的表演和相关的图片结合的形式。比喻通过把在某些方面相似的事物联系起来，用一种含义代替另一种含义；而共鸣则使用一个有双重意义的元素，例如在发音上相似但是含义不同的双关语。亚瑟士运动鞋利用“We believe women should be running the country”以及一张女性慢跑的图片做广告，就是利用了“run”的双关义。上图中塔吉特的平面广告里，“goodbuy”读音与“goodbye”相同。

故事呈现的形式

就像可以用语言或者图片来讲述故事一样，向观众讲话的方式也有不同的方式。商业就像其他艺术形式一样，表达信息的时候，可借用文学和艺术上的规范。[90]

戏剧和演讲之间有一个重要的区别。[91]演讲就像讲话，信息的提供者直接和观众交流，试图告诉他们产品的信息或者说服他们购买。演讲清楚地表明了说服购买的意图，观众也会这么认为。假定观众愿意这样做，他们就会去评估广告信息的价值及信息源的可信性。认知上的反应，如争论就会发生。只有当这种诉求能克服异议，并与人们信念一致时，它才会被接受。

与之相对，戏剧则像表演或者电影。当争论在吸引观众的时候，戏剧似乎把观众也拉入其中。角色只是间接地和观众交流；他们和每一个人在想象的背景中交流产品或者服务。戏剧试图从经验出发——让观众带着情绪卷入。

在 Lee 牛仔裤的一则电视广告中，采用 16 组镜头展现完整故事情节。

本章概览

● 沟通的模型列出了传递信息需要的因素。包括信息发送者、信息、媒介、接收者和反馈。大多数时尚的沟通是在个人沟通的领域，采取言语和非言语的因素。外表可被视为一种从发送者到接收者的信息。

● 说服是改变消费者态度的一种尝试。

● 传统的沟通观点认为接收者在加工过程中是被动的。使用和满意方法的提倡者认为消费者是主动的参与者，他们利用媒体的理由是多种多样的。

● 交互沟通中新的发展强调了把消费者看作积极角色的必要性，这可能在获得产品信息以及和公司建立关系方面起作用。直接产生了交易的和产品相关的反应就是首要反应。消费者对商业信息的反应如果不是采取交易的形式，则是次级反应。他们可能希望生产商提供关于产品、服务的更多信息，或者做一个“愿望清单”，上面列出他们想要继续了解的产品信息。

● 决定信息来源有效性的两个重要因素就是吸引力和可信性。尽管名人通常起到这样的作用，但是他们的可信性并不总是如商人期望的那样强。

● 一些有助于信息有效性的因素包括：它是用语言还是图片的形式表达的，它是借助感性的还是理性的吸引力，它重复的频率，是否达成一个结论，争论的两方面是不是都呈现了，信息是不是包括了恐惧、幽默或者性。

● 搜寻类产品更倾向于接受知识性的广告；体验或信任类产品常通过夸张的广告推销。许多化妆品、香水和时尚广告都是夸大的。

● 广告信息一般结合艺术或者文学上的因素，如戏剧、演讲、比喻和象征。

关键词

说服	沟通模型	使用和满意理论	移动商业
博客	可信性	吸引力	虚拟化身
双因素理论	辩驳争论	比较广告	夸张不实广告
恐惧诉求	比喻	共鸣	

问题讨论

1. 评论电视中的非时尚广告。注意观察商业广告中女演员的服装，她们的服饰向你传递了什么样的信息？你还能注意并说出什么样的非言语信息？

2. 收集一些主要依靠性诉求为基本策略的广告。实际产品能从性诉求广告中获益多少？这些广告是品位高还是让你觉得这是一种冒犯？调查男性与女性消费者，他（她）们对性诉求广告的反应有什么差异吗？

3. 讨论可以使用比较广告策略的情况。

4. 为什么营销者会考虑说出产品的不利之处？这种策略在何时是可行的？你能举一些例子吗？

5. 营销者必须决定在营销策略中采用感性诉求还是理性诉求。请描述一下更适宜使用其中一种或另一种诉求的情形。

6. 电视购物广告道德吗？可以允许营销人员采取任何形式去呈现产品相关信息吗？找一个新产品的电视购物广告，评比一下它的优点。

7. 观察辩驳争论过程，询问一位你自己的朋友对每种观点的反应，并记录下来，争论中的观点受到了多少质疑？

8. 记录一个网络电视频道六个小时内的商业广告。把这些商业广告按照产品类型分类，并且确定这些广告是以戏剧方式出现，还是以演讲风格呈现，描述广告中心信息类型（如双向信息）、代言人类型（如电视演员、名人或非人类代言人）。你认为营销者在电视广告中采用的主流说服策略是什么？

9. 收集一些使用了比喻或共鸣的广告例子。你觉得这些广告有效吗？如果你销售这些产品，你会觉得使用一些更直接的“硬卖”的方式来做广告是否更好呢？为什么？

10. 写一份你认为能典型代表文化类别（如小丑、母亲形象，等等）的名人名单。你认为这些名人能有效代言什么品牌？

第11章
个人和家庭决策

特雷莎下星期有个非常重要的面试，却发现自己没有合适的衣服穿，因为大学四年她的衣橱里全是牛仔服、T恤、运动系列类的衣物，之前她从未购买过真正的套装。她认为现在该去商场好好挑选一下合适的衣服了。她走过商店一楼的男装、饰品和香水柜台直接去了套装部。立刻就有一位销售人员面带微笑，过来搭讪。特雷莎说她只是随便看看。她推测这些人会为了获得回扣竭尽所能销售。特雷莎看了看羊毛套装。她的朋友卡罗尔很喜欢上星期在这儿买的Foxy牌服装，她姐姐也警告她说休闲西服是在某些第三世界国家的血汗工厂生产的。她知道Collectibles牌是美国生产的，非常合适，但她还是选择了便宜一些的Zany牌，因为该品牌有一个她难以拒绝的特征：配套的休闲裤和对比色的围巾，这可以美化职业装。买了套装后，特雷莎经过运动装部，看见了一套非常适合周末约会的衣服。她用信用卡透支支付了套装和运动服，毕竟她马上就要得

到一份新工作，会有收入，可以负担得起。回家后，她感到非常开心，因为她将自己看作有着远大前景的职业人。

作为决策者的消费者

时尚决策

消费者的购买行为是对问题的反应。在特雷莎这个例子里，她感知到需要新套装。这个决策比购买时装花费的时间长，也是她去百货商店的目的。她的情况和消费者在日常生活中遇到的实际情况相似。许多服装购买决定，就像特雷莎购买套装的决定，是通过将评估标准纳入理性考虑（稍后讨论），从可行的选择中抉择的方式进行的。然而，许多时装，就像她犒赏自己的新款运动装，却并未经过理性思考。

大多数时装并不是生活必需品，而是消费者自由决定购买的，没有它我们也能生活。但时装是有趣的、令人兴奋的，能让人产生一种新颖和幻想的感觉。我们通过店铺陈列、杂志或身边朋友的穿着意识到时装的存在。如果某个人吸引了我们，我们就评估其购买的东西。当特雷莎在商店里看见那套运动装时，她认为那套衣服非常适合周末约会。在这一点上，她考虑了如价格、质量、颜色、款式、合身和原产地等评估标准。做决定之前，当在市场上看到其他可供选择的服装时，她可能已经考虑了备选的服装。但如果商品非常令人兴奋，“完美”，而时间可能又有限，她就不会寻找其他服装了。事实上，大多数时尚消费都接近于冲动购买，发生于购物的兴奋点上。时尚决策中的一系列步骤和可能引起大量风险的主要购买决策的步骤是不同的。

在特雷莎购买套装的例子里，她是以购买套装为目的开始购物之旅的，在购买之前经历了一系列步骤。这些步骤可以被描述为：（1）问题认知。（2）信息搜寻。（3）方案评估。（4）产品选择。当然，做出决策后，决策的质量会影响这个过程的最后一步。（5）基于好的或坏的结果而产生的学习。图11—1比较了时尚决策和其他传统决策。在特雷莎购买运动服的行为中，时尚物品，而不是对问题的认知，位于时尚决策模型的顶端。[1]

本章论述消费者和家庭购买决策时使用的各种方法。这部分关注决策过程中的三个步骤：消费者如何确定产品的问题或需要；消费者如何搜寻产品信息；消费者如何评估选择方法以达成购买决策。如在特雷莎购物中所看到的，并不是所有服装或者时尚决策都是以理性或者传统的方式进行的，时尚购买经常是冲动购买。

决策的观点

相比其他购买过程而言，购买决策更重要，我们投入的努力程度也不同。传统的研究者从理性观点来理解决策者或传统决策模型。在这样的

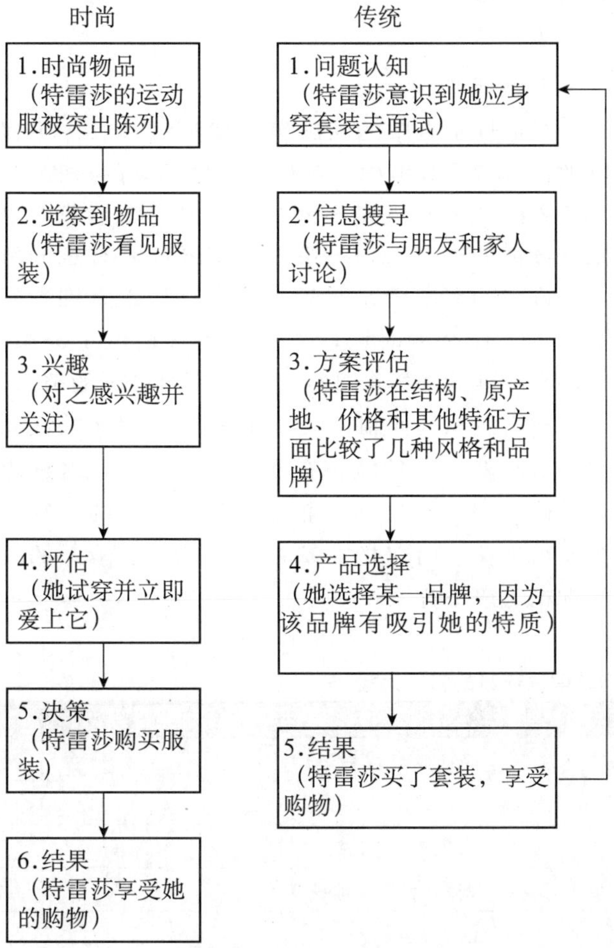

图 11—1　时尚决策和传统决策的步骤

观点看来，人们冷静地整合关于产品的已知信息，小心衡量每种选择的利弊，达成满意的决策。该过程暗示市场营销者应该仔细研究消费者决策步骤，以理解消费者是如何获得信息、信念是如何形成的，以及消费者是怎样选择产品的。然后就能生产出合适的产品，进而能够调整推广策略，传递最有效的信息。[2]

尽管在一些高卷入的购物中，消费者遵从这种决策步骤，但该过程并没有精确地描绘全部购物决策。[3]消费者也并非在每次购物决策中都要经过全部步骤。如果这么做，他们的人生都会花在购物决策上，就没有时间享受他们最终决策后所购买的产品了。

研究者现在开始意识到决策者实际上拥有一套策略。消费者评估某一特定决策所需的努力，然后选择最适合所需努力水平的策略。这一系列事件就是建构性程序。消费者不会耗费大量精力，而是随时改变他们的认知努力程度。[4]

如第 4 章所讨论的，一些决策是在低卷入条件下做出的。在此种情形下，消费者的决策多是对环境线索的习得反应，如当个体冲动购买某些商店里推广的所谓“特别惊喜”的商品时。在这种情况下，营销者必须关注影响目标市场的环境特征，比如物理环境和产品摆放。[5]一些时尚决策就是依此制定的。

在其他例子中，消费者高度卷入购买决策，但可能不会采用理性方法。例如，传统方法很难解释个体关于美术、音乐、时尚或配偶的选择决策。在这些例子中，没有一个品质是决定性因素。相反，感性观点强调产品或服务的完形和整体。特雷莎的例子就是这样。这些领域的营销者关注消费者对产品或服务的情感反应，并开发能够引起主观反应的产品。

消费者决策类型

描述决策过程的有效方法是考虑决策中投入的努力程度。研究人员发现以连续体的方式来思考非常方便，一端是常规或习惯决策，另一端是扩展性问题解决决策。许多决策处于中间状态，可以描述为有限的问题解决决策。图 11—2 呈现了这一连续体。

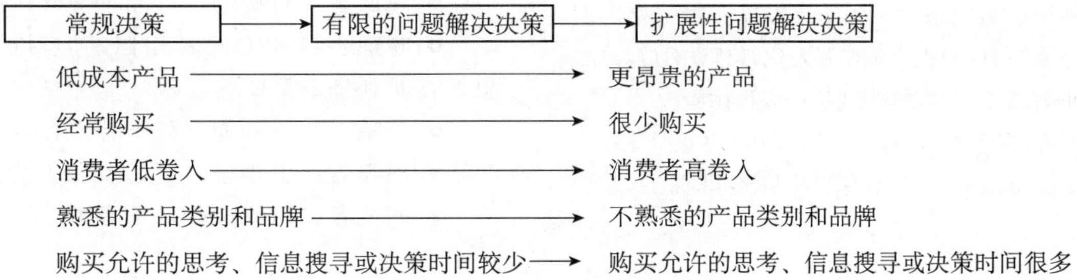

图 11—2　购买决策连续体

资料来源：M. R. Solomon, *Consumer Behavior*, 8th ed., p. 326, © 2009. Reprinted by permission of Pearson Education, Inc., Upper Saddle River, NJ.

扩展性问题解决

扩展性问题解决决策和传统决策观点密切相关。如表11—1所示，扩展性问题解决过程通常由对自我概念非常重要的动机激发（见第5章），最终的决策带有相当程度的风险。消费者试图通过记忆（内部搜寻）和外部资源（外部搜寻）收集尽可能多的信息。基于决策的重要性，每个产品选择方案都要认真评估。评估时通常逐一考虑每个品牌的特性，看每个品牌特性是如何满足消费者需要的。

有限的问题解决

有限的问题解决决策通常更加直接和简单。购买者不会费力地搜寻信息，不会对每个选择进行彻底评估。相反，人们使用简单的决策法则来进行选择。这些认知捷径（稍后详细讨论）使消费者能够依赖总的指导原则进行决策，而不必每次决策都从头做起。

习惯决策

扩展性和有限的问题解决模型都涉及一定程度的信息搜寻和考虑，在从事这些活动的过程中，消费者的投入程度是不同的。另外，在消费者决策连续体的这一端，决策中很少或没有有意的努力。许多购买决策是常规化的，以至于直到看到我们买了什么的时候，才意识到我们做了决策。这种自动性的选择在进行过程中需要最少的努力，不需要有意识的控制。[6]尽管这种缺乏思考的活动可能看起来有些危险、有些愚蠢，但是，这种决策在许多情况下的确都非常有效。习惯的重复行为使得消费者可以把花费在日常购买决策上的时间和精力最小化。

表11—1　　有限的问题解决决策和扩展性问题解决决策的特征比较

	有限的问题解决决策	扩展性问题解决决策
动机	低风险和低卷入	高风险和高卷入
信息搜寻	几乎不搜寻	广泛搜寻
	信息处理被动	信息处理积极
	很可能是店内决策	到商店前咨询多方信息
方案评估	信念薄弱	信念强烈
	只使用最突出的标准	使用许多标准
	方案被视作基本相似	方案之间差异显著
	没有补充策略	使用补充策略
购买	有限的购物时间，可能喜欢自助	如果需要的话有许多机会
	选择经常被店铺陈列影响	需要和商店员工交流

资料来源：M. R. Solomon, *Consumer Behavior*, 8th ed., p. 327, © 2009. Reprinted by permission of Pearson Education, Inc., Upper Saddle River, NJ.

其他决策风格

除了有限的问题解决和扩展性问题解决风格之外，还有其他决策风格。一项研究发现，青少年根据购物风格分成三种类型：价值最大化娱乐购物者、品牌最大化非效益主义购物者和冷漠型购物者。[7]

另一项研究发现，有六种不同的决策风格。[8]对于零售商来说，吸引这些群体顾客非常具有挑战性：

- 购物者：对购物和购物计划有非常浓厚的兴趣。
- 忠诚者：对购物、产品种类和价值高卷入。
- 晚熟者：和忠诚者相似，但对产品的卷入更低，便利是最重要的。
- 狭隘者：对购物过程不感兴趣。
- 冷漠者：更年轻，不愿意或不能参与购物。
- 回避者：讨厌购物，不卷入，不花费时间。

问题认知

当消费者看到现状和理想状态之间的显著差异时，就会产生问题认知。消费者觉察到有问题需要解决，不论问题大或小，简单或复杂。特雷莎即将参加面试，她意识到她现有衣橱内的衣服远远不适用于她将来职业人的角色。

问题以两种方式出现。特雷莎的例子可以被看作需要认知，这是一种方式。另一种方式是，如果消费者渴望更加华丽或新潮的衣物，这种需求可被视作机会认知。两种方式中实际状态和理想状态之间都出现了差异。[9] 在特雷莎的例子里，她要解决的问题主要是来自需要认知，由于这种需要，她对理想状态衣橱的认知改变了。

产品问题解决

广告的普遍结构是先呈现一个有生理或社会问题的人，然后呈现神奇的产品，告诉消费者该产品是如何将问题解决的。营销高手还可以创造问题，然后提供应对方法。举例来说，20 世纪 40 年代，泰勒拉链被吹捧为针对因衣服太紧纽扣间出现裂口的良方，这个可怕的状况产生于女士衬衫的扣子周围出现褶子时。同样，威斯克（Wisk）洗涤剂引起我们的注意也是因为担心衣领周围的褶圈。[10]

广告中即使描述真正的问题，提供的解决方案有时也过于简单，仅仅暗示只要使用这个产品问题就会消失。研究人员对一千多个电视广告的分析发现，大约 80% 的广告暗示，只要使用产品，问题就会在数秒或数分钟内解决；另外，75% 的广告明确宣称产品将会解决问题；超过 75% 的广告暗示，解决方案是一步过程——消费者需要做的就是购买产品，然后问题就消失了。[11] 就如许多营销人员发现的，消费者更易于接受提供可靠的产品信息的实际的广告。另外，政府和消费者组织现在对广告宣传的兴趣更为浓厚了，因此，营销人员对广告内容应该更为小心谨慎。

需要认知以几种方式产生。个体的实际状态可以简单地源于产品用完，或者购买的产品没有充分满足需要，或产生了新的需求。当消费者接触了不同或品质更好的产品后常会产生机会认知。时尚物品经常只是因为接触就被接纳，如前所述。人能这种接触这种时尚产品经常是因为个体的环境以某种方式改变了，如个体上大学或获得新工作。因为个体的参考框架改变了，所以许多购物会发生变化以适应新环境。

尽管问题认知能够自然地发生，但这一过程往往会受市场努力的刺激。在某些情况下，市场人员试图创造基本需求，即消费者被鼓励使用产品或服务，而不管选择何种品牌。营销人员往往通过广告鼓励消费者的基本需求，例如美国棉花公司带有宣传语的广告："我们生活的结构"、"日常生活的自然部分"。除了基本需求之外，还有第二需求，第二需求促使消费者喜欢某一特定品牌，它只能发生在基本需求已经存在的情况下。在这一点上，市场人员必须说服消费者相信选择他们的品牌能够使问题得到最好的解决。

信息搜寻

只要认知到问题，消费者就需要有足够的信息去解决它。未来学家阿尔文·托夫勒（Alvin Toffler）在一次全国零售联合会上告诉零售商："对今天的商人来说，信息是最宝贵的资源，而不是他们的商店或库存。"[12] 因为消费者需要更多关于他们所购买产品的信息，销售商需要努力提供更多信息。信息搜寻是消费者考察周围的环境以寻求恰当的信息来做合理决定的过程。这部分将回顾信息搜寻中涉及的一些因素。

搜寻类型

在认识到需要后，消费者会在需要得到认知后在市场中明确地搜寻特定信息（购物搜寻的过程）。另一方面，许多消费者，特别是经验丰富的购物者，会仅仅为了享受乐趣而搜寻信息和追踪发展情况（浏览），或者是因为这部分消费者喜欢获知市场上的最新情况。他们高度参与正在进行的搜寻。[13] 这适用于许多经常在商店中追踪时尚趋势的时尚购物者。

内部搜寻和外部搜寻

信息源可以大致分为两类：内部和外部。因为过去的经验存在于消费者文化中，我们每个人的记忆里已经对许多产品有一定程度的了解。当面临购买决策时，我们可能会进行内部搜寻，即通过浏览我们自己的"记忆银行"来收集不同产品信息。通常，大部分市场知识需要通过外部搜寻来增补，即通过广告、文章、商店、朋友或仅仅是人们的观察。

有意搜寻和“无意”搜寻

我们关于产品的已存储知识可能是直接学习的结果：我们上次可能已经搜寻了相关信息或经历了一些选择。例如，一位上个月买过一双鞋的购物者，可能对这个月要去最好的地方购买另一双需要的鞋有了好主意。

另外，我们获得信息的方式也可能是更被动的方式。即使不感兴趣的产品，接触广告、包装和促销活动也可能会导致无意学习。仅仅是长时间的接触也会导致学习到大量可能一段时间内并不需要的材料。对市场人员来说，这个结果是稳定的“小量”广告带来的，可建立和保持产品关联性直到消费者需要它们的时候。[14]举例来说，尽管我们非常熟悉李维斯501系列产品，但厂商仍然不断地做提醒广告。

当然，网络搜索引擎（尤其是Google）是搜索中的大玩家。当我们在线搜索产品信息时，我们是绝好的广告对象，因为我们宣告了我们的购物欲望。许多公司付钱给搜索引擎，向搜索它们品牌的消费者做广告。然而，网络市场公司DoubleClick发现大部分购买搜寻只使用笼统的名称，如“牛仔裤”。因此在购买前，搜寻者会发现雪花般多的品牌名称及其查询次数。[15]

时尚信息来源

因为时尚变化得太快，我们的知识很快就变得过时，所以对时尚敏感的消费者总是使用各种时尚信息来源，以保持走在时尚的前沿。以下来源哪些是你有意使用的，哪些是你无意使用的？

- 非个人的或营销主导来源：橱窗展示、店内陈设或视频、时尚杂志、时尚目录、书籍、报纸广告、收音机或电视广告、时尚秀、个人购物者或私人衣橱顾问、邮件订阅目录、销售人员。
- 个人或消费者主导来源：与女性、男性朋友讨论，在社交聚会和公共场合观察他人。
- 中性来源：电视表演者，电影演员，时尚栏目、新闻中的著名人物。
- 客观来源：大量的产品信息来自许多网站，许多消费者在去商店前或点击购买前都会在网上搜索。著名的两个网站是www.shopzilla.com和www.shopping.com。

研究发现，不同类型消费者使用这些信息的量是不同的。例如，方便主导的购买者和高度卷入的服装购买者最常使用时尚刊物；冷漠型的服装购买者是最少使用各种信息的。时尚跟随者使用更多的消费者主导信息或个人来源信息，比如朋友，而时尚带头人则使用更多的营销主导来源信息，如媒体。[16]

信息经济：到底有多少搜寻产生？

传统决策观点将信息经济方法纳入搜寻过程，假设消费者将收集尽可能多的信息来形成明智的决定。消费者形成额外信息的价值期望，继续搜集直到回报（效用）超过成本。这个效用假设也暗示了建构最有价值的信息单元需要首先收集信息。额外的信息只有在它们看起来可以补充已知的东西时才会被吸纳。[17]

这种理性搜寻假设并不总是受到支持。对大多数产品而言，消费者外部搜寻的量惊人地少，即使当额外信息很可能对消费者有利时。例如，低收入购物者如果错误购买将会损失得更多，然而和更富有的人相比，低收入购物者在购买之前却更少搜索。[18]如同我们的朋友特雷莎，一些消费者只是造访一两家店铺，并且很少在购买之前搜寻无偏见的信息来源，尤其是当时间有限时。[19]

当消费者考虑购买象征性的物品如衣物时，避免外部搜寻的趋势就变得不那么普遍了。在这些例子中，人们倾向于做一定量的外部搜寻。尽管最终风险会减少，但是如果做出错误决定，这些自我表达型决定可能有可怕的社会后果。另一方面，一项关于使用衣物信息（洗涤说明、布料、合身度、结构、生产者、价格、销售人员的意见、商店和风格）的研究发现，在做决定前，几乎一半产品信息被试不予理会。[20]这个例子中，信息超载可能是生效的，消费者使用一些信息作为其他属性的信号（在本章中稍后讨论）。

作为普遍法则，当购买行动重要、需要了解更多购买信息、相关信息容易获得和使用时，搜寻活动就会增加。[21]消费者搜寻的量是不同的，不论是否考虑产品的种类。年轻的和接受过更好教育的人、享受购物或发现事实过程的人，倾向于进行更多的信息搜寻。[22]女性比男性更倾向于搜寻，因为她们更重视风格和呈现的形象。

不论消费者搜寻量的大小，他们都参与了品牌变更行为，即使现在的品牌满足了他们的需要。有时候，人们似乎仅仅只是喜欢尝试新事物——他们对多样搜寻感兴趣。对于时尚革新者来说尤其如此：一项研究发现，时尚革新者比时尚追随者对多样性的需求更大（用感觉寻求量表测量）。[23]消费者随着时间改变品牌选择的倾向，意味着市场人员永远也无法在拥有一名消费者后就确信他或她是永远的消费者。[24]在新的设计师和小生产商持续进入到时尚工业市场后，这种现象尤其普遍。

与女性相比，男性在信息搜寻花的精力很少。

消费者先前的知识

消费者关于产品的已有知识会让消费者更有可能还是更不可能进入到信息搜寻中呢？产品专家和新手在决策中使用不同的程序。对产品一无所知的新手应该是最有动力去了解更多知识的。然而，专家对产品种类更熟悉，所以他们能更好地理解获得新产品信息的含义。

所以，谁会进行更多搜寻呢？答案是两者都不会，而对产品了解中等程度的消费者的搜寻倾向是最高的。知识和外部搜寻努力之间存在一种倒 U 形关系，如图 11—3。知识有限的人觉得他们无法广泛地搜寻。事实上，他们甚至不知道从哪儿开始。没有花大量时间为购物搜寻信息的特雷莎就代表了这种情况。她去了一家店，只看了她熟悉的品牌。另外，她只关注少量的产品特质。[25]

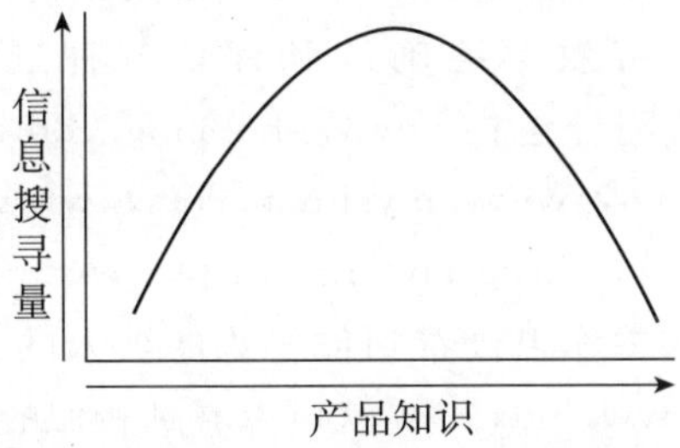

图 11—3　信息搜寻量和产品知识的关系

资料来源：M. R. Solomon，*Consumer Behavior*，8th ed.，p. 334，© 2009. Reprinted by permission of Pearson Education，Inc.，Upper Saddle River，NJ.

不同知识水平的人们的搜寻类型不一，信息搜寻量也不同。因为专家对何种信息跟决策相关有更好的意识，所以他们倾向于进行有选择的搜寻。这意味着他们的努力更集中，更有效率。相比之下，新手更可能依赖他人的意见和“非功能性”特性，如品牌名称和价格来进行不同选择。

感知风险

作为法则，如果消费者感知到风险或认为产品有潜在消极结果，那么其购买决策需要广泛的信息搜寻。如果产品昂贵，感知风险就可能出现。另外，如果是别人也能看见的产品，如时装，我们可能就会面临做出错误决策的尴尬和风险。

图 11—4 列出了五种感知风险类型——包括客观（如生理风险）和主观因素（如社会风险）以及相应的产品的类型。其他产品如摩托车可能存在生理风险，衣物一般不存在生理风险，但应该考虑易燃性因素。我们理所当然地认为服装不存在危险，但服装危险有时候确实存在。在美国销售“高易燃性”的服装是非法的，但是时不时

会有被消费者产品安全委员会召回的易燃服装。详见第15章。

金钱风险可能是一些消费者进行购买时考虑的因素。他们认为，花高价钱购买只在很短时间内流行的时尚物品是很大的经济损失。研究者研究与服装相关的感知风险，描述和测量与服装风格相关的风险类型。研究发现，“奢侈品”和“必需品”分别与表演或实用性相关，并暗示存在价值判断（明智或愚蠢），而“便宜”和“昂贵”则指向金钱风险。[26]金钱风险在服装和网络购物中也存在[27]，可能因为消费者在购买之前没有机会试穿衣物，他们担心所订购的东西不合心意。

	购买者最敏感的风险	最易遭遇风险的产品
金钱风险	风险资本包括金钱和财产。收入和财富少的人对此最为敏感。	需要大量花费的高价物品。
功能风险	风险资本包括功能或满足需要的不同方法。实际的消费者最敏感。	购买和使用的产品或服务需要购买者责任自负。
生理风险	风险资本包括身体活力、健康和生命力。年老、虚弱或身体不健康的人最敏感。	机械或电器用品（如汽车或易燃品），药品和医疗，食品和饮料。
社会风险	风险资本包括自尊和自信。不安全和不确定的人最敏感。	象征性的物品，如衣物、珠宝、汽车、住宅或运动器材。
心理风险	风险资本包括归属和地位。缺乏自我尊重或同伴吸引力的人最敏感。	昂贵的个人奢侈品，耐用品，使用的服务需要自律或牺牲。

图11—4　五种感知风险类型

资料来源：M. R. Solomon, *Consumer Behavior*, 8th ed., p. 336, © 2009. Reprinted by permission of Pearson Education, Inc., Upper Saddle River, NJ.

许多感知的风险都和时尚相关，但是也与社会风险或心理风险有关。如图11—4所示，有更多“风险资本”的消费者更少被产品相关的感知风险所影响。例如，一个高度自信的人会更少担心产品固有的社会风险，而更脆弱、不安全的消费者可能不愿意尝试新产品，如时尚前卫的物品。然而一项研究发现，在时尚的不同阶段（引入阶段、流行阶段、过时阶段），社会和心理风险是不同的，新风格是中度风险，现行的风格是低风险，过时的风格风险最高。[28]看起来没有什么比过时更糟的了。

网络中介

若人们在如Google这样的搜索引擎中输入短语，网络在短时间内就能传递巨大的产品和零售商信息。事实上，网民如今面临的最大问题是缩小他们的选择面，而不是扩大。在网络空间，简化是关键。随着大量的网络出现，相当多的人每天都在网上冲浪，包括组织信息，决定在何处点击。网络中介应运而生，以满足这种需要。网络中介帮助人们过滤和组织在线市场信息，以便消费者能更有效率地确认和评估各种选择。[29]购物比较的网址包括www.shopping.com，www.bizrate.com，www.mysimon.com，www.nextag.com，www.pricegrabber.com和www.pricescan.com。[30]如果你想要看到你喜欢的名人的物品，只要点击www.like.com就可以看到相似的选择。

网络中介有不同的形式[31]：

- 目录和门户网站，如Yahoo! 或www.fashionmall.com是将大量不同网址集合到一起的综合服务网站。

- 网站评价者通过检查和推荐最好的网站来降低消费者的风险。例如，可以查找排名为前 5% 的网站。
- 论坛、追星族俱乐部、用户群提供产品相关的讨论帮助消费者筛选选择。其他网站如 www.about.com 将你和为你提供推荐的指导者联系起来，帮助你缩小选择面。

确认选择

消费者购买决策往往发生在商品的选择阶段。毕竟，现代消费者社会充满了选择，如刚刚在网络搜索中讨论的内容。在某些情况下，差不多有几百种不同的品牌（如服装领域）或同一品牌下不同种类的物品（如不同颜色的口红），每种都吸引我们的注意。《选择的悖论：为何少即是多》（*The Paradox of Choice*：*Why Less Is More*）一书的作者认为，过多的选择通常会导致消费者更不满意，甚至减少购买，该书作者对零售商的建议是减少目标消费者的选择。[32]

我们如何决定什么标准是重要的，如何将产品选择降低到可接受的数量并最终选择一个？答案根据使用的决策过程不同而不同。使用扩展性问题解决过程的消费者可能会仔细评估几种品牌，而使用习惯性决策的消费者则不会考虑任何其他品牌。

在消费者选择过程中，激活选择考虑的是消费者的诱发集合。诱发集合由记忆中已存储的产品（检索集合）以及在零售环境中突出的产品组成。例如，特雷莎不知道太多零售套装品牌，只记得有四种主要品牌：Collectibles、Foxy、Zany 和 Casual B.。在这四种品牌中，有三个是可接受的，一个不可接受。消费者意识到但不会考虑购买的选择是失当集合，而那些根本不能进入到选择中的则是惰性集合。图 11—5 描述了这些集合种类。

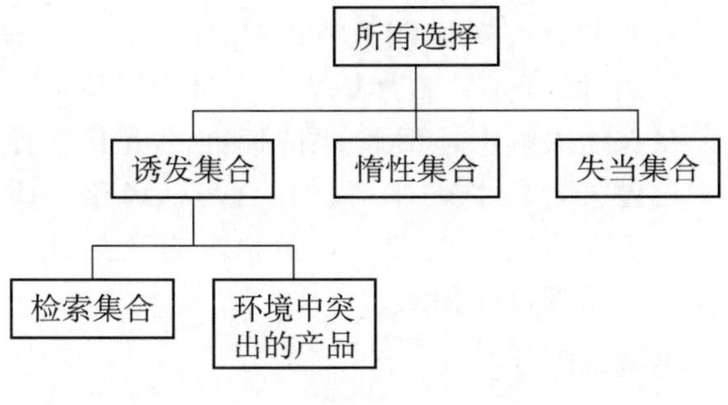

图 11—5　确认选择：投身游戏

资料来源：M. R. Solomon，*Consumer Behavior*，8th ed.，p. 268，© 2002. Reprinted by permission of Pearson Education，Inc.，Upper Saddle River，NJ.

消费者通常在诱发集合中考虑非常小数量的选择。原因很明显，市场人员如果发现自己的品牌不在许多消费者的诱发集合中，就有理由担忧了。比起以前考虑过但被否定的、已经存储在消费者记忆中的品牌，新品牌更可能加入到诱发集合中，即使在提供了关于被考虑过的品牌额外的积极信息时也是如此。[33]一项服装研究发现，在决策过程中的选择评估阶段，产品印象影响了感知到的品质和形象期望值。[34]对市场人员来说，这强调了保证产品从始至终都表现良好的重要性。

产品分类

产品分类有许多策略内涵。产品一般都陈列在商店，某种品牌产品和其他类似产品的分类方式，对于消费者确定考虑的其他备选品牌和在决策中使用何种标准有非常重要的作用。在时尚店中，如果 Candies 和 Rampage 没有在商店青少年部售卖，消费者也无法找到它们。如果产品没有清晰恰当的分类（例如，网球衣是裙子吗？地毯是家具吗？），就可能影响消费者顺利找到它们的可能性。消费者能够接受在杂货店购买衣物吗？我们可以看到连裤袜卖得很好，是因为它是一种无须试穿的方便用品，但是通常我们不会考虑在杂货店购买衣物。

典范产品

如果某一产品确实是某类产品的榜样，消费者就会更熟悉它，因此也能更容易识别和回忆，例如，博柏利（Burberry）雨衣。[35]种类属性的评价倾向受到种类典范特征的不均衡影响。[36]在某种意义上，和种类紧密联系的品牌可以作为评估标准来评估该种类所有商品。

和原型差一点点并不一定是坏事。在同类产品中，适度的特殊也许可以刺激产生更多的信息加工过程和积极评估，因为它们既不会因为太熟悉而被视作理所当然，也不会因为太不一致而被忽略掉。[37]差异化较大的品牌可能会占据独一无二的行业地位，而那些适度差异的品牌则在同类产品中保持独特的地位。[38]

确定竞争者

在抽象层面，许多不同产品形成了竞争。商场里的时装秀可能被某些人视作娱乐的子类别，但他们不见得会想要用一种活动替换另一种。然而，表面上看起来十分不同的产品和服务实际上却在广泛的层面上相互竞争，通常是为促使消费者花费更多的金钱。最近嘉思明咨询公司（Kurt Salmon Associates）对1 000名男性和女性的一项研究证明了这点：在服装上花费较少的消费者多于在服装上花费较多的消费者。相反，他们在外出就餐、度假、投资和储蓄上投入更多。[39]另一项关于美国消费者如何购物的研究也得出了相似的结果：女性指出，她们在时尚配饰、化妆品、香水、珠宝和手表上花费更少，在食物上花费更多。[40]

产品选择：在不同的方案中选择

一旦收集到相关信息之后，就必须在它们中做出选择。[41]指导我们选择的决策法则可以是非常简单的策略，也可以是需要大量注意和认知过程的复杂过程。选择受到整合信息的影响，这些信息来自于早先与产品相关的经历、购买时出现的信息和由广告创造出来的品牌信念。[42]

评估标准

当特雷莎查看不同的羊毛套装时，她只关注了一两种产品特征而完全忽略了其他几种。她通过只考虑三种特定品牌名称来减少选择，而且从Collectibles、Foxy和Zany这三种品牌中选择了具有能使休闲裤和围巾配套这一增值特征的一套。

评估标准是用来判断竞争选择价值的维度的。在比较不同产品选择时，特雷莎可以选择任意几种标准，从功能特性（是否有口袋）到纯粹的时尚考量（是否是由一位新的很火的设计师设计的）。具体的评估标准经常因人而异，也因文化而异，但并非总是如此。某些标准可能是全球性的。比如一项关于中国台湾和美国消费者的研究就只发现了非常小的差异，两组被试都认为大小或者合身是购买衣物时最重要的标准。[43]

另一个重点是，和判断相似产品的标准相比，判断差异化产品的标准在决策过程中占有更大权重。如果考虑的所有品牌在某一个特性上都一样（如所有套装都有口袋），消费者则不得不寻找其他理由来进行选择。实际上用来区分选择的特性被称作关键属性。在对消费者进行指导，如何种标准应被用作关键属性的过程中，营销人员发挥了重要作用。例如，研究者指出，许多消费者将“自然”概念视作关键属性。[44]在服装领域，自然材料如棉花、羊毛和丝绸经常被认为比人造纤维质量更好。

在服装或时尚决策中使用的评估标准

许多研究都关注了消费者在服装和时尚决策中使用的标准。一些研究从外部因素（如价格、品牌名称和商店形象）和内部因素（如舒适、风格、颜色、质地、服务、合身和质量）方面来研究标准。其他不同类型研究关注了消费者使用的其他时尚标准，如[45]：

1. 恰当性/个人风格：适合个人、合身、适合场合、舒适、质地类型和质量、适合个性。
2. 经济/实用性：物美价廉、易于打理、耐用性、多功能性、匹配、效用。
3. 吸引力/美感：漂亮、时尚、颜色/样式、风格、合身、取悦他人。
4. 质量：生产质量、质地类型、纤维、耐用性。
5. 他人导向/印象：声誉、性感、品牌和商店名称、标签、时尚。
6. 原产国：美国制造或进口。
7. 纤维/质地：自然或人工，针织或编织。

在衣物决策中，尽管评估标准的重要性存在跨文化差异，但总的来说，在合身、风格、质量方面几乎没有真正的差异，价格具有优先权，品牌和原产国重要性稍次。[46]

决策法则

消费者通过使用不同法则评估不同产品属性，而这取决于决策的复杂性和重要性。在某些情况下，法则相当简单：如果属性重要，那么购买产品。区分决策法则的一个方法是将它们分成补偿性的和非补偿性的。为了便于对法则进行讨论，表 11—2 总结了特雷莎考虑的羊毛套装的属性。

表 11—2 **购买套装的假设选择**

属性	重要性排序	品牌		
		Collectibles	Foxy	Zany
看起来职业	1	优秀	优秀	优秀
增值特征	2	差	好	优秀
有衬里/做工好	3	优秀	差	差
美国制造	4	优秀	优秀	好

非补偿性决策法则

简单的决策法则是非补偿性决策法则，一个在属性上较差的产品无法通过它在其他属性上的优势进行弥补。换句话说，人们简单地排除掉那些无法满足基本标准的产品。像特雷莎那样使用“只买著名品牌”决策法则的消费者不会考虑新品牌，即使新品牌的产品同样好，甚至超过现有品牌。当人们不那么熟悉产品类别时，或没有那么大的动力处理复杂信息时，就倾向于使用简单的非补偿性法则。[47]

通常，在最重要属性上最好的品牌会被消费者选择。然而，如果两个或更多品牌在那个属性上都一样好（对特雷莎来说，这个属性是“看起来职业”），那么消费者就会比较第二重要的属性。这种选择过程会一直持续到“并列”关系破裂时。特雷莎选择 Zany 品牌，因为该品牌在第二重要属性上的排序更靠前——增值特征。在某些情况下也可以利用特定的捷径。比如说，如果特雷莎对有好的衬里的套装更感兴趣（也就是有一个更重要的等级），那么她可能会确定她的选择是必须“有衬里”。因为 Collectibles 品牌有，而另两种品牌没有，所以 Collectibles 品牌就可能被选择。

补偿性决策法则

和非补偿性决策法则不同，补偿性决策法则给了产品弥补自身缺点的机会。使用这些法则的消费者倾向于更多地卷入到购买中，因此愿意尽力用更精确的方式全盘考虑问题。让好和差的产品特质平衡的意愿可以产生相当不同的结果。比如，如果特雷莎不关心增值特征，她可能就会选择 Collectibles 品牌。因为该品牌不具有高等级的属性，当她使用非补偿性决策法则时，该品牌就失去了被选择的机会。如果使用补偿性决策法则，就有可能选择这个品牌。

启发法：心理捷径

我们每次决策时都会进行复杂的考虑吗？还是做点别的有益的事情吧！为了简化决策，消费者通常使用允许自己用一些方面代替其他方面的决策法则。尤其是当问题解决时间有限时，消费者通常会转而依赖导向快速决策的启发法，或拇指心理规则。这些法则在时尚决策和其他一般消费产品决策中都会被使用。从非常一般的（“高价格产品即高质量产品”或“买我上次买过的牌子”）到非常具体的（“买居可衣，我妈妈经常买的内衣牌子”）。[48]特雷莎依靠特定的假设替代耗时较长的信息搜寻。有时这些捷径可能并非对消费者最有利。

依靠产品信号

经常使用的一个捷径是通过观察到的属性来推断产品隐含特点。产品可见的方面成为潜在品质的信号。当产品信息不全时，判断通常是起源于关于共变的信念或事件间的联系。[49]例如，消费者可能会在产品质量和生产者从业时间之间形成联系。

不幸的是，消费者倾向于成为差的共变评估者。即使证据相反他们也坚持观点。与第 8 章讨论的一致原理相似，他们会寻找能够确认他们猜测的产品信息，因此产生了一种自我实现预言。

市场信念启发法

消费者通常形成关于公司、产品和商店的假设。这些信念会变成指导他们决策的捷径——不论是否准确。[50]我们的朋友特雷莎的决策受到了她的市场信念的影响。回忆一下，她选择在一家大型百货商店购物是因为她假设这里的供选商品会更好。大量的市场信念已经形成。其中的一些市场信念列在表 11—3 中。你有多少相同的信念？

价格启发法

高价格意味着高质量吗？价格—质量关系的假设是最普遍的市场信念。[51]新手消费者可能认为价格是产品唯一相关的属性。对于绝大部分产品而言，这个信念是合理的。你确实得到了与你所支付金钱等价的物品，几项服装研究都发现了这一关系。[52]棉花股份有限公司的一项研究发现，68%的消费者对此持赞同态度。[53]然而购买者应意识到“价格—质量关系并非总是合理的”。[54]设计者的名字通常带有高价格标签，但并不总意味着高质量。另一方面，设计者和生产者能够在经销店提供比商场里更低的价格。[55]服装质量是一个复杂的概念。一项研究发现，对消费者来说，质地是质量的潜在决定因素。[56]另一项研究发现，消费者购买前后感知到的服装质量存在差异，让生产者很难预料消费者的需要。[57]

价值一词在提到价格—质量关系时常被使用。我们通常期望低质量低价格，高质量高价格。另一方面，低价的高质量物品被看作具有非常大的价值或“特价商品”，而高价格的低质量物品被认为是低价值或“标价过高”。见图 11—6。

表 11—3　　常见的市场信念

品牌	所有的品牌本质上都是一样的
	仿制品只是名牌用另一个标签低价销售的产品
	最好的品牌就是最常购买的
	拿不准时，国产品牌总是安全的
商店	专营店是熟悉好品牌的好地方，但一旦确定了你想要的，在折扣店买会便宜些
	橱窗展示可以反映商店的特色
	专营店的销售人员比其他商店的销售人员更有知识
	大型商店比小店铺提供的价格更好
	当地商店提供最好的服务
	一种商品价值高的商店所有商品价值都高
	大型百货商店的信贷和退货政策最宽容
	新开张的商店通常有价格优惠
价格/折扣/特价	特价趋向于处理滞销商品
	经常打折的商店实际上不会为你省钱
	在特定的商店，高价格通常意味着高质量
广告和促销	强力推销广告和低质量产品相关
	和赠送相关的物品没有高价值（即使是免费的）
	优惠券确实给消费者省钱，因为它不是由商店提供的
	当你购买大量做广告的产品时，你是在为标签付钱，而不是为高质量
产品/包装	大包装与小包装相比，单位价格总是便宜的
	新产品刚引进时价格会较昂贵，价格会随时间下降
	当你不确定你需要产品的什么属性时，调查一下其他功能是个好主意，因为以后你可能会需要
	总的来说，人造物的质量要差于天然材料
	产品面世时先不要购买，因为生产者通常需要一点时间来解决瑕疵

资料来源：Adapted from Calvin P. Duncan, “Consumer Market Beliefs: A Review of the Literature and an Agenda for Future Research”, in *Advances in Consumer Research*, eds. Marvin E. Golberg, Gerald Gorn, and Richard W. Pollay, 17 (Provo, Utah: Association for 1990): 729 - 735.

品牌启发法

品牌是经常用作启发法的市场策略。人们会对喜欢的品牌形成偏好，甚至可能一生都不会改变。营销人员有充分的理由珍视具有持久力的品牌。某品牌一旦占领市场，将比同类品牌利润高 50%。[58]

一项由《女装日报》委托进行的研究发现，在牛仔和休闲服类服装中，品牌名称是最重要的，套装或裙装紧随其后。[59]但与了解服装设计者或生产者相比，消费者更看重纤维含量，其次是保养说明。[60]

一些人倾向于始终购买同一品牌。这种一贯

做法通常出于惯性，习惯购买某一品牌只是因为所需的努力较少。如果发现更便宜的产品或由于某些原因更容易购买的产品出现（例如，原来的产品脱销了），消费者会毫不犹豫地去买。要改变基于惯性购买模式的消费者，商家通常通过产品销售陈列和明显的降价等促销手段就能轻易地达到目的。如果存在真正的品牌忠诚，上述促销手段则未必会达到目的。与惯性不同，品牌忠诚是一种重复购买行为，反映的是继续购买同一品牌的有意识的决策。

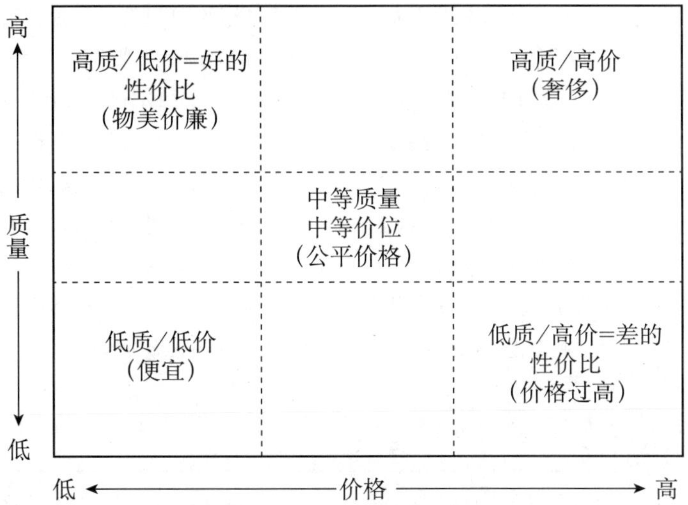

图 11—6　价格—质量关系

资料来源：Adapted from Nancy J. Rabolt and Judy K. Miler，*Concepts and Cases in Retail and Merchandise*（New York：Fairchild，1997）.

市场人员越来越需要和品牌等同问题作斗争，即一种认为品牌之间没有显著差异的消费者信念。一些分析家甚至宣布，品牌已经被可用较低价格获得同等品质的私人品牌和仿制品所扼杀。然而，这样的报告还显得不成熟——许多主要品牌正在复兴。这种复兴可以归于信息超载——由于选择太多（其中很多都是不熟悉的牌子），人们正在寻求一些清晰的品质信号。

然而，品牌忠诚在不同种类服装中存在着差异。据嘉思明咨询公司的调查，服装品牌忠诚度最近已经下降了。[61]内衣和牛仔服在服装中具有最高的品牌忠诚度。这可能是因为这些公司比时装公司更稳定。品牌忠诚度的侵蚀可能源于促销量的增大。另外，太多的商店在销售时装（除了日益增加的网站），并且竞争太激烈。这些情况导致了消费者更聪明的选择，价格下降，品牌忠诚度也下降。

原产国启发法

如今的消费者可以选择多国产品。美国人可以购买巴西鞋、日本车、从越南进口的衣服和韩国制造的微波炉。消费者对这些进口产品的反应是复杂的。在一些情况下，人们假定国外产品质量更好（比如来自欧洲的汽车或服装），而另一些情况下，由于关于进口产品的知识倾向于看低它们的质量（比如第三世界国家生产的服装）。[62]总的来说，人们倾向于认为从工业化国家进口的产品比从第三世界国家进口的好。一项在 18 个国家进行的关于进口服装质量的研究发现，只有法国、意大利和美国收到好的评价，而第三世界国家（如印度和泰国）和新兴工业化地区或国家（如中国香港、中国台湾和韩国）得到的大都是中性评价。[63]其他研究表明品质知觉和服装原产国间无明显关系。[64]

研究表明，美国消费者不在意服装产地，其他评估标准如服装价格、颜色、质量和风格，或者说时尚更为重要。[65]在一些情况中，消费者的人口学特征影响了其对不同国家产品的评估和对原产国的重要性的评价。例如，教育程度低的人对来自低工资国家的进口产品的评价高于那些教育程度更高者[66]；年老的消费者比年轻消费者更关心原产国[67]。最近一项美联社和益普索公共事务部进行的研究指出，进口产品和美国产品在假定质量和价格等同的情况下，76%的美国受访者更愿意购买美国产品。然而，大多数人觉得美国产品不是物美价廉的，超过三分之一的人觉得它们更贵。[68]研究呈现出混杂不一的结果，但是在很多情况下，美国消费者没有意识到他们所购买衣物的原产国。

了解产品的原产国能激起消费者更大程度地了解产品的兴趣。消费者考虑产品时视野更广泛，评估时更认真。[69]最近越来越多的消费者意识到服装生产过程中涉及的劳动条件问题，包括美国和第三世界国家。许多消费者有意不购买中国和某些第三世界国家的服装，原因是据说其生产条件被西方标准认为不恰当，通常会被美国认为不合法。

正如我们已经讨论过的，人们如何评估产品和服务通常存在个性差异。其中的一个差异就是民族中心主义，即倾向于喜欢自己国家的产品的人多于喜欢其他国家产品的人。一项研究发现，跟其他国家相比，美国人更喜欢本国制造的服装，主要是因为他们认为进口服装的质量差。[70]与此类似，另一项研究发现，带有民族中心态度的日本群体，喜欢日本制造服装甚于美国制造服装；美国群体则喜欢美国制造服装甚于日本制造服装。[71]消费者可能会觉得购买其他国家的产品是错误的，因为这可能对国内经济有负面影响。市场运动，如“用国货光荣”，强调“买美国货”的必要性，更可能吸引这些消费者市场。民族中心主义的特性可以用修订版的“消费者民族中心主义量表”（Consumer Ethnocentrism Scale）来测量。该量表通过消费者对下面描述的赞同程度来确定他们是否属于民族中心主义消费者：

- 购买外国产品就不是美国人。
- 应该对所有进口产品进行限制。
- 购买其他国家产品的美国消费者要对美国的失业同胞负责。[72]

家庭作为决策单位

前面关注个体决策，然而，在当今社会，对许多人来说，家庭是决策整体。尽管由已婚夫妇和孩子共同生活在一起的传统家庭结构的比例正在持续缩减已是不争的事实，但许多其他类型的家庭结构正在快速增长。事实上，一些专家称，随着传统家庭结构的消失，人们更看重兄弟姐妹、密友和其他亲戚对自己的陪伴和社会支持。[73]

定义现代家庭

大家庭曾是最普遍的家庭单元，三代同堂，不仅有祖父母，还有姑姑、叔叔和堂兄弟姐妹。《天才小麻烦》（*Leave it to Beaver*）中的克利佛一家和20世纪50年代的电视节目中所展现的家庭模式即核心家庭——由父母和一个或多个孩子组成（可能还有一只牧羊犬）就是证明。随着时间的推移，核心家庭已成为了美国的家庭单元。然而，许多变化又发生了：人口学统计资料表明，这种理想的美国家庭形象已经不再是现实场景了。

什么是户？

当进行十年一次的全国人口普查时，美国人口调查局将一个住宅单元视作一户，而无视居住其中的人们彼此之间的关系。家庭户，如人口调查局所定义的，包括至少两个人，且二者之间有血缘关系或婚姻关系。人口调查局和其他调查公司汇编了大量关于家庭户的数据，其中某些特殊种类令市场营销人员特别感兴趣。

家庭年龄

如今人们结婚更晚，据美国人口调查局资料统计，现今平均结婚年龄为女方24岁，男方26岁。这一趋势对从婚礼服装到餐饮等商业都暗含深义。例如，因为恋爱双方倾向于晚婚，且很多都已经拥有基本家庭用品，因此趋向于赠送非传统物品作为结婚礼物，如家电产品和电脑。[74]零售商塔吉特百货公司和家得宝公司现在提供婚礼注册服务作为实际礼物。

家庭规模

世界范围内的调查表明，和十年前相比，几乎所有女性都想要一个更小型的家庭。1960年，美国平均家庭户3.3个人，但当时预期这一数字将在2010年下降到约2.5人。[75]

家庭规模取决于教育水平、生育控制和宗教等因素。[76]生育率是指每千名育龄妇女每年的生育数。美国生育率在20世纪50年代末期和60年代初期急剧攀升，这一时期就是所谓的“婴儿潮”时期。生育率在20世纪70年代开始下降，80年代又开始攀升，因为“婴儿潮”一代开始有了自己的孩子，如第6章所讨论的“婴儿潮Ⅱ”。

这一次小高潮使许多服装公司开始研发儿童服装，开设儿童服装商店，如儿童乐园（The Children's Place）、宝贝盖普（babyGap）、儿童盖普（GapKids）等。婴儿衣物和其他幼儿物品成了商业契机。双职工夫妻要孩子时间较晚，因此更有能力为此消费。结果，儿童名牌服装开始繁荣起来——范思哲以 250 美元的价格将机车夹克出售给小詹姆斯·迪恩，妮可·米勒为小美女们提供 150 美元的正式场合礼服裙。[77]婴儿也没有被忽略：拉夫·劳伦以 350 美元售卖羊绒包被，耐克也在营销幼儿运动装。[78]陶瓷谷仓（Pottery Barn）甚至开始经营儿童家居用品——向初为人父母者（有自由支配的收入）展示如何装饰他们孩子的房间。

谁住在家里？

尽管传统型家庭数量正在减缩，具有讽刺意味的是，其他的一些情况却表明传统大家庭存在的现实，因为许多成年人必须同时照顾父母和孩子。实际上，美国人平均用 17 年照顾孩子，用 18 年帮助年迈父母。[79]中年人被命名为“三明治一代”，因为他们必须照顾老人又要照顾小孩。

除了要应付父母的各种问题，许多成年人还吃惊地发现他们与孩子一起居住的时间变长了，或者在“租期”到期后，孩子又搬回来住。[80]这些再次返回与父母一起居住者被人口学家称作“归巢族”（他们正持续回归！）。在 18～34 岁的人中，与父母同住的人数急剧增长，如今超过五分之一的 25 岁美国人仍然和父母住在一起。如果这一趋势持续下去，将会影响多个市场，因为“归巢族”在房子和日常用品上花费更少，而更多的钱花在可自由支配的购物上如时尚和娱乐。

非传统家庭结构

如先前提到的，美国人口调查局将一个住宅单元视作一户，而不考虑居住在一起的人们彼此之间的关系。因此，独自居住的人、三个室友或两个恋人（不论是同性恋还是异性恋）组成了户。实际上，同性户正在普遍增加，因此越来越多的市场营销人员将他们视作一个家庭单位。www.gayweddings.com 和 www.twobrides.com 网站提供婚礼装饰品和礼物。一贯生产婴儿食品和儿童服装的公司甚至开始在《我的宝贝》（*And Baby*）——男同性恋杂志上做广告。[81]许多同居一室的人被政府称为同住者（POSSLQ），即不同性别的人共享生活住处，这种情况变得越来越普遍。25～40 岁的美国人几乎一半都在某段时间内和不同性别的人一起居住过。[82]这种变化是非家庭户和无子女户的一种更广泛的转变方式。

由养家糊口的父亲和持家的母亲组成的家庭现在只占所有户的十分之一。美国人口调查局报告显示，一个世纪前，育有小孩的已婚夫妇几乎覆盖了每个居住区，而现在总计仅占 25%，而且当时预计，这一数字在 2010 年将降至 20%，到 2010 年，几乎 30%的家庭将会是个人独自居住。曼哈顿是“单身之都”，48%的居住户都是单身。也许在如今这个被太多人包围的世界，人们更看重隐私。[83]大量的这种单身人士有两个共同特点：经济成功和愿意花钱来满足自己的欲望。[84]这种现象对针对这一目标群体的时尚工业来说是个好的预兆[85]。

动物也是人：非人类家庭成员

消费者通常视伙伴动物为家庭成员。[86]许多人认为宠物能分享情感——也许这能够解释为什么超过四分之三的家庭宠物猫和狗能在节日和生日时得到礼物。[87]超过一半（62%）的美国户至少有一只宠物——92%的宠物主人将他们毛茸茸的朋友视为家庭成员——83%的人在和宠物说话时称自己为妈妈或爸爸。[88]

宠物也是重要的家庭成员，人们甚至为宠物穿衣装扮参加万圣节。

在宠物上的消费在过去十年已经翻倍，如今的宠物行业能比玩具或糖果行业获得更多收入。下面是一些最近的关于宠物营销策略的例子：

- 许多网站如 www.doggiedesigner.com 和 www.pet-shop.net 给体面的主人很多选择。

传统的以人类产品知名的公司，如古驰、博柏利、橘滋、哈雷、宜家家居（IKEA）、Lands'End、宝美奇（Paul Mitchell）和拉夫·劳伦已经开始销售宠物产品——从洗发水、指甲油到镀金碗。消费者可以为他们的宠物购买牛仔服和皮夹克，以及护目镜、头巾、铆钉皮项圈和吱吱响的玩具。[89]来一个拉夫·劳伦牌18 000美元的鳄鱼皮宠物携带包怎么样?[90]

- 洛杉矶育犬俱乐部将宠物娇养在主题小屋中，小屋内备有床、电视和小狗录像的VCR。还有训练课程。宠物应该穿什么到养狗场呢才算是具有良好形象？在梅西百货商店旗下的派蒂格瑞商店，你可以购买粉红缎面的宴会服装和黑色的晚礼服。

家庭生命周期

家庭的需要和花费受家庭人口数量（孩子和大人）、年龄和家庭工作人数的影响。意识到家庭需要和花费会随时间变化，市场人员将家庭生命周期（FLC）的概念应用到家庭中。家庭生命周期将收入趋势、家庭构成和需求的变化结合在一起。随着我们年纪的变化，我们对产品和活动的偏好会发生改变。

关于家庭研究的生命周期的观点假设关键事件会引发生活新阶段。这些事件包括情侣搬到一起住、结婚、有第一个孩子、最后一个孩子搬离家庭、配偶死亡、主要经济来源者退休和离婚。[91]数据经过调整反映了收入的变化后，可看出这些生活阶段的变化实际上伴随着消费上的显著变化，体现在休闲、食品、服装、耐用品和服务上。[92]

研究者将消费者依据年龄、成年人和在家的小孩划分成组。例如，依据人们的消费需求做出如下区分：满巢一期（最小的孩子小于6岁）、满巢二期（最小的孩子大于6岁）、满巢三期（最小的孩子大于6岁，父母为中年）、延迟满巢（父母为中年，但最小的孩子仍小于6岁）。

正如预期的那样，划分到各种类型的消费者在消费模式上有显著差异。年轻的单身汉和新婚夫妇最可能健身、跳舞、去俱乐部、听音乐会、看电影、外出就餐、购买更多的时装。年轻的没有孩子的职业人士更多地花费在职业装上。有小孩的家庭会花费在买鞋上，因为孩子们长得很快；而孩子已长大的单亲家庭则更多购买时装。最近离婚的人士会丢弃旧衣物，为了新生活购买新衣物。

家庭决策制定

家庭决策过程在某些方面类似于商业会议。某些事情摆在桌面上探讨，不同成员有不同的优先考虑事情和议程，还会出现权力斗争来对抗合伙阴谋。

家庭决策

家庭决策有两种主要形式。[93]在协商一致的购买决策中，成员对购买达成一致，只是在如何达成方面存在分歧。在这种情况下，家庭最可能集体参与问题解决，考虑各种方案直到发现满足群体目标的方法。

不幸的是，生活并不总是如此简单。在调节性购买决策中，群体成员有不同的偏好或优先考虑的问题，无法满足所有人的期待达成购买一致。为达成买什么和谁来使用等问题的一致，讨价还价、强迫、妥协和权力都可能用上。家庭决策通常是调整性的决策而不是一致性的决策。

当家庭成员的需要和偏好不完全一致时就产生了冲突。而金钱是婚姻伴侣最普遍的冲突来源，电视选择紧随其后！[94]一些具体因素决定了家庭决策冲突的程度，如下所示[95]：

- 人际需要（个体对群体的投入程度）。和临时居住在宿舍的大学生相比，青少年更关心家庭购买。
- 产品卷入和效用（产品使用和满足需要的程度）。热衷时尚的家庭成员显然对购买服装比对购买新割草机更感兴趣。
- 责任（采购、保存、支付等）。人们更可能对需要长期结果和承诺的决策产生分歧。
- 权力（家庭成员在决策过程中对他人施加影响的程度）。在传统家庭中，丈夫倾向于比妻子权力大，妻子比大孩子的权力大，等等。

性别角色和决策责任

谁当家呢？有时谁当家做决策并不明显。实际上，尽管许多男性仍然当家，但实际上却是女性在购物。哈格（Haggar）的研究表明，几乎一半的已婚女性在丈夫不在场的情况下为他们购买裤子，公司开始在女性杂志上做男性服装产品广告。[96]家庭成员单独选择产品，叫做自行决策。例如，在传统家庭中，男性经常独自选择汽车，而装饰则由女性做选择。联合决策，如选择度假地点，是联合做出的。

弄明白谁做决定，对市场人员来说是个重要问题，这样他们才知道以谁为目标，是否需要影响夫妻两人从而影响决策。研究者特别关注夫妻双方由谁充当所谓家庭财政官员（FFO）的角色，谁记录家庭账单和谁决定如何使用剩余资金。在新婚夫妇中，这一角色倾向于联合执行，随着时间推移，配偶之一或他人将接管这些职责。[97]

传统家庭中（尤其是低教育水平的），女性主要负责家庭财政管理——男性挣钱，女性消费。[98]夫妻中的每个人专长于特定活动。[99]家庭的衣服，包括丈夫的，一般都由妻子购买。当然情况并非总是如此。由李维斯进行的关于男性服装市场的焦点小组访谈研究发现了他们称作“传统的独立者”的人，他们自己购物，从不和妻子或女友一起。

以下四个因素决定了决策是联合做出还是由一个人做出[100]：

1. 性别角色刻板印象：相信传统性别角色刻板印象的夫妻，倾向于针对性别类型产品（被认为是男性化的或女性化的产品）做出个体决策。

2. 配偶资源：对家庭资源贡献多的人影响更大。

3. 经验：当夫或妻获得了作为决策单元的经验时，会更多地进行个体决策。

4. 社会经济地位：与高层和低层社会阶层家庭相比，联合决策更多由中产阶层家庭做出。

随着许多女性在外工作，男性越来越多地参与到家务管理活动中——五分之一的美国家庭中，男性承担了大部分的购物。[101]然而，女性仍承担了大部分的家务活。总的来说，夫妻遵循传统性别角色规范的程度决定了消费决策职责的分配。

孩子作为决策者：正在训练中的消费者

任何在杂货店里拖着孩子“愉快”购物的人都知道孩子对父母所购物品有发言权。孩子构成了三个不同的市场[102]：

● 主要市场：孩子在他们想要的东西上花费很大。1991 年，一个 10 岁孩子的典型津贴是一星期 4.20 美元；1997 年，这一数额上升到 6.13 美元。平均而言，孩子的津贴只占到孩子收入的 45%，其他收入来自做家务活和亲戚的礼物。大约三分之二的钱花费在玩具、服装、电影和游戏上。

● 影响力市场：当父母决策者受孩子的要求影响并屈服时，父母屈服就产生了。[103]这是产品选择的主要驱动力，大约 90%的要求依据品牌。研究者估计孩子直接影响了每年 4 530 亿美元的家庭消费。研究者报告说当孩子和父母一起购物时，平均每两分钟孩子就会参与到购买要求中。[104]大多数孩子只是简单地要东西；还有其他一些方法，包括说他们在电视上看见过这个东西，说兄弟姐妹或朋友也有这个东西，或者说愿意做家务作为回报。其他的行动更不会招致反对，如直接将东西放在购物车里，通过不断地恳求——通常是说服行为！[105]孩子对消费的影响取决于文化。生活在个人主义文化中，如美国的孩子，对消费有直接的影响；而生活在集体主义文化中，如日本的孩子则采用更为间接的方式。[106]表 11—4 记录了孩子对 10 种不同产品类别的影响。

● 未来市场：孩子最终会长大成人，精明的商人试图在其早期锁定品牌忠诚。[107]

表 11—4　孩子对家庭消费的影响

10 大类产品	行业销售额（10 亿美元）	影响程度（%）	销售影响（10 亿美元）
水果零食	0.30	80	0.24
冷冻新品	1.40	75	1.05
儿童美容用品	1.20	70	0.84
儿童香水	0.30	70	0.21
玩具	13.40	70	9.38
罐装通心粉	0.57	60	0.34
儿童服装	18.40	60	11.04
电子游戏	3.50	60	2.10
热麦片	0.74	50	0.37
童鞋	2.00	50	1.00

资料来源：“Charting the Children’s Market,” *Adweek* (February 10, 1992): 42. Reprinted with permission of James J. McNeal, Texas A&M University, College Station, Texas.

消费者社会化

孩子的消费者技巧不会与生俱来。“消费者社会化”被定义为“年轻人获得与市场相关的技巧、知识和态度的过程”[108]。这些知识来自哪里？朋友和老师当然参与到了这一过程中。尤其对于年轻人来说，两个主要的社会化来源就是家庭和媒体。

父母的影响

父母以直接和间接两种方式影响了孩子的消费者社会化。他们有意试图将自己的消费价值观灌输给孩子。（“你要学习一美元的价值。”）父母也决定了孩子接触其他信息来源的程度，如电视、销售人员和同伴。[109]成年人起到了观察学习的重要榜样作用。孩子通过观察父母的行为并模仿来学习消费。这个建立榜样的过程是市场营销人员通过将成人产品包装成儿童的形式来推动的。艾儿珑故事书（Storybook Heirloom）是一家儿童服装公司，经销适合所有场合的母女服装。

消费者社会化的过程开始于婴儿，他们和父母一起去商店，开始接受市场刺激信息。在最初的两年里，孩子开始要求想要的东西。当孩子开始学走路时，他们也开始在商店里挑选商品。大多数孩子在大约 5 岁时，在父母和祖父母的帮助下开始购物，大多数 8 岁孩子可以独立购物，成为成熟的消费者。[110]孩子成为消费者的系列步骤总结如图 11—7 所示。

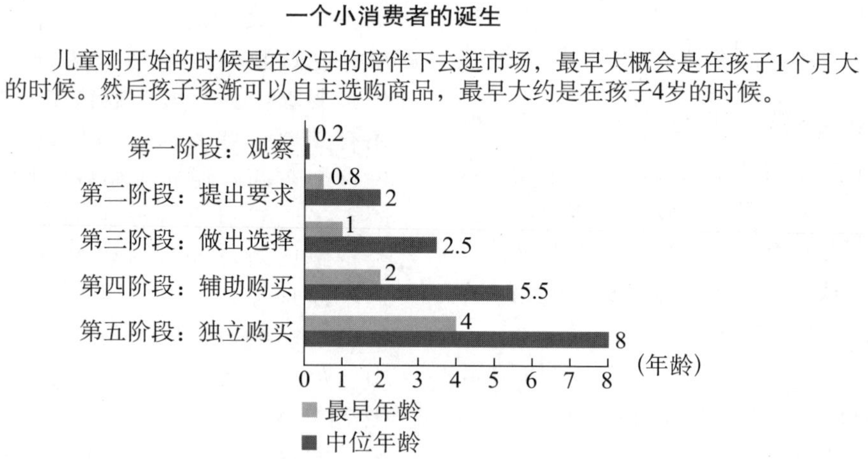

图 11—7 消费者社会化的五个阶段

资料来源：Adapted from James U. McNeal and Chyon - Hwa yeh, “Born to Shop,” *American Demographics* (*June* 1993): 36. Reprinted by permission of American Demographics, Inc.

电视的影响：电子保姆

孩子观看大量的电视节目已经不是秘密。结果是他们受到大量消费信息的轰炸，包括来自于商业和演出中的信息。孩子接触电视节目越多，不管节目是 MTV 的《拉古纳海滩》还是《海绵宝宝》，他们越容易将这些描述的景象视作真实的。[111]英国电视节目《天线宝宝》的目标受众是三个月到两岁大的孩子。这个节目已经风靡全美，平日里在早晨有超过 200 万的观众收看该节目。[112]宝贝第一频道（BabyFirst TV）是号称为 6 个月大的孩子设计的、有助于培养其学习经验的新频道。一项研究发现，许多父母相信电视有益于孩子，尽管美国小儿科学会建议两岁以下的孩子不要看电视。[113]

大量的电视节目直接将孩子视为目标群体，在这一过程中，孩子也接触到了理想形象的成年人样子。因为超过 6 岁的孩子看电视的时间四分之一都是在黄金时间，所以他们受目标群体是成年人的电视和商业节目的影响。例如，年轻女孩从电视中了解了成人唇膏广告，并因此学会将唇膏和美丽联系起来。[114]

早在 20 世纪 90 年代初，第一频道就引发了争议，因为它是在全国范围内给在校生播放电视节目的频道。学校可以获得免费的电视机和卫星天线，作为回报则要播放第一频道的节目，这些节目包括十分钟的简要教育新闻和两分钟的锐步和百事可乐等品牌的音乐动画风格的广告。许多人觉得在学校播放广告有问题。当学生看到在学校播放的广告时，他们认为学校和老师赞同这些广告。一些父母和老师觉得他们被出卖给了广告商，但现在许多学校觉得它们无法对这些礼物说不，尽管随礼物而来的还有商业广告。[115] 因此，孩子不仅在家里观看电视广告，在学校也在观看广告。

性别角色社会化

孩子在很小的时候就获得了性别认同概念（见第 5 章）。一项研究发现，大多数孩子到 3 岁时会将开卡车视为男孩子玩的，将打扫和做饭看作女孩子玩的。[116] 一项关于 2～10 岁女孩的研究发现，女孩将男子气的服装和消防员联系在一起，认为有花边的裙子和关注外表、更受人喜爱与甜美等特征有关。[117]（见图 11—8）

儿童游戏的一个功能是预演成年期。孩子扮演他们将来可能扮演的角色，了解他人对他们的期望。玩具工业为孩子提供扮演这些角色的道具。[118] 取决于你所持的观点，这些玩具或反映或教给孩子社会对男性和女性的期望。学龄前儿童没有表现出对玩具偏好的不同，但在 5 岁后他们开始表现出玩具偏好：女孩倾向于玩具娃娃，而男孩子则倾向于动画人物并逐渐转向高科技。工业批评家控诉说，这是因为玩具行业被男性所统治；而玩具公司主管则反驳说，他们只是对孩子的自然偏好做出反应。[119] 实际上，在历经 20 年的避免男性—女性刻板印象的工作后，许多公司似乎确定差异是不可避免的。“R” Us 玩具店在采访了一万名顾客后，重新进行了商店店铺设计，店内现在设置了分区，分为男孩世界和女孩世界。福克斯家庭频道主席说：“男孩和女孩是不同的，赞美他们存在的特殊点很好。”[120] 购物网站（如 www.amazon.com）设有中性区，标示依据年龄购物；但是同时也有依性别划分的购物区，如“男孩的礼物”和“女孩的礼物”。

批评者也指出，电子游戏行业由男性主导，电子游戏看起来仍是“男孩的俱乐部”。最近在洛杉矶举行的电子娱乐展览展出了两种女孩角色模型：芭比和劳拉·克罗夫特（Lara Croft）。芭比类型的软件被冠以“粉红”的头衔，如变装或约会游戏。劳拉·克罗夫特，象征着印第安纳·琼斯式英雄类型的女性，她们出现在许多为男性设计的电脑游戏中：穿着紧身短裤的丰满漂亮的女性。[121]

芭比永不过时。芭比新产品的不断诞生表明公司是如何关注社会化并将其放在心上的。最新生产的芭比之一名为杰夫·戈登·纳斯卡芭比（Jeff Gordon NASCAR Barbie），然后是布拉茨娃娃（Bratz）。芭比公司致力于用仙子和公主来吸引年轻女孩，而性感的布拉茨娃娃关注社会学家所谓的“年龄压缩”现象以及玩具商家所谓的“小大人”。从芭比到布拉茨娃娃，反映出社会中孩子和成人间模糊的界线。[122] 孩子热爱浓妆和厚嘴唇的布拉茨娃娃。尽管父母觉得那很傻，但孩子不这么想，孩子们觉得她们很漂亮，就像在 MTV 中的拟人化形象一样。

孩子长得很快

营销人员抢走了孩子的童年吗？年幼的儿童已经成为了成人设计师的目标。唐娜·凯伦（Donna Karan）的发言人观察到：“这些 7 岁大的孩子要变成 30 岁了。他们许多人都有自己的风格。”[123] 可能是吧，但是结果之一可能是他们被迫早于他们实际年龄地采纳成人的价值观。一位儿童书籍作家抱怨道：“我们看到童年的故意青少年化。在穿什么上父母给任何年龄段的小孩更多的选择。广告商深知这一点，他们利用了孩子希望看起来成熟的愿望。在美国，关于童年，过去最伟大的一件事情是孩子们会受到市场的保护，市场允许他们有自己的主意；现在的孩子们却没有时间来摆脱这些压力。你可能总会让你的女儿穿得像个小公主，而现在 8 岁大的男孩，如果得不到阿贝克隆比 & 费奇（Abercrombie & Fitch）牌圆领运动衫，他们可能会非常生气。”[124] 这可能解释了为什么青春期前的孩子在价值 30 亿美元的化妆品市场中占到了两亿；一项对 8～12 岁大的女孩进行的调查发现，三分之二的女孩经常使用化妆品。Townley 公司给小女孩提供水果味的唇彩，包括针对5～8岁女孩的凯蒂猫品牌唇彩。Bath & Body Works 销售一套闪光的化妆品，包括 Coco Crush 唇膏和 Berry-Go-Round 亮片化妆品。[125] 商家为这个纯真年龄段的孩子准备了太多的东西……

认知发展

孩子做出成熟的、成人式的消费决定的能力显然随年龄而增长。（但并非成年人都能做出成熟的决定。）可以根据孩子们的年龄划分认知发展阶段或理解复杂性不断增加的概念的能力。

孩子有不同的认知发展阶段，持该理论最主要的学者是瑞士心理学家让·皮亚杰（Jean Piaget），他认为每个阶段孩子都使用特定的认知结构来处理信息。[126]但许多发展专家不再相信孩子在同一时间必然经历固定的阶段。另一个观点认为孩子信息处理的能力或储存和提取信息的能力不同。下面三个阶段是这一观点所认可的[127]：

图 11—8　象征—联想网络：服饰、行为与特质

注：显著性差异临界值设置相对保守。

＊号表示对服饰风格、行为和相应特质的数据进行了显著性检验修正。

未标＊号的数据表示只修正了服饰风格。

游戏行为数据取自 1981 年（*N*=95，女孩年龄 2～10 岁）。

特质数据取自 1985 年（*N*=43，女孩年龄 6～13 岁）。

资料来源：Susan B. Kaiser，“Clothing and Social Organization of Gender Perception：A Developmental Approach，” *Clothing and Textiles Research Journal* 7，no. 2（1989）：46－56. Reprinted by permission of the international Textile& Apparel Associations，Inc.

1. 有限：6 岁以下的孩子不采用存储和提取策略。

2. 线索：6～12 岁的孩子使用这些策略，但只在被动的情况下。

3. 策略：12 岁及以上的孩子自然地使用存储和提取策略。

这一发展顺序强调，孩子不像成人一样思考，不能期望他们用同样的方式使用信息。这同样提醒我们，当给孩子呈现产品信息时，他们不一定会像成人一样得出同样的结论。例如，他们可能无法意识到他们在电视上看到的不是真实的，因此他们对于强迫性的信息更加没有抵抗力。

本章概览

● 消费者一直都面临着做出关于产品的决策的需要。一些决策非常重要，需要大量努力，而另一些实际上是自动做出的。

● 时尚决策通常不遵循理性决策模型，开始于意识到一个时尚物品而不是认知到问题。商店陈列在意识到的过程中起着非常重要的作用。这些决策通常只需一点或完全不需要信息搜寻。

● 决策在从人们长时间形成的习惯转到新情况下时需要冒大量风险，在这种情况下，消费者必须在做决策前仔细收集和分析信息。

● 一个典型的决策过程包括几个步骤。第一个是问题认知，消费者首先意识到必须采取一些行动。这一意识可以通过不同方式促进，包括目前购物的实际障碍，接触不同环境，或让你知道什么是“过好的生活”所需要的广告所导致的想要新东西的欲望。

● 一旦问题被认知，采取一些行动被看做是非常重要的，信息搜寻就开始了。这个搜寻可以是简单地浏览记忆以确定过去曾采取过的解决问题方式，也可以是收集尽可能多的信息。在许多情况下，人们只做了少量的信息搜寻。他们依赖于各种心理捷径，如品牌名称或价格，或者只是简单地模仿他人。

● 时尚领导者和追随者使用不同的来源搜索信息。时尚领导者使用更多的非个人来源，而跟随者使用更多的个人来源，如朋友。

● 在方案评估阶段，考虑范围内的产品选择构成了个体的诱发集合。对产品进行心理分类的方式影响了何种方案被考虑，一些品牌和这些类别的联系更强（也就是说，它们更接近原型化）。

● 评估标准是在进行选择时用来比较产品的手段。服装和时尚研究使用一系列不同标准，然而，风格、合身和质量通常都被消费者给予优先考虑。

● 通常，启发法或拇指心理规则被用来简化决策。人们发展出许多市场信念。其中最重要的信念是价格和质量正相关。其他的启发法依赖于著名品牌或作为产品质量信号的原产国。经常购买某一品牌，这一决策类型是由于真正的品牌忠诚或许只是由于习惯，这是最简单的方式。

● 当消费者最终在许多方案中做出决策时，会使用大量的决策法则。非补偿性决策指除去不能满足消费者标准的方案。补偿性决策更可能应用于高卷入情境中，允许决策者更仔细地考虑每种选择的优点和缺点以形成一个总的来说最好的选择。

● 许多购买决策是不止一个人做出的。当两个及更多人参与到评估、选择或使用产品及服务时，就会产生联合决策。

● 一户是一个居住单元。美国家庭户的数量和类型在许多方面都在变化，包括推迟结婚和生子，家庭户的人员构成变为核心家庭为主，单亲家庭正在不断增加。当人们经历生活不同阶段时，他们的需要是如何改变的这一家庭生活周期的新观点促使商人在制定目标策略时开始考虑离婚人士和无子女夫妇等消费者群体。

● 必须以决策动态来理解家庭。配偶有不同的优先权，随努力和权力的不同施加不同的影响。孩子在宽泛的购物决策中的影响力逐渐增强。

● 孩子经历了社会化的过程，借此他们学会了如何成为一名消费者。一些知识是父母和朋友灌输的，但大量的来自于所接触的媒体和广告。因为孩子在某些情况下非常容易被说服，所以面向孩子的市场的道德问题在消费者、学术界和市场从业者中争论非常热烈。

关键词

理性观点	惰性集合	核心家庭	行为影响观点
评估标准	户	经验观点	关键属性
家庭户	习惯决策	非补偿性法则	生育率
扩展性问题解决	补偿性法则	归巢族	有限的问题解决
启发法	家庭生活周期	问题认知	市场信念
协商一致的购买决策	信息搜寻	调节性购买决策	感知风险
品牌忠诚	自行决策	网络中介	品牌等同度
联合决策	诱发集合	民族中心主义	家庭财政官员
失当集合	大家庭	父母屈服	消费者社会化
认知发展			

问题讨论

1. 时尚购买者是理性决策者吗？

2. 如果人们并不总是理性决策者，购买决策的制定过程还值得我们去努力研究吗？我们可以用什么方法来了解经验化的消费，并将其转化成营销策略呢？

3. 列出三种可以作为质量信号的产品属性，并分别举例。

4. 为什么产品在被否决后就很难再进入消费者参考集？营销者可以使用怎样的策略来试图完成这一目标？

5. 讨论两种不同的非补偿性决策法则，并强调两者间的差异。在不同的产品上使用同一种法则导致不同结果是如何成为可能的？

6. 选择一个定期购买时尚物品，并且对购物进行记录的朋友。你能够根据经常性的购买发现对任何产品类别的品牌忠诚吗？如果能，和你的朋友谈论这些购物情况，尽量确定他或她的选择是基于真正的品牌忠诚还是惰性。你可能会使用什么技术来区分两者？

7. 组成一个三人小组。选择一个产品，并根据消费者决策的三种方法——理性、经验和行为影响来制定市场营销计划。这三种方法的主要不同之处是什么？对你选择的产品来说，哪种方法是最可能的？是产品的哪些特征所致的？

8. 确定一个将要进行重要购买的人。让这个人根据时间顺序列出在决策前所寻求的信息来源。你会如何描述这些来源的类型？哪种来源看起来对此人的决策影响最大？

9. 进行对原产国刻板印象的调查。编制五个国家的单子，然后让人们谈他们将这些国家和什么产品联系在一起，他们对这些产品和可能的特质的评价是什么。产地刻板印象的效力也可以用另一种方式表示。准备一个产品的简要描述，包括一系列特质，然后让人们对它的质量、购买的可能性等进行打分。准备几种只是原产国不同的描述版本。打分会根据原产国而变化吗？

10. 让一位朋友详谈一下他或她在最近一次购买中挑选品牌的过程。根据这个描述，你能确定该过程最可能采用的决策法则吗？

11. 针对下面这些产品类别——衣服、化妆品和家具，描述你认为已婚夫妇的选择会受到孩子影响（如果有孩子）的方式。

12. 收集三种目标群体为家庭的不同种类的产品广告，和目标群体不是家庭的不同品牌的同种产品广告。准备一份关于方法有效性的报告。

13. 选择一个产品种类，应用本章所讲的生活周期阶段，列出影响消费者每个周期阶段产品购物决策的变量。

14. 思考现代家庭结构的三个重要变化。对于每一变化，举例说明营销者试图努力反映在产品沟通、零售创新或营销等方面上的措施。如果可能，也尽量找到营销者无法跟上发展变化的例子。

15. 商人因向教育机构捐赠产品和服务以换取免费促销而受到批评。在你看来，这是公平交换吗？公司试图影响学校的青少年的行为应该被禁止吗？

第12章
群体影响和时尚意见领袖

扎卡里过着一种秘密的生活。工作日，他是一位刻板的股票分析师，到了周末，他就换了个身份。周五晚上，扎卡里脱下西装，换上了黑色皮衣，座驾也从宝马汽车换成了他宝贝的哈雷摩托车。作为HOG（哈雷摩托车拥有者群体）的忠实成员，扎卡里又属于其中的一个小派系——“RUBs”，即富有的城区车手。派系中的每个人都穿着昂贵的皮质马甲，马甲上印有哈雷徽章。就在这周，扎卡里在www.harley-davidson.com网站上的一家专卖店里买到了一个新的哈雷腰带扣。浏览网页的时候，他知道了和自己一样的热衷者是如何展示自己是个重型机车手的。就像哈雷网站上说的：“让别人买你的产品是一回事，让别人把你的名字文在他们身上，就是另外一回事了。”面对着店里那么多的哈雷系列——夹克、背心、眼镜、腰带、搭扣、珠宝饰物，甚至家用品（广告语是“家即是旅途”），扎卡里觉得必须遏制自己愈发膨胀的购买欲望。

在摩托车和行头上，扎卡里花了一大笔钱，但这是值得的。他感觉自己真的是“RUBs”中

的一分子。车手们分成两队在路上疾驰，有时候会吸引多达30万的摩托车爱好者。在队伍中，扎卡里有着巨大的力量感。当然，除了力量感，还有一个好处就是，能跟和自己一样期待着周末飙车的伙伴一起活动。[1]有时候，分享秘密能让人以多种方式受益。

参照群体

人是群居动物。我们都属于某些群体，都努力去取悦他人，也都能够从别人的行动中知道自己该怎么做。我们希望与他人相处融洽，或者归属于理想的对象或群体，事实上，这种愿望是导致我们许多购买活动的首要动机。对那些我们渴望得到其赞同的人或群体，我们会不遗余力地讨好他们。[2]

车队是扎卡里自我认同中的重要部分，而成员身份则会影响其购买决策。加入“RUBs”以后，扎卡里在他的着装以及哈雷车的配件上花了很多钱。通过这些共同的消费选择，车队成员联系在一起，因此“外人”一看就知道他们是一伙儿的。《美国钢铁》(*American Iron*)，一本制造业刊物评论道：“你不买哈雷车是因为它太高级，你买是为了成为其中的一员。”[3]

除了那些自己真正认同的人，扎卡里从不模仿其他车手，也只有“RUBs”这些人才能影响他。比如说，扎卡里跟“亡命之徒俱乐部”没什么关系，该俱乐部大多数人是蓝领工人，喜欢炫耀自己的哈雷文身。他们与“父母”式车手保持距离，因为这些车手的车是舒适的，装配了无线电、加热手柄等设备。扎卡里跟他们的关系仅仅保持在礼貌的层面。基本上，只有“RUBs”才是扎卡里的参照群体。

所谓参照群体，是与个体在价值、理想或者行动方面有明显关联的现实或虚构的个人或者群体。[4]参照群体在三种方面影响我们的着装选择。表12—1列出了这三种影响类型——信息、实用以及价值表现。这一章阐述了他人是如何影响我们的购买决策的，不管这个人是车队同伴、同事、朋友、家人还是仅仅是熟人。本章还描述了我们的成员身份，我们取悦他人或者被他人接受的愿望，甚至是我们素未谋面的名人的行为，是如何影响我们喜好的。在对时尚和其他商品的喜好方面，某些人拥有更大影响力；市场营销人员如何找到这些人，并利用他们劝说消费者购买——本章对这两点也进行了探讨。

参照群体的类型

通常只要两人或两人以上就可以组成一个群体，但参照群体的要求更加宽松，只要提供社会暗示的外在影响就可以。[5]也就是说，一个名人，他/她可能对很多人、单个人或者群体有影响力，这种影响力被限制在消费者即时的环境中（比如说扎卡里的车队）。影响消费行为的参照群体可以

是父母、同事、女生联谊会、兄弟会、摩托车爱好者或者仅仅是熟人。

很显然，某些群体和个人的影响力更大，受其影响的消费决策也非常之广泛。比如，在我们建立价值观（例如对婚姻的态度、选择上哪所大学）的时候，父母可能会扮演关键的角色。这种影响就是常规影响——参照群体建立并实施的个体行为的基本标准，它会给个体以强化或者批评。个体会试图取得集体的接纳，因此，常规影响可能导致特定群体建立对时尚的一致性标准。许多研究发现，时尚的一致性程度与同龄人的互相接纳程度相关。[6] 相较而言，哈雷俱乐部发挥的是相对影响——当个体跟群体成员相比较的时候，关于特定品牌或活动的决策就会受到影响。[7]

表 12—1　参照群体影响的类型

信息影响	个体通过专业协会或者独立的专家团体来寻求不同品牌的信息
	个体向那些从事相关职业的人寻求信息
	个体向拥有可靠信息的朋友、邻居、亲戚或者同事咨询品牌的情况
	个体选择的品牌受到一系列独立测试机构（例如《好主妇》杂志）的影响
	个体对专业人士（比如看到警察开什么车，或者修理工用什么牌子的电视）的观察会影响到他/她对品牌的选择
实用影响	为了满足同事的期望，个体对特殊品牌的购买决定会受到同事偏好的影响
	个体对特殊品牌的购买决定受到与自己有社会联系的人的偏好的影响
	个体对特殊品牌的购买决定受到家庭成员偏好的影响
	要符合他人对自己期望的愿望会影响到个体的品牌选择
价值表现影响	个体认为购买或使用某一特定品牌会增强别人对自己的印象
	个体认为购买或使用某一特定品牌的人拥有自己想要的特质
	个体有时候会认为，如果自己像广告中某一特定品牌的使用者，那种感觉会非常棒
	个体认为某一特定品牌的购买者会受人赞赏和尊重
	个体认为购买某一特定品牌能向其他人展示出自己希望成为的样子（比如运动员、成功商人、优秀的父母等等）

资料来源：Adapted from C. Whan Park and V. Parker Lessig，"Students and Housewives：Differences in Susceptibility to Reference Group Influence，" *Journal of Consumer Research* 4（September 1977）：102. Reprinted with Permission by The university of Chicago Press.

正式群体 vs 非正式群体

参照群体可以是大型、正式的团体，有公认的组织结构，有自己的纲领，有定期会议安排，还有固定职员；还可以是小型的、非正式的，比如说一个朋友圈，或者同住集体宿舍的同学。营销商更倾向于去影响正式群体，因为正式群体易于识别和接近。

但是，一般说来，小型、非正式群体对个人消费者有更大的影响力。例如，知名调查公司 Roper Starch Worldwide 的调查显示，34％的青少年表示，朋友的意见最能影响自己的消费，而只有 25％的人认为广告的作用更大。[8] 这些群体与我们的日常生活息息相关，其常规影响力更大，因此对我们来说也更加重要。针对特定的产品或活动，大型、正式群体影响力相对更大。

成员参照群体 vs 成功人士参照群体

一些参照群体由消费者认识的人组成（成员参照群体），另一些则由消费者熟知或者敬佩的人组成（成功人士参照群体）。许多明确利用参照群体影响力的营销手段会集中在被大众广泛接受、喜爱的人物身上（例如著名的运动员或者明星）。

营销商利用名流来推广某一类型产品，因此，就算消费者可能跟参照群体没有直接联系，参照群体依然对其口味、喜好有着强大的影响力。[9] 例如，一项针对看重行政角色的商学院学生的研究表明，与学生们理想自我相联系的商品和那些学生们认为是行政主管拥有或者是使用的商品，这二者有直接的、较强的相关。[10]

人们经常和与自己相似的人进行比较，因此，他们会受到后者生活方式的影响——老百姓的消费活动有着信息性的（或者相对的）社会影响力，很多促销手段就利用了这一点。一些指向特定人群的时装广告——例如李维斯的广告——就是由普通人出演的。

人们成为成员参照群体中一员，可能受到如下几个因素的影响：

● 接近性：当人们之间的物理距离缩短，交往的机会增多的时候，关系更容易建立起来。物理上的邻近就叫接近性。一项关于友谊类型的早期研究显示，在室内复杂环境中，接近性发挥着巨大的作用。住户更有可能和隔壁的人成为朋友，这比跟住在隔了两间屋子的人成为朋友的可能性要大得多。住在楼梯旁边的人也会比住走廊尽头的人交到更多的朋友。（这有可能是因为他们有更多的机会碰到上下楼梯的人。）[11]物理距离与我们会认识谁、我们有多受欢迎这两点大有关联。

● 简单暴露：经常看得到的人或事物，我们就会喜欢——这就是简单暴露现象。[12]即使是无意的大量频繁接触，也可能发挥影响。当评价时装的时候，简单暴露的效力就会表现出来。一件东西，到处都能看见，我们对它很熟悉，就会开始喜欢它。

● 群体凝聚力：凝聚力就是群体中成员彼此吸引的程度以及对自己成员身份的重视程度。当群体对成员的重要性增强的时候，群体影响消费决策的可能性也在增加。小群体很难跟大群体发生关联，所以小群体会更有凝聚力。小群体的成员彼此之间交往更为频繁，也更多把对方看作自己的同伴。群体成员通过外表表达自己的兴趣和个性。而群体又会给个体以奖励，这反过来会促进凝聚力。着装和外表为给予和接受奖励（一般是赞扬和群体认可）提供了可视化的基础。[13]一项针对青春期少女的研究发现，群体凝聚力高，对着装的规范程度高，会促使个体从社会孤立变为社会接纳。[14]出于同样的原因，群体经常严格限制成员的数量，这样，当新成员加入时，会更加重视自己的成员资格，比如说女生联谊会和兄弟会。

积极参照群体 vs 消极参照群体

参照群体对消费行为的影响不是积极的，就是消极的。通常情况下，消费者会规范自己的行为，使其符合群体对自己的期望。一项研究发现，对于同龄人中“谁最会打扮”，“谁的穿着品位最差”[15]，青少年有着高度一致的评价标准，这表明青少年对时尚潮流的意识也很强。然而，有时候，消费者又会试图疏远他人或群体——这种群体就是回避群体。个体可能会仔细研究自己不喜欢的那个群体（比如书呆子、瘾君子或者预科生）的穿着或姿态，避免购买会让自己与其归于一类的任何东西。也许，这就是TLC电视秀《什么不该买》（http：//tlc. discovery. com/fan-sites/whatnottowear/whatnottowear. html）在时尚达人中如此之火的原因——他们才不会让自己在穿着上出洋相。

美国王妃香消玉殒

1999年7月16日，卡洛琳·贝赛特·肯尼迪与她的丈夫小约翰·肯尼迪和姐姐一起死于一场空难。“时尚界痛失一颗最耀眼的新星——继她的婆婆杰奎琳·奥纳西斯之后唯一真正的成功者。”一则新闻如此报道。铺天盖地的新闻大多集中在约翰的死亡上——这是肯尼迪家族最近的悲剧，但是在时装工业的眼中，卡洛琳的死才是最大的损失。有人认为卡洛琳·贝赛特·肯尼迪就是设计师一生的梦想：一位风格简洁却赢得万众瞩目的淑女。她是那么自然，身上散发出来的美超越了衣饰，超越了装扮。即使是简单的T恤和牛仔裤，也像是山本耀司设计的礼服那样能衬托出她的灿烂夺目——当然，山本耀司是她的专属设计师。

卡洛琳正是时尚界宣言的写照：“是时装衬托出了她，而不是她衬托出了时装。”当狗仔队知道她是小约翰·肯尼迪的女友之后，她的照片就铺天盖地了，同时其影响力也激增，每个人都希望一睹她的魅力。她穿着谁设计的衣服，谁就能够一炮而红。这些设计师包括卡尔文·克莱恩，卡洛琳给他做过公共关系理事，还有纳西索·罗德里格斯，为卡洛琳设计了结婚礼服，以及前面提到的山本耀司。就像她的婆婆一样，卡洛琳非常注重保护自己的私生活，但这只引来了公众更多的关注。[16]

虚拟社区

在远古时代（这里指网络流行以前），大多数成员参照群体由有着面对面交往的人组成。如今，你可能会和素未谋面的人有着共同爱好——也许你们永远都不会见面。所谓虚拟社区，就是在网上分享关于某项特殊消费活动的兴趣与知识，并以此来进行交往的人群集合。这些匿名团体有着各种各样的爱好，从芭比娃娃到上等葡萄酒。虚拟社区有很多不同的形式[17]：

● 多用户网络游戏（MUD）：起初，就是指玩家在想象中进行游戏的环境；现在则是指人们通过结构化的角色扮演游戏来进行社会交往的电脑环境。网络游戏正在大规模地流行：索尼在线娱乐的游戏网站（www.station.com）拥有超过 1 200 万的注册用户，而微软的游戏地带（www.zone.com）则吹嘘自己有 2 900 万用户。[18]

● 网络聊天室、圈子和名单：这些包括互联网中继聊天（IRC），就是大家都知道的聊天室。圈子就是相关聊天室网页的集合。名单则是在一个邮件发送清单上信息共享的人群。

● 论坛：在线社区围绕着特定兴趣组织起来的电子公告板。活跃用户读取并发布信息，信息是根据日期和主题排序的。有专门的音乐、电影、雪茄、汽车、连环漫画以及其他流行文化元素的板块。

● 博客：最新最火爆的在线社区就是网络日志，也就是博客。心血来潮时，博主们可以提出自己一个又一个想法，点击一下按键，很快它们就在网页上显示出来了。博客很像是在线的日记，有关于日常事件的简短思考，或者是一两种爱好。尽管这些站点很像是 Geocities 和其他免费服务器提供的网页，但是它们利用一种不一样的技术，使人们不必学会使用传统主页网站制作软件，就能上传文字。确切地说，这种发展中的博客空间是需要认真对待的一股力量。近期调查发现，博客读者群的数量正在急剧增长——研究者估计，超过 3 200 万美国人是博客读者，尽管还有 62% 的美国成年网民依然不知道博客是什么。[19]

虚拟社区还是个新事物，但虚拟社区对个体商品偏好的影响力很大。虚拟社区中那些忠诚的消费者口味相同，他们评价产品的质量，甚至共同协商如何更好地与生产商做交易。他们非常在意同伴的评价。

在很大程度上，消费群体是消费者为自己创造出来的一种草根文化现象，但市场营销人员还是能够对其中的成员进行研究——如果他们非常小心、没有侵略性、不显得那么唯利是图的话，就不会使研究对象疏远他们。只要消费者曾经公开过个人信息，商业公司就能够利用存档文件，画出非常细致的分析图。

除此以外，人们在论坛上可以就自己喜欢、讨厌的商品发表观点，而创造这样一个网站的在线公司则会从中盈利。www.eopinions.com 网站不仅奖励用户对商品进行评论，还对其进行评估，

卡洛琳·贝赛特·肯尼迪有参照权力，许多消费者把她看作成功人士参照对象。摄影：《女装日报》，史蒂夫·艾希纳。

目的是为了刺激消费者提供有价值的意见。任何人都可以注册，对网站上的商品给出自己的意见，消费者能按照从无用到非常有价值的范围对这些评论进行等级评定。这就像是现实生活中的口口相传。如果这些建议导致某种商品大卖的话，制造商就会付给网站公司推荐的费用。[20]

很多产品，尤其是那些以年轻人为目标市场的产品，经常标榜自己处于时尚的领跑者地位。这款运动鞋广告宣称：“不喜欢它的人是乏味的人。”

消费群体是如何吸引人们的呢？网民们最初通常都爱做旁观者（“潜水”的人就喜欢观看，不怎么参与），后来慢慢参与到活动中来。一开始可能只是随便浏览一下网页，然后可能就被吸引了。对一个虚拟社区认同的程度取决于两个因素：第一，活动与参与者的自我概念越是相关，这个人就越有可能继续做一个活跃成员；第二，在虚拟社区中，参与者跟其他成员之间建立的关系越好，他/她参与的程度也会越深。结合这两点，可以看到四种截然不同的成员种类：

1. 游客——和群体没有很深的联系，只有走马观花的兴趣。

2. 混迹者——联结很深，但对最中心的消费活动没有太大兴趣。

3. 热爱者——对活动有巨大兴趣，但对群体的依恋很少。

4. 局内人——与群体的联结很深，对活动也有很大的兴趣。

营销商希望利用群体来促销，热爱者和局内人这两种成员就是最重要的目标群体。他们是虚拟社区最重要的成员。并且，随着使用次数的增多，游客和混迹者也有可能变为热爱者或局内人。[21]对这样一个充满魅力又崭新的虚拟世界，营销人员还只是触及了它的表面。

参照群体何时才是重要的

参照群体并不是对所有商品和消费活动都有影响。例如，一般来说，简单、看起来风险很低、购买之前又能试用的商品就没那么容易受影响。[22]服装通常没那么复杂，又能试穿，因此，参照群体对其的影响力就比较小。但是，如果一件时装没人试过的话，它的风险就提高了，这样就更容易受参照群体的影响。

除此以外，参照群体的具体作用也会发生变化。有时，参照群体可能影响某种产品的使用，而不是其他方面（比如，买不买电脑，吃垃圾食品还是健康食品）；有时，参照群体又会影响到品牌选择（比如，是穿李维斯还是迪赛牛仔裤）。

影响参照群体重要性的有两方面——消费行为是公开还是私下进行的，产品是奢侈品还是必需品。一般来说，参照群体对这样一些消费品的影响更大：

1. 奢侈品（比如钻石）而非生活必需品。这是因为奢侈品是拿多余的收入购买的，这取决于消费者个人的口味与偏好；而必需品的购买则没有那么多选择的余地。

2. 在群体中显眼或者别人能看见的（比如时装或者客厅家具）。如果别人会看到自己购置的物品，消费者会由于在意外界的看法而更加重视。[24]图 12—1 是参照群体对一些商品的相对影响。

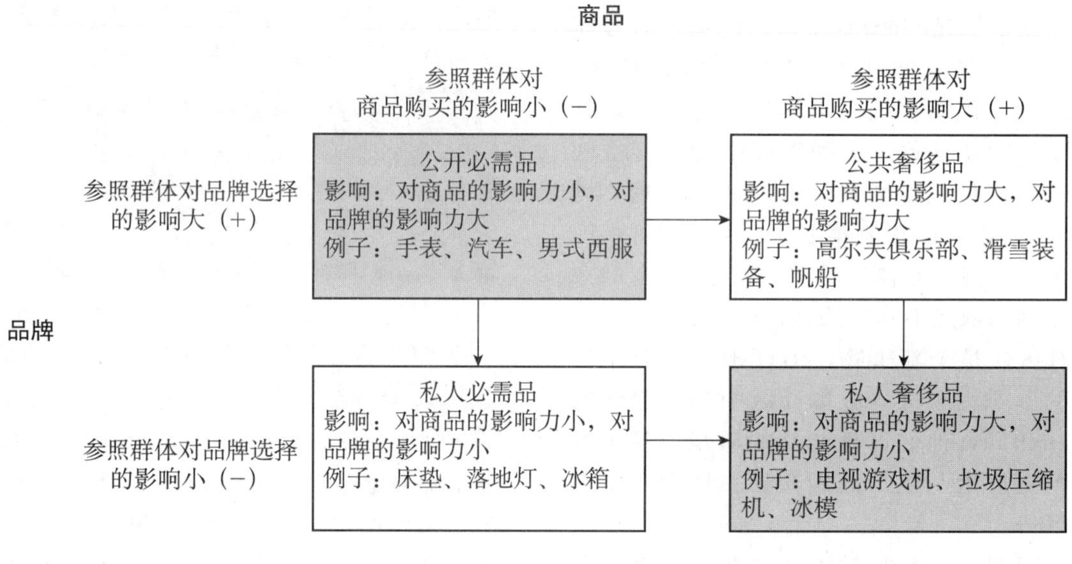

图 12—1 参照群体对购买决策的相对影响

资料来源：Adapted from William O. Bearden and Michael J. Etzel. "Reference Group Influence on Product and Brand Purchase Decisions." *Journal of Consumer Research* (September 1982)：185. Reprinted with permission by The University of chicago Press.

参照群体的影响力

参照群体为什么如此有说服力呢？答案在于其对我们的潜在影响。

社会权力指的是"改变他们决定的能力"[25]。不管他/她是否自愿，如果你能让其去做某件事，你就对这个人有影响。后面对影响力基础的分类能帮助我们分辨个体能够对他人施加影响的原因，接受影响时自愿的程度，以及影响力的来源消失时影响作用是否依然有效。[26]

参照权力

如果一个人很欣赏某人或某群体的特质的话，他/她就会模仿其行为（例如对服装、汽车或者休闲活动的选择），以其作为指导来决定自己的消费偏好，就像扎卡偏好也受到同伴车手的影响一样。通过支持某种商品（就像迈克尔·乔丹之于耐克一样），与众不同的时尚宣言（就像菲姬穿的高端设计时装），或者发出倡议（就像伊丽莎白·泰勒为预防艾滋病所做的努力那样），各个行业中的杰出人物能够影响人们的消费行为。消费者会自愿调整自己的行为，以此来取悦或者认同参照对象，因此，在制定营销策略时，参照权力非常重要。

女明星

从克拉拉·鲍到丽莎·库卓，好莱坞的女明星们都在时尚界留下了她们的印记。在当时的美国，克拉拉·鲍的时髦裙子、火红的头发、卷边长袜和闪耀的查尔斯顿鞋被大肆效仿。《女装日报》列出了历年对衣服、鞋子、发型最具影响力的好莱坞明星[23]：

克拉拉·鲍、葛丽泰·嘉宝、克劳德特·科尔伯特、海蒂·拉玛、丽塔·海华斯、珍·哈露、葛丽亚·嘉逊、洛丽泰·扬、琼·布朗德尔、贝蒂·格拉布尔、拉娜·特纳、玛琳·黛德丽、埃丝特·威廉斯、伊丽莎白·泰勒、金格尔·罗杰斯、芭芭拉·斯坦威克、贝蒂·戴维斯、罗莎琳·拉塞尔、琼·克劳馥、维罗尼卡·莱克、格蕾丝·凯利、奥黛丽·赫本、凯瑟琳·胡姆、玛丽莲·梦露、劳伦·白考尔、桑德拉·狄、安妮特·弗奈斯洛、黛比·雷诺斯、多莉丝·戴、露西尔·鲍尔、费·唐纳薇、黛安·基顿、米娅·法罗、简·方达、费拉·福赛特、索菲亚·罗兰、琼·柯琳斯、琳达·伊万斯、珍妮弗·比尔斯、麦当娜、乌玛·瑟曼、格温妮丝·帕特罗、丽莎·库卓、詹妮弗·安妮斯顿等等。

信息权力

一个人知道其他人想了解的信息，这个人就拥有影响力。时尚行业中的商业出版物（例如《女装日报》）的编辑就有着影响力，这是因为他们能够搜集并传播相关信息，而这些信息对设计师或设计公司有着非常大的影响力。拥有信息影响力的人能够通过他们宣称的所谓“真相”，来影响消费者的观点。

合法权力

有时，社会契约也会让人有影响力，比如警察、教授。在许多消费环境中，都能看到制服授予的合法影响，比如：在医学院，学生会穿上白大褂，以此来增强对病人的权威感；在银行，出纳员的制服传达出让人信任的感觉。[27]营销人员可能会借此来影响消费者。例如，在一则广告中，模特穿着医生的白大褂，就能增加商品的合法性或权威性。

著名影星奥黛丽·赫本仍然有参照权力。

专业权力

服装设计师是时尚的标志，能够决定每一季服装的方向，因此被认为拥有专业权力。一些设计师这一季很“热”，下一季就“凉”了。因此，他们的影响力实际上是最近的成功（这一点就不像电影制作人和演员）。专业权力源自于专业知识或技巧。

奖赏权力

如果一个人或者群体能够提供积极增援，那么这个人或群体就对个体有着奖赏权力，影响的程度取决于增援被看重或渴求的程度。奖赏可能是实际的，就像雇员得到了提升。奖赏也可能是无形的，例如根据群体规则来塑造自己的行为，或者购买群体成员选择的商品，都会带来社会赞同或接纳。很多时尚物品都受到这一类型的影响。

强制权力

强制权力就是通过社会或者人身胁迫来影响人。尽管在短期内是有效的，但威胁并不会带来态度或行为上永久的改变。幸运的是，营销中很少使用到强制权力。然而，在恐慌情绪弥漫的时候，在对个人购买行为进行胁迫的时候，以及宣称如果不买某种商品，不祥就会降临时，强制影响力都非常明显。

时尚从众与个性

我们都曾经因为穿着打扮而左右为难：怎样才能既与他人协调融洽，又保持自己的个性呢？如何才能既和同伴看起来一致，又能脱颖而出？这是为了协调而穿着与为了独特而穿着二者之间的拉锯战。当个体希望跟随时尚的指引（从众行为），同时又想要独树一帜的时候，这场拉锯战就升级了。[28]销售人员确实面临这样一个挑战：帮助顾客挑选服装及配饰，在从众时尚的框架下满足其个性化的需要。女生联谊会/兄弟会成员的外表，校服，正式的、非正式的工作场所衣着规范，这些都涉及从众与个性之间的抉择。

从众指的是面临实际或想象中的群体压力的时候，改变自己的信念或行为。为了使社会正常运转，人们发展出了各种规范，或者控制行为的非正式准则。在服装上从众，就被认为是接受或者忠实于某种着装规范，这代表了某一特定群体的典型、公认的着装规范。[29]我们用风格来表示某个群体中最常见的服装，或者最普遍的式样（一种典型的或与众不同的式样）。时尚表示在某一时期被大众普遍接受的、主要流行的风格。在服装上的个性指的是把自己与规范分开的愿望。

从参照群体中提取的信息能够引导个体顺从群体规范。这一点在高中小派系中特别突出，他们会制定出非常严格的时尚规范。校服也是一个在着装方面从众的例子，尽管按照规定，费用需要学生来负担。前总统克林顿在任的时候，提议让校服作为公立学校减少暴力的一种方式，这让校服成了一个全国性的话题。并没有充分证据表明穿校服和减少暴力真的有联系，这其中的因果关系很难证实。尽管人们认为校服会降低差异性，学生们还是会发挥自己的创造性来个性化自己的服装。[30]

同样，工作的着装是为了创造或保持外观上的统一性。有时它们是明确的——就是说，向员工明确解释过（也可能是写成规章制度）——但更多时候，它们是不明确的，也就是说，着装规范需要员工自己去理解，然后去遵守。因此，工作伙伴扮演的是参照群体的角色，提供关于如何合适着装的信息。

影响从众可能性的因素

从众不是一个自动化的过程，其中有多种因素影响消费者模仿他人行为的可能性。[31]影响从众有如下一些因素：

- 文化压力：不同的文化对从众有不同程度的影响。20 世纪 60 年代美国人的口号是“做自己”，是一项叛离从众而追求个性的运动。与之相反，日本则看重集体利益，强调对集体的忠诚。
- 承诺：个人对团体奉献得越多，对自己成员身份越是看重，他/她就会越积极地去听从群体规范。只要偶像有要求，摇滚乐迷和电视迷们就会不惜一切达到。
- 群体一致性、规模和专长：随着群体力量的增强，个体的从众可能性也会增加。通常，拒绝一大群人要比拒绝一小群人的难度大。当成员知晓了群体谈论之事以后，对从众的反抗会加大。
- 对人际影响的易感性：这指的是个体的一

种需要——根据他人的意见，去认同或者增强自己的形象。这个增强的过程通常伴随着获取某些商品（个体认为这些商品能给别人留下深刻印象，也会倾向于去观察别人是如何使用这些商品的）来达到学习的目的。[32]在这一项上得分较低的消费者在角色、指责面前很放松，他们年纪更大一些，比较富足，拥有较高的自信水平。人们通常会认为，年轻人容易被影响。一项研究发现，在青春期之前，对社会的从众会维持很高的水平。[33]对职业女性的研究发现，在着装方面，更年轻、在工作上是个新手的人，会更容易受个人和市场的影响。[34]

社会比较："我怎么做？"

有时，我们观察别人的行为，以此获得现实的标准。社会比较理论认为，这个过程也是增强自我评价稳固性的一种方式。[35]社会比较甚至还适用于从客观来看是错误的选择。在时尚、艺术、音乐风格上的选择是个人的事，但人们依然会觉得其中的一些要比另外一些更合适、更正确。[36]

人们喜欢把自己的评价和行为与其他人的进行比较，他们还会去精心挑选自己的比较对象。消费者和与自己相似的人做社会比较，这会让其更加相信自己所做所选是正确无误的。[37]大致上，进行社会比较的时候，人们会倾向于选择和自己相似的人，或者与自己身份相同的人。比如，一项关于成人用化妆品的研究发现，女性更有可能向志同道合的朋友寻求化妆品的信息，以此来减少不确定感，并且会信赖朋友的评价。[38]在对男性西装、咖啡等许多商品的评估上也是如此。[39]同样，在选购服装的时候，随着年龄的增长，青少年同伴的影响力增强，而父母的影响力减弱，这并不奇怪。[40]

遵守规范

在第 10 章中讨论到的沟通理论表明，信息以及信息源在很大程度上左右着影响的可能性。研究发现，如果施加影响的人被认为是确定的、专业的，那么他会更加成功地让人们去从众。[41]事实上，遵守着装规范或许是一种宗教或者法律问题。

群体对个体行为的影响

群体中人数越多，其中的个体就越难被注意到。在大群体中，或者难以辨认的情况下，人们会不那么关注自己，这样群体对行为的约束力就小了。你可能已经观察到，在化装舞会上或者万圣节的晚上，人们表现得更加放肆。这种现象就叫做“去个性化”，即在群体中淹没了人们的个性特征。

“社会懈怠”指当自己的贡献只是很大群体中的一小部分时，个体对任务就不是那么努力了。[42]学生们经常抱怨说，小组共同完成课题时，有人负责了很多工作，有人却很懒惰，因此只给一个分数是不公平的。这在你身上发生过吗？

有证据表明，群体所做的决策与个人单独做出的是不一样的。在很多事例中，群体成员会在集体讨论中更加积极主动地去考虑风险更大的选择，而在自己决策的时候，他们的选择则更倾向于保守。这就是风险转移。[43]对此发展出了几种不同的解释，其中一种认为，有可能发生了和社会懈怠类似的事情。越多的人来共同参与决策的过程，每个人对结果担负的责任就越少，这就发生了责任扩散。[44]

当成群结队时，甚至是购物行为也变得不一样。例如，有一个人陪同购物时，人们就会倾向于购买一些计划外的物品，购买更多的东西，在商店里面逛的区域也会增加，而独自购物时就不是这样。[45]这里同时包含常规的以及咨询性的社会影响。群体成员也许会认为，购买一件时尚用品就能获得他人的赞同；又或许他们只是在与群体分享信息的时候，了解到了更多的产品和商店。已有调查发现，十多岁的孩子更喜欢和同伴一起去逛街，而不是一个人。与同伴一起的时候，他们会花更多的钱。[46]因此，对于零售商来说有个很好的建议——鼓励结伴购物活动。

就像是特百惠组织的邻里之间家庭妇女聚会的一种销售模式（Tupperware party）[47]以及类似的内衣或者玩具聚会一样，家庭疯狂购物聚会以群体压力为手段来刺激消费。在朋友或熟人的家里把一群人聚集起来，然后由公司代理人就某种商品做展示。此时，推销员拥有信息权力，所以，这种销售方式效果很好。参与者会观察别人是如何使用某种产品的，并进行模仿，尤其是在参与者都是来自同一群体（比如邻居）的时候，这为群体提供了一个价值的基准线。因为行为是公开进行的，所以社会规范也会对其有影响。遵从的压力可能会特别大，并随着越来越多的成员让步，变得越来越有影响力（从众效应）。此外，去个性化和/或风险的变幻可能会被触发：随着消费者逐渐进入这个群体，他们会发现自己愿意尝试在通常情况下不会考虑的新产品。

服装从众和群体成员

从时尚或者服装从众中可以识别群体成员——从外表上就能看出来，成员与非成员穿着不同的衣服。[48]大学校园里的女生联谊会和兄弟会就是群体从众的例子，特别是当他们穿着成员制服或者戴着显眼的饰针的时候。人们一般都会认为，加入女生联谊会或者兄弟会的时候，成员放弃了自己部分的个性而接受了群体的身份；但是，一个定性的研究发现，如今的成员并不需要完全特定的穿着。[49]

一些文化、宗教团体，比方阿米什人（Amish），对于服装样式、裙子长短和帽子有严格的规定。个体从成员身份中获得自己的身份。犯规就意味着对规则的质疑和抛弃，而规则又植根于群体的宗教认同，因此，触犯规则就会被驱逐。[50]松散一些的群体成员也能通过穿着从群体中获得身份认同。这些群体能产生亲密的友谊，看看高中里的小群体，就能很明显地了解这一点。研究发现，看重穿着的标准、规范的大学女生会比较轻视美感和独特性。对她们来说，最重要的事就是被周围人所接受。[51]而针对高中生的研究也发现，对着装规范的遵从与伙伴的接纳存在相关关系。[52]

女生联谊会是大学生的重要参照群体。

着装的法律观点

在美国，不存在绝对的着装自由。法律中并没有对着装有明文规定，所以关于着装自由往往由法理中推演出来。比如第一修正案确保公民有言论自由，包括象征性的、符号性的交流自由。如果某个人认为自己在穿着上非常受限制并诉至法庭，对法庭来说这就是一个挑战。审判的结果根据社会对规则的定义，而这种定义随着时间和地点的变化都会有不同；因此，每个案子的审判结果看上去都会不一样。它们通常都会考虑到雇主的权利、宗教信仰自由、公共安全以及象征性行为的意义等因素。一项研究回顾了110个关于工作场所和社交场合的穿着和外表的庭审案件[53]：

- 教师：学校的董事会可以制定服饰规范来约束教师吗？法官通常会支持教师有自己选择的权利，这样就限制了学校的权力。有12项案件是针对穿着的，比如夹克、领带或者迷你裙。法官通常都会认为，学校董事会经过允许，拥有自行决定权来制定并执行教师的穿着规范。
- 公共服务：法律规定消防队员的胡子会妨碍装备的使用，长头发也是一种危险。警官和驾驶执照主考官也有着装规范（以及头发长度的规定）。
- 私人企业：雇员们总会觉得着装规范是不公平的，并且会引发性别角色刻板印象。在大部分与服饰有关的案件中，法官会裁定，工作场所对头发或胡子的限制并不构成性别歧视。一些案件中，禁止雇主对男性员工和女性员工区别对待。雇主通常有权禁止工作场所的某种特殊服饰。
- 律师：在律师上庭之前，法官就对他们的着装有影响了。不遵守法庭的规定会带来制裁的结果。一些案例涉及穿迷你裙的情况。
- 穿戴政府的符号：各州以及联邦的法律都禁止破坏、损毁或者玷污旗帜。有的案件是关于把旗帜穿在身上的。各个案件的裁决结果并不一致，但大部分情况下，都不允许把联邦的旗帜做成衣服（国会上也在进行相关讨论）。
- 穿戴集体符号：穿戴像3K党、纳粹这种群体的符号是不被允许的，并被认为是对他人权利的一种侵犯。裁决并不完全一致，但大部分符号都受到言论自由的保护。
- 娱乐活动的穿着：20世纪70年代的嬉皮士群体被列为仅仅依靠生活方式来进行区分的群体，因此其服饰是受到公园限制的，并被认为是违反宪法的。一个案例中，禁止把泳衣用作休闲服的要求没能得到批准。各个案件中对公共场所裸体的裁定也不相同；一些州认为，裸体侵犯了道德和礼仪。法官规定，在公共海滩，必须要穿着衣服，才有自由穿着的权利。

- 公共演出中的穿着：第一修正案确实保障了象征性的举止和交流，但并不保护色情的行为。如果没有补偿性的社会价值，戏剧中的裸体是不被保护的。有时，袒胸露背和裸体舞蹈被认为是象征性的行为，有时则不是这样。（礼仪的标准随着时间在变化。）

时尚独立：对从众的反抗

许多人为自己的独立、独特的着装，或者为自己有能力抵抗销售员和广告的狂轰滥炸而自豪。[54]确实，销售体系鼓励个性（只要是在法律的范围内），创新带来了改变，也带来了对新产品和新款式的需求。在时装界尤其如此。

个性

像之前提到的，在着装上的个性指的是对规范的知觉和远离规范的愿望，它被认为是让我们与众不同的那些特质。[55]正是这种独特性把我们与其他人区别开，并让我们成为我们自己。[56]通过以下几种方式，人们用服装来表达自己的个性[57]：

- 不随大流，拒绝那些时髦的款式。
- 不穿跟别人一样的衣服，不做跟别人一样的发型，诸如此类。
- 选择中意的颜色。
- 有一个招牌造型。
- 因为标新立异而出名。

反从众 vs 独立

研究者们通常会把从众和反从众看做是一个单一维度的两个极端。然而，存在很多种方法不去从众，因此就产生了很多容易混淆的概念：标新立异（nonconformity）、独立（independence）、反从众（anticonformity）和自由（freedom）。研究认为着装上的自由是一个单独的维度，而非从众的反面。[58]

尽可能地区分这些概念是很重要的。反从众可能是反抗群体作为事实上的行为主体。[59]一些人会特意不去买那些正流行的东西。他们确实可能会花费时间和精力去确保自己不被时尚俘获。这种行为看上去有点矛盾——要警惕着不做别人期待的事，就必须知道别人期待的是什么。相反，真正独立的人是不知道别人的期待的，他们跟随自己的节奏。

逆反 vs 对独特性的需要

人有着深层的需要去维护选择的自由。面临要丧失这种自由的威胁的时候，人就会尝试去克服这种丧失感。这种消极的情绪状态就叫做逆反（reactance）。[60]比如，书籍、TV 秀或者摇滚乐审查可能会导致公众对这些东西更加好奇。[61]我们对于服饰的选择一般都不会接受审查，但是，有些时候这确实会发生。许多学校和一些职业会要求穿制服。学生们就经常会反抗这种限制，并且，就像之前提到的，很巧妙地去表现自己的个性或者独一无二，比如说把衣领弄得很特别，或者是在制服的某些部分有所创新。然而，制服本来就是压制个性的。事实上，对于警察或其他政府工作人员来说，在制服上增加自己个人化的东西是被禁止的。

相似的是，极其“专横”的促销会告诉消费者，他们必须使用某种产品，但最终落得失去更多消费者的下场，甚至包括那些本来对这个品牌非常忠诚的人。当感觉到自由受到威胁，受威胁的行为对消费者的重要性加大的时候，逆反更有可能发生。

假如你曾经在某个聚会上跟别人撞衫的话，你就会知道这有多么的烦人。一些心理学家认为，这种反应是个体独特性需要的结果。[62]因为服装视觉的特性和与自我概念的关系，衣服是表达独特自我的方式。那些被诱导而认为自己平庸的消费者，更有可能通过增强创新，甚至做一些出格的事来进行自我补偿。事实上，对于购买那些相对来说不怎么有名的牌子的行为，这可能是一种解释。人们可能会故意不去买市场上的大品牌来彰显自己独特的个性。我们最近会听到有学生这样说：“我不是个盖普（美国著名服装品牌）控。”这种态度可能是专业时装小商店兴起的一个原因——追逐时尚的消费者不愿意穿连锁店、专卖店、折扣店都能见到的衣服。研究发现，和时尚的追逐者相比，时尚创新者对于新奇性有很大的需求，这并不奇怪。[63]

口口相传

尽管有大量正式的沟通手段（比如报纸、杂志、电视），但关于这个世界以及消费品的很多信息实际上是通过非正式的方式来传播的。假如你认真回想自己一天的谈话内容，你可能就会发现，你与朋友、家人、同事探讨的大部分都与商品有关：不管是你赞美某个朋友的裙子很漂亮，并问她是从哪儿买的，或是向朋友推荐一家餐厅，或是向邻居抱怨银行的服务差劲，你都是在进行口口相传（word-of-mouth communication，WOM）。

口口相传的是在个体之间传播的一种重要的商品信息。我们是从熟人那里得到信息，所以和其他正式的营销渠道的信息相比，口口相传显得更加值得信赖。口口相传和广告不一样。[64]回到本章开头谈到的例子，RUBs 的评价和建议直接影响了扎卡里购买摩托车的行为。魅可（M. A. C）化妆品公司的案例中就包含口口相传的效果。在价值 60 亿美元的化妆品行业中，这家公司是个异类——它从不做广告。相反，通过向专业美妆大师提供折扣，鼓励他们使用该公司的产品，魅可成功地利用了口口相传的力量。[65]通过培养这样一种印象——美妆的业内人士都在用魅可，这家公司获得了巨大的成功。

在一名广告主管的话中，展现了个人的、非正式的产品信息交流对于经销商的重要性："如今，多达 80%的购买决策都受到他人推荐的影响。"[66]回想一下我们对于虚拟社区和 www. eopinions. com 的讨论。有时，通过散发样品，希望人们会谈论该商品，也能获得推荐。

口口相传的支配地位

早在"石器时代"（至少是 20 世纪 50 年代），沟通理论家就开始对"广告是购买的首要决定因素"这一假设提出挑战。现在，大家都普遍接受一个观点：广告能够有效地增强已经存在的产品偏好，而不是去创造一个新的偏好。[67]甚至还有一个口口相传营销协会，目标是教育营销商使用传统广告的替代物。[68]关于工业购买和消费者购买的两种研究都强调了这样一个结果：客观信息对创造品牌意识很重要，而口口相传信息则在购后评估、使用阶段起作用。[69]消费者从同伴那里获得的信息越积极，他/她就越有可能购买这一产品。[70]有时候，别人的意见甚至要比自己的看法更有影响力。在一项关于家具选择的研究中，和自己的评估相比，朋友对家具的喜爱程度的判断是一个更好的预测值。[71]

营销商越来越认识到口口相传的力量——它能让某种产品大行于世，也能让其销声匿迹——他们也想出了新的方法让消费者帮助自己。这种案例会故意制造话题。让我们回顾两个成功的策略。

游击队式营销和播种

Def Jam 唱片公司的说唱成员之一，里奥·科恩（Lyor Cohen）利用街头营销手段开创了自己的生意。为了推广说唱唱片，在发片之前，Def Jam 唱片公司就开始举办谈话月的活动，把唱片样品泄露给 DJ 们，然后由这些 DJ 把混音带整合起来，在大街上销售。随着正式发片日的临近，粉丝团体开始制作海报，张贴在电话亭上、建筑物的墙面上、汽车的挡风玻璃上，以宣传新唱片的发布。[72]

20 世纪 70 年代中期，这种街头营销策略开始使用，当时像库尔·赫克（Kool DJ Herc）和阿弗里卡·班巴塔（Afrika Bambaataa）这样的先锋 DJ 通过涂鸦式的传单来进行推广。这种草根的努力方式就是游击队式营销的缩影，这种推销方式利用非传统的口口相传来推广产品。就像艾斯·库伯（Ice Cube）说的："虽然我已经是个艺术家，我还是喜欢给大街上某个孩子泄露我的音乐，让他在正式发布前唱给家人听。"[73]

如今，大公司也在利用这种游击队式的营销手段。耐克就通过这种方式来激发人们对新款鞋的兴趣。[74]RCA 唱片公司想要人们谈论青少年歌手克里斯蒂娜·阿奎莱拉（Christina Aguilera），它会雇用一个年轻人的团队，让他们在青少年流行网站上聊她，比如说 www. alloy. com 或者 www. gurl. com。游击队式的营销效果是：唱片很快登上流行榜的第一名。

跟游击队式营销类似的是播种，即时尚公司悄悄地把下一季的设计跟有影响力的人物联系起来——编辑、设计师、艺术家、DJ 们，或者是能通过言语或者潜移默化影响别人的人。[75]《纽约时报》上刊登了一则关于普拉达的图文广告，这是非常重要的宣传，也是公司赠送昂贵手袋的结果。然而，只有在大人物喜欢这个产品，并且决定使用它的时候，产品播种才会有效。李维斯、拉夫·劳伦和汤米·希尔费格都常年使用播种营销策略，把下一季的商品送给编辑、音乐家和艺术家，让他们有机会使用这个产品，并且告诉一两个朋友。在运送到商店的几个月前，李维斯送出了成百上千 K-1 卡其裤给编辑、艺术家、网站主办人、作家以及其他有创造力的人物。潮人穿着短裤出现在纽约上东区就是足够的证据。然而，没有正式的工具来测量播种传播策略的效果。你怎么来测量谈话呢?

病毒式营销

很多学生是免费的 Hotmail 的超级粉丝。但是天下没有免费的午餐：Hotmail 在每一次发送邮件时都植入了小广告，这样，每个用户都是它的销售员。Hotmail 第一年有 500 万用户，这个数字在以指数级别增长。[76]病毒式营销指的是让消费者代表公司去销售产品的策略。E-mail 流通起来非常简单，因此，这种方法特别适用于网络。据 Jupiter 公司的研究，只有 24%的消费者声称自己是在杂志或者报纸广告上知道新网站地址的。相反，他们靠朋友和家人推荐新网站，因此，病毒式营销是他们关于新网站的主要信息来源。[77]

作为一个广告概念，病毒式广告应该为消费者带来价值，比如说一些好玩的、有教育意义的或者有回报的东西（比如优惠券）。病毒式广告还有品牌建设的目标。著名内衣品牌居可衣（Jockey）在假期的“剪纸游戏”活动中收集了将近 200 万个雪花剪纸。随着这项运动的成功发起，居可衣把该活动的标志放在了网站上，并供应特别版。[78]

病毒性广告的另外一个类似例子是 2005 年一则盖普电脑广告。在广告中，观众通过调整一个逼真的模特的生理特征，比如体重、肤色，甚至是下巴线条，来创造一个很像自己的形象，然后为这个模特挑选一套服装好让他/她随着俱乐部音乐跳舞。盖普商标在广告开始的时候一闪而过，并提醒似的在电脑屏幕角落出现。广告并没有向消费者推销盖普衣服——至少不是直接的。[79]这个广告让消费者去散播消息，而不是让公司自己来直接推销产品。跟游击队式的广告类似，没人知道这种广告怎样生效，但它们确实在激发消费者谈论方面非常有用。

社交网络

社交网络是言语的最新形式。像 Facebook 和 MySpace 这样一些网站允许会员张贴自己的信息，并能与志同道合者或是想做生意的人进行联络。注册的会员可以建立自己的主页，上面有照片、简介，有社交网络中其他人的链接。用户可以随意查找朋友、约会对象或者任何其他熟人，并邀请他们作为朋友进入自己的个人网络。很有可能你们中的每一个人都浏览过这些网站，从娱乐的到严肃的都有。

- Facebook（www.facebook.com）由 5 个哈佛学生创办，如今是上千万年轻人上网或打发时间的首选。除了列出自己喜欢的电影、书籍、音乐以外，还可以创建一个有共同爱好的朋友群。这些群简直无所不包，包括很严肃的主题，也包括竖起领子（卷起针织衫领子的可爱样子）的人，未来美国女性的胜利，甚至还有个群直接就叫“独来独往者”。[80]
- MySpace（www.myspace.com）与上面的 Facebook 类似，是一个提供包括朋友、个人简介（“关于我”，“我想见的人”）、评论区、博客、群、照片、音乐和视频的人机交互服务网站。用户的朋友空间包括用户的朋友、最好朋友区域以及所有朋友的链接。时尚坐标能让你进入到 www.Instyle.com 这个网站。营销商们也在利用这个全世界拥有百万级用户的流行站点，当然，部分用户还是年轻的设计师。[81]
- Ryze（www.ryze.com）的用户可以建立自己的个人网页，与目前或者未来可能的商业伙伴进行沟通。典型网页包括有照片、图表，还有关于商业、学术造诣的描述，之后是个人的业余爱好及其他非商业性的主题。[82]

刺激口口相传的因素

当某个产品开始发展地区性的购买者时，大多数谈话是自然发生的。就像我们知道的一样，可以有意地去制造话题。Lee 牛仔裤就通过发起关于布迪·李的“幽灵运动”成功制造了话题。

公司把布迪·李的海报悄悄张贴在城市（比如纽约和洛杉矶）中，然后在像《恋爱时代》（*Dawson's Creek*）那样的电视商业节目中穿插播出。[83]以下一些因素可以引发出与产品有关的话题。[84]

- 某个人可能会高度卷入到某种产品或者活动中去，并很喜欢谈论到它。时尚热衷者、计算机迷、热情的观鸟人似乎都能够驾驭一场有关自己特殊兴趣的谈话。
- 某个人也许对时尚非常有见地，可以在谈话中让别人了解更多。这样，口口相传的交流有时能够提高这个人的自我，让他人惊讶于自己的专业程度。
- 某个人也许出于对他人真诚的关心而发起一场讨论。我们经常会确保我们关心的人买到真正好的东西，而不是浪费钱。
- 降低对某次购买的不确定性的一种方法就是谈论它。在谈论中，消费者就有机会去激发更多支持性的意见，并得到他人的支持。

口口相传的阶段

在《今日秀》（*Today Show*）上，一个30秒的商业秀就要花费超过25 000美元。为避免这一费用，一些公司就试着通过在《今日秀》现场直播节目中露脸的方式引起人们注意——《今日秀》会周期性地拍摄聚集在曼哈顿洛克菲勒中心窗外的人群。包括像盖普、通用磨坊、雅芳（Avon）、奥斯卡·梅耶和宝马这样的公司，都试过用穿奇装异服的雇员或者竞猜表演来吸引摄像机的注意。盖普的老海军（Old Navy）把五个人打扮成老海军混进人群，并向其中一些人派发糖果。[85]其他公司也做过类似的事。《今日秀》的工作人员没有觉得这很有趣。

消极的口口相传

口口相传是把双刃剑，对营销商来说，既有好的一面又有坏的一面。消费者们的闲聊既能炒红某种产品或者某间商店，又能毁了它们。而且，消极的口口相传要比积极评论影响力更大。根据白宫消费者事务办公室的一项调查，90%的消费者再也不会光顾让自己不满意的商店；每一个这样的人都有可能向至少9个人抱怨，其中13%的人会把自己不愉快的购物经历告诉超过30个人。[86]特别是要买一件创新产品时，消费者更有可能注意到消极信息而非积极评价，并且会把这一经历跟其他已有经历联系起来。[87]已经证实，消极的口口相传能够降低公司广告的可信度，并影响到消费者对此产品的态度，从而影响其购买意向。[88]

消极的口口相传在网上散播起来更容易。许多不满意的消费者与不快的前雇员都受到鼓动而去相关网站发帖，把自己的苦水倒给别人。要看这种网站，可以访问 www.protest.net，准备好义愤填膺吧。查看一下你所在的城市类似的抗议是如何进行的。

谣言：口口相传过程中的歪曲

20世纪30年代，许多公司雇用职业造谣者去组织口口相传运动，推广自己的产品，诋毁对手的产品。[89]即使是没有任何事实基础的谣言都会是危险的。因为随着信息在消费者之间的传播，它会慢慢变化，传到最后的信息经常根本不像最开始的那一个。

研究谣言的社会科学家仔细考察了信息逐渐歪曲的过程。英国心理学家弗雷德里克·巴特莱特（Frederic Bartlett）采用系列复制的方法来研究这一现象。就像你小时候可能玩过的电话游戏一样，要求玩的人复制出一个刺激物来，例如图画或者故事。把这个复制出来的东西传给下一个人，让他/她也复制出一个来。由此依次进行。图12—2中表现的就是这种技术。巴特莱特发现，曲解几乎不可避免地遵循这样一个模式：它们倾向于从模棱两可向更加常规的形式转变——玩家都努力让自己与既有的信息保持一致。这个过程就是著名的同化，它的特点是校平（省略信息从而简化结构），或者是锐化（突出信息被加强）。

网络是传播谣言和谎言的绝佳媒介，一些大公司也牵涉其中。很著名的例子是以旧换新的谣言（把你发臭的旧鞋子寄过去，你就能收到一双新的）。传播一天以后，耐克收到了几百双旧运动鞋（对那些需要把这种包裹运到耐克公司的邮递员表示同情）。有网站致力于追踪谣言，例如 www.hoaxkill.com 和 www.hoaxbusters.ciac.org。教训就是：不要相信你点击的任何消息。

图 12—2　错误信息传递过程

当信息从一个人传递给另外一个人的时候，信息会发生扭曲，这些图片为这种信息传递的扭曲提供了经典范例。当参与者们复制这张图片的时候，它逐渐从一只猫头鹰转变成为一只猫。

资料来源：Kenneth J. Gergen and Mary Gergen，*Social Psychology*（New York：Harcourt Brace Jovanovioch，1981）：365，Fig. 10－3；adapted from F. C. Bartlett，*Remembering*（Cambridge，England：Cambridge University Press，1932）.

大致上，人们会更喜欢传播好消息而不是坏消息，这可能是因为他们喜欢避开不愉快，或者不喜欢激起愤怒和敌意。[90]然而，如果谈论的主题是公司，这种现象却不会发生。汤米·希尔费格和丽诗加邦（Liz Claiborne）这样的公司就曾经是谣言的主人公，有时候，谣言对销售的影响并不是很明显。研究发现，关于汤米·希尔费格的谣言得到了学生的信任，很多学生因此有意识地不选择这家公司的产品。[91]

消费者抵制

有时，消极经历会引发消费者有组织的反应，消费者会联合起来共同抵制某公司的产品。如果该公司不改变自己的政策，就可能引发包括威胁抵制或者真正的抗议和抵制。一项正在进行中的抗议是反对在时装中使用动物皮毛。按照惯例，感恩节之后的一天，在高端商业区会举行保护动物的活动；但实际上，一年中的其他时间，也会有这样的活动。活动有可能和平举行，也可能造成巨大损失。在旧金山，反对使用皮毛的人袭击了内曼·马库斯商店的玻璃，造成大约 20 万美元的损失。有些抗议反对在政治上不受欢迎国家的产品，而有些抵制则是反对某个组织的管理条例（1977 年，由于判定迪士尼公司的政策支持同性恋，南方浸礼会教会一致提议抵制迪士尼的产品）。

抵制并不总会有效果——研究显示，只有18%的美国人参与。尽管如此，那些参加者却大部分为高层次的、受良好教育的人——这是生产商绝对不想得罪的群体。营销商使用得越来越多的应对方式，就是和抵制团体一起建立一个联合的工作组，从而共同解决问题。

尽管大部分消费者抵制很少会收到效果，但也并不是完全没有。卡尔文·克莱恩的广告中，青少年模特姿势火辣，备受争议，被批评是“儿童色情”。天主教联盟和媒体道德组织联合抵制它们。此外，一些零售商也拒绝在广告中列出它们的名字。于是，公司撤销了这些广告[92]

意见领袖

尽管消费者从私人的渠道获得信息，但他们不会向身边所有人询问购买建议。如果你决定购买一件新衣服，你更有可能向这样的朋友取经——出了名的穿着有格调者，花时间阅读像《Vogue》、《Elle》和《绅士季刊》（*Gentlemen's Quarterly*）这样的杂志，逛时装小商店。另一方面，如果你打算买个新的立体音响，你会去问懂行的人。这些朋友拥有精细的系统知识，也许他们订阅了像《立体声评论》（*Stereo Review*）这样的杂志，还会把时间花在逛电子商店上。你可能不会跟你的精通立体音响的朋友提到关于时尚的兴趣，你只会让他们陪自己去逛电子商店。

意见领袖的属性

每个人都认识某些对某种商品很在行的人，别人都很听这些人的意见。这些人就是意见领袖，或者叫做影响者。意见领袖就是很容易影响他人态度或行为的人。[93]时尚影响者选择哪种新款式，就会给哪种款式带来声望。[94]由于以下原因，意见领袖是极其宝贵的信息来源：

1．他们有高超的技能，拥有专业权力，因此很让人信服。[95]

2．他们已经通过一种无偏见的方式对产品信息进行了筛选、评估与综合，因此拥有信息权力。[96]意见领袖实际上不会代表某个公司的利益，他们更加可信。

3．他们通常是个社交积极分子，与自己的团体联系紧密。[97]他们可能在群体或社团中拥有职务，并在家庭之外很活跃。因此，意见领袖通常由于其社会地位而拥有合法权力。

4．就价值观和信仰而言，他们跟消费者类似，因此拥有参照权力。当意见领袖因为自己对某一类型商品的兴趣或专业而区别于其他人的时候，他们就会更加有说服力，尤其是在同质构成而非异质构成的群体中时。同质构成指的是有着相似教育背景、社会地位和信念的人。[98]与受到意见领袖影响的人相比，有效的意见领袖有着稍微高一些的地位和教育水平，但二者的差别也没有大到要隶属于两个不同社会阶层的地步。

5．意见领袖通常是那些最先吃螃蟹的人，这会冒很大的风险。这一点会让那些没这个胆量的人降低心理的不确定感。由厂商赞助的群体会特别注重产品的优点，而一手的经验则让意见领袖同时看到产品的优缺点。

时尚意见领袖

人们认为时尚意见领袖就是那些在时装季一开始就购买时装的人。跟其他意见领袖一样，他们敢于冒风险，其他人则跟风而至。某些领域的意见领袖可能不会购买自己所推荐的产品。像我们在第1章中探讨的，那些最先尝试某种新产品的人就叫做“革新者”。（对术语使用的说明：不幸的是，不同文献中采用了不同的术语。）最早购买的意见领袖叫做“革新通讯员”。时尚理论家称他们为“时尚领袖”，这跟“时尚意见领袖”这一术语是类似的。一位早期理论家针对时尚领袖这样写道：“自从有了时尚这个东西，就有了时尚的领袖……国王或者卓越的人可以领导时尚界，但只是通过时尚界允许的几种方式。”[99]因此，领导者引导着大众，或者进一步地引导一种新的时尚风潮。真正的时尚领袖总是在寻求独特，他们会寻找时尚的下一个宠儿，就像名流们在鼎盛时期做的那样。表12—2列举了用来衡量时尚意见领袖的几个方面。[100]

对20世纪时尚界长达35年的研究的一个回顾发现，时尚革新者、时尚领袖、革新通讯员以及其他相似概念之间，并没有清楚的界线。但是，采纳时尚领袖这个术语似乎能够将这些概念都统一在同一个类型中，还可能是个更好的标签。这样一个人拥有以下人口学特征[101]：

- 相对年轻。
- 未婚，无子女。
- 收入和职位相对较高。
- 女性。

- 阅读时尚杂志。
- 有车。
- 爱交际、合群、有好胜心。
- 喜欢或者不讨厌变化。
- 倾向于好表现或自恋。

表 12—2　　时尚意见领袖量表

别人向我请教最新的流行趋势。
朋友询问我关于新款衣服的意见。
朋友认为我是一个对时尚趋势非常有见地的信息来源。
我通常会向别人传递时尚信息。
我喜欢帮助别人做有关时装的决定。
和其他人分享关于新款服装的想法是很重要的事。
最近我说服了某人改变自己穿着的某个方面，从而使他变得更加时髦。

资料来源：Patricia Huddleston，Imogene Fold，and Marianne C. Bickle，“Demographic and Lifestyle Characteristics as Predictors of Fashion Opinion Leadership among Mature Consumers”，*Clothing and Textiles Research Journal* 11，No. 4（1993）：26－31.

意见领袖有多大的影响力？

当营销商和社会科学家起初提出意见领袖这个概念的时候，指的是群体中的某些有影响力的人，他们能够从总体上影响群体成员的态度。然而，后期的工作开始对这样的一个假设提出质疑——是否真的存在一个普遍的意见领袖，他/她的意见适用于所有不同类型的产品？很少有人能够在多个领域做到精通。社会学家区分了擅长单一领域或者有限领域的人和擅长多个领域的人。[102]即使是多个领域都擅长的意见领袖也都会集中在某个大概的范围内，比如时尚或者电子类。

针对意见领袖的研究证明，如果确实有精通多种类型产品的意见领袖，他们的专业知识往往也局限在几个领域中。很难找到一个普遍的意见领袖。家电用品的意见领袖可能也同时是一个家庭清洁用品的意见领袖，但不会对化妆品也精通。相反，如果一个时尚意见领袖的首要影响力是在衣饰选择上，那么他/她或许也会做化妆品方面的咨询，但肯定不是微波炉。[103]

意见领袖 vs 其他类型消费者

早期人们认为，意见领袖是一个静态的过程：意见领袖从媒体中获取信息，然后将其传播给接收者。现在已经证明，这种观点过度简化了，它会混淆几种不同类型消费者的功能。

在运动鞋市场中，意见领袖的作用需着重强调。运动鞋是一种时尚宣言，这种时尚最初由市中心的孩子点燃，尽管价格奇高，但是仍然会通过口口相传而迅速传播。

产消者

未来主义者阿尔文·托夫勒（Alvin Toffler）在《第三次浪潮》（*The Third Wave*）一书中提出了产消者（prosumer）这个词，以此说明消费者和生产者之间的平等性，从而引发信息时代的产消者经济学。产消者是非常有影响力的，他们喜欢谈论新兴事物，每一次向平均 9 个人传播自己的观点。零售商需要注意到：如果他们不喜欢自己被招待的方式，他们会告诉每一个人。他们中意于实验与创新，喜欢自己去发现流行趋势。因此，他们不愿被营销商左右。欧洲灵智精实环球公司的代理董事长玛丽雅姆·萨尔茨曼(Mariam Salzman)，就建议给予产消者以谈资，向他们提供真正独特的东西。他们比一般消费者更有可能接受别人关于厂商和品牌的咨询。他们是消费者的守门人。在产消者当中展开话题是至关重要的。[104]

营销商最近做的一个研究对产消者进行了侧写，指出产消者与非产消者的不同在于：

我为自己的外形感到自豪。

我身体健康。

我视逛街为一种娱乐方式。

在商场里闲逛是有趣的。

我喜欢对产品修饰做反复实验。

我怀疑广告中宣传的东西。

对那些在网上找不到的公司或产品，我会更加不信任。

过去一年中，我在网上买了20件或者更多的商品。

意见领袖还有可能是意见搜寻者。一般来说，他们会与某种类型的产品联系得更加密切，会很积极地去搜集信息。因此，他们更可能和别人谈论产品，并询问他人的意见。[105]与意见领袖的静态观相反，大多数与产品相关的谈话并不会发生在一个演讲的环境中——也就是一个人讲完所有的话。许多产品相关谈话是随机引发的，发生在一个随意的环境中，而非正式环境。[106]人们也会通过非言语的方式从意见领袖那里获取信息。这种人际产品沟通的最新观点与图12—3中的传统观点是相反的。

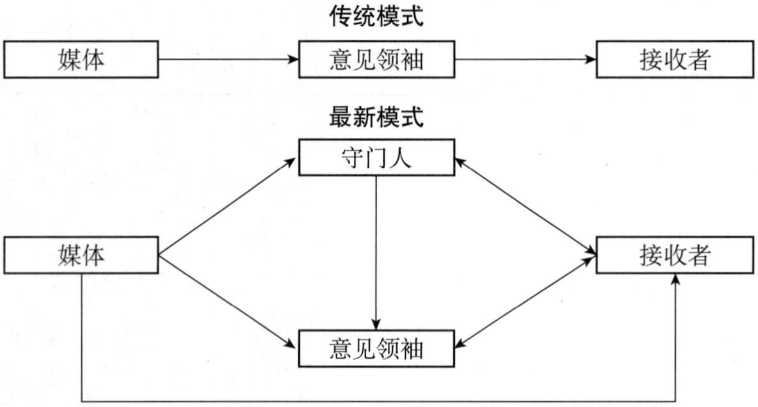

图12—3 信息沟通过程

资料来源：M. R Solomon, *Consumer Behavior*, 8th ed., 302, © 2009. Reprinted by permission of Pearson Education, Inc., Upper Saddle River, NJ.

只对一种产品类别擅长的消费者可能不会很积极地和别人交流，而有的消费者则有兴趣加入到关于很多类别的产品的讨论中。有人提出，有一种叫做“市场专家”的消费者，即积极传播各种类型市场信息的人。市场专家不需要对特定产品感兴趣，也不需要是最早的购买者。他们和普遍的意见领袖的功能很相似，对于何时何地获取产品有着稳定的总体信息。下面的量表就用来识别市场专家——在多大程度上赞同或者不赞同题中的表述[107]：

1. 我喜欢向朋友们介绍新的品牌和商品。

2. 我喜欢给别人提供多种产品的信息，以此帮助他们。

3. 人们会向我询问有关产品、商店或打折的信息。

4. 如果有人问我到哪儿去买最佳的东西，我会告诉他答案。

5. 谈到新产品或者折扣活动，朋友们会认为我是一个不错的消息来源。

想想这样的一个人：了解大量商品的信息，乐于与他人分享。这个人知晓新的产品、折扣、商店等等，但并不一定精通于某一种特殊的产品。你认为这些描述在多大程度上适合你自己呢？

除了影响别人购买决策的日常消费者，一种

叫做"代理顾客"的营销中间人也非常活跃。代理顾客就是被雇来提供购买决策的人。和意见领袖与市场专家不同，对代理顾客需要给予一定的报酬。

职业购买者、室内设计师、股票经纪人以及其他类型的顾问都可以叫做代理顾客。无论他们是否真的以消费者的名义去购买，代理人的影响力总是非常巨大的。消费者实际上是交出了自己一部分或全部购买决策的职责，比如搜寻信息、对选择进行评估以及最后的购买。例如，客户可能会委托一位室内设计师去装修自己的房子，或者一位时尚职业购买者会替自己的委托人作出购买决策。许多零售商店有自己的私人导购，有时候也叫客户专家，消费者可以享受这些人的服务。这些非常棒的售货员会记录下消费者的喜好、尺寸以及其他有关信息。他们可能会在让消费者本人来试穿之前完成大多数的购买步骤，有时，他们甚至还会把可供选择的几个样品带到消费者的家里去。许多营销商会倾向于忽视代理顾客在大量购买决策中的涉入，他们可能会错误地把自己的目标定位于消费者，而不知道真正在筛选商品信息的是代理顾客。[108]

识别意见领袖

意见领袖对于消费者的决策有如此大的影响力，因此，营销商十分有兴趣考虑如何识别出对于某种商品特别有影响力的那些人。实际上，许多广告都是针对这些人，而非普通消费者——特别是那些包含大量专业信息的广告。

不幸的是，由于大多数意见领袖依然是日常消费者，因此很难寻找到他们。名流或者有影响的制造业执行官非常好找——他/她在一个国家或者地区当中非常容易辨识出来，有的就登记在电话簿中。相反，意见领袖只在本地区域活动，可能只会影响到五至十个人，而非整个市场。在有些事例中，厂商知道如何识别出有影响力的人，并将之直接纳入到营销方案中，希望这些人会对身边的朋友大肆赞扬自己的产品。例如，许多百货公司有自己的时尚小组，这通常由青春期的少女组成，她们投入到时尚潮流中去，还会进行时装表演，等等。

由于在大型市场中识别出特定的意见领袖非常困难，许多尝试都集中在探索性的研究上，这些研究针对的是能够识别典型意见领袖特征的环境，并探索如何将之推论到更大的市场当中去。这种知识帮助营销商把与自己产品有关的信息放在合适的环境和媒介中去。

自我认定法

用来识别意见领袖最普遍的方法，就是去询问消费者是否认为自己是个意见领袖。对于某种产品，报告有更大兴趣的消费者更有可能是意见领袖——对这种问卷得来的结果应该抱怀疑态度。有些人会倾向于虚报自己的重要性和影响力，而其他真正有影响力的人则会承认自己的这种特质，或者对此有清醒意识。[109]我们传播对产品的建议，但这并不意味着别人就接受它。对于一个好的、真诚的意见领袖来说，自己的建议必须要传到别人耳中，而且要被他们采纳。另外一种方式就是挑选出某些群体成员（关键报告者），他们要依次来识别意见领袖。这种方法的成功取决于找出这批人——他们要有对群体的正确知识，偏见也要最小化（比方说虚报自己对他人选择的影响力的倾向）。

自我认定法在更加系统化的分析中就没这么可靠了（通过询问他人这个人是否真的有影响力，就能够核实个体对自己的影响力的回答），但它还是有自己的优点，就是容易应用到有潜在意见领袖的大型群体中去。在一些案例中，并不需要对群体中的每一个人都进行调查。图 12—4 中是用自我认定法来识别意见领袖的一种量表。

社会关系测量学

流行的"六度分隔理论"（Six Degrees of Separation）基于这样一个前提：地球上的每个人都间接地认识其他人，或者说，至少认识那些认识自己的人。确实，社会科学家估计，平均每个人有 1 500 个熟人，在美国，五六个中间人就能把任意两个人联系起来。[110]一个著名游戏就是让选手用相同的方式把著名演员凯文·贝肯（Kevin Bacon）和另外一个演员联系起来。

社会关系测量学的方法可用于追踪找出群体成员中的交流模式。这些技术让研究者能够系统地描绘出群体成员的相互交流。通过对参与者进行访谈、询问参与者会向谁寻求商品信息，研究者可以找出充当信息源头的那个人。这种方式是最准确的，但是由于涉及非常多的关于小群体中沟通模式的研究，它也非常难以实施，并且代价昂贵。因此，社会关系测量学的方法最适用于封闭的、独立的社会环境，也就是说，其中的成员与其他社会系统处于非常隔离的状态。

关于××，请就以下有关你与朋友、邻居的交往情况进行等级评分。

1. 大致来说，你和朋友、邻居会谈论到××吗？

经常				从不
5	4	3	2	1

2. 谈论××的时候，你会？

提供大量信息				提供少量信息
5	4	3	2	1

3. 在过去的六个月里，你和多少人谈论过××？

很多人				没有人
5	4	3	2	1

4. 与周围的朋友相比，有多大的可能性别人会向你问起××的情况？

非常有可能				从不可能
5	4	3	2	1

5. 在谈论中，哪一种情况发生得最多？

你告诉你朋友				你朋友告诉你
5	4	3	2	1

6. 在和朋友、邻居的所有谈话中，你的角色总是什么？

作为一个建议来源				从不作为建议来源
5	4	3	2	1

图 12—4　意见领袖量表的修订更新版

资料来源：Adapted from Terry L. Childers，"Assessment of the Psychometric Propertites of an Opinion Leadership Scale，" *Journal of Marketing Research* 23（May 1986）：184 - 188，with permission of American Marketing Association；and Leisa Reinecke Flynn，Donald E. Goldsmith，and Jacqueline K. Eastman，"The King and Summers Opinion Leadership Scale：Revision and Refinement，" *Journal of Business Research* 31（1994）：55 -64，with permission from Elsevier Science.

长期以来，社会关系测量学都用来研究群体成员以及友谊团体。互惠的友谊组织（二人组、三人组等等）从社会关系测量学的方法论中演化而来，询问个体关于人际关系的问题，比如是否知道共同的行为准则、谁是最受欢迎的人或者谁是穿得最好看的。一个在高中做的社会关系测量研究发现，若互惠的友谊组织中的成员在打扮上彼此很相像，而与学校班级里的其他成员不同，那么这个组织就作为内部成员的参照群体而存在。[111]另外一个针对高中生的纵向研究发现，在友情选择上，穿着打扮是一个很重要的因素，但也不是群体接受或者拒绝的唯一因素。有时候，孤立是经过选择的；打扮漂亮的孤立者是自己选择的，而打扮得不好看的孤立者是群体拒绝的结果。[112]通过这种方法可以找出其中的意见领袖，但这是个费时的过程。

可以利用社会关系测量的分析来更好地理解转交行为，也可以用来衡量个体的名声在群体中传播的方式的优缺点。[113]一项研究就利用这种方法来考察大学女生联谊会成员在品牌选择上的相同点。研究者发现，有证据证明女生联谊会中的小团体或者小派系对不同商品的喜好可能是一致的。有时，即使是对私人用品（在社交中不显眼的）也会产生影响，这有可能是由于结构上的原因，比如，在女生联谊会的房间里面共享浴室。[114]

本章概览

- 消费者隶属于或者赞同许多不同的群体，经常因为希望被别人接纳而影响到自己的购买决策。
- 个体对群体有着影响力，影响的程度取决于其是否拥有社会权力；社会权力的类型包括信息权力、参照权力、合法权力、专业权力、奖赏权力和强制权力。

● 我们由于两个基本原因中的一个而遵从他人的想法。人们认为别人的行为是正确的，因此进行模仿，这些人从众于相对社会影响。那些满足他人期望的或者被团体所接纳的人受到的是常规影响。对穿着的选择同时受到上述两种类型的影响。

● 对消费者来说，那些意见或行为都非常重要的人或者群体就叫做参照群体。正式以及非正式群体都会影响到个体的购买决策。

● 着装在社交中非常显眼，并且还有可能是经常受到别人影响的奢侈品，因此，我们对于时装的选择也可能受到参照群体的影响。

● 网络极大地增加了消费者接触参照群体的概率。虚拟社区是由因共同点而联系起来的人组成的——这些共同点可能是对某种产品或服务的兴趣或者知识。

● 从众指的是在压力之下信念或者行为的改变。时尚指流行的、已被接受的、占优势的式样。接受一种时尚就是从众。

● 由于个人的认同与群体结合，群体成员经常会做出自己在一个人的时候不会做的事情来；他们被去个性化了。结伴购物会影响个体的行为，结伴购物时消费者会倾向于买更多的东西，也买更多计划外的东西。

● 我们在着装上没有完全的自由，比如法律会影响到什么是可以被接受的。通常，学校董事会和工商企业有权制定自己的着装规范，并实施其与着装相关的一套标准。

● 有些人会通过创造自己在着装方面的独特个性来进行反抗着装规范。

● 意见领袖对某种产品非常了解，他们的建议受到相当的重视，能够影响到别人的决策。特定的意见领袖比较难识别，但营销商知道了他们大致的特征，就能在媒体和促销策略上有效地针对这个群体。时尚意见领袖一般是年轻的、有车的单身女性，收入高，阅读时尚杂志，合群而爱交际。

● 其他类型的影响者包括市场专家（对营销活动有普遍兴趣）、代理顾客（例如私人导购和时尚顾问，他们被雇来提供购买建议）。

● 我们了解的许多关于产品的信息都来自口口相传而不是正式广告。我们在非正式的谈话中交换有关产品的信息。

● 虽然语言通常能够帮助消费者认识某种产品，但它也能伤害到公司的利益——诽谤产品的谣言和消极的口口相传。

● 社会关系测量学的方法可用于追踪友谊转交模式。这种资料可以用来识别意见领袖和其他有影响力的消费者。

关键词

参照群体	合法权力	逆反	常规影响
专业权力	口口相传（WOM）	相对影响	奖赏权力
游击队式的营销	成员参照群体	强制权力	播种
成功人士参照群体	从众	病毒式营销	虚拟社区
规范	社交网络	博客	风格
意见领袖	式样	社会权力	参照权力
个性	代理顾客	信息权力	社会比较理论
私人导购	去个性化	客户专家	独立
社会关系测量方法			

问题讨论

1. 比较文中提到的影响类型。哪一种跟时尚营销关联最大？

2. 为什么说参照权力是非常巨大的？哪些因素能够预测一个参照群体能否影响到个体的购买

决策？

3. 讨论一下决定从众数量的因素。你认为哪一个年龄段的群体在时装方面是最从众的？你是个赶时髦的人还是个追求个性的人？

4. 在哪种情况下我们更有可能跟不同的人群比较？如何在营销中利用这一现象？

5. 讨论家庭购物聚会作为一种销售工具十分有效的原因。还有哪些产品也可以通过这种方式来推销？

6. 讨论哪些因素会左右到群体对个体行为的影响力。你属于哪一个群体？他们会影响到你的购买行为吗？

7. 为什么口口相传比广告更有说服力？

8. 存在普遍的意见领袖吗？什么因素能够影响到意见领袖的建议重要与否？

9. 运动员穿的鞋子或衣服对学生和粉丝有着巨大的影响力。高中和大学的教练应该接受报酬来决定自己的队员穿什么衣服吗？

10. 你知道最近有什么关于服装的新闻吗？

11. 你对校服持什么观点？你穿过校服吗？

12. 找出一些你的同伴回避的群体。你能想到这些群体所做的消费决策吗？

13. 找出你学校中的时尚意见领袖。这个人跟本章中讨论的相似吗？

14. 同你的舍友或者邻居进行一次社会关系测量的分析。关于一种类型的商品，比如时装、音乐或者化妆品，询问每一个人——他们与谁分享信息。系统地追踪沟通的轨迹；当提到提供有价值的信息的人时，提到名字次数最多的人就是意见领袖。

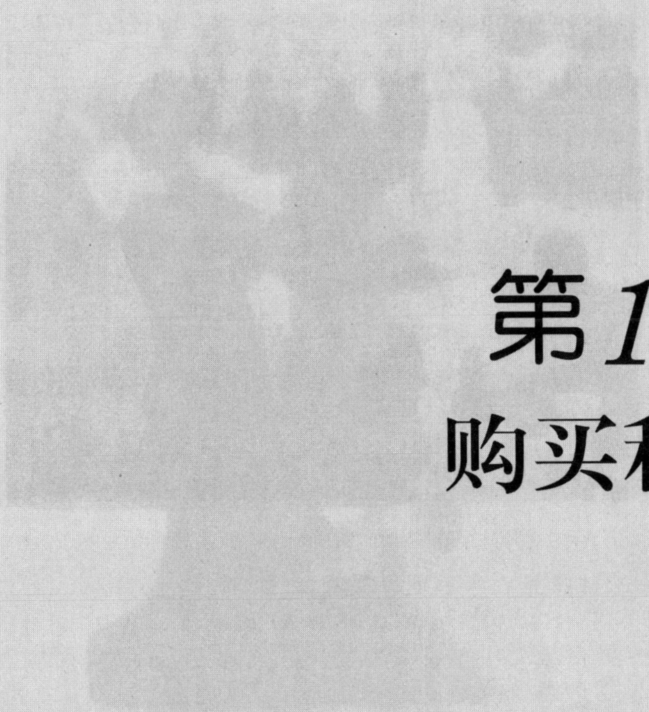

第13章

购买和处理

莎伦兴奋得快要疯了。她终于可以挤出一点时间去商业区的大型跳蚤市场。她知道这个市场的珠宝非常有名，包括玉石和其他一些宝石——她一直在收集这些东西。莎伦估计，自己能够以比要价低得多的价格买下想要的东西——这里的卖家都急于出货。莎伦担心还价的结果，但依然希望卖主能够成全自己——她真的就要买下了。

小摊前的大型标语宣布今天是个低价的好日子。也许她能以比预料中还要低的价钱买到想要的玉石。她走近一个小摊，老板介绍自己叫梅勒妮，这让莎伦有点惊讶。她还以为自己会和一个学识渊博的中年男人做生意。但这样更好，她觉得和一位跟自己一般大的年轻女人交易也会很顺利。

莎伦对一条完美无瑕的玉石项链出价100美元，梅勒妮笑了。梅勒妮对价钱的坚定让莎伦更加确定自己想要这条项链。最后的价钱是250美元，莎伦为还价累坏了，觉得自己干得漂亮，成交的价钱比卖家开价要低。

实际上，她高兴的是购买本身，以及对自己的满意——她是个比预料中还要坚韧的谈判者。

引言

许多消费者会害怕买东西（比如买汽车或者是在跳蚤市场购物）时讨价还价，而另外一些人则喜欢交易中的这种挑战。在美国，和其他国家或地区不一样的是，大多数零售价格是没有商量的——特别是在百货店或者专卖店里的服装。所以到国外旅行的时候，看到别人讨价还价我们会觉得很有趣。在零售店比如百货公司、跳蚤市场以及二手车市场，我们都有交易的一套固定规则。这种情况也在慢慢开始转变，顾客开始尝试着在网上买东西（有时候买得越多价格越低），或者让经纪人帮忙购物，或者去仓储式商场购物等。如今，人们开始利用互联网来购物，甚至在去实体商店之前也会到网上去查查价钱，这给零售商的定价带来了很大的压力。

美国棉花公司做的关于生活方式的调查显示，60%的女性都喜欢购物。经济情况好的时候，消费形势一片大好。裙子款式的多样让女人们在办公室里也能非常时髦，因此购物令人愉快。但统计数据也表明，还有40%的女性是不喜欢购物的。[1]零售商们想方设法地让购物过程变得更加令人愉悦，希望这样就能够让那40%改变心意。许多商店都有导购，他们知道如何招待顾客，比方说“在顾客进店的两分钟内礼貌招待”以及“听顾客的吩咐，建立关系，找出顾客的需求并满足之”[2]。这些都在强调购买环境对于营销商的重要性：也许你拥有世界上最好的商品，但也要让消费者愿意买才行。

莎伦购买项链的经历涉及本章要讨论的几个概念。购物并不像我们以为的那样简单，只是去商店挑选产品而已。如图13—1所示，消费者的选择会受到许多个人因素的影响，比方说心情、是否时间紧张、购买原因等等。有时候，售货员在消费者最终的决定中会起到关键的作用。

商店的环境也是一个重要的影响因素。其中包括售货员、其他顾客、商店的环境及其给顾客的感受，还有店内的装饰以及试图影响顾客的促销材料。此外，买完东西回家以后依然会发生大量的消费活动。用过一种商品之后，消费者才能判断对之是否满意。满意与否对于营销商来说至关重要，他们都知道成功的关键不是一次卖出多少商品，而是与消费者建立起关系以便将来继续销售。这一章要讨论的就是与购买和购买后行为相关的问题。

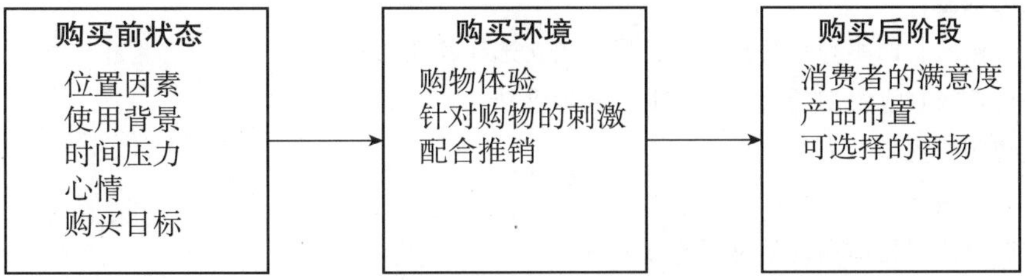

图 13—1　与购买和购买后的活动有关的因素

资料来源：M. R. Solomon，*Consumer Behavior*，8th ed.，p. 364，© 2009. Reprinted by permission of Pearson Education，Inc.，Upper Saddle River，NJ.

影响消费者购物的环境

消费环境指的是除人和产品之外，影响购买和使用产品或服务的因素。环境因素可以是行为上的（招待朋友），也可以是感觉上的（精神不振或者时间紧迫）。[3]常识告诉我们，某个特殊的时间点也会让我们享受购物。

精明的营销商也知道上面所说的道理，他们把环境和时间调试到合适的状态——这个时候人们最容易产生购买行为。这一点在服装业是非常明显的，有非常清晰的服装季。男性服装一般只有春秋季，而女性的则有五个季甚至更多。商品季通常是按照下面的月份出现的：

- 家常——1 月。
- 春季——2 月、3 月和 4 月。
- 夏季——5 月和 6 月。
- 换季/早秋——7 月。
- 秋季——8 月和 9 月。
- 假期——10 月、10 月和 12 月。

有些设计师和制造商按照假期和事件（比如开学、复活节等）推出自己的商品。但越来越多的商家会每个月都推出新品，而不是以前的一年五次，这样就能连续不断地吸引顾客。

除了产品与使用情况之间的关系以外，另外一个环境原因就是，一个人扮演的角色部分是由其场所自我形象决定的，他/她会在心里想："我此时是什么人?"（见第 5 章）[4]一个小伙子想要给自己的约会对象留下好印象，就会扮演花花公子的形象——衣服很酷，花钱如流水，点香槟而不是啤酒，买鲜花。而当他跟哥们儿出去的时候就根本不会考虑这些。如这个例子表明的，知道消费者在做什么、扮演的是什么角色，就能够改善对产品和品牌选择的预期。[5]

另外一种研究购买行为场所因素的方法是内因 vs 外因类型学。一个针对服装的研究发现，影响服装选择的场所因素实际上大多属于外因，比如天气、社会活动和时间，另外还有一部分属于内因，如心情和自我感受。[6]图 13—2 中是衡量这些影响因素的部分调查题目。

蔻驰的场所细分

奢侈皮革制造商蔻驰（Coach）决定要对自己的营销策略进行彻底的修改，要让女人们都觉得自己应该拥有多个包包以满足日常的和重要场合的需要。如今，蔻驰正在帮助女性扩充自己的衣橱，不断推出周末包、晚包、背包、书包、手包、手提袋、公文包、棉麻包、零钱包、呢子包以及迷你手提袋（折叠起来像两个包套在一起）。公司还制作了新款包来满足其称之为"使用空隙"的东西——就是从周末"逃亡"到旅行的一系列活动。蔻驰推出了汉普顿周末系列，也就是可塞满海滩毛巾和鲜艳的人字拖的包。所谓"有包，就去旅行"。[7]

场所外因
我想为庆典挑选合适的衣服。
当我看上的那件衣服（裙子、西服等）送去洗衣店了，我就选择其他的。
挑衣服之前，我会想想这天自己扮演的角色（学生、老师等）。
决定穿戴之前我会先想想要见什么人。
买衣服之前我会看看天气情况。
我希望买到时髦的衣服（或者目前来说是时髦的）。
心情舒畅的时候，我会穿最亮眼的衣服。
要走很长的路，我会穿上舒适的鞋子。
阳光明媚的日子，我穿明亮的衣服。
有时候起床晚了，抓到什么我就穿什么。
场所内因
情绪低落的时候，我会用最亮眼的衣服来让自己振奋起来。
感觉累的时候，我就穿让人愉快的衣服。
没有把握的时候，我就穿最爱的衣服。

图 13—2　选择服装的场所影响因素

资料来源：Yoon-Hee Kwon，"Effects of Situational and Individual Influences on the Selection of Daily Clothing，" *Clothing and Textiles Research Journal*，6（1988）：6－12.

场所细分

系统地识别出重要的使用环境，研究者可以发展出营销的细分策略，以满足商家需求。许多产品是按照这种细分来分类的。当然，时装是根据不同情况来分类的：日常衣服、职业套裙、舞会装等等。图 13—3 是一家零售店男性和女性的服装分类，展示了不同场合的不同衣服。有些分类，如鞋子的分类，已经变得越来越复杂了。以前我们买运动鞋；如今会为能够想到的每一种运动准备不同的鞋子。耐克的网站（www.nike.com）上有针对每种运动的不同款式的鞋子：棒球/垒球、篮球、混合训练、足球、高尔夫、户外（适合所有情况）、橄榄球、跑步、网球以及女性减肥运动。这样选择起来怎么样？

社会环境和物质环境

社会环境和物质环境在很大程度上影响产品的使用以及消费者对商品的评价。包括消费者周围的物质环境，周围其他消费者的类型和数量。物质环境方面，比如装修风格、气味甚至温度，都能够明显影响到销售情况。本章的后面我们再详细讨论这些因素。

除了物质环境之外，许多消费决策都明显受到群体或者社会环境的影响。有时候，其他顾客在场与否也能发挥作用，就像高档商店承诺要给享有特权的顾客提供私密空间。其他时候，他人在场则会起到积极的作用。服装店或餐馆门可罗雀传达的是一个非常强烈的信息。

消费场所里的大量人群会提高人的唤起水平，这样消费者的主观感受会更加强烈。然而，这是一把双刃剑。当他人在场时，消费者的实际体验就取决于他/她对此的解释。因此，对密集和拥挤这两个概念进行区分是非常重要的。密集指此时此地的人数，而拥挤的心理感受则是由密集引发的消极体验。[8]例如，一间小店里来了很多人，这也许意味着销量会很好，对店主来说是个好消息，但对顾客来说就不是这样了。

此外，顾客的类型也会影响到评价。我们经常会通过光顾的客人来推断商店的好坏。举止优雅、穿着时尚的女性顾客会让高档时装店生辉不少。因此，有些餐厅会要求男性顾客穿着夹克来吃饭，或者会给没穿夹克的人提供一件比较廉价的。而在一些很火的酒吧、高级时装店开业的时候，会安排保镖一一检查客人们的穿着是否得体。就像喜剧演员格劳乔·马克斯（Groucho Marx）说的那样："我绝不会去那种会把我当作会员的俱乐部！"

女性服装
运动装：上装（T恤、衬衫、罩衫、宽松运动衣），下装（短裤、裙子）。
活动装：健身装（紧身连衣裤、舞蹈衣、锻炼服、慢跑装），以及运动装（网球、高尔夫、自行车等等）。
泳衣/沙滩装。
裙子：日常，正式。
晚宴装和婚礼礼服。
外套：上衣、夹克、披肩、风衣。
套装：包括裤子、衬衫。
私密服装：
　　基础：胸衣、吊袜带、腰带、塑身衣。
　　贴身内衣：日常——衬裙、衬裤、背心；睡衣——睡衣裤、家居装。
孕妇装。
配饰。
混装：制服、围裙，等等。
男性服装
定做衣物：西装、大衣、夹大衣、运动外套、裤子、正式服装。
服饰：衬衣、围脖（领带、围巾等）、内衣、帽子、袜子、睡衣、睡袍。
运动装：运动衬衣、针织衬衣、毛衣、短裤、便裤、运动服、泳裤。
工作服：工作衬衫和裤子、工装、牛仔裤。
混装：雨衣、制服、帽子。

图 13—3　男性和女性的服装分类

时间因素

时间是消费者最宝贵的资源之一。我们谈论着“抽时间”、“花时间”，别人也经常提醒我们说“时间就是金钱”。常识告诉我们，时间越是充裕，就越是会更仔细地搜寻信息，也更加深思熟虑。

经济时间

时间是个经济学变量，它是一种资源，必须进行细分以处理不同的活动。[9]消费者试图把时间分派到合适的项目，最大化满足自己的需要。个体需要的优先权决定了他/她的时间风格。[10]

分析家认为，消费者的时间越紧，购买一件最新款式衬衫的重要性越低。研究发现，一年中，普通人消费在堵车上的时间是 47 小时，而在 1982 年是 16 小时。女性在每天 5 个小时的空余时间里，花了 3 个小时来看电视。[11]在剩下的两个小时中，有许多其他的休闲活动，比如社交、运动。而这正是零售商们担心的一点。

许多消费者觉得自己的时间压力要比以前大，有一种时间贫乏的感觉。这种感觉更多是由于感知而非现实。人们也许有了更多支配时间的方法，在为如此众多的选择而烦恼。20 世纪初，工作时间平均是一天 10 个小时（一周工作 6 天），女性每周做 27 个小时的家务；在 21 世纪初，女性做家务时间是一周不到 5 个小时。除了节约劳动力的设备以外，还有一个原因就是男性也在共同承担这些工作。而在有些家庭，把家里打扫得干干净净可能也不像以前那么重要了。[12]但是，依然有三分之一的美国人报告说自己总是觉得忙碌——在 1964 年，只有 25%的人觉得忙碌。[13]

由于感到时间贫乏，消费者非常支持营销商做出有利于他们节约时间的革新。这也创造了新的服务机会，比如干洗和网上照片共享——在网上，传播速度是一个重要优点。[14]商店里的产品摆放也得改变，利用简单的标识让忙碌的顾客能够很容易就找到想要的东西，尽快完成购买。有些人认为，在一个时间贫乏的时代，更需要培养消费者品牌忠诚度。如果消费者已经有了最喜爱的服装品牌，并且也很适合自己，那就没有理由再花费时间去搜寻了。

根据生活方式检测，每次购物，女性平均花费 1 小时 41 分钟买衣服，而男性只用不到 90 分钟。最近，消费者逛商店的时间比以前长了。[15]这也许是因为可供选择的商品变好变多了。另一方面，网店让人们得以熟悉商店新出的产品，这会缩短女性逛街的时间。

心理时间

在某些时间段，更加适合推出某些产品和服务。在特定时间段，我们对广告的接受度更好。谁想在早晨7点看一个啤酒秀呢？杰西潘尼或者塔吉特要减价的广告出现在早上则会更好。但是，有证据表明，消费者早上的唤起水平比晚上要低，这会影响其信息处理的风格和质量。[16]

心理时间，或者说人对时间的预期，是排队理论（排队的数学研究）中非常重要的概念。消费者排队的体验会从根本上影响其对服务质量的感知。尽管我们假设，需要等待正好证明这件东西不错，但长长的队伍会很快让消费者感到厌烦。[17]据调查，83%的女性和91%的男性称，如果需要排长队，那就不会去了。于是零售商想方设法避免排队，或者减少排队的时间。有些商店用消费者自助结账系统来解决这一问题。

购买前状态：感觉好就买

购物时的心情或心理状态在很大程度上影响购买什么东西，也会影响到对产品的评价。[18]例如，压力会影响消费者的信息处理和问题解决。[19]愉悦和唤起这两个方面决定了消费者对消费场所的感觉是积极的还是消极的。消费者可能享受也可能厌烦这一体验，可能会受到激励也可能从此再也不来。如图13—4，愉悦与唤起水平的不同组合会引发各种各样的情绪状态。例如，一种唤起状态可以是烦恼，也可以是兴奋，这取决于背景是积极的还是消极的（例如，骚乱的街道vs节庆的街道）。保持一种向上的感觉是许多主题公园成功的重要原因，比如迪士尼乐园，就给顾客提供非常多的刺激[20]，还有很多新的零售业态迎合年轻人（例如耐克，用愉快积极的方式提供轻松活泼的展览和音乐）。具体的心情都是由愉悦和唤起组合而成的。比如，开心是高度的愉悦和中等的唤起，而兴奋则在两方面的程度都很高。[21]一般来说，不管是消极还是积极的心情，都会涉及对产品和服务的评价。[22]简单说，消费者心情好的时候，对商品的感觉也会更好。反之，则更坏。有些商品能够让消费者的心情变得很好。《女装日报》针对衣服颜色的研究发现，绝大多数女性都会选择衣服的颜色来暗示自己的心情，如鲜艳的颜色会让自己感觉更好（这对于年长者来说更是如此）。[23]

商店的设计、天气或者其他特别的东西都能影响心情。此外，音乐和电视节目也会产生影响，这对电视广告节目来说意义重大。[24]心情好的时候，消费者会漫不经心地观看广告[25]——不怎么注意广告细节，而更加依赖直观感觉。[26]

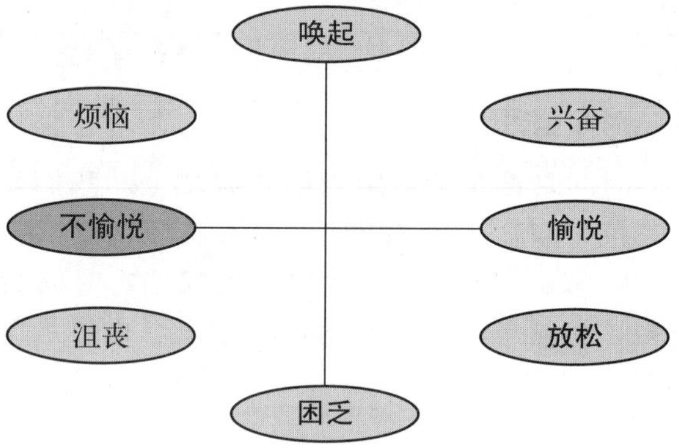

图13—4　情绪状态维度

资料来源：James Russell and Geraldine Pratt，"A Description of the Affective Quality Attributed to Environment，" *Journal of Personality and Social Psychology*，38（August 1980）：311－322. © Copyright 1980 by the American Psychology Association. Adapted by permission.

购物：是个差事还是一种刺激？

有些人即使没打算要买东西也会去商场，而有些人就很不愿意去商场。购物是为了获取需要的产品和服务，但社会性动机也是非常重要的。因此，购物既可以是为了使用（功能性的或者明确的），也可以是为了享乐（令人愉悦的或者不明确的）。[27]

购物的理由

研究者用量表来评估人们的购物原因。一项是测量享乐值的，比如"我感觉到来自搜寻的兴奋"；另外一种是功能化的，比如"我只买了计划中的东西"。二者相比，这两个方面的差异就很清晰了。[28]享乐性购物动机包括以下方面[29]：

● 社交：购物中心或者百货商店位于传统的商业中心，是人群聚集的地方。许多人可能没什么地方打发自己的闲暇时间。一项研究发现，青少年的孤独感和去商场娱乐社交行为之间存在相关。[31]另外一个有关孤独感的例子很有趣：一个上了年纪的男人，每星期六都去麦迪逊大道（Madison Avenue）时装店，读报纸，领取给奢侈区顾客准备的咖啡和点心。6 年来，他从来没有在那里买过一件东西，但是商店依然给包括他在内的每一位顾客提供这种高端服务。

● 有共同的兴趣爱好：商店经常出售特殊商品，让志同道合的人互相交流。

● 当时的身份：每个销售员都知道，有些人很享受这种被招待的滋味，即使没买什么东西。一个男式服装的售货员建议说："记住顾客的尺寸号码，记住上一次的交易。让他们感觉到自己是被重视的！如果你能让他们有这种感觉，他们就会成为回头客。每个人都希望自己是重要的！"[32]

● 就像打猎一样兴奋：有些人因为自己在商场方面的知识而感到自豪。和莎伦一样，他们会享受讨价还价的过程，几乎把它看成是一种消遣。

你为什么购物

《女装日报》对全世界的女性做了一项调查。以下是对"你为什么购物"的一些回答。[30]

纽约

● 我看了时尚杂志。我来纽约是为了到塞克斯（Saks）、波道夫（Bergdorf's）和巴尼斯（Barney's）这些商店去血拼。

● 精神不振的时候我就去购物，但有时候也是因为遇到了真正喜欢的东西，它们诱惑我去买。

洛杉矶

● 无聊。

● 什么都行。

● 想聚会的时候我就去购物。

芝加哥

● 商店里的东西一应俱全。

● 赶时髦，让自己永不落伍；我喜欢衣服。

● 只要有商品让我眼前一亮。我总是在观赏。这不是季节性的，我只是在购物。

马德里

● 我喜欢购物，主要是为了优质品和基本生活用品。

● 我喜欢购物，购物让我感觉良好。

● 除了李维斯，我对其他品牌都不感兴趣。这是我唯一知道的美国品牌。

伦敦

● 我是个冲动的购物狂。我总在寻找目标。

● 我买东西认牌子。看见喜欢的东西，买下来，然后离店。

米兰

● 我喜欢鞋子和化妆品。

● 我几乎没时间购物，除非真的特别需要。

● 我不赶潮流，只追随自己的感觉。优质的东西才能持久。

多伦多

● 你总会想要一些不一样的东西，总是试图跟上潮流。

● 这是天生的！我就是喜欢购物，我能说什么？

● 我喜欢给家里买漂亮的东西，我喜欢漂亮衣服。

莫斯科

● 我喜欢购物。我喜欢把自己打扮漂亮，喜欢赶时髦。

● 我不会因为需要而买东西，除非商品很适合我个人。

● 购物是种乐趣。我喜欢看起来很酷的衣服。

巴黎

● 我只认漂亮衣服，不认牌子。

● 我喜欢牛仔裤，喜欢素颜，也喜欢盛装。

● 我买自己喜欢的东西。迪奥和香奈儿很漂亮，但那是给上了年纪的人准备的。

买衣服：喜欢还是讨厌？

是哪一种呢？人们是喜欢购物还是讨厌购物？这要看情况。生活方式检测调查显示，喜欢买衣服的女性数量在增加。[33]以百分制来计算，她们在"购物晴雨表"上的得分是 56。（当然，时尚革新者的得分最高，达到了 72 分。）

至于"不喜欢买衣服"，最大的原因是消费者把精力放在了生活中其他事情上，包括：

● 宁可把钱花在别处。

● 不像以前那样热衷于衣服了。

购物中心已经成了年轻人的聚集地。有时候这也会有问题，比如，有的时候老年人觉得不够安全。

许多购物中心开展了“清晨营业前的几个小时”活动，这是为老年人准备的，让老年人在购物中心温暖、舒适的环境中散步、锻炼。

- 现在流行的式样并不适合我。
- 我没时间去买衣服。

研究表明，在挑选时装时，25～34 岁这一群体是非常清醒的，有人提出意见说：“店里的东西要么就不太好，要么就太贵了，没有两全其美的。”“百货公司和连锁店里的东西看起来都一样。而想要买到真正特别的衣服，你就得花上一大笔钱，我可不想为每件东西都花这么多。”服装公司要小心这些头脑清醒的消费者。

购买目标

根据购买目标或者对购物的一般态度，可以把消费者分成几类。这取决于产品类型和商店类型。莎伦喜欢买珠宝，她也可能讨厌去鞋店或五金店。时尚工业专家还宣称，男性和女性在购物风格上是不一样的。下面是几种不同的购物类型[35]，你是哪一种呢？

- 经济型消费者：理智的、目标定向的消费者，最大兴趣在于让自己口袋里的钱价值最大化。
- 个性化的消费者：倾向于和商店建立私人关系（“店里的人能叫得出我的名字”）。
- 道德高尚的消费者：喜欢帮助弱小者，支持私营店主不受垄断的控制。
- 冷漠的消费者：不喜欢购物，只把它看作必须要做的繁琐事情，不会觉得愉悦。
- 找乐子的消费者：把购物看成是一种消遣、一种社交活动，是打发闲暇时光的方式。

电子商务：网店 vs 实体店

随着购物网站如雨后春笋般出现，销售范围从 T 恤到冰箱贴，几乎包括所有的种类，营销商们关于网络对销售的影响展开了热烈的讨论。[36]有些消费者可能更加倾向于网络购物（这是个很好的研究项目）。很多人对此非常担心：电子商务是注定要取代传统的零售业，还是会与其和谐共处，又或者电子商务会逐

多元文化维度

谁最喜欢购物？针对全世界女性的调查发现，除中国香港之外，几乎所有国家和地区都有超过 60%的女性表明自己喜欢买衣服（香港只有 39%）。拉丁美洲国家的女性则更甚，她们几乎生来就是购物狂；在巴西、哥伦比亚等国家，超过 80%的女性认为买衣服是她们最喜欢的活动。其他比例也很高的国家还有法国、意大利和日本。相比之下，只有 61%的美国女性喜欢买衣服。几乎在世界上的每个地方，女性都表示，橱窗里的服装展示是获取信息最重要的来源。这有两个例外：一个是德国，她们认为时尚杂志是第一信息来源；另外一个是墨西哥，她们认为家人才是学习穿着打扮的最佳榜样。[34]

像 www.bluefly.com 这样的电子商务网站，使得购物者不用离开家里就能购物。

渐消退，甚至有天成为孩子们嘲笑的对象？

对营销商来说，电子商务的崛起有好处也有坏处：一方面，电子商务超越了物理距离，让你即使在千里之外也能进行销售。另一方面，竞争对手不再仅仅是对面的商店，还有遍及全球的成千上万个网店。还有一个问题就是，在网上直接进行销售就不再需要中间人了，而在从前，中间人非常忠诚地担任了进货与售卖的工作。[37]网店与实体店之间的比拼在营销界正进行得如火如荼。

这样说来，又是什么让电子商务如此成功呢？根据美国调研公司 NPD 所做的一个在线调查，75%的网购者都认为，良好的顾客服务会让他们再次光顾某间网店。[38]最近的一个网络时尚研究也发现，消费者对网购的很多方面，满意度都非常高。但是，年纪大一些的顾客以及女性顾客的满意度会差一些。消费者最关心的问题是缺乏顾客服务。[39]许多成功的网络零售商都知道，利用技术为顾客提供额外价值能够吸引和留住顾客。比如，www. landsend. com 就为顾客提供了一个虚拟的模特，让消费者根据自己的体形来设计，这样消费者就可以用虚拟模特来试穿网站上的衣服了。“封面女郎”是美国最大的彩妆品牌（www. covergirl. com），其网站可以让女性寻找与自己肤色和发型搭配的颜色，或者设计一整套的装扮来反映自己的生活方式。电子商务同样也有自己的局限。安全性就是其中一个重要问题。我们都听说过很恐怖的故事——有些消费者的信用卡和其他身份信息遭到泄露。大多数盗窃案中个人实际损失只有 50 美元左右，但是其对个人信用的损害却会持续好几年。有些卑劣的公司就靠刺探和售卖私人信息获取利益——有家公司就这样推销自己：“一个让你惊讶无比的好工具，让你找到任何你想要的信息，包括你的朋友、家人、邻居、雇员甚至你老板的信息！”[40]相当骇人！几乎每一天，我们都会听说有黑客入侵了公司甚至政府网站并大肆破坏。交易需要冒着泄露商业机密以及其他私人信息的风险。许多网站必须花费大笔的资金去进行安全维护，并进行日常审计，以保证网站的安全。

电子商务的另外一个缺陷和实际的购物经验有关。在网上买台电脑或者买本书可能会比较满意，但购买像衣服这种需要摸、需要试的东西就有些问题了。虽然大多数网店都实行非常宽松的退货政策，但仅仅是因为不合适甚至是因为颜色不对，消费者就需要负责来回的运费。时间和运输也是个问题。许多圣诞快递都没有办法准时送达。事实上，许多网络公司因为没有实现运送承诺或者甚至根本就没有运送，而被联邦贸易委员会征收了大笔的罚金。[41]表13—1中是总结出来的电子商务的优点和缺点。传统的销售方式并没有消失，但零售商们要更加努力，向消费者提供在虚拟世界所没有的东西——一个充满刺激又怡人的闲逛环境。现在，让我们来看看他们是怎么做的。

剧场一样的零售业

零售商之间的竞争正演变得越来越激烈。从电子商务、电视购物到家庭购物聚会，形式越来越丰富。

表13—1　　电子商务的优缺点

优点	缺点
对于消费者	
24小时在线	缺乏安全性
不用出门	欺诈
不论在何处都能迅速找到想要的信息	无法看到实物
更多选择	屏幕上可能无法精确显示颜色
对于不发达国家，提供的产品更多	要退货的话很贵
更多价格信息	人际关系破裂的潜在危险
价格更低，穷人也买得起	
参加虚拟拍卖	
快速送达	
电子联盟	
对于营销商	
全世界都是商场	缺乏安全性
成本降低	需要对网站进行维护
特殊行业可以成功	激烈的价格战
实时定价	与传统零售商的竞争
	未解决的法律问题

资料来源：Adapted from Michael R. Solomon and Elnora W. Stuart, *Welcome to Marketing.com: The Brave New World of E-Commerce* (Upper Saddle River, N.J.: Prentice Hall, 2001).

高峰时间聚会

一些营销商选择跟随消费者的时间表以提高销售量。意识到大多数女性消费者不再每天都待在家里之后，雅芳也把自己的网点扩大到了办公室，让自己的代理在午餐和咖啡时间进行推销。同样，特百惠的高峰时间聚会是在工作日的末尾，并且发现，大约20%的交易都是在家庭外完成的。玫琳凯也使用这种策略——玫琳凯的一个雇员为其成功提供了另外一种解释："职业女性在办公室买得更多，是因为她们不用盯着需要更换的墙纸。不在家里，她们会觉得自己更有钱。"[42]

消费者有如此多的购物方式，传统商店怎么去竞争呢？购物中心试图利用人们的社交动机、提供顾客渴望的商品来提高消费者的忠诚度。购物商场通常都处在社区的中心位置。在美国，94%的成年人至少一个月去一次商场。大多数的零售商品（除了汽车和汽油）都是在商场里交易的。[43]

商场正在变成巨大的娱乐中心。就像一位零售业执行官说的那样："商场正在变成新兴的迷你娱乐公园。"[44]如今，你很容易就可以在城郊商场找到微型高尔夫甚至是棒球击球区。其目标是提供一种体验，吸引消费者。而这又激发了营销商的创新性，即把购物和冒险刺激联系在一起。[45]

位于南非德班的Expo-Xplore会展中心，是新的购物综合设施的一部分，这是娱乐和零售行业的新风潮。会展中心的庭院，和卖衣服的零售店一起，瞄准各种各样的户外冒险运动，开发出来蓝色星球、海洋主题的运动项目，包括潜水、划船、冲浪以及其他水上运动。

个体商店则努力加入刺激、娱乐以及新鲜的东西来吸引消费者。纽约的普拉达店就有高科技的更衣室、等离子屏幕监视器以及永不停歇的娱乐活动，还有世界上第一个圆形玻璃电梯，以供顾客、游客消遣使用。[46]三宅一生在纽约最新开张的店里，同样也有一些巧妙的设计，让顾客仿佛置身于博物馆的环境之中，非常有趣，并且充满惊喜。[这家店是由弗兰克·盖里（Frank Gehry）设计的，他也是古根海姆博物馆的设计者。][47]

李维斯在旧金山的店，还有遍及全美的耐克城，在保证一般的视觉刺激和活动（例如巨大的录像屏幕和模仿游戏）以外，都给顾客提供特别的商品服务。李维斯全球营销和发展主管在谈到旧金山第一家店的时候说道："这家店不仅仅是一个零售的场所，它还是个非常有吸引力的地方，可以直接把孩子放在这儿。我们对它的定位是，一个充满活力和鼓励创造性的场所。"[48]

娱乐与商场的组合也有缺点。有人担心，被这些高科技吸引过来的是商场投资商最不希望的人群——一群青少年男孩，他们会对真正的消费者造成威胁。[49]尽管李维斯致力于创造一个可以放心把孩子放在那儿的环境，青少年的大量涌入还是会让人担心。例如，明尼阿波利斯市附近的美国商城就遭遇了类似的问题——太多的青少年涌入，以至于快容不下成年人了。

多元文化维度

李维斯、体育用品网络零售商富乐客（Foot Locker）、玩具反斗城、盖普等美国零售商正在向欧洲传达自己动态零售环境的观点。由于英国官僚主义减少、人事成本降低，这些海外"侵入"常开始于英国。不过欧盟的商场还是十分稀少，因此这些连锁店不得不付出非常高的租金，以求得城市中的一席之地。盖普发现所供应的商品型号要比美国的小，并且许多欧洲顾客更喜欢暗一点的颜色。同样，一些零售商不再使用类似许多美国店门口的欢迎者——欧洲人会被他们吓到。[51]

米尔斯公司（Mills Corporation）的连锁购物中心强调提供交互式的体验。公司利用体验的主题，给自己在全国的10个商场创造了统一的品牌形象。它的特色主题餐厅包括雨林咖啡和虚拟现实游戏中心。[50]其他的零售商则试图通过发展出其他的主题环境，把两种消费者最喜爱的活动——购物和饮食联系起来。根据Roper Starch最近的调查，外出就餐可以排在家庭娱乐活动的第一位，而勇于创新的公司则给消费者提供机会，使他们可以把饮食、购物、娱乐一次搞定。伦敦的硬石摇滚餐厅成立于1971年（www.hardrock.com），现在在40个国家拥有130多家餐厅。同样，好莱坞星球酒店（www.planethollywood.com）挤满了顾客，其连锁店遍布全球，还在拉斯维加斯建设了一个分时度假村。而这些餐厅里售卖其他产品的利润占总利润的60%。50%的主题连锁店所获取的收入中，来自T恤和其他产品的收入要超过来自牛排和其他食物的，这也就不足为怪了。[52]从另外一方面说，并不是所有的主题餐厅都运营得很好。纽约的时尚咖啡馆在几年之后就关闭了——超级名模艾拉·麦克弗森、克劳迪娅·希弗和娜奥米·坎贝尔拥有该商店的部分所有权。

商店意象

如此众多的商店彼此竞争，消费者为什么会

选择这一家而不是那一家呢？和产品一样（见第8章），商店也是有“人格”的。有些商店的意象非常简单明了（非好即坏），其他的就湮没在人群中了。它们也许没有什么与众不同的地方，因此就被忽略掉了。这种人格，或者说商店意象，由许多不同的方面组成。从商店的特色与顾客的特征可以预测人们会更喜欢哪一家店。[53]商店特色中最重要的方面包括地理位置、合适的商品以及销售员风格的知识与适合度。[54]

消费者印象的形成取决于这些典型特征。当顾客回想起商店的时候，他们可能不会说：“嗯，那个地方相当不错，非常便利，销售员风格也能接受，服务也很好。”他们更有可能这样评价：“那个地方让我浑身起鸡皮疙瘩”或者是“我一直都很喜欢在那里购物”。消费者通常都会从总体上来对商店进行评价，这种总体上的感受可能跟内部的设计、店里的其他人有更大的关系，而和退货制度或者信用额度等方面关联较小。通常，消费者出入各种不同的商店，并迅速给出评价。因此，消费者可能成为某些商店的常客，而不再考虑其他商店。[55]

氛围

影响销售非常重要的因素是商店意象，所以，商店的氛围也越来越受到重视——或者说，对环境有意识地进行设计，以唤起消费者的不同感受。[56]设计的维度包括颜色、气味和声音。比如，红色会让人紧张，而蓝色则让人感到平静。[57]颜色能够解释个人对产品认可的绝大多数原因。[58]就像在第9章里讲到的，已有初步研究表明，气味（嗅觉方面的暗示）也会影响消费者对商店环境的评价。[59]店里的氛围反过来影响购买行为。一项研究显示，根据进入商店5分钟以后顾客报告的满意度，能够预测其停留在店里的时间以及花费的金钱。[60]

可以很精巧地控制商店元素，以达到吸引顾客、对顾客产生理想效果的目的。轻柔的色彩能引发宽敞和宁静的感受。色彩营销人员预测，蓝色，也就是和水关系最为密切的颜色（宁静的标志），将会是下一个十年占据统治地位的颜色；而在今天这样一个快节奏的时代，当消费者寻找精神上的抚慰时，暗棕色以及轻柔的浅色（比如浅绿色、淡紫色）将会是消费者的选择。[61]从另外一方面说，明亮的颜色让人兴奋，商品和店里的标志会使用这样的颜色，以吸引消费者的注意力。在一个案例中，零售环境中巧妙地利用了颜色：时尚设计师诺玛·卡玛丽（Norma Kamali）把百货公司更衣室的荧光灯换成了粉色的。这种颜色可以美化脸部，淡化皱纹，让女性顾客更加乐于去试穿并最终购买公司的泳衣。[62]沃尔玛也发现，在自然光下的销售量要比人工照明条件下的好。[63]一项研究发现，店里的光线越好，顾客查看和购买的商品就越多。[64]

逛商店，买音乐

你喜欢你最钟爱的那家店里的音乐吗？随着店内声音环境的重要性日益凸显，集锦CD横空出世。“维多利亚的秘密”最先在店里放了一张古典音乐CD，引领了这一潮流。顾客一边听着贝多芬，一边购买女士内衣。这一下就卖掉了超过200万张古典音乐CD。罗克里弗通信公司为零售商们制定了音乐策略——包括陶瓷谷仓、拉夫·劳伦、盖普、威廉·索诺马、科尔士百货公司以及雷斯托奥里欣家居（Restoration Hardware）。营销商很早就知道，背景音乐让消费者更有心情购物；但营销商也是最近才把音乐本身也当作一种商品来卖。[65]商店可利用音乐来配合自己的营销和风格。例如，如果埃迪·鲍尔（Eddie Bauer）想要吸引年轻顾客，就会撤掉大乐队CD，换成时髦的拉丁乐。一年当中，雷斯托奥里欣家居把酒杯配上搅拌棒、杯托，播放像派瑞·柯摩的《爸爸喜欢曼波》、哈利·贝拉方提的《可可豆女性》这样的歌曲。结果非常成功，很多顾客在冲动之下购买了边际利润很高的CD。

店内的决策

几乎所有的努力都是针对售前过程，营销商逐渐了解到店内环境的重要性。例如，研究者就发现，店内商品的陈列是女性决定购买哪件商品的主要信息来源。[66] 据估算，超过 70% 的化妆品购买都是无计划的。[67]

冲动消费

顾客在商店购物的时候，会发生这样的情况：如果顾客对店内的布局不是很熟悉，或者购物时有一些压力的话，就会发生无计划的购买，或者是看见货架上的某件商品，就想起来要买的东西了。在店内产生的新需求中，大约三分之一的购物都是无计划的。[68]

如果顾客突然有一种冲动而又无法抵抗的时候，就会有冲动消费。当顾客认为冲动消费是合适的，比如说给一位生病的朋友买礼物的时候，就极有可能真的发生冲动消费。[69] 为了迎合这种冲动消费，营销商会在店内非常方便的地方放置一些小物件，比如在结账台附近。

研究者们对于冲动消费种类的划分，意见并不一致；但是，在某些方面的意见还是一致的。一项时尚研究使用下面的分类[70]：

- 计划内的冲动消费：购买与否取决于打折的情况。消费者会等待，看看哪些东西在打折，然后再决定购买。
- 提醒式的冲动消费：顾客记起了从前一件要买的东西，然后当场买下了。
- 时尚定位式消费（其他分类中使用的是建议冲动）[71]：顾客发现一件新款的东西，听了他人的建议而蠢蠢欲动，然后决定购买。这要归因于消费者对新式样的了解。
- 纯冲动消费：之前没有计划或想法，可能是突然出现一个想法的消遣式购物。

冲动消费并不是失去理性。通常，冲动消费反而最能满足我们的需要。曾经有多少次，你硬是压下了冲动消费的念头，但是过后又说："真希望当时买下它，那多完美呀！"另外一方面，研究发现，和非时尚专业的学生以及非学生消费者相比，时尚专业的学生会有更多的冲动消费。[72]

减价促销的时尚界

制造商和零售商广泛利用优惠券来引导消费者选择新的品牌。最近，一些百货公司也出现了这样的礼券，例如梅西百货公司。礼券成为减价促销的一个重要手段，而其有效性的证据却是混杂的。已经使用过这种促销产品的家庭更有可能使用优惠券并继续购买，而大多数消费者会在促销结束之后继续使用他们原先使用的牌子。因此，公司本来希望能够通过优惠券来抓住消费者，到后来却发现，自己劝导了顾客转用其他品牌。[73] 多亏了技术的进步，营销商可以细化自己的资料库，来发现真正的消费者。返回式的或者瞄准式的优惠券被邮寄到这些顾客手中，而不是大量印发在报纸上，以此来培养忠实顾客。[74] 那些容易转换品牌的人很有可能并不会接收到邮件。

促进购买的刺激物

显然，许多消费者都是在消费场所中做出购买决定的，因此，营销商把注意力集中在自己店内信息以及陈列的方式上。据估计，如果布置合适，冲动消费会提高 10%。每一年，美国的公司都会花费超过 130 亿美元在促进购买刺激物（POP）上，从货品的精心陈列到新款香水的免费样品赠送。

营销商逐渐意识到购物环境对于消费者的作用，店内的广告也变得非常复杂。很多年来，凯马特公司用著名的蓝色系列来突出促销商品（同样的理念也用于其网站 www.bluelight.com 上的"特别日子的特殊商品"）。一般来说，销售环境中的店内陈列会被用来吸引消费者的注意。以下是一些更加动态的 POP 陈列[75]：

- 天美时表：一块还在滴答走动的手表躺在浴缸底部。
- 伊丽莎白·雅顿："伊丽莎白"是一款视频化妆系统软件，让顾客可以在电脑里用自己的虚拟形象来试用不同的化妆品，而不需要在自己的脸上试用。
- 翠法丽（Trifari）：这家公司提供纸质的"珠宝"，这样顾客在家就可以试戴。
- REI：这家户外装备零售商把自己产品的使用体验介绍给消费者。它的一个最著名的操作活动是叫做品尼高（Pinnacle）的攀爬墙，顾客可以用它来试练自己的装备。[76]

在电子技术时代，促进购买刺激物也有了

很大的进步。[77]一些商店的特色在于会说话的海报——海报里有对人身体的传感器，顾客一走近，它就会说话。店内的视频展示也让广告商可以在顾客即将购买的时候利用广告施加影响。[78]而自助服务查询机则在店外向消费者提供商品信息。

在一流的自动贩卖机里，可以发现一些有意思的革新——如今贩卖机售卖的东西从软件到服装几乎无所不包。而自助服务查询机现在还卖起了气味——香水的样品，这样也不会影响到你身边的人。[79]法国的消费者可以从一种叫 Libre Service 的机器里买到李维斯的牛仔裤，有 10 个号码可供挑选。日本人由于忙乱的生活方式，因而成为了自动贩卖机的狂热使用者。这些机器能贩卖几乎所有的生活必需品，还有许多奢侈品，包括珠宝、鲜花、冷冻牛肉、色情品、名片、潜水设备甚至是潜在约会对象的姓名。[80]

体验式销售

如今的消费者都更期待体验。交互式的商店环境可通过体验把消费者和商品联系起来。有些公司把布娃娃卖给运动装备厂家，这样除了单纯的体验之外，还可教会消费者如何使用产品。

利比鲁俱乐部（Club Libby Lu）是个商业组织，能够让 5～13 岁的女孩有机会在一个半小时的聚会中活在自己的幻想里。每个小孩付 22 到 35 美元，过生日的小女孩和自己的十多个小伙伴就能化装，扮成像摇滚巨星、流行天后或者汉娜·蒙塔娜这样的人。俱乐部的顾问会帮忙搞定整个发型、闪亮的妆容，还会为你打造属于你自己的温泉浴场。[84]即使是小女孩也想要自己变得充满魅力。

在纽约、洛杉矶和芝加哥都有“美国女孩”专卖店，里面有宛若博物馆的奢侈布娃娃展览，还有间咖啡店，18 英寸的布娃娃能坐在可以升降的座位上，有发型沙龙可以给布娃娃美发，还可以让女孩子们打扮得像自己的娃娃一样。去“美国女孩”专卖店游览，对于它的粉丝来说就好像是一次朝圣。

“体验”帮助销售，这个概念也在苹果店得到利用。在那里，顾客可以试用新产品，可以动手去实际操作，就像苹果的“天才吧”那样，即时解决技术难题。售卖户外装备的加贝拉公司有自己的体验店，可以让顾客欣赏到野生动物世界的立体布景以及射击场的箭术表演。还有 REI 的攀爬墙，让消费者有机会在购买之前就能试用产品。一位分析家说：“对体验的销售反映了美国的经济。在这里，消费者通常已经有了自己需要的东西；给他们一个理由，他们就会去买自己不需要的东西。”[85]

销售员

店内元素当中最重要的一个就是销售员——试图去影响消费者购买行为的人。[81]这种影响力可以用交换理论来理解——该理论强调每一次交互作用都涉及价值的交换。参与的每一个人都给了其他人某种东西，同时希望自己也能收获。[82]

在销售的交互作用中，消费者寻找的价值是什么？销售员可能提供许多资源。例如，销售员可以给消费者提供很多关于商品的经验，这会让后者的决策变得简单一些；或者让消费者很放心，觉得这个销售员是个可爱的家伙，跟自己的品位相似，因此是个值得信任的人。[83]例如，涉伦买珠宝就受到梅勒妮（卖家）性别和年龄的影响。事实上，许多研究都证明，销售员的外表确实会影响销售状况的好坏。就像生活中的其他方面一样，在销售中，长得好看的人同样有优势。[86]此外，服务人员和消费者建立起良好的人际关系并不困难，有个术语叫商业友谊（想想那些超级耐心的酒吧侍者，他们都兼职做“心理治疗师”）。研究者发现，商业友谊和其他类型的友谊在某些方面相似——它们都涉及感情、亲密、社会支持、忠诚以及相互给予的礼物。它们还能帮助实现营销的目标，比如说满意、忠诚以及积极的口口相传。[87]

甚至连网站也用销售员，但是他们都隐藏在“聊天”的标题下面。网络营销商逐渐增加在线聊天专家的数量，以帮助那些需要推动的消费者。这和实体店里的店员的一句“你好，有什么可以帮您的吗?”是类似的。那些主动跟顾客聊天的营销商更有可能达到销售目的。[88]

买方和卖方的关系就像许多其他双方关系一样。在这段关系中，对于彼此的角色要达成一致：这是一个身份协商的过程。[89]例如，要是梅勒妮立刻就摆出一副专家的架势，而莎伦也接受了她的这一身份，她对莎伦的影响就会更大一些。决定销售员角色（以及相对效果）的因素包括年龄、外表、教育水平和销售动机等等。[90]

此外，有效的销售员通常都知道顾客的特点和喜好，这些知识让销售员可以调整自己的方式，满足消费者的需要。如果消费者和销售员在相互交流方式上不一样的话，这种调整交流方式的适应能力就尤为重要。[91]例如，消费者在沟通时的自信程度是不一样的。[92]在其中的一个极端，不自信的人认为投诉是不被接受的，可能会令销售员感到被威胁；而自信的人通常立场坚定，但采取无威胁的方式。如果方式不当的话，他们的好斗就会演变成粗鲁和恐吓。[93]

小姑娘们可以在位于纽约第五大道的“美国女孩”娃娃发型沙龙里，给自己喜爱的娃娃做头发。额外收费的是：一整套服务，含磨砂膏、指甲贴花。“美国女孩”店被标榜为“为女孩子提供可珍藏一生的神奇经历和记忆的场所”。

购买后的满意度

消费者满意/不满意是由总体上的感受决定的，或者说是顾客在消费之后对产品的态度。西尔斯（Sears）的最近一项研究发现，高销售量与消费者的高满意度存在相关。这一点是如此重要，以至于公司重新调整了行政执行官的薪金水平，以反映消费者满意调查的结果。[94]

随着买来的商品逐渐融入自己的日常活动中，消费者都在忙着给它们做评价。[95]消费者在购买前和购买后给服装的质量评价是不同的，[96]这让针对服装购买满意度的研究变得很复杂。消费者的满意度是有其真实影响力的：近期一项针对瑞典消费者的大样本研究发现，产品质量影响消费者的满意度，而这反过来又会让那些产品质量好的公司增长利润。[97]质量可不仅仅是一个营销的时髦术语。

满意的消费者

成功的零售商必须要了解消费者的满意度。全美零售商联合会与美国运通公司联合做了一项研究，目的是找出提供给消费者最优服务的零售商。调查中包含这样的问题：“哪个零售商提供的服务最好？”以下就是这些最好的[98]：

1. 诺德斯特姆（Nordstrom）：雇员都充满热情，热爱时尚。同时听取消费者和雇员的反馈意见。

2. 冷水溪（Coldwater Creek）：开始的时候只有 18 页的目录，如今拥有超过 160 家商店以及网络商店，服务覆盖全面。

3. 马歇尔·菲尔德公司（Marshall Field's）：如今属梅西百货公司旗下。马歇尔·菲尔德公司创造了这样一句名言：“给这位女士她想要的。”

4. 科尔士百货公司（Kohl's）：其核心顾客是那些忙碌地为自己和家人购物的母亲。

5. 鲍斯科夫百货商店：基础政策是：“顾客永远是对的。”

6. 美国户外用品连锁店 REI：最大的消费合作社，超过两亿人享受其专业服务。

7. 杰西潘尼（JCPenney）：拥有超过一千家商店，顾客的满意度非常之高。

8. 莱恩·布赖恩特（Lane Bryant）：在大码时装界人气很高。

9. 百思买（Best Buy）：在家电和子类产品方面是最好的专业零售商。

10. 埃迪·鲍尔（Eddie Bauer）：服务真诚、满意度高的保障。

对产品质量的观点

消费者希望从产品中得到什么呢？答案很简单：质量和价值。由于来自国外产品的竞争，产品质量成了战略上保持竞争优势的至关重要的因素。[99]消费者利用许多线索来推断产品的质量——包括牌子、价格，甚至是对于广告价格的估计。[100]消费者大多用这些线索来缓解心中的风险感，确保自己做出了正确的购买决定。

服装质量

每个人都想要质量，但没人能够确认质量到底是什么。当然，许多制造商都声称提供高质量的产品。如图13—5所示，从制造业的视角来看，服装质量的含义包括结构完整（比如针脚均匀，格纹对齐）、样子好看（例如完美的做工和外观）、有吸引力（例如潇洒）。[101]而消费者对质量的定义则不一样，潇洒对于一件衣服来说可能不是必要的。一项针对消费者的研究发现，消费者心目中的质量包括四个方面——结构、布料、纤维和特色；而另外一个研究则发现，布料是最重要的，也是服装质量的根本因素。[102]

质量就是我们所期望的样子

一项关于服装的研究发现，消费者会把自己对某个国家产品总体质量的观点转换成他们对那个国家服装质量的看法。墨西哥是一个中等的国家形象，与中等的服装形象联系在一起；而法国则是一个较高端的国家形象，与一个较高端的服装形象联系在一起。消费者似乎对来自同一个国度的产品抱有同样的质量期待。然而，在这项研究中，购买目的与对质量的期待没有相关性。对消费者来说，质量可能并不是最重要的东西；当我们购买时装的时候，或许价格和样式才是最重要的因素。[103]

营销商似乎把质量当作“好”的代名词。由于其宽泛而又不确定，质量似乎会变得没有意义。如果大家都有的话，它又有什么好呢？

要让这个问题变得更加复杂的话，可以说，满意或者不满意不仅仅是对于实际产品或者服务质量的一个反应，它还受到事先对质量预期的影响。根据期望失验模型（expectancy disconfirmation model），消费者基于先前的经验而形成对产品的看法。[104]当事情像我们预料中那样的时候——不管是好是坏——我们都可能不会去想太多（受验，confirmation）；但是如果事情不像我们期待的那样（失验，disconfirmation），就会产生消极结果（消极的失验）；假如表现超出了我们的预期，我们就会满意、愉快（积极的失验）。

结构完整	样子好看	有吸引力
接缝整洁	感觉良好	超高回头率
裆部针脚均匀	总体外观良好	有美化作用
领子V形对称	式样良好	衣领好看
翻领V形对称	外套整洁	肩部好看
尺寸正确	有美感	外套非常显眼
里边的口袋平整	好看	总体外观好看
所有部分都很协调	整个肩部的样子好看	看起来很贵
口袋对称	妥善制成	有吸引力
领子口都很尖	给旁观者的感觉良好	出众
针脚都对	得体	引人注目
总体上看很平衡	非常精确合适	挂着也好看
看上较饱满	看起来感觉良好	潇洒
针脚都很自然	式样独特	
服装上的花边饰物恰到好处	匀称	
裁剪正确	装饰好看	
上衣的下端笔直	平滑流畅	
样子非常得体	总体平衡	
衣服与扣子很相配	内衬整洁	
裁剪得恰当又准确	看起来恰当	
袖子对称	干净利落	
格纹对齐	做工完美	

图13—5　从制造业的视角来看服装质量的含义

注：列出的是全部资料中的一部分，采用的形式是听取一个大型男式服装制造厂家的经营者、管理者、工厂经理、高级经理的意见。

资料来源：Heidi P. Scheller and Grace I. Kunz，“Toward a Grounded Theory of Apparel Product Quality，” *Clothing and Textiles Research Journal* 16，no. 2（1998）：57－67.

为理解这一观点，想想不同类型的服装零售店。人们预期在高档商店能买到高质量、做工精细的衣服，如果发现衣服的质地有缺陷或者接缝有瑕疵，他们就会非常烦恼。而如果在一家制衣厂的经销店里买到一件有破洞的次等衣服，我们也许就不太会感到惊讶；要是这为成交带来便利的话，我们还会一笑了之。这就给了营销商一个教训：不要过度承诺。[105]

这一观点强调期望管理的重要性——消费者的满意度通常源于产品质量超过消费者的期待。在这样的观点下，公司还可以选择另外一种策略。面临不切实际的期望时，公司要么就通过提高产品质量来顺应其要求，要么就放弃消费者（假如无法达到消费者要求的话）。[106]例如，如果销售员事先提醒了消费者，那期望就会发生改变。

不满之后的行动

如果消费者对产品或服务不满意的话，能够做什么呢？他/她至少有以下三种处理方式[107]：

- 投诉：通过口头或者书信的方式，消费者可以直接向零售商反映，以获得赔偿（比方说退款或者换货）。如果是信件的话，建议采用直接的方式来反映问题，并说明要解决这个问题，你的要求是什么。
- 个人反应：消费者可以向自己的朋友倾诉不满，或者抵制这个商店。像第 12 章讨论的那样，消极的口口相传对于商家的声誉是非常具有破坏性的。
- 第三方反应：消费者可以采取法律措施，控告零售商，向商业改进局（Better Business Bureau）投诉，或者给报纸写信，或者拨打电台的消费服务热线。

一项研究反映，消费者写信向公司投诉后，有些人收到了免费样品，有些人只收到一封道歉信。前者对该公司的印象显著改善了，而后者没有改变，那些连道歉信也没有收到的人，对该公司的印象则变得比以前更加消极。这一点表明，

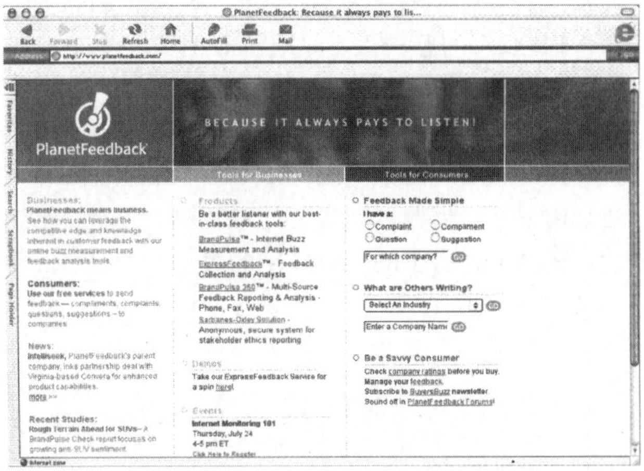

有一些企业家受到柠檬榨成柠檬汁的启发，开始收集、分析消费者的反馈，包括投诉，再反馈给商家。以便商家能够理清思路，提高顾客的满意度。Planetfeedback.com 网站已为商家、品牌和公司提供了超过 750 000 条消费者反馈信息（包括恭维、投诉、建议和问题）。这些反馈信息能帮助它们发现消费者趋势、面临的问题以及市场的机遇。

有回应总比没有任何回应好。[108]

对不满的哪种回应会真正起到作用呢？其中有很多影响因素。总体来说，消费者可能是坚定自信的人，也可能是温顺柔和的人。和那些便宜的商品相比，昂贵的商品，如家庭耐用品、汽车、服装引发不满，更有可能令消费者采取行动。[109]此外，对商店满意的消费者更有可能投诉；他们之所以花时间去投诉，是因为觉得自己跟这家商店是有联系的。年龄大一些的人更有可能投诉，也更倾向于认为商店最终会解决这个问题。和那些什么问题都没有遇到的消费者相比，出了问题然后顺利得到解决的消费者对于商店的满意度更高。[110]从另一方面来看，如果消费者认为商店不会认真处理自己的投诉，他/她会换一家商店，而不是继续投诉下去。[111]讽刺的是，营销商真应该鼓励消费者投诉自己：人们更喜欢向朋友们倾诉自己未解决的消极经历，而不是发生在自己身上的好事。[112]

产品处理

按照惯例，营销商只对售出商品感兴趣，而不关心消费者购买之后的事。但是，我们购买并最终处理的东西却跟垃圾有关系。在很多地区，处理垃圾并不是件容易的事。我们不能只是把所有不想要的东西都扔到垃圾箱里。

由于人们经常对商品产生依恋，处理掉它们可能会是让人痛苦的过程。物品的一个功能是支持我们对自己身份的认同：我们就是过去我们所

消费的。[113]对某些人来说，对一些服装的依恋会非常强烈。一代一代人都把洗礼时穿的长袍、第一次参加舞会的礼服，还有结婚礼服保留下来。

虽然有些人在处理物品上比别人都要困难，但就算是“有敛癖的人”（pack rat）也不会把所有东西都留下来。消费者经常要处理物品，不管是没用的，还是不合适了的。对环境的关心和对便捷的需要让物品处理变得轻松，包括对服装的处理。

《女装日报》做的一项研究是关于时装的处理的。研究显示，60%的被调查者说，他们“从不因为一件好衣服过时了就扔掉它”。只有9%的人会经常这样做。而在前一类人中，最多的是年轻人（18～34岁），同时也是年收入水平最高的一部分人（超过75 000美元）。[114]

为什么我们不扔掉那些不穿的衣服？我们有很多理由。

处理的办法

如果消费者觉得一件商品已经没用了，有几种处理方法可以选择。（1）留着。（2）暂时处理掉。（3）永久地处理掉。很多时候，即使旧的还能用，我们也会重新买个新的。部分原因是想要一件新款式的（这一点在时尚领域非常重要）或者新特性的（比如用一台DVD换掉老式卡带录像机），或者由于个人的环境改变（比如说换了新工作，需要一个职业套装衣橱）、个人角色或个人形象的变化。[115]图13—6就是消费者处理方式的一个全面纵览。

产品处理是一个非常重要的问题，它跟公共政策有很大的关联。我们生活在一个随用随弃的社会，这会导致环境问题，也会引发大量的资源浪费。在一项研究中，15%的成年人承认自己像有敛癖的人一样什么东西都不肯扔，而另外的64%则认为，自己是有选择性的收藏者。与此相反，20%的人表示自己会尽可能多地扔掉垃圾。最有可能收集物品的是老年人和单亲家庭。[116]

许多国家都把教育消费者循环利用作为一项优先发展的事业。在日本，40%的垃圾都会回收利用，且民众遵从度极高，这部分是由于日本人赋予循环利用以社会价值：垃圾运输车会定期前往各个街区，放着古典音乐或儿童歌曲，市民会受到鼓励。[117]很多公司也继续寻找更有效利用的方法。一个非常极端的例子是加利福尼亚北部一群由教师、工程师和行政人员组成的群体，他们呼吁人们一年不要买任何新东西——除了食物、有关健康以及安全的物品之外。他们认为，消费文化已经导致了全球性的环境危机。加入这一契约的成员都只从二手店、跳蚤市场（所售东西是二手货）以及在线拍卖店（比如易趣网）上买东西。他们的目标不仅仅是循环利用，还包括减少家里的杂物和废物，简化人们的生活。[118]许多人响应了这一号召，但他们也面临着一些嘲笑和批评。[119]在经济萧条的背景下，在世界上的许多国家和地区，循环利用不是一种可有可无的选择，而是必需的。

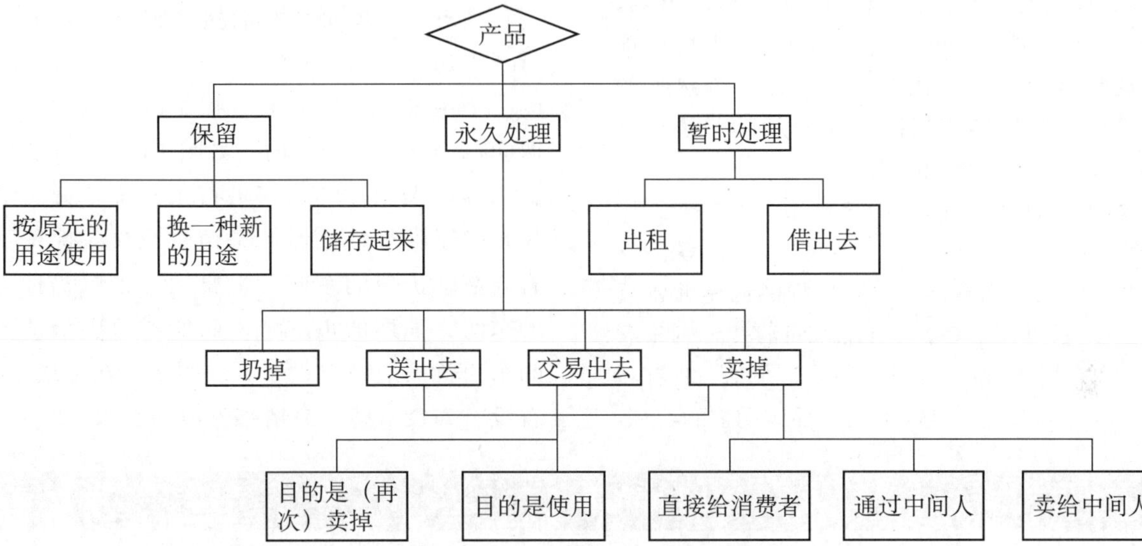

图 13—6 消费者的处理方式选择

资料来源：Jacob Jacoby，Carol K. Berning，and Thomas F. Dietvorst，"What about Disposition，" *Journal of Marketing* 41（April 1997）：23. By permission of American Marketing Association.

有人研究了消费者循环利用的意图。研究解释了消费者意图是如何与抽象的价值联系在一起的。意图包括"避免被垃圾淹没"、"减少浪费"、"原材料再次使用"以及"拯救环境"。这些都和最终目标（"促进健康/避免疾病"、"达到生命持续的目标"以及"为子孙后代提供所需"）联系在一起。

研究发现，觉察到的努力是预测人们是否会费工夫去循环利用的最好预测因子——这个维度在预测是否打算循环利用上的准确性比较高。[120]有人专门研究了服装处理方式上的性别差异。和男性相比，女性更有可能选择对环境有利的处理方式。[121]这有可能和觉察到的努力有关。

通过这样的技术研究回收利用及其他处理行为，营销商会更容易设计广告和其他信息，以开发潜在的价值，鼓励人们对环境负责的行为。[122]

横向循环：丢弃 vs 转让

在横向循环（也就是把购买来的东西转卖给别人，或者进行物物交易）中，会发生有趣的消费者处理过程。很多物品都是通过二手购买来的。用别人用过的东西，对我们这个用完即弃的社会来说非常重要。[123]把自己的东西卖掉（通常是过时的衣服）是收回部分成本的很好方式。一项关于服装处理方式的研究显示，卖掉自己的衣服大多是由于金钱方面的原因，而不是出于对环境的关心。[124]

跳蚤市场、现场旧货出售、分类广告、物物交易和黑市都是可供选择的营销形式。例如，二手货交易市场的增长速度是其他商店的十倍。[125]

网络让横向循环过程有了革新，成千上万的人都涌到易趣网上去买东西，也在那里交易自己的宝贝。这种网络拍卖的方式非常成功，获得了超过 45 亿美元的收益，而它最开始只是一个针对豆豆娃及其他收集品的交易点。如今，网站销售量的三分之二都是实际产品。有些卖家因为急需钱，把电脑、高级轿车、珠宝及其他奢侈品都放在上面销售。就像一位卖家抱怨的那样，"我没钱付房租，不得不卖掉我的玩物。"[126]

尽管传统营销商对旧物卖家并不是太关心，

但二手市场变得越来越重要，因为其中包括对环境的关心、对质量的要求、成本和时尚意识这样的一些因素。[127] 在美国，有超过 3 500 家跳蚤市场，遍布全国，获得的收入超过 100 亿美元。[128] 其他成长中的市场还有学生电脑和课本交易市场、滑雪装备交易市场（二手滑雪装备交易的金额多达百万）。还有许多由政府出资的非营利性市场。循环使用发展组织（www.redo.org）在支持这项工作。这些努力都提醒我们，在这样一个熟悉的环境运动中，循环利用实际上是最后的一步：减少，再次使用，然后循环利用。[129]

在纽约、洛杉矶和旧金山等城市，许多老式服装店突然出现。像 Wasteland 二手服装店、布法罗交易所和复古时装（Resurrection）这样的店是非常受欢迎的——设计师们来寻找灵感，而消费者则来看个新鲜。商店把新旧商品放在一起，以创造一种独特的效果。由于考虑到了年轻人到二手店淘宝的习惯，这些商店获得了很大的成功。像 ABC Carpet 和曼哈顿下城的 SoHo 的 Fishes Eddy 这些商店都把时尚新家具和古董级的珍宝放在一起。服装店更是如此。对于古董、现代以及专业刊物的兴趣也在增长。

捐赠衣物：春季大扫除还是有社会责任感的行为？

最近，一项研究对消费者捐赠衣物的动机进行了采访。不出所料的是，“处理掉东西”是捐赠的一个主要原因。看来，捐赠的动机似乎是自我取向，而不是社会取向。如图 13—7，调查对象把自己春季大扫除的东西进行了归类，分类的标准先是样子的好坏，然后是情感意义。保留那些具有高情感价值的东西，主要是源于对扔掉有价值的东西有强烈的负疚感。而那些情感价值比较低的东西就被捐赠出去了。[130] 那么，在你的衣橱里，有没有高负疚感、高情感价值的衣服呢？

网上销售二手时装

跳蚤市场也搬到了网上，并且是大规模的。人们都有过在 BBS 和新闻组交易旧物的经历，但是现在，网络交易被弄得更加复杂。在非常流行的拍卖网站 www.ebay.com 上，服装和配件是增长得最为迅速的分类之一。搜索量最高的是古驰，一个月有 150 万的搜索量，其次是普拉达和凯特·丝蓓（Kate Spade）。易趣网成功的一个原因是消费者服务部分（这一点非常有趣），而这永远也不会消失，因为买家总会想要和卖家进行沟通。[131]

其他网站还有 www.bidfind.com，该网站建立了搜索列表，销售旧物，范围从“史密斯飞船”乐队纪念品到结婚礼服（含面纱、戒枕和钱包，都只用过一次!）。[132] 其他类似网站如雨后春笋一样出现，以满足人们清算存货的需求，比如 www.liquidation.com（易趣网也做这样的业务，会邀请许多小零售商或者中等零售商加入）。在找一件简洁的开司米外套，金色衬衫袖扣，家用剪发套装？这些东西在无人认领的行李中都有，一家叫做 www.unclaimedbaggage.com 的网店专门从事这些东西的横向循环。[133]

而在现场旧货出售市场上搜寻货物不会是这样的。

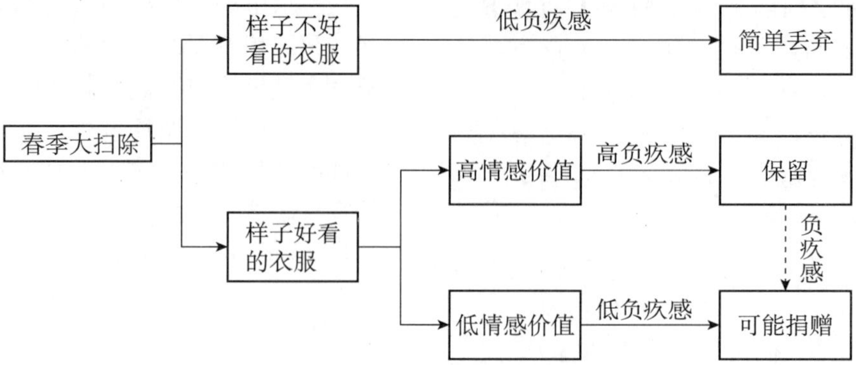

图 13—7 消费者捐赠衣物行为的过程

资料来源：Jung-Eun Ha and Nancy J. Nelson Hodges, “Exploring Motivations, Intentions, and Behavior of Socially Responsible Consumption in a Clothing Disposal Setting,” *ITAA Proceedings* (November 2006).

本章概览

● 购买行为会受许多因素的影响，包括购买前的状态（例如消费者的心情、时间上的压力或者店内的环境）。时间是一种重要的资源，通常能够决定消费者会为一个消费决策付出多大的努力去寻找。消费者的心情会受到愉悦的店内环境和唤起程度的影响。

● 消费者寻找不同产品的属性取决于其购买动机。他人的在场与否以及这些人的类型也会影响到消费者的决策。

● 消费者的购物目标也会影响其决策。有些人喜欢买衣服，有些人则不喜欢。在生活方式检测的调查中，时尚革新者在“购物晴雨表”上的“喜欢购物”这一项上得分最高。

● 购物体验是购买决策中的一个关键部分。很多时候，营销就像剧场一样——消费者对商店和产品的评价可能取决于消费者对其表现的感受。这种评估会受到演员（销售员）、布景（商店环境）以及道具（店内陈列）的影响。商店意象就和品牌人格一样，也受到很多因素的影响，比如说感知到的便利或复杂以及销售员是否在行。随着非商店形式的涌现，竞争越来越激烈，营造积极购物体验变得越来越重要。

● 由于很多购买决定都是在消费者进商店之前就做好了的，促进购买的刺激物（POP）成为非常重要的销售工具，包括产品样品、具体的陈列、销售环境中的媒体以及店内的促销材料。刺激物在刺激冲动消费方面非常有效。所谓冲动消费，就是消费者突然想要购买某件商品。高科技的自动贩卖机给消费者提供更多选择。

● 消费者和销售员之间的交流是非常复杂而又重要的过程。结果会受这样几个因素的影响：销售员与消费者的相似性，以及消费者感知到的销售员的可信度。

● 消费者的满意度是由其对产品的总的感受决定的。许多因素影响到对产品质量的感知，例如价格、品牌和产品表现。满意度通常是由产品的表现和消费者之前对产品的期望的一致性来决定的。

● 服装满意度与其质量有关。工业定义的质量包括结构完整、样子好看和有吸引力，这和消费者对于质量的定义可能不太一样。

● 产品处理的问题变得越来越重要。循环利用是一种选择。随着消费者的环境意识的增强，对循环利用的选择也会越来越多。消费者也可能会去交易二手产品，这个过程叫做横向循环。

关键词

促进购买的刺激物（POP）	期望失验模型	购物目标	交换理论
横向循环	商店意象	消费者满意/不满意	冲动消费

问题讨论

1. 讨论一下本章中提到的购物动机。零售商如何调整自己的策略以迎合这些动机呢？

2. 分析一下你自己的购物行为。在你的购物经历中，除了本章讨论到的，还有没有其他的娱乐部分？在时尚销售中，你认为娱乐有效吗？

3. 近几年的许多案件都与试图去阻止特殊利益团体在商场散布信息有关。商场经理宣称商场是私人财产。而另外一方面，这些团体又认为商场是现代社会版本的城市中心广场，属于公共场所。找一些最近的案件，准备自由辩论的材料，看看赞成的和反对的意见如何。如今的商场是怎样的状态？是作为一个公共的活动场所吗？你的意见如何呢？

4. 要求雇员在与消费者打交道时穿着某种制服，或者指定工作场所的着装规范，这样做有哪些好处和坏处？

5. 想一想你在过去遇到的好的和坏的销售员。哪一点能够区分他们？

6. 讨论一下时间风格这个概念。根据你自己的经历，根据时间风格，可以把消费者分成哪几种类型？这又和时尚销售有什么联系？

7. 比较一下不同文化背景下的时间概念。这些对营销策略有没有什么启示？

8. 现在的发展趋势是和用完即弃的消费型社会相悖的。这强调了有创造性的循环利用的重要性，也就为营销商制造了很多机会。你能举例证明吗？

9. 在当地的商场进行自然观察。坐在中心的位置，观察雇员和顾客的行为。记录下你观察到的非销售的活动（特别的表现、陈列、社交等等）。这种活动对商场的销售的影响是积极的还是消极的？商场正变得更像是高科技的游戏室，本章中也提到，这样只会鼓励青少年男孩到商场来闲逛。针对这个问题的批评有道理吗？哪种人并不是在商场闲逛打发时间而只会吓跑其他顾客？

10. 选择你家附近三处有竞争力的服装店，做一个商店意象的研究。让一组消费者对每一家商店的一系列特征打分，把评分绘制成图表。根据你的发现，有没有什么有竞争优势的建议可提供给商店经理？

11. 随着越来越多的公司把钱花在针对购买的努力上，商店环境变得越来越有“侵略性”。现在，结账台那里有视频刺激着消费者，在购物小车上有电脑检测器，等等。媒体甚至让我们在非购物的环境中也被广告包围。你认为自己被这些过度革新打扰了吗？到什么程度，消费者会反抗并要求购物时的安静？你认为未来的商店是否有可能提供一个不插手的购物环境？

第四部分　伦理和消费者保护

最后这部分的两章关注消费者在市场中的责任、企业对消费者的责任和政府与商业机构提供的对消费者的保护。第 14 章关注商业和个人伦理，包括与时尚消费相关的环境问题。第 15 章概述了许多监督消费的、以法律形式和由政府机构提供的对消费者提供的保护。

第14章 伦理、社会责任和环境问题

特拉维斯在他喜欢的运动用品店购物，寻找运动装时偶然听到其他顾客的谈话。他们查看标签时（特拉维斯从来不看！）不停地评论衣服是哪里生产的。“那又有什么不同呢？”特拉维斯自言自语地说，“唯一重要的就是衣服是否舒适（百分百纯棉的就是好的），当然还有穿起来好不好看以及我的朋友是否喜欢。而且我确实在最新的一期《GO》上看见了这些款式。”

试了几次后，特拉维斯又遇到了之前的顾客，他们还是在大声谈论生产于第三世界国家的衣服。他们说这些衣服可能是童工生产的，甚至可能是监狱劳动力。他们也评论了特拉维斯刚试过的衣服的劣质缝纫。特拉维斯犹豫了，但那件衣服看起来很好，他为什么要在乎那些人怎么想呢？他又不认识他们。特拉维斯付了钱，高兴地离开了那家商店。

回家穿上新买的衣服后，他又认真看了下标签（也许他应该看一下）。这点燃了他的记忆，他之前看见过标签上的生产厂家。随即他意识到上

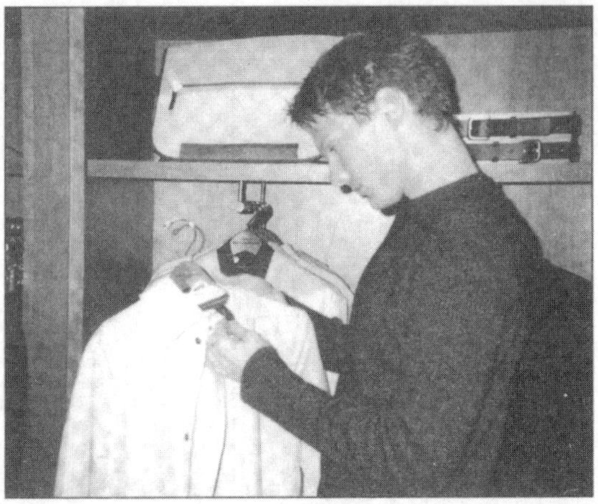

星期在商店门口别人给过他一张传单。他模糊地记得上面说的是关于血汗工厂劳动力的事情，但他扔掉了，因为他正匆忙赶去上班。“也许这是应考虑的事情，”特拉维斯想，“谁生产了这件运动服？但我能做些什么呢？我在距运动服生产地极为遥远的另一个世界。既然在镇上最好的商店里卖，所以它的质量一定是可以的。”特拉维斯决定不去担心了，第二天高兴地穿着新运动服去学校。

消费者和商业伦理

在商业中，商家既要成功地赢得市场，又要给消费者提供安全有效的产品以满足消费者需求，同时又要提供有益于社会的产品和服务，来最大程度为消费者谋求福祉，这些目标之间经常会发生冲突。生产、推销和售卖产品的社会或道德防线在哪里？有时，个人伦理和商业伦理会发生碰撞，这会让员工觉得他们的公司是不道德的。一些消费者也表现出不道德和不负责任的消费行为。

你认为特拉维斯应该关心他买的运动服是谁生产的吗？或者他们生产运动服得到了多少报酬，又或者公司从中获得了多少利润，你认为他意识到这些问题了吗？一些学生非常关心，并且对他们学校在校园商店中销售血汗工厂制作的服装这件事上的角色表达了反对。在本章中，我们将会探讨商业和消费者两者的伦理和社会责任。

商业和个人伦理

商业伦理本质上是引导市场行为的行为法则——某个文化中大多数人判断对错、好坏和社会接受或不接受的标准。[1]个人伦理是类似的引导我们个人日常生活的行为法则。这些普遍的标准或价值包括诚实、值得信赖、公平、尊重、公正、正直、关心他人、忠诚和公民责任。商业越来越意识到，从长远来看，伦理行为也会带来好的生意，因为消费者的信任和满意能转变成多年的忠诚。[2]大企业联合会对美国消费者进行的一项调查发现，形成对公司看法的最重要标准是劳动实践、商业伦理和环境问题领域的社会责任感。[3]消费者认为，行为道德的公司生产的产品更好。[4]

有时，道德的决策可能导致收入减少，在短期看可能是代价高昂的。例如，印第安纳波利斯的一家商店在接到顾客投诉后，将所有带“毁掉所有女孩”信息的T恤下架。[5]尽管一款由世嘉株式会社（日本游戏公司）制作的名为“午夜陷阱”的电子游戏销售势头强健，但主管在接到许多父母的投诉后只能将其下架。在游戏中，玩家为保护一群衣着暴露的联谊会女孩和僵尸对抗，如果僵尸赢了就会用巨大的注射器吸学生们的血。[6]

无论是有意还是无意的，确实有些营销者破坏了他们和消费者间的信任。表14—1对一些人觉得是不道德的商业行为的例子进行了阐明。在一些情况下，这些行为是违法的：生产者故意标

错产品成分或零售商采取“诱饵掉包”销售策略，承诺产品价格不高，借此将消费者引诱进商店，唯一的目的是让他们转而购买高价物品（见第 15 章）。

你认为你会在未来的工作中从事道德的职业吗？20 世纪 80 年代的一项研究指出，当时的学生比前十年的学生“更少道德意识”。[7] 你认为你和你的同龄人是这样吗？稍后的一项针对服装商品营销专业学生的研究发现，学生看起来不像零售经理或主管那么有道德。[8] 另一项研究发现，女性、被雇用的且学习过一门伦理学课程的人更不能接受不道德的消费者行为。以学生为中心的研究建议，将伦理学作为一门课程来教授，并清楚地将公司政策解释给员工听。[9]

表 14—1　不道德的商业行为

产品	例子
安全风险	易燃的服装或玩具生产
劣质产品	经不住普通的穿着和撕扯的产品
环境污染	在服装和面料中使用污染性染料和化学品
标签错误的产品	标示错误的服装纤维含量或原产国
假冒品牌	标示并冒充真品牌售卖的假冒商品
价格	
过度提价	零售商使用高价格来暗示质量
价格比较	用虚假的原价和销售价格，使产品看起来廉价
推销	
夸大	化妆品广告宣称可以改变皮肤结构
无聊的广告	影射诋毁性和性别
欺骗性广告	不节食或不锻炼就能减肥
强制观看	学校订购闭路电视，强制让学生观看电视广告

资料来源：Adapted from Leon G. Schiffman and Leslie Lazar Kanuk, *Consumer Behavior* (Upper Saddle River, N. J.: Prentice Hall, 2000).

为了时尚使用皮毛

一些消费者强烈认为，使用动物皮毛来使消费者看起来更漂亮是不伦理或不道德的。反对穿戴皮毛运动是动物权利运动最明显的力量。相关的问题包括在化妆品和药物实验中使用动物。时尚中使用皮毛已经被争议了多年，许多人觉得这是不道德的消费者行为。在活动家抗议使用动物皮毛以时尚的形式装饰消费者多年后（抗议仍在继续）[10]，使用皮毛的兴趣又开始复苏。20 世纪 90 年代初期是皮毛行业的低潮，许多消费者觉得穿皮毛是不正确的，高端百货公司的皮毛沙龙也关闭了。20 世纪 90 年代中期出现了变化，更多的设计者在服装中展示皮毛。[11] 现在我们可以看到混纺的高质量人造皮毛，如卡西尼的上百种人造皮毛服装，这是在向美国人道协会致敬[12]；也可以看到使用传统皮毛的顶级设计师和公司如迈克尔·柯尔斯（Michael Kors）、斯嘉锡（Arnold Scaasi）、杰瑞·索巴拉（Jerry Sorbara）、桑德拉·罗德斯（Zandra Rhodes）、伦道夫·杜克（Randolph Duke）、候司顿（Halston），轩尼诗国际（Hennessy International）、莱维安（Revillon）等。[13] 鳄鱼皮很流行，不论是真的还是人造的。[14]

唐娜·凯伦在时装展中使用羊毛原料，是一岁羊的生羊毛。

许多人对皮毛的态度已经发生了改变[15]，尽管有善待动物组织和其他动物活动家（稍后讨论）的努力，我们还是看见皮毛的使用出现了复兴。一些消费者把穿皮毛作为表达独立的方式，实际上是在说“没有人可以告诉我不可以穿什么”[16]。美国皮毛信息委员会（FICA）邀请包括唐娜·凯伦、奥斯卡、马克·雅可布（马克·雅可布品牌同名设计师）、玛丽·麦克费登和其他人在内的美国设计师参观毛皮动物饲养场和北欧世家皮毛公司的展室，以此来激发他们对皮毛的创造性使用。北欧世家皮毛公司也给年轻设计师提供免费的皮毛以便他们用于时装设计。另外设计师也在做一些更有创意的设计，时尚的取向在向年轻消费者发展，而不仅仅是长款貂皮大衣。年轻消费者不将水貂或紫貂视作奢侈品而视其为时尚。[17]

伯灵顿制衣厂生产的皮毛大衣的召回，增加了对时尚使用皮毛的争议。在该公司的售卖人员承认大衣装饰中含有被屠杀的狗的皮毛后，该公司从店里拉走了上百件大衣。美国皮毛信息委员会立即谴责了在衣服中使用猫或狗的皮毛的行为，然而美国联邦法律并不禁止这一行为。当然，错误标志皮毛是非法的。

李维·斯特劳斯公司伦理

李维·斯特劳斯公司是一家一向有很强的伦理价值观的公司。一位发言人说：“对于李维·斯特劳斯而言，把做生意基于伦理之上不仅是一个好的公关策略，也是底线。”公司不仅仅以底线为基础，更以原则为基础行事：“判断公司要看它的行为和产品。如果我们因为做正确的事情而损失金钱，那我们就损失金钱。”[18]当李维·斯特劳斯在1853年创立该公司时，他和员工一起进步，并慷慨地对待社区。在20世纪30年代的经济低迷时期，公司几乎没有订单，但公司仍然支付在旧金山工厂修补硬木地板的员工的工资。李维·斯特劳斯在20世纪50年代因为种族原因没有去密西西比和亚拉巴马，也因为同样的原因没有去南非。20世纪90年代，李维·斯特劳斯停止对童子军的捐赠，因为其对同性恋的歧视政策。尽管右翼群体因此焚烧了李维·斯特劳斯公司生产的牛仔裤，攻击公司宣扬反基督教价值并且抵制其产品。

其他对公司的批评来自20世纪80年代去私有化的决定，这导致了生产的大幅回落，工厂关闭。为了在海外建厂，圣安东尼奥的工厂被迫裁员和关闭。公司对批评的回应是：保留对解散的圣安东尼奥的员工的支持。作为自由贸易者，李维·斯特劳斯认为，为顾客提供种类齐全的选择，争取尽可能最好的价值和质量，是对顾客最好的服务。

李维·斯特劳斯为其全球生意伙伴设置了服装行业标准。它的“约定条款”或行为准则包括给承包人提供的清晰确定的条件：伦理标准、合法要求和环境要求、社区改进，以及包括关于工资、保险、工作时长、童工、监狱劳工、健康和安全、歧视和惩戒性措施方面的雇员标准。[19]

1999年，李维·斯特劳斯加入了公平劳工协会，该协会是服装工业伙伴努力的成果，是白宫对抗全球范围内的血汗工厂的任务小组。许多人认为，李维·斯特劳斯成为该协会的一员为之增加了很多影响力。[20]

正如上面所提到的，李维·斯特劳斯公司不是没有受到过批评，但许多人认为它是服装行业的模范公司之一。

令人不快的时尚广告和产品

一些公司的行事方式会引发公众道德愤怒。前总统克林顿也批评时尚工业美化海洛因成瘾，因为他们在秀场和时尚杂志上使用萎靡不振的模特。克林顿认为，对越来越多的大学生将海洛因视作“药物选择”这一现象，时尚工业应负一部分责任。一位作者在关于模特业的书籍中说：“时尚是没有道德的……只要发出的信息能够销售衣服，时尚不在乎发出了什么信息……它的目的不是让他们对海洛因上瘾，而是对衣服上瘾。”[21]

给某些产品，如个人卫生用品和避孕用品做广告，必定会使一些人感到不快。时尚工业经常打破人们可接受的限度。在20世纪60年代，时尚杂志版面上不会有内衣广告或社论，因为内衣毕竟太私密了，会让消费者感到不舒服。[22]现在我们可以经常看到挑逗性的“维多利亚的秘密”内衣广告和时尚秀。一次，在“维多利亚的秘密”内衣网站 www.victoriassecret.com 播出的戛纳时装秀展示了“邮票比基尼”内衣，网站在一年内获得了来自140个国家的1 500万的点击！[23]这些在黄金时段播出的时装秀引起了许多关于雅俗标准的投诉。然而，美国联邦通信委员会认为，穿着暴露内衣的模特并不“下流”。[24]其他产品也可能令消费者不快。美化醉酒或嘲弄少数族裔的产品、印有令人不快语言的 T 恤衫同样引起了许多投诉，如美国休闲大牌阿贝克隆比 & 费奇（Abercrombie &Fitch）和复古服装品牌“城市旅行者”（Urban Outfitters）等。[25]一些电子游戏，如模拟警察被打死的《侠盗猎车手》（*Grand Theft Auto*），令很多人不快，引起了来自父母和教师的投诉，投诉者还有一个很好的理由：2005 年，一段 60 分钟的视频展示了一位年轻人因为和游戏相似的谋杀行为而受审。

一些消费者被性吸引过于明显的广告冒犯。那些贬低女性的广告被批评为不道德的，如出现在许多啤酒广告中的内容。开始于 20 世纪 80 年代的时尚例子包括盖尔斯（Guess）、意大利的服装设计公司迪赛（Diesel）和美国时尚品牌卡尔文·克莱恩的许多广告。波姬·小丝说：“在我和我的卡尔文·克莱恩之间什么都没有！”美国设计师品牌卡尔文·克莱恩的这条广告出现在纽约时代广场后迅即被撤了下来，原因是消费者监督组织、市民的投诉，甚至联邦调查局也卷入其中。[26]另一个争议是韦斯特男性内衣广告，这条广告甚至被卡尔文·克莱恩自己的生产厂商禁播了。广告只出现在了《时尚先生》（*Esquire*）和《花花公子》杂志上，但保守的美国家庭协会还是被广告激怒了。家庭协会还计划，如果卡尔文·克莱恩不停止播放这条广告，就通过全国范围的抵制和纠察运动威胁其主要的销售链。[27]也许是为了平息对高度性吸引广告的批评，接下来的一年，卡尔文·克莱恩赞助了以“不再沉默”为主题的反对暴力的广告运动，在《旋转》（*Spin*）、《滚石》（*Rolling Stone*）、《乡村之声》（*Village Voice*）、《纽约时报》和其他媒体上发布这一主题的广告。[28]

美国休闲品牌阿贝克隆比 & 费奇，被控其杂志和目录中含有种族歧视和性的内容。“教室里搞怪化妆的少女”这条广告发现自己也处于争议中。该品牌最忠诚的人群分布在 18～22 岁之间。然而，未成年消费者也试图购买这种大开本邮购商品广告目录，因为其中包含裸体图片和对色情明星的访问。这和卡尔文·克莱恩的策略相似。分析家说：“性是时尚公司最主要的市场工具之一。”阿贝克隆比 & 费奇重新考虑并放弃了这种杂志目录。一些年前，阿贝克隆比 & 费奇的“返回校园”目录因为带有“Drinking 101”饮酒游戏的剪影图而饱受争议，因为它看起来似乎在鼓励学生饮酒。该公司被指责将酒精滥用与性、愉快、时尚联系在一起，成为反对醉酒驾车母亲协会（MADD）的抗议目标，甚至引起了政府官员的投诉，投诉者要求消费者抵制它。[29]该公司还因为生产 10～14 岁女孩穿的性感丁字裤而引发争议，引起了报纸社论和消费者的批评。另外它还错误地在 T 恤上绘制关于亚洲面孔的漫画，导致关于其种族主义的抗议。（结果令人不快的 T 恤很快就下架了。）[30]

一些人认为，那些使用性刺激广告来形成公司想要的品牌形象并试图抓住消费者的注意力的公司，尽管在短期内看来是成功的，但从长远来看会损坏品牌，失去消费者。

20 年来，服装品牌贝纳通（Benetton）因它的争议广告而闻名——它在广告中使用艾滋病患者、宗教人物和监狱中的犯人。这些广告形象非常有名：死去的艾滋病患者、修女和神父接吻、黑人女性照顾白人婴儿、受油污损害的鸟和死刑犯。这些广告经常因为耸人听闻而受到批评，并被世界范围内的出版业禁载。广告为公司吸引了注意力，但分析家从不确定这些广告是否能有助于销售。西尔斯百货（Sears）和贝纳通公司达成协议，同意在店中销售贝纳通的服装，这与贝纳通开设特许商店的策略相悖。但因为最近由奥利维罗·托斯卡尼（Oliviero Toscani）拍摄的一组广告，西尔斯取消了协议，可能是因为这些广告中“温暖而模糊”的形象和前卫的方式激烈冲突。[32]随后贝纳通为给受害者家庭带来的痛苦道歉，但为自己具有争议性的广告辩护，指出其目的是为关于死刑的讨论做贡献。[33]不久，托斯卡尼离开了贝纳通公司。

前卫广告

时尚运动已花费了数百万美元来制作前卫广告，以使其形象焕然一新。一位广告主管说这些公司应冷静一点，形成它们自己的特色。为了前卫而前卫的广告只会变得庸俗。一位分析家说："最后一次生效的广告是卡尔文·克莱恩销售的一款香水。"（该广告以一组反叛的有文身的年轻人为特征）其他受到批评的前卫广告有法国服装名牌伊曼纽尔·温加罗"被束缚的狗"的图像，鞋类公司如西萨尔·帕奇奥提的"在墓地的女人"，以及阿玛尼的古怪青少年。还有一些前卫广告采用了包括海洛因、同性恋、施虐—受虐狂。没有主旨支持的前卫广告会失败。"真正的革新者是可以预测将要发生什么的广告，是能够改变世界的东西。"[31]你认为什么样的时尚广告是前卫的而不是庸俗的？

文化差异

正确与错误的观念在不同人群、组织和文化中是不同的。例如，一些企业认为销售人员说服消费者购买产品是正确的，即使意味着可能给出错误信息；而其他公司认为任何对消费者不诚实的事情都是可怕的错误。由于每种文化有自己的一套价值观、信念和风俗，伦理商业行为的定义在世界范围内是相当不同的。例如，给供应商或消费者赠送礼物来交换生意是许多国家的生活方式，尽管这可能在其他地方被认为是贿赂或敲诈。跨国服装和家庭时尚低价零售商 TJX 公司和沃尔玛，明确告知供应商禁止雇员接受任何礼物。一项消费者研究发现，美国不同文化的学生关于不道德的服装营销活动（如改变服装价格标签）的意见不一。[34]

沃尔玛的礼品和馈赠政策

不能以任何形式向沃尔玛员工提供或奖励有金钱价值的礼物或馈赠。供应商可以为慈善或非营利组织捐赠物品，以便在沃尔玛转售，从而募集资金。礼物或馈赠包括但不限于免费货品、体育赛事或演艺门票、以现金或商品为形式的回扣、给沃尔玛员工的特殊折扣、停止销售的样品、供应商付款的旅行、酒类、视频、肉或个人服务。在实际情况中，收到的任何物品都必须返还给赠送人，并附上对这个政策的解释。任何未返还的物品都应被视作沃尔玛的财产。

需要和想要：营销者在操纵消费者吗？

对营销最普遍和辛辣的批评是，公司说服消费者他们"需要"许多商品（一些人说每个季节时尚界都会发生这样的事情），如果他们没有拥有这些"必需品"，就会不开心并变得情绪低落。问题很复杂且值得思考：营销者是给消费者他们想要的，还是告诉人们他们应该想要什么？

营销者制造了人为需要？

营销系统受到了处于政治光谱中两端的人士的攻击。宗教人士认为，营销者通过呈现享乐画面鼓励人们追求世俗人文主义，对道德衰落负有责任。另外，一些左派认为，具有欺骗性质的物质享乐承诺，其功能是收买可能为改变这一营销系统而工作的革命者。[35]他们认为营销系统制造了只有自身产品能满足的需求系统。营销者回应说，他们只是提供了满足需要的方法。营销的根本目的是产生对这些需求的意识，而不是制造需要。

广告和营销必要吗？

如社会批评家万斯·帕卡德（Vance Packard）在四十多年前所写：人们进行了大量的努力，而且在精神病学和社会科学方面取得了巨大的、令人印象深刻的成功，营销者利用那些富有洞察力的知识，引导我们的无意识习惯、购物决策、思考过程。[36]经济学家约翰·肯尼斯·加尔布雷斯（John Kenneth Galbraith）控诉说，广播和电视是完成这一操作过程的重要工具。许多人认为，营销者任意将产品和需要的社会属性联系起来，形成了一个物质社会，使我们每个人都被我们拥有的东西来衡量。营销者回应这一批评，认为产品只是满足已存在的需要，广告只是帮助传达它们的存在。[37]根据信息经济学观点，广告是消费者信息的重要来源。[38]这一观点强调了花时间搜寻产品信息的经济成本。因此，广告是为计划购买的消费者提供服务，因为这会缩短消费者搜寻信息的时间。

营销者承诺奇迹了吗?

消费者被广告引导，相信产品具有神奇的性能，能够为他们做特殊和神奇的事情，能够改变他们的生活。他们会变得美丽，能够控制他人的情感，获得成功，从疾病中恢复，等等。针对这些批评，营销者指出，广告商对人们了解的程度不足以操纵人们。而且新产品的失败率在 40%～80%之间。美国联邦贸易委员会一位广告官员作证说，人们认为广告商有无穷的魔法或科学技术来操纵人们，实际上当营销商销售好的产品时，就会成功，销售不好的产品时，就会失败。[39]

社会责任

一些公司认为，服务社区的最好方法是公益营销，即营销努力和慈善事业相联系。社会责任活动能够提升它们在消费者和持股人心中的形象，因此能给购买决策带来积极影响。相反，如果消费者认为某个公司缺乏社会责任感，则会给消费者的购买决策带来消极影响。社会责任是做有益于社会的事情。[40]

根据著名调研机构 Cone/Roper 对 2 000 名美国成年人的调查，80%的受访者说，他们对参与公益事业的公司有更多的信任。，如果他们知道支持这家公司的原因，他们就会对这家公司形成更积极的形象。另外，三分之二的受访者说他们对参与公益事业的公司有更多的信任，他们会因此改变品牌或零售商，也愿意为产品支付更多。他们想共同参与到如教育、环境、贫穷、关爱孩子、药物滥用和无家可归者等问题中。这项研究还发现，对大学毕业生、白领、职业女性和富裕消费者来说，深度参与社会问题很重要——这是许多服装公司感兴趣的人群。[41] Cone/Roper 的另一项对美国消费者的调查发现，一半以上的消费者倾向于购买和公益事业相关的节日礼物，或从支持公益事业的零售商那里购买节日礼物。[42]这就是零售商支持公益事业的理由。

一些公司生产专门的产品，支持特定的慈善事业，如凯尼斯·柯尔的“世界艾滋病日”T 恤、诺德斯特姆公司的 ONE T 恤（由艾顿制造）、盖普公司的红色商品，甚至是斯高普公司和美国时尚设计师协会（CFDA）针对乳腺癌主题而设计的乳腺癌主题芭蕾舞鞋。[43]其他一些公司把销售额的一部分用于慈善。大规模的灾难中，如卡特里娜飓风和印度洋海啸，许多人需要帮助，一些零售商承担起慈善事业。如沃尔玛就对卡特里娜飓风受害者做出了回应，给他们送去了数百万美元的货物，并以实物形式捐赠给新奥尔良难民。

公司推动慈善事业是因为这对生意有好处；但也有部分原因是因为他们真的相信慈善事业，而慈善事业致力解决的问题或疾病又直接影响到它们的生意。一个恰当的例子是乳腺癌。因为，如今九分之一的女性患有这种疾病，而女性是时尚的主要消费者，时尚行业要支持这一公益事业。许多服装公司、厂家和零售商在许多社会公益领域变得非常知名[44]：

梅西百货的时尚跨年庆典持续支持艾滋病病毒携带者和患者。

● 丽诗加邦（Liz Claiborne）已经成为反家庭暴力领域中公认的领导者。自 1991 年，公司支持当地的收容所，从特殊商品销售利润中拿出一部分，捐赠给反家庭暴力基金。

● 李维・斯特劳斯（李维斯的创始人）在40个国家设立了助学金项目。1952年，他建立的李维・斯特劳斯基金会实施全球捐赠项目（global giving program）。它的根本性质及任务是提高公司员工所在社区的生活水平。每年它都会捐赠超过2 000万美元的慈善礼物给从事重要社会或社区问题的组织。

● 在加利福尼亚，梅西百货资助了跨年度时装秀——为艾滋病公益事业筹集资金。梅西也是“对她生命的爱”——一个乳腺癌研究机构的资助者，是“珍爱女人心 ”——美国心脏协会提高女性对心脏疾病意识的教育运动的资金筹集者。[45]

● 盖普、匡威和阿玛尼参与了红色运动（RED. campaign），苹果、戴尔、贺曼、摩托罗拉、美国运通和其他公司提供限量版的红色产品，帮助非洲对抗艾滋病。

● 拉夫・劳伦在纽约市的哈莱姆东区开办了一家癌症中心[46]，也为慈善之家工作。

● 凯尼斯・柯尔（Kenneth Cole）参与了多项公益事业，包括艾滋病研究（AMFAR）、帮助无家可归者（HELP USA）、早期干预年轻人（Mentoring USA）、教育年轻选民如何行使投票权（Rock the Vote）、河流看护者活动（Riverkeeper）。

● 埃迪・鲍尔的全球森林再造项目（Global ReLeaf Tree Project）的合作者是美国林业。该项目致力于恢复因自然灾害损坏的森林，恢复城市内外植被。

● 美国高档的户外鞋类品牌天木兰(Timber Land)是城市年的支持者，该项目鼓励年轻人服务社区。

● 巴塔哥尼亚为超过350个环境组织提供了衣物和实物形式的服务。

● 李牌牛仔裤创建了为乳腺癌患者慈善筹款活动——“李牌全国牛仔裤日” （Lee National Denim Day），是乳癌癌单日最大资金募集者。

● 美国时尚设计师协会组织了“时尚对抗乳腺癌”运动，促使许多美国时装公司行动起来。

● 布鲁明戴尔是全美直肠癌研究协会的合作伙伴。如许多零售商所做的，该公司也资助苏珊・金・科曼基金会抗击乳腺癌。

● 自从1982年起，贝纳通用其特殊的和引起争论的广告提高了社会意识，对防治艾滋病事业和其他项目做出了贡献。

● 还有承担类似任务的非营利公司，如在2005年春天，由波诺和其妻子阿里・休森（Ali Hewson）成立的艾顿公司。该公司支持发展中地区尤其是非洲的可持续就业。其理念是帮助建立制造衣物的工厂，以可持续的方式进行贸易，而不是资金援助。艾顿公司目前在印度、秘鲁、突尼斯、肯尼亚、乌干达、莱索托、毛里求斯和马达加斯加设有生产地（www. edunonline. com）。

美国时尚设计师协会认为，在乳腺癌宣传月中，萨克斯第五大道精品百货店在众多的零售商中打头阵。

消费者为什么从具有社会责任感的公司购买产品？

慈善营销在消费者中受欢迎，一项研究分析了消费者从“有责任感的公司”购买商品的动机，确定了四个动机主题[47]：

● 工作场所的原则：对消费者来说，公司尊重工人，给予他们尊严，为他们提供安全和公平的工作场所很重要。

● 公司和政府的角色：公司和政府应该采取措施确保公司的责任，包括建立更多相关法律制度。它们应该设定并遵循采购指南，遵循法律，有道德，不贪婪。

● 消费者的角色：消费者通过他们的购买行为向公司传递了信息，公司会感受到消费者抵制是一种惩罚的形式。

● 消费者需要：试图支持具有社会责任感的公司存在一些困难。价格限制了他们购买有责任感的公司的商品。对许多人来说，款式和其他产品属性比社会责任感更为优先。

服装业的劳动力问题

时尚行业动用了全球的资源，全世界许多国家都在生产时尚产品，这刺激了公众对于人道主义权利的关心和关注。消费者和批评家对缺乏道德、缺乏社会责任感的大型时尚公司表示了不满，对在第三世界国家中支付低到每小时只有 25 美分工资的公司的产品表示不满。如我们在本章开始时看到的，许多消费者意识到了这一点，不愿意购买产自这些国家的时尚产品。其他许多人，如特拉维斯，没有意识到这样的争论，认为如果零售商能销售商品，那就证明一切都好。但是人们选择新开张的商店，发表报纸社论，标题如“购物可以表明主张”和“消息灵通的消费者可以改善血汗工厂”，鼓励消费者采取有策略的购物，将经济正义提到议事日程上。一条信息这样陈述道：“想一下你购买的这双鞋子，装配线工人为生产仅得到少得可怜的工资。”[48] 大量消费者和公司正在考虑采用公平交易时尚和道德时尚的方式，这部分内容稍后会继续讨论。

粉红小马基金（The Pink Pony Fund）是由拉夫·劳伦发起的旨在帮助癌症治疗和预防的慈善组织。该组织从事癌症的早期诊断、教育、治疗和研究工作。粉红小马产品收入的 10%捐助给基金会。粉红小马网页上有引自拉夫·劳伦的一段话：“乳腺癌不仅仅是妇女的事情，它影响着我们每一个人：兄弟、丈夫、父亲、孩子、朋友。我们通过粉红小马活动努力去预防并治疗癌症。”

剥削的问题

时尚行业背负大量不好的名声。最近的例子是印度的童工事件，人们发现 10 岁大的孩子在给盖普衬衫缝制金属饰品，隔壁是儿童在制作印度妇女穿的沙丽。[49] 印度的服装出口行业每年价值 100 亿美元，一些零售的大品牌在印度生产。盖普的案子中牵涉了一个违反了盖普的政策的次承包商。在美国，较早的例子是 1995 年在加利福尼亚艾尔蒙特市，人们发现了血汗工厂，72 名泰国服装工人被关在监狱一样的屋子中生产。另外，在纽约和萨尔瓦多（凯思琳·李·吉福德许可的货物生产的地方）发现的血汗工厂，其生产条件引起了人们对该行业的另一轮关注。凯思琳·李·吉福德随后变成了反血汗工厂运动者。执照持有者（厂家）对承包商虐待工人负有责任，这种不良事件不仅影响它们，而且也影响该品牌出现在时尚产品展示会的机会，进一步影响社会名流购买这种品牌的机会。存在争议的一点是，小厂家说管理承包商的花费将会让它们破产。大厂家认为，它们不应该为承包商的交易负责，它们和承包商是分开的、独立的公司。然而，立法机关可能会改变这种状况，加利福尼亚已经通过了议案，迫使零售商和厂商补偿承包商应付的工资。[50]

全国劳工委员会是一家独立的人权组织，发布了严厉的服装行业报告，例如，《苦难的沃尔玛衬衫》概括了沃尔玛在孟加拉国的承包商血汗工厂情况。[51]

分析海外服装生产是否遵守劳动法律，面临的问题是缺乏标准的、普遍认可的评估模型。[52] 然而，在该行业逐渐产生了不断进步的独立检查制度。这是由于对塞班（在马里亚纳群岛北部，属于美国）情况的高度关注促成的。在塞班岛，盖普、诺德斯特姆、J. 克鲁（J. Crew）、拉夫·劳伦、唐娜·凯伦、汤米·希尔费格等公司使用血汗工厂承包商来制造服装。当公众意识到这些工厂的悲惨情况，意识到“美国制造”的标签出现在那里生产的衣服上时，社会就对服装行业施加要求进行整顿的压力。其中一个压力来自劳工组织，它们主张进行全球交流。劳工组织参与了许多活动，如在公司股东大会散发传单，举行全国范围内的抗议。[53] 其他的压力来自于基层和股东，他们要求公司对供应链负责。另外的压力来自媒体。至少在过去的十年，耐克和盖普都因为使用血汗工厂而受到批评。由于这些社会压力，两家公司最近都采取了重要的行动，为供应商负责，发布详细的供应商和审计信息。[54]

在海地，女性为迪士尼服装做缝纫工作，每小时获得28美分。照片由美国全国劳工委员会（NLC）提供。

服装行业正在试图改变公众对其形成的“坏人”观念。例如，塞班制衣商协会用新的规定来反驳其负面形象。采用了基于李维·斯特劳斯模型的一套行动法则，禁止滥用劳动力，并且制作了宣传材料，表明滥用情况和糟糕的环境已不复存在。[55]这样做是为了阻止生意从该国流失。汤米·希尔费格在引起公众注意后撤走了订单。一些批评家认为，这种“放弃”可以帮助公司脱离潜在的丑闻，但不能解决问题。20世纪90年代中期，类似的情况同样发生在萨尔瓦多和洪都拉斯，盖普和丽诗加邦由于承包商虐待工人而撤回生产线和订单。一些人认为，这种做法传递的信息是承包商虐待案会令人们失业。[58]两家公司最终又返回萨尔瓦多和洪都拉斯，并帮助改善工厂条件。但放弃违反劳动法的供应商是一个正常的反应。沃尔玛最近终止了与反复违反规定的1 200家工厂的合作。

大学生组成了学生反血汗工厂联盟，促使大学官方加入公平劳动协会（FLA），对血汗工厂采取更为严厉的态度。公平劳动协会是服装行业伙伴关系组织的一部分，旨在与全球血汗工厂进行斗争。学生抗议似乎起了作用。例如，加利福尼亚大学要求行动法则方案增加新的条款，要求公示工人工资、公开厂家名字和地址，增加对女性雇员的保护条款，如果该女性员工是为带学校标志产品的承包商工作的话。[59]然而，2006年，加利福尼亚大学的学生却因持续抗议而被拘留。[60]争论仍在继续……

美国服饰：一家具有社会责任感的公司

在洛杉矶服装区，美国服饰公司（American Apparel）每个星期生产100万件T恤。公司的创建者多夫·查尼发誓要投身于本国制造的服装，给工人高于平均值的工资，创建对工人友好的工厂环境。[56]该公司以其“非血汗工厂”、高质量的美国制作而闻名。许多服装公司到海外寻求低价生产，美国服饰公司是一个例外。美国服饰有前卫、真诚和大胆的营销手段，其创始人对公司能够在行业竞争中获胜非常自信。他就另一家非血汗工厂的公司停业发表看法说：“这一切都是出于社会的预设，即这个行业唯一有效的就是产品。”

该公司是资本的成功，也是社会的成功。[57]美国服饰将好的产品和社会元素连接在一起；而社会元素不仅包括员工的高工资和许多福利，也包括亲环境行为。这种行为包括使用有机棉，每年回收超过100万磅的织物废料。内部垂直的商业模式保持了低成本。该公司继续在洛杉矶生产，并在全世界开设零售商店。你可查一下离你最近的店。

剥削的文化定义

服装工业引起争议的原因之一是它是全球工业。正如先前所讨论的，世界上每个国家都有自己的风俗、法律、价值观和做生意的方式。然而，美国公司通常使用美国的观点来形成自己的行事规范，将这种价值体系强加给海外采购公司。一些政府，尤其是亚洲国家政府，认为人权的解释应该更有文化性，美国公司不应该专横地将美国标准和文化强加到发展中国家。“例如，中国工人通常是从偏远地区到城市工作，他们非常努力地工作一两年，挣够钱后就回家乡。”[61]这种情况下，将美国的最高每周工作时间限制强加给他们，以他们的观点来看是没有效率的。在某个国家看来是剥削的做法，会被另一国家视作常规做法。例如，许多国家有禁止童工的法律。然而，在一些国家，孩子工作是家庭生存方式中的重要部分。而且，不同国家对童工的定义也不同。一项对 37 个最大的服装厂家和零售商的研究发现，这些厂家及零售商的行为规范中都包括童工问题，有些这样定义，而有些那样定义。[62]童工在世界范围内仍然普遍存在而充满争议。

重述历史：进退两难

1998 年，一个题为“进退两难：美国血汗工厂，从 1820 年到现在”的史密森尼展览在华盛顿特区举行，随后又搬到了洛杉矶。这次展览引起了争议，业界和公众对之褒贬不一。还在筹备阶段时，展览面临的批评是：服装行业担心因工人工作条件较差受到责备，伤害企业形象。美国服装厂商联合会认为：“该项目不公正地将守法的美国公司和埃尔蒙特市及其不合法的运作视作一丘之貉。”[63]将展览办到洛杉矶不是一件容易的事情，因为这个城市的态度并不积极，展览的主要部分描述的是埃尔蒙特市的血汗工厂（埃尔蒙特市位于洛杉矶郊外）。

展览开始前的陈述是：“一个历史博物馆的任务是‘解释困难的、不愉快的或引起争议的事件，不是出于使人尴尬、不爱国或制造痛苦的动机，而是出于传达更充分、更包容的历史责任的动机’。”另一项由管理人彼得和哈利鲁宾斯坦签署的声明，强调“血汗工厂面临的窘境没有简单的答案”。[64]展览会举办的一个主要前提是：因为厂家和零售商只需支付低价，所以血汗工厂十分兴盛繁荣。消费者也卷入这场争论中，因为零售商的压力被看作直接来自于消费者，然后通过零售商传递给厂商，导致厂商使用廉价劳动力降低成本，从而在竞争中获得优势。展览主题之一是强调个人责任，举办方希望通过展览会引发人们的思考。[66]你认为服装行业的现状是谁的责任：厂商、零售商或是消费者？[67]

“有社会责任”的娃娃

Popsi 娃娃是用来教孩子们循环再利用所带来的好处的工具。Popsi 还有配套的故事书《Popsi，自然母亲的女儿》。娃娃的衣服和材料是由回收的 PET 塑料纤维制作的，也是最先引进到市场真正代表循环利用理念的产品。Popsi 娃娃由 5 个回收的塑料瓶制成，其包装也是同样的材料——三升的汽水瓶。Popsi 学校项目鼓励孩子回收利用这些包装，以便能够对 Popsi 娃娃的生产做贡献。[65]

公平交易时尚

有一些新公司和主流公司，如耐克和汤米·希尔费格，对保证工人权利，对“公平交易时尚”或“道德时尚”感兴趣。[68]直到最近，公平交易的公司仍位于时尚世界的边缘。现在更多公司要求供应商行为规范，禁止使用童工，规定最低工资，遵守其他的劳动法律。例如，洛杉矶的美国服饰公司被认为是公平交易的公司，这个品牌以生产面向城市年轻人的 T 恤著称。一些新公司加入了公平交易活动。例如，波诺，U2 乐队的主唱兼社会活动家，创立了艾顿品牌。这是一个公平交易服装品牌，通过萨克斯百货（大型美国零售商）和诺德斯特姆公司提供高价但是公平的商品。www.fairindigo.com 是一个新的网上商店。该公司搜寻提供较高工资和其他如医疗福利的供应商。它在中国和秘鲁设立了 23 个工厂，工人和管理者分享利益。

推动公平交易服装，还有来自许多其他方面的努力。例如，公平交易公司的产品在位于巴黎的道德时尚秀展出。道德时尚论坛是英国设计师和公司的网络，关注时尚工业的社会和环境可持续性。[69]

公平交易公司的关于消费者购买计划的研究发现，支持公平交易的消费者在政治方面活跃，考虑质量、价值和美学独特性的人更倾向于从这些公司购物。[70]公平交易消费者要求独立核查公平交易。公平交易证明系统允许消费者确定产品生产时的环境、劳动力情况和发展标准。该系统在国际公平贸易组织（FLO）和认证机构 FLOCERT监督下，对生产者进行独立的审计，以确保达到标准。咖啡、糖和冰激凌行业已经开始审计，但服装行业还未开始。消费者应该呼吁这种审计。国际公平贸易组织机构的认证成员 Transfair 有望去做这件事情。[71]

环境问题和时尚工业

2006年，前副总统戈尔的纪录片《难以忽视的真相》引起了人们对气候变化威胁的关注，在美国引起了新一轮的环境保护论。从此，许多零售商和厂商开始抢着声称它们产品的环保性。[72]

但使其产品既时尚又对环境友好是可能的吗？许多人认为，纺织和服装行业对环境有严重威胁，因为在纤维生产中会使用化学品和表面处理剂。消费者洗衣时，洗涤物中的污染物质会污染环境。更重要的是，服装业潜在的规律是每年都购买新衣物。[73]据报道，美国80%的垃圾都埋在垃圾填埋场，大约有5%的废物（每年多于800万磅）来自于纺织品。[74]实际上，消费者可以用填埋外的其他方法保存衣物和纺织产品，如第13章所讨论。事实上，每年捐赠给救世军的衣物达200万磅。

据2003年环境保护机构的报告，产品包装废弃物占填埋物的32%。最近塔吉特和沃尔玛做出了重要的努力，通过减少过度包装来减少垃圾。沃尔玛通过回收系统和减少包装，预期到2025年实现“零废物”的目标，并认为这将消除店中的所有“废物流动”。[75]

许多消费者优先考虑的是关心环境或环保运动。环保消费者是那些通过购物行为展露出对环境的关心的人。年轻人常被看作最关心环境的。一个例子是芝加哥青少年，在一个环保时尚秀上，他们展示用回收的汽水瓶制作的衣服，表现了他们的环境意识。[76]另一方面，一项英国的研究发现，年轻人对环保和伦理问题正变得冷漠；而在此之前，青少年在这一问题中起了榜样作用。[77]

然而，似乎出现了一种新的素食时尚的趋势。这种趋势不仅出现在饮食中，也出现在大学生最前沿的时尚中。精品店和网上商店提供“反动物衣橱”，拒绝出售由皮毛制作的鞋子和衣物，甚至拒绝售卖以动物原料为基础的胶水和染料。[78]

消费者对环境的关心

《华尔街日报》（*Wall Street Journal*）进行的一项调查指出，80%的消费者认为他们是环保主义者，超过一半的人认为改变基本生活方式是必要的。[79]但在服装上，素食时尚这一态度似乎没有很好地转变成行为。一项研究发现，尽管人们认为在购买衣物时应考虑环境，但他们在实际购物时并不会考虑这一点。可能是因为其他因素，如价格和款式，比环境因素更为重要。[80]稍后的一项研究得出了相似的结论：研究没有发现环境关心和负责任的服装消费之间存在确定的关系[81]，但在环境关心和对环保服装广告的积极反应中存在着联系。[82]在一般社会责任感与服装购买和处理上发现了一些相关，然而，环保服装行为意识似乎对其他消费产品渗透不够。[83]教育视频影响了消费者对环保服装、环保零售商和替代干洗方法的兴趣。[84]可能需要开发其他新的测量工具，来进一步调查环保服装行为。已有研究对象通常是大学生，但是他们可能并不能代表普通消费者。研究通常以陈述“公司需要进一步培养消费者对服装产品的环保益处的意识”的方式得出结论。

显然，回收一个汽水瓶和回收一件过时的时尚用品是不同的行为。因为对我们来说，回收过时的时尚品不是我们习惯的行为。一项研究发现，经常参与路边回收的消费者比不这样做的消费者更可能回收传统材料，回收如纺织品之类的非传统材料的频率低于传统材料。[85]你认为如果在纸张、玻璃和塑料垃圾箱旁多一个衣物垃圾箱，消费者会增加对他们的旧衣物的回收处理吗？

衣着时尚和关心环境看起来存在直接冲突。时尚领导者想要保持新颖和一种流行性淘汰，这和环保主义者的价值观正好相反。对关心生态的消费者进行统计学界定的尝试并没有成功[86]，因为文献中存在许多不一致的地方。然而，与那些不关心环境的人相比，亲环境的消费者似乎接受过更高的教育，有更多收入，而且多为女性。[87]

表14—2表明的是人们对衣物所造成环境问题的态度。获得最强烈同意的是“衣物是垃圾的来源”。你认为这些态度已经发生改变了吗？

表 14—2 衣物环境态度

衣物态度	平均分 *
衣物是垃圾通常的来源。	3.65
人们应该在购买衣物时考虑资源保护。	3.57
我尽量从我知道的关心环境的厂家购买衣物。	3.33
资源保护和衣物消费的关系并不大。	2.64
人们不应该被要求在衣物消费上保护资源，因为他们已经被期望在其他很多方面保护资源了。	2.43
人们购买超过所需衣物也没关系，因为最终都将会给其他人。	2.61

* 分数范围是从 1 到 5，5 代表“非常同意”。

资料来源：Sara M. Butler and Sally Francis, “The Effects of Environmental Attitudes on Apparel Purchasing Behavior,” *Clothing and Textiles Research Journal* 15, No. 2 (1997): 76-85.

环保零售商和生产商

尽管很难定义环保和具有社会责任感的消费者，许多零售商和厂家还是试图满足这些消费者的需求，同时保持消费者对自己产品的忠诚，保持对它们自己的信念的诚实，因此在产品生产中坚持严格的环保实践。正如一些公司和消费者发现的，坚持环保并非易事。对很多公司来说，这是一个在利润和环保政策间平衡的行为。埃斯普利特（Esprit）是最早的环保服装厂家之一，采用“环境系列”（E-Collection）概念开展实验，在生产中只采用“亲环境”的工序和材料，这种做法是不盈利的。公司声称，其最终目标是将这一理念贯穿到它的主要生产线中。巴塔哥尼亚公司发现，如果不使用戈尔特斯面料（Gore-Tex），就不能生产令人满意的防水外衣布料，而这种面料含化学毒素。其他工业领域发现了相似的问题：本&杰里（Ben & Jerry's）冰激凌没发现能令人满意地解决其高脂肪乳制品废物问题的方法。[88]

主营户外服装的公司巴塔哥尼亚是最知名的环保服装公司之一。

环境系列的概念

埃斯普利特的“环境系列”(E-Collection) 可能是服装行业最接近“亲环境”的生产。然而，它已经不再生产了。下面是埃斯普利特环境系列的目标，可以对其他的亲环境生产有所启示：

- 最大化产品的寿命（使用耐用的构造；强调款式，而不是时尚）。
- 去除或减少人工制造纤维的使用（使用棉、羊毛和亚麻，调查其他可用的纤维，使用天然的材料代替塑料扣子，使用纤维素垫肩和衬布）。
- 去除有害的纤维工序（淘汰石洗和酸洗，使用生物降解酶，淘汰漂白，在最后的工序淘汰树脂和甲醛）。
- 最小化垃圾填埋场的负担——使用可回收和生物降解的材料（使用可回收的羊毛、棉纤维，使用可回收的纸张，使用可回收的高压聚乙烯塑料袋）。
- 支持可持续的农牧业（使用有机棉花，使用有机羊毛）。
- 支持濒危领域和文化，提升地方经济（在工艺项目中采用合作社方式，设立“贸易，而非援助”项目和培训项目）。
- 支持主动的企业（拥有良好的员工工作条件，回收，最小化废料、能源和水的使用，分享类似的环保目标，提供所有主张的证明，使用可再生的资源）。
- 培训顾客（带有信息的飘带、目录或小册子和商店里的信息区）。
- 影响行业（参与制定全球环保标志的政府标准，到大学演讲，发布信息，支持和举办提倡商业环保责任的行业会议）。

许多服装、时尚和商品目录公司试图为消费者提供环保的选择。如下所示：

● 巴塔哥尼亚，一家创办于20世纪60年代的加利福尼亚运动服公司，是最知名的具有环境意识的公司之一。该公司销售有机棉制成的产品，其轻量抓绒衣生产线是由回收的塑料瓶制作的。巴塔哥尼亚每个商品目录都会包括支持至少一项环境公益事业的产品。该公司最新的倡议是“生态循环系统”（ECO CIRCLE），一个日本发明的闭合的纤维到纤维的回收系统，即布料被重新制成纤维，然后重新使用。消费者自愿将穿旧的化纤衣物返回公司，用公司的化纤再循环系统使其重返纤维状态。[89]

● 位于伦敦的化妆品专业连锁店美体小铺（Body Shop），出售自然的化妆品，推动保护雨林，保护鲸鱼，警告人们酸雨的威胁。该公司的所有产品都标明，该商品不曾在动物身上进行实验。它鼓励消费者返还空瓶并重新利用，以降低成本。许多人认为，在零售领域中，这家店是环境意识的先驱者。30年前，美体小铺引进芳香疗法产品，继续其另类之美和健康之美的传统，并努力让消费者去掉对其的神秘感。这种方法受到具有5 000年历史的印度阿育吠陀药物的启发，能教会人们如何平衡精神、身体和心灵。公司引进了一套东方阿育吠陀自然产品生产线。对那些想要战胜压力的人，它使用了瓦塔（Vata）或空气的概念；对那些想要改变情绪的人，使用了火型（Pitta）或火的概念；对那些想要精力充沛的人，使用了土型（Kapha）或土的概念。[90]

● 绿色和平组织开了一家零售商店帮助其筹集基金。它只经营环保产品，如由有机棉制成的产品、非树脂纸张，和由可再生的植物纤维洋麻制成的产品。

● 德茹鞋业（Deju）使用自然树脂橡胶造鞋。

● 勃肯鞋（Birkenstock）使用低污染的染色剂、可再生的软木和天然橡胶。

● 李维·斯特劳斯有一条新李维斯生态生产线，牛仔裤由百分之百的有机棉制造而成。

●《第七世代》（*The Seventh Generation*）商业目录提供有机棉衣物和无毒家居产品。在被这个商业目录接受前，每一种产品都经过了化学成分分析；编辑对生产过程进行了评估，并衡量了其环境友好性。

●《国家环保黄页》提供全美将近3 000种环保企业名录，包括邮购目录和零售商店（www.coopamerica.org）。

● 沃尔玛、塔吉特和凯马特之类的折扣商店正努力在货架上为环保产品贴上环保标签和吊牌。

● 雅诗兰黛成立了Origin有限公司，该公司研制的产品强调纯天然植物配方，不经动物实验，所有包装都可以回收利用。[91]

● Organics系列提供身体护理产品，这些产品由经过鉴定的有机成分构成，是“科蒂的治愈花园”（Coty's Healing Garden）的一个系列产品。

使用棕榈树果仁（tagua nut）做纽扣，支持了林业的可持续发展，减少了人们对热带雨林的砍伐。

南风公司（Hae）是一家提供有机棉服装的公司，该公司强调：“做出对你自己以及对你公司有益的、富有爱心的选择。”

许多消费者对环保服装、环保时尚，甚至有机棉的概念不熟悉，因为几乎没有这方面的宣传。大多数消费者（主流零售商经常这么认为）认为，没有那么多公司销售这样的产品。网络对这些公司而言是一个很好的场所，因为市场可能是有限的。许多在线公司，从“酷但是不冷酷”（CoolNotCruel）到“牛宝宝”（Bossy Baby），在网络中宣传销售有机棉衣物和其他由有机棉、大麻和回收的纤维制成的商品，并提供信息。

来自回收中心的时尚

一些企业家发现，通过使用回收材料制造时尚物品这种方式鼓励回收是有利可图的。两位来自纽约的年轻珠宝设计师引领了用旧瓶盖制作项链的时尚。一家位于匹兹堡的“小土产品公司”，其所有产品都是用回收材料制作的。该公司销售装饰有旧车牌的双肩包、由橡胶和毂盖制成的单肩包，还有用丢弃的金枪鱼罐头包装制成的钱包。[92]

埃斯特尔·阿卡曼，以前是一位北加州废品管理系统旧金山转运和回收中心的“驻场艺术家”。在六个月的时间里，她制作了一些服装，如由泡沫板色带和电脑打印机色带制成的裙子、由回收的打字机色带和电脑打印机色带制成的“正装”，回收中心的员工会穿着这些服装出现在旧金山黑与白舞会上。

纺织工业对更清洁的环境的贡献

消费者通常意识不到这一点：纺织品行业这些年来已经形成了更清洁、更安全的纤维和面料生产方法；尽管被批评为“肮脏的行业”，但该行业对更清洁的环境还是做出了贡献。贸易协会在执行环境安全的程序上起到了重要的作用。鼓励环保卓越（Encouraging Environmental Excellence），也称“E3 计划”，由美国纺织品制造商协会（ATMI）于 1992 年发起，旨在提高美国行业环保记录。该计划的主要目的是：对纺织品公司提出挑战，使它们不只是简单地服从环境法律，更重要的是加强对环境的承诺。[93]不幸的是，当 2004 年美国纺织品制造商协会解体的时候，该计划被淘汰了。然而，全国纺织品协会（NTA）和全国纺织品组织联盟（NCTO）这两个全国纺织品行业团体接管了原“E3 计划”。采用“E3 计划”对纺织品公司的益处如下[94]：

- 自愿建立关于产品加工和销售业绩的最低标准。
- 编制环境问题对消费者购买的影响的宣传材料。
- 产生环境投资机会。
- 提高空气、水和土地质量。

对其他行业而言，“E3 计划”被视作帮助公司提升环保重要性的一个参照模型。

棉花行业在清洁环境方面有了进步，在美国，种植有数百万平方米的有机棉，尽管这只是所有棉花的一部分。传统方法种植的棉花加重了环境的负担——一些人认为，以石油为原料的尼龙和涤纶也一样，因为它们需要使用大量的化学药物来控制杂草和害虫，同时通过化学药品去除叶子以便机械收割。（据估计，美国在棉花中使用了 3 500万磅农业用杀虫剂总量的 25%）。特拉维斯知道，百分之百的棉很好，会非常舒服，他也可能听到人们说涤纶和其他人工合成的材料对环境不好。大多数消费者确实没有意识到舒适的棉衬衫背后的杀虫剂因素。

有机棉使用最少量化学肥料和杀虫剂，或者不使用化学肥料和杀虫剂，而以天然的肥料和有机技术取代。尽管对环境更好，有机棉种植却很昂贵，主要是由于劳动成本增加。一些服装公司如巴塔哥尼亚全部使用有机棉，还有如李维斯和盖普等公司也在一定程度上使用有机棉。

由莎莉·福克斯发明的天然彩色棉花纤维，是第一种自然着色的棉花纤维，并且可以用现代纺织品设备加工。这一革新使得纺织品没有必要染色。我们知道染色过程对环境是有害的。不用染色的彩色棉花，这个主意很新颖，但是同时也有很多反对声音。加利福尼亚棉花种植者对福克斯的天然彩色棉花就种植在他们纯白色的棉花田附近感到不开心。因此福克斯把基地迁移到亚利桑那州，该地的条件对这种非传统产品的实验和生产更加有利。[95]

一些纺织品厂家正试图使用其他天然和环保工序。一些公司使用自然染色取代有污染的化学染色；然而，这样做成本很高，颜色变淡的产品并不总能被消费者接受。“天丝”（Tencel）是一种新的纤维素纤维，由木浆制成，它有很好的质感，受到高端服装公司的欢迎，但其成本要比其他纤维高。

一些公司正在使用由回收的汽水瓶制成的纤维。将瓶子清洗后按颜色分类，切成碎片、加热、清洁、团成球形、熔化并挤压成线和纱的纤维。制作一件衣服平均需要 25 个汽水瓶。[96]韦尔曼公司纤维部门生产聚酯纺织纤维（Fortrel Ecospun），是一种百分百回收纤维的再循环涤纶。据估计，因为聚酯纺织纤维的生产，每年有 24 亿个瓶子能得以回收，而不用采用填埋的方式深埋地下。

大麻是一种受到环保主义者欢迎并被许多环保公司使用的天然纤维。然而，存在几个问题，其中比较棘手的问题是，在美国，种植大麻是非法的。政府官员没有允许这种纤维——毒品大麻的近亲——在美国生产。因此需要从加拿大和海外进口。一些人觉得这里存在教育问题。大麻纤维是一种有多种用途的多产植物，包括纤维产品（如纸和衣服）、建筑材料、绳索、人体必需脂肪酸和蛋白质，以及其他可用作皮肤和头发护理产品的基础营养素油。1999 年，夏威夷被允许试种大麻植物，但美国仍是世界上工业化国家中唯一将种植大麻视为非法的国家，许多人都在推动关于该产品的立法。[97]大麻纤维很硬，使用缝纫机来缝制很困难，针会折断，机器需要经常替换，造成缝制较慢，因此更昂贵。款式通常也很简单。

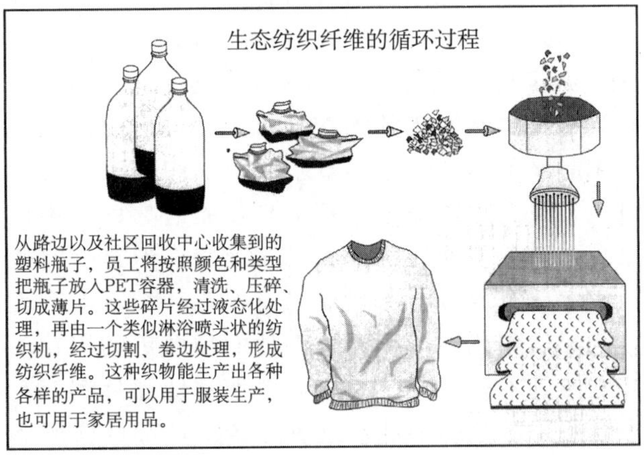

生态纺织纤维是由循环利用的塑料瓶制作的。

正如在本章中几次提到过的，生产环保时尚的纺织品比传统方法的成本要更高。公司说："做这件事情我们承担更多花费，这还能保持竞争力吗？"似乎要由消费者来决定环保主义对他们的重要程度。一小群具有环保意识的消费者会为支持这样的行业而努力。

环保广告

随着许多消费者对环保产品感兴趣，一些商家滥用"亲环境"或"生态环境友好"进行宣传，这导致一些消费者不相信这些宣传。事实上，随着越来越多的广告宣传产品是亲环境的，不相信其宣传的消费者的人数似乎达到了上限。随着不断增长的生态犬儒主义，商家需要找到更有代表性的品牌声明来表达自己的环保意图。[98]加拿大 TerraChoice 环保营销公司分析了 1 700 多个产品的环保声明，在这些声明中，没有直接对产品环保属性撒谎，但几乎所有的产品都进行了轻微的所谓的"绿洗"（有社会和环境破坏行为的公司或者企业通过制造对环境友好的假象，以试图保住或者扩大其市场或者支配力）。一些声明只是基于一个属性，而没有强调有毒成分。还有一些太模糊，以至于没有意义。如"自然"和"可持续的"，这些词是有丰富含义的流行营销术语。[99]

产品的环保宣传没有强制的标准。（稍后我们会讨论自愿的标准。）环境保护局出版的小册子告知消费者如何分析环保广告[100]：

● 寻找具体的环保主张。如果一个广告说是"再生的"，检查这个产品有多少成分是再生的，检查再生的材料来自哪里。"消费后"废物意味着原料来自消费者之前使用过的或消费废弃物。"消费前"废料意味着是生产时的废料。带有"可回收"的标签，表明这些产品可被收集，制成有用的产品；只有消费者循环利用产品，"可回收"才有意义。

● 小心过于宽泛或模糊的环保宣传。绝对化的宣传，如产品带有的"亲环境"或"环境安全"标签是没有意义的。

● 可降解的材料无助于保护垃圾卫生填埋场。如食品和叶子之类的可生物降解的材料，需要暴露到空气、水分和细菌中才会降解并腐败。而现在，垃圾填埋过程中降解发生得非常缓慢，因为根据法律，现代的垃圾填埋场设计时以最少量进入阳光、空气和水分为标准。这使得降解速度减慢，甚至像纸张和食品之类的有机材料可能都要花费数十年来降解。设想一下涤纶衬衫的降解会持续多久！

美国环保“绿色徽章”体系（Green Seal）的标志。

认证

随着人们对环保产品的兴趣不断增长，环保产品证书和环保绿色徽章兴起。这些认证中有的只是证明单一问题，如动物福利（animal welfare）和生物降解。消费者面临的问题是，确定这些认证的含义和是否可信。下面是三个衡量系统。

环保标志（EcoLogo，www. ecologo. org）是北美年代最久的环保标准和认证机构。1998 年由加拿大政府发起，为超过 120 种产品设立了环保标准并进行了产品鉴定。它是北美唯一的由全球环保标志网络认可的标准，符合国际环保 ISO 14024 标准。

环保绿色徽章（Green Seal，www. greenseal. org）是一个非营利的环保标志组织，将“环保绿色徽章奖”授予那些与同类产品相比对环境危害最小的产品。在某个产品得到环保徽章之前，它必须通过谨慎的测验，达到严格的标准。

科学认证体系（Scientific Certification Systems，www. scsl. com）对厂家做出的关于质量方面的环保声明进行认证，如生物降解、再生成分、用水效率和没有烟雾产生。还对公司所使用天然资源的生命周期进行评估，并对环保工作场所进行分析。

消费者行为的消极面

尽管研究者、政府管理者和关心环境的业界人士尽了最大努力，但有时消费者最大的敌人就是他们自己。个体经常被描述为理性的决策者，努力获得能使他们、他们的家庭及社会健康与幸福最大化的产品和服务。然而，实际上消费者的欲望、选择和行动通常会对个体和社会造成极端的后果。一些消费活动源自社会压力，而过于“向钱看”的文化价值观，会助长商店偷窃或欺诈行为。有一些消费者长期暴露于媒体所描绘的可望而不可即的美丽中，从而对自我形象不满。表 14—3 列举了一些不道德的消费者行为。让我们回顾一下被称作消费者行为“消极面”的一些内容。

表 14—3　　不道德的消费者行为

商店偷窃
商店偷窃和试图退货退款
改变价格标签
退回穿破了的衣物
退回部分使用过了的产品，如化妆品
破坏商品并将它们作为损坏品退回
退回特价商品，并要求全价返还
偷窃衣物的配饰，如腰带或饰针
从商品上剪下纽扣
在商店内破坏商品并要求折扣
在可以偿还债务的情况下申请破产

资料来源：Adapted from Leon G. Schiffman and Leslie Lazar Kanuk，*Consumer Behavior*（Upper Saddle River，N. J.：Prentice Hall，2000）.

消费成瘾

消费成瘾是对产品或服务生理和/或心理上的依赖。当大多数人将成瘾和药物等同时，实际上任何产品或服务都可以被看做减少了某些问题或满足了某种需要，因此人们变得极端依赖它。实际上，一些心理学家甚至对“网络成瘾”给予了关注，人们（尤其是大学生）沉迷于网络聊天室，他们的虚拟生活优先于实际生活。[101]

强迫消费

对一些消费者来说，“为购物而生”的表述毫不夸张。这些消费者购物是因为强迫症，而不是因为购物是令人愉悦的或是具有功能性任务的。强迫消费是指重复消费，经常是过度的消费，将消费作为缓解紧张、焦虑、忧伤或厌烦的解药。“购物狂”购物就像成瘾的人吃药或酗酒一样。[102]不同类型的强迫行为可同时发生，如强迫购买和暴饮暴食。一项研究发现，强迫购买和电视购物接触正相关。结果暗示，电视购物可能成为强迫购买者的“药物选择”，因为它提供了一种使用信用卡的简单购物方法，方便，且可远离他人评价，在自己的家中私密地享受购物。[103]

强迫消费和冲动购买是截然不同的，如第13章所讨论的。购买某种特定物品的冲动是短暂的，在某个特定时刻集中于一个具体的产品。相反，强迫购买是一个持续的行为，关注的是购买过程，而不是购买本身。正如一位每年在衣物上花费20 000美元的女性所承认的那样：“一走进商店，我就像被什么附体了。我购买一些不适合、不喜欢而且肯定不需要的衣服。”[104]

某些情况下，说消费者就像药物成瘾者是不会遭到反对的，因为他们对消费几乎或完全没有控制。产品控制了消费者，不论是酒精、香烟、时装、巧克力或低热量可乐。即使购物行为本身对一些消费者来说也是一种成瘾经历。消极或破坏性的消费行为可以用三种普通的元素来描述[105]：

1. 该行为不是有选择地做出的。
2. 行为所带来的满足感是短暂的。
3. 行为之后个体经历强烈的后悔或内疚感。

这种失控的消费会产生许多无法偿还的债务，导致消费者破产。每年有超过100万美国消费者申请破产。因为破产法律“宽松”（零售商所认为的），更多消费者采取这种手段逃避还债。分析指出，许多申请破产的人能够偿还部分或所有债务。[106]零售商在尝试收回过去的债务上较为谨慎，因为他们不想疏远那些债务偿还后的重复消费者。破产指标包括最近的大宗购买如汽车、高额未还循环贷款等。这一被众多消费者采用的简单方式给商业带来很大的负担，这些代价会转嫁给其他消费者。

许多消费者行为不仅是自我毁灭性的或社会破坏性的，而且也是不合法的。据评估，消费者做出的犯罪行为，包括商店偷窃、员工偷窃、纵火和保险欺诈等所造成的损失每年超过400亿美元。

消费者偷窃

零售业偷窃每5秒钟就会发生一起。损耗是指因为商店偷窃和员工偷窃（大约40%的损失是由员工而不是购物者导致的）而导致的货物和现金损失的行业术语。这对商业来说是个巨大的问题，并将以高价的形式转嫁到消费者身上。一项综合零售业研究发现，商店偷窃每年要让美国零售商付出90亿美元的代价。[107]

大多数商店偷窃不是专业窃贼或真的需要偷窃物品的人所为。[108]大约200万美国人被控商店偷窃，但据估计，每逮捕1起，就有18起未报告的案子发生。[109]大约四分之三被抓的商店偷窃者是中、高收入者，他们偷窃是为了偷窃的兴奋或将其作为一种感情替代。商店偷窃行为在青少年中很普遍。研究证据表明，青少年商店偷窃受到同样进行商店偷窃的朋友的影响。商店偷窃也更有可能发生在不相信这种行为是道德错误的青少年身上。[110]运动鞋、名牌牛仔裤、名牌服装和内衣是最经常被偷窃的产品。[111]化妆品也可以加到这个名单中，因为丝芙兰（Sephora）这一全球连锁的法国化妆品店，引领了开架式销售模式潮流。

零售商采取了措施来对抗商店偷窃，但一些商店不想用沉重的传感器标签，因为这使得消费者很难试穿衣物，而且会给消费者留下商店不信任消费者的印象。好的消费者服务是商店偷窃最好的防御方式，招待顾客的销售助理会注意他们的动作，阻止那些非法行为。然而自助商店无法顺应这样的哲学。摩雯思（Mervyn's）采取了三位一体的源标签系统，减少了沉重的感应标签，防止了商店偷窃。该系统集图形标签、价格代码标签和电子物品监视防盗装置于一体，使得他们所称的“标签污染”减少了。潜在的商店偷窃者无法区分哪个标签嵌有反偷窃装置。[112]

反对消费

一些破坏性的消费者行为被看作反对消费的

表现，借此产品和服务被故意损坏或破坏。这种行为包括从产品篡改到在大厦和地铁里涂鸦等类型。这些反消费行为的例子是文化抵制的形式。那些在主流社会之外的消费者（如少年罪犯）挑选代表更大群体价值观的物品，修改它们，作为一种反叛或自我表达。[113]例如在 20 世纪 60 和 70 年代的嬉皮士文化中，许多反战抗议者开始穿丢弃的军服，通常用和平标志和其他“革命”的象征来代替标志军衔的等级肩章。

反对消费也可以采用社会抗议的形式，活动家可以改变、破坏广告板或其他用来推广他们觉得不健康或不道德行为的广告宣传品——这种行为被称作文化干扰。

文化干扰的一个例子是动物解放组织的生态恐怖主义攻击，包括用燃烧弹袭击养殖公司和过于激烈地抗议使用皮毛。经常可以在假期看见这些抗议者，因为这一时期有许多购物者。据称，他们会对穿着皮毛大衣的女性扔红色颜料，在象征动物的血液的同时损坏这些衣服——这是将你的皮毛大衣留在家中的一个原因。善待动物组织（PETA）和废止皮毛贸易联盟针对为了时尚而使用皮毛已进行运动多年，通过在梅西百货和内曼·马库斯百货等商店门口进行示威游行的形式。反对皮毛使用的活动家打碎了旧金山内曼·马库斯百货商店的 29 扇窗户，导致了价值 250 000 美元的损失。[114]有一年，超过 1 000 人在有许多皮毛商家的纽约第七大道上游行。在欧洲，这样的示威游行通常会比在美国更加暴力和激烈。尽管有逮捕和抗议，皮毛的销售却仍然稳定而持续。

动物活动家甚至试图在贝弗利山庄（这里销售很多奢侈的皮毛制品）通过一个地方法令，要求商品标签上须包括一个关于动物是如何被杀死的声明，如：“消费者注意：本产品使用了动物皮毛，而这些动物可能遭受了电刑、毒气、折断脖子、下毒、棍棒击打、踩踏、淹溺，或者落在了穿颚夹腿的陷阱里。”[115]善待动物组织也把宣传指向孩子，尤其是母亲穿着皮毛制品的孩子。某一年，全美参加《胡桃夹子》（*The Nutcracker*）表演的孩子收到了传单，上面写道：“问一问你的妈妈：为了制作她的皮毛大衣杀死了多少动物？”[116]

善待动物组织（PETA）反对在时尚中使用动物皮毛。

美国皮毛信息委员会和北欧世家皮毛公司（SAGA）已经通过描述皮毛动物管理和饲养的原则，制作“皮毛是天然资源”的视频和文字来与动物保护活动家的片面宣传作斗争，对某些野生动物的数量过剩以及用养殖动物做食品问题也进行了讨论。负责任的公司不会在产品中使用濒危物种。使用濒危的动物和植物制造或销售衣物是非法的，这个主题将在第 15 章进行讨论。

本章概览

- 商业伦理是指导市场行为的行为规则。普遍的标准或价值观包括诚实、值得信赖、公平、尊重、公正、正直、关心他人、忠诚和公民责任。伦理的定义存在文化差异。
- 消费者和公司都参与了不道德的行为。
- 李维·斯特劳斯公司对海外服装承包公司制定了伦理标准。
- 富有社会责任感的公司不仅合法，而且做了很多有益于社会的事情。许多服装和纺织品公司参与公益营销，即营销努力和慈善事业相联系。
- 如今许多消费者意识到并关心在全球服装生产中与劳动力相关的剥削问题。洛杉矶、纽约和塞班高调的虐待童工事件是引发该意识的起因。
- 许多消费者也关心时尚工业的环境污染问题，但调查发现，在服装购买中，环境因素之外的因素对消费者更重要。环保服装行为与其他类型的环境态度和行为尚未联系在一起。然而，消费者称他们对环境感兴趣，许多服装和纺织品公司也做了很大的努力来生产亲环境的产品。它们被称作环保公司。

● 尽管教科书经常将消费者描绘成理性的和知情的决策者，实际上许多消费者行为是对个人或社会有害的。消费者行为的消极面包括消费成瘾、强迫消费以及偷窃或破坏行为（反对消费）。

关键词

商业伦理	环保消费者	损耗	消费成瘾
反对消费	社会责任	强迫消费	文化干扰

问题讨论

1. 讨论你所在的工作场所的伦理问题。你的公司在任务说明中会采用伦理观点吗？

2. 一些人认为公司应该能以任何方式为它们的产品做广告，尤其是以消费者有反应的方式。业内人士称广告中的性内容是可接受的，而父母和家庭机构对一些公司进行了抵制。对此你的看法是什么？

3. 对于服装工业中的童工和血汗工厂现象，你怎么看？这些情况应纳入考虑：第三世界国家的许多家庭依靠孩子的收入生活，若不在血汗工厂劳动，他们可能的其他选择之一是卖淫。

4. 你会在购买衣物前查看标签确定它产自哪里吗？将你和本章开头的特拉维斯进行比较。调查一下你的同学对他们衣物的产地的重视程度。

5. 营销者有能力控制我们的欲望或有能力制造需要吗？

6. 你是一个环保消费者吗？描述一下你有助于环境保护的方式。你是怎么处理你不想要的时尚物品的呢？

7. 在网上搜索富有环境责任感的服装公司。它们在帮助保护环境（或者至少对环境友好）方面做了什么？

8. 在网上搜索消费者抵制的服装公司。他们为什么抵制？

9. “大学生对环境和素食主义的关心只是昙花一现，看起来很酷而已。”你同意吗？

10. 你如何看待为了时尚穿着皮毛？如何看待反皮毛抗议？你喜欢的商店有因为销售皮毛而关张的吗？

11. 你知道有谁在商店偷窃吗？他们为什么那么做？零售商可以采取什么措施来防止商店偷窃？

第15章
政府和企业在消费者保护中的角色

艾薇对刚买的昂贵裙子洗过一遍后的样子感到非常震惊，因为它看起来太可怕了——不仅变形，而且原来明亮的红色也褪色了。怎么会这样呢？“我在镇上最好的商店里买的这条裙子怎么只能穿一次呀？”而且这是一件昂贵的衣服！艾薇从纺织品初级课程和实际经验中获得了一些关于纺织品的知识。她知道棉布和涤纶应该可以在洗衣机里洗，尽管服装厂家在衣服上标有“只能干洗”。她还知道一些厂家使用最低限度安全护理标签——尽管其他方法也可以使用，但它们有时为了保护自己而只建议最安全的洗涤方法。也许这条裙子里有一种成分是不能水洗的。艾薇忘记了听从洗涤建议是消费者的责任；如果消费者不听从建议，那么衣服的任何损坏都是自己的责任。她一将衣服送回商店就迅速理解了这一点。当销售助理问她是否遵从了护理指导时，她无法撒谎，只好说她没有按照护理标签上的建议干洗。不幸的是这让她失去了追究赔偿的权利。权当是增加一次经验吧。

复杂的市场

市场是令人困惑的竞技场，有一系列复杂的规则，涉及信用卡、信用评级、退货政策、版权和商标法、对标签和保证书的解释、广告推销会（它们是真实的吗?）、购买如汽车和房屋那样贵重的东西、在手机和网络的帮助下似乎每天都在扩张的沟通系统等。由于我们日常购物和决策的复杂性，消费者成为“有知识的消费者”就变得越来越重要。许多法律和计划适当地保护消费者以防遭遇商业欺诈行为，并为消费者提供无法自行搜集到的信息。例如，艾薇并不真正知道护理那条昂贵裙子的正确方法。作为一名消费者，你应该拥有一些关于市场的特定的基础技巧和知识。而作为时尚和商业领域的专家，你必须了解保护你生意的有关法律。

公共政策和消费者至上主义的背景

至少从20世纪初，消费者的权益就开始获得关注。部分是由于消费者的努力，许多联邦机构开始建立起来以监管与消费者相关的活动。

在厄普顿·辛克莱（Upton Sinclair）1905年出版的书籍《屠场》（*The Jungle*）揭露了芝加哥肉类加工业的糟糕情况后，美国国会被敦促通过重要立法以保护消费者——其中之一是1906年的《纯净食品与药品法》（*the Pure Food and Drug Act*）。表15—1呈现了一些重要的消费者法律，尤其是与零售和生产时尚物品相关的法律摘要。大多数这种法律是20世纪50、60和70年代颁布的。

表15—1　影响时尚行业的美国联邦法律

1936年	《罗宾逊·帕特曼法案》	用来平衡大小零售商（即减少大零售商对小零售商的优势）。 法律条款举例如下： 1. 大小零售商购买等量的货物时，价格歧视是非法的。 2. 不公平和不公正的数量折扣（例如，如果所有类型的零售商都可以获得，才允许折扣）是非法的。 3.“假冒的”广告津贴资金是非法的。（广告资金必须用作广告） 4. 推销津贴（广告、推销展示等的资金）歧视是非法的——大小零售商在同样条件下必须获得相等的津贴。

续前表

1939 年	《羊毛产品标签法案》	保护消费者免受未揭露的替代物或混合物的伤害。联邦贸易委员会负责法律的执行。
1951 年	《皮毛产品标签法案》	管理皮毛产品的品牌、广告和运输。
1953 年	《易燃纺织品法案》	禁止在国家线路上运输易燃纺织品。
1960 年	《纺织纤维产品鉴定法案》	保护生产者和消费者免受错误的纤维成分鉴定之害。
1966 年	《儿童保护法案》	禁止销售危险的玩具和其他物品。
1968 年	《诚实借贷法案》	要求贷方透露赊贷交易的真实价格。
1969 年	《国家环境政策法案》	建立一个全国性的环境政策，创立环境质量委员会以监控产品的环境效应。
1972 年	《纺织服装洗涤护理标签规定》	要求所有的服装都要有持久的标签，清楚地告知消费者物品护理和保养方法。
1972 年	《消费者产品安全法》	建立了消费者产品安全委员会，该委员会鉴定不安全的产品，建立安全标准，召回有缺陷的产品并禁止危险物品。
1975 年	《消费者产品价格法》	禁止厂家和经销商间达成价格维持协议。
1975 年	《马格努森-莫斯保修法》	建立公开的消费者产品保证书的标准，允许联邦贸易委员会设立监管不公平或欺骗性行为的机构。
1984 年	《伪造法案》	商标伪造可判刑最高 5 年，罚金最高 250 000 美元；货物可从商店下架。

资料来源：Michael R. Solomon, *Consumer Behavior*, 8e, p. 26, © 2009. Reprinted by permission of Prentice Hall, Inc., Upper Saddle River, NJ.

约翰·肯尼迪总统 1962 年的《消费者权利宣言》开启了现代消费者至上的时代。权利包括安全权、知情权、要求赔偿权和选择权。20 世纪 60 到 70 年代是消费者行动主义的时代，消费者开始组织起来要求更高质量的产品（并抵制不为他们提供这样产品的公司）。这些运动被一些出版物推动，如 1962 年美国海洋生物学家瑞切尔·卡森（Rachel Carson）的《寂静的春天》（*Silent Spring*），该书抨击了对杀虫剂不负责任的使用，以及 1965 年拉尔夫·纳德（Ralph Nader）的《什么速度都不安全》（*Unsafe at any Speed*），该书暴露了通用雪佛兰 Corvair 汽车的安全缺陷。消费者对一些问题继续持有强烈的兴趣，从石油泄漏和有毒废物引起污染的环境问题，到电视上摇滚与说唱歌曲歌词里过度的暴力和性。

消费者行为领域在提高消费者的生活质量上发挥了重要的作用。[1]许多研究者在规划或评估公共政策上起到了作用，如确保准确的产品标签、人们能够理解广告中呈现的重要信息、孩子不被电视节目的玩具商业广告所利用等。本章将会呈现政府机构在保护消费者上的作用，以及由商界和其他独立团体支持的消费者保护机构。

政府保护

政府管理商业竞争，确保其安全，并给消费者提供信息。美国联邦政府成立了独立的管理机构来管理经济活动中的特定问题，以此来保护消费者；因为市场力量不足以确保公平竞争。这些机构的专员都是由总统委任，参议院认可，任职 5 到 7 年，理论上不受政治影响。有的机构限制垄断，如州际商务委员会；有的机构由私营部门运营，监督重要行业，如服装和化妆品行业的总体商业行为。私营部门运营的机构和消费者保护有更密切的联系，包括联邦贸易委员会（FTC）、消费者产品安全委员会（CPSC）、食品和药物管理局（FDA）。[2]

影响时尚消费者和时尚行业的基本联邦法律和管理竞争的法律（如《反托拉斯法》）用来保护消费者。除了具体法律保护，许多联邦和州机构，如消费者事务办公室，还为消费者提供信息。下面的内容将回顾从事消费者保护的机构和法律规章。

联邦贸易委员会

联邦贸易委员会（FTC）是为了保护消费者对抗不公平、欺诈和反对竞争的商业行为而于 1914 年创建的。它处理广告、信用卡和其他许多直接影响消费者的商业问题。最近的一项联邦贸易委员会报告指出，一年有超过 200 000 宗消费者投诉，最多的类别（42%）涉及身份盗用，受害者因此损失了数亿美元。[3]它发布商业调节原则和商业指导标准，起诉要求惩罚，发出终止欺骗的商业行为的交易管理规则和行业指导。其广泛的调查权力强于其他任何政府机构。联邦贸易委员会要求使用几种服装标签，稍后将会讨论。这可以给消费者提供信息以在市场中做出明智选择。

服装成分鉴定

你购买的纺织品服装和皮毛产品必须有明确的成分鉴定。有三项法律提供给消费者这方面的信息：《羊毛产品标签法案》、《皮毛产品标签法案》和《纺织纤维产品鉴定法案》。

自1939年，《羊毛产品标签法案》，也叫《羊毛法》，就开始要求羊毛产品指明使用的羊毛类型。羊毛和纯羊毛指之前未被制成纤维的羊毛。新羊毛和未经加工的羊毛指的是之前未被加工过的羊毛。羔羊毛来自小于7个月的羊。再造毛指之前被制造过，可能使用过，然后又重新被制成纤维状的羊毛。[4]再造毛通常用作夹层（衬里和外层之间的保暖层），有时也用在廉价外衣的外层。因为纤维很短，日常穿着的磨损很快就会导致起球，所以消费者要当心。

《皮毛产品标签法案》宣称，皮毛必须标注是否是天然的、染色的、漂白的或人工染色的；必须包括皮毛来源于何种动物和原进口国的名字。如果皮毛不是新的而是被使用过，必须要注明。回忆第14章动物权利保护者希望包括进去的关于杀死动物的方法的说明。

《纺织纤维产品鉴定法案》要求服装产品必须标明纤维成分的含量（或百分比）。例如，标签不能是“35%的棉花，65%的聚酯纤维”，这被认为可能会起误导作用，因为消费者最先看到的是量最少的纤维。应该写成“65%的聚酯纤维，35%的棉花”。少于5%的纤维可以不列出——氨纶除外，因为其低于5%的含量对纤维的质量有非常重要的影响。必须标注纤维名称，而不是品牌或商标名。例如，消费者不会只看到“涤纶”这个术语，因为这是“聚酯纤维”的商标名，但可以和纤维名称结合起来使用。正确的标注是“涤纶聚酯纤维”。下面列举了一些纤维种类，包括天然的、纤维素和人工合成纤维：

棉花	橡胶	三醋酸酯纤维
丝绸	聚酯纤维	聚烯烃纤维
羊毛	氨纶	人造蛋白质纤维
亚麻	人造丝	金属纤维
腈纶	乙烯基塑料	奈特利尔纤维
尼龙	醋酯纤维	玻璃纤维
变性腈纶	聚乙烯塑料	莎纶

此外还建立了羽绒产品的说明标准并将其用在标签上。羽绒是水禽的防水面，羽毛是家禽身体外的覆盖物。使用压碎的、损坏的或使用过的羽毛或绒毛必须标明。最近的标签违规与山羊绒有关。一些标称“100%山羊绒”的羊绒衫被发现含有50%被处理得超级柔软的羊毛。[5]

厂商识别

除了纤维成分，还必须提供厂家的名称、已注册的识别码或羊毛生产标签号码，以便消费者和服装厂家进行沟通。这些可以从联邦贸易委员会（华盛顿特区，20580，www.ftc.gov）获得。

原产国

当购买一件衣服时，在标签上，你将看到原产国信息。邮购商品目录必须标明一件服装是进口的还是产自美国。对追踪进入美国的进口物品的美国海关与边境保护局来说，这是极为重要的信息，因为标明原产国是计算配额和关税的基础。然而，消费者通常意识不到原产国问题，许多人不在意衣服产自哪里，当然也不在意一条裙子要付多少关税。另一方面，如今许多消费者敏锐地意识到有关第三世界国家的劳动力滥用情况的争论，如第14章所讨论的，这些消费者重视检查标签，抵制特定国家的产品。如今一些消费者想购买美国生产的服装。“用国货光荣”是公司用来吸引爱国的美国消费者的标签。这些消费者对质量和价值的感知通常是基于原产国的。“用国货光荣”的鉴定标签可能仅用在确认美国产的纤维、纱线、纺织品和服装，以及家居装饰上。（参见www.craftedwithpride.org）

更复杂的是（似乎一旦涉及进口服装，就没有事情是简单的），原产国指缝制衣服的地点。然而，如果衣服用的是美国生产的材料，而在墨西哥或加勒比地区一个国家缝制，在一种特殊贸易协定（协调关税表的第98章，以旧的美国关税表第807条而著称）下，则会被认定为美国材料墨西哥（或其他国家）制造。如果衣服选用进口材

"用国货光荣"标签可以吸引那些爱国的美国消费者；然而，有一些消费者不怎么关心服装是哪里生产的。

料，则被标示为进口材料美国制造。

护理标签

厂家被要求在纺织品服装上贴上固定的护理标签，提供护理指导。1972 年的《纺织服装洗涤护理标签规定》在 1984 年进行了修订，最近正在讨论要修改目前的规定。现在当你购买衣服时，会发现在标签上标有安全护理方法。不必包括所有的安全方法，只需要有一种，也不必指出伤害衣服的方法。必须详述洗涤、漂白、熨烫或干洗的程序，提醒以上程序中任何可能损害该衣服和一起洗的衣服的环节。护理标签不能有宣传性质，如"从不需要漂白"，也必须警告不存在清洗衣服而不损害它的方法（我们建议你不要购买太多这种类型的时尚品！）。

厂家假定消费者会遵守建议的程序。事实上，声明必须有合理的理由，而不是公司的突发奇想。如果一个护理标签说"可以洗"，那么"洗"可能是也可能不是干洗；因此，如果你要求用一种不同于标签上建议的洗涤方法，那么为你干洗的人可能会让你签署知情同意书。护理标签也必须容易找到，不能和衣物分开，而且必须在衣物的使用寿命中保持清晰可读。

《纺织服装洗涤护理标签规定》只适用于纺织品衣物，而不适用于皮革、麂皮、皮毛衣物，鞋类，手套和帽子。领带和腰带之类的饰品也除外。规定的例外包括标签会损坏，如附在很薄的衣物上的标签，或者该物品可以承受任何护理程序。这种情况下，则必须使物品附带飘带式使用说明标签，或在这些物品的包装上附有说明。

国际通用的符号也出现在护理标签上以对书面文字作补充说明，规定要求说明必须用英语（如果在美国销售）。[6]而在 1997 年到 1999 年，商家可以只在衣服使用说明标签上用特定的护理符号，或在其他地方进行解释来代替文字。[7]看看图 15—1，在没有文字的情况下，你弄明白了多少符号的意思？你可以猜猜这些正方形、圆形和三角形是什么意思。

如早先提到的，联邦贸易委员会曾进行了一场修改护理标签法案的运动。然而，若干年后，这个方向上似乎还没有取得实质性的进步。2000 年，终于有了变化：要在标签上定义"热"、"温"和"冷"水，并且必须在标签上说明多少度。第二个变化是提供可靠的证据来确定应该使用怎样的清洗技术。厂商必须说明一件衣服的整体和其部件应该怎么洗。[8]联邦贸易委员会支持的其他改变包括在标签上添加可选择的护理方法，不限于一种。例如，如果艾薇的裙子就像她推测的可以在家里洗，而不是只能干洗，标签上则会写上两种方法。（但是艾薇这个例子中，她错了！）这个改变会减少全氯乙烯的使用，这是一种对环境有害的干洗溶剂。另外，能够用这种方法安全洗涤的话，也可以帮消费者节省很多干洗费。[9]

联邦贸易委员会最近解决了国际女装品牌杰西卡·马克兰托克（Jessica McClintock）、汤米·希尔费格和琼斯服饰（Jones Apparel）不正确的清洗说明的有关案例。[10]有机构控告其护理标签不够具体，不能使衣物在干洗中免遭损坏。[11]联邦贸易委员会宣称，在大量案例中，护理标签上的建议程序导致了对衣物上装饰的金属片、圆珠或其他装饰物的损害，或者其他损害的发生。尽管联邦贸易委员会没有调查每一名顾客的投诉，但它会调查一个公司是否有取证上的优势。因此，投诉产品质量没有满足你期望的公司也是消费者的责任。通常，这也是厂商知道存在问题的唯一方法。

消费者责任

和艾薇一样，许多消费者不去阅读或遵从护理标签，而是用自己的经验判断。正常情况下，像艾薇认为的那样，棉或涤纶可以用机器洗，但可能有一个装饰物或扣子不能承受家庭洗涤技术，因此她的裙子上才有"只能干洗"的护理建议。一些用常规工艺染色的棉布在热水里洗时可能会

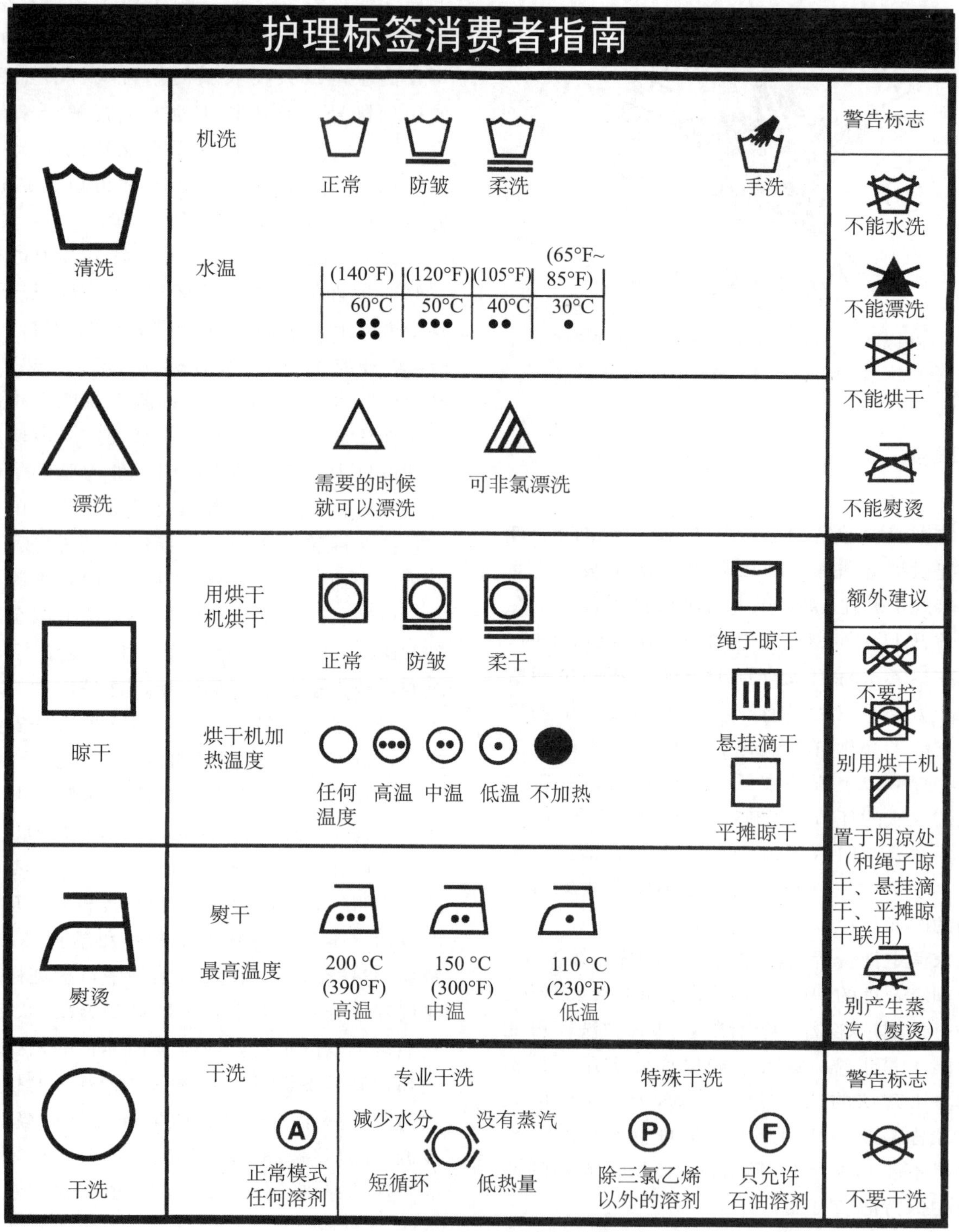

图 15—1　护理标签消费者指南

资料来源：Copyright 1996. American Society for Testing and Materials，100 Barr Harbor Drive，West Conshohocken，PA 19428. ASTM Designation：D 5489 PCN：12－454890－18.

掉色，因此，才会建议只能干洗。底线就是：建议的护理程序是有理由的，消费者如果忽视它们，就在冒险。

《纺织服装洗涤护理标签规定》也保护厂商，防止消费者退回因未遵从建议的护理程序而损坏的衣物。另一方面，如果你确实按照标签建议做了，而对结果感到不满意，如衣服损坏，你应该首先将它退还给零售商。如果没有解决的话，就给厂家写信，告诉它们发生了什么，并且说明你希望它们能解决这个问题。你可能想让它们换货或者赔偿。例如，如果你遵守了护理说明，而衣服破了，厂家应为该产品负责。正常的情况下，零售商会退还你的钱款，然后将衣服退给厂家。以下为投诉信样本，可以参照学习。

因损坏的衣物而写的投诉信样本

（你的街道地址）
（你所在的城市、州、邮递区号）
（日期）
（联系人名字）
（头衔）
（公司名称）
（街道、地址）
（公司所在的城市、州、邮递区号）

亲爱的（联系人姓名）：

在（日期），我从（零售商的姓名和地址）购买了（描述这件衣服）。护理标签指出（列出标签上的信息）。不幸的是，我的衣服因为（解释原因）而损坏。因此，为了解决这个问题，我想（陈述你想要的具体行为）。附上的是我的记录（收据、已付支票和其他文件）的复印件（复印件，而不是原件）。

我期待您的回复和在（设定期限）之前对我的问题的解决。联系我请用上面的地址或电话（带区号的家庭或办公电话）。

真诚的，

（你的名字）

商业欺诈行为

多年来，联邦贸易委员会已经挫败了数千起商业欺诈图谋，涉及各州间贸易的错误广告，虚假价格（商品被错误地广告成特价商品），诱饵掉包（消费者被特价商品所引诱，而实际上该商品是不出售的，于是转向一个高价格的商品），对药效夸大的宣传广告，对产品质量的歪曲，错误使用的包装盒标签，隐瞒真实的贷款和信用报告。[12]

个人数据的使用是联邦贸易委员会最近涉及的一个领域，尤其是随着网络的出现。联邦贸易委员会已经就一些公司收集和使用网民的个人数据而对这些公司提起了诉讼。[13]似乎新的网络公司不知道它们扩展生意的好主意会遭遇哪些潜在的麻烦。作为消费者，你应该询问要求你提供个人信息的公司，它们将如何使用这些数据。直复营销协会有个人数据使用指南，稍后会在本章中进一步讨论。

价格

关于品牌商品的价格法律即将根据 2007 年美国高等法院的决议进行修改，以推翻一项为期 96 年的对最低价格协议的规定。之前厂家可以建议但不能设定零售价格。这一被称作“价格维持”的惯例长期违反《谢尔曼反垄断法》。一些厂家向零售商建议价格，通常是确定哪些款式可以打折，这违反了反垄断法。法律认为，决定消费者支付的价格和哪些款式可以打折的是零售商，而不是厂家。欧洲有类似的法律。最近，路易·威登集团（LVMH）、酩悦轩尼诗（Moet Hennessy）、欧莱雅（ L'Oréal）和香奈儿（Chanel）拥有的美容品牌，因为和零售商丝芙兰（Sephora）和 Nocibe 达成价格协议从而减少竞争而被征收了罚金。[14]然而，美国高等法院的新决议规定将由厂家来执行它们产品的最低价格。[15]实际上，该决议赋予了下属法院裁决最低价格协议是否反对竞争的灵活性，具体问题具体分析。所以如果有任何变化，都将会是逐渐的而不是革命性的变化。大多数人认为该决议会抬高零售商品的价格，也会为法院系统带来更多的业务。

《公平交易法》或《价格维持法》直到 1975 年还在生效。较大的零售商不允许接受大量购买的折扣；因此，《公平交易法》保护了小的零售商，因为大小零售商都以同样的价格销售同样的产品。随着该规定的废除，大零售商可以以低于厂商建议零售价的价格销售产品。这终结了对小零售商的保护，但给了消费者更低的价格。2007 年最高法院决议之后，随着生产商权利的变化，其对折扣商店的态度时不时发生改变。[16]当大型折扣商店如沃尔玛和家得宝让当地的小专门商店没了生意后，一些消费者和小城镇大为受挫。

一些小公司以掠夺性价格为由起诉沃尔玛。

该情况发生在当零售商定价低于成本，并意图驱逐竞争对手时——这是非法的。被起诉的折扣店为它们低于成本的价格辩称，它们的主要目的不是伤害竞争者，而是为消费者提供低价。

作为消费者，如果你怀疑某个公司是协议售价，你可以将其起诉至司法部的反垄断部门（www.pueblo.gsa.gov）。[17]通常情况下，如果类似产品的销售者同意制定特定的价格，并只销售一定量的产品，或只在特定区域销售，或只销售给特定顾客群，就可能有类似垄断的行为。一些服装公司的代表显然有只卖给特定零售公司的政策，用以保持其形象。有时法院允许这样做。销售员不喜欢将他们的产品放在同一条街上的两个小商店中售卖，因为竞争会有损他自己的佣金。消费者不喜欢在许多商店中看到同一件商品，他们喜欢独家经营。因此，销售员通常只将产品销售给不在一个区域竞争的零售商。因为依照法律，他们不能拒绝某个零售商，所以他们经常使用托辞，如没有货了。

如何保护你自己

如何在没有道德的生意人面前保护自己？我们认为著名的公司不是不择手段的，更可能是公司员工误解了复杂的法律。另一方面，一些公司会按“惯例”行事，直到它们“被抓”。联邦贸易委员会概括出基本的警告信号，让消费者警觉：

- 你将无缘无故得到东西。
- 你是被特别选出来的。
- 你将会得到免费的物品。
- 你要立即决定，不要花时间考虑这个提议。

此外，你可以通过遵循以下规则来保护自己：

- 从不同的来源购买最好的。
- 当感到压力时不要购买。
- 不要在未阅读的情况下或在有空白的合同上签字。
- 仔细阅读合同，如果你不懂术语，就去见一位律师。
- 确定你知道物品的总价格（包括快递和信贷费用）。

联邦贸易委员会的邮购规定

消费者每年从邮购公司订购无数的物品，随着网络购物的增长，我们买的很多东西都是邮递的。数千个消费者投诉不断增加的邮递延误或未收到邮购物品，之后，联邦贸易委员会开始发布邮购规定。

规定包括以下内容。邮购公司必须在允诺的时间内运送货物，或者如果没有提出具体运送时间，那么应在收到消费者妥善完成订单并支付报酬后30天内运送。如果使用信用卡，收费后30天内开始运送。如果拖延运送时间，销售者必须通知消费者订单什么时候起运。如果新的装运日期多于30天，超过最初承诺的时间，消费者可以接受新的日期或取消订单，获得全额退款。无论哪种方式，都要采用书面方式进行。销售者必须在收到消费者取消订单的指令后7个工作日内退还消费者所支付款项。[18]

如果到达时产品包装损坏了，你可以在包装上写下“拒绝”来拒收产品，然后将其原封不动地退回给卖家，不需要支付邮资。

一个持续的矛盾是：销售税是否应该适用于所有的邮购和网络销售。这涉及数十亿美元。销售税议案在国会饱受争论，它将对现在还没有征税的网络销售、其他邮购业务和目录销售征收5%的全国销售税。[19]很多年来，美国一直限制对外州的公司征收销售税。1967年，高等法院禁止各州对没有实体店或零售店的商家征税。例如，如果所在州有商店的话，消费者要支付在威廉姆斯-索诺玛（Williams-Sonoma）邮购的销售税；但是如果没有商店，就不必付税金。这是没有设商店的网站的观点，与之相对的观点是：既然没有使用人行道，为什么它们应该为人行道维修支付费用？

正如我们都知道的，网络或邮购业务有风险。以下这些措施可以将风险降到最低[20]：

- 和值得信赖的公司交易。如果你质疑一个公司，就在商业改进局（Better Business Bureau）（www.bbb.org）上核查一下。
- 仔细阅读广告和宣传用品。
- 通过支票、汇票或信用卡支付，以便你有每一笔交易的记录。不要在邮件里邮寄现金。
- 准备广告或订购目录的复印件，以及订单复印件。
- 要使用安全的网页地址和浏览器（128位加密），拿着邮购目录，和你信任的有声誉的网站交易。可在本章稍后要讨论的BBBOnLine上进行核查。

邮购争议。如果你通过信用卡支付，法律规定，你可以停止支付争议交易产生的金额，但是要告知发布信用卡的公司。你必须在两个出票周期（90 天）内解决问题。

未订购的商品。你没有法律义务为收到的未订购商品进行支付。事实上，公司给你压力让你返还商品或付款是非法的。一些公司通过寄送商品，玩负罪感游戏，让你为穷困的群体感到同情或让你感到有义务去捐款。这在许多例子中都很成功。前文中讲过交换原则。当我们得到一些东西时，我们感觉有责任给予一些等值的东西作为报答。

消费者产品安全委员会

消费者产品安全委员会（CPSC）与联邦贸易委员会一样，是一个独立的联邦管理机构，据 1972 年的《消费者产品安全法》建立。该机构保护公众免遭不合理的损害风险（从衣物到烤面包机），帮助消费者评估产品的安全预防，形成统一的安全标准，推动对与产品相关的死亡、疾病与伤害原因的调查。它还有责任执行《易燃纺织品法案》的条款，公布行业规定，如《玩具和儿童物品规定》（玩具的安全）和《儿童外衣细绳的规定》（防止儿童把细绳缠在脖子、腰上或衣服底部）。[21]

该机构开始了一个新的项目：官员探访旧货店来寻找召回产品。将危险产品告知公众的一个努力是在国家的数千家邮局张贴启事召回产品。消费者产品安全委员会专员称："我们可以将危险物品下架，但真正的挑战是如何让它们远离家庭。因为 700 万人去邮局邮寄信件和包裹，他们有机会看到召回产品的启事——和看见 FBI 的通缉令一样。"[22]

易燃纺织品

当消费者购买衣物时，他们认为那是安全的。确保产品安全的规定是 1953 年通过、1988 年修订的《易燃纺织品法案》。该规定适用于衣物、地毯、床垫和软床垫。法律禁止把由危险易燃材料制成的服装销售给消费者。

针对婴儿和儿童的尺码 0～14 号的睡衣有严格的规定，包括长睡衣、睡衣裤、睡袍和其他与睡觉相关的物品。这些物品必须在洗涤 50 次后通过一个标准的测试：如果此时能保持阻燃，则整个使用期间阻燃都会有效。尽管厂商被要求必须对每一件儿童睡衣都记录在案，但对消费者看到的标签上的信息却没有要求。然而，一些公司志愿表明会遵守法律来作为对消费者的服务，并改善衣服质量。1998 年，修订的法律允许儿童穿紧身睡衣，即使这些衣服不能满足睡衣最低阻燃标准。消费者产品安全委员会允许这种豁免，因为紧身睡衣还没有伤害报告，而很多父母通过购买宽松的棉 T 恤作为睡衣来绕过法律的规定（紧身睡衣以前是违法的，宽松棉 T 恤阻燃性合法，但其实风险更大）。当和火源接触时，紧身特质显得比材料的阻燃特质更为重要。[23]

经常会有一些物品以零售底价售卖，消费者购买之后发现它们是高度易燃的产品。消费者产品安全委员会网站（www. cpsc. gov）列出了自从 1994 年以来召回的 26 种成人衣物和 100 多种儿童衣物。这些衣物包括浴衣、领带、羊毛夹克、毛衣和雪纺衬衫。许多召回的儿童衣物与连帽运动衫上的细绳——潜在被勒危险——有关。许多召回的成人衣物是由薄纱或拉绒面料制成的。一个引人注意的召回例子是来自印度的人造纤维或混合棉雪纺衫。这种衬衫被发现比报纸燃烧得还快。它们是夏、秋季的两层衬衫：雪纺衫和薄纱衬里。消费者产品安全委员会和进口商、零售商合作，召回了 25 万多件。消费者被敦促停止穿这种衬衫，将其带回零售商那儿退款。

衬衫召回事件后，消费者产品安全委员会总计召回超过 120 万件衣物。最近的召回包括来自美国折扣零售商"家庭美元"（Family Dollar）的 120 000套万圣节服装、来自罗斯的儿童浴袍、"真实信仰"品牌（True Religion）的连帽运动衫和 Zutopia 牌少女家居服。[24]消费者产品安全委员会和大型零售商共同合作来防止召回的发生。为了对抗高度易燃材料的增长，消费者产品安全委员会通过组织零售商和行业协会建立志愿承诺项目来鼓励更多的测验。零售商将承诺遵守《易燃纺织品法案》，为购买者和供应商进行关于该法案的培训，并且委员会可以随机抽查他们的产品。而消费者产品安全委员会则会减少一些民事罚款。[25]

玩具安全

玩具安全是消费者产品安全委员会的担心之

一，尤其是2007年美泰召回1 000万件在中国生产的未满足美国安全标准的玩具的案例后。通常在圣诞节前，报纸上的文章都会警告父母玩具的潜在危险。[26]消费者产品安全委员会在监控儿童玩具的安全上非常警觉。其他团体也很关心：绿色和平组织声称翠迪鸟（Tweety Bird）的帽子和101斑点狗（101 Dalmatians）的背包含高浓度的对儿童很危险的铅和镉。消费者产品安全委员会和玩具厂商就一些调查结果进行了争论。[27]

消费者产品安全委员会发布了针对不同年龄儿童的购物贴士。

3岁以下：

- 避免购买为更大孩子设计的玩具，因为一些部件可能会有令人窒息的危险。
- 避免直径小于1.75英寸的弹球、皮球和带球游戏的球。
- 避免有锋利的边缘和尖的玩具。

3～5岁：

- 避免由薄的、易碎的塑料构成的、可能碎成小片或留下锯齿边缘的玩具。
- 选择标有“ASTM D-4236”的家庭装饰材料，包括彩色蜡笔和涂料。这意味着该产品已经接受了毒物学家的检查；如果必要的话，还标有告诫的信息。

6～12岁：

- 当购买玩具枪的时候，确保是明亮的彩色，以便不会被错当作真枪。
- 如果为孩子买了自行车，那么请购买头盔并确保孩子戴上。

消费者产品安全委员会要求玩具厂商满足严格的安全标准，对有危险的特定玩具贴上标签。寻找给出年龄建议的标签，将其信息用作指南。如果玩具商的标签称“不建议小于3岁的儿童使用……包括小零件”，是因为它们可能对3岁以下的儿童有危险。[28]

食品和药物管理局

除了药物和食品，食品和药物管理局（FDA）还管理化妆品行业。但对化妆品和药品的定义存在混淆，导致在食品和药物管理局与化妆品行业间发生了持续的“战争”。食品和药物管理局检测药物的安全和作用。但对化妆品呢？

化妆品管理

《联邦食品、药品和化妆品法案》将化妆品定义为“不是肥皂，但适用于人体清洁、美容、提升吸引力和在不改变身体结构和功能的前提下改变外表的物品”[29]。这个定义包括护肤霜、护肤乳液、香水、唇膏、指甲油、眼部和脸部化妆品、烫染发药品、除臭剂、沐浴油和漱口水等。《公平包装和标签法案》要求销售给消费者的化妆品必须提供成分说明，必须以量的递减顺序列出成分（如图15—2）。

有效成分：	
甘氨酸铝锆	C20—40 链烷醇聚醚-10
三氯羟（无水的）	C20—40 链烷醇聚醚-40
其他成分：	芳香剂
聚硅氧化合物	C20—40 醇类
辛基十二烷醇	乙二胺四乙酸二钠
羟基硬脂酸	

图15—2 一种女士除臭剂的成分表。这个成分表对你说明了什么？

用于防治疾病或影响人体功能结构的产品被视作药物。声称可以治疗的化妆品被作为药品和化妆品管理，而且必须同时满足两者的标签要求。对这些产品，规定要求先要把有效成分在产品包装上列出来，还要以量的递减的顺序列出化妆品的成分。“有效成分”是产品生效的化学成分，例如防晒的基础是遮光剂。厂商必须证明产品是安全的。在治疗性化妆品推销前，需要科学地证明其治疗方法是安全和有效的。如果不符合要求，食品和药物管理局就会认为它错贴标签，并采取管理行动。

实际上，消费者对市场上大量的化妆品颇为困惑，因为所有的化妆品都宣称可以有多种功能。（一些近乎奇迹！）一些宣传被政府抨击为错误的和误导性的，因为没有对化妆品和使用者进行测验以充分证明这些宣传。食品和药物管理局调查了超过1 600名14岁及以上的消费者的化妆品使用情况。许多人说，如果某个产品宣称可以阻止或减慢皱纹的形成，他们就期望能有这样的效果；近半数的人认为，一个宣称“自然”的产品所包含的所有成分都应是取自自然的。[30]这些宣传真假参半。

20世纪80年代晚期，食品和药物管理局控告化妆品行业制作无确实根据的药品类宣传来销售护肤产品。宣传称它们的产品将逆转老化，更新皮肤细胞，减少皱纹或影响表皮下的皮肤，这些宣传被食品和药物管理局视为以生理的方式影响身体，把化妆品变成了药。当时许多公司都同意从广告和标签中删掉那些宣传。[31]

食品和药物管理局不要求化妆品在对公众销售前得到认证和许可，不要求公司在销售化妆品前提交安全数据。[32]然而，化妆品中的几种化学品的安全仍是个消费者问题。这些化学品包括：面霜中防止皱纹的果酸（AHAs），在超过 13 000 种化妆品中用作防腐剂的尼泊金酯，在香水、发胶、指甲油、除臭剂中使用的化学添加剂酞酸酯，这些没有被要求列在标签上。安全化妆品运动之类的独立团体正在唤起公众对化妆品中可导致癌症的化学物质的意识。[33]欧盟禁止化妆品中特定化学品的使用，两家主要的化妆品公司欧莱雅和露华浓已经同意遵守这些新的抗毒规定。[34]一些公司自愿在食品和药物管理局注册它们的产品，将成分数据发送给食品和药物管理局。然而，据化妆品和色彩办公室称，目前只有 35%～40%的化妆品厂商参与了这一计划。[35]

化妆品术语

化妆品中使用的一些术语，例如自然和低敏性（hypoallergenic），因为传达的医学概念较少，因此公司可以在化妆品标签中用来表示任何意思。然而，大部分这些术语都在对消费者的推广中有相当的价值。消费者应该注意的一些普通术语包括[36]：

- 自然：和人工生产的不同，指成分是从植物或动物产品中直接提取的。包含自然成分的产品对皮肤有益的观念是没有根据的。
- 低敏性：指产品更不容易导致过敏反应。没有要求科学的研究来证实这一断言。同样地，经过皮肤病学家验证、敏感测试和无刺激性等术语不能保证它们不会导致皮肤反应。
- 不含酒精：这些产品不包含乙醇，但它们可能包含其他酒精，如十六醇、十八醇、棕榈醇或脂肪醇。
- 无香料：指产品没有可感觉到的气味。然而，香味成分可能被添加到一款无香味的化妆品中，以掩盖原料产生的刺激性气味。
- 无伤害：指产品没有在动物身上进行实验。化妆品中使用的大部分成分有时会在动物身上实验，所以消费者可能想寻找“没有新的动物实验”来得到一个更准确的表示。

化妆品的保质期

根据产品的成分、包装、存储和其他因素，化妆品的保质期在正常的存储条件下为一到三年。目前的法律没有要求和规定化妆品厂商在化妆品标签上打印产品保质期。消费者应该意识到，产品保质期无论如何只是“粗略的估计”；如果没有正确地储存，产品可能会在到期之前就变质。[37]在某些大型折扣店或批发商店销售的化妆品的一个问题是产品的时间。“灰色产品”中的化妆品就可能是陈旧的。稍后继续讨论这一点。

知识产权：商标、版权和专利

商标、版权和专利被认为是公司的知识产权，违反规定使用它们就是违法的。在这三者中，商标在时尚行业中是最常使用、最常被伪造和非法复制的。伪造产品，也叫假冒产品、仿制产品，是对名牌产品进行伪造或仿制，并非法使用合法所有权者的商标或品牌名称。伪造品是数十亿美元的行业，比如伪造的李维斯牛仔、古驰手包、卡地亚手表、运动服装，以及电脑软件、录像、录音磁带和多种产品。一些公司，如李维斯和耐克，已经花费了相当多的金钱来保护它们的商标。抗击非法仿制品的指纹标签可以通过激光显示，这使官方得以发现伪造品。

伪造者不用担心货品的质量或商店和公司的声誉。他们做的不是可重复业务，所以他们生产产品时尽可能压低成本。美国数十万工作岗位因为进口伪造品而不复存在了。

如果消费者不能区分一个特定的品牌产品（如李维斯）和一般产品（如牛仔），公司可能会有损失其商标术语专营权的危险。因此，公司会将一般名字和商标一起使用，来提醒消费者它们的产品是特殊的类型。因此，即使看起来是多余的，我们看到的也是“李维斯牛仔裤”，而不只是“李维斯”。[38]

商标

商标是所有者采用的单词、名称或符号，以识别和区分产品。1984 年，《伪造法案》变成法律，这是第一次将商标伪造定罪。根据《伪造法案》，伪造商标以及故意出售货品的人可被判最高 5 年的刑期，并支付高达 250 000 美元的罚金，货品也要从商店下架。售卖伪造品是非法的，但消费者购买伪造品不是非法的。因此，我们会看见人们在跳蚤市场上购买仿造的品牌商品，在如纽约这样的城市，消费者会在大街上购买。

1978年，李维·斯特劳斯和其他15家公司组成了国际反伪造同盟（IACC），与伪造行为做斗争。目前联盟已经增加到超过300家公司，是最大的专门投入到与伪造和剽窃行为做斗争的多国机构。国际反伪造同盟由跨领域的各商业组成，涉及服装、奢侈品、汽车、药物、食品、书籍出版、软件和娱乐（www.iacc.org）等行业。国际反伪造同盟提供了如何避免伪造品的提示[39]：

- 选择一个你可以信任的商店。有声誉的零售商不会有意交易伪造品。跳蚤市场和街道小贩可能是最可疑的。
- 价格太优惠是不真实的吗？你可以打赌是真的。一个100美元的物品只卖10美元，就可能是伪造的。要了解你打算购买的东西通常的价格范围。
- 仔细地查看标签并和真的商标进行比较。伪造的商标有时模糊不清、颜色不佳或拼错字。（然而，有些伪造品仿真度极高。）
- 检查特殊的标签和标记。查看真正的产品，看其标签是否以特定方式缝制。不认真地贴上标签可以视为伪造的强烈信号。
- 真正的材料是质量。仔细检查是否为廉价材料和劣质制造。
- 查看包装。有质量的商品意味着有质量的包装。检查是否为模糊的印刷和不光滑的包装。

除了这些方面，还可以通过商品产地识别伪造品。例如，Seven for All Mankind牌牛仔只在美国生产，所以美国报关代理人很容易查出伪造品，任何进口的产品都是。[40]

人们购买伪造品的原因不同。低价和时尚的外表都是明显的理由。对一些人来说，暂时（一块30美元的劳力士能用多久?）拥有一个“劳力士”是一种乐趣。

永远不购买伪造品的五个理由

国际反伪造同盟列出了不应该购买伪造品的理由[41]：

1. 伪造是非法的，购买伪造产品支持了这一非法活动。

2. 伪造者不纳税，这意味着伪造者对你所在城市的学校、医院、公园和其他社会项目缺乏资金支持。

3. 伪造者不会给其雇员提供公平的工资和待遇，工作条件差，经常强迫使用儿童劳动力。

4. 伪造品的利润已经和资助有组织的犯罪、毒品走私和恐怖活动联系在一起。

5. 当你购买伪造品时，你就变成了伪造的一个环节，你的钱会直接支持你永远不想支持的事物。

许多合法公司最近对销售类似于它们产品的公司提起了诉讼，包括迪塞、路易·威登集团、鲍曼、博柏利、Aeropostale、古驰、保罗、万宝龙（Montblanc）和丽诗加邦。[42]公司也尽力去保护商标中的单词或短语来推广产品。例如，“维多利亚的秘密”已经卷入了与“性感尤物”（sexy little things）这一词的使用和“维克多的秘密”品牌的法律诉讼。[43]

在大城市中，许多伪造手表在街头售卖（左）。

法官认定，这张拉夫·劳伦的香水瓶广告画和卡尔文·克莱恩的广告画并不是很接近，不会引起消费者的混淆。设计师正在为保护自己设计的独有权而抗争（右）。

正如前文所说，伪造商标是非法的。然而一些公司仿制其他公司的创意，虽然不完全一样但是非常相似，以至于会让消费者感到困惑。法院通常不会允许这样的行为。有许多这样的法律诉讼。埃斯卡达（Escada）因为“维多利亚的秘密”有限公司仿制其已被注册设计保护的心形香水瓶而起诉它，两者看起来“令人困惑地相似”。[44]卡尔文·克莱恩（Calvin Klein）起诉拉夫·劳伦（Ralph Lauren），因为后者的香水“罗曼司”（Romance）仿制了其注册商标“永恒”（Eternity）的香水瓶。尽管这两者的瓶子相似，但法院不认为消费者会被这两种瓶子混淆，因为二者有足够显著的差异。[45]拥有“神奇胸罩”（Wonderbra）商标的莎莉公司（Sara Lee）起诉拥有“水袋胸罩”（Water Bra）商标的“晚上见”（Ce Soir），也是因为消费者对二者产品相似性的争论及困惑。汤米·希尔费格公司起诉古蒂家庭服装公司（Goody's Family Clothing）侵犯其在绣品、标签上的标志，“模仿”了它们的设计。[46]

网络市场使得开创小的家庭经营的公司非常容易，但是也使得搜寻这些可能侵犯其他商标的公司的名字非常容易。一个案例牵涉了 52 家小的网络零售商，包括加利福尼亚一位使用她女儿的宠物名“香豌豆”（Sweet Pea）的年轻母亲。结果佛罗里达的香豌豆有限公司对这 52 家使用其注册名的公司提起了联邦法律诉讼。这 52 家公司集合起来组成了 www.sourpeas.com 来进行这场大卫与歌利亚的司法战争。[48]

商业外观或产品的“外形”是一类“商标”，最近这得到了相当的注意。有一个鲜明的例子：法国丝芙兰化妆品公司起诉联合百货公司（梅西百货的拥有者）侵犯其商业外观，控告梅西百货仿制丝芙兰的商店布局和销售经验，控告梅西索松独立式的、开放式的香水和化妆品商店，还有设在加利福尼亚梅西百货商店翻新的美容部。令一些人吃惊的是，法院赋予丝芙兰权利，禁止梅西百货开设更多有仿制丝芙兰概念嫌疑的类似化妆品部门。

但是阿贝克隆比 & 费奇（A & F）起诉美洲鹰奥菲特（American Eagle Outfitters）涉嫌模仿其品牌和商业惯例的案子被判败诉，因为这些惯例是一般属性。禁止其他零售商使用类似的方法将会是反竞争的。[49]法院支持沃尔玛对一家纽约儿童服装厂商萨拉马儿童时尚运动装的外观所做的解释。[50]这使得品牌名称设计更难受到商业外观相关法律的保护。法院重申，只有当一个设计被确认为属于一个特定的品牌或按照法律的说法具有第二含义，才可以援引商业外观法律。但是第二含义需要花费时间来形成，通常比时尚物品持续的时间长。正如这些诉讼表现的，公司正变得越来越在意保护自己的创意，因为市场占有率的竞争变得极为激烈。

IACC 会员中心

赛博空间（cyberspace）已经成为伪造品行业的中心。从 1995 年起，IP 网络犯罪调查的罗伯·福尔摩斯（Rob Holmes of IP CyberCrime）在赛博空间中调查伪造者，追寻并曝光他们的经营。这一调查已经在世界范围内导致查封了超过 10 亿美元的伪造品和 1 亿美元罚金。世界上第一个网络 IP 执法计划——IP 网络犯罪调查（IPCyberCrime）已经在许多案例中成为了必不可少的一部分，这促成了易趣的保护知识产权方案和反网络域名抢注方案。[47]

版权

版权是对原创文字、照片、音乐或艺术作品的保护。时常会有服装设计师努力获得设计的版权。时尚通常没有版权，因为它不被视作“原创”，而是对之前设计的重新演绎，然而织物设计被视作原创艺术。由于太多的盲目模仿者，设计师变得越来越在意保护自己设计的作品。最近黛安·冯芙丝汀宝（Diane von Furstenberg）起诉“永远 21”（Forever 21）侵犯其某种“小蕾丝”和“花边”的图案设计[51]，这不是该品牌第一次因为侵权而被起诉了。

时尚行业喜欢灵感、重新演绎和重新改造，诸如“永远 21”、瑞典连锁服饰品牌 H&M、西班牙品牌 Zara、艾伦·施瓦茨（Allen B. Schwartz）的 ABS 公司、塔吉特将高价的设计师品牌产品重新演绎，并以可以负担的价格推广给大众。很久以来，这已经成为数十亿美元的时尚行业的主力。但是投入许多创造力、精力和资源的设计师对迅速的盲目模仿者的仿制品感到厌烦。最近的一项议案对时尚设计提供三年的版权保护，导致了行业内的论战。[52]一些人认为议案会阻碍司法公正，遏制竞争。你认为呢？

《版权延期法案》（通常称作“1998年波诺著作权期限延长法案”）是指将版权保护从在创造者去世后50年延长到70年，从在共同作者之一去世后75年延长到95年。例如，到2019年米老鼠会进入公共版权领域。所以一段时间后我们就能看到更多的米奇，而目前，迪士尼可以通过专利使用权转让协定获得版税。[53]这个新的法案使美国法律与欧洲版权法相协调。

专利

授予发明者的专利权是20年内排除其他人生产、使用或销售该发明的权利。几乎没有专利授予给时尚发明者，因为时尚不被认为是发明。然而，如果在纺织品行业发明了独特的程序或材料，或在服装中发明了特殊的功能，就可以被授予专利。日本周末（Japanese Weekend）是一家位于旧金山的小型孕妇产品厂家，因为开发了一种孕妇支撑腰带裤子（OK belt and pant）——一种新概念的孕妇装产品而获得了专利。该服装使用一根带子支撑未出生的婴儿，让母亲的腹部可以暴露，而不是像其他孕妇裤子用一大片布料裹起来。[54]1997年，运动服公司韦恩·罗杰斯（Wayne Rogers）推销了由其发明并获得专利的新型弹力织物。这种名为RecoveRib的容易护理的织物含78%的丝和22%的莱卡氨纶（lycra spandex）。宣传称，无论你对它做什么，这种织物都不会变形。[55]还有一些专利授予了防皱技术和生产衣服部件的方法，它们与织物和衣服制造有关。

专利的一个类别是设计专利，化妆品公司魅可对其唇膏的容器就拥有专利。1999年，魅可起诉新世纪加拿大公司（New Age Canadian）的托尼&蒂娜（Tony &Tina）侵权。魅可的唇膏管是暗灰色的，一头是子弹一样的弧形。托尼&蒂娜的唇膏包装在银色的容器中，并带有一个子弹样的尖端设计，公司的名字用黑色印在底部。[56]

灰色产品

对商家和消费者来说，有一种产品叫做平行进口或灰色产品。这些产品可能是注册商标产品，但是由未经授权的公司进口。它们与正规产品一样（所以它们不是仿制的，不是伪造品），但它们在其他国家由未经授权的公司售卖。通常，外国公司会在美国设立子公司或附属机构来获得美国注册商标，并控制销售和服务。于是灰色产品在生产国是合法采购，然后到美国销售。现在这种做法是合法的，在议会宣布其不合法之前，会不断有新的议案提出。

灰色产品（例如贵重手表之类的产品）没有质保证书。它们也可能是旧的或过了保存期限的（如香水）。有些折扣店不能获得某些种类的产品，尤其是香水，除非它们购买灰色产品。其价格通常会比厂商建议零售价低40%，所以被认为对消费者有利。李维斯颇受灰色产品的折磨，因为国际“旅行者”会买光其一家商店的所有货物，然后带回家在灰色市场销售。同时李维斯通过商人在海外以更高的价格销售其产品。但是，美国消费者却发现货架空了，因而对商店感到不满。在折扣店销售的灰色奢侈品伤害了品牌的公平性，损害了品牌威望，因此，这对公司来说变成了一个和伪造品类似的问题。[57]

美国鱼类和野生动植物服务

《濒危物种法案》认为，鱼类、野生动物和植物的濒危物种“对国家和人民具有美学的、生态的、历史的、修养的和科学的价值”[58]。因为栖息地退化、环境污染、外来物种入侵和开采，物种正以前所未有的速度被人类消灭。超过1 000种动植物被美国法律列为濒危的或危险的。销售或进口由濒危物种制造的产品是非法的。《联邦纪事》（*Federal Register*）——一份日常的政府出版物列出了濒危物种名单。美国一些州，如加利福尼亚州，有比联邦政府更严格的限制猎杀濒危物种的规定。例如，联邦法律不保护巨蟒，但巨蟒却是加利福尼亚刑法典（见 www. leginfo. ca. gov）保护的几种动物之一。早在2000年，蟒纹在全国范围内销售的时尚目录中成为一种新的潮流，但这种时尚潮流却波及不到加利福尼亚。[59]

到国外旅游的美国消费者应该意识到美国禁止其消费者销售和进口别国物品。游客在一些国家购买纪念品是合法的，但将其带回国却可能是违法的。如果是濒危物种，他们将会被美国海关或野生动物检查员抓住，可能被处以罚金。[60]购买增加了对这些产品的需求，会直接支持猎杀动物行为，导致更多的动物被杀死。

通常在海外销售的属于濒危生物类别的物品（这些禁止进入美国）如下：

- 所有的由海龟壳玳瑁制造的珠宝。
- 由濒危或危险动物，包括猎豹、美洲豹、长尾猫、虎猫、小羊驼和老虎的皮毛制造的小块地毯、皮毛和多种产品（如手包、大衣和钱包）。
- 装饰有雕刻画的亚洲象象牙和鲸鱼牙齿（雕刻）或用它们制成的小雕像或珠宝。
- 非洲象牙。
- 鳄鱼皮和海龟皮制作的鞋、手包、皮带、钱包、皮箱和类似的物品。

现在有超过 120 个国家签署了《濒危野生动植物种国际贸易公约》（CITES），管理国际贸易，以此来预防濒危物种或有濒危风险的物种减少或灭绝。

由濒危物种制造的一种时尚物品是价值高达 2 000美元的沙图仕（shatoosh）披肩。沙图仕取自濒危的藏羚羊脖子周围的羊毛。自从 1979 年，沙图仕交易就被 CITES 视作违法的，中国要求对偷猎藏羚羊和非法销售通常称作“毛中之王”的沙图仕采取更严厉的措施。因为偷猎，据估计，这种动物的数量由 20 世纪 90 年代初的至少 1 000 000只减少到 1995 年的不到 75 000 只。新泽西的大陪审团传唤那些拥有沙图仕披肩的社交名人，让他们解释是怎么拥有沙图仕披肩的。以这样的宣传为基础，世界野生动物基金会发动了“不要购买沙图仕”的运动。在日本，当地报纸发表了关于日本的沙图仕地下市场的文章。[61]

销售和购买短吻鳄皮制品究竟是非法还是合法，这是个是令人困惑的问题。十多年前，短吻鳄被从濒危动物名录中剔除，但美国消费者仍对短吻鳄皮使用很严苛。在纽约布料交易展览上，许多购买者一看到美国短吻鳄皮就问：“真的全都是合法的吗?”在美国，大多数美国短吻鳄皮来自养殖农场，并被运到法国。约翰 · 加里阿诺（John Galliano）的秋季系列时装中就有一款短吻鳄皮连衣裙。[62]

在禁止销售象牙十年后，1999 年，CITES 同意三个非洲国家销售象牙到日本。1989 年，销售象牙成为非法行为而被禁止。销售象牙行为在 20 世纪 80 年代中期达到顶峰，天然象牙，雕刻的象牙，镶有象牙制品的长筒靴、高尔夫包和行李箱每年有一亿美元市场。三分之二的象牙都来自偷猎的大象，这些偷猎行为导致非洲国家的象群减少了 80%。禁令允许有选择地捕猎象群。[63]比如。在亚洲，存活着大约 30 000 大象。泰国发现，应在保护物种和发展经济方面取得平衡；因为如果大象数量过多，饥饿的大象会踩踏菠萝地。想象一下——一头大象平均重 7 700 磅，一天要消耗 500 磅植物，喝 50 加仑水，花费 18 到 20 个小时喂养。[64]

《美国残障法案》

另一个影响时尚销售的是《美国残障法案》（ADA），这是一个联邦民权法，禁止将有残障的人排除在日常活动外，如在百货公司购买衣物、在剧院看电影、在饭店吃饭或在当地的州立大学上学。《美国残障法案》在 1992 年生效，有关于零售商店的公共设施条款。1993 年后修建的新设施必须满足《美国残障法案》要求，且所有商家都必须为残障人士提供合理的设施。

《美国残障法案》很模糊，导致一些案子诉讼至法院，让法官最终裁决。梅西百货解决了长期存在的关于诸如通道的宽度和摆放服务册子的地方等问题，因而成功地解决了法律诉讼。残障人士还另外争取解决了如沉重的门、高的柜台和陡的斜坡等问题。[65]如果容易实现的话（这正是最经常争论的概念），建筑物中的障碍必须从已存的建筑物中去除。零售商店中的过道如果太窄，无法使轮椅通过，就必须重修。门洞应该至少有 36 英尺宽。《美国残障法案》的设计标准是给商家的指导。

零售商必须考虑残障人士如何获得陈列的商品。总的来说，一个 36 英寸宽的通道是必要的。销售的商品不应放置在狭窄的过道里。如果减少陈列商品的建筑空间会影响利润，那么可以提供其他服务，如请销售助手来帮助顾客取物品。有收银机的柜台必须有 36 英寸长的区域，才可以交易。更多的信息见 www. pueblo. gsa. gov。

通常来说，有残障的消费者知道《美国残障法案》，会提醒没有遵守法案的商店。你认为你喜欢的百货商店遵守这项法案了吗?

联邦、州和地方政府的消费者保护办公室

美国消费者事务办公室是一个联邦办公室，

给白宫建议与消费者相关的政策，帮助消费者保护他们的基本权利。时不时地，零售商会无视这些权利，不知情的消费者发现他们成了劣质货物和不完善的服务的接受者。由消费者事务办公室发布的《消费者资源手册》可以回答许多消费者的问题。它会提出建议，指导人们成为聪明的消费者，除此之外还有《消费者帮助目录》。这个目录包括数千个消费者组织、消费者投诉机构、公司、交易组织、州和地方消费者保护办公室、国家机构、军事消费办公室。此外，还有联邦机构的名字、地址、电话号码、网址和邮件地址。可以在 www. consumer. gov/productsafety. htm 找到这些信息。

州、乡村和城市消费者保护办公室给消费者提供重要的服务。这些办公室调解投诉，进行调查，检举消费者法律的违反者，管理专业人士，完善消费者保护法律，提供教育材料和主张保护消费者的利益。城市和乡村的消费者办公室熟悉地方商业和地方条例。州办公室，不论是总检察长或州长的办公室，还是独立的消费者事务部门，都熟悉州法律并寻找全州范围类型的问题。

消费者信息中心

美国政府是国家最大的出版者。大量的信息，其中很多都对消费者有利，都可以在美国政府出版局看到。纸质出版物和网络（www. pueblo. gsa. gov）中与零售和市场消费者相关的资源列举如下：

- 《消费者行动手册》。使用这个指南来处理消费者的问题和投诉。可以发现与消费者有联系的数百家公司和行业协会，地方、州、联邦政府机构和国家消费者组织。172pp.（2007）
- 《青少年和金钱》（2006年8月）。帮助青少年准备存钱、投资和购买保险等。
- 《美国残障法案》：采用问题与解答的形式。解释如何在工作和公共场所保护残障人士。31pp.（2002）
- 《版权基本要素》。介绍什么可以有版权，谁可以申请，注册程序、申请费和使用的表格。12pp.（2002）
- 《激光美容手术》：抗击皮肤衰老的高科技武器。解释激光手术如何帮助去除面部皱纹，如何辨别它是否适合你，以及风险的大小。4pp.（2000）
- 《化妆品》。关于安全使用化妆品的情况说明书。2pp.（2005）
- 《染发剂和直发膏情况说明书》。染发剂用来染发，直发膏用来让你的头发变直。染发剂和直发膏都会伤害皮肤、头发和眼睛。2pp.（2006）
- 《文身和持久的化妆品》。描述文身的种类以及文身的风险和去除的方法。2pp.（2004）
- 《饮食失调》。识别不同饮食失调的症状，谁最可能被影响以及各种治疗方案。8pp.
- 《ID偷窃》。ID窃贼可以偷窃你的个人信息，用它来长期诈骗而不让你察觉。这里的信息告诉你如何保护自己，以及如果成为一名受害者该怎么做。18pp.
- 《建立更好的信用报告》。学习如何合法改进你的信用报告，如何处理债务，如何识别骗局。16pp.
- 《信用问题》。如何获得信用，保持一个好的信用历史，并保护你的信用。2pp.（2000）

消费者保护机构

几家行业协会和组织帮助消费者解决商业问题，包括商业改进局（Better Business Bureaus）、国际纺织品保养协会（International Fabricare Institute）和其他行业协会与组织。如果你和一位零售商产生分歧，正如我们早先提到的，先到公司去解决问题。如果不能解决，也不要恐慌，你可以从行业协会获得许多帮助。

商业改进局

商业改进局是由社区中的地方商业成员支持的非营利组织。商业改进局活动的重点是鼓励诚实广告和诚实销售行为，倡导以诉讼争议的方式，促进市场的伦理规范，以及提供可选择的争论解决方法，来改进市场伦理。商业改进局提供各种消费者服务，例如：提供消费者教育材料；回答消费者问题；提供商业信息，尤其是未回答或未解决的投诉或其他市场问题；帮助解决购买者或销售者对于商家的投诉，包括调解和仲裁服务；提供慈善信息和其他寻求公共捐助的组织信息。

商业改进局通常要求以文字的形式提交投诉，以便争论能有精确的记录。商业改进局会和牵涉的公司交流沟通。如果投诉不能通过交流得到满意的解决，商业改进局会提供一个备选的争论解决过程，例如调解或仲裁。商业改进局不会判断或评价个人产品或品牌，处理雇主和雇员的公司争论或给出合法的建议。

如果你需要处理消费中的问题或投诉，给你们当地的商业改进局打电话询问其服务。它可通过 1—900 电话提供信息，只象征性地收取费用。消费者可以因商业欺诈、骗局警告，或者想获得商业改进局的项目服务、位置服务等而登录 BBB 在线（www. bbb. org）。BBB 在线给网络使用者提供了一个简单的方法来证实在线业务的合法性。带 BBB 在线徽章的公司已经经过了 BBB 的认证，同意其解决消费者关于货物和服务的问题。

商业改进局委员会（CBBB）创立了 BBB 在线，要把过去 95 年中在实体世界中做的事情拓展到互联网领域，以促进信任和信心。商业改进局委员会可信任度网页允许经营商用事实去说明它们是如何满足项目要求的，包括当地的商业改进局会员数量、广告的真实性以及冲突解决的状况。BBB 在线网站隐私徽章主要解决在线购买者的隐私问题。网站展示隐私徽章表明符合 BBB 在线隐私条款，也符合联邦贸易委员会和欧盟的标准。要想了解该项目更多的信息，或者想参与这个项目的话，请登录 www. bbbonline. org。

商业改进局委员会是商业改进局的保护机构，可以帮助处理关于全国性的广告宣传的真实和准确问题，包括儿童广告，提供关于全国慈善征募的报告，帮助解决厂商之间的争论。

公司的消费者联络部门

在 BBB 网站上公司的消费者联络部门会帮助你解决关于服务或产品的投诉。一些案例的解决，最好回到购买产品或服务的地方。在其他案例中，最好写信或打电话给公司总部的消费者事务部门。即使你决定直接去找销售者，也要让公司的消费者事务部门知道你的投诉。公司建立这些办公室是因为它们想听到你的声音。

BBB 列出的许多公司都是消费者事务商业专业协会（SOCAP）的会员。这是 1973 年建立的国际专业机构，消费者事务商业专业协会提供培训、会议和出版物来鼓励和保持与消费者交易的商家的正直，激励和提升商家、政府和消费者的有效交流和理解，确定和提升消费者事务解决水平（www. socap. org）。如果你没有在 BBB 或消费者事务商业专业协会上找到你要寻找的公司名字，检查一下产品标签或保证书，查找厂商的名字和地址。公共图书馆也可找到有帮助的信息。《公司、董事、高管的标准普尔名录》（*Standard & Poor's Register of Corporations, Directors, Executives*）、《商品名称目录》（*Trade Names Directory*）、《广告标准目录》（*Standard Directory of Advertisers*）、《邓白氏目录》（*Dun & Bradstreet Directory*）是大部分公司信息的四个来源。如果你不知道厂商的名字，可查阅《品牌和它们的公司》（*Brands and Their Companies*）或查阅《托马斯美国制造商名录》（*The Thomas Register of American Manufacturers*）。

国际纺织品护理协会

国际纺织品护理协会（IFI）是专业干洗和洗衣的行业协会。如果你将你最好的一套衣服拿去清洗，结果拿回来时一团糟，你可以按照程序要求赔偿（如果你和你的干洗者遵守了建议的护理说明）。国际纺织品护理协会建议你将其拿回你购买该衣服的商店；如果商店不解决这个问题，询问厂商的名称和地址，然后给公司写信。如果干洗店为这个错误负责，就会更换这件衣服。如果厂商和干洗店都不愿承担责任，可将衣服送到国际纺织品护理协会进行分析，确定责任。

直复营销协会

直复营销协会（Direct Marketing Association，DMA）是1917年成立的商业行业协会，为直复营销领域服务。它通过网络（www.the-dma.org）提供信息，包括购物提示和消费者权利，尤其是关于消费者的隐私，以及商家将你的信息卖给邮购公司的情况。

直复营销协会采取积极主动的姿态回应消费者与邮购和其他直复营销相关的问题。这是为直复营销服务的最久和最大的全国行业协会。其消费者指南的目的是帮助消费者意识到他们的权利和隐私权。

邮件偏好服务（MPS）用来帮助消费者减少在家中收到全国的非营利机构或商业机构的邮件（一些可称作“垃圾邮件”，但不是DMA寄的）。

电话偏好服务（TPS），一种“不要打电话”的服务，帮助消费者减少在家中接到的全国商家电话。（这些电话打扰晚餐。）

电子邮件偏好服务（e-MPS），帮助消费者减少主动发过来的商业电子邮件。

DMA网站（www.the-dma.org/consumers/consumerassistance.html）也给电话购物提供了容易使用的提示，并列出了保护消费者权利、对抗电话销售欺诈行为的联邦法律和规定。你也可以给直复营销协会写信，地址是1111 19th Street NW，Suite 1100，Washington，D.C. 20036。

其他独立的服务

行动热线

地方报纸和电台经常有行动热线或热线服务。许多这些服务试图解决所有接到的消费者投诉。其他的服务只处理其中最重要的案子，或者处理社区最常发生的问题。要找到这些服务，可以在你们当地的报纸、电台和电视台，或者地方图书馆资料中查阅。

呼吁行动公司（Call for Action）（www.callforaction.org）是一家拥有55年历史的国际非营利消费者热线网络，和广播合作者一起培训和帮助消费者以及小公司解决消费者问题。例如，WABC是呼吁行动公司设在纽约的站点，设在费城的是WPVI-TV，设在圣路易斯的是WTVI-TV。上文提到的网址会告诉你距居住的地方最近的站点。

全国消费者联盟

全国消费者联盟（NCL）（www.natlconsumersleague.org）是一家私营、非营利的组织，在市场和工作问题上代表消费者。全国消费者联盟是全国成立时间最久的消费者组织，其任务是确认、保护、代表和提升消费者和工人的经济和社会利益。全国消费者联盟为政府、公司和其他机构提供消费者对问题的观点，包括童工、隐私信息和其他问题。

全国欺诈信息中心和网络欺诈观察（National Fraud Information Center & Internet Fraud Watch，NFIC，www.fraud.org/info/aboutnfic.htm）最初由全国消费者联盟于1992年建立，通过加强预防和执行来对抗不断增长的电话销售欺诈危险。NFIC为消费者提供全国范围内的免费热线，收集关于电话销售的意见，将可能的电话销售欺诈报告给执法机构。1996年，网络欺诈观察创建，使得NFIC可以为消费者提供网络宣传的建议，将可疑的在线和网络欺诈报告给合适的政府机构。消费者可以拨打NFIC的免费热线1-800-876-7060，或通过网站将问题发送给NFIC。

全国的消费者机构

许多组织将它们的任务定义为：为消费者提供帮助、保护和建议主张。大多数组织制作并分发给消费者教育和信息材料，并在政府和媒体面前主张消费者的利益。美国政府提供了消费者帮助在线目录（www.pueblo.gsa.gov）。这些组织选择列举如下：

- 美国消费者权益委员会（American Council on Consumer Interests，ACCI）：为消费者提供教育者、研究者和政策制定者名录。
- 国会观察（Congress Watch）：为与消费者相关的交易，健康和安全方面的立法、规定和政策工作。
- 美国消费者联盟（Consumer Federation of America，CFA）：240个组织代表了5 000万消费者。
- 公共公民（Public Citizen）：通过游说、立法、研究和出版代表消费者的利益。
- 美国公共利益调查组织（U.S. Public In-

terest Research Group，PIRG)：为州公共利益调查组织的全国性游说办公室，它们是在许多州活跃的消费者环境主张小组。

本章概览

● 许多政府、公司和私营机构将消费者保护视作它们的主要目标。消费者确实应知道自己的权利，这在如今竞争激烈的市场上是一个复杂的任务。

● 联邦贸易委员会、消费者产品安全委员会与食品和药物管理局是政府监控市场不公平竞争、产品安全保护和消费者可以从中得到准确信息的独立管理机构。

● 服装产品的信息包括服装成分鉴定、护理标签、厂商识别和原产国。

● 邮购和网络销售得到监控，但在其他领域，消费者必须对他们和谁做生意小心谨慎。

● 注册商标、版权和专利是公司的知识产权，若侵犯会有惩罚。消费者必须当心市场上的伪造品。伪造品是品牌和商标产品的廉价的仿制品。

●《濒危物种法案》保护危险和濒危的植物和动物，在服装和时尚产品中使用其任何部分都是非法的。

●《美国残障法案》禁止将残障人士排除在日常活动之外。零售商店必须遵守法案关于通道的规定。

● 美国政府是全国最大的出版者，为消费者提供一系列信息小册子和网站，使消费者获得购物和保护自己免受商业欺诈的信息。

● 处于麻烦中的消费者可以打电话给行动热线和其他商业服务机构。

关键词

联邦贸易委员会（FTC）
商业外观
版权
专利
平行进口
《濒危物种法案》
《美国残障法案》
《公平包装和标签法案》
国际纺织品护理协会（IMI）
直复营销协会（DMA）
《消费者产品价格法案》
《羊毛产品标签法案》
《皮毛产品标签法案》
《纺织纤维产品鉴定法案》
《易燃纺织品法案》
羽绒
原产国
商业改进局（BBB）
《谢尔曼反垄断法》
注册商标
《伪造法案》
掠夺性价格
消费者产品安全委员会
食品和药物管理局（FDA）
灰色产品
《联邦食品、药品和化妆品法案》
价格维持
知识产权
伪造产品

问题讨论

1. 讨论一下你和干洗店曾有过的摩擦。你曾经忽略过时尚物品上的护理说明，然后因护理不当毁了那件物品吗？调查一下其他消费者和护理标签之间的经历。

2. 收集衣服的标签，分析本章概括出的信息。你找到了多少国际标签？你能看懂它们吗？

3. 你觉得为了消费者，政府对商品生产和服装销售干预太多还是干预不够？

4. 用本章推荐的格式写一封投诉信给你不满意的一件产品的厂商。将你的结果报告给全班同学。

5. 就一个消费者问题联系政府、商家和独立的消费者保护机构或服务，比较它们的反应和效率。

6. 分析折扣商店的销售价格，并和其他商店比较。你认为存在掠夺性价格吗？

7. 你收到过没有订购的邮寄商品吗？你是怎么处理的？

8. 比较一下昂贵的专卖店化妆品和折扣店里的化妆品的成分。高端品牌的护肤产品为什么那么贵？

9. 收集时尚产品的注册商标（名称、标记和标志），调查多少消费者可以识别拥有该商标的公司。

10. 你曾经购买过知名的仿造产品吗？如果买过，讨论一下其质量和使用寿命的情况。

11. 测量商店货架的距离，与《美国残障法案》要求的过道宽度相对比。你可以谨慎地步测这个距离，你的脚长大概是一英尺（如果你脚小，测量的时候增加一些长度）。比较若干种商店类型的测量结果。

12. 从美国政府出版办公室订购一些免费的或低价的信息小册子。报告它们的效率。

图片版权说明

第1章

第4页, Dana White / PhotoEdit Inc.;
第9页, Donna Karan International;
第12页, Courtesy of Talbots;
第14页, Consolidated Shoe Company;

第2章

第28页, Peter Hvizdak / The Image Works;
第30页, (c) R. Gates/Staff/Hulton Archive/Getty Images.
第39页, Alan Oddie / PhotoEdit Inc.;
第40页, YOSHIKAZU TSUNO/AFP / Getty Images, Inc. AFP;
第43页, AP Wide World Photos;
第47页, Getty Images – Stockbyte;
第48页, Joe McNally / Getty Images - Asia Images Group.

第3章

第67页, Andreea Angelescu / CORBIS- NY.

第4章

第74页, Steven P. Widoff / Creative Eye/MIRA.com;
第75页, AP Wide World Photos;
第75页, Donna Karan International.

第5章

第97页, Robert Brenner / PhotoEdit Inc.;
第113页, Lisa Rose / Globe Photos, Inc.;
第113页, Globe Photos Inc./From Newsweek, 6/3/96 (c)1996 Newsweek, Inc. All rights reserved. Reprinted by permission;
第118页, Rick Friedman / CORBIS- NY.

第6章

第122页, (c) Larry Williams/CORBIS;
第125页, Courtesy of Fossil Inc.;
第128页, Urban Decay Cosmetics;
第139页, Timothy A. Clary/Agence France Presse/Getty Images;
第141页, Avon Products, Inc.;

第7章

第146页, Michael Goldman Photography;
第158页, Courtesy of Duke Photography, Phoenix, AZ;
第161页, Mira.com/Artist Name.

第10章

第218页, Women's Wear Daily;
第219页, Jeff Greenberg / PhotoEdit Inc.;
第227页, Lee Jeans.

第12章

第255页, Photo Steve Eichner/Women's Wear Daily;
第267页, Carl Scnneider / Getty Images, Inc – Liaison;

第13章

第274页, Rudi Von Brie / PhotoEdit Inc.;

第14章

第299页, Donna Karan International;
第306页, National Labor Committee;
第315页, Robert Clark / AP Wide World Photos;

第15章

第333页, BBBOnLine, Inc.

注　释

第 1 章

1. "Media-o-Meter: In Style vs. Marie Claire," *Women's Wear Daily* (September 9, 2005): 20.
2. Joel Best, *Flavor of the Month: Why Smart People Fall for Fads* (Berkeley, CA: University of California Press, 2006).
3. "Survey Names 'Truthiness', 'Wikiality' as Top TV Buzzwords," *San Francisco Chronicle* (August 28, 2006): E5.
4. Umberto Eco, *A Theory of Semiotics* (Bloomington: Indiana University Press, 1979).
5. Fred Davis, "Clothing and Fashion as Communication," in Michael R. Solomon ed., *The Psychology of Fashion* (Lexington, Mass.: Lexington Books, 1985): 15–28.
6. Anne D'Innocenzio, "Robotic Wizardry Producing Ever More Lifelike Playthings," *San Francisco Chronicle* (February 9, 2006): C3.
7. Josslynne Lingard and Marni Goldbery, "Toy Industry Responds to a Changing Market—and Changing Kids," *Toy Wishes,* retrieved from www.toy-tia.org (October 2, 2006).
8. "2004 vs 2005 State of the Industry," retrieved from www.toy-tia.org (October 2, 2006).
9. Paul H. Nystrom, *Economics of Fashion* (New York: The Ronald Press, 1928).
10. Eric Wilson, "No More Runways for Beene," *Women's Wear Daily* (February 15, 2000): 2, 8.
11. Miles Socha, "From New Designers to Exploring the Net, Bridge Tries to Cope," *Women's Wear Daily* (October 20, 1999): 1, 8–9.
12. Elaine Stone, *The Dynamics of Fashion,* 2nd ed. (New York: Fairchild Publications, 2004).
13. Gini Frings, *Fashion From Concept to Consumer* (Upper Saddle River, N.J.: Prentice Hall, 2008).
14. As quoted in Frings, *Fashion From Concept to Consumer.*
15. Joceyln Noveck, "A Size 2 Might Not Be a Size True, Bit It Sells," *San Francisco Chronicle* (September 17, 2005): F4.
16. Jane E. Workman, "Body Measurement Specifications for Fit Models as a Factor in Clothing Size Variation," *Clothing and Textiles Research Journal* 10, no. 1 (1991): 31–36.
17. Gregory Beals and Leslie Kaufman, "The Kids Know Cool," *Newsweek* (March 31, 1997): 48–49.
18. Marc Spiegler, "Marketing Street Culture: Bringing Hip-Hop Style to the Mainstream," *American Demographics* (November 1996): 29–34.
19. Beals and Kaufman, "The Kids Know Cool."
20. Kerry Diamond, "Urban Decay: A New Wild Child for Arnault's LVMH," *Women's Wear Daily* (February 25, 2000): 1, 12; Nola Sarkisian-Miller, "Hard Candy Founder Enters T-Shirt Arena," *Women's Wear Daily* (January 14, 2005): 13.
21. Mary Wolfe, *The World of Fashion Merchandising* (Tinley Park, Ill. Goodheart-Wilcox, 1998).
22. James Laver, *Taste and Fashion from the French Revolution to Today* (London: Harrap, 1937).
23. Anne D'Innocenzio and Georgia Lee, "Hippie Chic Fashions Cast a Wide Net," *Women's Wear Daily* (May 11, 2000): 6.
24. Anne D'Innocenzio, "Fashion's Fast Cycle," *Women's Wear Daily* (June 15, 2000): 6.
25. Stone, *The Dynamics of Fashion.*
26. Anthony Ramirez, "The Pedestrian Sneaker Makes a Comeback," *New York Times* (October 14, 1990): F17.
27. Rachel Beck, "A Wristful of Happiness," *San Francisco Chronicle* (October 8, 1999): B2.
28. B. E. Aguirre, E. L. Quarantelli, and Jorge L. Mendoza, "The Collective Behavior of Fads: The Characteristics, Effects, and Career of Streaking," *American Sociological Review* (August 1989): 569.
29. Martin G. Letscher, "How to Tell Fads from Trends," *American Demographics* (December 1994): 38–45.
30. The Associated Press, "Hit Japanese Software Lets Players Raise 'Daughter,'" *Montgomery Advertiser* (April 7, 1996): 14A.
31. "Japanese Flock to Stores for Virtual Chicken Game," *Montgomery Advertiser* (January 27, 1997): 6A.
32. Joseph Pereira, "Retailers Bet Virtual Pets Will Be the Next Toy Craze," *The Wall Street Journal Interactive Edition* (May 2, 1997).
33. Yuri Kageyama, "Virtual Pets Hatched Anew," *San Francisco Chronicle* (April 12, 2004): D5.
34. "Stagnant Industry Escalates PL Chase," *WWD Infotracs* (supplement to *Women's Wear Daily*) (November, 1995): 6–10.
35. K. Parr, "Fashion's Next Wave: Who, What and 'Y'," *Women's Wear Daily* (February 27, 1997): 8–9.
36. "The WWD 100," *A WWD Special Report* (July 2006).
37. Damon Darlin, "The iPod Ecosystem," *New York Times* (February 3, 2006); Meredith Derby, "IPods Dress for Success," *Women's Wear Daily* (January 24, 2005): 15.
38. "Nokia's Passion for Style," *Women's Wear Daily* (November 9, 2005): 8.
39. Peter Hartlaub, "Ring Tones Make Cell Phones Personalized Fashion Accessories," *San Francisco Chronicle* (June 26, 2005): A1, A4; Alex Veiga, "Turning Cell Phones into Audible Fashion Accessory," *San Francisco Chronicle* (September 26, 2005): F5.
40. For more details, see Susan Kaiser, *The Social Psychology of Clothing* (New York: Macmillan, 1985); George B. Sproles, "Behavioral Science Theories of Fashion," in *The Psychology of Fashion,* ed. Michael R. Solomon (Lexington, Mas: Lexington Books, 1985): 55–70.
41. Herbert Blumer, *Symbolic Interactionism: Perspective and Method* (Englewood Cliffs, N.J.: Prentice Hall, 1969); Howard S. Becker, "Art as Collective Action," *American Sociological Review* 39 (December 1973); Richard A. Peterson, "Revitalizing the Culture Concept," *Annual Review of Sociology* 5 (1979): 137–166.
42. Georg Simmel, "Fashion," *International Quarterly* 10 (1904): 130–155.
43. Charles W. King, "Fashion Adoption: A Rebuttal to the 'Trickle-Down' Theory," in *Toward Scientific Marketing,* ed. Stephen A. Greyser (Chicago: American Marketing Association, 1963), 108–125; Grant D. McCracken, "The Trickle-Down Theory Rehabilitated," in *The Psychology of Fashion,* ed. Michael R. Solomon (Lexington, Mass.

Lexington Books, 1985): 39–54.
44. Michael Barbaro, "Discounters Go on Road to Find New York Style," *New York Times online* (October 12, 2006).
45. Alf H. Walle, "Grassroots Innovation," *Marketing Insights* (Summer 1990): 44–51.
46. Nara Schoenberg, "Goth Culture Moves into Mainstream," *Montgomery Advertiser* (January 19, 2003): 1G.
47. Dorothy Behling, "Fashion Change and Demographics: A Model," *Clothing and Textiles Research Journal* 4, no. 1 (1985–1986): 18–24.
48. C. R. Snyder and Howard L. Fromkin, *Uniqueness: The Human Pursuit of Difference* (New York: Plenum Press, 1980).
49. Linda Dyett, "Desperately Seeking Skin," *Psychology Today* (May/June 1996): 14; Alison Lurie, *The Language of Clothes* (New York: Random House, 1981).
50. Harvey Leibenstein, *Beyond Economic Man: A New Foundation for Microeconomics* (Cambridge, Mass.: Harvard University Press, 1976).
51. Malcome Gladwell, *The Tipping Point* (New York: Little, Brown and Co., 2000).
52. See Geoffrey Cowley, "Viruses of the Mind: How Odd Ideas Survive," *Newsweek* (April 14, 1997): 14; www.wikipedia.com.
53. Michael R. Solomon and Elnora W. Stuart, *Marketing: Real People Real Choices* (Englewood Cliffs, N.J.: Prentice Hall, 2005).
54. Erving Goffman, *The Presentation of Self in Everyday Life* (Garden City, N.Y.: Doubleday, 1959); George H. Mead, *Mind, Self, and Society* (Chicago: University of Chicago Press, 1934); Michael R. Solomon, "The Role of Products as Social Stimuli: A Symbolic Interactionism Perspective," *Journal of Consumer Research* 10 (December 1983): 319–329.
55. Kim Ann Zimmermann, "Neiman Marcus Seeking Expanded Loyalty Program," *Women's Wear Daily* (July 2, 1997): 11; www.neimanmarcus.com.
56. Denise Power, "Nordstrom Banks on Credit Options," *Women's Wear Daily* (May 31, 2000): 12.
57. Constance L. Hays, "What Wal-Mart Knows About Customers' Habits," *New York Times on the Web* (November 14, 2004).
58. Quoted in "Bringing Meaning to Brands," *American Demographics* (June 1997): 34.
59. Susan Fournier, "Consumers and Their Brands. Developing Relationship Theory in Consumer Research," *Journal of Consumer Research* 24 (March 1998): 343–373.
60. Brad Edmondson, "The Dawn of the Megacity," *Marketing Tools* (March 1999): 64.
61. David Barbosa, "China, New Land of Shoppers, Builds Malls on Gigantic Scale," *New York Times Online* (May 25, 2005).
62. For a discussion of this trend, see Russell W. Belk, "Hyperreality and Globalization: Culture in the Age of Ronald McDonald," *Journal of International Consumer Marketing* 8, no. 3/4 (1995): 23–38.
63. Ronald Alsop, "Best Known Companies Aren't Always Best Liked," *Wall Street Journal* (November 14, 2004): B4.
64. Nina Munk, "The Levi Straddle," *Forbes* (January 17, 1994): 44.
65. Some material in this section was adapted from Michael R. Solomon and Elnora W. Stuart, *Welcome to Marketing.Com: The Brave New World of E-Commerce* (Upper Saddle River, N.J.: Prentice Hall, 2000).
66. Susan G. Hauser, "These Guys, Their Big Feet and Her," *Wall Street Journal Interactive Edition* (January 24, 2000).
67. Rebecca Fairley Raney, "Study Finds Internet of Social Benefit to Users," *New York Times on the Web* (May 11, 2000).
68. Tiffany Lee Brown, "Got Skim?" *Wired* (March 2000): 262.
69. Stone, *The Dynamics of Fashion.*
70. For an overview, see Eric J. Arnould and Craig J. Thompson, "Consumer Culture Theory (CCT): Twenty Years of Research," *Journal of Consumer Research* 31 (March 2005): 868–882.
71. Alladi Venkatesh, "Postmodernism, Poststructuralism and Marketing," paper presented at the American Marketing Association Winter Theory Conference, San Antonio, February 1992; see also A. Fuat Firat, "Postmodern Culture, Marketing and the Consumer," in *Marketing Theory and Application,* eds. T. Childers et al. (Chicago: American Marketing Association, 1991): 237–242; A. Fuat Firat and Alladi Venkatesh, "The Making of Postmodern Consumption," in *Consumption and Marketing: Macro Dimensions*, eds. Russell W. Belk and Nikhilesh Dholakia (Boston: PWS-Kent, 1993).

第 2 章

1. Nelson D. Schwartz, "Starbucks: Still Perking After All These Years," *Fortune* (May 24, 1999): 203; Louise Lee, "Now, Starbucks Uses Its Bean," *Business Week* (February 14, 2000): 92–94; Mark Gimein, "Behind Starbucks' New Venture: Beans, Beatniks, and Booze," *Fortune* (May 15, 2000): 80.
2. G. Pascal Zachary, "Joltin' Joe," *San Francisco Chronicle* (May 15, 2005): C1; "Starkbucks Planning to Open 1,500 Stores This Year," *San Francisco Chronicle* (February 10, 2005): C3. www.starbucks.com.
3. Seanna Browder, "Starbucks Does Not Live by Coffee Alone," *Business Week* (August 5, 1996): 76; for a discussion of the act of coffee drinking as ritual, see Susan Fournier and Julie L. Yao, "Reviving Brand Loyalty: A Reconceptualization within the Framework of Consumer-Brand Relationships," Working Paper 96-039, Harvard Business School (1996).
4. "Spice Girls Dance into Culture Clash," *Montgomery Advertiser* (April 29, 1997): 2A.
5. Grant McCracken, "Culture and Consumption: A Theoretical Account of the Structure and Movement of the Cultural Meaning of Consumer Goods," *Journal of Consumer Research* 13 (June 1986): 71–84.
6. "Fashion's New Taboo? Industry Repudiates 'Terrorist Chic' Looks," *Women's Wear Daily* (October 1, 2001): 1, 4, 10; Georgia Lee, "The Sensitive Side of Retail," *Women's Wear Daily* (October 19, 2001): 8, 10; Lisa Lockwood; "In the Age of Peril, a New Mood Prevails in Fashion Advertising," *Women's Wear Daily* (October 19, 2001): 1, 6, 10; "Three Cheers for the Red, White and Blue," *Women's Wear Daily* (November 8, 2001): 2; "The Wave of Patriotic Wear," *San Francisco Chronicle* (November 18, 2002): E7.
7. "World Cup's Fashion Kick," *Women's Wear Daily* (June 27, 2002): 8.
8. "The Eternal Triangle," *Art in America* (February 1989): 23.
9. Clifford Geertz, *The Interpretation of Cultures* (New York:

Basic Books, 1973); Marvin Harris, *Culture, People and Nature* (New York: Crowell, 1971); John F. Sherry, Jr., "The Cultural Perspective in Consumer Research," in *Advances in Consumer Research* ed., Richard J. Lutz, 13 (Provo, Utah: Association for Consumer Research, 1985), 573–575.

10. William Lazer, Shoji Murata, and Hiroshi Kosaka, "Japanese Marketing: Towards a Better Understanding," *Journal of Marketing* 49 (Spring 1985): 69–81.
11. Joanne B. Eicher, Sandra Lee Evenson, and Hazel A. Lutz, *The Visible Self* (New York: Fairchild Publications, 2000).
12. Geert Hofstede, *Culture's Consequences* (Beverly Hills, CA: Sage, 1980); see also Laura M. Milner, Dale Fodness, and Mark W. Speece, "Hofstede's Research on Cross-Cultural Work-Related Values: Implications for Consumer Behavior," in *Proceedings of the 1992 ACR Summer Conference* (Amsterdam: Association for Consumer Research, 1992).
13. Daniel Goleman, "The Group and the Self: New Focus on a Cultural Rift," *New York Times* (December 25, 1990): 37; Harry C. Triandis, "The Self and Social Behavior in Differing Cultural Contexts," *Psychological Review* 96 (July 1989): 506; Harry C. Triandis, Robert Bontempo, Marcelo J. Villareal, Masaaki Asai, and Nydia Lucca, "Individualism and Collectivism: Cross-Cultural Perspectives on Self-Ingroup Relationships," *Journal of Personality and Social Psychology* 54 (February 1988): 323.
14. George J. McCall and J. L. Simmons, *Social Psychology: A Sociological Approach* (New York: The Free Press, 1982).
15. Arundhati Parmar, "Out from Under," *Marketing News* (July 21, 2003): 9–10.
16. Conrad Phillip Kottak, "Anthropological Analysis of Mass Enculturation," in *Researching American Culture*, ed. Conrad P. Kottak (Ann Arbor: University of Michigan Press, 1982), 40–74.
17. Eric Ransdell, "The Nike Story? Just Tell It!" *Fast Company* (January–February 2000): 44.
18. Joseph Campbell, *Myths, Dreams, and Religion* (New York: E. P. Dutton, 1970).
19. Marcia A. Morgado, "Animal Trademark Emblems on Fashion Apparel: A Semiotic Interpretation—Part II Applied Semiotics," *Clothing and Textiles Research Journal* 11, no. 3 (1993): 31–38.
20. Jeffrey S. Lang and Patrick Trimble, "Whatever Happened to the Man of Tomorrow? An Examination of the American Monomyth and the Comic Book Superhero," *Journal of Popular Culture* 22 (Winter 1988): 157.
21. See William Blake Tyrrell, "Star Trek as Myth and Television as Mythmaker," in *The Popular Culture Reader,* eds. Jack Nachbar, Deborah Weiser, and John L. Wright (Bowling Green, OH: Bowling Green University Press, 1978), 79–88; Elizabeth C. Hirschman, "Movies as Myths: An Interpretation of Motion Picture Mythology," in *Marketing and Semiotics: New Directions in the Study of Signs for Sale,* ed. Jean Umiker-Sebeok (Berlin: Mouton de Guyter, 1987), 335–374.
22. See Dennis W. Rook, "The Ritual Dimension of Consumer Behavior," *Journal of Consumer Research* 12 (December 1985): 251–264; Mary A. Stansfield Tetreault and Robert E. Kleine III, "Ritual, Ritualized Behavior, and Habit: Refinements and Extensions of the Consumption Ritual Construct," in *Advances in Consumer Research,* eds. Marvin Goldberg, Gerald Gorn, and Richard W. Pollay, 17 (Provo, Utah: Association for Consumer Research, 1990), 31–38.
23. Joyce Cohen, "Here Comes the Bride; Get Ready to Release a Swarm of Live Insects," *Wall Street Journal* (January 22, 1996): B1. For a study on updated wedding rituals in Turkey, see Tuba Ustuner, Guliz Ger, and Douglas B. Holt, "Consuming Ritual: Reframing the Turkish Henna-Night Ceremony," in *Advances in Consumer Research,* eds. Stephen J. Hoch and Robert J. Meyers, 27 (Provo, Utah: Association for Consumer Research, 2000): 209–214.
24. Karl Greenberg, "BBDO: Successful Brands Become Hard Habit for Consumers to Break," *Marketing Daily,* available from www.mediapost.com (May 14, 2007).
25. Dennis W. Rook and Sidney J. Levy, "Psychosocial Themes in Consumer Grooming Rituals," in *Advances in Consumer Research,* eds. Richard P. Bagozzi and Alice M. Tybout, 10 (Provo, Utah: Association for Consumer Research, 1983), 329–333.
26. Diane Barthel, *Putting on Appearances: Gender and Attractiveness* (Philadelphia: Temple University Press, 1988).
27. Quoted in Barthel, Putting on Appearances: Gender and Advertising.
28. Kevin Keller, *Strategic Marketing Management* (Upper Saddle River, N.J.: Prentice-Hall, 1998).
29. Russell W. Belk, Melanie Wallendorf, and John F. Sherry, Jr., "The Sacred and the Profane in Consumer Behavior: Theodicy on the Odyssey," *Journal of Consumer Research* 16 (June 1989): 1–38.
30. Russell W. Belk and Gregory S. Coon, "Gift Giving as Agapic Love: An Alternative to the Exchange Paradigm Based on Dating Experiences," *Journal of Consumer Research* 20, no. 3 (December 1993): 393–417.
31. Tina M. Lowrey, Cele C. Otnes, and Julie A. Ruth, "Social Influences on Dyadic Giving over Time: A Taxonomy from the Giver's Perspective," *Journal of Consumer Research* 30 (March 2004): 547–558.
32. Julie A. Ruth, Cele C. Otnes, and Frederic F. Brunel, "Gift Receipt and the Reformulation of Interpersonal Relationships," *Journal of Consumer Research* 25 (March 1999): 385–402.
33. Linda Manikowske and Geitel Winakor, "Equity, Attribution, and Reactance in Giving and Receiving Gifts of Clothing," *Clothing and Textiles Research Journal* 12, no. 4 (1994): 22–30.
34. Margaret Rucker, A. Freitas, R. Karp, A. Abraham, S. Kim, S. Lopez, and M. Sim, "Translating the Clothing Code as Gift by Ethnic Identity," *International Textiles and Apparel Association Proceedings* (1994): 122.
35. Kimli Socarras, Margaret Rucker, April Kangas, and Katrina Dolenga, "The Newlyweds' New Clothes: Situational Effects on Acceptability of Apparel and Money as Gifts," *International Textiles and Apparel Association Proceedings* (1996): 88; Margaret Rucker, April Kangas, A. Daw, J. Gee, and A. Snodgrass, "Gift Norms: A Comparison of Clothing, Cash and Gift Certificates Across Three Occasions," *International Textiles and Apparel Association Proceedings* (1997): 58.
36. "American Dads: The DNR List," *Daily News Record* (June 5, 2006): 45.
37. Manikowske and Winakor, "Equity, Attribution, and Reactance in Giving and Receiving Gifts of Clothing."
38. Lena Horne and Geital Winakor, "A Conceptual Framework for the Gift-Giving Process: Implications for Clothing," *Clothing and Textiles Research Journal* 9, no. 4 (1991): 23–33.
39. "Average American Expects to Spend $825 on Christmas Gifts This Year" (November 1999). Available online at http://www.maritz.com/mmri/apoll.
40. "Power of Registries," *Chain Store Age* 77 (October 2001): 41. For a study on how brides use message boards to plan

weddings, see Michelle R. Nelson and Cele C. Otnes, "Exploring Cross-Cultural Ambivalence: A Netnography of Intercultural Wedding Message Boards," *Journal of Business Research* 58 (2005): 89–95.
41. Quoted in Cyndee Miller, "Nix the Knick-Knacks; Send Cash," *Marketing News* (May 26, 1997): 1, 13.
42. Quoted in "I Do . . . Take MasterCard," *Wall Street Journal* (June 23, 2000): W1.
43. Deborah Kong, "Web Wish List," *Montgomery Advertiser* (November 8, 1999): 1A.
44. Monica Gonzales, "Before Mourning," *American Demographics* (April 1988): 19.
45. Hubert B. Herring, "Dislike Those Suspenders? Don't Complain, Quantify!" *New York Times* (December 25, 1994): F3.
46. Karen Hyllegard and Johnathan Fox, "The Value of Gifts to College Students: The Impact of Relationship Distance, Gift Occasion, and Gift Type," *Clothing and Textiles Research Journal* 15 (1997): 103–114.
47. M. H. Rucker, L. Leckliter, S. Kivel, M. Dinkel, T. Freitas, M. Wynes, and H. Prato, "When the Thought Counts: Friendship, Love, Gift Exchanges and Gift Returns," in *Advances in Consumer Research,* eds. R. R. Holman and M. R. Solomon, 18 (Provo, Utah: Association for Consumer Research, 1991).
48. Denise Power, "Gift Cards: A Mixed Blessing," *Women's Wear Daily* (December 8, 2004): 16; Betsy Taylor, "Gift Card Swapping Aided by Net Sites," *San Francisco Chronicle* (January 1, 2005): C1.
49. Colin Camerer, "Gifts as Economics Signals and Social Symbols," *American Journal of Sociology* 94 (Supplement 1988): 5, 180–214.
50. Robert T. Green and Dana L. Alden, "Functional Equivalence in Cross-Cultural Consumer Behavior: Gift Giving in Japan and the United States," *Psychology & Marketing* 5 (Summer 1988): 155–168.
51. David Glen Mick and Michelle DeMoss, "Self-Gifts: Phenomenological Insights from Four Contexts," *Journal of Consumer Research* 17 (December 1990): 327; John F. Sherry, Jr., Mary Ann McGrath, and Sidney J. Levy, "Monadic Giving: Anatomy of Gifts Given to the Self," in *Contemporary Marketing and Consumer Behavior: An Anthropological Sourcebook,* ed. John F. Sherry, Jr. (New York: Sage, 1995), 399–432.
52. Quoted in Cynthia Crossen, "Holiday Shoppers' Refrain: 'A Merry Christmas to Me,'" *Wall Street Journal Interactive Edition* (December 11, 1997).
53. See, for example, Russell W. Belk, "Halloween: An Evolving American Consumption Ritual," in *Advances in Consumer Research,* eds. Richard Pollay, Jerry Gorn, and Marvin Goldberg, 17 (Provo, Utah: Association for Consumer Research, 1990), 508–517; Melanie Wallendorf and Eric J. Arnould, "We Gather Together: The Consumption Rituals of Thanksgiving Day," *Journal of Consumer Research* 18 (June 1991): 13–31.
54. "A Many-Splendored Thing: 74% of Americans Celebrate Valentine's Day" (February 1999). Available online at http://www.maritz.com/mmri/apoll.
55. Bruno Bettelheim, *The Uses of Enchantment: The Meaning and Importance of Fairy Tales* (New York: Alfred A. Knopf, 1976).
56. Andrea Adelson, "A New Spirit of Sales of Halloween Merchandise," *New York Times* (October 31, 1994): D1.
57. National Retail Federation; Dan Fost, "Pumpkins Prove Profitable," *San Francisco Chronicle* (October 29, 2005): C1.
58. Steven Gutkin, "U.S.-Style Halloween Going Global," *San Francisco Examiner* (October 29, 2000); A25.
59. Steve Rubenstein, "Events Take the Bite Out of Halloween," *San Francisco Chronicle* (October 21, 2001): A23, A29.
60. Rick Lyte, "Holidays, Ethnic Themes Provide Built-In F&B Festivals," *Hotel & Motel Management* (December 14, 1987): 56; Megan Rowe, "Holidays and Special Occasions: Restaurants Are Fast Replacing 'Grandma's House' as the Site of Choice for Special Meals," *Restaurant Management* (November 1987): 69; Judith Waldrop, "Funny Valentines," *American Demographics* (February 1989): 7.
61. Michael R. Solomon and Punam Anand, "Ritual Costumes and Status Transition: The Female Business Suit as Totemic Emblem," in *Advances in Consumer Research,* eds. Elizabeth C. Hirschman and Morris Holbrook, 12 (Washington, DC: Association for Consumer Research, 1995), 315–318.
62. "Divorce Can Be Furry," *American Demographics* (March 1987): 24.
63. Heather Knight, "Prom—A Costly Rite of Passage," *San Francisco Chronicle* (May 27, 2005): B1, B7.
64. Arnold Van Gennep, *The Rites of Passage,* trans. Maika B. Vizedom and Gabrielle L. Caffee (London: Routledge and Kegan Paul, 1960; orig. published 1908); Solomon and Anand, "Ritual Costumes and Status Transition."
65. Walter W. Whitaker III, "The Contemporary American Funeral Ritual," in *Rites and Ceremonies in Popular Culture,* ed. Ray B. Browne (Bowling Green, Ohio: Bowling Green University Popular Press, 1980), 316–325; for an examination of funeral rituals, see Larry D. Compeau and Carolyn Nicholson, "Funerals: Emotional Rituals or Ritualistic Emotions," Paper presented at the Association of Consumer Research, Boston (October 1994).
66. Jane Ganahl, "From Newborn to Newly Adult, Communities Celebrate Life's Stages Rites of Passage," *San Francisco Chronicle* (December 30, 2001): E4.
67. Peter Hartlaub, "Wearing the Art of Polynesian Culture," *San Francisco Chronicle* (December 30, 2001): E4, E5.
68. Sam McManis, "Jewish Bris Ceremony Shows You're Never Too Young for Tradition," *San Francisco Chronicle* (December 30, 2001): E5.
69. Joan Kron, *Home-Psych: The Social Psychology of Home and Decoration* (New York: Clarkson N. Potter, Inc., 1983); Gerry Pratt, "The House as an Expression of Social Worlds," in *Housing and Identity: Cross-Cultural Perspectives,* ed. James S. Duncan (London: Croom Helm, 1981), 135–179; Michael R. Solomon, "The Role of the Surrogate Consumer in Service Delivery," *The Service Industries Journal* 7 (July 1987): 292–307.
70. Grant McCracken, "'Homeyness': A Cultural Account of One Constellation of Goods and Meanings," in *Interpretive Consumer Research,* ed. Elizabeth C. Hirschman (Provo, Utah: Association for Consumer Research, 1989), 168–184.
71. Richard Lacayo, "First Lady of Fashion: An Exhibit Celebrates Jackie Kennedy's Stylish Years in the White House," *Time* (April 30, 2001): 72–73; Eric Wilson, "The Subtleties of Wear," *Women's Wear Daily* (April 23, 2001): 20.
72. James Hirsch, "Taking Celebrity Worship to New Depths," *New York Times* (November 9, 1988): C1.
73. Emile Durkheim, *The Elementary Forms of the Religious Life* (New York: Free Press, 1915).
74. Susan Birrell, "Sports as Ritual: Interpretations from Durkheim to Goffman," *Social Forces* 60 (1981)2: 354–376; Daniel Q. Voigt, "American Sporting Rituals," in *Rites and Ceremonies in Popular Culture,* ed. Ray B. Browne (Bowling

Green, Ohio: Bowling Green University Popular Press, 1980), 125–140.
75. Dean MacCannell, *The Tourist: A New Theory of the Leisure Class* (New York: Schocken Books, 1976).
76. Belk et al., "The Sacred and the Profane in Consumer Behavior: Theodicy on the Odyssey."
77. Beverly Gordon, "The Souvenir: Messenger of the Extraordinary," *Journal of Popular Culture* 20 (1986)3: 135–146.
78. Belk et al., "The Sacred and the Profane in Consumer Behavior."
79. Belk et al., "The Sacred and the Profane in Consumer Behavior."
80. Deborah Hofmann, "In Jewelry, Choices Sacred and Profane, Ancient and New," *New York Times* (May 7, 1989): 66.
81. Lee Gomes, "Ramadan, a Month of Prayer, Takes on a Whole New Look," *Wall Street Journal Interactive Edition* (December 4, 2002).
82. J. C. Conklin, "Web Site Caters to Cowboy Fans by Selling Sweaty, Used Socks," *Wall Street Journal Interactive Edition* (April 21, 2000).
83. Dan L. Sherrell, Alvin C. Burns, and Melodie R. Phillips, "Fixed Consumption Behavior: The Case of Enduring Acquisition in a Product Category," in *Developments in Marketing Science,* ed. Robert L. King, 14 (1991): 36–40.
84. For an extensive bibliography on collecting, see Russell W. Belk, Melanie Wallendorf, John F. Sherry, Jr., and Morris B. Holbrook, "Collecting in a Consumer Culture," in *Highways and Buyways,* ed. Russell W. Belk (Provo, Utah: Association for Consumer Research, 1991), 178–215. See also Russell W. Belk, "Acquiring, Possessing, and Collecting: Fundamental Processes in Consumer Behavior," in *Marketing Theory: Philosophy of Science Perspectives,* eds. Ronald F. Bush and Shelby D. Hunt (Chicago: American Marketing Association, 1982), 185–190; Werner Muensterberg, *Collecting: An Unruly Passion* (Princeton, N.J.: Princeton University Press, 1994); Melanie Wallendorf and Eric J. Arnould, "'My Favorite Things': A Cross-Cultural Inquiry into Object Attachment, Possessiveness, and Social Linkage," *Journal of Consumer Research* 14 (March 1988): 531–547.
85. Peter Inton, "Barbie and Friend Help Raise Understanding," *San Francisco Chronicle* (July 26, 2000): D4.
86. Belk, "Acquiring, Possessing, and Collecting: Fundamental Processes in Consumer Behavior."
87. Quoted in Ruth Ann Smith, "Collecting as Consumption: A Grounded Theory of Collecting Behavior," Unpublished manuscript, Virginia Polytechnic Institute and State University (1994): 14.
88. For a discussion of these perspectives, see Smith, "Collecting as Consumption: A Grounded Theory of Collecting Behavior."
89. Teresa Moore, "Barbie Doll to Get More Real," *San Francisco Chronicle* (November 18, 1997): A3.
90. Julee Greenberg, "Barbie's Dream Line Goes Global," *Women's Wear Daily* (February 12, 2004): 18.
91. Bob Egelko, "Supreme Court Spurs Barbie Suit," *San Francisco Chronicle* (January 28, 2003): A2; Bob Egelko, "Court Upholds Artist's Right to Toy with Barbie's Image," *San Francisco Chronicle* (December 10, 2003): A2.
92. Quoted in Erla Zwingle, "Goods Move, People Move, Ideas Move," *National Geographic* (August 1999): 12–33.
93. Joel L. Swerdlow, "The Power of Writing," *National Geographic* (August 1999): 128.
94. "Levi's Pulls Ad in Turkey After Group Complains," *San Francisco Chronicle* (December 24, 1998): D2.
95. Theodore Levitt, *The Marketing Imagination* (New York: The Free Press, 1983).
96. Brenda Sternquist, *International Retailing* (New York: Fairchild, 1998), 36.
97. Terry Clark, "International Marketing and National Character: A Review and Proposal for an Integrative Theory," *Journal of Marketing* 54 (October 1990): 66–79.
98. Sternquist, *International Retailing.*
99. Zwingle, "Goods Move. People Move, Ideas Move."
100. Marc Cobe, *Emotional Branding: The New Paradigm for Connecting Brands to People* (New York: Allworth Press, 2001); Joe McDonald, "IKEA Expands to Cash in on China's Growing Home-Improvement Market," *San Francisco Chronicle* (April 13, 2006): C2.
101. Sharon Edelson, "Shanghai Tang Reinvented," *Women's Wear Daily* (February 25, 2005): 15; Anamaria Wilson, "Shanghai Tang Looks West," *Women's Wear Daily* (June 4, 2002): 15; Sharon Edelson, "Shanghai Tang Closing Reflects Key Dilemma of Prestige vs. Profits," *Women's Wear Daily* (July 7, 1999): 1, 12, 13.
102. Robert Murphy, "Paris Court Keeps Vuitton Shut on Sundays," *Women's Wear Daily* (June 1, 2006): 3.
103. Matthias D. Kindler, Ellen Day, and Mary R. Zimmer, "A Cross-Cultural Comparison of Magazine Advertising in West Germany and the U.S.," Unpublished manuscript, The University of Georgia, Athens (1990).
104. Marc G. Weinberger and Harlan E. Spotts, "A Situational View of Information Content in TV Advertising in the U.S. and U.K.," *Journal of Marketing* 53 (January 1989): 89–94; see also Abhilasha Mehta, "Global Markets and Standardized Advertising: Is It Happening? An Analysis of Common Brands in USA and UK," in *Proceedings of the 1992 Conference of the American Academy of Advertising* (1992): 170.
105. Jae W. Hong, Aydin Muderrisoglu, and George M. Zinkhan, "Cultural Differences and Advertising Expression: A Comparative Content Analysis of Japanese and U.S. Magazine Advertising," *Journal of Advertising* 16 (1987): 68.
106. Mark Landler and Michael Barbaro, "Wal-Mart Finds That Its Formula Doesn't Fit Every Culture," *New York Times online* (August 2, 2006).
107. "Too Sexy for This City?" *San Francisco Chronicle* (November 25, 2004): A15.
108. Sternquist, *International Retailing.*
109. David A. Ricks, "Products That Crashed into the Language Barrier," *Business and Society Review* (Spring 1983): 46–50; "Speaking in Tongues," *@ Issue:* 3, no. 1 (Spring 1997): 20–23.
110. MTV Europe, personal communication (1994); see also Teresa J. Domzal and Jerome B. Kernan, "Mirror, Mirror: Some Postmodern Reflections on Global Advertising," *Journal of Advertising* 22, no. 4 (December 1993): 1–20; Douglas P. Holt, "Consumers' Cultural Differences as Local Systems of Tastes: A Critique of the Personality-Values Approach and an Alternative Framework," *Asia Pacific Advances in Consumer Research* 1 (1994): 1–7.
111. Roberto Grandi, "Benetton's Advertising: A Case History of Postmodern Communication," Unpublished manuscript, Center for Modern Culture & Media, University of Bologna, 1994; David Moin, "Benetton Gets Political Again," *Women's Wear Daily* (February 21, 2003): 13.
112. Douglas B. Holt, John A. Quelch, and Earl L. Taylor, "How Global Brands Compete," *Harvard Business Review* (September 2004): 68–75.
113. "They All Want to Be Like Mike," *Fortune* (July 21, 1997): 51–53.

114. Quoted in Calvin Sims, "Japan Beckons, and East Asia's Youth Fall in Love," *New York Times* (December 5, 1999): 3.
115. Birgita Forsberg, "Trendy IKEA Ho-Hum at Home," *San Francisco Chronicle* (January 22, 2005): C1.
116. Jehangir S. Pocha, "Craving U.S. Products," *San Francisco Chronicle* (July 15, 2005): C1.
117. Special Report, "Brands in an Age of Anti-Americanism," *Business Week* (August 4, 2003): 69–76.
118. Laurel Wentz and Claire Atkinson, "Apprentice Translators Hope for Hits All over Globe," *Advertising Age* (February 14, 2005): 3.
119. John F. Sherry Jr. and Edward G. Camargo, "French Council Eases Language Ban," *New York Times* (July 31, 1994): 12.
120. Craig Nelson, "The Middle East's Answer to Barbie: Demure Fulla," *San Francisco Chronicle* (November 24, 2005): A1.
121. Material in this section adapted from Güliz Ger and Russell W. Belk, "I'd Like to Buy the World a Coke: Consumptionscapes of the 'Less Affluent World,'" *Journal of Consumer Policy* 19, no. 3 (1996): 271–304; Russell W. Belk, "Romanian Consumer Desires and Feelings of Deservingness," in *Romania in Transition*, ed. Lavinia Stan (Hanover, N.H.: Dartmouth Press, 1997), 191–208; see also Güliz Ger, "Human Development and Humane Consumption: Well-Being Beyond the Good Life," *Journal of Public Policy and Marketing* 16 (1997): 110–125.
122. Professor Güliz Ger, Bilkent University, Turkey, personal communication (July 25, 1997).
123. Erazim Kohák, "Ashes, Ashes … Central Europe After Forty Years," *Daedalus* 121 (Spring 1992): 197–215; Belk, "Romanian Consumer Desires and Feelings of Deservingness."
124. David Murphy, "Christmas's Commercial Side Makes Yuletide a Hit in China," *Wall Street Journal Interactive Edition* (December 24, 2002).
125. Quoted in Sheryl WuDunn, "Cosmetics from the West Help to Change the Face of China," *New York Times* (May 6, 1990): 16.
126. This example courtesy of Professor Russell Belk, University of Utah, personal communication (July 25, 1997).
127. Eric J. Arnould and Richard R. Wilk, "Why Do the Natives Wear Adidas: Anthropological Approaches to Consumer Research," in *Advances in Consumer Research* 12 (Provo, Utah: Association for Consumer Research, 1985), 748–752.
128. Miriam Jordan, "India Decides to Put Its Own Spin on Popular Rock, Rap and Reggae," *Wall Street Journal Interactive Edition* (January 5, 2000); Rasul Bailay, "Coca-Cola Recruits Paraplegics for 'Cola War' in India," *Wall Street Journal Interactive Edition* (June 10, 1997).
129. Rick Wartzman, "When You Translate 'Got Milk' for Latinos, What Do You Get?" *Wall Street Journal Interactive Edition* (June 3, 1999).
130. John F. Sherry Jr. and Eduardo G. Camargo, "'May Your Life be Marvelous': English Language Labeling and the Semiotics of Japanese Promotion," *Journal of Consumer Research* 14 (September 1987): 174–188.
131. Bill Bryson, "A Taste for Scrambled English," *New York Times* (July 22, 1990): 10; Rose A. Horowitz, "California Beach Culture Rides Wave of Popularity in Japan," *Journal of Commerce* (August 3, 1989): 17; Elaine Lafferty, "American Casual Seizes Japan: Teenagers Go for N.F.L. Hats, Batman and the California Look," *Time* (November 13, 1989): 106.
132. Lucy Howard and Gregory Cerio, "Goofy Goods," *Newsweek* (August 15, 1994): 8.
133. David Lyon, *Postmodernity* (Minneapolis, MN: University of Minnesota Press, 1994).
134. Susan Kaiser, "Identity, Postmodernity, and the Global Apparel Marketplace" in *The Meanings of Dress*, eds. Mary Lynn Damhorst, Kimberly A. Miller, and Susan O. Michelman (New York: Fairchild, 1999), 106–115.
135. Susan Kaiser, "Identity, Postmodernity, and the Global Apparel Marketplace," 114.

第 3 章

1. Quoted in Marc Spiegler, "Marketing Street Culture: Bringing Hip-Hop Style to the Mainstream," *American Demographics* (November 1996): 29–34.
2. Joshua Levine, "Badass Sells," *Forbes* (April 21, 1997): 142.
3. Nina Darnton, "Where the Homegirls Are," *Newsweek* (June 17, 1991): 60; "The Idea Chain," *Newsweek* (October 5, 1992): 32.
4. Cyndee Miller, "X Marks the Lucrative Spot, But Some Advertisers Can't Hit Target," *Marketing News* (August 2, 1993): 1.
5. Ad appeared in *Elle* (September 1994).
6. Marc Spiegler, "Marketing Street Culture: Bringing Hip-Hop Style to the Mainstream"; Joshua Levine, "Badass Sells."
7. Jeff Jensen, "Hip, Wholesome Image Makes a Marketing Star of Rap's LL Cool J," *Advertising Age* (August 25, 1997): 1.
8. Alice Z. Cuneo, "Gap's 1st Global Ads Confront Dockers on a Khaki Battlefield," *Advertising Age* (April 20, 1998): 3–5.
9. Jancee Dunn, "How Hip-Hop Style Bum-Rushed the Mall," *Rolling Stone* (March 18, 1999): 54–59.
10. Quoted in Teri Agins, "The Rare Art of 'Gilt by Association': How Armani Got Stars to Be Billboards," *Wall Street Journal Interactive Edition* (September 14, 1999).
11. Eryn Brown, "From Rap to Retail: Wiring the Hip-Hop Nation," *Fortune* (April 17, 2000): 530; Leonard McCants, "Urban Gets Wired," *Women's Wear Daily Section II* (April 6, 2000): 4.
12. "VIBESTYLE Clarifies the Hip Hop Form," *NAMSB News* (December 1999/January 2000): 1.
13. Maureen Tkacik, "'Z' Zips into the Zeitgeist, Subbing 'S' in Hot Slang," *Wall Street Interactive Edition* (January 4, 2003); Maureen Tkacik, "Slang from the 'Hood Now Sells Toyz in Target," *Wall Street Interactive Edition* (December 30, 2002).
14. Damien Arthur, "Authenticity and Consumption in the Australian Hip Hop Culture," *Qualitative Market Research* 9, no. 2 (2005): 140.
15. "European Hip Hop," Wikipedia.com, available from http://en.wikipedia.org/wiki/European/hiphop (July 30, 2007).
16. Elizabeth M. Blair, "Commercialization of the Rap Music Youth Subculture," *Journal of Popular Culture* 27 (Winter 1993): 21–34; Basil G. Englis, Michael R. Solomon, and Anna Olofsson, "Consumption Imagery in Music Television: A Bi-Cultural Perspective," *Journal of*

Advertising 22 (December 1993): 21–33.
17. Marc Spiegler, "Marketing Street Culture: Bringing Hip-Hop Style to the Mainstream."
18. Grant McCracken, "Culture and Consumption: A Theoretical Account of the Structure and Movement of the Cultural Meaning of Consumer Goods," *Journal of Consumer Research* 13 (June 1986): 71–84.
19. Richard A. Peterson, "The Production of Culture: A Prolegomenon," in *The Production of Culture*, Sage Contemporary Social Science Issues, ed. Richard A. Peterson (Beverly Hills, Calif.: Sage, 1976): 7–22.
20. Samantha Conti, "The Independents: When Standing Alone Beats Mega-Mergers," *Women's Wear Daily* (January 3, 2000): 1, 8–10.
21. Elizabeth C. Hirschman, "Resource Exchange in the Production and Distribution of a Motion Picture," *Empirical Studies of the Arts* 8, no. 1 (1990): 31–51; Michael R. Solomon, "Building Up and Breaking Down: The Impact of Cultural Sorting on Symbolic Consumption," in *Research in Consumer Behavior,* eds. J. Sheth and E. C. Hirschman (Greenwich, Conn.: JAI Press, 1988): 325–351.
22. Robin Givhan, "Designers Caught in a Tangled Web," *The Washington Post* (April 5, 1997): C1.
23. See Paul M. Hirsch, "Processing Fads and Fashions: An Organizational Set Analysis of Cultural Industry Systems," *American Journal of Sociology* 77 (1972)4: 639–659; Russell Lynes, *The Tastemakers* (New York: Harper and Brothers, 1954); Michael R. Solomon, "The Missing Link: Surrogate Consumers in the Marketing Chain," *Journal of Marketing* 50 (October 1986): 208–219.
24. Howard S. Becker, "Arts and Crafts," *American Journal of Sociology* 83 (January 1987): 862–889.
25. Herbert J. Gans, "Popular Culture in America: Social Problem in a Mass Society or Social Asset in a Pluralist Society?" in *Social Problems: A Modern Approach,* ed. Howard S. Becker (New York: Wiley, 1966).
26. Miles Socha, "Art vs. Commerce: Is the Bottom Line What Drives the Line?" *Women's Wear Daily* (February 10, 2000): 1, 10, 11.
27. Quoted in "Art vs. Commerce: Is the Bottom Line What Drives the Line?" p. 10.
28. Quoted in "Art vs. Commerce: Is the Bottom Line What Drives the Line?" p. 10.
29. Sharon Edelson, "Fashion and Culture: An Artful Combination Adds a Marketing Spin," *Women's Wear Daily* (October 5, 1998): 1, 14–15.
30. "Is Fashion Art?" *Irish Times.* (July 8, 1999): 16.
31. Cited in "Is Fashion Art?"
32. "Art in the Street," *Women's Wear Daily* (May 11, 2000): 13.
33. Sharon Edelson, "Art and Fashion as Bedfellows," *Women's Wear Daily* (May 17, 2004): 27.
34. Edelson, "Art and Fashion as Bedfellows."
35. Eric Wilson and Janet Ozzard, "Met Curator Richard Martin Dies," *Women's Wear Daily* (November 9, 1999): 11.
36. Edelson, "Fashion and Culture: An Artful Combination Adds a Marketing Spin."
37. "Nike Takes a Stab at Artistry," *Women's Wear Daily* (May 4, 2000): 9.
38. Miles Socha, "Museum to Exhibit John Galliano," *Women's Wear Daily* (July 30, 2001): 17; Samantha Conti, "Art and Craft of Versace," *Women's Wear Daily* (October 11, 2002): 6.
39. Robert Murphy, "Melding Fashion and Art," *Women's Wear Daily* (June 4, 2002): 10.
40. Marc Karimzadeh, "Museum Takes Close Look at the Shape of Fashion," *Women's Wear Daily* (August 22, 2006): 10.
41. Edelson, "Fashion and Culture: An Artful Combination Adds a Marketing Spin."
42. Michael R. Real, *Mass-Mediated Culture* (Englewood Cliffs, N.J.: Prentice-Hall, 1977).
43. Arthur A. Berger, *Signs in Contemporary Culture: An Introduction to Semiotics* (New York: Longman, 1984).
44. Michiko Kabutani, "Art Is Easier the 2nd Time Around," *New York Times* (October 30, 1994): E4.
45. Michael R. Solomon and Basil G. Englis, "Reality Engineering: Blurring the Boundaries Between Marketing and Popular Culture," *Journal of Current Issues and Research in Advertising*, 16, no. 2 (Fall, 1994): 1–17.
46. Austin Bunn, "Not Fade Away," *New York Times on the Web* (December 2, 2002).
47. Julian Guthrie, "Pitching to Pupils," *San Francisco Examiner* (February 18, 1998): A1, A9.
48. "Gripes Grow Over Rampant Textbook Ads," *San Francisco Chronicle* (June 26, 1999): A1, A14.
49. Suzanne Joeyander Ryan, "Companies Teach All Sorts of Lessons with Educational Tools They Give Away," *Wall Street Journal* (April 19, 1994): B1; Cyndee Miller, "Marketers Find a Seat in the Classroom," *Marketing News* (June 20, 1994): 2.
50. T. Bettina Cornwell and Bruce Keillor, "Contemporary Literature and the Embedded Consumer Culture: The Case of Updike's Rabbit," in *Empirical Approaches to Literature and Aesthetics: Advances in Discourse Processes*, eds. Roger J. Kruez and Mary Sue MacNealy, 52 (Norwood, N.J.: Ablex Publishing Corporation, 1996), 559–572; Monroe Friedman, "The Changing Language of a Consumer Society: Brand Name Usage in Popular American Novels in the Postwar Era," *Journal of Consumer Research* 11 (March 1985): 927–937; Monroe Friedman, "Commercial Influences in the Lyrics of Popular American Music of the Postwar Era," *Journal of Consumer Affairs* 20 (Winter 1986): 193.
51. "Top 10 Product Placements in First Hall of '07," *Marketing Daily* (September 26, 2007) www.mediapost.com.
52. Motoko Rich, "Product Placement Deals Make Leap from Film to Books," *New York Times Online* (June 12, 2006).
53. Denise E. DeLorme and Leonard N. Reid, "Moviegoers' Experiences and Interpretations of Brands in Films Revisited," *Journal of Advertising*, 28, no. 2 (1999): 71–90.
54. Lisa Lockwood, "Fashion's Cinematic Moments," *Women's Wear Daily* (May 7, 1999): 13.
55. Faye Brookman, "Fusion Puts New Spin on Reality TV," *Women's Wear Daily* (July 29, 2005): 10.
56. Benny Evangelista, "Advertisers Get into the Video Game," *San Francisco Chronicle* (January 18, 1999). Available online at http://www.sfchron.com.
57. Stuart Elliott, "Monopoly Finds New Balance," *San Francisco Chronicle* (September 14, 2006): C2.
58. Stephanie Kang, "Comics Character Is Fashion Plate 'Shi' Heroine, Others Wear Anna Sui's Collection in Deal with Illustrator," *Wall Street Journal* (May 4, 2004): B2.
59. Merle Ginsberg, "TV Ups the Fashion Quotient," *Women's Wear Daily* (July 28, 2000): 12.
60. "Deconstructing Carrie: Fashion World Hoping There's Life After 'Sex'," *Women's Wear Daily* (February 24, 2004): 1+.
61. Joe Flint, "Sponsors Get a Role in CBS Reality Show," *Wall Street Journal Interactive Edition* (January 13, 2000).
62. Geoffrey A. Fowler, "New Star on Chinese TV: Product Placements," *Wall Street Journal* (June 2, 2004): B1.
63. Julee Greenberg, "'Project Runway': Fantasy TV," *Women's Wear Daily* (August 1, 2006): 8.

64. Eric Wilson, “Blame the Rosettes,” *New York Times Online* (August 3, 2006).
65. Fara Warner, “Why It’s Getting Harder to Tell the Shows from the Ads,” *Wall Street Journal* (June 15, 1995): B1.
66. Claire Atkinson, “Ad Intrusion Up, Say Consumers,” *Advertising Age* (January 2003): 1.
67. Wayne Friedman, “‘Minority Report’ Stars Lexus, Nokia,” *Advertising Age* (June 17, 2002): 41; George Raine, “Picture Placement,” *San Francisco Chronicle* (July 6, 2002): B1.
68. Merle Ginsberg, “TV Ups the Fashion Quotient”; “Deconstructing Carrie.”
69. Anne D’Innocenzio, “Austin Powers: Mod Revival,” *Women’s Wear Daily* (June 30, 1999): 8.
70. Lockwood, “Fashion’s Cinematic Moments.”
71. Michael Barbaro, “Media; Macy’s Backstage,” *New York Times Online* (July 24, 2006).
72. Stuart Elliott, “In Parody Video, Writers Ridicule Placing Products,” *New York Times Online* (March 6, 2006).
73. Koji Kirano, “Tokyo’s Streets of Dreams,” *Women’s Wear Daily* (July 27, 2000): 12.
74. Kirano, “Tokyo’s Streets of Dreams.”
75. The new science of memetics, which tries to explain how beliefs gain acceptance and predict their progress, was spurred by Richard Dawkins, who in the 1970s proposed culture as a Darwinian struggle among “memes” or mind viruses—see Geoffrey Cowley, “Viruses of the Mind: How Odd Ideas Survive,” *Newsweek* (April 14, 1997): 14; Everett M. Rogers, *Diffusion of Innovations*, 3d ed. (New York: Free Press, 1983).
76. George B. Sproles and Leslie Davis Burns, *Changing Appearances Understanding Dress in Contemporary Society* (New York: Fairchild, 1994).
77. Eric J. Arnould, “Toward a Broadened Theory of Preference Formation and the Diffusion of Innovations: Cases from Zinder Province, Niger Republic,” *Journal of Consumer Research* 16 (September 1989): 239–267; Susan B. Kaiser, *The Social Psychology of Clothing: Symbolic Appearances in Context,* 2nd ed. (New York: Fairchild, 1997); Thomas S. Robertson, *Innovative Behavior and Communication* (New York: Holt, Rinehart and Winston, 1971).
78. Everett M. Rogers, *Communication of Innovations* (New York: Free Press, 1971).
79. H. Gatignon and T. Robertson, “A Propositional Inventory for New Diffusion Research,” *Journal of Consumer Research,* 11, no. 4 (1985): 849–867.
80. Mirium Jordan and Teri Agins, “Fashion Flip-Flops: Sandal Leaves the Shower Behind,” *Wall Street Journal Interactive Edition* (August 8, 2002).
81. Susan L. Holak, Donald R. Lehmann, and Fareena Sultan, “The Role of Expectations in the Adoption of Innovative Consumer Durables: Some Preliminary Evidence,” *Journal of Retailing* 63 (Fall 1987): 243–259.
82. Hubert Gatignon and Thomas S. Robertson, “A Propositional Inventory for New Diffusion Research,” *Journal of Consumer Research* 11 (March 1985): 849–867.
83. Joshua Levine, “The Streets Don’t Lie,” *Forbes* (April 21, 1997): 145.
84. Stephanie Kang, “Trying to Connect with a Hip Crowd,” *Wall Street Journal* (October 13, 2005); Gina Piccalo, “Fads Are So Yesterday,” *Los Angeles Times* (October 9, 2005): E1; www.look-look.com (October 2006).
85. Beth Snyder Bulik, “Cool Hunting Goes Corporate,” *Advertising Age* (Midwest region edition, Chicago) (August 1, 2005): 3–4.
86. Pierre Beaudoin, Marie J. Lachance and Jean Robitaille, “Fashion Innovativeness, Fashion Diffusion, and Brand Sensitivity Among Adolescents,” *Journal of Fashion Marketing and Management* 7, no. 1 (2003): 23–30.
87. Elizabeth C. Hirschman, “Symbolism and Technology as Sources of the Generation of Innovations,” in *Advances in Consumer Research,* ed. Andrew Mitchell, 9 (Provo, Utah: Association for Consumer Research, 1981): 537–541.
88. Robert Hof, “The Click Here Economy,” *Business Week* (June 22, 1998): 122–128.
89. Everett M. Rogers, *Diffusion of Innovations*, 3d ed. (New York: Free Press, 1983).
90. Kim K. P. Johnson, Sharon J. Lennon, Cynthia Jasper, Mary Lynn Damhorst, and Hilda Buckley Lakner, “An Application of Rogers’s Innovation Model: Use of the Internet to Purchase Apparel, Food, and Home Furnishings Products by Small Community Consumers,” *Clothing and Textiles Research Journal*, 21, no. 4 (2003): 185–196.
91. Fred D. Reynolds and Williams R. Darden, “Why the Midi Failed,” *Journal of Advertising Research* 12 (August 1972): 39–44.
92. David Twiddy, “Cell Phone Firms Can’t Sell Some Customers on New Features,” *San Francisco Chronicle* (May 29, 2006): E3.
93. Edmund L. Andrews, “When Imitation Isn’t the Sincerest Form of Flattery,” *New York Times* (August 9, 1990): 20.

第 4 章

1. Ronald Paul Hill and Harold Robinson, “Fanatic Consumer Behavior: Athletics as a Consumption Experience,” *Psychology & Marketing* 8 (Summer 1991): 79–100.
2. Knight Dunlap, “The Development and Function of Clothing,” *Journal of General Psychology* 1 (1928): 64–78; John Flugel, *The Psychology of Clothes* (London: Hogarth Press, 1930); Elizabeth Hurlock, *The Psychology of Dress* (New York: Ronald Press, 1929); Elizabeth Hurlock, “Motivation in Fashion,” *Archives of Psychology* 17, no. 111 (1929).
3. Mary Ellen Roach and Joanne Eicher, *Dress, Adornment and the Social Order* (New York: John Wiley & Sons, 1965); Marilyn Horn and Lois Gurel, *The Second Skin* (Boston: Houghton Mifflin, 1981); Susan Kaiser, *The Social Psychology of Clothing: Symbolic Appearances in Context,* 2nd ed. (New York: Fairchild, 1997); George Sproles and Leslie Davis Burns, *Changing Appearances: Understanding Dress in Contemporary Society* (New York: Fairchild, 1994).
4. “Trashy Clothes on the Way Out,” CBS News www.cbsnews.com/sories/2004/07/15/earlyshow/contributors/tracysmith/main6299 (July 16, 2004).
5. Fred Davis, *Fashion, Culture and Identity* (Chicago: The Univeristy of Chicago Press, 1992).
6. Suzanne G. Marshall, Hazel O. Jackson, M. Sue Stanley, Mary Kefgen, and Phyllis Touchie-Specht, *Individuality in Clothing Selection and Personal Appearance*, 5th ed. (Upper Saddle River, N.J.: Prentice Hall, 2000): 36.
7. Victoria Ebin, *The Body Decorated* (New York: Thames and

Hudson, 1979).
8. Sproles and Davis Burns, *Changing Appearances: Understanding Dress in Contemporary Society.*
9. Eline Cremers van der Does, *The Agony of Fashion* (Pool, England: Blanford Press, 1980).
10. Nike ad appeared in *Self* magazine (September 2003).
11. Robert A. Baron, *Psychology: The Essential Science* (Needham, Mass.: Allyn & Bacon, 1989).
12. Sharron J. Lennon, Margaret J. Sanik, and Nancy F. Stanforth, "Motivations for Television Shopping: Clothing Purchase Frequency and Personal Characteristics," *Clothing and Textiles Research Journal* 21, no. 2 (2003): 63–74.
13. Leon Festinger, *A Theory of Cognitive Dissonance* (Stanford, Calif.: Stanford University Press, 1957).
14. Quoted in Russell W. Belk, "Romanian Consumer Desires and Feelings of Deservingness," in Lavinia Stan, ed., *Romania in Transition* (Hanover, N.H.: Dartmouth Press, 1997): 191–208, quoted on p. 193.
15. Quoted in Belk, "Romanian Consumer Desires and Feelings of Deservingness," p. 200.
16. Russell W. Belk, Guliz Ger, and Soren Askegaard, "The Fire of Desire: A Multisited Inquiry into Consumer Passion," *Journal of Consumer Research* 30 (2003): 326–351.
17. See Paul T. Costa and Robert R. McCrae, "From Catalog to Classification: Murray's Needs and the Five-Factor Model," *Journal of Personality and Social Psychology* 55, no. 2 (1988): 258–265; Calvin S. Hall and Gardner Lindzey, *Theories of Personality*, 2nd ed. (New York: Wiley, 1970); James U. McNeal and Stephen W. McDaniel, "An Analysis of Need-Appeals in Television Advertising," *Journal of the Academy of Marketing Science* 12 (Spring 1984): 176–190.
18. See David C. McClelland, *Studies in Motivation* (New York: Appleton-Century-Crofts, 1955).
19. Mary Kay Ericksen and M. Joseph Sirgy, "Achievement Motivation and Clothing Preferences of White-Collar Working Women," in *The Psychology of Fashion,* ed. Michael R. Solomon (Lexington, Mass.: Lexington Books, 1985), 357–369.
20. See Stanley Schachter, *The Psychology of Affiliation* (Stanford, Calif.: Stanford University Press, 1959).
21. Eugene M. Fodor and Terry Smith, "The Power Motive as an Influence on Group Decision Making," *Journal of Personality and Social Psychology* 42 (1982): 178–185.
22. John T. Molloy, *Dress for Success* (New York: Warner Books, 1975); John T. Molloy, *The Woman's Dress for Success Women's Book* (Warner Books, 1977).
23. C. R. Snyder and Howard L. Fromkin, *Uniqueness: The Human Pursuit of Difference* (New York: Plenum Press, 1980).
24. Abraham H. Maslow, *Motivation and Personality*, 2nd ed. (New York: Harper & Row, 1970).
25. Quoted in Alex Kuczynski, "A New Magazine Celebrates the Rites of Shopping," *New York Times on the Web* (May 8, 2000).
26. "Man Wants to Marry His Car," *Montgomery Advertiser* (March 7, 1999): 11A.
27. Judith Lynne Zaichkowsky, "Measuring the Involvement Construct in Marketing," *Journal of Consumer Research* 12 (December 1985): 341–352.
28. Andrew Mitchell, "Involvement: A Potentially Important Mediator of Consumer Behavior," in *Advances in Consumer Research,* ed. William L. Wilkie, 6 (Provo, Utah: Association for Consumer Research, 1979): 191–196.
29. Richard L. Celsi and Jerry C. Olson, "The Role of Involvement in Attention and Comprehension Processes," *Journal of Consumer Research* 15 (September 1988): 210–224.
30. Anthony G. Greenwald and Clark Leavitt, "Audience Involvement in Advertising: Four Levels," *Journal of Consumer Research* 11 (June 1984): 581–592.
31. Jeremy W. Peters, "Gave Up Sleep and Maybe a First-Born, but at Least I Have an iPhone," New York Times Online (June 30, 2007).
32. Robert W. Pimentel and Kristy E. Reynolds, "A Model for Consumer Devotion: Affective Commitment with Proactive Sustaining Behaviors," *Academy of Marketing Science Review* (online) 2004 (5). Available http://www.amsreview.org/articles/pimentel05-2004.pdf.
33. Steven Rubenstein, "Sneakerheads Camp Out for Reissued Air Jordans That Won't Be Worn," *San Francisco Chronicle* (Januray 28, 2006): B1.
34. Judith Lynne Zaichkowsky, "The Emotional Side of Product Involvement," in *Advances in Consumer Research,* eds. Paul Anderson and Melanie Wallendorf, 14 (Provo, Utah: Association for Consumer Research): 32–35.
35. For a discussion of interrelationships between situational and enduring involvement, see Marsha L. Richins, Peter H. Bloch, and Edward F. McQuarrie, "How Enduring and Situational Involvement Combine to Create Involvement Responses," *Journal of Consumer Psychology* 1, no. 2 (1992): 143–153; Janice L. Haynes, Allison L. Pipkin, William C. Black, and Rinn M. Cloud, "Application of a Choice Sets Model to Assess Patronage Decision Styles of High Involvement Consumers," *Clothing and Textiles Research Journal* 12, no. 3 (Spring 1994): 22–32.
36. Laurie Freeman, "Fragrance Sniffs Out Daring Adventures," *Advertising Age* (November 6, 1989): 47.
37. Joseph B. Pine II, *Mass Customization* (Boston: Harvard Business School Press, 1993); Joseph B. Pine II and James H. Gilmore, *Markets of One—Creating Customer-Unique Value through Mass Customization* (Boston: Harvard Business School Press, 2000); http://www.managingchange.com/asscust/overview.htm (May 30, 2005).
38. Seung-Eun Lee, Grace I. Kunz, Ann Marie Fiore, and J. R. Campbell, "Acceptance of Mass Customization of Apparel: Merchandising Issues Associated with Preference for Product, Process, and Place," *Clothing and Textiles Research Journal* 20, no. 3 (2002): 138–146.
39. Stacy Baker, "Wanna Know What's Hot Now . . . ?" *Apparel Industry Magazine* (September 1999): 34–35.
40. Nat Ives, "Advertising: Unauthorized Campaigns Used by Unauthorized Creators Become a Trend," *New York Times on the Web* (December 23, 2004).
41. Rajeev Batra and Michael L. Ray, "Operationalizing Involvement as Depth and Quality of Cognitive Responses," in *Advances in Consumer Research,* eds. Alice Tybout and Richard Bagozzi, 10 (Ann Arbor, Mich.: Association for Consumer Research, 1983): 309–313.
42. Herbert E. Krugman, "The Impact of Television Advertising: Learning without Involvement," *Public Opinion Quarterly* 29 (Fall 1965): 349–356.
43. Li Yuan, "Television's New Joy of Text Shows with Vote by Messaging Are on the Rise as Programmers Try to Make Live TV Matter," *Wall Street Journal* (July 20, 2006): B1. www.americanidol.com (accessed May 25, 2008).
44. Jeremy Mullman and Alice Z. Cuneo, "Nike Setting the Pace in Interactive-TV Race," *AdAge.com* (August 13, 2007).

45. Kevin J. Clancy, "CPMs Must Bow to 'Involvement' Measurement," *Advertising Age* (January 20, 1992): 26.
46. Zaichkowsky, "Measuring the Involvement Construct."
47. Douglas Tigert, Lawrence Ring, and Charles King. "Fashion Involvement and Buying Behavior: A Methodological Study," in *Advances in Consumer Research,* ed. B. B. Anderson, 3 (Chicago: Association for Consumer Research, 1976): 46–52.
48. Jane Boyd Thomas, Nancy Cassill, and Sandra Forsythe, "Underlying Dimensions of Apparel Involvement in Consumers' Purchase Decisions," *Clothing and Textiles Research Journal* 9, no. 3 (Spring 1991): 45–48.
49. Leisa R. Flynn, Ronald E. Goldsmith, and Wan-Min Kim, "A Cross-Cultural Validation of Three New Marketing Scales for Fashion Research: Involvement, Opinion Seeking and Knowledge," *Journal of Fashion Marketing and Management* 4, no. 2 (2000): 110–120; B. Mittal and M. Lee, "A Causal Model of Consumer Involvement," *Journal of Economic Psychology* 10 (1989): 363–389.
50. Ronald E. Goldsmith, Leisa R. Flynn, and M. A. Moore, "The Self-Concept of Fashion Leaders," *Clothing and Textiles Research Journal* 14 (1996)4: 242–248; Leisa R. Flynn, "Fashion Innovators, Early Majority and Late Adopters Implication for Fashion Retailers," in *Enriching Marketing Practice and Education: Proceedings of the Southern Marketing Association,* eds. Stuart and Moore (1977): 20–24.
51. Ann Fairhurst, Linda Good, and James Gentry, "Fashion Involvement: An Instrument Validation Procedure," *Clothing and Textiles Research Journal* 7, no. 3 (Spring 1989): 10–14.
52. Sejin Ha and Sharron J. Lennon, "Apparel Impulse Buying, Self-Monitoring, and Perceived Peers' Clothing Involvement," *Proceedings of the International Textiles and Apparel Association* (2004): 97–98. See also Bonnie Belleau, R. McFatter, Teresa Summers, and Yingjaio Xu, "Fashion Involvment of Affluent Female Consumers, *Proceedings of the International Textiles and Apparel Association* (2005): 34–35.
53. Gilles Laurent and Jean-Noel Kapferer, "Measuring Consumer Involvement Profiles," *Journal of Marketing Research* 22 (February 1985): 41–53; this scale was validated on an American sample as well; see William C. Rodgers and Kenneth C. Schneider, "An Empirical Evaluation of the Kapferer-Laurent Consumer Involvement Profile Scale," *Psychology & Marketing* 10, no. 4 (July/August 1993): 333–345.
54. Karyn Monget, "Wonderbra vs. Water Bra," *Women's Wear Daily* (June 14, 1999): 9.
55. Patricia Warrington and Soyeon Shim, "Segmenting the Collegiate Market for Jeans Using a Product/Brand Involvement Model," *Proceedings of the International Textile and Apparel Association* (November 1998): 82.
56. David W. Stewart and David H. Furse, "Analysis of the Impact of Executional Factors in Advertising Performance," *Journal of Advertising Research* 24, no. 6 (1984): 23–26; Deborah J. MacInnis, Christine Moorman, and Bernard J. Jaworski, "Enhancing and Measuring Consumers' Motivation, Opportunity, and Ability to Process Brand Information from Ads," *Journal of Marketing* 55 (October 1991): 332–353.
57. Morris B. Holbrook and Elizabeth C. Hirschman, "The Experiential Aspects of Consumption: Consumer Fantasies, Feelings, and Fun," *Journal of Consumer Research* 9 (September 1982): 132–140.
58. Jihyun Kim, Ann Marie Fiore, and Hyun-Hwa Lee, "Consumer Online Retailer Patronage Behavior Model: Impact of Image Interactivity Technology on Consumer's Perception of Store Environment," *Proceedings of the International Textiles and Apparel Association* (2005): 291–294.
59. Natalie T. Quilty, Michael R. Solomon, and Basil G. Englis, "Icons and Avatars: Cyber-Models and Hyper-Mediated Visual Persuasion," Paper presented at the Society of Consumer Psychology Conference on Visual Persuasion, Ann Arbor, Michigan (May 2000).
60. Robert D. Hof, "Now It's Your Web," *Business Week* (October 5, 1998): 164.
61. Scott Donaton, "How to Thrive in New World of User-Created Content: Let Go," *Advertising Age* 77, no. 18 (May 2006): 38; "Interactive: User-Generated—Cheap, but Is It Safe to Let Go?" *Marketing Week* (May 2006): 40–41; Todd Wasserman, "Intelligence Gathering," *Brandweek* 47, no. 25 (June 2006): S8–S18.
62. Stuart Elliott, "Student's Ad Gets a Remake, and Makes the Big Time," *New York Times online* (October 26, 2007).
63. "America's Vote Determined New Dove® Real Woman Ad," *PR Newswire* (February 25, 2008).
64. Ajay K. Sirsi, James C. Ward, and Peter H. Reingen, "Microcultural Analysis of Variation in Sharing of Causal Reasoning about Behavior," *Journal of Consumer Research,* 22 (March 1996): 345–372.
65. David Carr, "Romance in Cosmo's World Is Translated in Many Ways," *New York Times on the Web* (May 26, 2002).
66. Richard W. Pollay, "Measuring the Cultural Values Manifest in Advertising," *Current Issues and Research in Advertising* (1983): 71–92.
67. Paul M. Sherer, "North American and Asian Executives Have Contrasting Values, Study Finds," *Wall Street Journal* (March 8, 1996): B12.
68. Sarah Ellison, "Sexy-Ad Reel Shows What Tickles in Tokyo Can Fade Fast in France," *Wall Street Journal Interactive Edition* (March 31, 2000).
69. Milton Rokeach, *The Nature of Human Values* (New York: Free Press, 1973).
70. Sang-Pil Han and Sharon Shavitt, "Persuasion and Culture: Advertising Appeals in Individualistic and Collectivistic Societies," *Journal of Experimental Social Psychology* 30 (1994): 326–350.
71. Emily Burg, "Whole Foods Is Consumers' Favorite Green Brand," *Marketing Daily,* available from www.mediapost.com (May 10, 2007).
72. www.lohas.com/about.htm (June 30, 2007).
73. Janet Hethorn and Connie Ulasewicz, *Sustainability, Why Now? A Conversation about Issues, Practices, and Possibilities* (New York: Fairchild Publications, 2008).
74. Nancy J. Rabolt, Kristina Bagdasarova, and Rachael Pierson, "How Do You Define Eco-Fashion?," submitted to International Apparel & Textiles Association conference (2008).
75. Marcia A. Morgado, "Personal Values and Dress: The Spranger, Hartmann, AVL Paradigm in Research and Pedagogy," *Clothing and Textiles Research Journal* 13, no. 2 (1995): 139–148; Eduard Spranger, *Types of Man,* trans. P. J. W. Pigors (Halle/Salle, Germany: Max Niemeyer orig. published 1914); Gordon Allport, Philip Vernon, and Gardner Lindzey, *A Study of Values* (Boston: Houghton Mifflin, 1960).
76. Anna Creekmore, *Clothing Behaviors and Their Relation in General Values and to the Striving for Basic Needs,* Ph.D. Thesis, Penn State University (1963); Mary Lapitsky, "Clothing Values," in *Methods of Measuring Clothing*

Variables, eds. Anna Creekmore et al., Project 783 (Lansing, Michi.: Agricultural Experiment Station, 1966): 59–64.

77. Judith C. Forney and Nancy J. Rabolt, "Clothing Values of Women in Two Middle Eastern Cultures," *Canadian Home Economics Journal* 40, no. 4 (Fall 1990): 187–191; Judith C. Forney, Nancy J. Rabolt, and Lorraine A. Friend, "Clothing Values and Country of Origin of Clothing: A Comparison of United States and New Zealand University Women," *Clothing and Textiles Research Journal* 12, no. 1 (Fall 1993): 36–42.
78. Mary Shaw Ryan, *Clothing: A Study in Human Behavior* (New York: Holt, Rinehart and Winston, Inc., 1966); Mary Kefgan and Phyllis Touchie-Specht, *Individuality in Clothing: Selection and Personal Appearance* (New York: Macmillan, 1986); Susan Kaiser, *Social Psychology of Clothing: Symbolic Appearances in Context*; Sproles and Davis Burns, *Changing Appearances: Understanding Dress in Contemporary Society*; Penny Storm, *Functions of Dress: Tool of Culture and the Individual* (Englewood Cliffs, N.J.: Prentice Hall, 1987).
79. Michelle Morganosky, "Aesthetic, Function, and Fashion Consumer Values: Relationships to Other Values and Demographics," *Clothing and Textiles Research Journal* 6, no. 1 (Fall 1987): 15–19; Rita Purdy, "Clothing Values, Interpersonal Values, and Life Satisfaction in Two Generations of Central Appalachian Women," *ACPTC Proceedings* (Reston, Va.: Association of College Professors of Textiles and Clothing, 1983): 69–70.
80. M. Suzanne Sontag and Jean Schlater, "Clothing and Human Values: A Two-Dimensional Model for Measurement," *Clothing and Textiles Research Journal* 13, no. 1 (1995): 1–10.
81. Donald E. Vinson, Jerome E. Scott, and Lawrence R. Lamont, "The Role of Personal Values in Marketing and Consumer Behavior," *Journal of Marketing* 41 (April 1977): 44–50.
82. Gregory M. Rose, Aviv Shoham, Lynn R. Kahle, and Rajeev Batra, "Social Values, Conformity, and Dress," *Journal of Applied Social Psychology* 24, no. 17 (1994): 1501–1519.
83. Milton Rokeach, *Understanding Human Values* (New York: The Free Press, 1979); see also J. Michael Munson and Edward McQuarrie, "Shortening the Rokeach Value Survey for Use in Consumer Research," in *Advances in Consumer Research,* ed. Michael J. Houston, 15 (Provo, Utah: Association for Consumer Research, 1988): 381–386.
84. Victoria C. Plaut and Hazel Rose Markus, "Place Matters: Consensual Features and Regional Variation in American Well-Being and Self," *Journal of Personality and Social Psychology* 83 (2002): 160–184.
85. Quoted in "New Japanese Fads Blazing Trails in Cleanliness," *Montgomery Advertiser* (September 28, 1996): 10A; see also Andrew Pollack, "Can the Pen Really Be Mightier Than the Germ?" *New York Times* (July 27, 1995): A4.
86. B. W. Becker and P. E. Conner, "Personal Values of the Heavy User of Mass Media," *Journal of Advertising Research* 21 (1981): 37–43; Vinson, Scott, and Lamont, "The Role of Personal Values in Marketing and Consumer Behavior."
87. Lynn R. Kahle, Sharon E. Beatty, and Pamela Homer, "Alternative Measurement Approaches to Consumer Values: The List of Values (LOV) and Values and Life Styles (VALS)," *Journal of Consumer Research* 13, no. 3 (1986): 405–409.
88. Sharon E. Beatty, Lynn R. Kahle, Pamela Homer, and Shekhar Misra, "Alternative Measurement Approaches to Consumer Values: The List of Values and the Rokeach Value Survey," *Psychology & Marketing* 2 (1985): 181–200; Lynn R. Kahle and Patricia Kennedy, "Using the List of Values (LOV) to Understand Consumers," *Journal of Consumer Marketing* 2 (Fall 1988): 49–56; Lynn Kahle, Basil Poulos, and Ajay Sukhdial, "Changes in Social Values in the United States During the Past Decade," *Journal of Advertising Research* 28 (February/March 1988): 35–41; see also Wagner A. Kamakura and Jose Alfonso Mazzon, "Value Segmentation: A Model for the Measurement of Values and Value Systems," *Journal of Consumer Research* 18 (September 1991): 28; Jagdish N. Sheth, Bruce I. Newman, and Babara L. Gross, *Consumption Values and Market Choices: Theory and Applications* (Cincinnati, Ohio: South-Western, 1991).
89. "25 Years of Attitude," *Marketing Tools* (November/December 1995): 38–39.
90. Tom Miller, "Global Segments from 'Strivers' to Creatives,'" *Marketing News* (July 20, 1998): 11.
91. Russell W. Belk, "Possessions and the Extended Self," *Journal of Consumer Research* 15 (September 1988): 139–168; Melanie Wallendorf and Eric J. Arnould, "'My Favorite Things': A Cross-Cultural Inquiry into Object Attachment, Possessiveness, and Social Linkage," *Journal of Consumer Research* 14 (March 1988): 531–547.
92. Arrol Gellner, "America May Be at the Peak of Latest Materialistic Cycle," *San Francisco Chronicle* (October 8, 2005): F2.
93. Marsha L. Richins, "Special Possessions and the Expression of Material Values," *Journal of Consumer Research* 21 (December 1994): 522–533.
94. Richins, "Special Possessions and the Expression of Material Values."
95. David Brooks, "Why Bobos Rule," *Newsweek* (April 3, 2000): 62–64.
96. Bill Carter, "Mom, Dad and the Kids Reclaim TV Perch," *New York Times on the Web* (October 15, 2002).
97. Julia Cosgrove, "What-the-Hell Consumption," *Business Week* (October 29, 2001): 12.

第5章

1. Barbara Nachman, "Manufacturers in Battle of Bras Want to Provide Ultimate Boost," *Montgomery Advertiser* (May 7, 2000): 7G.
2. Daniel Goleman, "When Ugliness Is Only in Patient's Eye, Body Image Can Reflect Mental Disorder," *New York Times* (October 2, 1991): C13.
3. M. Suzanne Sontag and Jean Schlater, "Proximity of Clothing to Self: Evolution of a Concept," *Clothing and Textiles Research Journal* 1 (1982): 1–8; For an updated version of the Proximity of Clothing to Self Scale, see M. Suzanne Sontag and Jongnam Lee, "Proximity of Clothing to Self Scale," *Clothing and Textiles Research Journal* 22, no.4 (2004): 161–177.
4. Ann-Christine P. Diaz, "'Self' Declares Its Own Holiday," *Advertising Age* (January 31, 2000): 20.
5. Lisa M. Keefe, "You're So Vain," *Marketing News* (February 28, 2000): 8.

6. Harry C. Triandis, "The Self and Social Behavior in Differing Cultural Contexts," *Psychological Review* 96, no. 3 (1989): 506–520; H. Markus and S. Kitayama, "Culture and the Self: Implications for Cognition, Emotion, and Motivation," *Psychological Review* 98 (1991): 224–253.
7. Nancy Wong and Aaron Ahuvia, "A Cross-Cultural Approach to Materialism and the Self," in *Cultural Dimensions of International Marketing*, ed. Dominique Bouchet (Denmark: Odense University, 1995), 68–89.
8. Gregory Stone, "Appearance and the Self," in *Human Nature and Social Process*, ed. Arnold M. Rose (Boston: Houghton Mifflin, 1962), 86–118.
9. Stone, "Appearance and the Self," p. 102.
10. Susan Kaiser, *The Social Psychology of Clothing: Symbolic Appearances in Context* (New York: Fairchild, 1997).
11. H. A. Pines, "The Fashion Self-Concept: Structure and Function," paper presented at Eastern Psychological Association meeting, Philadelphia, 1983; H. A. Pines and S. A. Roll, "The Fashion Self-Concept: Clothes That Are Me," paper presented at Eastern Psychological Association meeting, Baltimore, 1984.
12. Leon Festinger, "A Theory of Social Comparison," *Human Relations* 7 (1954): 117–140.
13. Roy F. Baumeister, Dianne M. Tice, and Debra G. Hutton, "Self-Presentational Motivations and Personality Differences in Self-Esteem," *Journal of Personality* 57 (September 1989): 547–575; Ronald J. Faber, "Are Self-Esteem Appeals Appealing?" in *Proceedings of the 1992 Conference of the American Academy of Advertising*, ed. Leonard N. Reid (1992), 230–235.
14. B. Bradford Brown and Mary Jane Lohr, "Peer-Group Affiliation and Adolescent Self-Esteem: An Integration of Ego-Identity and Symbolic-Interaction Theories," *Journal of Personality and Social Psychology* 52, no. 1 (1987): 47–55.
15. Anna Creekmore, "Clothing Related to Body Satisfaction and Perceived Peer Self," *Research Report 239* (Lansing, Mich.: Michigan Agricultural Experiment Station, 1974).
16. Carolyn Humphrey, Mary Klassen, and Anna Creekmore, "Clothing and Self-Concept of Adolescents," *Journal of Home Economics* 63, no. 4 (1971): 246–250.
17. Mary Lynn Johnson Dubler and Lois M. Gurel, "Depression: Relationships to Clothing and Appearance Self-Concept," *Home Economics Research Journal* 13, no. 1 (1984): 21–26.
18. Betty Feather, Betty Martin, and Wilbur Miller, "Attitudes toward Clothing and Self-Concept of Physically Handicapped and Able-Bodied University Men and Women," *Home Economics Research Journal* 7; no. 4 (1979): 234–240; Geitel Winakor, Bernetta Canton, and Leroy Wolins, "Perceived Fashion Risk and Self-Esteem of Males and Females," *Home Economics Research Journal* 9, no. 1 (1980): 45–56; Catherine Daters, "Importance of Clothing and Self-Esteem Among Adolescents," *Clothing and Textiles Research Journal* 8, no. 3 (1990): 45–50; Usha Chowdhary, "Self-Esteem, Age Identification, and Media Exposure of the Elderly and their Relationship to Fashionability," *Clothing and Textiles Research Journal* 7, no. 1 (1988): 23–30.
19. Marsha L. Richins, "Social Comparison and the Idealized Images of Advertising," *Journal of Consumer Research* 18 (June 1991): 71–83; Mary C. Martin and Patricia F. Kennedy, "Advertising and Social Comparison: Consequences for Female Preadolescents and Adolescents," *Psychology & Marketing* 10, no. 6 (November/December 1993): 513–530.
20. Philip N. Myers, Jr., and Frank A. Biocca, "The Elastic Body Image: The Effect of Television Advertising and Programming on Body Image Distortions in Young Women," *Journal of Communication* 42 (Summer 1992): 108–133; See also Jung-Hwan Kim and Sharron J. Lennon, "Effect of Mass Media on Self-Esteem, Body Image, and Eating Disorder Tendencies," *ITAA Proceedings* 61 (2004): 151.
21. "Boys and Their Bodies," *Time* (May 3, 2004).
22. Robin Peterson and Kent Byus, "An Analysis of the Portrayal of Female Models in Television Commercials by Degree of Slenderness," *Journal of Family and Consumer Sciences* 91, no. 3 (1999): 83–91.
23. Quoted in Marilyn Gardner, "Body by Madison Avenue Women Make 85 Percent of All Retail Purchases," *Christian Science Monitor* (November 24, 1999): 18.
24. Jeffrey F. Durgee, "Self-Esteem Advertising," *Journal of Advertising* 14, no. 4 (1986): 21.
25. Theresa Howard, "Dove Ad Gets Serious for Super Bowl," *USA Today* (January 12, 2006): B1.
26. Cited on www.adv.msu.edu (February 6, 2006).
27. Sigmund Freud, *New Introductory Lectures in Psychoanalysis* (New York: Norton, 1965).
28. Keith Gibbons and Tonya Gwynn, "A New Theory of Fashion Change: A Test of Some Predictions," *British Journal of Social and Clinical Psychology* 14 (1975): 1–9.
29. Joanne Eicher, "Influences of Changing Resources on Clothing, Textiles, and the Quality of Life: Dressing for Reality, Fun, and Fantasy," *Combined Proceedings, Eastern, Central, and Western Regional Meetings of Association of College Professors of Textiles and Clothing, Inc.* (1981): 36–41.
30. Kimberly Miller, "Dress: Private and Secret Self-Expression," *Clothing and Textiles Research Journal* 15, no. 4 (1997): 223–234.
31. Harrison G. Gough, Mario Fioravanti, and Renato Lazzari, "Some Implications of Self versus Ideal-Self Congruence on the Revised Adjective Check List," *Journal of Personality and Social Psychology* 44, no. 6 (1983): 1214–1220.
32. Steven Jay Lynn and Judith W. Rhue, "Daydream Believers," *Psychology Todav* (September 1985): 14.
33. Bruce Headlam, "Ultimate Product Placement: Your Face behind the Ray-Bans," *New York Times* (June 25, 1998): E4.
34. Hope Jensen Schau and Mary Gilly, "We Are What We Post? Self-Presentation in Personal Web Space," *Journal of Consumer Research* 30 (December 2003): 385–404.
35. Tech Chronicles: MySpace Rules," *San Francisco Chronicle* (July 12, 2006): C3.
36. Gavin O'Malley, "MySpace Is Getting Older, and That's Not a Good Thing," *AdAge.com* (October 5, 2006).
37. Heather Maddan, "Virtual Wardrobe: Get Your Alter Ego All Dolled Up," *San Francisco Chronicle* (July 12, 2006): C3.
38. Reyhan Harmanci, "Get a Life and Leave the Real You at Home in Virtual Online World," *San Francisco Chronicle* (November 9, 2006): E1, E5.
39. Erving Goffman, *The Presentation of Self in Everyday Life* (Garden City, N.Y.: Doubleday, 1959); Michael R. Solomon, "The Role of Products as Social Stimuli: A Symbolic Interactionism Perspective," *Journal of Consumer Research* 10 (December 1983): 319–329.
40. A. Reed, "Activating the Self-Importance of Consumer Selves: Exploring Identity Salience Effects on Judgments," *Journal of Consumer Research* 31, no. 2 (2004): 286–295.
41. George H. Mead, *Mind, Self and Society* (Chicago:

University of Chicago Press, 1934).
42. Charles H. Cooley, *Human Nature and the Social Order* (New York: Scribner's, 1902).
43. J. G. Hull and A. S. Levy, "The Organizational Functions of the Self: An Alternative to the Duval and Wicklund Model of Self-Awareness," *Journal of Personality and Social Psychology* 37 (1979): 756–768; Jay G. Hull, Ronald R. Van Treuren, Susan J. Ashford, Pamela Propsom, and Bruce W. Andrus, "Self-Consciousness and the Processing of Self-Relevant Information," *Journal of Personality and Social Psychology* 54, no. 3 (1988): 452–465.
44. Arnold W. Buss, *Self-Consciousness and Social Anxiety* (San Francisco: Freeman, 1980); Lynn Carol Miller and Cathryn Leigh Cox, "Public Self-Consciousness and Makeup Use," *Personality and Social Psychology Bulletin* 8, no. 4 (1982): 748–751; Michael R. Solomon and John Schopler, "Self-Consciousness and Clothing," *Personality and Social Psychology Bulletin* 8, no. 3 (1982): 508–514.
45. Franklin G. Miller, Leslie L. Davis, and Katherine L. Rowold, "Public Self-Consciousness, Social Anxiety, and Attitudes toward Use of Clothing," *Home Economics Research Journal* 10 no. 4 (1982): 363–368.
46. Leslie Davis, "Judgment Ambiguity, Self-Consciousness, and Conformity in Judgments of Fashionability," *Psychological Reports* 54 (1984): 671–675.
47. Yoon-Hee Kwon and Soyeon Shim, "A Structural Model for Weight Satisfaction, Self-Consciousness and Women's Use of Clothing in Mood Enhancement," *Clothing and Textiles Research Journal* 17, no. 4 (1999): 203–212.
48. Morris B. Holbrook, Michael R. Solomon, and Stephen Bell, "A Re-Examination of Self-Monitoring and Judgments of Furniture Designs," *Home Economics Research Journal* 19 (September 1990): 6–16; Mark Snyder, "Self-Monitoring Processes," in *Advances in Experimental Social Psychology,* ed. Leonard Berkowitz (New York: Academia Press, 1979), 85–128.
49. Mark Snyder and Steve Gangestad, "On the Nature of Self-Monitoring: Matters of Assessment, Matters of Validity," *Journal of Personality and Social Psychology* 51 (1986): 125–139.
50. Timothy R. Graeff, "Image Congruence Effects on Product Evaluations: The Role of Self-Monitoring and Public/Private Consumption," *Psychology & Marketing* 13, no. 5 (August 1996): 481–499.
51. Richard G. Netemeyer, Scot Burton, and Donald R. Lichtenstein, "Trait Aspects of Vanity: Measurement and Relevance to Consumer Behavior," *Journal of Consumer Research* 21 (March 1995): 612–626.
52. Leslie Davis and Sharon Lennon, "Self-Monitoring, Fashion Opinion Leadership, and Attitudes toward Clothing," in *The Psychology of Fashion,* ed. Michael R. Solomon (Lexington, Mass.: Lexington Books, 1985): 177–182; Sharon Lennon, Leslie Davis, and Ann Fairhurst, "Evaluations of Apparel Advertising as a Function of Self-Monitoring," *Perceptual Motor Skills* 66 (1988): 987–996.
53. Michael R. Solomon and Henry Assael, "The Forest or the Trees?: A Gestalt Approach to Symbolic Consumption," in *Marketing and Semiotics: New Directions in the Study of Signs for Sale*, ed. Jean Umiker-Sebeok (Berlin: Mouton de Gruyter, 1987), 189–218.
54. Jack L. Nasar, "Symbolic Meanings of House Styles," *Environment and Behavior* 21 (May 1989): 235–257; E. K. Sadalla, B. Verschure, and J. Burroughs, "Identity Symbolism in Housing," *Environment and Behavior* 19 (1987): 569–587.
55. Michael R. Solomon, "The Role of Products as Social Stimuli: A Symbolic Interactionism Perspective," *Journal of Consumer Research* 10 (December 1983): 319–328; Robert E. Kleine, III, Susan Schultz-Kleine, and Jerome B. Kernan, "Mundane Consumption and the Self: A Social-Identity Perspective," *Journal of Consumer Psychology* 2, no. 3 (1993): 209–235; Newell D. Wright, C. B. Claiborne, and M. Joseph Sirgy, "The Effects of Product Symbolism on Consumer Self-Concept," in *Advances in Consumer Research* 19, eds. John F. Sherry, Jr., and Brian Sternthal (Provo, Utah: Association for Consumer Research, 1992), 311–318; Susan Fournier, "A Person-Based Relationship Framework for Strategic Brand Management," Ph.D. dissertation, University of Florida, (1994).
56. A. Dwayne Ball and Lori H. Tasaki, "The Role and Measurement of Attachment in Consumer Behavior," *Journal of Consumer Psychology* 1, no. 2 (1992): 155–172.
57. William B. Hansen and Irwin Altman, "Decorating Personal Places: A Descriptive Analysis," *Environment and Behavior* 8 (December 1976): 491–504.
58. R. A. Wicklund and P. M. Gollwitzer, *Symbolic Self-Completion* (Hillsdale, N.J.: Lawrence Erlbaum, 1982).
59. Michael R. Solomon and Susan P. Douglas, "The Female Clotheshorse from Aesthetics to Tactics," in *The Psychology of Fashion,* ed. Michael R. Solomon (Lexington, Mass.: Lexington Books, 1985): 387–401; Nancy J. Rabolt and Mary Frances Drake, "Information Sources Used by Women for Career Dressing Decisions," in *The Psychology of Fashion,* ed. Michael R. Solomon (Lexington, Mass.: Lexington Books, 1985): 371–385.
60. Erving Goffman, *Asylums* (New York: Doubleday, 1961).
61. Quoted in Floyd Rudmin, "Property Crime Victimization Impact on Self, on Attachment, and on Territorial Dominance," *CPA Highlights*, Victims of Crime Supplement 9, no. 2 (1987): 4–7.
62. Barbara B. Brown, "House and Block as Territory," paper presented at the Conference of the Association for Consumer Research, San Francisco, 1982.
63. Quoted in Shay Sayre and David Horne, "I Shop, Therefore I Am: The Role of Possessions for Self Definition," in *Earth, Wind, and Fire and Water: Perspectives on Natural Disaster*, eds. Shay Sayre and David Horne (Pasadena, Calif.: Open Door, 1996), pp. 353–370.
64. Deborah A. Prentice, "Psychological Correspondence of Possessions, Attitudes, and Values," *Journal of Personality and Social Psychology* 53, no. 6 (1987): 993–1002.
65. Sak Onkvisit and John Shaw, "Self-Concept and Image Congruence: Some Research and Managerial Implications," *Journal of Consumer Marketing* 4 (Winter 1987): 13–24. For a related treatment of congruence between advertising appeals and self-concept, see George M. Zinkhan and Jae W. Hong, "Self-Concept and Advertising Effectiveness: A Conceptual Model of Congruency, Conspicuousness, and Response Mode," in *Advances in Consumer Research* 18, eds. Rebecca H. Holman and Michael R. Solomon (Provo, Utah: Association for Consumer Research, 1991); 348–354.
66. C. B. Claiborne and M. Joseph Sirgy, "Self-Image Congruence as a Model of Consumer Attitude Formation and Behavior: A Conceptual Review and Guide for Further Research," paper presented at the Academy of Marketing Science Conference, New Orleans, 1990.
67. Al E. Birdwell, "A Study of Influence of Image Congruence on Consumer Choice," *Journal of Business* 41

(January 1964): 76–88; Edward L. Grubb and Gregg Hupp, "Perception of Self, Generalized Stereotypes, and Brand Selection," *Journal of Marketing Research* 5 (February 1986): 58–63.
68. Ira J. Dolich, "Congruence Relationship between Self-Image and Product Brands," *Journal of Marketing Research* 6 (February 1969): 80–84; Danny N. Bellenger, Earle Steinberg, and Wilbur W. Stanton, "The Congruence of Store Image and Self Image as It Relates to Store Loyalty," *Journal of Retailing* 52, no. 1 (1976): 17–32; Ronald J. Dornoff and Ronald L. Tatham, "Congruence between Personal Image and Store Image," *Journal of the Market Research Society* 14, (1972): 45–52.
69. Naresh K. Malhotra, "A Scale to Measure Self-Concepts, Person Concepts, and Product Concepts," *Journal of Marketing Research* 18 (November 1981): 456–464.
70. Ernest Beaglehole, *Property: A Study in Social Psychology* (New York: Macmillan, 1932).
71. Russell W. Belk, "Shoes and Self," *Advances in Consumer Research* (2003): 27–33.
72. M. Csikszentmihalyi and Eugene Rochberg-Halton, *The Meaning of Things: Domestic Symbols and the Self* (Cambridge, Mass.: Cambridge University Press, 1981).
73. Russell W. Belk, "Possessions and the Extended Self," *Journal of Consumer Research* 15 (September 1988): 139–168.
74. Kaiser, The *Social Psychology of Clothing: Symbolic Appearances in Context.*
75. N. J. Chowdorow, *Femininities, Masculinities, Sexualities: Freud and Beyond* (Lexington: University Press of Kentucky, 1994).
76. Susan B. Kaiser, C. M. Freeman, and Joan L.Chandler, "Favorite Clothes and Gendered Subjectivities: Multiple Readings," in *Studies in Symbolic Interactions* 15, ed. N. K. Denzin, (Greenwich, Conn.: JAI Press, 1993), 27–50.
77. Kaiser, Freeman, and Chandler, "Favorite Clothes and Gendered Subjectivities: Multiple Readings."
78. Laura M. Holson, "A Finishing School for All, Disney Style," *New York Times on the Web* (October 4, 2004).
79. John F. Sherry Jr., Robert V. Kozinets, Adam Duhachek, Benet DeBerry-Spence, Krittinee Nuttavuthisit, and Diana Storm, "Gendered Behavior in a Male Preserve: Role Playing at ESPN Zone Chicago," *Journal of Consumer Psychology* 14, 1&2 (2004): 151–158.
80. Geoffrey A. Fowler, "Asia's Lipstick Lads," *Wall Street Journal Online* (May 27, 2005).
81. Ginny Parker, "The Little-Girl Look Is Big in Japan Now," *Wall Street Journal* (September 17, 2004): A1.
82. Joan Meyers-Levy, "The Influence of Sex Roles on Judgment," *Journal of Consumer Research* 14 (March 1988): 522-530.
83. Anne Eisenberg, "Mars and Venus, on the Net: Gender Stereotypes Prevail," *New York Times Online* (October 12, 2000).
84. Eileen Fischer and Stephen J. Arnold, "Sex, Gender Identity, Gender Role Attitudes, and Consumer Behavior," *Psychology & Marketing* 11, no. 2 (March/April 1994): 163–182.
85. Kathleen Debevec and Easwar Iyer, "Sex Roles and Consumer Perceptions of Promotions, Products, and Self: What Do We Know and Where Should We Be Headed," in *Advances in Consumer Research* 13, ed. Richard J. Lutz (Provo, Utah: Association for Consumer Research, 1986): 210–214; Joseph A. Bellizzi and Laura Milner, "Gender Positioning of a Traditionally Male-Dominant Product," *Journal of Advertising Research* (June/July 1991): 72–79.
86. Janeen Arnold Costa and Teresa M. Pavia, "Alpha-Numeric Brand Names and Gender Stereotypes," *Research in Consumer Behavior* 6 (1993): 85–112.
87. Julie Angwin, "Gamemakers Target Girls," *San Francisco Chronicle* (August 1, 1997): B1, B4.
88. Sandra L. Bem, "The Measurement of Psychological Androgyny," *Journal of Consulting and Clinical Psychology* 42 (1974): 155–162; Deborah E. S. Frable, "Sex Typing and Gender Ideology: Two Facets of the Individual's Gender Psychology That Go Together," *Journal of Personality and Social Psychology* 56, no. 1 (1989): 95–108.
89. Qimei Chen, Shelly Rodgers, and William D. Wells, "Better Than Sex: Identifying Within-Gender Differences Creates More Targeted Segmentation," *Marketing Research* (Winter 2004): 17–22.
90. Rebecca Gardyn, "Granddaughters of Feminism," *American Demographics* (April 2001): 43–47.
91. "Ads' Portrayal of Women Today Is Hardly Innovative," *Marketing News* (November 6, 1989): 12; Jill Hicks Ferguson, Peggy J. Kreshel, and Spencer F. Tinkham, "In the Pages of Ms.: Sex Role Portrayals of Women in Advertising," *Journal of Advertising* 19, no. 1 (1990): 40–51.
92. Sonia Livingstone and Gloria Greene, "Television Advertisements and the Portrayal of Gender," *British Journal of Social Psychology* 25 (1986): 149–154; for one of the original articles on this topic, see L. Z. McArthur and B. G. Resko, "The Portrayal of Men and Women in American Television Commercials," *Journal of Social Psychology* 97 (1975): 209–220.
93. Anthony Vagnoni, "Ads from Mars, Women Are from Venus," *Print* 59 (March/April 2005): 52–55.
94. Vagnoni, "Ads from Mars, Women Are from Venus."
95. Judann Pollack, "A Few Real Women Weigh In: Dove Ads Kick Nike's Big Butt," *Advertising Age* (August 22, 2005): 18.
96. "Man-Eaters of Madison Avenue," *Business Week* online (May 15, 2005).
97. Barbara B. Stern, "Masculinism(s) and the Male Image: What Does It Mean to Be a Man?" in *Sex in Advertising: Multidisciplinary Perspectives on the Erotic Appeal,* eds. Tom Reichert and Jacqueline Lambiase (Mahwah, N.J.: Lawrence Erlbaum Associations, 2003).
98. Gordon Sumner, "Tribal Rites of the American Male," *Marketing Insights* (Summer 1989): 13.
99. Barry Janoff, "Give Me Some Men Who Are Stouthearted Men," *Brandweek* (March 6, 2006): 40.
100. Quoted in Jennifer Foote, "The Ad World's New Bimbos," *Newsweek* (January 25, 1988): 44.
101. Neal Learner, "Ad World 'Dumbs Down' American Males," *Christian Science Monitor* (June 4, 2001): 16.
102. Sally Beatty, "Cheap Fumes: Boys Have Their Reasons to Use Body Sprays; for Some Kids, It's Perfect as Deodorant; for Others, It's All About the Girls," *Wall Street Journal* (October 29, 2004): A1.
103. "Defining Metro Sexuality," *Metrosource* (September/October, November 2003).
104. www.urbandictionary.com/define.php?term=ubersexual (July 2, 2007).
105. Kala Vijayraghavan, "It's a Man's World," *The Economic Times New Delhi* (March 9, 2005): 8; Jack Neff, "Marketers Rush into Men's Care Category," *Advertising Age* (July 29, 2002): 6.
106. Cyndee Miller, "Cosmetics Makers to Men: Paint Those Nails," *Marketing News* (May 12, 1997): 14, 18.
107. Jim Carlton, "Hair-Dye Makers, Sensing a Shift, Step Up Campaigns Aimed at Men," *Wall Street Journal Interactive*

Edition (January 17, 2000); Yochi Dreazen, *Wall Street Journal Interactive Edition* (June 8, 1999); Cyndee Miller, "Cosmetics Makers to Men: Paint Those Nails," *Marketing News* (May 12, 1997): 14.
108. Projections of the incidence of homosexuality in the general population often are influenced by assumptions of the researchers, as well as the methodology they employ (for example, self-report, behavioral measures, fantasy measures). For a discussion of these factors, see Edward O. Laumann, John H. Gagnon, Robert T. Michael, and Stuart Michaels, *The Social Organization of Homosexuality* (Chicago: University of Chicago Press, 1994).
109. Witeck-Combs Communications, Harris Interactive, Prime Access, Rivendell Media Co., Commercial Closet Association, cited in Carolyn Said, "Marketing Comes Out of the Closet," *San Francisco Chronicle* (June 25, 2006): F1, F4.
110. Kate Fitzgerald, "IKEA Dares to Reveal Gays Buy Tables, Too," *Advertising Age* (March 28, 1994): 3; Cyndee Miller, "Top Marketers Take Bolder Approach in Targeting Gays," *Marketing News* (July 4, 1994): 1; Valerie Seckler, "Lesbian Appeals Are Only Skin Deep," *Women's Wear Daily* (January 28, 2004): 10–11.
111. Said, "Marketing Comes Out of the Closet."
112. Valerie Seckler, "Gay Marketing's Warming Signals," *Women's Wear Daily* (February 23, 2005): 14–15; Valerie Seckler, "Gay Marketing Group Overhauls Ad Standards," *Women's Wear Daily* (May 19, 2006): 11.
113. Ronald Alsop, "Lesbians Are Often Left Out When Firms Market to Gays," *Wall Street Journal Interactive Edition* (October 11, 1999).
114. Kaiser, Freeman, and Chandler, "Favorite Clothes and Gendered Subjectivities: Multiple Readings."
115. Jaehee Jung, Sharron J. Lennon, Nancy A. Rudd, "Self-Schema or Self-Discrepancy? Which Best Explains Body Image?" *Clothing and Textiles Research Journal* 19, no. 4 (2001): 171–184.
116. Sharon J. Lennon, Nancy A. Rudd, Bridgette Sloan, and Jae Sook Kim, "Attitudes toward Gender Roles, Self-Esteem, and Body Image: Applications of a Model," *Clothing and Textiles Research Journal* 17, no. 4 (1999): 191–202.
117. Stephanie N. Mehta, "Photo Chain Ventures beyond Big Hair," *Wall Street Journal* (May 13, 1996): B1.
118. David Garner, "The 1997 Body Image Survey Results," *Psychology Today* (January/February 1997): 30–40.
119. Mary Lynn Damhorst, J. M. Littrell, and M. A. Littrell, "Adolescent Body Satisfaction," *Journal of Psychology* 121 (1987): 553–562.
120. Karen L. LaBat and Marilyn R. DeLong, "Body Cathexis and Satisfaction with Fit of Apparel," *Clothing and Textiles Research Journal* 8 (Winter 1990): 43–48.
121. Nancy J. Rabolt, Jennifer Rocha, and Myleik Teele, "Body Satisfaction of Asian, African-American, and Caucasian Students", *ITAA Proceedings* 61 (2004): 261.
122. Mary Lynn Damhorst and Jennifer P. Ogle, "A Theory-Based Approach to Assessing Body Satisfaction," *ITAA Proceedings* (2002).
123. Dennis W. Rook, "Body Cathexis and Market Segmentation," in *The Psychology of Fashion*, ed. Michael R. Solomon (Lexington, Mass.: Lexington Books, 1985), 233–241.
124. Leslie Davis, "Perceived Somatotype, Body Cathaxis, and Attitudes toward Clothing among College Females," *Perceptual and Motor Skills* 61 (1985): 1199–1205.
125. Jane E. Brody, "Notions of Beauty Transcend Culture, New Study Suggests," *New York Times* (March 21, 1994): A14.
126. "Beyond Stereotypes: Rebuilding the Foundation of Beauty Beliefs: Findings of the 2005 Dove Global Study," www.dove.us (February 2006).
127. "The U.S. National Size Survey," $[TC]^2$, www.tc2.com (Oct. 4, 2006).
128. Eric Nagourney, "Perceptions: Everybody Except My Slender Friends and Me," *New York Times on the Web* (April 18, 2006).
129. Anne Pollak, "Limited, Catherine's Miss on Big-Size Boom: Industry Spotlight," *Bloomberg News Online* (April 4, 1998).
130. Quoted in Yumiko Ono, "For Once, Fashion Marketers Look to Sell to Heavy Teens," *Wall Street Journal Interactive Edition* (July 31, 1998).
131. Cynthia Heimel, "Full-Figured Foraging: Most American Women Wear Size 12. Where Are Their Clothes?" *San Francisco Chronicle* (June 23, 2002): E4, E5.
132. Elizabeth Bryant, "Plus-Size Models Gain New Ground," *San Francisco Chronicle* (October 15, 2006): E1, E3.
133. Geoffrey Cowley, "The Biology of Beauty," *Newsweek* (June 3, 1996): 61–66.
134. Basil G. Englis, Michael R. Solomon, and Richard D. Ashmore, "Beauty *before* the Eyes of Beholders: The Cultural Encoding of Beauty Types in Magazine Advertising and Music Television," *Journal of Advertising* 23 (June 1994): 49–64; Michael R. Solomon, Richard Ashmore, and Laura Longo, "The Beauty Match-Up Hypothesis: Congruence between Types of Beauty and Product Images in Advertising," *Journal of Advertising* 21 (December 1992), 23–34.
135. Michael Schuman, "Some Korean Women Are Taking Great Strides to Show a Little Leg," *Wall Street Journal Interactive Edition* (February 21, 2001).
136. Allison Samuels, "Smooth Operations," *Newsweek* (July 5, 2004): 48–49.
137. Seth Mydans, "Oh Blue-Eyed Thais, Flaunt Your Western Genes!" *New York Times on the Web* (August 29, 2002).
138. Ellen Knickermeyer, "Full-Figured Females Favored," *Opelika-Auburn News* (August 7, 2001).
139. Lois W. Banner, *American Beauty* (Chicago: University of Chicago Press, 1980); for a philosophical perspective, see Barry Vacker and Wayne R. Key, "Beauty *and* the Beholder: The Pursuit of Beauty through Commodities," *Psychology & Marketing* 10, no. 6 (November/December 1993): 471–494.
140. "Report Delivers Skinny on Miss America," *Montgomery Advertiser* (March 22, 2000): 5A.
141. "Study: Playboy Models Losing Hourglass Figures," *CNN.com* (December 20, 2002).
142. Stuart Elliott, "Ultrathin Models in Coca-Cola and Calvin Klein Campaigns Draw Fire and a Boycott Call," *New York Times* (April 26, 1994): D18; Cyndee Miller, "Give Them a Cheeseburger," *Marketing News* (June 6, 1994): 1.
143. Jill Neimark, "The Beefcaking of America," *Psychology Today* (November/December 1994): 32.
144. Richard H. Kolbe and Paul J. Albanese, "Man to Man: A Content Analysis of Sole-Male Images in Male-Audience Magazines," *Journal of Advertising* 25, no. 4 (Winter 1996): 1–20.
145. Hannah Karp, "Jeans Makers Launch New Styles to Flatter the Male Figure," *Wall Street Journal* (June 25, 2004): B1.
146. "Girls at 7 Think Thin, Study Finds," *New York Times* (February 11, 1988): B9.
147. David Goetzl, "Teen Girls Pan Ad Images of Women," *Advertising Age* (September 13, 1999): 32.
148. "Fat-Phobia in the Fijis: TV-thin Is In," *Newsweek* (May

31, 1999): 70.
149. Erin White and Deborah Ball, "Slim-Fast Pounds Home Tough Talk Ads Aimed at U.K. Women," *Wall Street Journal* (May 28, 2004): B3.
150. Karen Schneider, "Mission Impossible," *People* 45 (1996): 64–68.
151. Elaine L. Pedersen and Nancy L. Markee, "Fashion Dolls: Communicators of Ideals of Beauty and Fashion," paper presented at the International Conference on Marketing Meaning, Indianapolis, Ind., 1989; Dalma Heyn, "Body Hate," *Ms.* (August 1989): 34; Mary C. Martin and James W. Gentry, "Assessing the Internalization of Physical Attractiveness Norms," *Proceedings of the American Marketing Association Summer Educators' Conference* (Summer 1994): 59–65.
152. Lisa Bannon, "Barbie Is Getting Body Work, and Mattel Says She'll Be Rad," *Wall Street Journal Interactive Edition* (November 17, 1997).
153. Lisa Bannon, "Will New Clothes, Bellybutton Create 'Turn Around' Barbie," *Wall Street Journal Interactive Edition* (February 17, 2000).
154. "How Much Is Too Fat?," *USA Today* (February 1989): 8.
155. *American Demographics* (May 1987): 56.
156. Deborah Marquardt, "A Thinly Disguised Message," *Ms.* 15 (May 1987): 33.
157. Vincent Bozzi, "The Body in Question," *Psychology Today* 22 (February 1988): 10.
158. Elizabeth Fernadez, "Exercising Her Right to Work: Fitness Instructor Wins Weight-Bias Fight," *San Francisco Chronicle* (May 7, 2002): A1, A15.
159. Catherine Rutherford-Black, and Jeanne Heitmeyer, "College Students' Attitudes Toward Obesity: Fashion, Style and Garment Selection," *Journal of Fashion Marketing and Management* 4, no. 2 (2000): 132–139.
160. "Heightism: Short Guys Finish Last," *The Economist* (December 23, 1996): 19–22.
161. Elizabeth Love, "Prisoners of Perfection," *San Francisco Chronicle* (October 19, 2000): A15, A18.
162. Eric Wilson, "When Is Thin Too Thin?" *New York Times on the Web* (September 21, 2006). Also see www.webmd.com for a healthy weight chart for adults and discussion of health risk factors.
163. "Skinny Model Furor: Not All Fashion's Fault, Say Designers, Editors," *Women's Wear Daily* (January 30, 2007): 1, 8–10.
164. "Where Size 0 Doesn't Make the Cut," *New York Times on the Web* (September 22, 2006).
165. Malaika Bova, "New Guidelines Released for U.S. Models," http://abcnews.go.com/US/story?id=2791241&page=1 (April 24, 2008), www.cfda.com.
166. Debra A. Zellner, Debra F. Harner, and Robbie I. Adler, "Effects of Eating Abnormalities and Gender on Perceptions of Desirable Body Shape," *Journal of Abnormal Psychology* 98 (February 1989): 93–96.
167. Robin T. Peterson, "Bulimia and Anorexia in an Advertising Context," *Journal of Business Ethics* 6 (1987): 495–504.
168. Judy Folkenberg, "Bulimia: Not for Women Only," *Psychology Today* (March 1984): 10.
169. Stephen S. Hall, "The Bully in the Mirror," *The New York Times Magazine*, (August 22, 1999); Natalie Angier, "Drugs, Sports, Body Image and G.I. Joe," *New York Times* (December 22, 1998): D1.
170. John W. Schouten, "Selves in Transition: Symbolic Consumption in Personal Rites of Passage and Identity Reconstruction," *Journal of Consumer Research* 17 (March 1991): 412–425.
171. Emily Yoffe, "Valley of the Silicon Dolls," *Newsweek* (November 26, 1990): 72.
172. Quoted in Michelle Cottle, "Turning Boys into Girls," *The Washington Monthly* (May 1998): 32–36.
173. Jerry Adler, "New Bodies for Sale," *Newsweek* (May 27, 1985): 64.
174. Kathy H. Merrell, "Saving Faces," *Allure* (January 1994): 66.
175. "White Weight," *Psychology Today* (September/October 1994): 9.
176. Joan Ryan, "A Painful Statement of Self-Identity," *San Francisco Chronicle* (October 30, 1997): A1, A4.
177. Ruth P. Rubinstein, "Color, Circumcision, Tattos, and Scars," in *The Psychology of Fashion*, ed. Michael R. Solomon (Lexington, Mass.: Lexington Books, 1985), 243–254; Peter H. Bloch and Marsha L. Richins, "You Look 'Mahvelous': The Pursuit of Beauty and Marketing Concept," *Psychology & Marketing* 9 (January 1992): 3–16.
178. Sondra Farganis, "Lip Service: The Evolution of Pouting, Pursing, and Painting Lips Red," *Health* (November 1988): 48–51.
179. Michael Gross, "Those Lips, Those Eyebrows; New Face of 1989 (New Look of Fashion Models)," *The New York Times Magazine* (February 13, 1989): 24.
180. Quoted in "High Heels: Ecstasy's Worth the Agony," *New York Post* (December 31, 1981).
181. Elizabeth Hayt, "Over-40 Rebels with a Cause: Tattoos," *New York Times* (December 22, 2002): sec 9:2.
182. Myra L. Armstrong and Kathleen Pace Murphy, "Tattooing: Another Adolescent Risk Behavior Warranting Health Education," *Applied Nursing Research* 10, no. 4 (1997): 181–189.
183. David Whalan, "Ink Me, Stud," *American Demographics* (December 2001): 9–11.
184. http://www.pathfinder.com:80/altculture/aentries/p/piercing.html (August 22, 1997).
185. Quoted in Wendy Bounds, "Body-Piercing Gets under America's Skin," *Wall Street Journal* (April 4, 1994): B1, B4.

第 6 章

1. Vanessa O'Connell, "Reinventing the Luxury Department Store," *Wall Street Journal* (July 15, 2006).
2. Bickley Townsend, "*Ou Sont les Reiges d'Antan*? (Where Are the Snows of Yesteryear?)," *American Demographics* (October 1988): 2.
3. Jeanine Poggi, "Growing Up Fast: Teen Retailers Develop Formats for Older Crowd," *Women's Wear Daily* (August 14, 2006): 1, 26; Pia Sarkar, "Forth & Towne Stores Bay Area-Bound," *San Francisco Chronicle* (March 23, 2006): C1, C3.
4. "The Power of the Teen Dollar: From Levi's to Lip Gloss" (Montgomery Securities, 1998), cited in "Wired to Spend," *Echo Boomers: The Power of Y* (supplement to *Women's Wear Daily*) (February 19, 1998): 4.
5. Richard Abramowitz, "Trend Guru Knows Whys and Hows of Gens X and Y," *San Francisco Chronicle* (January 6, 2008): F5.
6. Steve Fogel, "Teen Power: Understand It So You Can Harness It," Marketing Partners, Bridging the Marketing

Gap, http://www.netmpapps2.com/netmp/marketing_ solutions accessed August 8, 2005. (December 8, 2004).
7. "Targeting Teen Consumers," *Newspaper Association of America* (September 2004).
8. Cate T. Corcoran, "Online, Teens Flirt, Dish and Shop," *Women's Wear Daily* (November 17, 2005): 18.
9. Anne D'Innocenzio, "Toy Retailers Retool to Attract 'Tweens,'" *San Francisco Chronicle* (October 31, 2000): C8.
10. Anne D'Innocenzio, "Olsen Twins a Tough Business Act to Follow," *San Francisco Chronicle* (July 12, 2006): C2; Khanh T. L. Tran, "Tapping Tween Market: Hilary Duff Unveiling Youth Lifestyle Brand," *Women's Wear Daily* (June 7, 2006): 1, 24, 25.
11. Ruth LaFerla, "Fashion Aims Young," *New York Times on the Web* (August 24, 2006).
12. LaFerla, "Fashion Aims Young."
13. Howard W. French, "Vocation for Dropouts Is Painting Tokyo Red," *New York Times on the Web* (March 5, 2000).
14. Yumiko Ono, "They Say that a Japanese Gal Is an Individualist: Tall, Tan, Blond," *Wall Street Journal Interactive Edition* (November 19, 1999).
15. Yumiko Ono, "Meet a Beer, a Car, a Refrigerator, and a Fabric Deodorizer, All Named Will," *Wall Street Journal Interactive Edition* (October 8, 1999).
16. Scott McCartney, "Society's Subcultures Meet by Modem," *Wall Street Journal* (December 8, 1994): B1.
17. Mary Beth Grover, "Teenage Wasteland," *Forbes* (July 28, 1997): 44–45.
18. Junu Bryan Kim, "For Savvy Teens: Real Life, Real Solutions," *Advertising Age* (August 23, 1993): S1.
19. Margaret Carlson, "Where Calvin Crossed the Line," *Time* (September 11, 1995): 64.
20. Quoted in Cyndee Miller, "Phat Is Where It's at for Today's Teen Market," *Marketing News* (August 15, 1994): 6.
21. Valerie Seckler, "Courting Gen-Y: Forget the Hype, Find Street Cred," *Women's Wear Daily* (March 5, 2003): 1, 12, 13.
22. Adapted from Gerry Khermouch, "Didja C That Kewl Ad?" *Business Week* (August 26, 2002): 158–160.
23. Carol Emert, "Big Ad-Strategy Switch for Levi's," San *Francisco Chronicle* (January 27, 1998): C1, C2; Carol Emert, "New Levi's Ads Sport Hipper Jeans for Teens," *San Francisco Chronicle* (November 17, 1998): C1, C6; Miles Socha, "Levi's New Campaign Is Ad Score," *Women's Wear Daily* (May 6, 1999): 12.
24. Karen Parr, "New Catalogs Target GenY," *Women's Wear Daily* (July 24, 1997): 12.
25. Jane Ganahl, "Consumer Agitprop Posing as Girl Power," *San Francisco Examiner* (July 11, 1999): D7.
26. Gary J. Bamossy, Michael R. Solomon, Basil G. Englis, and Trinske Antonidies, "You're Not Cool If You Have to Ask: Gender in the Social Construction of Coolness," paper presented at the Association for Consumer Research Gender Conference, Chicago, June 2000.
27. Arundhati Parmar, "Global Youth United," *Marketing News* (October 28, 2002): 1–49.
28. Courtney Colavita, "The Aging Italians," *Women's Wear Daily* (February 20, 2003): 12–13.
29. Norimitsu Onishi, "In a Graying Japan, Lower Shelves and Wider Aisles," *New York Times nytimes.com* (September 4, 2006).
30. Ellen Goodman, "The Selling of Teenage Anxiety," *The Washington Post* (November 24, 1979).
31. Valerie Seckler, "Why College Students Keep Spending More," *Women's Wear Daily* (September 21, 2005): 10–11.
32. Quoted in Fannie Weinstein, "Time to Get Them in Your Franchise," *Advertising Age* (February 1, 1988): S6.
33. Seckler, "Why College Students Keep Spending More."
34. www.mtvU.com (November 14, 2006).
35. Tom Zeller, Jr., "A Generation Serves Notice: It's a Moving Target," *New York Times on the Web* (January 22, 2006).
36. Kristin Larson, "Tommy Hilfiger Heads for the Beach," *Women's Wear Daily* (March 5, 2005): 13.
37. Laura Zinn, "Move Over, Boomers," *Business Week* (December 14, 1992): 7.
38. Valerie Seckler, "Firms Ignore Stretched, Skeptical Xers," *Women's Wear Daily* (January 22, 2003): 2, 26.
39. Valerie Seckler, "Gen-X Pinches Apparel Purchasing," *Women's Wear Daily* (December 14, 2005): 15; Erin E. Clack, "Study Probes Generation Gap," *Children's Business* 19, no. 4 (May 2004): 4.
40. Robert Scally, "The Customer Connection: Gen X Grows Up, They're in Their 30s Now," *Discount Store News* 38, no. 20 (October 25, 1999).
41. Quoted in T. L. Stanley, "Age of Innocence ... Not," *PROMO* (February 1997): 30.
42. Michael Barbaro, "Leaving Behind the Torn-Jeans Look," *New York Times on the Web* (September 5, 2006); see also Jennifer Weitzman, "Retailer's Task: Regeneration X," *The WWD Business Review* supplement to *Women's Wear Daily* (August 27, 2003): 16, 17, 19.
43. "Senior Market Ripe for Action," *Women's Wear Daily* (June 15, 1994): 18.
44. Peter Kerr, "Market Turns 'Grumpy': Companies Target Aging Boomers," *San Francisco Chronicle* (September 4, 1991): B3, B4.
45. Georgia Lee, "Older Shoppers Hungry for Jeans," *Women's Wear Daily* (December 4, 2004): 8.
46. Nat Ives, "Magazine of the Year: 'More': Taps Power of 40-Plus to Draw Advertisers in Droves," *Advertising Age Online* (October 22, 2006).
47. Susan Kaiser, *The Social Psychology of Clothing: Symbolic Appearances in Context* (New York: Fairchild, 1997).
48. L. W. Banner, *American Beauty* (Chicago: University of Chicago Press, 1983): 225.
49. C. D. Martin, "A Transgenerational Comparison: The Elderly Fashion Consumer," *Advances in Consumer Research* 3 (1976): 453–456; J. R. Lumpkin and C. W. Greenberg, "Apparel Shopping Patterns of the Elderly Consumer," *Journal of Retailing* 58 (1982): 68–89.
50. "Coming of Age," *Women's Wear Daily* (February 3, 2000): 2.
51. John Fetto, "The Wild Ones," *American Demographics* (February 2000): 72.
52. Karyn Monget, "Tapping the Middle-Aged Mood," *Women's Wear Daily* (June 3, 1998): 14–15.
53. Katherine Bowers, "Target Setting Sight on Baby Boomers," *Women's Wear Daily* (November 17, 2003): 7.
54. Georgia Lee, "Making the Big Time: Once-Frumpy Chico's on Retail's Fast Track," *Women's Wear Daily* (April 22, 2001): 1, 5.
55. Valerie Seckler, "Will Boomers Come of Age in Fashion Ads?," *Women's Wear Daily* (August 11, 2004): 12.
56. Valerie Seckler, "Fickle Fiftysomethings Vote with Their Feet," *Women's Wear Daily* (February 8, 2006): 19.
57. Kevin Keller, *Strategic Marketing Management* (Upper Saddle River, N.J.: Prentice-Hall, 1998).
58. Brad Edmondson, "Do the Math," *American Demographics* (October 1999): 50–56.
59. Carol Emert, "Gymboree's Hip Kin: Spin-off Fashions Fresh Image to Sell Kids' Clothing," *San Francisco Chronicle* (March 6, 1999): D1, D2.
60. Pamela Paul, "Make Room for Granddaddy," *American*

Demographics (April 2002): 40.

61. Joy M. Kozer, "Older Female Consumers' Attitudes Towards Their Clothing and Appearance," *ITAA Proceedings*, 60 (2003): 68.
62. D'Vera Cohn, "2100 Census Forecast: Minorities Expected to Account for 60% of U.S. Population," *Washington Post* (January 13, 2000): A5.
63. Catherine A. Cole and Nadine N. Castellano, "Consumer Behavior," in James E. Binnen, ed., *Encyclopedia of Gerontology*, 1 (San Diego, CA: Academic Press, 1996): 329–339.
64. Carolyn Said, "Entrepreneurs Getting Hip to the Graying of America," *San Francisco Chronicle* (March 11, 2005): C1, C3.
65. Cheryl Russell, "The Ungraying of America," *American Demographics* (July 1997): 12.
66. Tammy Kinley and Linda Sivils, "Gift-Giving Behavior of Grandmothers," *Proceedings: International Textile and Apparel Association* (1999): 97.
67. Jeff Brazil, "You Talkin' to Me?," *American Demographics* (December 1998): 55–59.
68. Rick Adler, "Stereotypes Won't Work with Seniors Anymore," *Advertising Age* (November 11, 1996): 32.
69. Melinda Beck, "Going for the Gold," *Newsweek* (April 23, 1990): 74.
70. Rusty Williamson, "Catering to the Mature Crowd," *Women's Wear Daily* (January 2, 2002): 6; Anne D'Innocenzio, "Moderate Firms Push Fashion Limit Past 55: Others Ride the Brake," *Women's Wear Daily* (June 4, 1997): 1, 14, 18.
71. E. Rosenblad-Wallen and M. Karlsson, "Clothing for the Elderly at Home and in Nursing Homes," *Journal of Consumer Studies and Home Economics* 10 (1986): 343–356.
72. Ellen Goldsberry, Soyeon Shim, and Naomi Reich. "Women 55 Year and Older: Part II, Overall Satisfaction and Dissatisfaction with the Fit of Ready-to-Wear," *Clothing and Textiles Research Journal* 14, no. 2 (1996): 121–132; Ellen Goldsberry, Soyeon Shim, and Naomi Reich. "Women 55 Years and Older: Part I. Current Body Measurements as Contrasted to the PS 42-70 Data," *Clothing and Textiles Research Journal* 14, no. 2 (1996): 108–120.
73. Valerie Seckler, "The Skinny on a New Fit System," *Women's Wear Daily* (October 5, 2005): 15.
74. Eun-Ju Lee, "Elderly Consumers' Information Search Behavior: Use of Information Sources and Perceptions of their Usefulness," *Proceedings: International Textile and Apparel Association* (1997): 96.
75. Nora McDonald, Sandra Keiser, and Kathy Mullet, "United Nations International Year of Older Persons 1999 Clothing Initiative" *Proceedings: International Textile and Apparel Association* (1998): 15–18.
76. Hilda Buckley Lakner, "Perceptions of the Importance of Dress to the Self as a Function of Perceived Age and Gender," *ITAA Proceedings* (1998): 57.
77. Benny Barak and Leon G. Schiffman, "Cognitive Age: A Nonchronological Age Variable," in *Advances in Consumer Research* 8, ed. Kent B. Monroe (Provo, Utah: Association for Consumer Research, 1981), 602–606.
78. David B. Wolfe, "An Ageless Market," *American Demographics* (July 1987): 27–55.
79. Nat Ives, "AARP Aims to Deliver Message to Marketers," *New York Times on the Web* (January 12, 2004).
80. Ellen Day, Brian Davis, Rhonda Dove, and Warren A. French, "Reaching the Senior Citizen Market(s)," *Journal of Advertising Research* (December 1987–January 1988): 23–30; Warren A. French and Richard Fox, "Segmenting the Senior Citizen Market," *Journal of Consumer Marketing* 2 (1985): 61–74; Jeffrey G. Towle and Claude R. Martin Jr., "The Elderly Consumer: One Segment or Many?" in Beverlee B. Anderson, ed., *Advances in Consumer Research* 3 (Provo, Utah: Association for Consumer Research, 1976): 463.
81. Catherine A. Cole and Nadine N. Castellano, "Consumer Behavior," *Encyclopedia of Gerontology*, 1 (1996): 329–339.
82. David B. Wolfe, "Targeting the Mature Mind," *American Demographics* (March 1994): 32–36.
83. See Frederik Barth, *Ethnic Groups and Boundaries. The Social Organization of Culture Difference* (London: Allen and Unwin, 1969); Michel Laroche, Annamma Joy, Michael Hui, and Chankon Kim, "An Examination of Ethnicity Measures: Convergent Validity and Cross-Cultural Equivalence," in *Advances in Consumer Research* 18, eds. Rebecca H. Holman and Michael R. Solomon (Provo, Utah: Association for Consumer Research, 1991), 150–157; Melanie Wallendorf and Michael Reilly, "Ethnic Migration, Assimilation, and Consumption," *Journal of Consumer Research* 10 (December 1983): 292–302; Milton J. Yinger, "Ethnicity," *Annual Review of Sociology* 11 (1985): 151–180.
84. Rebecca Gardyn, "An All-American Melting Pot," *American Demographics* (July 2001): 8–13.
85. D'Vera Cohn, "2100 Census Forecast: Minorities Expected to Account for 60% of U.S. Population," *Washington Post* (January 13, 2000): A5. For interactive demographic graphics, visit www.understandingusa.com.
86. Rohit Deshpandé and Douglas M. Stayman, "A Tale of Two Cities: Distinctiveness Theory and Advertising Effectiveness," *Journal of Marketing Research* 31 (February 1994): 57–64.
87. Steve Rabin, "How to Sell across Cultures," *American Demographics* (March 1994): 56–57.
88. J. Raymond, "The Multicultural Report," *American Demographics* (November 2001): S3, S4, S6.
89. John Leland and Gregory Beals, "In Living Colors," *Newsweek* (May 5, 1997): 58–60.
90. Eils Lotozo, "The Jalapeño Bagel and Other Artifacts," *New York Times* (June 26, 1990): C1.
91. Molly O'Neill, "New Mainstream: Hot Dogs, Apple Pie and Salsa," *New York Times* (March 11, 1992): C1.
92. Karyn D. Collins, "Culture Clash," *Asbury Park Press* (October 16, 1994): D1.
93. See Lisa Peñaloza, "*Atravesando Fronteras*/Border Crossings: A Critical Ethnographic Exploration of the Consumer Acculturation of Mexican Immigrants," *Journal of Consumer Research* 21, no. 1 (June 1994): 32–54.
94. Sigfredo A. Hernandez and Carol J. Kaufman, "Marketing Research in Hispanic Barrios: A Guide to Survey Research," *Marketing Research* (March 1990): 11–27.
95. Melanie Wallendorf and Michael D. Reilly, "Ethnic Migration, Assimilation, and Consumption," *Journal of Consumer Research* 10 (December 1983): 292–302.
96. Ronald J. Faber, Thomas C. O'Guinn, and John A. McCarty, "Ethnicity, Acculturation and the Importance of Product Attributes," *Psychology & Marketing* 4 (Summer 1987): 121–134; Humberto Valencia, "Developing an Index to Measure Hispanicness," in *Advances in Consumer Research* 12, eds. Elizabeth C. Hirschman and Morris B. Holbrook (Provo, Utah: Association for Consumer Research, 1985), 118–121.

97. Rohit Deshpandé, Wayne D. Hoyer, and Naveen Donthu, "The Intensity of Ethnic Affiliation: A Study of the Sociology of Hispanic Consumption," *Journal of Consumer Research* 13 (September 1986): 214–220.
98. Michael Laroche, Chankon Kim, Michael K. Hui, and Annamma Joy, "An Empirical Study of Multidimensional Ethnic Change: The Case of the French Canadians in Quebec," *Journal of Cross-Cultural Psychology* 27, no. 1 (January 1996): 114–131.
99. U.S. Census Bureau, "U.S. Interim Projections by Age, Sex, Race, and Hispanic Origin," www.census.gov/ipc/www/usinterimproj/ (March 18, 2004).
100. U.S. Census Bureau, "Census Bureau Projects Tripling of Hispanic and Asian Populations in 50 Years; Non-Hispanic Whites May Drop to Half of Total Population," http://www.census.gov/Press-Release/www/releases/archives/population (March 18, 2004).
101. William O'Hare, "Blacks and Whites: One Market or Two?," *American Demographics* (March 1987): 44–48.
102. For recent studies on racial differences in consumption, see Robert E. Pitts, D. Joel Whalen, Robert O'Keefe, and Vernon Murray, "Black and White Response to Culturally Targeted Television Commercials: A Values-Based Approach," *Psychology & Marketing* 6 (Winter 1989): 311–328; Melvin T. Stith and Ronald E. Goldsmith, "Race, Sex, and Fashion Innovativeness: A Replication," *Psychology & Marketing* 6 (Winter 1989): 249–262.
103. Jack Neff, "My Black Is Beautiful: P&G Wants to Connect with African-American Women," *Adage.com* (August 27, 2007).
104. Julie Naughton, "Ethnic's Increased Strength," *Women's Wear Daily* (March 24, 2000): 12.
105. Jennifer Weil, "L'Oréal to Buy Ethnic Beauty Firm," *Women's Wear Daily* (February 29, 2000): 13.
106. Neff, "My Black Is Beautiful."
107. D. Silverman, "Potential for Payoff in Inner City," *Women's Wear Daily* (January 20, 1999): 12; Georgia Lee, "African-American Women Lament Lack of Fashion Choice," *Women's Wear Daily* (August 23, 2005): 10-11.
108. Wadeeah Beyah and Shu-Hwa Lin, "African-American Female Measurements and the Standard Sizing System," *ITAA Proceedings* (2001).
109. Robert E. Wilkes and Humberto Valencia, "Hispanics and Blacks in Television Commercials," *Journal of Advertising* 18 (Winter 1989): 19.
110. Jeremy Peters, "Ad Image Popular in Films Raises Some Eyebrows in Ads," *New York Times*, www.nytimes.com (August 1, 2006).
111. Patricia Wen, "The Forgotten Face," *San Francisco Chronicle* (May 29, 2000): A3, A6.
112. Kim Foltz, "Mattel's Shift on Barbie Ads," *The New York Times* (July 19, 1990): D17; Lora Sharpe, "Dolls in All the Colors of a Child's Dream," *Boston Globe* (February 22, 1991): 42; Barbara Brotman, "Today's Dolls Have Ethnicity That's More Than Skin Deep," *Asbury Park Press* (November 14, 1993): D6.
113. Michael Janofsky, "A Commercial by Nike Raises Concerns about Hispanic Stereotypes," *The New York Times* (July 13, 1993): D19.
114. Constance Gustke, "Wider, Deeper Pockets: Top Affluent Hispanic U.S. Markets Ranked by Number of Households," *Women's Wear Daily* (August 17, 2006): 11.
115. Rick Wartzman, "When You Translate 'Got Milk' for Latinos, What Do You Get?," *The Wall Street Journal* (June 3, 1999): A1, A8; also see Rebecca Gardyn, "Habla English?" *American Demographics* (April 2001): 54–57.
116. Helene Stapinski, "Generación Latino," *American Demographics* (July 1999): 62–68; also see Joan Raymond, "Tienen Numeros?" *American Demographics* (March 2002): 22–25.
117. Joe Schwartz, "Hispanic Opportunities," *American Demographics* (May 1987): 56–59.
118. Naveen Donthu and Joseph Cherian, "Impact of Strength of Ethnic Identification on Hispanic Shopping Behavior," *Journal of Retailing* 70, no. 4 (1994): 383–393. For another study that compared shopping behavior and ethnicity influences among six ethnic groups, see Joel Herce and Siva Balasubramanian, "Ethnicity and Shopping Behavior," *Journal of Shopping Center Research* 1 (Fall 1994): 65–80.
119. Cited in "Latina Fashionistas," *Women's Wear Daily* (November 18, 1999): 2.
120. "Latina Fashion: From Vogue to K-Mart: Hispanic Heritage Month Highlights Hispanic Fashion and Consumer Trends," *Cotton Incorporated Press Release*, www.cottoninc.com (October 5, 2005). See also Rusty Williamson, "The Latin Beat Goes On," *Women's Wear Daily* (April 13, 2005): 8.
121. "Hispanics: A Hidden Opportunity," Book of Marketing/Statistics, supplement to *Women's Wear Daily* (June 30, 2004): Section II, 10–11.
122. Laurel Wentz, "Online Hispanic Audience Is Predominately Bilingual," *Advertising Age*, www.adage.com (September 18, 2006).
123. Leila Cobo, "Young Hispanics Prefer Spanish Media," *Billboard* (October 4, 2005): 8.
124. Karyn Monget, "Smashing Stereotypes: Lingerie Brands Chase Ethnic Markets," *Women's Wear Daily* (June 14, 2004): 1, 6.
125. Anne D'Innocenzio, "Retailers See Potential in Growing Latino Population," *Associated Press* (May 19, 2003); Gustke, "Wider, Deeper Pockets"; Valerie Seckler, "Hispanic Spending Falls as Profile Rises," *Women's Wear Daily* (August 9, 2006): 7.
126. Laurel Wentz, "New Data Repaints Demographic Picture of U.S. Hispanics," *Advertising Age*, www.adage.com (September 14, 2006).
127. "'Cultural Sensitivity' Required When Advertising to Hispanics."
128. Quoted in Donald Dougherty, "The Orient Express," *The Marketer* (July/August 1990): 14.
129. "Made in Japan," *American Demographics* (November 2002): 48.
130. Benny Evangelista, "Eyeing Asian American E-Shoppers," *San Francisco Chronicle* (June 19, 2000): G1, G2.
131. Greg Johnson and Edgar Sandoval, "Advertisers Court Growing Asian American Population; Marketing, Wide Range of Promotions Tied to Lunar New Year Typify Corporate Interest in Ethnic Community," *Los Angeles Times* (February 4, 2000): C1.
132. Eleanor Yu, "Asian-American Market Often Misunderstood," *Marketing News* (December 4, 1989): 11.
133. "The Asian Boom," *Women's Wear Daily* (February 17, 2000): 2.
134. Margaret Rucker, Y.-J. Kim, and H. Ho, "Evaluation of Color Preferences: A Comparison of Asian and White Consumers," in *Minority Marketing: Issues and Prospects*, vol. 3, ed. Robert L. King (Charleston, S.C.: Academy of Marketing Science, 1987): 64.
135. Hiroko Kawabata and Nancy J. Rabolt, "Comparison of

Clothing Purchase Behavior between U.S. and Japanese Female University Students," *Proceedings: International Textile and Apparel Association* (1998): 60.
136. Judith C. Forney and Nancy J. Rabolt, "Ethnic Identity: Its Relationship to Ethnic and Contemporary Dress," *Clothing and Textiles Research Journal* 4, no. 2 (1986): 1–8.
137. Meng-Ching Lin and Nancy Owens, "A Comparison of Clothing Purchase Decisions of Asian American and Caucasian-American Female College Students," *ITAA Proceedings* (1997): 97.
138. Alice Z. Cuneo and Jean Halliday, "Ford, Penney's Targeting California's Asian Population; Auto Marketer Uses 3 Languages in Commercials," *Advertising Age* (January 4, 1999): 28; Jeanne Whalen, "Sears Targets Asians: Retailer Names Agency to Attract Fast-Growing Segment," *Advertising Age* (October 10, 1994): 1.
139. Johnson and Sandoval, "Advertisers Court Growing Asian-American Population."
140. Dorinda Elliott, "Objects of Desire," *Newsweek* (February 12, 1996): 41.
141. Anastasia Hendrix, "Lucky 'Lady,'" *San Francisco Chronicle* (June 4, 2006): D1, D3, D5.
142. "Asian Promise: Lost in Translation," Book of Marketing/Statistics, supplement to *Women's Wear Daily* (June 30, 2004): Section II, 12.
143. Dan Fost, "Asian Homebuyers Seek Wind and Water," *American Demographics* (June 1993): 23–25.

第 7 章

1. Data in this section adapted from Fabian Linden, *Consumer Affluence: The Next Wave* (New York: The Conference Board, 1994). For additional information about U.S. income statistics, access Occupational Employment and Wage Estimates at http://www.bls.gov/oes/oes_data.htm.
2. Sylvia Ann Hewlett, "Feminization of the Workforce," *New Perspectives Quarterly* 98 (July 1, 1998): 66–70.
3. Mary Bowler, "Women's Earnings: An Overview," *Monthly Labor Review* 122 (December 1999): 13–22.
4. Christopher D. Carroll, "How Does Future Income Affect Current Consumption?," *Quarterly Journal of Economics* 109, no. 1 (February 1994): 111–147.
5. "The Big Chill—Not," *Women's Wear Daily* (April 10, 2000): 26–27.
6. Robert Sullivan, "Americans and Their Money," *Worth* (June 1994): 60.
7. José F. Medina, Joel Saegert, and Alicia Gresham, "Comparison of Mexican-American and Anglo-American Attitudes toward Money," *The Journal of Consumer Affairs* 30, no. 1 (1996): 124–145.
8. Kirk Johnson, "Sit Down. Breathe Deeply. This Is *Really* Scary Stuff," *New York Times* (April 16, 1995): F5.
9. Fred van Raaij, "Economic Psychology," *Journal of Economic Psychology* 1 (1981): 1–24.
10. Richard T. Curtin, "Indicators of Consumer Behavior: The University of Michigan Surveys of Consumers," *Public Opinion Quarterly* (1982): 340–352.
11. George Katona, "Consumer Saving Patterns," *Journal of Consumer Research* 1 (June 1974): 1–12.
12. Susan Kaiser, *The Social Psychology of Clothing: Symbolic Appearances in Context* (New York: Fairchild, 1997).
13. Floyd L. Ruch and Philip G. Zimbardo, *Psychology and Life*, 8th ed. (Glenview, Ill.: Scott Foresman, 1971).
14. Jonathan H. Turner, *Sociology: Studying the Human System*, 2nd ed. (Santa Monica, CA: Goodyear, 1981).
15. Turner, *Sociology: Studying the Human System.*
16. G. Sjoberg, *The Preindustrial City: Past and Present* (New York: Free Press, 1960).
17. V. M. Garrett, *Chinese Clothing: An Illustrated Guide* (Hong Kong: Oxford University Press, 1994).
18. Richard P. Coleman, "The Continuing Significance of Social Class to Marketing," *Journal of Consumer Research* 10 (December 1983): 265–280; Turner, *Sociology: Studying the Human System.*
19. Quoted in Richard P. Coleman and Lee Rainwater, *Standing in America: New Dimensions of Class* (New York: Basic Books, 1978), 89.
20. Coleman and Rainwater, *Standing in America: New Dimensions of Class.*
21. Turner, *Sociology: Studying the Human System.*
22. James Fallows, "A Talent for Disorder (Class Structure)," *U.S. News & World Report* (February 1, 1988): 83.
23. Coleman, "The Continuing Significance of Social Class to Marketing"; W. Lloyd Warner with Paul S. Lunt, *The Social Life of a Modern Community* (New Haven, Conn.: Yale University Press, 1941).
24. Craig S. Smith, "Chinese Speak the International Language of Shopping," *New York Times*, www.nytimes.com (November 7, 2006).
25. Russell Flannery, "Long Live the $25 Cigar," *Forbes* (December 27, 2004): 51; Clay Chandler, "China Deluxe," *Fortune* (July 26, 2004): 149–156; Matthew Forney, "How Nike Figured Out China," *Time* (November 2004): A10–A14; J. David Lynch, "Emerging Middle Class Reshaping China," *USA Today* (November 12, 2002): 13A.
26. James Sterngold, "How Do You Define Status? A New BMW in the Drive. An Old Rock in the Garden," *The New York Times* (December 28, 1989): C1.
27. Cecilie Rohwedder, "Design Houses Build Stores, Pamper Demanding Shoppers in Fashion-Industry Hot Spot," *Wall Street Journal on the Web* (January 23, 2004).
28. Robin Knight, "Just You Move Over, 'Enry 'Iggins; A New Regard for Profits and Talent Cracks Britain's Old Class System," *U.S. News & World Report* 106 (April 24, 1989): 40.
29. Robert Guy Matthews, "Bawdy British Ads Target Hot Youth," *Wall Street Journal* (April 20, 2005): B9.
30. Andrew E. Kramer, "New Czars of Conspicuous Consumption," *New York Times* (November 1, 2006): C1, C10.
31. Maria Danilova, "A Shopping Playground for Russia's Very Rich," *San Francisco Chronicle* (November 5, 2006): F6.
32. Jim Yardley, "First Comes the Car, Then the $10,000 License Plate," *New York Times* (July 5, 2006): C4.
33. Jennifer Steinhauer, "When the Joneses Wear Jeans," *New York Times Online* (May 29, 2005); Paul F. Nunes, Brian A. Johnson, and R. Timothy S. Breene, "Moneyed Masses," *Harvard Business Review* (July-August 2004): 94–104; *Trend Update: Massclusivity*, report from Reinier Evers and Trendwatching.com, accessed at Zyman Institute of Brand Science, Emory University, www.zibs.com (February 25, 2005).
34. Eric Wilson, "Fashion's Tectonics: Designers in a Tizzy Over Masstige Shift," *Women's Wear Daily* (September 12, 2004): 1, 34, 36.
35. "Truly Fast Fashion: H&M's Lagerfeld's Line Sells Out in Hours," *Women's Wear Daily* (September 15, 2004): 1, 28; Miles Scoha, "Viktor & Rolf Walk Down Aisle with H&M," *Women's Wear Daily* (September 28, 2006): 10.
36. Turner, *Sociology: Studying the Human System*, p. 260.
37. See Ronald Paul Hill and Mark Stamey, "The Homeless in

America: An Examination of Possessions and Consumption Behaviors," *Journal of Consumer Research* 17 (December 1990): 303–321; estimate provided by Dr. Ronald Hill, personal communication (December 1997).
38. Joseph Kahl, *The American Class Structure* (New York: Holt, Rinehart and Winston, 1961).
39. Leonard Beeghley, *Social Stratification in America: A Critical Analysis of Theory and Research* (Santa Monica, CA: Goodyear, 1978).
40. Quentin Bell, *On Human Finery* (London: Hogarth, 1947), 72.
41. Elaine Stone, *The Dynamics of Fashion* (New York: Fairchild, 1999).
42. Coleman and Rainwater, *Standing in America: New Dimensions of Class,* p. 220.
43. Turner, *Sociology: Studying the Human System.*
44. See Coleman, "The Continuing Significance of Social Class to Marketing"; Charles M. Schaninger, "Social Class versus Income Revisited: An Empirical Investigation," *Journal of Marketing Research* 18 (May 1981): 192–208.
45. Coleman, "The Continuing Significance of Social Class to Marketing."
46. August B. Hollingshead and Fredrick C. Redlich, *Social Class and Mental Illness: A Community Study* (New York: Wiley, 1958).
47. John Mager and Lynn R. Kahle, "Is the Whole More Than the Sum of the Parts? Re-Evaluating Social Status in Marketing," *Journal of Business Psychology* 10 (Fall 1995): 3–18.
48. Beeghley, *Social Stratification in America.*
49. R. Vanneman and F. C. Pampel, "The American Perception of Class and Status," *American Sociological Review* 42 (June 1977): 422–437.
50. Donald W. Hendon, Emelda L. Williams, and Douglas E. Huffman, "Social Class System Revisited," *Journal of Business Research* 17 (November 1988): 259.
51. Coleman, "The Continuing Significance of Social Class to Marketing."
52. Richard P. Coleman, "The Significance of Social Stratification in Selling," in *Marketing: A Maturing Discipline, Proceedings of the American Marketing Association 43rd National Conference*, ed. Martin L. Bell (Chicago: American Marketing Association, 1960), 171–184.
53. David Lazarus, "Overcoming the New-Money Blues," *San Francisco Chronicle* (February 8, 2000): C1.
54. E. Barth and W. Watson, "Questionable Assumptions in the Theory of Social Stratification," *Pacific Sociological Review* 7 (Spring 1964): 10–16.
55. Zick Rubin, "Do American Women Marry Up?," *American Sociological Review* 33 (1968): 750–760.
56. Sue Browder, "Don't Be Afraid to Marry Down," *Cosmopolitan* (June 1987): 236.
57. K. U. Ritter and L. L. Hargens, "Occupational Positions and Class Identifications of Married Working Women: A Test of the Asymmetry Hypothesis," *American Journal of Sociology* 80 (January 1975): 934–948.
58. J. Michael Munson and W. Austin Spivey, "Product and Brand-User Stereotypes Among Social Classes: Implications for Advertising Strategy," *Journal of Advertising Research* 21 (August 1981): 37–45.
59. Stuart U. Rich and Subhash C. Jain, "Social Class and Life Cycle as Predictors of Shopping Behavior," *Journal of Marketing Research* 5 (February 1968): 41–49.
60. Thomas W. Osborn, "Analytic Techniques for Opportunity Marketing," *Marketing Communications* (September 1987): 49–63.
61. Nancy Cassill and Mary Frances Drake, "Employment Orientation's Influence on Lifestyle and Evaluative Criteria for Apparel," *Home Economics Research Journal* 16, no. 1 (1987): 23–25.
62. Soyeon Shim and Mary Frances Drake, "Apparel Selection by Employed Women: A Typology of Information Search Patterns," *Clothing and Textiles Research Journal* 6, no. 2 (1988): 1–9.
63. Kaiser, *The Social Psychology of Clothing: Symbolic Appearances in Context.*
64. Dorothy Behling, "Three and a Half Decades of Fashion Adoption Research: What Have We Learned?," *Clothing and Textiles Research Journal* 10, no. 2 (1992): 34–41.
65. J. Lebow, "Big Beauties Search Reflects Larger Outlook," *Women's Wear Daily* (August 26, 1986): 21.
66. Coleman, "The Continuing Significance of Social Class to Marketing."
67. Jeffrey F. Durgee, "How Consumer Sub-Cultures Code Reality: A Look at Some Code Types," in *Advances in Consumer Research* 13, ed. Richard J. Lutz (Provo, Utah: Association for Consumer Research, 1986), 332–337.
68. David Halle, *America's Working Man: Work, Home, and Politics among Blue-Collar Owners* (Chicago: University of Chicago Press, 1984).
69. Quoted in Coleman and Rainwater, *Standing in America: New Dimensions of Class,* p. 139.
70. Quoted in Roger Brown, *Social Psychology* (New York: Free Press, 1965): 43.
71. Kit R. Roane, "Affluenza Strikes Kids," *U.S. News & World Report* (March 20, 2000): 55.
72. Tamar Lewin, "Next to Mom and Dad: It's a Hard Life (or Not)," *New York Times on the Web* (November 7, 1999).
73. Pierre Bourdieu, *Distinction: A Social Critique of the Judgment of Taste* (Cambridge, Mass.: Cambridge University Press, 1984); see also Douglas B. Holt, "Does Cultural Capital Structure American Consumption?," *Journal of Consumer Research* 1, no. 25 (June 1998): 1–25.
74. Paula Mergenhagen, "What Can Minimum Wage Buy?," *American Demographics* (January 1996): 32–36.
75. Linda F. Alwitt and Thomas D. Donley, "Retail Stores in Poor Urban Neighborhoods," *Journal of Consumer Affairs* 31, no. 1 (1997): 108–127.
76. Robert Sharoff, "Book Chain Taps Underserved Neighborhoods," *Wall Street Journal* (February 25, 2004).
77. Susan Chandler, "Data Is Power. Just Ask Fingerhut," *Business Week* (June 3, 1996): 69.
78. Sharon Edelson, "Missing $100B Market: Low-Income Consumers Overlooked by Retailers," *Women's Wear Daily* (October 13, 2005): 1, 18.
79. Quoted in Richard Elliott, "How Do the Unemployed Maintain Their Identity in a Culture of Consumption?," *European Advances in Consumer Research* 2 (1995): 3.
80. Cyndee Miller, "New Line of Barbie Dolls Targets Big, Rich Kids," *Marketing News* (June 17, 1996): 6.
81. Cyndee Miller, "Baubles Are Back," *Marketing News* (April 14, 1997): 1.
82. David Moin, "Rethinking the Mall: Higher-End Products, Less Square Footage," *Women's Wear Daily* (June 6, 2000): 1, 8–9.
83. "Reading the Buyer's Mind," *U.S. News & World Report* (March 16, 1987): 59.
84. Rebecca Piirto Heath, "Life on Easy Street," *American Demographics* (April 1997): 33–38.
85. Rebecca Gardyn, "Oh, the Good Life." *American Demographics* (November 2002): 34.

86. Louis Uchitelle, "Gilded Paychecks: Lure of Great Wealth Affects Career Choices," *New York Times*, www.nytimes.com (November 27, 2006).
87. Paul Fussell, *Class: A Guide through the American Status System* (New York: Summit Books, 1983), 30.
88. Elizabeth C. Hirschman, "Secular Immortality and the American Ideology of Affluence," *Journal of Consumer Research* 17 (June 1990): 31–42.
89. Coleman and Rainwater, *Standing in America: New Dimensions of Class*, p. 150.
90. Kerry A. Dolan, "The World's Working Rich," *Forbes* (July 3, 2000): 162.
91. Jason DeParle, "Spy Anxiety: The Smart Magazine That Makes Smart People Nervous about Their Standing," *Washingtonian Monthly* (February 1989): 10.
92. For a recent examination of retailing issues related to the need for status, see Jacqueline Kilsheimer Eastman, Leisa Reinecke Flynn, and Ronald E. Goldsmith, "Shopping for Status: The Retail Managerial Implications," *Association of Marketing Theory and Practice* (Spring 1994): 125–130.
93. Maritz Poll: The Rich Reap More Rewards From Loyalty Programs (February 2005), www.maritz.com.
94. Jeanette Lauer and Robert Lauer, *Fashion Power* (Upper Saddle River, N.J.: Prentice-Hall, 1981).
95. Alison Lurie, *The Language of Clothes* (New York: Vintage Books, 1981).
96. Georg Simmel, "Fashion," *American Journal of Sociology* 62 (1957): 541–558.
101. Shivani Vora, "A Deluxe Vacation, Your Friends Included," *New York Times*, www.nytimes.com (October 26, 2006).
102. Michael Shnayerson, "The Champagne City," *Vanity Fair* (December 1997): 182–202.
103. Frances Hong, "If You've Got It Flaunt It," *San Francisco Examiner* (December 28, 1997): C1, C4.
104. Quoted in Miller, "Baubles Are Back"; Elaine Underwood, "Luxury's Tide Turns," *Brandweek* (March 7, 1994): 18–22.
105. "Terrorism's Trauma Casts Dark Shadow Over Luxury Sector," *Women's Wear Daily* (October 25, 2001): 1, 24, 26.
106. Miles Socha, "The Luxury Hangover: Designers Struggling with Harsher Reality," *Women's Wear Daily* (July 1, 2002): 1, 6, 7.
107. Anne D'Innocenzio, "Status Labels—the Second Time Around," *Women's Wear Daily* (March 18, 1999): 8–9.
108. Joshua Levine, "Conditional Hedonism," *Forbes* (February 10, 1997): 154.
109. Brooks, *Showing Off in America;* F. Simon-Miller, "Commentary: Signs and Cycles in the Fashion System," in *The Psychology of Fashion*, (Lexington, Mass.: Lexington Books, 1985); Lurie, *The Language of Clothes.*
110. "Today's Savvy Shoppers Think High and Low," *Pittsburgh Post-Gazette* (region edition), (August 6, 2006): C3.
111. Michael J. Silverstein and John Butman, *Treasure Hunt: Inside the Mind of the New Consumer* (Portfolio, an Imprint of Penguin Group USA, 2006); Laura Landro, "When Luxury Meets Parsimony," *The Wall Street Journal* (June 22, 2006): D7.
112. "Consumers Finding Satisfaction, for Less," *Women's Wear Daily* (April 26, 2006): 6.
113. "Lifestyles of the Super Wealthy," *Women's Wear Daily* (June 3, 2004): 12.
114. For examples, see John T. Molloy, *Dress for Success* (New York: Warner Books, 1975); Vicki Keltner and Mike Holsey, *The Success Image* (Houston, Tex.: Gulf, 1982); and William Thourlby, *You Are What You Wear* (New York: New American Library, 1978).

第 8 章

1. For an interesting ethnographic account of skydiving as a voluntary high-risk consumption activity, see Richard L. Celsi, Randall L. Rose, and Thomas W. Leigh, "An Exploration of High-Risk Leisure Consumption through Skydiving," *Journal of Consumer Research* 20 (June 1993): 1–23. See also Jerry Adler, "Been There, Done That," *Newsweek* (July 19, 1993): 43; Joan Raymond, "Going to Extremes," *American Demographics* (June 2002): 28–30.
2. See J. Aronoff and J. P. Wilson, *Personality in the Social Process* (Hillsdale, N.J.: Lawrence Erlbaum, 1985); Walter Mischel, *Personality and Assessment* (New York: Wiley, 1968).
3. Ed Edmonds and Cahoon Delwin, "Female Clothes Preference Related to Male Sexual Interest," *Bulletin of the Psychonic Society* 22 (1984): 171–173.
4. Valerie Steel, *Fashion and Eroticism* (New York: Oxford University Press, 1985).
5. Alison Lurie, *The Language of Clothes* (New York: Random House, 1981).
6. James Laver, *Modesty in Dress* (Boston: Houghton Mifflin, 1969).
7. Linda L. Price and Nancy Ridgway, "Development of a Scale to Measure Innovativeness," in *Advances in Consumer Research* 10, eds. Richard P. Bagozzi and Alice M. Tybout (Ann Arbor, Mich.: Association for Consumer Research, 1983), 679–684; Russell W. Belk, "Three Scales to Measure Constructs Related to Materialism: Reliability, Validity, and Relationships to Measures of Happiness," in *Advances in Consumer Research* 11, ed. Thomas C. Kinnear (Ann Arbor, Mich.: Association for Consumer Research, 1984), 291; Mark Snyder, "Self-Monitoring Processes," in *Advances in Experimental Social Psychology*, ed. Leonard Berkowitz (New York: Academic Press, 1979), 85–128; Gordon R. Foxall and Ronald E. Goldsmith, "Personality and Consumer Research: Another Look," *Journal of the Market Research Society* 30, no. 2 (1988): 111–125; Ronald E. Goldsmith and Charles F. Hofacker, "Measuring Consumer Innovativeness," *Journal of the Academy of Marketing Science* 19, no. 3 (1991): 209–221; Curtis P. Haugtvedt, Richard E. Petty, and John T. Cacioppo, "Need for Cognition and Advertising: Understanding the Role of Personality Variables in Consumer Behavior," *Journal of Consumer Psychology* 1, no. 3 (1992): 239–260.
8. Lewis Aiken, "The Relationships of Dress to Selected Measures of Personality in Undergraduate Women," *Journal of Social Psychology* 59 (1963): 119–128.

9. Mary Frances Pasnak and Ruth Ayres, "Clothing Attitudes and Personality Characteristics of Fashion Innovators," *Journal of Home Economics* 61 (1969): 698–702; John Summers, "The Identity of Women's Clothing Fashion Opinion Leaders," *Journal of Marketing Research,* no. 7 (1970): 313–316; Daniel Greeno, Montrose Sommers, and Jerome Kernan, "Personality and Implicit Behavior Patterns," *Journal of Marketing Research,* no. 10 (1973): 63–69; George Sproles and Charles King, "The Consumer Fashion Change Agent: A Theoretical Conceptualization and Empirical Identification," Paper No. 433, Purdue University, Institute for Research in the Behavioral, Economic, and Management Sciences (December 1973); Holly Schrank and Lois Gilmore, "Correlates of Fashion Leadership: Implications for Fashion Process Theory," *Sociological Quarterly,* no. 14 (1973): 534–543; S. Baumgarten, "The Innovative Communicator in the Diffusion Process," *Journal of Marketing Research,* no. 12 (February 1975): 12–18; Joyce Brett and Anne Kernaleguen, "Perceptual and Personality Variables Related to Opinion Leadership in Fashion," *Perceptual and Motor Skills,* no. 40 (1975): 775–779; Sharon Lennon and Leslie Davis, "Individual Differences in Fashion Orientation and Cognitive Complexity," *Perceptual and Motor Skills,* no. 64 (1987): 327–330.
10. Thomas Hine, "Why We Buy: The Silent Persuasion of Boxes, Bottles, Cans, and Tubes," *Worth* (May 1995): 78–83.
11. Kevin L. Keller, "Conceptualization, Measuring, and Managing Customer-Based Brand Equity," *Journal of Marketing* 57 (January 1993): 1–22.
12. Rebecca Piirto Heath, "The Once and Future King," *Marketing Tools* (March 1998): 38–43.
13. Kathryn Kranhold, "Agencies Beef Up Brand Research to Identify Consumer Preferences," *The Wall Street Journal Interactive Edition* (March 9, 2000).
14. Jennifer L. Aaker, "Dimensions of Brand Personality," *Journal of Marketing Research* 34 (August 1997): 347–357.
15. Tim Triplett, "Brand Personality Must Be Managed or It Will Assume a Life of Its Own," *Marketing News* (May 9, 1994): 9.
16. Susan Fournier, "A Consumer-Brand Relationship Framework for Strategic Brand Management," unpublished doctoral dissertation, University of Florida (1994).
17. Robert Murphy, "It's All about White Shirts," *Women's Wear Daily* (July 14, 1999): 9; Rusty Williamson, "Anne Fontaine's U.S. White Wash," *Women's Wear Daily* (December 27, 2000): 11.
18. Robert A. Baron and Donn Byrne, *Social Psychology: Understanding Human Interaction,* 5th ed. (Boston: Allyn and Bacon, 1987).
19. Soyeon Shim, Nancy J. Morris, and George A. Morgan, "Attitudes toward Imported and Domestic Apparel among College Students: The Fishbein Model and External Variables," *Clothing and Textiles Research Journal* 13, no. 4 (1995): 222–226.
20. Sally Francis and Leslie Davis Burns, "Effect of Consumer Socialization on Clothing Shopping Attitudes, Clothing Acquisition, and Clothing Satisfaction," *Clothing and Textiles Research Journal* 10, no. 4 (1992): 35–39.
21. Sarah M. Butler and Sally Francis, "The Effects of Environmental Attitudes on Apparel Purchasing Behavior," *Clothing and Textiles Research Journal* 15, no. 2 (1997): 76–85.
22. For a study that found evidence of simultaneous causation of beliefs and attitudes, see Gary M. Erickson, Johny K. Johansson, and Paul Chao, "Image Variables in Multi-Attribute Product Evaluations: Country-of-Origin Effects," *Journal of Consumer Research* 11 (September 1984): 694–699.
23. Michael Ray, "Marketing Communications and the Hierarchy-of-Effects," in *New Models for Mass Communications,* ed. P. Clarke (Beverly Hills, Calif.: Sage, 1973), 147–176.
24. Herbert Krugman, "The Impact of Television Advertising: Learning without Involvement," *Public Opinion Quarterly* 29 (Fall 1965): 349–356; Robert Lavidge and Gary Steiner, "A Model for Predictive Measurements of Advertising Effectiveness," *Journal of Marketing* 25 (October 1961): 59–62.
25. John P. Murry, Jr., John L. Lastovicka, and Surendra N. Singh, "Feeling and Liking Responses to Television Programs: An Examination of Two Explanations for Media-Context Effects," *Journal of Consumer Research* 18 (March 1992): 441–451.
26. Barbara Stern and Judith Lynne Zaichkowsky, "The Impact of 'Entertaining' Advertising on Consumer Responses," *Australian Marketing Researcher* 14 (August 1991): 68–80.
27. Morris B. Holbrook and Rajeev Batra, "Assessing the Role of Emotions as Mediators of Consumer Responses to Advertising," *Journal of Consumer Research* 14 (December 1987): 404–420.
28. Marian Burke and Julie Edell, "Ad Reactions over Time: Capturing Changes in the Real World," *Journal of Consumer Research* 13 (June 1986): 114–118.
29. Herbert Kelman, "Compliance, Identification, and Internalization: Three Processes of Attitude Change," *Journal of Conflict Resolution* 2 (1958): 51–60.
30. See Sharon E. Beatty and Lynn R. Kahle, "Alternative Hierarchies of the Attitude-Behavior Relationship: The Impact of Brand Commitment and Habit," *Journal of the Academy of Marketing Science* 16 (Summer 1988): 1–10.
31. J. R. Priester, D. Nayakankuppan, M. A. Fleming, and J. Godek, "The A(2)SC(2) Model: The Influence of Attitudes and Attitude Strength on Consideration Set Choice," *Journal of Consumer Research* 30, no. 4 (2004): 574–587.
32. Leon Festinger, *A Theory of Cognitive Dissonance* (Stanford, CA: Stanford University Press, 1957).
33. Daryl J. Bem, "Self-Perception Theory," in *Advances in Experimental Social Psychology,* ed. Leonard Berkowitz (New York: Academic Press, 1972), 1–62.
34. Brenda Sternquist Witter and Charles Noel, "Apparel Advertising: A Study in Consumer Attitude Change," *Clothing and Textiles Research Journal* 3, no. 1 (1984/1985): 34–40.
35. William L. Wilkie, *Consumer Behavior* (New York: Wiley, 1986).
36. Liza Abraham-Murrali and Mary Ann Littrell, "Consumers' Conceptualization of Apparel Attributes," *Clothing & Textiles Research Journal* 13, no. 2 (1995): 65–74.
37. M. Fishbein, "An Investigation of the Relationships between Beliefs about an Object and the Attitude toward That Object," *Human Relations* 16 (1983): 233–240.
38. Morris B. Holbrook and William J. Havlena, "Assessing the Real-to-Artificial Generalizability of Multi-Attribute Attitude Models in Tests of New Product Designs," *Journal of Marketing Research* 25 (February 1988): 25–35; Terence A. Shimp and Alican Kavas, "The Theory of Reasoned Action Applied to Coupon Usage," *Journal of Consumer Research* 11 (December 1984): 795–809.
39. Icek Ajzen and Martin Fishbein, "Attitude-Behavior Relations: A Theoretical Analysis and Review of Empirical Research," *Psychological Bulletin* 84 (September 1977): 888–918.

40. Richard P. Bagozzi, Hans Baumgartner, and Youjae Yi, "Coupon Usage and the Theory of Reasoned Action," in *Advances in Consumer Research* 18, eds. Rebecca H. Holman and Michael R. Solomon (Provo, Utah: Association for Consumer Research, 1991), 24–27; Edward F. McQuarrie, "An Alternative to Purchase Intentions: The Role of Prior Behavior in Consumer Expenditure on Computers," *Journal of the Market Research Society* 30 (October 1988): 407–437; Arch G. Woodside and William O. Bearden, "Longitudinal Analysis of Consumer Attitude, Intention, and Behavior toward Beer Brand Choice," in *Advances in Consumer Research* 4, ed. William D. Perrault, Jr. (Ann Arbor, Mich.: Association for Consumer Research, 1977), 349–356.
41. Michael J. Ryan and Edward H. Bonfield, "The Fishbein Extended Model and Consumer Behavior," *Journal of Consumer Research* 2 (1975): 118–136.
42. Youn-Kyung Kim, Eun Young Kim, and Shefali Kumar, "Testing the Behavioral Intentions Model of Online Shopping for Clothing," *Clothing and Textiles Research Journal* 21, no. 1 (2003): 32–40; Dong Shen, Marsha A. Dickson, Sharron Lennon, Catherine Montalto, and Li Zhang, "Cultural Influences on Chinese Consumers' Intentions to Purchase Apparel: Test and Extension of the Fishbein Behavioral Intentional Model," *Clothing and Textiles Research Journal* 21, no. 2 (2003): 89–99.
43. "Denim Around the World," *Cotton Incorporated Lifestyle Monitor Denim Issue* (2005): 3–5
44. Andrea Lawson Gray, "Lifestyle: The Next Big Thing," *Catalog Age* (November 1998): 105.
45. Benjamin D. Zablocki and Rosabeth Moss Kanter, "The Differentiation of Life-Styles," *Annual Review of Sociology* (1976): 269–297.
46. Mary Twe Douglas and Baron C. Isherwood, *The World of Goods* (New York: Basic Books, 1979).
47. Zablocki and Kanter, "The Differentiation of Life-Styles.
48. "The Niche's the Thing," *American Demographics* (February 2000): 22.
49. Gray, "Lifestyle: The Next Big Thing."
50. Mike Duff, "The Lifestyle Evolution Continues," *Discount Store News* (April 19, 1999): 61.
51. "Pottery Barn Captures Home Lifestyle," *Home Textiles Today* (April 6, 1998): S6.
52. Richard A. Peterson, "Revitalizing the Culture Concept," *Annual Review of Sociology* 5 (1979): 137–166.
53. William Leiss, Stephen Kline, and Sut Jhally, *Social Communication in Advertising* (Toronto: Methuen, 1986).
54. Mary Douglas and Baron Isherwood, *The World of Goods*, (New York: Basic Books, 1979): 72–73.
55. Christopher K. Hsee, and France Leclerc, "Will Products Look More Attractive When Presented Separately or Together?," *Journal of Consumer Research* 25 (September 1998): 175–186.
56. Jean Halliday, "L. L. Bean, Subaru Pair for Co-Branding," *Advertising Age* (February 21, 2000): 21.
57. www.nike.com; Edward C. Baig, "Nike + iPod So Easy to Use, It Could Get You Off Your Duff for a Workout," *USA Today* (July 20, 2006): 3B. See also Ellen Lee, "Apple, Nike Hooking Runners Up to iPods," *San Francisco Chronicle* (May 24, 2006): C1, C8.
58. Michael R. Solomon, "The Role of Products as Social Stimuli: A Symbolic Interactionism Perspective," *Journal of Consumer Research* 10 (December 1983): 319–329.
59. Michael R. Solomon and Henry Assael, "The Forest or the Trees? A Gestalt Approach to Symbolic Consumption," in *Marketing and Semiotics: New Directions in the Study of Signs for Sale,* ed. Jean Umiker-Sebeok (Berlin: Mouton de Gruyter, 1988), 189–218; Michael R. Solomon, "Mapping Product Constellations: A Social Categorization Approach to Symbolic Consumption," *Psychology & Marketing* 5, no. 3 (1988): 233–258; see also Stephen C. Cosmas, "Life Styles and Consumption Patterns," *Journal of Consumer Research* 8, no. 4 (March 1982): 453–455.
60. Russell W. Belk, "Yuppies as Arbiters of the Emerging Consumption Style," in *Advances in Consumer Research* 13, ed. Richard J. Lutz (Provo, Utah: Association for Consumer Research, 1986), 514–519.
61. See Lewis Alpert and Ronald Gatty, "Product Positioning by Behavioral Life Styles," *Journal of Marketing* 33 (April 1969): 65–69; Emanuel H. Demby, "Psychographics Revisited: The Birth of a Technique," *Marketing News* (January 2, 1989): 21; William D. Wells, "Backward Segmentation," in *Insights into Consumer Behavior*, ed. Johan Arndt (Boston: Allyn and Bacon, 1968), 85–100.
62. Alfred S. Boote, "Psychographics: Mind over Matter," *American Demographics* (April 1980): 26–29; William D. Wells, "Psychographics: A Critical Review," *Journal of Marketing Research* 12 (May 1975): 196–213.
63. "At Leisure: Americans' Use of Down Time," *The New York Times* (May 9, 1993): E2.
64. Joseph T. Plummer, "The Concept and Application of Life Style Segmentation," *Journal of Marketing* 38 (January 1974): 33–37.
65. Cathy Horyn, "She's a Topshop Girl," *New York Times* (July 11, 2004).
66. "Not by Jeans Alone," WGBH, Boston, 1981.
67. Nancy Cassill, and Mary Frances Drake, "Apparel Selection Criteria Related to Female Consumers' Lifestyle," *Clothing & Textiles Research Journal* 6, no. 1 (Fall 1987): 20–28.
68. Soyeon Shim and Marianne Bickle, "Benefit Segments of the Female Apparel Market: Psychographics, Shopping Orientations, and Demographics," *Clothing and Textiles Research Journal* 12, no. 2 (Winter 1994): 1–12.
69. Sarah P. Douglas and Michael R. Solomon, "The Power of Pinstripes," *Savvy* (March 1983): 59–62; M. K. Ericksen and M. J. Sirgy, "Achievement Motivation and Clothing Preferences of White-Collar Working Women," in *The Psychology of Fashion,* ed. Michael R. Solomon. (Lexington, Mass.: Lexington Books, 1985), pp. 357–367; E. B. Hurlock, *Motivation for Fashion* (New York: Archives of Psychology, 1929); K. E. Koch and Lois E. Dickey, "The Feminist in the Workplace: Application to a Contextual Study of Dress," *Clothing and Textiles Research Journal,* 7, no. 1 (1988): 46–54; Sarah Sweat, E. Kelley, D. Blouin, and R. Glee, "Career Appearance Perceptions of Selected University Students," *Adolescence* 16, no. 62 (1981): 359–370.
70. www.sric-bi.com/VALS/types.shtml (April 25, 2008).
71. Michael J. Weiss, *The Clustering of America* (New York: Harper & Row, 1988).
72. "Let Your Fingers Do the Trend Forecasting," *Time* (June 1, 1998): 24.
73. www.trendwatching.com, accessed November 30, 2006.
74. Julia Angwin, "Focus on Faith; Marketing Guru says 5 Trends Are in Your Future," *San Francisco Chronicle* (May 9, 1996).
75. "Cool Hunting on the Web," *The Sydney Morning Herald* (www.theage.com.au) (September 21, 2006).
76. "Target's Trendmaster Keeps Moving," *Business Week online* (June 1, 2006).

第 9 章

1. Michael R. Solomon, "The Role of Products as Social Stimuli: A Symbolic Interactionist Perspective," *Journal of Consumer Research* 10 (1970): 319–329.
2. L. Abraham-Murali and Mary A. Littrell, "Consumers' Perceptions of Apparel Quality over Time: An Exploratory Study," *Clothing and Textiles Research Journal* 13, no. 3 (1995): 149–158.
3. Sandra M. Forsythe, "Effect of Private, Designer, and National Brand Names on Shoppers' Perception of Apparel Quality and Price," *Clothing and Textiles Research Journal* 9, no. 2 (1995): 1–6.
4. Russell W. Belk, Kenneth D. Bahn, and Robert N. Meyer, "Developmental Recognition of Consumption Symbolism," *Journal of Consumer Research* 9 (1982): 5–17.
5. Susan Kaiser, *The Social Psychology of Clothing: Symbolic Appearances in Context* (New York: Fairchild, 1997).
6. Mary Lou Damhorst, "Meaning of Clothing Cues in Social Context," *Clothing and Textile Research Journal* 3, no. 2 (1985): 39–48.
7. Kaiser, *The Social Psychology of Clothing: Symbolic Appearances in Context.*
8. For more information on design elements in clothing, see Marian L. Davis, *Visual Design* (Upper Saddle River, N.J.: Prentice-Hall, 1996).
9. Grant McCracken, *Culture and Consumption: New Approaches to the Symbolic Character of Consumer Goods and Activities* (Bloomington: Indiana University Press, 1988).
10. Hans-Joachim Hoffman, "How Clothes Communicate," *Media Development* 4 (1984): 7–11.
11. Nathan Joseph, *Uniforms and Nonuniforms: Communications through Clothing* (New York: Greenwood Press, 1986).
12. Paul N. Hamid, "Style of Dress as a Perceptual Cue in Impression Formation," *Perceptual and Motor Skills* 26 (1968): 904–906; Paul N. Hamid, "Changes in Person Perception as a Function of Dress," *Perceptual and Motor Skills* 29 (1969): 191–194; Jane E. Workman and Kim K. Johnson, "The Role of Cosmetics in Impression Formation," *Clothing and Textiles Research Journal* 10, no. 1 (1991): 63–67.
13. Helen H. Douty, "Influence of Clothing on Perceptions of Persons," *Journal of Home Economics* 55 (1963): 197–202; Hilda M. Buckley and Mary Ellen Roach, "Clothing as a Nonverbal Communicator of Social and Political Attitudes," *Home Economics Research Journal* 3, no. 2 (1974): 94–102; Eugene W. Mathes and Sherry B. Kempher, "Clothing as a Nonverbal Communicator of Sexual Attitudes and Behavior," *Perceptual and Motor Skills* 43 (1976): 495–498; Barbara H. Johnson, Richard H. Nagasawa, and Kathleen Peters, "Clothing Style Differences: Their Effect on the Impression of Sociability" *Home Economics Research Journal* 6 (1977): 58–63; Sandra M. Forsythe, "Dress as an Influence on the Perceptions of Managerial Characteristics in Women," *Home Economics Research Journal* 13, no. 2 (1984): 112–121; Sara Butler and Kathy Roesel, "The Influence of Dress on Students' Perceptions of Teacher Characteristics," *Clothing and Textiles Research Journal* 7, no. 3 (1989): 57–59; Jane E. Workman, Naomi E. Arseneau, and Chandra J. Ewell, "Traits and Behaviors Assigned to an Adolescent Wearing an Alcohol Promotional T-Shirt," *Family and Consumer Sciences Research Journal* 33, no. 1 (September 2004): 62–80.
14. Dorothy Behling, "Influence of Dress on Perception of Intelligence and Scholastic Achievement in Urban Schools with Minority Populations," *Clothing and Textiles Research Journal* 13, no. 1 (1995): 11–16.
15. Jane E. Workman, "Trait Inferences Based on Perceived Ownership of Designer, Brand Name, or Store Brand Jeans," *Clothing and Textiles Research Journal* 6, no. 2 (1988): 23–29.
16. Jane E. Workman and Kim P. Johnson, "The Role of Clothing in Extended Inferences," *Home Economics Research Journal* 18, no. 2 (1989): 164–169.
17. Elizabeth C. Hirschman and Morris B. Holbrook, "Hedonic Consumption: Emerging Concepts, Methods, and Propositions," *Journal of Marketing* 46 (Summer 1982): 92–101.
18. Glenn Collins, "Owens-Corning's Blurred Identity," *New York Times* (August 19, 1994): D4.
19. Virginia Postrel, "The New Trend in Spending," *New York Times on the Web* (September 9, 2004).
20. Emily Cadei, "Cleaning Up: S. F. Duo Putting a Shine on Its Product Line," *San Francisco Business Times online* (December 6, 2002).
21. Amitava Chattopadhyay, Gerald J. Gorn, and Peter R. Darke, "Roses Are Red and Violets Are Blue—Everywhere? Cultural Universals and Differences in Color Preference among Consumers and Marketing Managers," unpublished manuscript, University of British Columbia (Fall 1999); Joseph Bellizzi and Robert E. Hite, "Environmental Color, Consumer Feelings, and Purchase Likelihood," *Psychology & Marketing* 9 (1992): 347–363; Ayn E. Crowley, "The Two-Dimensional Impact of Color on Shopping," *Marketing Letters*, in press; Gerald J. Gorn, Amitava Chattopadhyay, and Tracey Yi, "Effects of Color as an Executional Cue in an Ad: It's in the Shade," unpublished manuscript, University of British Columbia (1994).
22. Mike Golding and Julie White, *Pantone Color Resource Kit* (New York: Hayden, 1997); Caroline Lego, "*Effective Web Site Design: A Marketing Strategy for Small Liberal Arts Colleges,*" unpublished honors thesis, Coe College (1998); T. Long, "Human Factors Principles for the Design of Computer Colour Graphics Display," *British Telecom Technology Journal* 2, no. 3 (July 1994): 5–14; Morton Walker, *The Power of Color* (Garden City, N.Y.: Avery, 1991).
23. Mark G. Frank and Thomas Gilovich, "The Dark Side of Self- and Social Perception: Black Uniforms and Aggression in Professional Sports," *Journal of Personality and Social Psychology* 54, no. 1 (1988): 74–85.
24. Pamela Paul, "Color By Numbers," *American Demographics* (February 2002): 30–35.
25. Paul, "Color By Numbers."
26. Kurt Goldstein, cited in Kenneth Fehrman and Cherie Fehrman, *Color: The Secret Influence* (Upper Saddle River,

N.J.: Prentice-Hall, 2000), pp. 75–78.
27. Paulette Thomas, "Cosmetics Makers Offer World's Women an All-American Look with Local Twists," *Wall Street Journal* (May 8, 1995): B1.
28. Dianne Solis, "Cost No Object for Mexico's Makeup Junkies," *Wall Street Journal* (June 7, 1994): B1.
29. Fehrman and Fehrman, *Color: The Secret Influence.*
30. As seen in *Vogue* (October 2005).
31. "The Red Planet," *Women's Wear Daily* (May 10, 2000): 6–7.
32. Cited in Elaine Stone, *The Dynamics of Fashion* 2nd ed. (New York: Fairchild, 2004), p. 108.
33. "Bits & Bytes," *Women's Wear Daily* (August 10, 2005): 12.
34. www.pantone.com
35. "Cool Spring," *Women's Wear Daily* (September 7, 2006): 12.
36. Meg Rosen and Frank Alpert, "Protecting Your Business Image: The Supreme Court Rules on Trade Dress," *Journal of Consumer Marketing* 11, no. 1 (1994): 50–55.
37. Cited in Victoria Colliver, "Singing the True Blues and Greens," *San Francisco Examiner* (April 9, 2000): B1, B10.
38. Pam Scholder Ellen and Paula Fitzgerald Bone, "Does it Matter If It Smells? Olfactory Stimuli as Advertising Executional Cues," *Journal of Advertising* 27, no. 4 (Winter 1998): 29–40.
39. "That Smells Delightful! Could It Be Crème Brûlée Cologne?," *The Wall Street Journal Interactive Edition* (April 8, 1998).
40. Jack Neff, "Product Scents Hide Absence of True Innovation," *Advertising Age* (February 21, 2000): 22.
41. Michelle Devera Louie, "New Scented Dyes Make Hair Smell as Well as Look Delicious," *San Francisco Chronicle* (November 26, 2006): D1, D6.
42. Quoted in Glenn Collins, "Everything's Coming Up Vanilla," *New York Times* (June 10, 1994): D1.
43. Jane Canahl, "Does This Perfume Make Me Look Fat?" San Francisco Chronicle (April 6, 2003): E3; www.scienceofsmell.com.
44. Quoted in Greg Morago, "Making Scents: Saying Yes to Nose Everywhere We Go, New Aromas Induce Us and Seduce Us," *Hartford Courant* (January 25, 2000): D1.
45. Morago, p. D1.
46. Faye Brookman, "Mining Aromatherapy's Mass Appeal," *Women's Wear Daily* (June 9, 2000): 24.
47. Timothy P. Henderson, "Kiosks Bring the Science of Smell to the Shopping Experience," *Stores* (February 2000): 62.
48. Carolyn Said, "E-Roma Therapy: Oakland's DigiScents Smells Profit in Putting Aromas on the Internet," *San Francisco Chronicle* (March 27, 2000): C1, C3.
49. Gail Tom, "Marketing with Music," *Journal of Consumer Marketing* 7 (Spring 1990): 49–53; J. Vail, "Music as a Marketing Tool," *Advertising Age* (November 4, 1985): 24.
50. Dave Skretta, "Sound Cards Have Hallmark Singing a New Tune," *San Francisco Chronicle* (October 22, 2006): E6.
51. Jenny Strasbury, "Bands to Fit the Brand," *San Francisco Chronicle* (July 25, 2003): B1, B4.
52. Otto Friedrich, "Trapped in a Musical Elevator," *Time* (December 10, 1984): 3.
53. James MacLachlan and Michael H. Siegel, "Reducing the Costs of Television Commercials by Use of Time Compression," *Journal of Marketing Research* 17 (February 1980): 52–57.
54. James MacLachlan, "Listener Perception of Time Compressed Spokespersons," *Journal of Advertising Research* 2 (April/May 1982): 47–51.
55. Danny L. Moore, Douglas Hausknecht, and Kanchana Thamodaran, "Time Compression, Response Opportunity, and Persuasion," *Journal of Consumer Research* 13 (June 1986): 85–99.
56. J. Peck and T. L. Childers "Individual Differences in Haptic Information Processing: The 'Need for Touch' Scale," *Journal of Consumer Research* 30, no. 3 (2003): 430–442.
57. R. M. Hoffman, "Measuring the Aesthetic Appeal of Textiles," *Textile Research Journal* 35 No. 5 (May 1965): 428–434.
58. www.sephora.com (December 2006).
59. Becky Gaylord, "Bland Food Isn't So Bad—It Hurts Just to Think about This Stuff," *The Wall Street Journal* (April 21, 1995): B1.
60. Stacy Finz, "America's Mean Cuisine: More Like It Hot," *San Francisco Chronicle* (April 16, 2006): A1, A4.
61. Yumiko Ono, "Flat, Watery Drinks Are All the Rage as Japan Embraces New Taste Sensation," *The Wall Street Journal Interactive Edition* (August 13, 1999).
62. Carl Nolte, "Go-Go Selling," *San Francisco Chronicle* (June 12, 2000): A17, A18.
63. "$10 Sure Thing," *Time* (August 4, 1980): 51.
64. Michael Lev, "No Hidden Meaning Here: Survey Sees Subliminal Ads," *New York Times* (May 3, 1991): D7.
65. Philip M. Merikle, "Subliminal Auditory Messages: An Evaluation," *Psychology & Marketing* 5, no. 4 (1988): 355–372.
66. Timothy E. Moore, "The Case against Subliminal Manipulation," *Psychology & Marketing* 5 (Winter 1988): 297–316.
67. Sid C. Dudley, "Subliminal Advertising: What Is the Controversy About?," *Akron Business and Economic Review* 18 (Summer 1987): 6–18; "Subliminal Messages: Subtle Crime Stoppers," *Chain Store Age Executive,* no. 2 (July 1987): 85; "Mind Benders," *Money* (September 1978): 24.
68. Moore, "The Case against Subliminal Manipulation."
69. Jennifer Pendleton, "Multi Taskers," *Advertising Age* (March 29, 2004): S8.
70. Stuart Elliott, "New Survey on Ad Effectiveness," *New York Times on the Web* (April 14, 2004).
71. Seth Schiesel, "Vigilante on the TV Frontier," *New York Times on the Web* (November 4, 2004).
72. Joe Flint, "TV Networks Are 'Cluttering' Shows with a Record Number of Commercials," *Wall Street Journal Interactive Edition* (March 2, 2000).
73. Gene Koprowsky, "Eyeball to Eyeball," *Critical Mass* (Fall 1999): 32.
74. Roger Barton, *Advertising Media* (New York: McGraw-Hill, 1964).
75. Chris Reidy, "Billboards Blaring with Renewed Clout," *San Francisco Chronicle* (May 30, 2000): B1, B6; Edward Epstein, "Gallery of Ads: Sign of Times or Urban Blight," *San Francisco Chronicle* (February 5, 2000): A15, A18; Lisa Lockwood, "Outdoor Gets Heavy Traffic," *Women's Wear Daily* (March 26, 2000): 20.
76. Rosemary Feitelberg, "Billboards Come Alive," *Women's Wear Daily* (June 23, 2000): 14.
77. Michael R. Solomon and Basil G. Englis, "Reality Engineering: Blurring the Boundaries between Marketing and Popular Culture," *Journal of Current Issues and Research in Advertising* 16, no. 2 (Fall 1994): 1–18; "Toilet Ads," *Marketing* (December 5, 1996): 11; "Rare Media Well Done," *Marketing* (January 16, 1997): 31.
78. Adam Finn, "Print Ad Recognition Readership Scores: An Information Processing Perspective," *Journal of Marketing Research* 25 (May 1988): 168–177.
79. Gerald L. Lohse, "Consumer Eye Movement Patterns on Yellow Pages Advertising," *Journal of Advertising* 26, no. 1 (Spring 1997): 61–73.

80. Gail Tom, Teresa Barnett, William Lew, Jodean Selmants, "Cueing the Consumer: The Role of Salient Cues in Consumer Perception," *Journal of Consumer Marketing* 4, no. 2 (1987): 23–27.
81. Rosemary Feitelberg, "Converse Gives Outdoor Ads a Blank Slate," *Women's Wear Daily* (April 11, 2000): 23.
82. See David Mick, "Consumer Research and Semiotics: Exploring the Morphology of Signs, Symbols, and Significance," *Journal of Consumer Research* 13 (September 1986): 196–213.
83. Teresa J. Domzal and Jerome B. Kernan, "Reading Advertising: The What and How of Product Meaning," *Journal of Consumer Marketing* 9 (Summer 1992): 48–64.
84. Arthur Asa Berger, *Signs in Contemporary Culture: An Introduction to Semiotics* (New York: Longman, 1984); Mick, "Consumer Research and Semiotics: Exploring the Morphology of Signs, Symbols, and Significance"; Charles Sanders Peirce, *Collected Papers,* eds. Charles Hartshorne, Paul Weiss, and Arthur W. Burks, (Cambridge, Mass.: Harvard University Press, 1931–1958).
85. Marcia A. Morgado, "Animal Trademark Emblems on Fashion Apparel: A Semiotic Interpretation. Part I: Interpretive Strategy," *Clothing and Textiles Research Journal* 11, no. 2 (1993): 16–20; Marcia A. Morgado, "Animal Trademark Emblems on Fashion Apparel: A Semiotic Interpretation Part II: Applied Semiotics," *Clothing and Textiles Research Journal* 11, no. 3 (1993): 31–38.
86. Jean Baudrillard, *Simulations* (New York: Semiotext(e), 1983); A. Fuat Firat and Alladi Venkatesh, "The Making of Postmodern Consumption," in *Consumption and Marketing: Macro Dimensions,* eds. Russell Belk and Nikhilesh Dholakia (Boston: PWS-Kent, 1993); A. Fuat Firat, "The Consumer in Postmodernity," in *Advances in Consumer Research* 18, eds. Rebecca H. Holman and Michael R. Solomon (Provo, Utah: Association for Consumer Research, 1991): 70–76.
87. Adapted from Michael R. Solomon and Elnora W. Stuart, *Marketing: Real People, Real Choices* (Upper Saddle River, N.J.: Prentice-Hall, 1997).
88. Evelyn Brannon, "Cannibalization in Product Development and Retailing," in *Concepts and Cases in Retail and Merchandise Management,* eds. Nancy J. Rabolt and Judy K. Miler, (New York: Fairchild, 1997): 46–47. This case is based on the Limited, Inc. See Instructor's Guide for an analysis of the case.
89. Scott Donaton, "Magazine of the Year," *Advertising Age* (March 1, 1993): S1.

第 10 章

1. Elihu Katz and Paul F. Lazarsfeld, *Personal Influence* (Glencoe, Ill. Free Press, 1955).
2. Rose-Marie Turk, "The Leading Ladies," *WWDCalifornia* (supplement to *Women's Wear Daily*) (August 1999).
3. Grant McCracken, *Culture and Consumption: New Approaches to the Symbolic Character of Consumer Goods and Activities* (Bloomington: Indiana University Press, 1988).
4. Susan Kaiser, *The Social Psychology of Clothing: Symbolic Appearances in Context* (New York: Fairchild, 1997).
5. Nathan Joseph, "Layers of Signs," in *Dress and Identity,* eds. Mary Ellen Roach-Higgins, Joanne B. Eicher, and Kim K. Johnson (New York: Fairchild, 1995).
6. Solomon E. Asch, "Forming Impressions of Personality," *Journal of Abnormal Social Psychology* 41 (1946): 258–290.
7. Gert Assmus, "An Empirical Investigation into the Perception of Vehicle Source Effects," *Journal of Advertising* 7 (Winter 1978): 4–10. For a more thorough discussion of the pros and cons of different media, see Stephen Baker, *Systematic Approach to Advertising Creativity* (New York: McGraw-Hill, 1979).
8. Alladi Venkatesh, Ruby Roy Dholakia, and Nikhilesh Dholakia, "New Visions of Information Technology and Postmodernism: Implications for Advertising and Marketing Communications," in *The Information Superhighway and Private Households: Case Studies of Business Impacts*, eds. Walter Brenner and Lutz Kolbe, (Heidelberg, Germany: Physical-Verlage 1996), 319–337; Donna L. Hoffman and Thomas P. Novak, "Marketing in Hypermedia Computer-Mediated Environments: Conceptual Foundations," *Journal of Marketing* 60, no. 3 (July 1996): 50–68. For an early theoretical discussion of interactivity in communications paradigms, see B. Aubrey Fisher, *Perspectives on Human Communication*, (New York: Macmillan, 1978).
9. Seth Godin, *Permission Marketing: Turning Strangers into Friends, and Friends into Customers* (New York: Simon & Schuster, 1999).
10. First proposed by Elihu Katz, "Mass Communication Research and the Study of Popular Culture: An Editorial Note on a Possible Future for This Journal," *Studies in Public Communication,* 2 (1959): 1–6. For a recent discussion of this approach, see Stephanie O'Donohoe, "Advertising Uses and Gratifications" *European Journal of Marketing* 28, no. 8/9 (1994): 52–75.
11. Annie Huang, "Cartoon Doll Creates Frenzy in Taiwan," *Marketing News* (September 13, 1999): 20.
12. Quoted in O'Donohoe, "Advertising Uses and Gratifications," p. 66.
13. Geoffrey A. Fowler, "Asia's Mobile Ads," *Wall Street Journal Online Edition* (April 25, 2005); Brooke Barnes, "Coming to Your Cell: Paris Hilton," *Wall Street Journal Online Edition* (March 17, 2005); Alice Z. Cuneo, "Marketers Dial In to Messaging," *Advertising Age* (November 1, 2004): 18; Stephen Baker and Heather Green, "Blogs Will Change Your Business," *Business Week* (May 2, 2005): 56 (9).
14. Michael Barbaro, "Wal-Mart Enlists Bloggers in P.R. Campaign," *New York Times on the Web* (www.nytimes.com) (March 7, 2006).
15. Stephen Baker and Heather Green, "Blogs Will Change Your Business," *Business Week* (May 2, 2005): 56.
16. Bob Tedeschi, "Like Shopping? Social Networking? Try Social Shopping," *New York Times on the Web* (www.nytimes.com) (September 11, 2006).
17. Carl I. Hovland and W. Weiss, "The Influence of Source Credibility on Communication Effectiveness," *Public Opinion Quarterly* 15 (1952): 635–650.
18. Herbert Kelman, "Processes of Opinion Change," *Public Opinion Quarterly* 25 (Spring 1961): 57–78; Susan M. Petroshuis and Kenneth E. Crocker, "An Empirical Analysis of Spokesperson Characteristics on Advertisement and Product Evaluations," *Journal of the Academy of Marketing Science* 17 (Summer 1989): 217–226.

19. Yeosun Yoon, Zeynep Gurhan-Canil, and Norbert Schwarz, "The Effect of Corporate Social Responsibility (CSR) Activities on Companies with Bad Reputations," *Journal of Consumer Psychology* 16, no. 4 (2006): 377–390.
20. S. Ratneshwar and Shelly Chaiken, "Comprehension's Role in Persuasion: The Case of Its Moderating Effect on the Persuasive Impact of Source Cues," *Journal of Consumer Research* 18 (June 1991): 52–62.
21. Jagdish Agrawal and Wagner A. Kamakura, "The Economic Worth of Celebrity Endorsers: An Event Study Analysis," *Journal of Marketing* 59 (July 1995): 56–62.
22. Gwendolyn S. O'Neal and Mary Lapitsky, "Effects of Clothing as Nonverbal Communication on Credibility of the Message Source," *Clothing and Textiles Research Journal* 9, no. 3 (1991): 28–34.
23. Robert LaFranco, "MTV Conquers Madison Avenue," *Forbes* (June 3, 1996): 138.
24. Eric Wilson, "On with the Show Business," *Women's Wear Daily* (March 22, 1999): 28–30.
25. Eric Wilson, "On with the Show Business."
26. Alice H. Eagly, Andy Wood, and Shelly Chaiken, "Causal Inferences about Communicators and Their Effect in Opinion Change," *Journal of Personality and Social Psychology* 36, no. 4 (1978): 424–435.
27. Suzanne Vranica and Sam Walker, "Tiger Woods Switches Watches; Branding Experts Disapprove," *Wall Street Journal Interactive Edition* (October 7, 2002).
28. Alex Mindlin, "To Sell Goods, the Celebrity Face Matters," *New York Times Online* (May 8, 2006).
29. Karen K. Dion, "What Is Beautiful Is Good," *Journal of Personality and Social Psychology* 24 (December 1972): 285–290.
30. Michael J. Baker and Gilbert A. Churchill, Jr., "The Impact of Physically Attractive Models on Advertising Evaluations," *Journal of Marketing Research* 14 (November 1977): 538–555; Marjorie J. Caballero and William M. Pride, "Selected Effects of Salesperson Sex and Attractiveness in Direct Mail Advertisements," *Journal of Marketing* 48 (January 1984): 94–100; W. Benoy Joseph, "The Credibility of Physically Attractive Communicators: A Review," *Journal of Advertising* 11, no. 3 (1982): 15–24; Lynn R. Kahle and Pamela M. Homer, "Physical Attractiveness of the Celebrity Endorser: A Social Adaptation Perspective," *Journal of Consumer Research* 11 no. 4 (1985): 954–961; Judson Mills and Eliot Aronson, "Opinion Change as a Function of Communicator's Attractiveness and Desire to Influence," *Journal of Personality and Social Psychology* 1 (1965): 173–177.
31. Leonard N. Reid and Lawrence C. Soley, "Decorative Models and the Readership of Magazine Ads," *Journal of Advertising Research* 23, no. 2 (1983): 27–32.
32. Marjorie J. Caballero, James R. Lumpkin, and Charles S. Madden, "Using Physical Attractiveness as an Advertising Tool: An Empirical Test of the Attraction Phenomenon," *Journal of Advertising Research* (August/September 1989): 16–22.
33. Baker and Churchill, "The Impact of Physically Attractive Models on Advertising Evaluations"; George E. Belch, Michael A. Belch, and Angelina Villareal, "Effects of Advertising Communications: Review of Research," in *Research in Marketing,* no. 9 (Greenwich, Conn.: JAI Press, 1987), 59–117; A. E. Courtney and T. W. Whipple, *Sex Stereotyping in Advertising* (Lexington, Mass.: Lexington Books, 1983).
34. Kahle and Homer, "Physical Attractiveness of the Celebrity Endorser."
35. Vranica and Walker, "Tiger Woods Switches Watches; Branding Experts Disapprove."
36. Heather Buttle, Jane E. Raymond, and Shai Danziger, "Do Famous Faces Capture Attention?" Paper presented at Association for Consumer Research Conference Columbus, Ohio (October 1999).
37. Michael A. Kamins, "Celebrity and Noncelebrity Advertising in a Two-Sided Context," *Journal of Advertising Research* 29 (June–July 1989): 34; Joseph M. Kamen, A. C. Azhari, and J. R. Kragh, "What a Spokesman Does for a Sponsor," *Journal of Advertising Research* 15, no. 2 (1975): 17–24; Lynn Langmeyer and Mary Walker, "A First Step to Identify the Meaning in Celebrity Endorsers," in Rebecca H. Holman and Michael R. Solomon, eds., *Advances in Consumer Research* 18 (Provo, UT: Association for Consumer Research, 1991): 364–371.
38. Michelle Edgar, "Beautiful Voices," *Women's Wear Daily* (August 31, 2006, Section II): 21.
39. Julie Naughton, "Coty to Offer Consumers Forbidden Fruit," *Women's Wear Daily* (May 19, 2006): 4.
40. Grant McCracken, "Who Is the Celebrity Endorser? Cultural Foundations of the Endorsement Process," *Journal of Consumer Research* 16, no. 3 (December 1989): 310–321.
41. Michael A. Kamins, "An Investigation into the 'Match-Up' Hypothesis in Celebrity Advertising: When Beauty May Be Only Skin Deep," *Journal of Advertising* 19, no. 1 (1990): 4–13; Lynn R. Kahle and Pamola M. Homer, "Physical Attractiveness of the Celebrity Endorser: A Social Adaptation Perspective," *Journal of Consumer Research* 11 (March 1985): 954–961.
42. Brian Steinberg, "Bob Dylan Gets Tangled Up in Pink: Victoria's Secret Campaign Drafts Counterculture Hero; Just Like the Rolling Stones," *Wall Street Journal* (April 2, 2004): B3.
43. Kevin E. Kahle and Lynn R. Kahle, "Sports Celebrities' Image: A Critical Evaluation of the Utility of Q Scores," working paper, University of Oregon, 2005.
44. "Made in the U.S.A. Labels Aimed at Luring Shoppers," *San Jose Mercury News* (November 24, 1985): 10F; "Council Unveils New Made in U.S.A. Ads," *Women's Wear Daily* (November 23, 1987): 8; Dianne M. Pogoda, "Crafted With Pride Ad Drive Will Go Red, White and Blue," *Women's Wear Daily* (April 2, 1991): 15; Marvin Klapper, "Crafted With Pride Group to Air Touch New TV Spots," *Women's Wear Daily* (November 15, 1991): 13; Marvin Klapper, "Crafted Ads Trigger New Imports Rift," *Women's Wear Daily* (December 2, 1991): 4.
45. Kenneth G. DeBono and Richard J. Harnish, "Source Expertise, Source Attractiveness, and the Processing of Persuasive Information: A Functional Approach," *Journal of Personality and Social Psychology* 55, no. 4 (1988): 541–546.
46. Hershey H. Friedman and Linda Friedman, "Endorser Effectiveness by Product Type," *Journal of Advertising Research* 19, no. 5 (1979): 63–71.
47. "Backlash on Drug Use: More Brands Sever Ties with Model Kate Moss," *Women's Wear Daily* (September 22, 2005): 1, 5.
48. Nat Ives, "Marketers Run to Pull the Plug When Celebrity Endorsers Say the Darnedest Things," *New York Times on the Web* (July 16, 2004).
49. Joel Baglole, "Mascots Are Getting Bigger Role in Corporate Advertising Plans," *Wall Street Journal Interactive Edition* (April 9, 2002).
50. David Germain, "Simone Leading Lady Is Living and Breathing Model," *New York Times* (August 26, 2002): D1.

51. Tran T. L. Knanh and Regalado Antonio, "Web Sites Bet on Attracting Viewers with Humanlike Presences of Avatars," *Wall Street Journal Interactive Edition* (January 24, 2001).
52. Olaf Schirm, President, NoDNA GmbH, personal Internet communication (August 13, 2002).
53. R. C. Grass and W. H. Wallace, "Advertising Communication: Print versus TV," *Journal of Advertising Research* 14 (1974): 19–23.
54. Elizabeth C. Hirschman and Michael R. Solomon, "Utilitarian, Aesthetic, and Familiarity Responses to Verbal versus Visual Advertisements," in *Advances in Consumer Research* 11, ed. Thomas C. Kinnear (Provo, Utah: Association for Consumer Research, 1984), 426–431.
55. Terry L. Childers and Michael J. Houston, "Conditions for a Picture-Superiority Effect on Consumer Memory," *Journal of Consumer Research* 11 (September 1984): 643–654.
56. Andrew A. Mitchell, "The Effect of Verbal and Visual Components of Advertisements on Brand Attitudes and Attitude toward the Advertisement," *Journal of Consumer Research* 13 (June 1986): 12–24.
57. John R. Rossiter and Larry Percy, "Attitude Change through Visual Imagery in Advertising," *Journal of Advertising Research* 9, no. 2 (1980): 10–16.
58. Jolita Kiselius and Brian Sternthal, "Examining the Vividness Controversy: An Availability-Valence Interpretation," *Journal of Consumer Research* 12 (March 1986): 418–431.
59. Scott B. Mackenzie, "The Role of Attention in Mediating the Effect of Advertising on Attribute Importance," *Journal of Consumer Research* 13 (September 1986): 174–195.
60. Robert B. Zajonc, "Attitudinal Effects of Mere Exposure," monograph, *Journal of Personality and Social Psychology* 8 (1968): 1–29.
61. Giles D'Souza and Ram C. Rao, "Can Repeating an Advertisement More Frequently Than the Competition Affect Brand Preference in a Mature Market?," *Journal of Marketing* 59 (April 1995): 32–42.
62. George E. Belch, "The Effects of Television Commercial Repetition on Cognitive Response and Message Acceptance," *Journal of Consumer Research* 9 (June 1982): 56–65; Marian Burke and Julie Edell, "Ad Reactions over Time: Capturing Changes in the Real World," *Journal of Consumer Research* 13 (June 1986): 114–118; Herbert Krugman, "Why Three Exposures May Be Enough," *Journal of Advertising Research* 12 (December 1972): 11–14.
63. Curtis P. Haugtvedt, David W. Schumann, Wendy L. Schneier, and Wendy L. Warren, "Advertising Repetition and Variation Strategies: Implications for Understanding Attitude Strength," *Journal of Consumer Research* 21 (June 1994): 176–189.
64. Linda L. Golden and Mark I. Alpert, "Comparative Analysis of the Relative Effectiveness of One- and Two-Sided Communication for Contrasting Products," *Journal of Advertising* 16 (1987): 18–25; Kamins, "Celebrity and Noncelebrity Advertising in a Two-Sided Context"; Robert B. Settle and Linda L. Golden, "Attribution Theory and Advertiser Credibility," *Journal of Marketing Research* 11 (May 1974): 181–185.
65. See Alan G. Sawyer, "The Effects of Repetition of Refutational and Supportive Advertising Appeals," *Journal of Marketing Research* 10 (February 1973): 23–33; George J. Szybillo and Richard Heslin, "Resistance to Persuasion: Inoculation Theory in a Marketing Context," *Journal of Marketing Research* 10 (November 1973): 396–403.
66. Belch et al., "Effects of Advertising Communications."
67. "Fur, Your Fashion Choice," Fur Information Council of America, Washington, D.C., nd.
68. Frank R. Kardes, "Spontaneous Inference Processes in Advertising: The Effects of Conclusion Omission and Involvement on Persuasion," *Journal of Consumer Research* 15 (September 1988): 225–233.
69. Belch et al., "Effects of Advertising Communications"; Cornelia Pechmann and Gabriel Esteban, "Persuasion Processes Associated with Direct Comparative and Noncomparative Advertising and Implications for Advertising Effectiveness," *Journal of Consumer Psychology* 2, no. 4 (1994): 403–432.
70. Cornelia Droge and Rene Y. Darmon, "Associative Positioning Strategies through Comparative Advertising: Attribute vs. Overall Similarity Approaches," *Journal of Marketing Research* 24 (1987): 377–389; D. Muehling and N. Kangun, "The Multidimensionality of Comparative Advertising: Implications for the FTC," *Journal of Public Policy and Marketing* (1985): 112–128; Beth A. Walker and Helen H. Anderson, "Reconceptualizing Comparative Advertising: A Framework and Theory of Effects," in *Advances in Consumer Research* 18, eds. Rebecca H. Holman and Michael R. Solomon (Provo, Utah: Association for Consumer Research, 1991), 342–347; William L. Wilkie and Paul W. Farris, "Comparison Advertising: Problems and Potential," *Journal of Marketing* 39 (October 1975): 7–15; R. G. Wyckham, "Implied Superiority Claims," *Journal of Advertising Research* (February/March 1987): 54–63.
71. Stephen A. Goodwin and Michael Etgar, "An Experimental Investigation of Comparative Advertising: Impact of Message Appeal, Information Load, and Utility of Product Class," *Journal of Marketing Research* 17 (May 1980): 187–202; Gerald J. Gorn and Charles B. Weinberg, "The Impact of Comparative Advertising on Perception and Attitude: Some Positive Findings," *Journal of Consumer Research* 11 (September 1984): 719–727; Terence A. Shimp and David C. Dyer, "The Effects of Comparative Advertising Mediated by Market Position of Sponsoring Brand," *Journal of Advertising* 3 (Summer 1978): 13–19; R. Dale Wilson, "An Empirical Evaluation of Comparative Advertising Messages: Subjects' Responses to Perceptual Dimensions," in *Advances in Consumer Research* 3, ed. B. B. Anderson (Ann Arbor, Mich.: Association for Consumer Research, 1976), 53–57.
72. Dhruv Grewal, Sukumar Kavanoor, Edward F. Fern, Carolyn Costley, and James Barnes, "Comparative versus Noncomparative Advertising: A Meta-Analysis," *Journal of Marketing* 61 (October 1997): 1–15.
73. "Connecting Consumer and Product," *New York Times* (January 18, 1990): D19.
74. H. Zielske, "Does Day-After Recall Penalize 'Feeling' Ads?," *Journal of Advertising Research* 22 (1982): 19–22.
75. Roger Swagler, *Consumers and the Marketplace* (Lexington, Mass.: Heath, 1979).
76. Roger Thurow, "As In-Your-Face Ads Backfire, Nike Finds a New Global Tack," *Wall Street Journal Interactive Edition* (May 5, 1997).
77. Claire Hoffman and Chris Gaither, "Porn Stars Shed T-shirts to Help Sell Clothes as Internet Changes the Rules," *San Francisco Chronicle* (August 16, 2006): A2.
78. Susan Sward, "Sex in Ads—Defining the Limits" *San Francisco Chronicle* (January 30, 1992): A1, A4.
79. Belch et al., "Effects of Advertising Communications";

Courtney and Whipple, *Sex Stereotyping in Advertising*; Michael S. LaTour, "Female Nudity in Print Advertising: An Analysis of Gender Differences in Arousal and Ad Response," *Psychology & Marketing* 7, no. 1 (1990): 65–81; B. G. Yovovich, "Sex in Advertising—The Power and the Perils," *Advertising Age* (May 2, 1983): M4–M5.

80. Penny M. Simpson, Steve Horton, and Gene Brown, "Male Nudity in Advertisements: A Modified Replication and Extension of Gender and Product Effects," *Journal of the Academy of Marketing Science* 24, no. 3 (1996): 257–262.
81. Shelly Branch, "Maybe Sex Doesn't Sell, A&F Is Discovering," *Wall Street Journal on the Web* (December 12, 2003).
82. Michael S. LaTour and Tony L. Henthorne, "Ethical Judgments of Sexual Appeals in Print Advertising," *Journal of Advertising* 23, no. 3 (September 1994): 81–90.
83. Marc G. Weinberger and Harlan E. Spotts, "Humor in U.S. versus U.K. TV Commercials: A Comparison," *Journal of Advertising* 18, no. 2 (1989): 39–44.
84. Thomas J. Madden, "Humor in Advertising: An Experimental Analysis," Working Paper 83-27, University of Massachusetts (1984); Thomas J. Madden and Marc G. Weinberger, "The Effects of Humor on Attention in Magazine Advertising," *Journal of Advertising* 11, no. 3 (1982): 8–14; Weinberger and Spotts, "Humor in U.S. versus U.K. TV Commercials."
85. David Gardner, "The Distraction Hypothesis in Marketing," *Journal of Advertising Research* 10 (1970): 25–30.
86. Michael L. Ray and William L. Wilkie, "Fear: The Potential of an Appeal Neglected by Marketing," *Journal of Marketing* 34, no. 1 (1970): 54–62.
87. Brian Sternthal and C. Samuel Craig, "Fear Appeals: Revisited and Revised," *Journal of Consumer Research* 1 (December 1974): 22–34.
88. Punam Anand Keller and Lauren Goldberg Block, "Increasing the Effectiveness of Fear Appeals: The Effect of Arousal and Elaboration," *Journal of Consumer Research* 22 (March 1996): 448–459.
89. Barbara Stern, "Medieval Allegory: Roots of Advertising Strategy for the Mass Market," *Journal of Marketing* 52 (July 1988): 84–94.
90. See Linda M. Scott, "The Troupe: Celebrities as Dramatis Personae in Advertisements," in *Advances in Consumer Research* 18, eds. Rebecca H. Holman and Michael R. Solomon (Provo, Utah: Association for Consumer Research, 1991), 355–363; Barbara Stern, "Literary Criticism and Consumer Research: Overview and Illustrative Analysis," *Journal of Consumer Research* 16 (1989): 322–334; Judith Williamson, *Decoding Advertisements* (Boston: Marion Boyars, 1978).
91. John Deighton, Daniel Romer, and Josh McQueen, "Using Drama to Persuade," *Journal of Consumer Research* 16 (December 1989): 335–343.

第 11 章

1. George Sproles, *Fashion: Consumer Behavior toward Dress* (Minneapolis, Minn.: Burgess, 1979).
2. John C. Mowen, "Beyond Consumer Decision Making," *Journal of Consumer Marketing* 5, no. 1 (1988): 15–25.
3. Richard W. Olshavsky and Donald H. Granbois, "Consumer Decision Making—Fact or Fiction," *Journal of Consumer Research* 6 (September 1989): 93–100.
4. James R. Bettman, "The Decision Maker Who Came in from the Cold," presidential address, in *Advances in Consumer Research* 20, eds. Leigh McAllister and Michael Rothschild (Provo, Utah: Association for Consumer Research, in press); John W. Payne, James R. Bettman, and Eric J. Johnson, "Behavioral Decision Research: A Constructive Processing Perspective," *Annual Review of Psychology* 4 (1992): 87–131. For an overview of individual choice models, see Robert J. Meyer and Barbara E. Kahn, "Probabilistic Models of Consumer Choice Behavior," in *Handbook of Consumer Behavior*, eds. Thomas S. Robertson and Harold H. Kassarjian (Upper Saddle River, N.J.: Prentice-Hall, 1991), 85–123.
5. Mowen, "Beyond Consumer Decision Making."
6. Joseph W. Alba and J. Wesley Hutchinson, "Dimensions of Consumer Expertise," *Journal of Consumer Research* 13 (March 1988): 411–454.
7. Soyeon Shim and Aeran Koh, "Profiling Adolescent Consumer Decision-Making Styles: Effects of Socialization Agents and Social-Structural Variables," *Clothing and Textiles Research Journal* 15, no. 1 (1997): 50–59.
8. Janice L. Haynes, Alison L. Pipkin, William C. Black, and Rinn M. Cloud, "Application of a Choice Sets Model to Assess Patronage Decision Styles of High Involvement Consumers," *Clothing and Textiles Research Journal* 12 (Spring 1994): 22–32.
9. Gordon C. Bruner III and Richard J. Pomazal, "Problem Recognition: The Crucial First Stage of the Consumer Decision Process," *Journal of Consumer Marketing* 5, no. 1 (1988): 53–63.
10. Ross K. Baker, "Textually Transmitted Diseases," *American Demographics* (December 1987): 64.
11. Julia Marlowe, Gary Selnow, and Lois Blosser, "A Content Analysis of Problem-Resolution Appeals in Television Commercials," *Journal of Consumer Affairs* 23, no. 1 (1989): 175–194.
12. Valerie Seckler, "Futurist Alvin Toffler: Information Explosion to Shock Retail World," *Women's Wear Daily* (January 16, 1997): 1, 29.
13. Peter H. Bloch, Daniel L. Sherrell, and Nancy M. Ridgway, "Consumer Search: An Extended Framework," *Journal of Consumer Research* 13 (June 1986): 119–126.
14. Girish Punj, "Presearch Decision Making in Consumer Durable Purchases," *Journal of Consumer Marketing* 4 (Winter 1987): 71–82.
15. Alex Mindlin, "Buyers Search Online, but Not by Brand," *New York Times Online* (March 13, 2006).
16. Rosemary Polegato and Marjorie Wall, "Information Seeking by Fashion Opinion Leaders and Followers," *Home Economics Research Journal* 8 (May 1980): 327–338; Soyeon Shim and Antigone Kotsiopulos, "A Typology of Apparel Shopping Orientation Segments among Female Consumers," *Clothing and Textiles Research Journal* 12 (Fall 1993): 73–85.
17. Itamar Simonson, Joel Huber, and John Payne, "The Relationship between Prior Brand Knowledge and Information Acquisition Order," *Journal of Consumer Research* 14 (March 1988): 566–578.
18. Cathy J. Cobb and Wayne D. Hoyer, "Direct Observation of Search Behavior," *Psychology & Marketing* 2 (Fall 1985): 161–179.
19. Sharon E. Beatty and Scott M. Smith, "External Search Effort: An Investigation across Several Product Categories," *Journal of Consumer Research* 14 (June 1987): 83–95; William L. Moore and Donald R. Lehmann, "Individual Differences in Search Behavior for a Nondurable," *Journal*

of Consumer Research 7 (December 1980): 296–307.
20. Leslie L. Davis, “Consumer Use of Label Information in Ratings of Clothing Quality and Clothing Fashionability,” *Clothing and Textiles Research Journal* 6 (Fall 1987): 9–14.
21. Girish N. Punj and Richard Staelin, “A Model of Consumer Search Behavior for New Automobiles,” *Journal of Consumer Research* 9 (March 1983): 366–380.
22. Cobb and Hoyer, “Direct Observation of Search Behavior”; Moore and Lehmann, “Individual Differences in Search Behavior for a Nondurable”; Punj and Staelin, “A Model of Consumer Search Behavior for New Automobiles.”
23. Jane E. Workman and Kim K. P. Johnson, “Fashion Opinion Leadership, Fashion Innovativeness, and Need for Variety,” *Clothing and Textiles Research Journal* 11, no. 3 (Spring 1993): 60–64.
24. Barbara E. Kahn, “Understanding Variety-Seeking Behavior From a Marketing Perspective,” unpublished manuscript, University of Pennsylvania, University Park (1991); Leigh McAlister and Edgar A. Pessemier, “Variety-Seeking Behavior: An Interdisciplinary Review,” *Journal of Consumer Research* 9 (December 1982): 311–322; Fred M. Feinberg, Barbara E. Kahn, and Leigh McAlister, “Market Share Response When Consumers Seek Variety,” *Journal of Marketing Research* 29 (May 1992): 228–237; Barbara E. Kahn and Alice M. Isen, “The Influence of Positive Affect on Variety Seeking among Safe, Enjoyable Products,” *Journal of Consumer Research* 20, (September 1993): 257–270.
25. James R. Bettman and C. Whan Park, “Effects of Prior Knowledge and Experience and Phase of the Choice Process on Consumer Decision Processes: A Protocol Analysis,” *Journal of Consumer Research* 7 (December 1980): 234–248.
26. Geitel Winakor and Jacqueline Lubner-Rupert, “Dress Style Variation Related to Perceived Economic Risk,” *Home Economics Research Journal* 11, no. 4 (June 1983): 343–351.
27. Linda Simpson and Hilda Buckley Lakner, “Perceived Risk and Mail Order Shopping for Apparel,” *Journal of Consumer Studies and Home Economics* 17 (1993): 377–389.
28. Bettie Minshall, Geitel Winakor, and Jane L. Swinney, “Fashion Preferences of Males and Females, Risks Perceived and Temporal Quality of Styles,” *Home Economics Research Journal* 10, no. 4 (June 1982): 369–379.
29. Michael Porter, *Competitive Advantage* (New York: Free Press, 1985).
30. Linda Stern, “Wanna Deal? Click Here,” *Newsweek* (March 22, 2004): 65.
31. Material in this section adapted from Michael R. Solomon and Elnora W. Stuart, *Welcome to Marketing.com: The Brave New World of E-Commerce* (Upper Saddle River, N.J.: Prentice Hall, 2001).
32. Vicki M. Young, “Author: Too Many Choices Can Overwhelm Shoppers,” *Women's Wear Daily* (October 16, 2005): 15; Barry Schwartz, *The Paradox of Choice: Why Less Is More* (New York: Harper Collins, 2005).
33. Robert J. Sutton, “Using Empirical Data to Investigate the Likelihood of Brands Being Admitted or Readmitted into an Established Evoked Set,” *Journal of the Academy of Marketing Science* 15 (Fall 1987): 82.
34. H. Jessie Chen-Yu and Doris H. Kincade, “Effects of Product Image at Three Stages of the Consumer Decision Process for Apparel Products: Alternative Evaluation, Purchase and Post-Purchase,” *Journal of Fashion Marketing and Management* 5, No. 1 (2001): 29–43.
35. Mita Sujan, “Consumer Knowledge: Effects on Evaluation Strategies Mediating Consumer Judgments,” *Journal of Consumer Research* 12 (June 1985): 31–46.
36. Eleaner Rosch, “Principles of Categorization,” in *Recognition and Categorizations*, ed. E. Rosch and B. B. Lloyd (Hillsdale, N.J.: Laurence Erlbaum, 1978).
37. Joan Meyers-Levy and Alice M. Tybout, “Schema Congruity as a Basis for Product Evaluation,” *Journal of Consumer Research* 16 (June 1989): 39–55.
38. Mita Sujan and James R. Bettman, “The Effects of Brand Positioning Strategies on Consumers' Brand and Category Perceptions: Some Insights from Schema Research,” *Journal of Marketing Research* 26 (November 1989): 454–467.
39. “Consumer Outlook 99,” Kurt Salmon Associates (1999).
40. Valerie Seckler, “Is the Thrill Gone? Stressed Consumer in Shopping Slump,” *Women's Wear Daily* (July 17, 2002): 1, 10, 15.
41. Cf. William P. Putsis, Jr., and Narasimhan Srinivasan, “Buying or Just Browsing? The Duration of Purchase Deliberation,” *Journal of Marketing Research* 31 (August 1994): 393–402.
42. Robert E. Smith, “Integrating Information from Advertising and Trial: Processes and Effects on Consumer Response to Product Information,” *Journal of Marketing Research* 30 (May 1993): 204–219.
43. Hsiu-Jun Hsu and Leslie Davis Burns, “Clothing Evaluative Criteria: A Cross-National Comparison of Taiwanese and United States Consumers,” *Clothing and Textiles Research Journal*, 20, no. 4 (2002): 246–252.
44. Jack Trout, “Marketing in Tough Times,” *Boardroom Reports*, no. 2 (October 1992): 8.
45. Nancy L. Cassill and Mary Frances Drake, “Apparel Selection Criteria Related to Female Consumers' Lifestyle,” *Clothing and Textiles Research Journal* 6 (Fall 1987): 21–28; Soyeon Shim and Mary Frances Drake, “Influence of Lifestyle and Evaluative Criteria for Apparel on Information Search among Non-Employed Female Consumers,” *Home Economics Research Journal* 13 (1989): 381–395; Molly Eckman, Mary Lynn Damhorst, and Sara J. Kadolph, “Toward a Model of the In-Store Purchase Decision Process: Consumer Use of Criteria for Evaluating Women's Apparel,” *Clothing and Textiles Research Journal* 8 (Winter 1990): 13–22; Patricia Huddleston and Nancy L. Cassill, “Female Consumers' Brand Orientation: The Influence of Quality and Demographics,” *Home Economics Research Journal* 18 (March 1990): 255–262; Patricia Huddleston, Nancy L. Cassill, and Lucy K. Hamilton, “Apparel Selection Criteria as Predictors of Brand Orientation,” *Clothing and Textiles Research Journal* 12 (Fall 1993): 51–56; Judith C. Forney, William Pelton, Susan Turnbull Caton, and Nancy J. Rabolt, “Country of Origin and Evaluative Criteria: Influences on Women's Apparel Purchase Decisions,” *Journal of Family and Consumer Sciences* 91, no. 4 (1999); 57–62.
46. Hiroko Kawabata and Nancy J. Rabolt, “Comparison of Clothing Purchase Behaviour between U.S. and Japanese Female University Students,” *Journal of Consumer Studies and Home Economics* 23, no. 4 (December 1999): 213–223; Lorraine A. Friend, Judith C. Forney, and Nancy J. Rabolt, “Clothing Shoping Behaviour of New Zealand and United States Consumers: A Cross-Cultural Comparison,” *Australasian Textiles* 9 (September/October 1989): 58–62; Forney, Pelton, Turnbull-Caton, and Rabolt, “Evaluative Criteria and Country of Origin in U.S. and Canadian University Women's Apparel Purchase Decisions”; Chin-Fen Hsiao and Kitty Dickerson, “Evaluative Criteria for

Purchasing Leisurewear: Taiwanese and U.S. Students in a U.S. University," *Journal of Consumer Studies and Home Economics* 19 (1995): 145–153.

47. C. Whan Park, "The Effect of Individual and Situation-Related Factors on Consumer Selection of Judgmental Models," *Journal of Marketing Research* 13 (May 1976): 144–151.
48. Wayne D. Hoyer, "An Examination of Consumer Decision Making for a Common Repeat Purchase Product," *Journal of Consumer Research* 11 (December 1984): 822–829; Calvin P. Duncan, "Consumer Market Beliefs: A Review of the Literature and an Agenda for Future Research," in *Advances in Consumer Research* 17, eds. Marvin E. Goldberg, Gerald Gorn, and Richard W. Pollay (Provo, Utah: Association for Consumer Research, 1990), 729–735; Frank Alpert, "Consumer Market Beliefs and Their Managerial Implications: An Empirical Examination," *Journal of Consumer Marketing* 10, no. 2 (1993): 56–70.
49. Gary T. Ford and Ruth Ann Smith, "Inferential Beliefs in Consumer Evaluations: An Assessment of Alternative Processing Strategies," *Journal of Consumer Research* 14 (December 1987): 363–371; Deborah Roedder John, Carol A. Scott, and James R. Bettman, "Sampling Data for Covariation Assessment: The Effects of Prior Beliefs on Search Patterns," *Journal of Consumer Research* 13 (June 1986): 38–47; Gary L. Sullivan and Kenneth J. Berger, "An Investigation of the Determinants of Cue Utilization," *Psychology & Marketing* 4 (Spring 1987): 63–74.
50. Duncan, "Consumer Market Beliefs."
51. Christian Hjorth-Andersen, "Price as a Risk Indicator," *Journal of Consumer Policy* 10 (1987): 267–281.
52. "Paralysis Sets in," *Lifestyle Monitor* (Spring/Summer 2008): 18.
53. Pamela S. Norum and Lee Ann Clark, "A Comparison of Quality and Retail Price of Domestically Prcduced and Imported Blazers," *Clothing and Textiles Research Journal* 7 (Spring 1989): 1–9; Francesann L. Heisey, "Perceived Quality and Predicted Price: Use of the Minimum Information Environment in Evaluating Apparel," *Clothing and Textiles Research Journal* 8 (Summer 1990): 23–28.
54. David M. Gardner, "Is There a Generalized Price-Quality Relationship?," *Journal of Marketing Research* 8 (May 1971): 241–243; Kent B. Monroe, "Buyers' Subjective Perceptions of Price," *Journal of Marketing Research* 10 (1973): 70–80.
55. Deborah Fowler and Richard Clodfelter, "A Comparison of Apparel Quality: Outlet Stores Versus Department Stores," *Journal of Fashion Marketing and Management* 5, No. 1 (2001): 57–66.
56. Jean D. Hines and Gwendolyn S. O'Neal, "Underlying Determinants of Clothing Quality: The Consumers' Perspective," *Clothing and Textiles Research Journal* 13, no. 4 (1995): 227–233.
57. Liza Abraham-Murali and Mary Ann Littrell, "Consumers' Perception of Apparel Quality over Time: An Exploratory Study," *Clothing and Textiles Research Journal* 13, no. 3 (1995): 149–158.
58. Ronald Alsop, "Enduring Brands Hold Their Allure by Sticking Close to Their Roots," *Wall Street Journal*, centennial ed. (June 23, 1989): B4.
59. Ira P. Schneiderman, "The Consumer Psyche Twenty Questions: Where Will the Money Go?," *Women's Wear Daily*, Section II (November 18, 1998): 1–19.
60. "Remaining Nameless," *Women's Wear Daily* (May 25, 2000): 2.
61. Jennifer Owens, "Survey Says Loyalty to Brands Is Fleeting," *Women's Wear Daily* (August 25, 1998): 14.
62. Durairaj Maheswaran, "Country of Origin as a Stereotype: Effects of Consumer Expertise and Attribute Strength on Product Evaluations," *Journal of Consumer Research* 21 (September 1994): 354–365; Ingrid M. Martin and Sevgin Eroglu, "Measuring a Multi-Dimensional Construct: Country Image," *Journal of Business Research* 28 (1993): 191–210; Richard Ettenson, Janet Wagner, and Gary Gaeth, "Evaluating the Effect of Country of Origin and the 'Made in the U.S.A.' Campaign: A Conjoint Approach," *Journal of Retailing* 64 (Spring 1988): 85–100; C. Min Han and Vern Terpstra, "Country-of-Origin Effects for Uni-National & Bi-National Products," *Journal of International Business* 19 (Summer 1988): 235–255; Michelle A. Morganosky and Michelle M. Lazarde, "Foreign-Made Apparel: Influences on Consumers' Perceptions of Brand and Store Quality," *International Journal of Advertising* 6 (Fall 1987): 339–348.
63. D. Bergeron and M. Carver. "Student Preferences for Domestic-Made or Imported Apparel as Influenced by Shopping Habits," *Journal of Consumer Studies and Home Economics* 12 (1988): 87–94.
64. Brenda Sternquist and B. Davis, "Store Status and Country of Origin as Information Cues: Consumer's Perception of Sweater Price and Quality," *Home Economics Research Journal* 15 (1986): 124–131; Norum and Clark, "A Comparison of Quality and Retail Price of Domestically Produced and Imported Blazers"; Francesann L. Heisey, "Perceived Quality and Predicted Price: Use of the Minimum Information Environment in Evaluating Apparel."
65. K.Gipson and Sally Francis, "The Effect of Country of Origin on Purchase Behaviour: An Intercept Study," *Journal of Consumer Studies and Home Economics* 15 (1991): 33–44.
66. Marjorie Wall and Louise Heslop, "Consumer Attitudes towards the Quality of Domestic and Imported Apparel and Footwear," *Journal of Consumer Studies and Home Economics,* 13, no. 4 (1989): 337–358.
67. Gipson and Francis, "The Effect of Country of Origin on Purchase Behaviour: An Intercept Study."
68. Mark Dolliver, "Americans Think Highly of U.S.-Made Products," *Adweek* (February 28, 2005): 57.
69. Sung-Tai Hong and Robert S. Wyer, Jr., "Effects of Country-of-Origin and Product–Attribute Information on Product Evaluation: An Information Processing Perspective," *Journal of Consumer Research* 16 (September 1989): 175–187; Marjorie Wall, John Liefeld, and Louise A. Heslop, "Impact of Country-of-Origin Cues on Consumer Judgments in Multi-Cue Situations: A Covariance Analysis," *Journal of the Academy of Marketing Science* 19, no. 2 (1991): 105–113.
70. Kitty Dickerson, "Imported versus U.S.-Produced Apparel: Consumer Views and Buying Patterns," *Home Economics Research Journal* 10, no. 3 (1982): 241–252.
71. Nancy J. Rabolt and Judith C. Forney, "Japanese and California Students' Fashion Purchase Behavior and Perception of Country of Origin" (Atlanta, Ga.: Association of College Professors of Textiles and Clothing Proceedings, 1989): 109.
72. Items excerpted from Terence A. Shimp and Subhash Sharma, "Consumer Ethnocentrism: Construction and Validation of the CETSCALE," *Journal of Marketing*

Research 24 (August 1987): 282.

73. Robert Boutilier, "Diversity in Family Structures," *American Demographics Marketing Tools* (1993): 4–6; W. Bradford Fay, "Families in the 1990s: Universal Values, Uncommon Experiences," *Marketing Research: A Magazine of Management & Applications* 5, no. 1 (Winter 1993): 47.
74. Cyndee Miller, "'Til Death Do They Part," *Marketing News* (March 27, 1995): 1–2.
75. Diane Crispell, "Family Futures," *American Demographics* (August 1996): 13–14.
76. Karen Hardee-Cleaveland, "Is Eight Enough?," *American Demographics* (June 1989): 60.
77. Robert Berner, "Toddlers Dress to the Nines and Designers Rake It In," *Wall Street Journal Interactive Edition* (May 27, 1997).
78. Quoted in Lisa Gubernick and Marla Matzer, "Babies as Dolls," *Forbes* (February 27, 1995): 79.
79. "Mothers Bearing a Second Burden," *New York Times* (May 14, 1989): 26.
80. Thomas Exter, "Disappearing Act," *American Demographics* (January 1989): 78. See also Keren Ami Johnson and Scott D. Roberts, "Incompletely-Launched and Returning Young Adults: Social Change, Consumption, and Family Environment," in *Enhancing Knowledge Development in Marketing*, eds. Robert P. Leone and V. Kumar, (Chicago: American Marketing Association Educator's Proceedings, vol. 3, 1992), 249–254; John Burnett and Denise Smart, "Returning Young Adults: Implications for Marketers," *Psychology & Marketing* 11, no. 3 (May/June 1994): 253–269.
81. Ronald Alsop, "Businesses Market to Gay Couples as Same Sex Households Increase," *Wall Street Journal Interactive Edition* (August 8, 2002).
82. Brad Edmondson, "Inside the New Household Projections," *The Number News* (July 1996).
83. David Caruso, "New York-Singles Capital," *San Francisco Chronicle* (September 3, 2005): A2.
84. James Morrow, "A Place for One," *American Demographics* (November 2003): 25–30; Michelle Conlin, "Unmarried America," *BusinessWeek* (October 20, 2003): 106–116.
85. Craig J. Thompson, "Caring Consumers: Gendered Consumption Meanings and the Juggling Lifestyle," *Journal of Consumer Research* 22 (March 1996): 388–407.
86. Quoted in Bernice Kanner, "Advertisers Take Aim at Women at Home," *New York Times* (January 2, 1995): 42.
87. For a review, see Russell W. Belk, "Metaphoric Relationships with Pets," *Society and Animals* 4, no. 2 (1996): 121–146.
88. Rebecca Gardyn, "Animal Magnetism," *American Demographics* (May 2002): 31–37.
89. Maryann Mott, "Catering to the Consumers with Animal Appetites," *New York Times on the Web* (November 14, 2004).
90. Stephanie Thompson, "What's Next, Pup Tents in Bryant Park?" *Advertising Age*, www.adage.com (January 29, 2007).
91. Mary C. Gilly and Ben M. Enis, "Recycling the Family Life Cycle: A Proposal for Redefinition," in *Advances in Consumer Research* 9, ed. Andrew A. Mitchell (Ann Arbor, Mich.: Association for Consumer Research, 1982), 271–276.
92. Charles M. Schaninger and William D. Danko, "A Conceptual and Empirical Comparison of Alternative Household Life Cycle Models," *Journal of Consumer Research* 19 (March 1993): 580-594; Robert E. Wilkes, "Household Life-Cycle Stages, Transitions, and Product Expenditures," *Journal of Consumer Research* 22, no. 1 (June 1995): 27–42.
93. Harry L. Davis, "Decision Making within the Household," *Journal of Consumer Research* 2 (March 1972): 241–260; Michael B. Menasco and David J. Curry, "Utility and Choice: An Empirical Study of Wife/Husband Decision Making," *Journal of Consumer Research* 16 (June 1989): 87–97. For a recent review, see Conway Lackman and John M. Lanasa, "Family Decision-Making Theory: An Overview and Assessment," *Psychology & Marketing* 10, no. 2 (March/April 1993): 81–94.
94. Shannon Dortch, "Money and Marital Discord," *American Demographics* (October 1994): 11.
95. Daniel Seymour and Greg Lessne, "Spousal Conflict Arousal: Scale Development," *Journal of Consumer Research* 11 (December 1984): 810–821.
96. Robert Lohrer, "Haggar Targets Women with $8M Media Campaign," *Daily News Record* (January 8, 1997): 1.
97. Robert Boutilier, *Targeting Families: Marketing to and through the New Family* (Ithaca, N. Y.: American Demographics, 1993).
98. Dennis L. Rosen and Donald H. Granbois, "Determinants of Role Structure in Family Financial Management," *Journal of Consumer Research* 10 (September 1983): 253–258.
99. Robert F. Bales, *Interaction Process Analysis: A Method for the Study of Small Groups* (Reading, Mass.: Addison-Wesley, 1950). For a cross-gender comparison of food shopping strategies, see Rosemary Polegato and Judith L. Zaichkowsky, "Family Food Shopping: Strategies Used by Husbands and Wives," *Journal of Consumer Affairs* 28, no. 2 (1994): 278–299.
100. Gary L. Sullivan and P. J. O'Connor, "The Family Purchase Decision Process: A Cross-Cultural Review and Framework for Research," *Southwest Journal of Business & Economics* (Fall 1988): 43; Marilyn Lavin, "Husband-Dominant, Wife-Dominant, Joint," *Journal of Consumer Marketing* 10, no. 3 (1993): 33–42.
101. Diane Crispell, "Mr. Mom Goes Mainstream," *American Demographics* (March 1994): 59; Gabrielle Sándor, "Attention Advertisers: Real Men Do Laundry," *American Demographics* (March 1994): 13.
102. James U. McNeal, "Tapping the Three Kids' Markets," *American Demographics* (April 1998): 37–41.
103. Kay L. Palan and Robert E. Wilkes, "Adolescent-Parent Interaction in Family Decision Making," *Journal of Consumer Research* 24 (September 1997): 159–169.
104. Russell N. Laczniak and Kay M. Palan, "Under the Influence," *Marketing Research* (Spring 2004): 34–39.
105. Leslie Isler, Edward T. Popper, and Scott Ward, "Children's Purchase Requests and Parental Responses: Results from a Diary Study," *Journal of Advertising Research* 27 (October/November 1987): 28–39.
106. Gregory M. Rose, "Consumer Socialization, Parental Style, and Development Timetables in the United States and Japan, "*Journal of Marketing* 63, no. 3 (1999): 105–119.
107. "Insight—Child Consumerism: First of the Little Big Spenders," *Marketing Week, London* (July 21, 2005): 32.
108. Scott Ward, "Consumer Socialization," in *Perspectives in Consumer Behavior*, eds. Harold H. Kassarjian and Thomas S. Robertson (Glenville, Ill.: Scott Foresman, 1980), 380.
109. George P. Moschis, "The Role of Family Communication in Consumer Socialization of Children and Adolescents," *Journal of Consumer Research* 11 (March 1985): 898–913.
110. James U. McNeal and Chyon-Hwa Yeh, "Born to Shop," *American Demographics* (June 1993): 34–39.
111. See Patricia M. Greenfield et al. "The Program-Length Commercial: A Study of the Effects of Television/Toy Tie-

Ins on Imaginative Play," *Psychology & Marketing* 7 (Winter 1990): 237–256 for a study on the effects of commercial programming on creative play.
112. Jill Goldsmith, "Ga, Ga, Goo, Goo, Where's the Remote? TV Show Targets Tots," *Dow Jones Business News* (February 5, 1997); Robert Frank, "Toddler Set Loves Teletubbies, but Parents Question Value," *The Wall Street Journal Interactive Edition* (August 21, 1997); Marina Baker, "Teletubbies Say 'Eh Oh . . . It's War!'" *The Independent* (March 6, 2000): 7; "A Trojan Horse for Advertisers," *Business Week* (April 3, 2000): 10.
113. Janine DeFao, "TV Channel for Babies? Pediatricians Say Turn It Off," *San Francisco Chronicle* (September 11, 2006): A1, A8.
114. Gerald J. Gorn and Renee Florsheim, "The Effects of Commercials for Adult Products on Children," *Journal of Consumer Research* 11 (March 1985): 962–967. For a study that assessed the impact of violent commercials on children, see V. Kanti Prasad and Lois J. Smith, "Television Commercials in Violent Programming: An Experimental Evaluation of Their Effects on Children," *Journal of the Academy of Marketing Science* 22, no. 4 (1994): 340–351.
115. Julian Guthrie, "Pitching to Pupils," *San Francisco Examiner* (January 18, 1998): A1, A9.
116. Glenn Collins, "New Studies on 'Girl Toys' and 'Boy Toys,'" *The New York Times* (February 13, 1984): D1.
117. Susan B. Kaiser, "Clothing and Social Organization of Gender Perception: A Developmental Approach," *Clothing and Textiles Research Journal* 7, no. 2 (1989): 46–56.
118. Lori Schwartz and William Markham, "Sex Stereotyping in Children's Toy Advertisements," *Sex Roles* 12 (January 1985): 157–170.
119. Joseph Pereira, "Oh Boy! In Toyland, You Get More If You're Male," *Wall Street Journal* (September 23, 1994): B1; Joseph Pereira, "Girls' Favorite Playthings: Dolls, Dolls, and Dolls," *Wall Street Journal* (September 23, 1994): B1.
120. Quoted in Lisa Bannon, "More Kids' Marketers Pitch Number of Single-Sex Products," *Wall Street Journal Interactive Edition* (February 14, 2000).
121. Kelly Zito, "Still a Boys' Club: Video-Game Industry Offers Slim Pickings for Girls," *San Francisco Chronicle* (May 13, 2000): B1, B2.
122. Reyhan Harmanci, "Cultural Shift: Little Girls, Sexy Dolls—Toy Industry Markets to 'Kids Growing Older Younger,'" *San Francisco Chronicle* (December 17, 2006): A1, A4.
123. Kay Hymovitz, quoted in Leslie Kaufman, "New Style Maven: 6 Years Old and Picky," *New York Times on the Web* (September 7, 1999).
124. Ibid.
125. Tara Parker-Pope, "Cosmetics Industry Takes Look at the Growing Preteen Market," *The Wall Street Journal Interactive Edition* (December 4, 1998).
126. Jean Piaget, "The Child and Modern Physics," *Scientific American* 196, no. 3 (1957): 46–51. See also Kenneth D. Bahn, "How and When Do Brand Perceptions and Preferences First Form? A Cognitive Developmental Investigation," *Journal of Consumer Research* 13 (December 1986): 382–393.
127. Deborah L. Roedder, "Age Differences in Children's Responses to Television Advertising: An Information-Processing Approach," *Journal of Consumer Research* 8 (September 1981): 144–253. See also Deborah Roedder John and Ramnath Lakshmi-Ratan, "Age Differences in Children's Choice Behavior: The Impact of Available Alternatives," *Journal of Marketing Research* 29 (May 1992): 216–226; Jennifer Gregan-Paxton and Deborah Roedder John, "Are Young Children Adaptive Decision Makers? A Study of Age Differences in Information Search Behavior," *Journal of Consumer Research* 21, no. 4 (1995): 567–580.

第 12 章

1. Details adapted from John W. Schouten and James H. McAlexander, "Market Impact of a Consumption Subculture: The Harley-Davidson Mystique," in *Proceedings of the 1992 European Conference of the Association for Consumer Research*, eds. Fred van Raaij and Gary Bamossy (Amsterdam, 1992); John W. Schouten and James H. McAlexander, "Subcultures of Consumption: An Ethnography of the New Bikers," *Journal of Consumer Research* 22 (June 1995): 43–61.
2. Joel B. Cohen and Ellen Golden, "Informational Social Influence and Product Evaluation," *Journal of Applied Psychology* 56 (February 1972): 54–59; Robert E. Burnkrant and Alain Cousineau, "Informational and Normative Social Influence in Buyer Behavior," *Journal of Consumer Research* 2 (December 1975): 206–215; Peter H. Reingen, "Test of a List Procedure for Inducing Compliance with a Request to Donate Money," *Journal of Applied Psychology* 67 (1982): 110–118.
3. Quoted in Dyan Machan, "Is the Hog Going Soft?," *Forbes* (March 10, 1997): 114–119.
4. C. Whan Park and V. Parker Lessig, "Students and Housewives: Differences in Susceptibility to Reference Group Influence," *Journal of Consumer Research* 4 (September 1977): 102–110.
5. Kenneth J. Gergen and Mary Gergen, *Social Psychology* (New York: Harcourt Brace Jovanovich, 1981).
6. Betty Smucker and Anna M. Creekmore, "Adolescents' Clothing Conformity, Awareness and Peer Acceptance," *Home Economics Research Journal* 1 (1972): 92–97; Suzanne H. Hendricks, Eleanor A. Kelly, and JoAnne B. Eicher, "Senior Girls' Appearance and Social Participation," *Journal of Home Economics* 60 (1968): 167–172; Mary B. Littrell and JoAnne B. Eicher, "Clothing Opinions and the Social Acceptance Process among Adolescents," *Adolescents* 8 (1973): 197–212; Madeline C. Williams and JoAnne B. Eicher, "Teenagers' Appearance and Social Acceptance," *Journal of Home Economics* 58 (1966): 457–461.
7. Harold H. Kelley, "Two Functions of Reference Groups," in *Basic Studies in Social Psychology*, eds. Harold Proshansky and Bernard Siedenberg (New York: Holt, Rinehart and Winston, 1965), 210–214.
8. Carol Krol, "Survey: Friends Lead Pack in Kids' Spending Decisions," *Advertising Age* (March 10, 1997): 16.
9. A. Benton Cocanougher and Grady D. Bruce, "Socially Distant Reference Groups and Consumer Aspirations," *Journal of Marketing Research* 8 (August 1971): 79–81; James E. Stafford, "Effects of Group Influences on Consumer Brand Preferences," *Journal of Marketing Research* 3 (February 1966): 68–75.
10. Cocanougher and Bruce, "Socially Distant Reference Groups and Consumer Aspirations."

11. L. Festinger, S. Schachter, and K. Back, *Social Pressures in Informal Groups: A Study of Human Factors in Housing* (New York: Harper, 1950).
12. R. B. Zajonc, H. M. Markus, and W. Wilson, "Exposure Effects and Associative Learning," *Journal of Experimental Social Psychology* 10 (1974): 248–263.
13. Susan Kaiser, *The Social Psychology of Clothing: Symbolic Appearances in Context* (New York: Fairchild, 1997).
14. Littrell and Eicher, "Clothing Opinions and the Social Acceptance Process among Adolescents."
15. Eleanor A. Kelly and Joanne B. Eicher, "Popularity, Group Membership, and Dress," *Journal of Home Economics* 62 (1970): 246–250.
16. "An American Princess," *Women's Wear Daily* (July 19, 1999): 1, 6–9.
17. This typology is adapted from material presented in Robert V. Kozinets, "E-Tribalized Marketing: The Strategic Implications of Virtual Communities of Consumption," *European Management Journal* 17, no. 3 (June 1999): 252–264.
18. Hassan Fattah and Pamela Paul, "Gaming Gets Serious," *American Demographics* (May 2002): 39–43.
19. Rob McGann, "Blog Readership Surged 58 Percent in 2004," ClickZ Network (January 5, 2005), http://www.clickz.com/stats/sectors/traffic_patterns/article.php/3453431#table (June 10, 2005).
20. Bob Tedeschi, "Product Reviews from Anyone with an Opinion," *New York Times on the Web* (October 25, 1999).
21. Kozinets, "E-Tribalized Marketing: The Strategic Implications of Virtual Communities of Consumption."
22. Jeffrey D. Ford and Elwood A. Ellis, "A Re-Examination of Group Influence on Member Brand Preference," *Journal of Marketing Research* 17 (February 1980): 125–132; Thomas S. Robertson, *Innovative Behavior and Communication* (New York: Holt, Rinehart and Winston, 1980), Chapter 8.
23. Rose-Marie Turk, "The Leading Ladies," *WWWCalifornia* (supplement to *Women's Wear Daily*) (August 1999): 14–18, 56.
24. William O. Bearden and Michael J. Etzel, "Reference Group Influence on Product and Brand Purchase Decisions," *Journal of Consumer Research* 9, no. 2 (1982): 183–194.
25. Gergen and Gergen, *Social Psychology*, p. 312.
26. J. R. P. French, Jr., and B. Raven, "The Bases of Social Power," in *Studies in Social Power*, ed. D. Cartwright (Ann Arbor, Mich.: Institute for Social Research, 1959), 150–167.
27. Michael R. Solomon, "Packaging the Service Provider," *The Service Industries Journal* 5 (March 1985): 64–72.
28. Kimberly A. Miller, "Standing Out from the Crowd," in *The Meanings of Dress,* eds. Mary Lynn Damhorst, Kimberly A. Miller, and Susan O. Michelman (New York: Fairchild, 1999), 206-214.
29. Marilyn Horn, *The Second Skin* (Boston: Houghton Mifflin, 1981).
30. William L. Hamilton, "The School Uniform as Fashion Statement: How Students Crack the Dress Code" in *The Meanings of Dress,* eds. Mary Lynn Damhorst, Kimberly A. Miller, and Susan O. Michelman (New York: Fairchild, 1999), 232–235.
31. For an attempt to measure individual differences in proclivity to conformity, see William O. Bearden, Richard G. Netemeyer, and Jesse E. Teel, "Measurement of Consumer Susceptibility to Interpersonal Influence," *Journal of Consumer Research* 15 (March 1989): 473–481.
32. William O. Bearden, Richard G. Netemeyer, and Jesse E. Teel, "Measurement of Consumer Susceptibility to Interpersonal Influence," *Journal of Consumer Research* 9, no. 3 (1989): 183–194; Lynn R. Kahle, "Observations: Role-Relaxed Consumers: A Trend of the Nineties," *Journal of Advertising Research* (March/April 1995): 66–71; Lynn R. Kahle and Aviv Shoham, "Observations: Role-Relaxed Consumers: Empirical Evidence," *Journal of Advertising Research* 35, no. 3 (May/June 1995): 59–62.
33. Heather Anderson and Deborah Meyer, "Pre-Adolescent Consumer Conformity: A Study of Motivation for Purchasing Apparel," *Journal of Fashion Marketing and Management* 4, no. 2 (2000): 173–181.
34. Nancy J. Rabolt and Mary Frances Drake, "Information Sources Used by Women for Career Dressing Decisions," in *The Psychology of Dress,* ed. Michael R. Solomon (Lexington, Mass.: Lexington Books, 1985), 371–385.
35. Leon Festinger, "A Theory of Social Comparison Processes," *Human Relations* 7 (May 1954): 117–140.
36. Chester A. Insko, Sarah Drenan, Michael R. Solomon, Richard Smith, and Terry J. Wade, "Conformity as a Function of the Consistency of Positive Self-Evaluation with Being Liked and Being Right," *Journal of Experimental Social Psychology* 19 (1983): 341–358.
37. Abraham Tesser, Murray Millar, and Janet Moore, "Some Affective Consequences of Social Comparison and Reflection Processes: The Pain and Pleasure of Being Close," *Journal of Personality and Social Psychology* 54, no. 1 (1988): 49–61.
38. George P. Moschis, "Social Comparison and Informal Group Influence," *Journal of Marketing Research* 13 (August 1976): 237–244.
39. Burnkrant and Cousineau, "Informational and Normative Social Influence in Buyer Behavior"; M. Venkatesan, "Experimental Study of Consumer Behavior Conformity and Independence," *Journal of Marketing Research* 3 (November 1966): 384–387.
40. Janet K. May and Ardis W. Koester, "Clothing Purchase Practices of Adolescents" *Home Economics Research Journal* 9, no. 4 (1981): 356–362.
41. Harvey London, *Psychology of the Persuader* (Morristown, N.J.: Silver Burdett/General Learning Press, 1973); William J. McGuire, "The Nature of Attitudes and Attitude Change," in *The Handbook of Social Psychology*, eds. G. Lindzey and E. Aronson (Reading, Mass.: Addison-Wesley, 1968), 3; N. Miller, G. Naruyama, R. J. Baebert, and K. Valone, "Speed of Speech and Persuasion," *Journal of Personality and Social Psychology* 34 (1976): 615–624.
42. B. Latane, K. Williams, and S. Harkings, "Many Hands Make Light the Work: The Causes and Consequences of Social Loafing," *Journal of Personality and Social Psychology* 37 (1979): 822–832.
43. Nathan Kogan and Michael A. Wallach, "Risky Shift Phenomenon in Small Decision-Making Groups: A Test of the Information Exchange Hypothesis," *Journal of Experimental Social Psychology* 3 (January 1967): 75–84; Nathan Kogan and Michael A. Wallach, *Risk Taking* (New York: Holt, Rinehart and Winston, 1964); Arch G. Woodside and M. Wayne DeLozier, "Effects of Word-of-Mouth Advertising on Consumer Risk Taking," *Journal of Advertising* (Fall 1976): 12–19.
44. Kogan and Wallach, *Risk Taking.*
45. Donald H. Granbois, "Improving the Study of Customer In-Store Behavior," *Journal of Marketing* 32 (October

1968): 28–32.
46. Tamara F. Mangelburg, Patricia M. Doney, and Terry Bristol, "Shopping with Friends and Teens' Susceptibility to Peer Influence," *Journal of Retailing* 80 (2004): 101–116.
47. Len Strazewski, "Tupperware Locks in New Strategy," *Advertising Age* (February 8, 1988): 30.
48. George B. Sproles and Leslie Davis Burns, *Changing Appearances: Understanding Dress in Contemporary Culture* (New York: Fairchild, 1994).
49. Kimberly A. Miller and Scott A. Hunt, "It's All Greek to Me: Sorority Members and Identity Talk," in *The Meanings of Dress* eds. Mary Lynn Damhorst, Kimberly A. Miller, and Susan O. Michelman (New York: Fairchild, 1999): 224–228.
50. Mary Lynn Damhorst, Kimberly A. Miller, and Susan O. Michelman, eds., *The Meanings of Dress* (New York: Fairchild, 1999).
51. Lucy C. Taylor and Norma H. Compton, "Personality Correlates of Dress Conformity," *Journal of Home Economics* 60 (October 1968): 653–656.
52. Anna M. Creekmore, "Clothing and Personal Attractiveness of Adolescents Related to Conformity, to Clothing Mode, Peer Acceptance, and Leadership Potential, *Home Economics Research Journal* 8 (January 1980): 203–215.
53. Pat Marie Maher and Ann C. Slocum, "Freedom in Dress: The Legal View," *Home Economics Research Journal* 14, no. 4 (June 1986): 371–379; Pat Marie Maher and Ann C. Slocum, "Freedom in Dress: Legal Sanctions," *Clothing and Textiles Research Journal* 5, no. 4 (Summer 1987): 14–22.
54. Gergen and Gergen, *Social Psychology*.
55. Horn, *The Second Skin*.
56. Mary Kefgen and Phyllis Touchie-Specht, *Individuality in Clothing Selection and Personal Appearance: A Guide for the Consumer* (New York: Macmillan, 1981). See updated edition by Suzanne B. Marshall, Hazel O. Jackson, M. Sue Stanley, Mary Kefgen, and Phyllis Touchie-Specht (Upper Saddle River, N.J.: Prentice Hall, 2000).
57. Marshall et al. *Individuality in Clothing Selection and Personal Appearance*.
58. Elizabeth D. Lowe and Hilda M. Buckley, "Freedom and Conformity in Dress: A Two-Dimensional Approach," *Home Economics Research Journal* 11 (December 1992): 197–204.
59. L. J. Strickland, S. Messick, and D. N. Jackson, "Conformity, Anticonformity and Independence: Their Dimensionality and Generality," *Journal of Personality and Social Psychology* 16 (1970): 494–507.
60. Jack W. Brehm, *A Theory of Psychological Reactance* (New York: Academic Press, 1966).
61. R. D. Ashmore, V. Ramchandra, and R. Jones, "Censorship as an Attitude Change Induction," paper presented at meetings of Eastern Psychological Association, New York, 1971; R. A. Wicklund and J. Brehm, *Perspectives on Cognitive Dissonance* (Hillsdale, N.J.: Lawrence Erlbaum, 1976).
62. C. R. Snyder and H. L. Fromkin, *Uniqueness: The Human Pursuit of Difference* (New York: Plenum Press, 1980).
63. Jane E. Workman and Kim K. P. Johnson. "Fashion Opinion Leadership, Fashion Innovativeness, and Need for Variety," *Clothing and Textiles Research Journal* 11, no. 3 (1993): 60–64.
64. Johan Arndt, "Role of Product-Related Conversations in the Diffusion of a New Product," *Journal of Marketing Research* 4 (August 1967): 291–295.
65. Yumiko Ono, "Earth Tones and Attitude Make a Tiny Cosmetics Company Hot," *Wall Street Journal* (February 23, 1995): B1.
66. Quoted in Barbara B. Stern and Stephen J. Gould, "The Consumer as Financial Opinion Leader," *Journal of Retail Banking* 10 (Summer 1988): 43–52.
67. Elihu Katz and Paul F. Lazarsfeld, *Personal Influence* (Glencoe, Ill.: Free Press, 1955).
68. Julie Bosnan, "Advertising Is Obsolete. Everyone Says So," *New York Times* (nytimes.com) (January 23, 2006).
69. John A. Martilla, "Word-of-Mouth Communication in the Industrial Adoption Process," *Journal of Marketing Research* 8 (March 1971): 173–178. See also Marsha L. Richins, "Negative Word-of-Mouth by Dissatisfied Consumers: A Pilot Study," *Journal of Marketing* 47 (Winter 1983): 68–78.
70. Arndt, "Role of Product-Related Conversations in the Diffusion of a New Product."
71. James H. Myers and Thomas S. Robertson, "Dimensions of Opinion Leadership," *Journal of Marketing Research* 9 (February 1972): 41–46.
72. Sonia Murray, "Street Marketing Does the Trick," *Advertising Age* (March 20, 2000): S12.
73. Quoted in "Taking to the Streets," *Newsweek* (November 2, 1998): 70–73.
74. Constance L. Hays, "Guerrilla Marketing Is Going Mainstream," *New York Times on the Web* (October 7, 1999).
75. Miles Socha and Janet Ozzard, "Building Buzz, One by One," *Women's Wear Daily* (April 14, 2000): 14–16.
76. Jared Sandberg, "The Friendly Virus," *Newsweek* (April 12, 1999): 65–66.
77. Karen J. Bannan, "Marketers Try Infecting the Internet," *New York Times on the Web* (March 22, 2000).
78. Abram Sauer, "Are You Sick of Viral Marketing?," www.brandchannel.com (April 5, 2004).
79. Pia Sarkar, "A Different Way of Selling Clothes," *San Francisco Chronicle* (August 27, 2005): C1–C2.
80. Peter Applebome, "On Campus, Hanging Out by Logging On," *New York Times on the Web* (December 1, 2004).
81. Mengly Taing, "Young Designers Build Business Networks on MySpace," *Women's Wear Daily* (September 5, 2006): 12.
82. Bob Tedeschi, "Social Networks: Will Users Pay to Get Friends?" *New York Times on the Web* (February 9, 2004).
83. Jennifer Lach, "Intelligence Agents," *American Demographics* (March 1999): 52–60.
84. James F. Engel, Robert J. Kegerreis, and Roger D. Blackwell, "Word of Mouth Communication by the Innovator," *Journal of Marketing* 33 (July 1969): 15–19.
85. David Kirkpatrick, "Advertisers Crash Crowd Outside 'Today,' " *Wall Street Journal* (April 24, 1996): B1.
86. Chip Walker, "Word of Mouth," *American Demographics* (July 1995): 38–44.
87. Richard J. Lutz, "Changing Brand Attitudes through Modification of Cognitive Structure," *Journal of Consumer Research* 1 (March 1975): 49–59. For some suggested remedies to bad publicity, see Mitch Griffin, Barry J. Babin, and Jill S. Attaway, "An Empirical Investigation of the Impact of Negative Public Publicity on Consumer Attitudes and Intentions," in *Advances in Consumer Research* 18, eds. Rebecca H. Holman and Michael R. Solomon (Provo, Utah: Association for Consumer Research, 1991), 334–341; Alice M. Tybout, Bobby J. Calder, and Brian Sternthal, "Using Information Processing Theory to Design Marketing Strategies," *Journal of Marketing Research* 18 (1981): 73–79.

88. Robert E. Smith and Christine A. Vogt, "The Effects of Integrating Advertising and Negative Word-of-Mouth Communications on Message Processing and Response," *Journal of Consumer Psychology* 4, no. 2 (1995): 133–151; Paula Fitzgerald Bone, "Word-of-Mouth Effects on Short-Term and Long-Term Product Judgments," *Journal of Business Research* 32 (1995): 213–223.
89. Charles W. King and John O. Summers, "Overlap of Opinion Leadership across Consumer Product Categories," *Journal of Marketing Research* 7 (February 1970): 43–50.
90. A. Tesser and S. Rosen, "The Reluctance to Transmit Bad News," in *Advances in Experimental Social Psychology,* ed. L. Berkowitz (New York: Academic Press, 1975), 8.
91. Kimberly R. McNeil, Olenda E. Johnson, and Ann Y. Johnson, "'Did You Hear What Tommy Hilfiger Said?' Urban Legend, Urban Fashion and African-American Generation Xers," *Journal of Fashion Marketing and Management* 3, no. 5 (2001): 234–240.
92. Judie Glave, "Calvin Klein Axes Controversial Campaign," *Denver Post* (August 29, 1996): C9.
93. Everett M. Rogers, *Diffusion of Innovations*, 3rd ed. (New York: Free Press, 1983): See also Ed Keller and Jon Berry, *The Influentials* (New York: The Free Press/Simon and Schuster, 2003).
94. Elaine Stone, *The Dynamics of Fashion* (New York: Fairchild, 1999).
95. Dorothy Leonard-Barton, "Experts as Negative Opinion Leaders in the Diffusion of a Technological Innovation," *Journal of Consumer Research* 11 (March 1985): 914–926; Rogers, *Diffusion of Innovations.*
96. Herbert Menzel, "Interpersonal and Unplanned Communications: Indispensable or Obsolete?," in *Biomedical Innovation* (Cambridge, Mass.: MIT Press, 1981), 155–163.
97. Meera P. Venkatraman, "Opinion Leaders, Adopters, and Communicative Adopters: A Role Analysis," *Psychology & Marketing* 6 (Spring 1989): 51–68.
98. Rogers, *Diffusion of Innovations.*
99. Quentin Bell, *On Human Finery* (London: Hogarth Press), 46.
100. Patricia Huddleston, Imogene Ford, and Marianne C. Bickle, "Demographic and Lifestyle Characteristics as Predictors of Fashion Opinion Leadership, among Mature Consumers," *Clothing and Textiles Research Journal* 11, no. 4 (1993): 26–31.
101. Dorothy U. Behling, "Three and a Half Decades of Fashion Adoption Research: What Have We Learned?" *Clothing and Textiles Research Journal* 10, no. 2 (1992): 34–41.
102. Robert Merton, *Social Theory and Social Structure* (Glencoe, Ill.: Free Press, 1957).
103. King and Summers, "Overlap of Opinion Leadership across Consumer Product Categories." See also Ronald E. Goldsmith, Jeanne R. Heitmeyer, and Jon B. Freiden, "Social Values and Fashion Leadership," *Clothing and Textiles Research Journal* 10 (Fall 1991): 37–45; J. O. Summers, "Identity of Women's Clothing Fashion Opinion Leaders," *Journal of Marketing Research* 7 (1970): 178–185.
104. Valerie Seckler, "Prosumers: Give Them Something to Talk About," *Women's Wear Daily* (July 28, 2004): 10.
105. Laura J. Yale and Mary C. Gilly, "Dyadic Perceptions in Personal Source Information Search," *Journal of Business Research* 32 (1995): 225–237.
106. Russell W. Belk, "Occurrence of Word-of-Mouth Buyer Behavior as a Function of Situation and Advertising Stimuli," in *Combined Proceedings of the American Marketing Association*, Series No. 33, ed. Fred C. Allvine (Chicago: American Marketing Association, 1971), 419–422.
107. For discussion of the market maven construct, see Lawrence F. Feick and Linda L. Price, "The Market Maven," *Managing* (July 1985): 10. Scale items adapted from Lawrence Feick and Linda Price, "The Market Maven: A Diffuser of Marketplace Information," *Journal of Marketing* 51 (January 1987): 83–87.
108. Michael R. Solomon, "The Missing Link: Surrogate Consumers in the Marketing Chain," *Journal of Marketing* 50 (October 1986): 208–218.
109. William R. Darden and Fred D. Reynolds, "Predicting Opinion Leadership for Men's Apparel Fashions," *Journal of Marketing Research* 1 (August 1972): 324–328. A modified version of the opinion leadership scale with improved reliability and validity can be found in Terry L. Childers, "Assessment of the Psychometric Properties of an Opinion Leadership Scale," *Journal of Marketing Research* 23 (May 1986): 184–188.
110. Dan Seligman, "Me and Monica," *Forbes* (March 23, 1998): 76.
111. Terry L. Clum and Joanne B. Eicher, "Teenagers' Conformity in Dress and Peer Friendship Groups," Research Report #152 (East Lansing, Mich.: Michigan State University Agricultural Experiment Station, March 1972).
112. Kelly and Eicher, "Popularity, Group Membership, and Dress."
113. Peter H. Reingen and Jerome B. Kernan, "Analysis of Referral Networks in Marketing: Methods and Illustration," *Journal of Marketing Research* 23 (November 1986): 370–378.
114. Peter H. Reingen, Brian L. Foster, Jacqueline Johnson Brown, and Stephen B. Seidman, "Brand Congruence in Interpersonal Relations: A Social Network Analysis," *Journal of Consumer Research* 11 (December 1984): 771–783; see also James C. Ward and Peter H. Reingen, "Sociocognitive Analysis of Group Decision Making among Consumers," *Journal of Consumer Research* 17 (December 1990): 245–262.

第 13 章

1. "It's Buying Time Again," *Women's Wear Daily* (March 2, 2000): 2.
2. Paul Gray, "Nice Guys Finish First?," *Time* (July 25, 1994): 48–49.
3. Pradeep Kakkar and Richard J. Lutz, "Situational Influence on Consumer Behavior: A Review," in *Perspectives in Consumer Behavior*, 3rd ed., eds. Harold H. Kassarjian and Thomas S. Robertson (Glenview, Ill.: Scott Foresman, 1981), 204–214.
4. Carolyn Turner Schenk and Rebecca H. Holman, "A Sociological Approach to Brand Choice: The Concept of Situational Self-Image," in *Advances in Consumer Research* 7, ed. Jerry C. Olson (Ann Arbor, Mich.: Association for Consumer Research, 1980), 610–614.
5. Russell W. Belk, "An Exploratory Assessment of Situational Effects in Buyer Behavior," *Journal of Marketing* (2004): 67–83; see also Eun Young Kim and Youn-Kyung

Research 11 (May 1974): 156–163; U. N. Umesh and Joseph A. Cote, "Influence of Situational Variables on Brand-Choice Models," *Journal of Business Research* 16, no. 2 (1988): 91–99. See also J. Wesley Hutchinson and Joseph W. Alba, "Ignoring Irrelevant Information: Situational Determinants of Consumer Learning," *Journal of Consumer Research* 18 (December 1991): 325–345.

6. Yoon–Hee Kwon, "Effects of Situational and Individual Influences on the Selection of Daily Clothing," *Clothing and Textiles Research Journal* 6 (Summer 1988): 6–12.
7. Ellen Byron, "How Coach Won a Rich Purse by Inventing New Uses for Bags: What Was a Semiannual Buy Is Now a Regular Ritual; Wristlets, Clutches, Totes, Fresh Competition from Gap," *Wall Street Journal on the Web* (November 17, 2004): A1.
8. Daniel Stokols, "On the Distinction between Density and Crowding: Some Implications for Future Research," *Psychological Review* 79 (1972): 275–277.
9. Carol Felker Kaufman, Paul M. Lane, and Jay D. Lindquist, "Exploring More Than 24 Hours a Day: A Preliminary Investigation of Polychronic Time Use," *Journal of Consumer Research* 18 (December 1991): 392–401.
10. Laurence P. Feldman and Jacob Hornik, "The Use of Time: An Integrated Conceptual Model," *Journal of Consumer Research* 7 (March 1981): 407–419. See also Michelle M. Bergadaa, "The Role of Time in the Action of the Consumer," *Journal of Consumer Research* 17 (December 1990): 289–302.
11. Joanna Ramy, "No Time to Shop?" *Women's Wear Daily*, Section II (June 20, 2005): 6.
12. Robert J. Samuelson, "Rediscovering the Rat Race," *Newsweek* (May 15, 1989): 57.
13. John P. Robinson, "Time Squeeze," *Advertising Age* (February 1990): 30–33.
14. Leonard L. Berry, "Market to the Perception," *American Demographics* (February 1990): 32.
15. "Shopping on the Clock," *Women's Wear Daily* (September 16, 1999): 2.
16. Jacob Hornik, "Diurnal Variation in Consumer Response," *Journal of Consumer Research* 14 (March 1988): 588–591.
17. See Shirley Taylor, "Waiting for Service: The Relationship between Delays and Evaluations of Service," *Journal of Marketing* 58 (April 1994): 56–69.
18. Laurette Dube and Bernd H. Schmitt, "The Processing of Emotional and Cognitive Aspects of Product Usage in Satisfaction Judgments," in *Advances in Consumer Research* 18, eds. Rebecca H. Holman and Michael R. Solomon (Provo, Utah: Association for Consumer Research, 1991), 52–56; Lalita A. Manrai and Meryl P. Gardner, "The Influence of Affect on Attributions for Product Failure," in *Advances in Consumer Research* 18, eds. Rebecca H. Holman and Michael R. Solomon (Provo, Utah: Association for Consumer Research, 1991), 249–254.
19. Kevin G. Celuch and Linda S. Showers, "It's Time to Stress Stress: The Stress-Purchase/Consumption Relationship," in *Advances in Consumer Research* 18, eds. Rebecca H. Holman and Michael R. Solomon (Provo, Utah: Association for Consumer Research, 1991), 284–289; Lawrence R. Lepisto, J. Kathleen Stuenkel, and Linda K. Anglin, "Stress: An Ignored Situational Influence," in *Advances in Consumer Research* 18, eds. Rebecca H. Holman and Michael R. Solomon (Provo, Utah: Association for Consumer Research, 1991), 296–302.
20. See Eben Shapiro, "Need a Little Fantasy? A Bevy of New Companies Can Help," *New York Times* (March 10, 1991): F4.
21. John D. Mayer and Yvonne N. Gaschke, "The Experience and Meta-Experience of Mood," *Journal of Personality and Social Psychology* 55 (July 1988): 102–111.
22. Meryl Paula Gardner, "Mood States and Consumer Behavior: A Critical Review," *Journal of Consumer Research* 12 (December 1985): 281–300; Scott Dawson, Peter H. Bloch, and Nancy M. Ridgway, "Shopping Motives, Emotional States, and Retail Outcomes," *Journal of Retailing* 66 (Winter 1990): 408–427; Patricia A. Knowles, Stephen J. Grove, and W. Jeffrey Burroughs (1993), "An Experimental Examination of Mood States on Retrieval and Evaluation of Advertisement and Brand Information," *Journal of the Academy of Marketing Science* 21 (April 1993); Paul W. Miniard, Sunil Bhatla, and Deepak Sirdeskmuhk, "Mood as a Determinant of Postconsumption Product Evaluations: Mood Effects and Their Dependency on the Affective Intensity of the Consumption Experience," *Journal of Consumer Psychology* 1, no. 2 (1992): 173–195; Mary T. Curren and Katrin R. Harich, "Consumers' Mood States: The Mitigating Influence of Personal Relevance on Product Evaluations," *Psychology & Marketing* 11, no. 2 (March/April 1994): 91–107; Gerald J. Gorn, Marvin E. Rosenberg, and Kunal Basu, "Mood, Awareness, and Product Evaluation," *Journal of Consumer Psychology* 2, no. 3 (1993): 237–256.
23. Ira P. Schneiderman, "Color My World," *Women's Wear Daily,"* (November 19, 1999): 17.
24. Gordon C. Bruner, "Music, Mood, and Marketing," *Journal of Marketing* 54 (October 1990): 94–104; Basil G. Englis, "Music Television and Its Influences on Consumers, Consumer Culture, and the Transmission of Consumption Messages," in *Advances in Consumer Research* 18, eds. Rebecca H. Holman and Michael R. Solomon (Provo, Utah: Association for Consumer Research, 1991).
25. Marvin E. Goldberg and Gerald J. Gorn, "Happy and Sad TV Programs: How They Affect Reactions to Commercials," *Journal of Consumer Research* 14 (December 1987): 387–403; Gerald J. Gorn, Marvin E. Goldberg, and Kunal Basu, "Mood, Awareness, and Product Evaluation," *Journal of Consumer Psychology* 2, no. 3 (1993): 237–256; Mary T. Curren and Katrin R. Harich, "Consumers' Mood States: The Mitigating Influence of Personal Relevance on Product Evaluations," *Psychology & Marketing* 11, no. 2 (March/April 1994): 91–107.
26. Rajeev Batra and Douglas M. Stayman, "The Role of Mood in Advertising Effectiveness," *Journal of Consumer Research* 17 (September 1990): 203; John P. Murry, Jr., and Peter A. Dacin, "Cognitive Moderators of Negative-Emotion Effects: Implications for Understanding Media Context," *Journal of Consumer Research* 22 (March 1996): 439–447. See also Mary T. Curren and Harich, "Consumers' Mood States: The Mitigating Influence of Personal Relevance on Product Evaluations"; Gorn, Goldberg, and Basu, "Mood, Awareness, and Product Evaluation."
27. For a scale that was devised to assess these dimensions of the shopping experience, see Barry J. Babin, William R. Darden, and Mitch Griffin, "Work and/or Fun: Measuring Hedonic and Utilitarian Shopping Value," *Journal of Consumer Research* 20 (March 1994): 644–656.
28. Babin, Darden, and Griffin, "Work and/or Fun: Measuring Hedonic and Utilitarian Shopping Value."
29. Edward M. Tauber, "Why Do People Shop?," *Journal of Marketing* 36 (October 1972): 47–48; see also Diana L. Haytko and Julie Baker, "It's All at the Mall: Exploring Adolescent Girls' Experiences," *Journal of Retailing* 80

Kim, "The Effects of Ethnicity and Gender on Teens' Mall Shopping Motivations," *Clothing & Textiles Research Journal* 23, no. 2 (2005): 65–77.
30. "Why Do You Shop?" *Women's Wear Daily* (July 1997): 44, 46.
31. Youn-Kyung Kim, Shefali Kumar, and Jikyeong Kang, "Teenagers' Shopping Motivations and Loneliness," *Proceedings of the International Textile and Apparel Association,* (1999): 67.
32. Quoted in Robert C. Prus, *Making Sales: Influence as Interpersonal Accomplishment* (Newbury Park, Calif.: Sage, 1989), 225.
33. "Is the Thrill Gone?," *Women's Wear Daily* (March 26, 1998): 2.
34. "A Global Perspective . . . on Women & Women's Wear," Cotton Inc. *Lifestyle Monitor* 14 (Winter 1999/2000): 8–11.
35. Gregory P. Stone, "City Shoppers and Urban Identification: Observations on the Social Psychology of City Life," *American Journal of Sociology* 60 (1954): 36–45; Danny Bellenger and Pradeep K. Korgaonkar, "Profiling the Recreational Shopper," *Journal of Retailing* 56, no. 3 (1980): 77–92.
36. Some material in this section was adapted from Michael R. Solomon and Elnora W. Stuart, *Welcome to Marketing.Com: The Brave New World of E-Commerce*. Upper Saddle River N.J.: Prentice-Hall, 2001.
37. Rebecca K. Ratner, Barbara E. Kahn, and Daniel Kahneman, "Choosing Less-Preferred Experiences for the Sake of Variety," *Journal of Consumer Research* 26 (June 1999): 1–15.
38. Jennifer Gilbert, "Customer Service Crucial to Online Buyers," *Advertising Age* (September 13, 1999): 52.
39. Cora Yuen and Nancy J. Rabolt, "Consumer Satisfaction with Fashion Internet Purchases: Using a Website Gathering Technique." *Proceedings of the International Textile and Apparel Association, 2002,* available at www.itaaonline.org.
40. Timothy L. O'Brien, "Aided by Internet, Identity Theft Soars," *New York Times on the Web* (April 3, 2000).
41. Carol Emert, "E-Tailers Fined for Broken Promises," *San Francisco Chronicle* (July 27, 2000): B1, B5.
42. Quoted in Kate Ballen, "Get Ready for Shopping at Work," *Fortune* (February 15, 1988): 95.
43. For a recent study of consumer shopping patterns in a mall that views the mall as an ecological habitat, see Peter N. Bloch, Nancy M. Ridgway, and Scott A. Dawson, "The Shopping Mall as Consumer Habitat," *Journal of Retailing* 70, no. 1 (1994): 23–42.
44. Quoted in Jacquelyn Bivins, "Fun and Mall Games," *Stores* (August 1989): 35.
45. Sallie Hook, "All the Retail World's a Stage: Consumers Conditioned to Entertainment in Shopping Environment," *Marketing News* 21 (July 31, 1987): 16.
46. Eric Wilson, "Adventures in Design: Prada's Vision of Techno Chic Comes to SoHo," *Women's Wear Daily* (January 23, 2002): 1, 10–11.
47. Anamaria Wilson, "Miyake's Mix of Design Extremes," *Women's Wear Daily* (October 30, 2001): 7.
48. "Levi's Brand Delivers Global Product Line-Up and Multi-Sensory Shopping Experience at First San Francisco Store," *Business Wire* (August 16, 1999): 1.
49. Quoted in Mitchell Pacelle, "Malls Add Fun and Games to Attract Shoppers," *Wall Street Journal* (January 23, 1996): B1.
50. Patricia Winters Lauro, "Developer Promotes Its Malls as Destinations for Fun," *New York Times on the Web* (October 21, 1999).
51. John Tagliabue, "Enticing Europe's Shoppers: U.S. Way of Dressing and of Retailing Spreading Fast," *New York Times* (April 24, 1996): D1.
52. Joshua Levine, "Hamburgers and Tennis Socks," *Forbes* (November 20, 1995): 184–185; Iris Cohen Selinger, "Lights! Camera! But Can We Get a Table?" *Advertising Age* (April 17, 1995): 48.
53. Susan Spiggle and Murphy A. Sewall, "A Choice Sets Model of Retail Selection," *Journal of Marketing* 51 (April 1987): 97–111; William R. Darden and Barry J. Babin, "The Role of Emotions in Expanding the Concept of Retail Personality," *Stores* 76, no. 4 (April 1994): RR7–RR8.
54. Most measures of store image are quite similar to other attitude measures, as discussed in Chapter 8. For an excellent bibliography of store image studies, see Mary R. Zimmer and Linda L. Golden, "Impressions of Retail Stores: A Content Analysis of Consumer Images," *Journal of Retailing* 64 (Fall 1988): 265–293.
55. Spiggle and Sewall, "A Choice Sets Model of Retail Selection."
56. Philip Kotler, "Atmospherics as a Marketing Tool," *Journal of Retailing* (Winter 1973–1974): 10–43, 48–64, 50. For a review of more research, see J. Duncan Herrington, "An Integrative Path Model of the Effects of Retail Environments on Shopper Behavior," ed. Robert L. King, *Marketing: Toward the Twenty-First Century* (Richmond, VA Southern Marketing Association, 1991), 58–62.
57. Joseph A. Bellizzi and Robert E. Hite, "Environmental Color, Consumer Feelings, and Purchase Likelihood," *Psychology & Marketing* 9, no. 5 (September/October 1992): 347–363.
58. Quoted in Cherie Fehrman and Kenneth Fehrman, *Color the Secret Influence* (Upper Saddle River, N. J.: Prentice-Hall, 2000), pp. 141–142.
59. See Eric R. Spangenberg, Ayn E. Crowley, and Pamela W. Henderson, "Improving the Store Environment: Do Olfactory Cues Affect Evaluations and Behaviors?," *Journal of Marketing* 60 (April 1996): 67–80, for a study that assessed olfaction in a controlled, simulated store environment.
60. Robert J. Donovan, John R. Rossiter, Gilian Marcoolyn, and Andrew Nesdale, "Store Atmosphere and Purchasing Behavior," *Journal of Retailing* 70, no. 3 (1994): 283–294.
61. "2001 Colors Reflect Desire for Serenity in a Fast Paced World," *PR Newswire*, New York (August 20, 1999): 1.
62. Deborah Blumenthal, "Scenic Design for In-Store Try-Ons," *The New York Times* (April 9, 1988): 56.
63. John Pierson, "If Sun Shines In, Workers Work Better, Buyers Buy More," *Wall Street Journal* (November 20, 1995): B1.
64. Charles S. Areni and David Kim, "The Influence of In-Store Lighting on Consumers' Examination of Merchandise in a Wine Store," *International Journal of Research in Marketing* 11, no. 2 (March 1994): 117–125.
65. Julie Flaherty, "Music to a Retailer's Ear," *New York Times*, www.nytimes.com (July 4, 2001).
66. Marianne Meyer, "Attention Shoppers!," *Marketing and Media Decisions* 23 (May 1988): 67.
67. "Through the Looking Glass," *Lifestyle Monitor* 16 (Fall–Winter 2002).
68. Easwar S. Iyer, "Unplanned Purchasing: Knowledge of Shopping Environment and Time Pressure," *Journal of Retailing* 65 (Spring 1989): 40–57; C. Whan Park, Easwar

S. Iyer, and Daniel C. Smith, "The Effects of Situational Factors on In-Store Grocery Shopping," *Journal of Consumer Research* 15 (March 1989): 422–433.

69. Dennis W. Rook and Robert J. Fisher, "Normative Influences on Impulsive Buying Behavior," *Journal of Consumer Research* 22 (December 1995): 305–313; Francis Piron, "Defining Impulse Purchasing," in *Advances in Consumer Research* 18, eds. Rebecca H. Holman and Michael R. Solomon (Provo, Utah: Association for Consumer Research, 1991), 509–514; Dennis W. Rook, "The Buying Impulse," *Journal of Consumer Research* 14 (September 1987): 189–199.
70. Yu K. Han, George A. Morgan, Antigone Kotsiopulos, and Jikyeong Kang-Park, "Impulse Buying Behavior of Apparel Purchasers," *Clothing and Textiles Research Journal* 9 (Spring 1991): 15–21.
71. H. Stern, "The Significance of Impulse Buying Today," *Journal of Marketing* 26 (1962): 59–62.
72. Han, Morgan, Kotsiopulos and Kang-Park, "Impulse Buying Behavior of Apparel Purchasers."
73. See Aradhna Krishna, Imran S. Currim, and Robert W. Shoemaker, "Consumer Perceptions of Promotional Activity," *Journal of Marketing* 55 (April 1991): 4–16. See also H. Bruce Lammers, "The Effect of Free Samples on Immediate Consumer Purchase," *Journal of Consumer Marketing* 8 (Spring 1991): 31–37; Kapil Bawa and Robert W. Shoemaker, "The Effects of a Direct Mail Coupon on Brand Choice Behavior," *Journal of Marketing Research* 24 (November 1987): 370–376.
74. Dina ElBoghdady, "Giving Discounts Where It Counts," *Washington Post* (December 19, 2003): E1.
75. Bernice Kanner, "Trolling in the Aisles," *New York* (January 16, 1989): 12; Michael Janofsky, "Using Crowing Roosters and Ringing Business Cards to Tap a Boom in Point-of-Purchase Displays," *New York Times* (March 21, 1994): D9.
76. Dale Buss, "REI Working Out," *Brandchannel.com* (November 7, 2005).
77. William Keenan, Jr., "Point-of-Purchase: From Clutter to Technoclutter," *Sales and Marketing Management* 141 (April 1989): 96.
78. Paco Underhill, "In-Store Video Ads Can Reinforce Media Campaigns," *Marketing News* (May 1989): 5.
79. Timothy P. Henderson, "Kiosks Bring the Science of Smell to the Shopping Experience," *Stores* (February 2000): 62, 64.
80. James Sterngold, "Why Japanese Adore Vending Machines," *New York Times* (January 5, 1992): A1.
81. See Robert B. Cialdini, *Influence: Science and Practice*, 2nd ed. (Glenview, Ill.: Scott Foresman, 1988).
82. Richard P. Bagozzi, "Marketing as Exchange," *Journal of Marketing* 39 (October 1975): 32–39; Peter M. Blau, *Exchange and Power in Social Life* (New York: Wiley, 1964); Marjorie Caballero and Alan J. Resnik, "The Attraction Paradigm in Dyadic Exchange," *Psychology & Marketing* 3, no. 1 (1986): 17–34; George C. Homans, "Social Behavior as Exchange," *American Journal of Sociology* 63 (1958): 597–606; Paul H. Schurr and Julie L. Ozanne, "Influences on Exchange Processes: Buyers' Preconceptions of a Seller's Trustworthiness and Bargaining Toughness," *Journal of Consumer Research* 11 (March 1985): 939–953; Arch G. Woodside and J. W. Davenport, "The Effect of Salesman Similarity and Expertise on Consumer Purchasing Behavior," *Journal of Marketing Research* 8 (1974): 433–436.
83. Paul Busch and David T. Wilson, "An Experimental Analysis of a Salesman's Expert and Referent Bases of Social Power in the Buyer-Seller Dyad," *Journal of Marketing Research* 13 (February 1976): 3–11; John E. Swan, Fred Trawick, Jr., David R. Rink, and Jenny J. Roberts, "Measuring Dimensions of Purchaser Trust of Industrial Salespeople," *Journal of Personal Selling and Sales Management* 8 (May 1988): 1.
84. Rob Walker, "Girls Just Want to Belong," *New York Times* (August 21, 2005); www.clublibbylu.com.
85. Ann Meyer, "Are You Experiential?" www.multichannel.com (August 1, 2006).
86. For a study in this area, see Peter H. Reingen and Jerome B. Kernan, "Social Perception and Interpersonal Influence: Some Consequences of the Physical Attractiveness Stereotype in a Personal Selling Setting," *Journal of Consumer Psychology* 2, no. 1 (1993): 25–38.
87. Linda L. Price and Eric J. Arnould, "Commercial Friendships: Service Provider–Client Relationships in Context," *Journal of Marketing* 63 (October 1999): 38–56.
88. Bob Tedeschi, "Salesmanship Comes to the Online Stores, but Please Call It a Chat," *New York Times*, www.nytimes.com (August 7, 2006).
89. Mary Jo Bitner, Bernard H. Booms, and Mary Stansfield Tetreault, "The Service Encounter: Diagnosing Favorable and Unfavorable Incidents," *Journal of Marketing* 54 (January 1990): 7–84; Robert C. Prus, *Making Sales* (Newbury Park, Calif.: Sage, 1989); Arch G. Woodside and James L. Taylor, "Identity Negotiations in Buyer-Seller Interactions," in *Advances in Consumer Research* 12, eds. Elizabeth C. Hirschman and Morris B. Holbrook (Provo, Utah: Association for Consumer Research, 1985), 443–449.
90. Barry J. Babin, James S. Boles, and William R. Darden, "Salesperson Stereotypes, Consumer Emotions, and Their Impact on Information Processing," *Journal of the Academy of Marketing Science* 23, no. 2 (1995): 94–105; Gilbert A. Churchill, Jr., Neil M. Ford, Steven W. Hartley, and Orville C. Walker, Jr., "The Determinants of Salesperson Performance: A Meta-Analysis," *Journal of Marketing Research* 22 (May 1985): 103–118.
91. Siew Meng Leong, Paul S. Busch, and Deborah Roedder John, "Knowledge Bases and Salesperson Effectiveness: A Script-Theoretic Analysis," *Journal of Marketing Research* 26 (May 1989): 164; Harish Sujan, Mita Sujan, and James R. Bettman, "Knowledge Structure Differences between More Effective and Less Effective Salespeople," *Journal of Marketing Research* 25 (February 1988): 81–86; Robert Saxe and Barton Weitz, "The SOCCO Scale: A Measure of the Customer Orientation of Salespeople," *Journal of Marketing Research* 19 (August 1982): 343–351; David M. Szymanski, "Determinants of Selling Effectiveness: The Importance of Declarative Knowledge to the Personal Selling Concept," *Journal of Marketing* 52 (January 1988): 64–77; Barton A. Weitz, "Effectiveness in Sales Interactions: A Contingency Framework," *Journal of Marketing* 45 (Winter 1981): 85–103.
92. Jagdish M. Sheth, "Buyer-Seller Interaction: A Conceptual Framework," in *Advances in Consumer Research* (Cincinnati, Ohio: Association for Consumer Research, 1976): 382–386; Kaylene C. Williams and Rosann L. Spiro, "Communication Style in the Salesperson-Customer Dyad," *Journal of Marketing Research* 22 (November 1985): 434–442.
93. Marsha L. Richins, "An Analysis of Consumer Interaction Styles in the Marketplace," *Journal of Consumer Research* 10 (June 1983): 73–82.
94. Teena Hammond, "Sears' Survey: Stores That Satisfy Customers Glean Higher Sales," *Women's Wear Daily* (July

7, 1997): 12.

95. Rama Jayanti and Anita Jackson, "Service Satisfaction: Investigation of Three Models," in *Advances in Consumer Research* 18, eds. Rebecca H. Holman and Michael R. Solomon (Provo, Utah: Association for Consumer Research, 1991), 603–610; David K. Tse, Franco M. Nicosia, and Peter C. Wilton, "Consumer Satisfaction as a Process," *Psychology & Marketing* 7 (Fall 1990): 177–193.
96. Liza Abraham-Murali and Mary Ann Littrell, "Consumers' Perception of Apparel Quality over Time: An Exploratory Study," *Clothing and Textiles Research Journal* 13, no. 3 (1995): 149–158.
97. Eugene W. Anderson, Claes Fornell, and Donald R. Lehmann, "Customer Satisfaction, Market Share, and Profitability: Findings from Sweden," *Journal of Marketing* 58, no. 3 (July 1994): 53–66.
98. Cecily Hall and Emily Kaiser, "Satisfied Shoppers: The Top Retailers Ranked by Customer Satisfaction," *Women's Wear Daily* (December 15, 2005): 16.
99. Robert Jacobson and David A. Aaker, "The Strategic Role of Product Quality," *Journal of Marketing* 51 (October 1987): 31–44. For a review of issues regarding the measurement of service quality, see J. Joseph Cronin, Jr. and Steven A. Taylor, "Measuring Service Quality: A Reexamination and Extension," *Journal of Marketing* 56 (July 1992): 55–68.
100. Anna Kirmani and Peter Wright, "Money Talks: Perceived Advertising Expense and Expected Product Quality," *Journal of Consumer Research* 16 (December 1989): 344–353; Donald R. Lichtenstein and Scot Burton, "The Relationship between Perceived and Objective Price-Quality," *Journal of Marketing Research* 26 (November 1989): 429–443; Akshay R. Rao and Kent B. Monroe, "The Effect of Price, Brand Name, and Store Name on Buyers' Perceptions of Product Quality: An Integrative Review," *Journal of Marketing Research* 26 (August 1989): 351–357.
101. Heidi P. Scheller and Grace I. Kunz, "Toward a Grounded Theory of Apparel Product Quality," *Clothing and Textiles Research Journal* 16, no. 2 (1998): 57–67.
102. Ronda Chaney and Nancy J. Rabolt, "Perceptions of Apparel Quality," *FIT Review* (Fall 1990): 38–44; Jean D. Hines and Gwendolyn S. O'Neal, "Underlying Determinants of Clothing Quality: The Consumers' Perspective," *Clothing and Textiles Research Journal* 13, no. 4 (1995): 227–233.
103. Lynn Barnes, "Country Image: Relationship between Perceived Garment Quality and Purchase Intent," master's thesis, San Francisco State University (1999).
104. Gilbert A. Churchill, Jr., and Carol F. Surprenant, "An Investigation into the Determinants of Customer Satisfaction," *Journal of Marketing Research* 19 (November 1983): 491–504; John E. Swan and I. Frederick Trawick, "Disconfirmation of Expectations and Satisfaction with a Retail Service," *Journal of Retailing* 57 (Fall 1981): 49–67; Peter C. Wilton and David K. Tse, "Models of Consumer Satisfaction Formation: An Extension," *Journal of Marketing Research* 25 (May 1988): 204–212. For a discussion of what may occur when customers evaluate a new service for which comparison standards do not yet exist, see Ann L. McGill and Dawn Iacobucci, "The Role of Post-Experience Comparison Standards in the Evaluation of Unfamiliar Services," in *Advances in Consumer Research* 19, eds. John F. Sherry, Jr., and Brian Sternthal, (Provo, Utah: Association for Consumer Research, 1992), 570–578; William Boulding, Ajay Kalra, Richard Staelin, and Valarie A. Zeithaml, "A Dynamic Process Model of Service Quality: From Expectations to Behavioral Intentions," *Journal of Marketing Research* 30 (February 1993): 7–27.
105. John W. Gamble, "The Expectations Paradox: The More You Offer Customer, Closer You Are to Failure," *Marketing News* (March 14, 1988): 38.
106. Jagdish N. Sheth and Banwari Mittal, "A Framework for Managing Customer Expectations," *Journal of Market Focused Management* 1 (1996): 137–158.
107. Mary C. Gilly and Betsy D. Gelb, "Post-Purchase Consumer Processes and the Complaining Consumer," *Journal of Consumer Research* 9 (December 1982): 323–328; Diane Halstead and Cornelia Droge, "Consumer Attitudes toward Complaining and the Prediction of Multiple Complaint Responses," in *Advances in Consumer Research* 18, eds. Rebecca H. Holman and Michael R. Solomon (Provo, Utah: Association for Consumer Research, 1991), 210–216; Jagdip Singh, "Consumer Complaint Intentions and Behavior: Definitional and Taxonomical Issues," *Journal of Marketing* 52 (January 1988): 93–107.
108. Gary L. Clark, Peter F. Kaminski, and David R. Rink, "Consumer Complaints: Advice on How Companies Should Respond Based on an Empirical Study," *Journal of Services Marketing* 6, no. 1 (Winter 1992): 41–50.
109. Alan Andreasen and Arthur Best, "Consumers Complain—Does Business Respond?," *Harvard Business Review* 55 (July–August 1977): 93–101.
110. Tibbett L. Speer, "They Complain Because They Care," *American Demographics* (May 1996): 13–14.
111. Ingrid Martin, "Expert-Novice Differences in Complaint Scripts," in *Advances in Consumer Research* 18, eds. Rebecca H. Holman and Michael R. Solomon (Provo, Utah: Association for Consumer Research, 1991), 225–231; Marsha L. Richins, "A Multivariate Analysis of Responses to Dissatisfaction," *Journal of the Academy of Marketing Science* 15 (Fall 1987): 24–31.
112. John A. Schibrowsky and Richard S. Lapidus, "Gaining a Competitive Advantage by Analyzing Aggregate Complaints," *Journal of Consumer Marketing* 11, no. 1 (1994): 15–26.
113. Russell W. Belk, "The Role of Possessions in Constructing and Maintaining a Sense of Past," in *Advances in Consumer Research* 17, eds. Marvin E. Goldberg, Gerald Gorn, and Richard W. Pollay (Provo, Utah: Association for Consumer Research, 1989), 669–676.
114. Ira P. Schneiderman, "Keeping Clothes beyond Fashion," *Women's Wear Daily* (April 22, 1997): 8.
115. Jacob Jacoby, Carol K. Berning, and Thomas F. Dietvorst, "What about Disposition?," *Journal of Marketing* 41 (April 1977): 22–28.
116. Jennifer Lach, "Welcome to the Hoard Fest," *American Demographics* (April 2000): 8–9.
117. Mike Tharp, "Tchaikovsky and Toilet Paper," *U.S. News & World Report* (December 1987): 62; B. Van Voorst, "The Recycling Bottleneck," *Time* (September 14, 1992): 52–54; Richard P. Bagozzi and Pratibha A. Dabholkar, "Consumer Recycling Goals and Their Effect on Decisions to Recycle: A Means-End Chain Analysis," *Psychology & Marketing* 11, no. 4 (July/August 1994): 313–340.
118. http://groups.yahoo.com/group/thecompact (December 29, 2006.)
119. Carolyn Jones, "Out of the Retail Rat Race," *San Francisco Chronicle* (February 13, 2006): B1, B6; Carolyn Jones, "Passionate Response to Want-Not-Waste-Not Group," *San Francisco Chronicle* (February 17, 2006): B8.

120. Debra J. Dahab, James W. Gentry, and Wanru Su, "New Ways to Reach Non-Recyclers: An Extension of the Model of Reasoned Action to Recycling Behaviors," in eds. Frank Kardes and Mita Sujan *Advances in Consumer Research,* (Provo, Utah: Association for Consumer Research, 1994), 251–256.
121. Soyeon Shim, "Environmentalism and Consumers' Clothing Disposal Patterns: An Exploratory Study," *Clothing and Textiles Research Journal* 13, no. 1 (1995): 38–48.
122. Richard P. Bagozzi and Pratibha A. Dabholkar, "Consumer Recycling Goals and Their Effect on Decisions to Recycle: A Means-End Chain Analysis," *Psychology & Marketing* 11, no. 4 (July/August 1994): 313–340. See also L. J. Shrum, Tina M. Lowrey, and John A. McCarty, "Recycling as a Marketing Problem: A Framework for Strategy Development," *Psychology & Marketing* 11, no. 4 (July/August 1994): 393–416; Dahab, Gentry, and Su, "New Ways to Reach Non-Recyclers: An Extension of the Model of Reasoned Action to Recycling Behaviors."
123. John F. Sherry, Jr., "A Sociocultural Analysis of a Midwestern American Flea Market," *Journal of Consumer Research* 17 (June 1990): 13–30.
124. Shim, "Environmentalism and Consumers' Clothing Disposal Patterns: An Exploratory Study."
125. Diane Crispell, "Collecting Memories," *American Demographics* (November 1988): 38–42.
126. Stephanie Stoughton, "Unemployed Americans Turn to E-Bay to Make Money," *The Boston Globe* (October 16, 2001).
127. Allan J. Magrath, "If Used Product Sellers Ever et Organized, Watch Out," *Marketing News* (June 25, 1990): 9; Kevin McCrohan and James D. Smith, "Consumer Participation in the Informal Economy," *Journal of the Academy of Marketing Science* 15 (Winter 1990): 62.
128. John F. Sherry Jr., "Dealers and Dealing in a Periodic Market: Informal Retailing in Ethnographic Perspective," *Journal of Retailing* 66 (Summer 1990): 174.
129. "New Kind of Store Getting More Use Out of Used Goods," *Montgomery Advertiser* (December 12, 1996): 7A.
130. Jung-Eun Ha and Nancy J. Nelson Hodges, "Exploring Motivations, Intentions, and Behavior of Socially Responsible Consumption in a Clothing Disposal Setting,' *ITAA Proceedings* (November 2006).
131. Anamaria Wilson, "A Dot-Com Success: eBay Apparel Volume Heads for the $1B Mark," *Women's Wear Daily* (July 2, 2002): 1, 6, 15.
132. Yumiko Ono, "The 'Pizza Queen' of Japan Becomes a Web Auctioneer," *The Wall Street Journal Interactive Edition* (March 6, 2000).
133. Jessie Hartland, "Lost and Found and Sold," *Travel & Leisure* (February 2000): 102–103.

第 14 章

1. For ethics and business discussion, see Gene R. Laczniak and Patrick E. Murphy, *Marketing Ethics: Guidelines for Managers* (Lexington, Mass.: Lexington Books, 1985), 117–123; Donald P. Robin and Eric Reidenbach, "Social Responsibility, Ethics, and Marketing Strategy: Closing the Gap between Concept and Application," *Journal of Marketing* 51 (January 1987): 44–58; Rob Harrison, Terry Newholm, and Deirdre Shaw, eds., *The Ethical Consumer* (London: Sage, 2005).
2. Valerie S. Folkes and Michael A. Kamins, "Effects of Information About Firms' Ethical and Unethical Actions on Consumers' Attitudes," *Journal of Consumer Psychology* 8, no. 3 (1999): 243–259.
3. Jennifer Lach, *American Demographics* (December 1999): 18.
4. Valerie S. Folkes and Michael A. Kamins, "Effects of Information About Firms' Ethical and Unethical Actions on Consumers' Attitudes," *Journal of Consumer Psychology* 8 (1999): 243–259.
5. Quoted in Mary Lynn Damhorst, Kimberly A. Miller, and Susan O. Michelman, *The Meanings of Dress* (New York: Fairchild, 1999), 418.
6. Joseph Pereira, "Toys 'R' Us Says It Decided to Pull Sega's Night Trap from Store Shelves," *Wall Street Journal* (December 17, 1993): B5F.
7. Lantos, cited in Ann E. Fairhurst, "Ethics and Home Economics: Perceptions of Apparel Merchandising Students," *Home Economics Forum* (Spring 1991): 20–23.
8. Ann E. Fairhurst, "Ethics and Home Economics: Perceptions of Apparel Merchandising Students." See also Kelly J. Mize, Nancy Stanforth, and Christine Johnson, "Perceptions of Retail Supervisors' Ethical Behavior and Front-Line Managers' Organizational Commitment," *Clothing and Textiles Research Journal* 18, no. 2 (2000): 100–110.
9. Karen S. Callen and Shiretta F. Ownbey, "Associations between Demographics and Perceptions of Unethical Consumer Behavior," *International Journal of Consumer Studies* 27, no. 2 (2003): 99–110; Hyeon Cho, Jeong-Ju Yoo, and Kim K. P. Johnson, "Ethical Ideologies: Do They Affect Shopping Behaviors and Perceptions of Morality?" *Journal of Family & Consumer Sciences* 97, no. 3 (2005): 48–55; V. Ann Paulins and Lisa Lombardy, "Ethical Dilemmas in Retail Merchandising: Student Perceptions," *Journal of Family & Consumer Sciences* 97, no. 3 (2005): 55–62.
10. Trish Donnally, "An Outpouring of Fur, Anger on the Runways," *San Francisco Chronicle* (February 11, 2000): C1, C5.
11. Rosemary Feitelberg, "The Sizzle Is Back," *Women's Wear Daily* (March 12, 1996): 12.
12. Alison Maxwell, "Oleg Cassini Launches Fake-Fur Line," *Women's Wear Daily* (November 9, 1999): 12.
13. Eric Wilson, "Furs Fare Well, Despite a Warm Winter," *Women's Wear Daily* (February 1, 2000): 8.
14. "Croc On," *Women's Wear Daily* (April 5, 2000): 4.
15. Scott Malone, "PETA Power," *Women's Wear Daily,* Section II (April 1, 2003): 10.
16. Rosemary Feitelberg, "Is PETA Defanged? Fur Looks Are Back On and Off Runways," *Women Wear Daily* (February 14, 2007): 1, 12.
17. Eric Wilson, "The Long Reach of Fur," *Women's Wear Daily* (April 13, 2004): 14.
18. David Sheff, "Mr. Blue Jeans," *San Francisco Focus* (October 1993): 65–66, 127–133.
19. Joanna Ramey, "Levi's Will Resume Production in China after 5-Year Absence," *Women's Wear Daily* (April 9, 1998): 1, 11.
20. Alison Maxwell, "Levi's Joins Fair Labor Association," *Women's Wear Daily* (July 21, 1999): 2.

21. "Clinton Pans Fashion Trade for Hyping Heroin," *San Francisco Chronicle* (May 22, 1997): A3.
22. Kristin K. Swanson and Judith C. Everett, *Promotion in the Merchandising Environment* (New York: Fairchild, 2000), 527.
23. Susan Reda, "Technology Team Brings Victoria's Secret Webcast to Huge Audience," *Stores* (July 2000): 54–57.
24. "FCC Ruling Sates Victoria's Secret Wasn't Indecent," *Women's Wear Daily* (March 26, 2002): 2; Karyn Monget, "Victoria's Secret Keeps the Heat On," *Women's Wear Daily* (December 5, 2005): 21.
25. Joan Ryan, "T-shirts Glorify Teen Drunkenness," *San Francisco Chronicle* (May 5, 2005): B1; Deborah Yao, "Urban Outfitters Stay Focused on Youth," *Forbes* (February 17, 2006).
26. "Calvin Klein Dumps Ad Campaign Displaying Scantily Clad Kids," *San Francisco Chronicle* (February 19, 2000): B10.
27. Karyn Monget and Lisa Lockwood, "Warnaco's Wachner Stands by Calvin—but Not by That Ad," *Women's Wear Daily* (November 3, 1995): 1, 14.
28. "Calvin, Amos Anti-Violence Ad Campaign," *Women's Wear Daily* (December 4, 1996): 13.
29. Lisa Lockwood and Vicki M.Young, "A&F's Blue Language Has Some Seeing Red, but Results Are Green," *Women's Wear Daily* (November 23, 1999): 1, 12; Mark Williams, "Abercrombie Catalog a Guide to Drinking 101," *San Francisco Chronicle* (July 25, 1998): D1, D2; Vicki M. Young, "A&F Posts Its 30th Record Net, but Stock Is Hit," *Women's Wear Daily* (February 16, 2000): 2, 21.
30. Dave Ford, "Abercrombie's Lolita Line of Thongs Goes Beyond Bad Taste," *San Francisco Chronicle* (May 26, 2002): E2; Joshua Greene and Lisa Lockwood, "A&F's Bad Fortune," *Women's Wear Daily* (April 19, 2002): 11; "Join Lieutenant Governor Corinne Wood in Her Boycott Against Abercrombie & Fitch," (www.state.il.us/ltgov/stopAandF.htm), accessed on June 28, 2001.
31. Janet Ozzard and Miles Socha, "Losing the Edge," *Women's Wear Daily* (April 5, 2000): 18, 20.
32. Anne D'Innocenzio, "Behind the Sears-Benetton Split," *Women's Wear Daily* (February 18, 2000): 14; "Benetton Split: The Aftershocks," *Women's Wear Daily* (May 5, 2000): 10, 17.
33. Anne D'Innocenzio, "Benetton Maps Growth on Net and in the U.S.," *Women's Wear Daily* (April 19, 2000): 10.
34. Doug Shen and Marsha Dickson, "Consumers' Acceptance of Unethical Clothing Consumption Activities: Influence of Cultural Identification, Ethnicity, and Machiavellism," *Clothing and Textiles Research Journal* 19, no. 2 (2001): 76–87.
35. William Leiss, Stephen Kline, and Sut Jhally, *Social Communication in Advertising: Persons, Products, and Images of Well-Being* (Toronto: Methuen, 1986); Jerry Mander, *Four Arguments for the Elimination of Television* (New York: Morrow, 1977).
36. Vance Packard, quoted in Leiss, Kline, and Jhally, *Social Communication in Advertising*, p. 11.
37. Leiss, Kline, and Jhally, *Social Communication in Advertising*.
38. George Stigler, "The Economics of Information," *Journal of Political Economy* (1961): 69.
39. Quoted in Leiss, Kline, and Jhally, *Social Communications in Advertising*, p. 11.
40. Leon G. Schiffman and Leslie Lazar Kanuk, *Consumer Behavior* (Upper Saddle River, N.J.: Prentice-Hall, 2000).
41. Dick Silverman, "Corporate Charity: Cause and Effect," *Women's Wear Daily* (August 10, 1999): 23; Nancy Arnott, "Marketing with a Passion," *Sales & Marketing Management* (January 1994): 64–71.
42. Allie Shah, "Suddenly, You Can Do Good and Look Good," *San Francisco Chronicle* (January 1, 2006): D4.
43. For other examples, see Michael Barbaro, "Candles, Jeans, Lipsticks: Products with Ulterior Motives," *New York Times*, Special Section: Giving (November 13, 2006): 33: Denise Power, "WWD Honors Charitable Retailers," *Women's Wear Daily* (January 11, 2006): 12, 14.
44. Dick Silverman, "Corporate Charity: Cause and Effect"; "Fashion Targets Breast Cancer," available online at www.joeboxer.com; "Battling Breast Cancer: Retail's Fall Offensive," *Women's Wear Daily* (September 21, 1999): 15–23; Diane Dorrans Saeks, "Extreme Passport," *Women's Wear Daily* (September 22, 1999): 26–27; "Bloomingdale's Benefit Aids Cancer Research," *Women's Wear Daily* (September 22, 1999): 30; George Raine, "Clothing with a Conscience," *San Francisco Examiner* (November 29, 1998): D1, D7.
45. David Moin, "Macy's Institutes National Drive Against Women's Heart Disease," *Women's Wear Daily* (February 3, 2004): 2, 12; www.macy.com (January 15, 2007).
46. Eric Wilson, "Ralph Lauren Cancer Center Opens," *Women's Wear Daily* (May 5, 2003): 2.
47. Marsha A. Dickson, "Consumer Motivations for Purchasing Apparel from Socially Responsible Businesses," *Proceedings of the International Textiles and Apparel Association*, (1999): 70; see also Marsha A. Dickson, "Personal Values, Beliefs, Knowledge, and Attitudes Relating to Intentions to Purchase Apparel from Socially Responsible Businesses," *Clothing and Textiles Research Journal* 18, no. 1 (2000): 19–30.
48. Julianne Malveaux, "Shopping Can Make a Statement," *San Francisco Examiner* (November 30, 1997): B2; Conrad MacKerron, "Informed Consumers Can Improve Sweatshops," *San Francisco Chronicle* (July 15, 2005): 89.
49. Matthew Rosenberg, "New Delhi Raids Highlight Indian Child Labor Problem," *San Francisco Chronicle* (October 30, 2007): C1, C6; Heidi J. Shrager, "Struggle to End Child Labor: India Fights Practice Some Parents Favor," *San Francisco Chronicle* (December 23, 2007): A1, A10.
50. Robert Collier, "Legislature Passes 2 Sweatshop Bills," *San Francisco Chronicle* (September 11, 1999): A7.
51. "Wal-Mart's Shirts of Misery," a report by the National Labor Committee (July 1999).
52. Eddie Wong and Gail Taylor, "An Investigation of Ethical Sourcing Practices: Levi Strauss & Co.," *Journal of Fashion Marketing and Management* 4, no. 1 (2000): 71–79.
53. Carol Emert, "Holders Grill Gap on Labor Practices," *San Francisco Chronicle* (May 5, 1999): B2.
54. MacKerron, "Informed Consumers Can Improve Sweatshops"; Melanie Kletter, "Labor Cites Nike Study as Model," *Women's Wear Daily* (April 15, 2005): 14.
55. Eric Wilson and Joanna Ramey, "Saipan Factories Counter Sweatshop Stigma," *Women's Wear Daily Global* (July 1999): 10, 20.
56. Jenny Strasburg, "Made in the USA," *San Francisco Chronicle* (July 4, 2004): J1, J4.
57. www.americanapparel.net (January 19, 2007).
58. Mark Tosh, "N.Y. Gap Unit Picketed over El Salvador Pullout," *Women's Wear Daily* (December 4, 1995): 24; Joanna Ramey, "Apparel's Ethics Dilemma," *Women's Wear Daily* (March 19, 1996): 10–12.
59. Tanya Schevitz, "UC Strengthens Code against Sweatshops," *San Francisco Chronicle* (January 8, 2000): A13, A17.
60. Charles Burress, "18 Arrested at 'Sweatshops' Sit In," *San*

Francisco Chronicle (April 12, 2006): 87.

61. Eddie Wong and Gail Taylor, "Practitioner Papers an Investigation of Ethical Sourcing Practices: Levi Strauss & Co.," *Journal of Fashion Marketing and Management* 4, no. 1 (2000): 71–79.
62. Jennifer H. Wolfe and Marsha A. Dickson, "Apparel Manufacturer and Retailer Efforts to Reduce Child Labor: An Ethics of Virtue Perspective on Codes of Conduct," *Clothing and Textiles Research Journal* 20, no. 1 (2002): 183–195; see also Wanda K. Cheek and Cynthia Easterling Moore, "Apparel Sweatshops at Home and Abroad: Global and Ethical Issues," *Journal of Family and Consumer Sciences* 95, no. 1 (2003): 9–19.
63. Jacqueline Trescott, "In 'Sweatshops,' Smithsonian Holds Back the Outrage," *The Washington Post* (August 22, 1999): D1, D8.
64. Trescott, "In 'Sweatshops,' Smithsonian Holds Back the Outrage."
65. www.gopopsi.com (January 12, 2007).
66. Joanna Ramey, "Smithsonian Readies Sweatshop Exhibit," *Women's Wear Daily* (July 7, 1997): 4; Joanna Ramey, "An Industry Divided as Sweatshop Exhibit Opens at Smithsonian," *Women's Wear Daily* (April 22, 1998): 1, 14–15; Joanna Ramey, "Smithsonian Finds Space in L.A. to Show Exhibit on Sweatshops," *Women's Wear Daily* (August 27, 1999): 17.
67. See also Daniel E. Bender and Richard A. Greenwald, eds., *Sweatshop USA: The American Sweatshop in Historical and Global Perspective* (New York: Taylor & Frances Group, Routledge, 2003).
68. B. Geffrey MacDonald, "Stopping the Outcry Before It Starts," *The Christian Science Monitor* (August 28, 2006); Ellen Groves, "Ethical Fashion Goes Mainstream," *Women's Wear Daily* (October 31, 2006): 12.
69. www.ethicalfashionforum.com (January 14, 2007).
70. Yoon Jin Ma and Mary Littrell, "Prediction of Fair Trade Customers' Purchase Intentions," *International Textile and Apparel Association Proceedings*, 62 (2005): 422.
71. Terence Chea, "Coffee Ice Cream Wins Fair Trade Certification," *San Francisco Chronicle* (April 30, 2005): C3.
72. Illana DeBare, "What Does Green Really Mean?" *San Francisco Chronicle* (April 19, 2008): A1, A8.
73. Hannah Hunter, "Fashion Eco-Centrics," *The Independent* (January 6, 1999): 9.
74. "Don't Overlook Textiles," Council for Textile Recycling (March 3, 1999). Available online at www.textilerecycle.org.
75. Chris Serres, "Retail Starting to Turn Green," *San Francisco Chronicle* (August 19, 2007): F1–F2.
76. "Teens Hit Runway to Show Off Their Environmental Awareness," [Arlington Heights, Ill.] *(Daily Herald)* (November 23, 1999): 1.
77. Roger Cowe, "Caring Attitudes out of Fashion," *The* [Manchester, England] *Guardian* (March 12, 1999): 22.
78. Ruth LaFerla, "Uncruel Beauty," *New York Times* (January 11, 2007): E1, E5.
79. R. Gutfield, "Eight of 10 Americans Are Environmentalists, at Least So They Say," *Wall Street Journal* (August 2, 1991): 1.
80. Sara M. Butler and Sally Francis, "The Effects of Environmental Attitudes on Apparel Purchasing Behavior," *Clothing and Textiles Research Journal* 15, no. 2 (1997): 76–85.
81. Hye-Shin Kim and Mary Lynn Damhurst, "Environmental Concern and Apparel Consumption," *Clothing and Textiles Research Journal* 16, no. 3 (1998): 126–133.
82. Youn-Kyung Kim, Judith Forney, and Elizabeth Arnold, "Environmental Messages in Fashion Advertisements: Impact on Consumer Responses," *Clothing and Textiles Research Journal* 15, no. 3 (1997): 147–154.
83. S. H. Stephens, cited in Butler and Francis, "The Effects of Environmental Attitudes on Apparel Purchasing Behavior," p. 77.
84. Kathryn Osgood and Nancy J. Rabolt, "The Impact of Education on Consumer Interest in Green Apparel and Retailers," *Proceedings, International Textile and Apparel Association* (November 1997): 99.
85. Tanya Domina and Kathryn Koch, "Frequency of Recycling: Implications for Including Textiles in Curbside Recycling," paper presented at *International Textiles and Apparel Association,* Santa Fe, N.M., (November 1999).
86. Cited in Butler and Francis, "The Effects of Environmental Attitudes on Apparel Purchasing Behavior," p. 77.
87. Cited in Soyeon Shim, "Environmentalism and Consumers' Clothing Disposal Patterns: An Exploratory Study," *Clothing and Textiles Research Journal* 13, no. 1 (1995): 38–48.
88. Paul C. Judge, "It's Not Easy Being Green," *Business Week* (November 24, 1998): 180–182.
89. See Suzanne Loker, "A Technology-Enabled Sustainable Fashion System: Fashion's Future," in *Sustainable Fashion Why Now?* eds. Janet Hethorn and Connie Ulasewic, (New York: Fairchild, 2008), 95–126.
90. James Fallon, "Body Shop Looks East for a Dose of Success," *Women's Wear Daily* (February 4, 2000): 12.
91. Pat Sloan, "Cosmetics: Color It Green," *Advertising Age* (July 23, 1990): 1.
92. Timothy Aeppel, "From License Plates to Fashion Plates," *Wall Street Journal* (September 21, 1994): B1.
93. "Encouraging Environmental Excellence Report," American Textile Manufacturers Institute, 1996.
94. Belinda Orzada and Mary Ann Moore, "Environmental Impact of Textile Production," in *Sustainable Fashion Why Now?* eds. Janet Hethorn and Connie Ulasewicz (New York: Fairchild, 2008), 299–325.
95. Sally Fox, "Socially Critical Issues in Business: Social Responsibility, Ecology, and Ethics," paper presented at *Finding Your Niche: Business Options in the Textile Industry, Fashion, Interiors, and the Textile Arts Conference*, Surface Design Association, San Francisco, June 1993.
96. Burns and Bryant, *The Business Fashion*, 95.
97. Bruce Dunford, "Hawaii High on Hemp," *San Francisco Chronicle* (December 17, 1999): B2; Deward Epstein, "Hemp-Growing Gardens Proposed for S.F.," *San Francisco Chronicle* (June 8, 1999): A15, A17; Leslie Guttman, "Hemp—It's Rope, Not Dope," *San Francisco Chronicle* (May 28, 1999): A1, A17; Kathleen Seligman, "Hemp's Backers Try for a Comeback," *San Francisco Chronicle* (May 9, 1999): C1, C4; Michael Dougan, "Hemp Fest: A Sobering Show of Potential," *San Francisco Chronicle* (November 15, 1998): D1, D8; Michael Pulley, "High on Hemp," *San Francisco Chronicle* (August 24, 1997): B1, B4.
98. "Making a Brand Statement with an Eco-Friendly Building," *Adage.com* (March 10, 2008).
99. DeBare, "What Does Green Really Mean?"
100. "Green Advertising Claims," Environmental Protection Agency, 1992.

101. "Psychologist Warns of Internet Addiction," *Montgomery Advertiser* (August 18, 1997): 2D.
102. Thomas C. O'Guinn and Ronald J. Faber, "Compulsive Buying: A Phenomenological Explanation," *Journal of Consumer Research* 16 (September 1989): 154.
103. Suenghee Lee, Sharon Lennon, and Nancy Rudd, "Compulsive Consumption Tendencies among Television Shoppers," *Proceedings of the International Textile and Apparel Association,* (1999): 95.
104. Quoted in Anastasia Toufexis, "365 Shopping Days till Christmas," *Time* (December 26, 1988): 82; See also Ronald J. Faber and Thomas C. O'Guinn, "Compulsive Consumption and Credit Abuse," *Journal of Consumer Policy* 11 (1988): 109–121; Mary S. Butler, "Compulsive Buying—It's No Joke," *Consumer's Digest* (September 1986): 55; Derek N. Hassay and Malcolm C. Smith, "Compulsive Buying: An Examination of the Consumption Motive," *Psychology & Marketing* 13 (December 1996): 741–752.
105. Georgia Witkin, "The Shopping Fix," *Health* (May 1988): 73. See also Arch G. Woodside and Randolph J. Trappey III, "Compulsive Consumption of a Consumer Service: An Exploratory Study of Chronic Horse Race Track Gambling Behavior," working paper #90-MKTG-04, A. B. Freeman School of Business, Tulane University, 1990; Rajan Nataraajan and Brent G. Goff, "Manifestations of Compulsiveness in the Consumer-Marketplace Domain," *Psychology & Marketing* 9 (January 1992): 31–44; Joann Ellison Rodgers, "Addiction: A Whole New View," *Psychology Today* (September/October 1994): 32.
106. Susan Reda, "Consumer Bankruptcy," *Stores* (September 1997): 20–24.
107. "New Survey Shows Shoplifting Is a Year-Round Problem," *Business Wire* (April 4, 1998).
108. Catherine A. Cole, "Deterrence and Consumer Fraud," *Journal of Retailing* 65 (Spring 1989): 107–120; Stephen J. Grove, Scott J. Vitell, and David Strutton, "Non-Normative Consumer Behavior and the Techniques of Neutralization," in *Marketing Theory and Practice*, eds. Terry Childers et al. (Chicago: American Marketing Association, 1989), 131–135.
109. Mark Curnutte, "The Scope of the Shoplifting Problems," Gannett News Service, (November 29, 1997).
110. Anthony D. Cox, Dena Cox, Ronald D. Anderson, and George P. Moschis, "Social Influences on Adolescent Shoplifting—Theory, Evidence, and Implications for the Retail Industry," *Journal of Retailing* 69, no. 2 (Summer 1993): 234–246.
111. "New Survey Shows Shoplifting Is a Year-Round Problem."
112. Brad Barth, "Mervyn's Adopts Three-in-One Source-Tagging," *Women's Wear Daily* (February 2, 2000): 16.
113. Julie L. Ozanne, Ronald Paul Hill, and Newell D. Wright, "Culture as Contested Terrain: The Juvenile Delinquents' Use of Consumption as Cultural Resistance," Unpublished manuscript, Virginia Polytechnic Institute and State University (1994).
114. Pamela J. Podger, "Animal-Rights Group Claims 6 Past Attacks," *San Francisco Chronicle* (March 17, 2000): A19, A24; Janet Wells, "Animal Activists Raise the Stakes In Co-Attacks," *San Francisco Chronicle* (April 21, 2000): A1, A19.
115. "Beverly Hills Considers Warning Tag for Fur Coats," *San Francisco Chronicle* (February 4, 1999): A6.
116. "PETA Targets Kids with Fur-Wearing Mothers," *San Francisco Chronicle* (December 21, 2003): A2.

第15章

1. For consumer research and discussions related to public policy issues, see Paul N. Bloom and Stephen A. Greyser, "The Maturing of Consumerism," *Harvard Business Review* (November–December 1981): 130–139; George S. Day, "Assessing the Effect of Information Disclosure Requirements," *Journal of Marketing* (April 1976): 42–52; Michael Houston and Michael Rothschild, "Policy-Related Experiments on Information Provision: A Normative Model and Explication," *Journal of Marketing Research* 17 (November 1980): 432–449; Jacob Jacoby, Wayne D. Hoyer, and David A. Sheluga, Misperception of Televised Communications (New York: American Association of Advertising Agencies, 1980); Lynn Phillips and Bobby Calder, "Evaluating Consumer Protection Laws: Promising Methods," *Journal of Consumer Affairs* 14 (Summer 1980): 9–36; Howard Schutz and Marianne Casey, "Consumer Perceptions of Advertising as Misleading," *Journal of Consumer Affairs* 15 (Winter 1981): 340–357; Darlene Brannigan Smith and Paul N. Bloom, "Is Consumerism Dead or Alive? Some New Evidence," in *Advances in Consumer Research* 11, ed. Thomas C. Kinnear (Provo, Utah: Association for Consumer Research, 1984), 369–373.
2. Roger M. Swagler, *Consumers and the Market* (Lexington, Mass: Heath, 1979).
3. Larry Hatfield, "Identity Theft Tops FTC Fraud Complaints," *San Francisco Chronicle* (January 24, 2002): A2.
4. Patty Brown and Janette Rice, *Ready-to-Wear Apparel Analysis* (Upper Saddle River, N.J.: Prentice-Hall, 1998), 20.
5. Joanna Ramey, "FTC's Crackdown on Cashmere," *Women's Wear Daily* (May 7, 2001): 7.
6. "Care Labels—Professional Cleaners Care," International Fabricare Institute (Silver Spring, Md., 1994); "What's New about Care Labels," Federal Trade Commission (Washington, D.C., April 1984); "Writing a Care Label: How to Comply with the Amended Care Labeling Rule," Federal Trade Commission (Washington, D.C., March 1984).
7. "Closed Cues: Care Labels and Your Clothes," Federal Trade Commission (July 1997).
8. Joanna Ramey, "FTC Alters Care Label," *Women's Wear Daily/Global* (August 2000): 15.
9. "FTC Aims to Update Rules for Care Labels on Apparel," *Women's Wear Daily* (January 3, 1996): 11; Sheryl Harris, "Care Labels May Soon Get Altered," *The* [Contra Costa, CA.] *Times* (July 8, 1998): C1, C5.
10. Joanna Ramey, "Jones Hit with FTC Sanction," *Women's Wear Daily* (April 3, 2002): 2.
11. Joanna Ramey, "McClintock to Pay $66,000 to Settle FTC Charges," *Women's Wear Daily* (January 27, 1995): 12.
12. "Background Material for Consumer Protection and the FTC," Federal Trade Commission.

13. Alison Maxwell, "Amazon.com Hit by Suits, FTC Probe," *Women's Wear Daily* (February 9, 2000): 18.
14. Ellen Groves, "Prestige Brands Fined for Price Fixing," *Women's Wear Daily* (March 15, 2006): 2.
15. Evan Clark and Kristi Ellis, "Power to Set Prices: Supreme Court Backs Brands Over Retailers," *Women's Wear Daily* (June 29, 2007): 1, 14.
16. Nancy J. Rabolt and Judy K. Miler, *Concepts and Cases in Retail and Merchandise Management* (New York: Fairchild, 1997).
17. "Antitrust Enforcement and the Consumer," U.S. Department of Justice, Washington, D.C., 20530 (http://www.pueblo.gsa.gov).
18. "A Business Guide to the Federal Trade Commission's Mail Order Rule," Federal Trade Commission Bureau of Consumer Protection, Washington, D.C.
19. Janet Attard, "National Internet Sales Tax Bill Introduced," http://www. businessknowhow.com, March 25, 2000.
20. "Mail Order Rights," American Express.
21. http://www.cpsc.gov/.
22. "'Wanted' Posters in Post Offices to Share Space with Product Recalls," *San Francisco Chronicle* (April 19, 2000): A2.
23. Brown and Rice, *Ready-to-Wear Apparel Analysis.*
24. www.cpsc.gov (January 27, 2007).
25. Jennifer Owens, "Big Stores Endorse CPSC's Call for Team to Battle Flammability," *Women's Wear Daily* (June 5, 1997): 22.
26. Debra Levi Holtz, "Hazardous Toy Alert Issued as Parents Begin Holiday Shopping," *San Francisco Chronicle* (November 24, 1999): A3.
27. Louis Freedberg, "Greenpeace Issues Warning on Toys," *San Francisco Chronicle* (October 19, 1997): A3.
28. "Are You Buying the Right Toy for the Right Age Child?," Consumer Product Safety Commission.
29. http://www.fda.gov.
30. Carol Lewis, "Cleaning Up Cosmetic Confusion," *FDA Consumer* (U.S. Food and Drug Administration, May–June 1998).
31. Betsy Stanton, "FDA Nixes Beauty Label Compromise," *Women's Wear Daily* (November 23, 1987): 1, 11.
32. "Alpha Hydroxy Acids in Cosmetics," (www.fda.gov) (January 3, 2007).
33. Beth Greer, "Looking Good Could Be Hazardous," *San Francisco Chronicle* (September 27, 2006): G6.
34. Jane Kay, "L'Oréal, Revlon Bow to Bay Area Pressure," *San Francisco Chronicle* (January 15, 2005): B1, B2.
35. Lewis, "Cleaning Up Cosmetic Confusion."
36. Lewis, "Cleaning Up Cosmetic Confusion."
37. "Shelf Life-Expiration Date" (May 8, 1996). Available online at http://vm.cfsan.fda.gov.
38. Rabolt and Miler, *Concepts and Cases in Retail and Merchandise Management.*
39. "How to Spot a Fake and Save a Buck," International AntiCounterfeiting Coalition.
40. Liza Casabona, "What Makes a Fake," *Women's Wear Daily* (May 25, 2006): 14.
41. www.iacc.org (January 27, 2007); see also video "Illicit: The Dark Trade," National Geographic Specials.
42. Examples of articles on counterfeits seizures and lawsuits in *Women's Wear Daily:* Ross Tucker, "Attacking Counterfeits: Major Ring Broken up by Polo and North Face," *Women's Wear Daily* (March 1, 2006): 1, 13; Liza Casabona, "Luxe Brands Fight Online Counterfeits," *Women's Wear Daily* (November 14, 2006): 5; Bambina Wise, "Polo Battles Copies on Mauritius Island," *Women's Wear Daily* (April 10, 2003): 3, 14.
43. Ross Tucker, "Victoria's Secret Hit with 'Sexy Suit,'" *Women's Wear Daily* (January 20, 2005): 16; Joanna Ramey, "Court Upholds Victor's Secret," *Women's Wear Daily* (March 5, 2003): 2, 19.
44. "Escada Sues Limited over Fragrance," *Women's Wear Daily* (October 16, 1992): 14.
45. Vicki M. Young, "Calvin vs. Ralph: The Bronx Bombers Slug It Out," *Women's Wear Daily* (June 26, 1998): 1, 8; Vicki M. Young, "Ralph Beats Calvin in Bottle Battle," *Women's Wear Daily* (May 11, 1999): 1, 13.
46. Vicki M. Young, "Hilfiger Unit Sues Goody's," *Women's Wear Daily* (August 1, 2000): 11.
47. www.iacc.org/membership/spotlight (January 27, 2007).
48. Peter Fimrite, "Internet Makes Sweet Pea Get Tough," *San Francisco Chronicle* (March 14, 2006): B1.
49. Vicki M. Young, "Sephora's Challenge to Federated, Macy's Seen as Uphill Fight," *Women's Wear Daily* (April 13, 1999): 1, 7; Vicki M. Young and David Moin, "Injunction Granted: Sephora Wins Round in Federated Battle," *Women's Wear Daily* (February 2, 2000): 1, 17.
50. Joanna Ramey, "Top Court Favors Wal-Mart in Trade-Dress Case," *Women's Wear Daily* (March 23, 2000): 14.
51. Liza Casabona, "Diane von Furstenberg Sues Forever 21 Over Copyright," *Women's Wear Daily* (March 28, 2007): 3.
52. Kristi Ellis, "Copyrighting a Dress: Congress Mulling Bill to Protect Designers," *Women's Wear Daily* (April 26, 2007): 1, 13.
53. Daren Fonda, "Copyright Crusader," *Boston Globe Magazine* (August 29, 1999). Available online at http://www.boston.com/globe.
54. Rabolt and Miler, *Concepts and Cases in Retail and Merchandise Management.*
55. Anne D'Innocenzio, "Wayne Rogers Sets Ad Campaign for Its Patented Stretch Silk Fabric," *Women's Wear Daily* (June 25, 1997): 31.
56. Vicki M. Young, "MAC Sues Tony & Tina," *Women's Wear Daily* (April 16, 1999): 4.
57. Z Casabona, "Gray Market Presents Legal Challenge for Brands," *Women's Wear Daily* (October 30, 2006): 26.
58. "Why Save Endangered Species?" (March 2000). Available online at http://www.pueblo.gsa.gov/cic_text/misc /endangered/species.txt; "Endangered Species," U.S. Fish and Wildlife Service.
59. Jeannine Stein, "State Puts the Squeeze on Purveyors of Python," *Los Angeles Times* (March 19, 2000): 1.
60. "Wildlife Laws: U.S. Fish and Wild life Service Facts about Federal Wildlife Laws." U.S. Fish and Wildlife Service; "Ban on Ivory Trade Eased for 3 African Countries," *San Francisco Chronicle* (June 20, 1997): A20.
61. "Animal Group Wants Ban on Shatoosh Shawls," *Mainichi* [Tokyo] *Daily News* [English edition] December 19, 1999: 1; Ginia Bellafante, "Shatoosh and Alligator: Fashions That Come with a Stigma Attached," *Houston Chronicle* (November 11, 1999): 7.
62. Bellafante, "Shatoosh and Alligator: Fashions that Come with a Stigma Attached."
63. "Ban on Ivory Trade Eased for 3 African Countries,"; Katy Payne, "Permitting Ivory Trade Puts Elephants on Shaky Ground," *San Francisco Chronicle* (June 11, 1999): A21; Kevin Leary, "Hunt Elephants to Save Them, Author Argues," *San Francisco Chronicle* (May 7, 1993): B3, B4.
64. John Cramer, "Thailand's Wild Elephants Dying Out," *San Francisco Chronicle* (July 9, 1997): A7.
65. Bob Egelko, "Macy's Settles Lawsuit," *San Francisco Chronicle* (December 19, 2001): B3.

术语对照表

ABC model of attitudes 态度的 ABC 模型
Abercrombie & Fitch 阿贝克隆比 & 费奇
Absolute threshold 绝对阈限
Acculturation 文化适应
Acculturation agents 文化适应机构
Achievement, need for 成就需要
Action lines 行动热线
Actual self 真实自我
Adaptation 适应
Adaptive functioning 适应功能
Adidas 阿迪达斯
Adopters, types of 接纳者类型
Adoption 采纳、应用
  prerequisites for successful 成功应用的先决条件
Adornment theory 装饰物理论
Advertisements, attitudes toward 对广告的态度
Advertising 广告
  comparative 比较性广告
  green 环保广告
  involvement 广告卷入度
  offensive 令人不快的时尚广告
  self-esteem 自尊广告
Affect 情感
Affiliation, need for 亲和需要
African American market 非裔美国人市场
  fashion, clothing, retailing implications 时尚/衣着/零售意义
  media representation 媒体表达
Age, consumer identity 年龄，消费者身份
  age cohorts 同龄人
  baby boomers “婴儿潮”一代
  college market 大学市场
  defined 界定
  generation X X 一代
  gray market 银色市场
  nostalgia, appeal of 怀旧的吸引力
  youth market 年轻人市场
Agentic goals 远大理想
AIOs 消费者的活动、兴趣和观点
Airwalk 云中漫步跑鞋
AISC 亚瑟士
Akamine, Estelle 埃斯特尔·阿卡曼
Aldi 阿尔迪
All Mankind 柒牌牛仔
Allport-Vernon-Lindzey (AVL) values 奥弗林三氏价值观量表
American Apparel 美国服装
American Eagle outfitters 美洲鹰奥菲特
American Express 美国运通
American Girl Place 美国女孩广场
Americans with disabilities (ADA) 《美国残障法案》
American Textile Manufacturer institute (ATMI) 美国纺织品制造商协会
Androgyny 双性化
Angus Reid Group 安格斯列德集团
Animals 动物
Endangered Species Act (1973) 《濒危物种法案》
Animism 泛灵论
  defined 界定
  typeof 类型
Anticonformity 反从众
Anticonsumption 反消费
Apparel content identification 服装成分鉴定
Apparel specialists 服装专家
Apple Computer 苹果电脑
  iPhone 苹果 iPhone 手机
Approach-approach conflict 双趋冲突
Approach-avoidance conflict 趋避冲突
Aramis 雅男士（男性化妆保养品品牌）
Arguments 争论
Armani, Giorgio 乔治·阿玛尼
Art product 艺术品
Art versus craft 艺术品 vs 工艺品
Asian American market 亚裔美国人市场

fashion, clothing, retailing implications 时尚、衣服、零售意义
feng shui and chi in real estate 房地产业界的“风水”和“气”
Aspirational reference group 成功人士参照群体
Atmospherics 氛围
Attention 注意
Attitudes 态度
Attractiveness 吸引力
Autonomic decision 自动化决策
Avatar 虚拟化身
Avoidance-avoidance conflict 双避冲突
Avon 雅芳

Baby boomers “婴儿潮”一代
Baccarat 百家乐
Backer Spielvogel Bates 贝克·斯皮沃格公司
Banana Republic 香蕉共和国
Barbie dolls 芭比娃娃
Barney's 纽约巴尼斯公司
Beauty, ideals of 理想自我
Beene, Geoffrey 杰弗里·比尼
Behavior 行为
Behavioral influence perspective 行为影响观点
Benefit Cosmetics 贝玲妃化妆品公司
Benetton 贝纳通公司
Bergdorf Goodman 波道夫·古德曼
Best Buy 百思买
Better Business Bureaus (BBBs) 商业改进局
Better goods 高级价格带商品
Biases 偏见
Bigfoot “大脚”公司
Binary opposition 二元对立
Biogenic needs 生理需要
Blogging 博客
Blogosphere 博客圈
Bloomingdale's 布鲁明戴尔百货
Body cathexis 身体关注
Body image 身体意象
Body piercing 身体穿孔
Body Shop 美体小铺
Bonding 绑定
Boomerang kids 归巢族
Bourdieu, Pierre 皮埃尔·布迪厄
Boycotts 抵制
Branded entertainment 品牌化娱乐
Brands 品牌
equity 品牌价值
loyalty 品牌忠诚
names as heuristic 品牌名称作为启发法
national 全国性品牌
parity 品牌均势
personality 品牌人格
popular 流行品牌
private 私人品牌
sex-typed 性别类型产品
store 商店品牌
Bratz 布拉茨娃娃
Bridge lines 桥线时尚
Buchman, Dana 布奇曼
Budget goods 实惠价格带商品
Burberry 博柏利
Burlington Coat Factory 伯灵顿制衣厂
Burning Man Festival 火人节
Business ethics 商业道德
Buying 购买
impulse 冲动购买
internet 网络购物
physical and social surroundings 购买的物理和社会环境
point-of-purchase stimuli 促进购买的刺激物
situational segmentation 购买情境细分
situationand timeframes 购买情境和时间表

Calvin Klein (CK) 卡尔文·克莱恩
Carbon footprint 碳排放量
Care labeling of Textile Wearing Apparel Ruling (1972) 《纺织服装洗涤护理标签规定》
Care labels 护理标签
Care symbols 护理符号
Carson, Rachel 瑞切尔·卡森
Cazak 卡扎克
Celebrities, as endorsers 名人，作为代言人
Ce Soir “晚上见”

Convention on International Trade in 国际贸易公约
Conventions 公约
Converse 匡威
Coolhunters 猎酷人
Cooptation 共同选择
Copyrights 版权
Cosmetics 化妆品
Council of Fashion Designers of American Foundation 美国时尚设计师协会
Counterfeit goods 假冒商品，仿制商品，伪造产品
Country of origin 原产国
Cover Girl 封面女郎
Craft，art versus 工艺品 vs 艺术
Craft product 工艺品
Crate&Barrel 克拉特·巴雷尔
Creative subsystem 创意子系统
Credibility 可信性
Creolization 同质化
Crescive norms 内隐性准则
Cultural capital 文化资本
Cultural differences 文化差异
Cultural values 文化价值
Culture 文化
high-context 高语境文化
high versus popular 高雅文化和流行文化
individualist 个人主义文化
jamming 文化干扰
low-context 低语境文化
marketing and popular 市场营销和流行文化
myths 神话
production systems 生产系统
rituals 仪式
role of 文化的角色
selection 文化选择
shock 文化冲击
Customs 风俗
Cybermediaries 电子中间商

Dali，Salvador 萨尔瓦多·达利
Database marketing 数据库营销
Dawkins，Richard 理查德·道金斯
DDB World Communications Group DDB世界通信集团
Decision making 决策
Heuristics 启发式决策
Information search 信息搜寻
Problem recognition 问题识别
Declaration of Consumer Rights 《消费者权利宣言》
De-etunicitization 去民族化
Demeter Fragrances 德墨忒尔香水
Demographics 人口统计学变量
Denim 牛仔裤
De la Renta，Oscar 奥斯卡·德拉伦塔
Determinant attributes 关键属性
Differential threshold 差别阈限
Diffusion of innovations 革新的传播
DigiScents Inc. 蒂格森公司
Dior 迪奥
Direct Marketing Association (DMA) 直复营销协会
Discontinuous innovation 突破性创新
Discretionary spending 可自由支配的个人开支
Disney products 迪士尼产品
Disposal of products 产品的处理
Dissonance，cognitive 认知失调
Doneger Creative Services 多尼戈尔创意服务
Doneger Group 多尼戈尔集团
Donna Karan (DKNY) 唐娜·凯伦
Dove 多芬
Down 羽绒
Drive theory 驱力理论
DuPont 杜邦公司
Durkheim，Emile 埃米尔·涂尔干

Early and late majority 早期多数派和后期多数派
Eastman Kodak 伊士曼柯达公司
eBay 易趣
Echo Boomers 回声潮一代
EchoLogo 环保标志
Ecology 生态学
E-commerce 电子商务
Economic models of fashion 时尚的经济学模型
EcoSpun fibers 聚酯纺织纤维
Ego 自我
80/20 rule 80/20 法则
Eileen Fisher 艾琳·费希尔

Fur Information Council of American (FICA) 美国皮毛信息委员会
Fur Production Labeling Act 《皮毛产品标签法案》

Galbraith, John Kenneth 约翰·肯尼斯·加尔布雷斯
Galliano, John 约翰·加里亚诺
Gallup poll 盖洛普民意测验
Gap 盖普
GapKids 萌宝宝
Gatekeepers 守门人
Gay, lesbian, bisexual, transgender (GLBL) consumers 男同性恋、女同性恋、双性恋和跨性别消费者
Gender difference, reaction to color and 性别差异，对颜色的反应
Gender identity 性别认同
Gender roles 性别角色
Generation X X一代
Generation Y Y一代
Generation Z Z一代
Geodemography 地理人口学
Gestalt 格式塔
Gift-giving rituals 送礼仪式
Giorgio Armani 乔治· 阿玛尼
Global 全球的
  consumption 全球消费
  culture 全球文化
Globalized consumption ethic 全球消费市场规范
GlobalScan 环球扫描
Goody's family clothing 古蒂家庭服装公司
Gossard 戈萨德
Graves, Michael 迈克尔·格雷夫斯
Gray goods 灰色商品
Gray market 银色市场
  design criteria for 设计标准
Green advertising 绿色环保广告
Green consumers 绿色消费者
Green retailers and manufacturers 绿色零售商和生产商
Green Seal 绿色徽章
Grooming rituals 美容仪式
Groupe Danone 达能集团
Groups 群体
Gucci 古驰
Guerrilla marketing 游击队式营销
Guess 盖尔斯

Habitual decision making 习惯性决策
Hallmark Sound Cards 贺曼声卡
Halo effect 晕轮效应
Hand 手感
H&M 瑞典服装品牌 H&M
Hanna Andersson 汉娜·安德森服饰
Hard Candy "水果硬糖"
Hard Rock café 硬石餐厅
Harley-Dadidson 哈雷摩托
Hartmann values 哈特曼服装价值研究
Hedonic needs 享受需求
Heightism 身高歧视
Herbal Essence Shampoo 伊卡璐洗发水
Hermes international 爱马仕
Hershey 好时公司
Heuristics 启发法
Hierarchies 层次
  experiential 经历层次
  low-involvement 低卷入度层次
  standard learning 标准式学习层次
Hierarchy of effects 效果模式
High-context culture 高语境文化
High fashion 高端时尚
Hispanic American market 拉美裔美国市场
Holiday rituals 节日仪式
Homeostasis 内环境稳定
Hotmail 电子邮件服务商 Hotmail
Humorous appeals 幽默诉求
Hyperreality 超现实

Id 自我
Ideal self 理想自我
Identity, clothing and 身份、服饰和自我
IKEA 宜家家居
Immodesty theory 张扬理论
Impulse buying 冲动购买
Income 收入
  consumer confidence 消费者信心
  discretionary spending 可支配开支

Lowry, Adam 亚当·洛瑞
Lucky Brand 幸运牛仔
Lycra® 莱卡

Mackie, Bob 卜麦琪
Macy's 梅西百货
Magazines 杂志
Magnuson-Moss Warranty-Improvement ACT 《马格努森-莫斯保修法》
Mail Order rule 邮购规则
Manufacturers 生产商
Market beliefs 市场信念
Marketing 营销
Market maven 市场行家
Market segmentation strategies 市场细分策略
Marlboro 万宝路
Marshall Field's 马歇尔·菲尔德公司
Martin Richard 理查德·马丁
Martin&Osa (American Eagle Outfitters) 美洲鹰奥菲特
Marx, Karl 卡尔·马克思
Marry Kay 玫琳凯
Masculinism 男性气质
Maslow, Abraham 亚伯拉罕·马斯洛
Mass class, rise of 大众阶层的兴起
Mass customization 大规模定制
Mass fashion, 10 大众时尚
Match-up hypothesis 一致性假设
Materialism 物质主义
Mattel 美泰公司
McCardell, Claire 克莱尔·麦卡德尔
McCartney, Stella 斯特拉·麦卡特尼（英国时装设计师）
McDonald's 麦当劳
McFadden, Marry 玛丽·麦克费登
M-commerce 移动电子商务
McQueen, Alexander 亚历山大·麦昆
meez. com 虚拟自我网站
Membership reference group 成员参照群体
Meme “模因”
Merrill Lynch 美林证券公司
Mervyns 摩雯思
Message 信息
Message-response involvement 信息反应卷入度
Metaphors 比喻
Method 方法
Metrosexual 都市美男
Microsoft Corp. 微软公司
Millennials 千禧世代
Middle East, social class in 中东的社会阶层
Miss Sixty 意大利服装品牌“60年代小姐”
Miyake, Issey 三宅一生
Mizrahi, Isaac 艾萨克·麦兹拉西
Mode 模式
Model, ban on too thin 模特，禁止过瘦
Moderate goods 中高级价格带商品
Modesty theory 端庄理论
Mohajer, Dina 迪娜·穆哈杰
Molloy, John 约翰·莫里
Montblanc 万宝龙
Mores 习俗
Motivation 动机
Motorola 摩托罗拉（美国主营电子的公司）
Movies, product placement in 在电影中的产品植入
Multiattributte attitude models 多属性态度模型
Multigenerational marketing strategy 多世代市场营销策略
Multitasking 多项任务
Murray, Henry 亨利·默里
Museum exhibitions 博物馆展览
Music, used in marketing 在营销中使用音乐
Muzak Corp. 米尤扎克公司
MySpace 热门社交网站名
Myths 神话

Nader, Ralph 拉尔夫·纳德
Nano-Tex 纳米布料
National brands 全国性品牌
National consumers agencies 国家消费者机构
National Consumers League (NCL) 全国消费者联盟
National Council of Textile Organization (NCTO) 全国纺织品组织协会
National Environment Policy Act (1969) 《国家环境政策法案》
National Fraud Information Center (NFIC) 国家欺诈信息中心

National Retail Federation 零售业联合会
National Textiles Association（NTA） 国家纺织品协会
Needs 需要
Neiman Marcus 内曼·马库斯（美国以经营奢侈品为主的高端百货商店）
New Wave 新浪潮
New World Teen Study 新世界青少年研究
Nicole Miller 妮可·米勒
Nigel French 奈杰尔·弗兰奇
Nike 耐克
Nokia 诺基亚
Noncompensatory decision rules 非补偿性决策法则
Nordstrom 诺德斯特姆公司
Normative influence 规范性影响
Norms 规范、准则
Nostalgia，appeal of 怀旧诉求
Nuclear family 核心家庭

Object 客体
Objectification 客体化
Object perception 物体认知
Observability 可观察性
Occupational prestige 职业声望
Ogilvy& Maher 奥美集团
Oldman，Todd 托德·奥德曼
Opinion leadership 意见领袖

Packard，Vance 万斯·帕卡德
Pantone 潘通色卡
Paradigm 范式
Parental yielding 父母屈服
Parody display 模仿秀展示
Patagonia 巴塔哥尼亚
Paul Mitchell 宝美奇
Penney，JC 100 杰西潘尼
People for the Ethical Treatment of Animals 善待动物协会
Pepsi 百事可乐
Perceived age 感知年龄
Perceived risk 感知风险
Perception 知觉
Perceptual mapping 知觉图
Perceptual positioning 知觉定位
Perceptual selection 知觉选择
Perceptual vigilance 知觉的灵敏性
Permission marketing 许可式营销
Personal ethics 个人道德
Personality 人格
Personal shoppers （商店雇用的）代理顾客
Person perception 个人知觉
Persuasion 说服
Pham，Taylor 泰勒·范
Physical perception 物理认知
Piaget，Jean 皮亚杰
Planet Hollywood 好莱坞星球酒店
Playtex 倍儿乐（美国婴儿用品品牌）
Pleasure principle 快乐原则
Plus-size women 穿大号尺码衣服的女性
Point-of-purchase stimuli 促进购买的刺激物
Polo 保罗
Poor consumers，targeting 贫穷的消费者（目标市场）
Popcorn，Faith 费思·波普考恩
Popsi doll popsi 娃娃
Positioning strategy 市场定位策略
Positivism 实证主义
Postmodernism 后现代主义
Pottery Barn 陶瓷谷仓
Pottery Barn Kids 陶瓷谷仓旗下童装
Power 权力
Prada Group 普拉达集团
Predatory pricing 掠夺性定价
Prestige-exclusivity effect 珍贵—独特效应
Prêt-à-porter 定制成衣
Price 价格
Principle of cognitive consistency 认知一致性原则
Principle of similarity 相似性原则
Private brands 私人品牌
Private self 私人自我
PRIZM（Potential Rating Index by Zip Market） 按邮政区划分为基础的潜力等级指数
Problem recognition 问题认知
Procter& Gamble 宝洁公司
Products 产品
Profane consumption 神圣消费

Progressive learning model 渐进学习模式
Promostyl 趋势预测
Proms （中学生或大学生学年结束时举行的）班级舞会
Prosumer 产消者
Protection theory 保护理论
Psychogenic need 心因性需要
Psychographics 消费心态学
Psychological models of fashion 时尚的心理学模型
Psychophysics 心理物理学
Public self 公众自我
Puffing ads 夸张不实的广告
Purchase situation involvement 购买情境卷入
Pure Food and Drug Act（1906） 《纯净食品和药品法》

Q score Q分数
Quaker Qats 桂格燕麦
Quality，product 产品质量
Quinceanera 成人礼

Racial group. *See* Ethnic and racial group 种族群体
Ralph Lauren 拉夫·劳伦
Rashid，Karim 卡里姆·拉希德
Rational perspective 理性观点
RCA Records 美国无线电唱片公司
Reactance 逆反
Reality engineering 现实工程
Reality principle 现实原则
Recycling 回收利用
Reebok 锐步
Reference group 参照群体
Referent power 参照权力
Refutational arguments 辩驳争论
REI 一家美国户外用品连锁店
Relationship marketing 关系营销
Relative advantage 相对优势
Relative deprivation 相对剥夺
Repositioning 重新定位
Representatives 生产商的代理商
Resonance 共鸣
Restoration Hardware 雷斯托奥里欣家居
Retailers 零售商
Reuse Development Organization 循环使用发展组织

Revlon 露华浓
Reward power 报偿影响
Rich consumer 富裕消费者
Risk 风险
Rites of passage 通过仪式
Rituals 仪式
  artifacts 仪式器物
  gift - giving 送礼仪式
  holiday 节日仪式
Robinson - Patman Act（1936） 《罗宾森-帕特曼法案》
Rokeach value survey 罗克奇价值观调查
Role identities 角色认同
Role theory 角色理论
Roper Reports Worldwide Global Consumer Survey Roper 全球消费者调查
Routine decision making 例行决策制定
Rumors 谣言
Ryze 瑞兹

Sacralization 神圣化
Saks Fifth Avenue 萨克斯第五大道
Salespersons 销售员
Sander，Jil 吉尔·桑达
Sara Lee Corp. 莎莉公司
Schema 图式
Schiaparelli，Elsa 夏帕瑞丽
Scientific Certification Systems 科学认证系统
Scoop 斯高普公司
Sears 西尔斯
Secondlife. com 第二人生网站
Seeding 播种
Self（selves） 自我
Self - concept 自我概念
Self-consciousness 自我意识
Self-esteem 自尊
  advertising 自尊广告
Self-fulfilling prophecy 自我实现预言
Self-monitoring 自我监督
Self-perception theory 自我知觉理论
Semiotics 符号学
Sensation，defined 感觉界定
Sensory inputs 感觉输入

Syncretic decisions 融合决策

Tacky 俗气
Tahari 塔哈瑞
Talbots 塔尔伯特
Tamagotch 电子鸡
Target 塔吉特
Target market 目标市场
Taste 品位
Tattoos 文身
Tautology 同义反复
Technological innovation 技术革新
Teenagers 青少年（13 至 19 岁）
Television 电视
  product placement 产品植入
Tencel® 天丝
Terminal values 终极价值观
Theories 理论
Theory of reasoned action 理性行为理论
Third Wave, The（Toffler） 《第三次浪潮》（托夫勒）
Timberland 天木兰
Time 时间
  compression 时间压缩
  poverty 时间贫乏
  psychological 心理时间
Toffler，Alvin 阿尔文·托夫勒
Tommy Hilfiger 汤米·希尔费格
Tony & Tina 托尼 & 蒂娜
TopShop 热门店
Toro 美国托罗公司
Touch 触觉
Toys 玩具
  Barbie dolls 芭比娃娃
  Beanie babies 豆豆娃
  Bratz 布拉茨娃娃
  ethnic dolls 具有民族特色的玩偶
  Popsi doll popsi 娃娃
  safety 玩具安全性
  tamagotch 电子鸡
Toys "R" Us 玩具反斗城
Tracy，Ellen 爱伦·瑞丝
Trade dress 职业装
Trademarks 商标
Traits 特质
Transitional economics 转型经济
Trend 趋势，潮流
Trendy 时髦的
Trialability 可试用性
Trickle-across theory 水平传递理论
Trickle-down theory 自上而下理论
Trickle-in-Lending Act（1968） 《诚实借贷法案》
Tucci，Billy 比利·图奇
Tupperware 特百惠
Two-factor theory 双因素理论

übersexual 魅力超男
Undercoded 潜在编码形式
Unethical consumer practices 不道德的消费者行为
Unilever 联合利华
Uniqueness，need for 对独特性的需求
Unisex products 男女皆宜的商品
Urban Decay 城市腐烂（品牌名）
Urban fashion 城市时尚
Urban Outfitters 城市旅行者（户外品牌）
Uses and gratification theory 使用和满足理论
Utilitarian needs 功利性需要

VALS2 ™（Value and Lifestyles System） 价值—生活方式体系
Values 价值观
Veblen 凡勃伦
Veblen effect 凡勃伦效应
Versace 范思哲
Versace，Gianni 詹尼·范思哲
Victoria's Secret 维多利亚的秘密
Viktor &Rolf 维克多罗夫
Vionnet，Madeleine 玛德琳·维奥内特
Viral marketing 病毒式营销
Virtual community of consumption 虚拟消费社区
Virtual consumption. *See* Internet 虚拟消费
Vision 视觉
von Furstenberg，Diane 黛安·冯芙丝汀宝

Wal-Mart 沃尔玛

Wang, Vera 王薇薇
Wants 欲望
Warner, W. Lloyd W·劳埃德·华纳
Wayne Rogers 韦恩·罗杰斯
Weber, Max 马克斯·韦伯
Weblog 网络日志
Wollen, Peter 彼得·沃伦
Women's Wear Daily 《女装日报》
Wool Products Labeling Act 《羊毛产品标签法案》
Word-of-mouth communication 口口相传
Worth, Charles 查尔斯·沃斯
Yankelovich, Skelly & White 扬克洛维奇，斯凯利 & 怀特
Yankelovich, Monitor 扬克洛维奇监测
Yankelovich Partners Inc. 扬克洛维奇公司
Youth market 年轻人市场
Yves St. Laurent 伊夫圣罗兰

Zara 一个品牌名
Zeitgeist 时代精神

译后记

沉浸在《消费心理学》是一件很令人享受的事情。因为时尚就在我们的身边，就在我们的生活里。虽然翻译的时候，也曾经为各种各样的品牌名称翻译而苦恼，但是，当我在北京的当代商城看到了CK、唐娜·凯伦、香奈儿，在北京西单看到了永远21（forever 21）的时候，我知道时尚其实离我们真的不远，它就在我们的生活里。买一条李维斯牛仔裤或者为女儿买一款芭比娃娃，或者翻阅一下《嘉人》时尚杂志，时尚都是令人舒适和愉悦的事情。

中国的经济在高速发展，目前已经成为世界第二大经济体。中国逐渐要开展国际化合作和国际化竞争。当然，这不是说这种竞争以前没有，而是说国际化合作会越来越广泛，国际化竞争会越来越激烈。时尚领域更是中国企业要参与合作与竞争的一个热点。希望中国企业不仅追逐时尚，更要引领时尚，在世界时尚界中有更多的话语权。希望在时尚术语中，看到更多的中国品牌。也希望我们中国的消费者能更加支持中国的时尚。

时尚的传递是一个复杂的信息系统，而文化是影响时尚传递的重要元素。中国参与世界竞争，迎接经济全球化的策略之一，就是打造全球时尚品牌，一方面可以通过时尚品牌传递文化理念，另一方面，也可以通过传递文化理念，帮助推动中国时尚界的时尚品牌全球化。

还需要指出的是，时尚是在文化传递基础上的文化创新。创新意识、创新能力与创新产品是时尚中的核心要素。中国企业要想摆脱加工厂的尴尬地位，就必须树立跨文化的全球竞争意识，在文化融合中寻求灵感。希望这本书中传递的信息，能够对中国时尚界、消费者行为学领域有更多的启发。

本书的翻译工作是集体智慧的结晶。具体分工为：王艳芝、王广新（第1、3章）、张娥（第11、14、15章）、司淑娟（第4、7、8章）、陈晓庆（第12、13章）、姜金花（第5、6章）、冯华萍（第9、10章）、付婷（第2章）。王广新、王艳芝负责全书的审校工作。

张娥同学是我很钦佩的学生。从大学一年级开始，我教授“西方心理学史”课程时，张娥同学就在其他同学的帮助下，坐在轮椅上听课。她非常优秀，不仅顺利毕业，而且成绩优异，被保送到北京林业大学人文学院心理学系攻读研究生。现在，她已经顺利完成硕士阶段学业，去美国攻读博士学位。

另外，我要感谢我的家人。是她们的爱让我有足够的动力。我要感谢我的妻子王艳芝女士，只想对她说：生活原本就是一条永不停步的河流，你我能在小溪中漫步，相望彼此并有缘同行，我心存感激。王艳芝女士毕业于吉林大学外国语学院英语语言文学专业，获得硕士学位，在这本书的翻译工作中，她承担了许多工作。另外，我要感谢我的女儿，她是家里的小天使，是我们幸福的源泉和动力。希望她能幸福、健康、快乐地成长。

王广新

2013年6月2日

推荐阅读书目

ISBN	书名	作者	单价（元）
心理学译丛			
978-7-300-26722-7	心理学（第 3 版）	斯宾塞·A. 拉瑟斯	79.00
978-7-300-12644-9	行动中的心理学（第 8 版）	卡伦·霍夫曼	89.00
978-7-300-09563-9	现代心理学史（第 2 版）	C. 詹姆斯·古德温	88.00
978-7-300-13001-9	心理学研究方法（第 9 版）	尼尔·J. 萨尔金德	78.00
978-7-300-32781-5	行为科学统计精要（第 10 版）	弗雷德里克·J. 格雷维特 等	139.00
978-7-300-28834-5	行为与社会科学统计（第 5 版）	亚瑟·阿伦 等	98.00
978-7-300-22245-5	心理统计学（第 5 版）	亚瑟·阿伦 等	129.00
978-7-300-33245-1	现代心理测量（第 4 版）	约翰·罗斯特 等	58.00
978-7-300-12745-3	人类发展（第 8 版）	詹姆斯·W. 范德赞登 等	88.00
978-7-300-13307-2	伯克毕生发展心理学：从 0 岁到青少年（第 4 版）	劳拉·E. 伯克	118.00
978-7-300-18303-9	伯克毕生发展心理学：从青年到老年（第 4 版）	劳拉·E. 伯克	55.00
978-7-300-29844-3	伯克毕生发展心理学（第 7 版）	劳拉·E. 伯克	258.00
978-7-300-32150-9	伯克毕生发展心理学（第 7 版）：精装版	劳拉·E. 伯克	698.00
978-7-300-30663-6	社会心理学（第 8 版）	迈克尔·豪格 等	158.00
978-7-300-18422-7	社会性发展	罗斯·D. 帕克 等	59.90
978-7-300-21583-9	伍尔福克教育心理学（第 12 版）	安妮塔·伍尔福克	109.00
978-7-300-29643-2	教育心理学：指导有效教学的主要理念（第 5 版）	简妮·爱丽丝·奥姆罗德 等	109.00
978-7-300-31183-8	学习心理学（第 8 版）	简妮·爱丽丝·奥姆罗德	118.00
978-7-300-23658-2	异常心理学（第 6 版）	马克·杜兰德 等	139.00
978-7-300-18593-4	婴幼儿心理健康手册（第 3 版）	小查尔斯·H. 泽纳	89.90
978-7-300-19858-3	心理咨询导论（第 6 版）	塞缪尔·格莱丁	89.90
978-7-300-29729-3	当代心理治疗（第 10 版）	丹尼·韦丁 等	139.00
978-7-300-30253-9	团体心理治疗（第 10 版）	玛丽安娜·施奈德·科里 等	89.00
978-7-300-25883-6	人格心理学入门（第 8 版）	马修·H. 奥尔森 等	98.00
978-7-300-14062-9	社会与人格心理学研究方法手册	哈里·T. 赖斯 等	89.90
978-7-300-12478-0	女性心理学（第 6 版）	马格丽特·W. 马特林	79.00
978-7-300-18010-6	**消费心理学：无所不在的时尚（第 2 版）**	**迈克尔·R. 所罗门 等**	**99.80**
978-7-300-12617-3	社区心理学：联结个体和社区（第 2 版）	詹姆士·H. 道尔顿 等	79.80
978-7-300-16328-4	跨文化心理学（第 4 版）	埃里克·B. 希雷	55.00
978-7-300-14110-7	职场人际关系心理学（第 12 版）	莎伦·伦德·奥尼尔 等	49.00
978-7-300-13303-4	生涯发展与规划：人生的问题与选择	理查德·S. 沙夫	45.00
978-7-300-18904-8	大学生领导力（第 3 版）	苏珊·R. 考米维斯 等	39.80
西方心理学大师经典译丛			
978-7-300-17807-3	自卑与超越	阿尔弗雷德·阿德勒	48.00
978-7-300-17774-8	我们时代的神经症人格	卡伦·霍妮	45.00
978-7-300-33358-8	动机与人格	亚伯拉罕·马斯洛	79.00
978-7-300-17739-7	人的自我寻求	罗洛·梅	48.00

978-7-300-20299-0	教育心理学简编	爱德华·桑代克	45.00
978-7-300-20342-3	心理物理学纲要	古斯塔夫·费希纳	49.00
978-7-300-18539-2	精神病学的人际关系理论	哈里·沙利文	45.00
978-7-300-20275-4	社会学习理论	阿尔伯特·班杜拉	48.00
978-7-300-20339-3	追求意义的意志	维克多·弗兰克尔	48.00
978-7-300-17738-0	当事人中心治疗：实践、运用和理论	卡尔·罗杰斯 等	89.00
978-7-300-24518-8	理解人性	阿尔弗雷德·阿德勒	39.90
978-7-300-24517-1	寻找灵魂的现代人	卡尔·荣格	48.00
978-7-300-23941-5	动力心理学	罗伯特·伍德沃斯	45.00
978-7-300-23940-8	挫折与攻击	约翰·多拉德 等	45.00
978-7-300-26138-6	性学三论与爱情心理学	西格蒙德·弗洛伊德	38.00
978-7-300-26033-4	人类的遗产："文明社会"的演化与未来	利昂·费斯汀格	55.00
978-7-300-26034-1	实现自我：神经症与人的成长	卡伦·霍妮	65.00
978-7-300-27774-5	压力：评价与应对	理查德·拉扎勒斯 等	85.00
978-7-300-27972-5	心理学与灵魂	奥托·兰克	48.00
978-7-300-28167-4	习得性无助	马丁·塞利格曼	58.00
978-7-300-27210-8	思维风格	罗伯特·斯滕伯格	49.00
978-7-300-29171-0	偏见的本质	戈登·奥尔波特	118.00
978-7-300-29478-0	理智、疯狂与家庭	R. D. 莱因 等	69.00
978-7-300-29757-6	整合与完满：埃里克森论老年	埃里克·埃里克森 等	69.00
978-7-300-30797-8	目击者证词	伊丽莎白·洛夫特斯	68.00
978-7-300-30919-4	超越自由与尊严	B. F. 斯金纳	58.00
978-7-300-30980-4	科学与人类行为	B. F. 斯金纳	79.80
978-7-300-31409-9	爱情关系	奥托·克恩伯格	59.80

当代西方社会心理学名著译丛

978-7-300-33961-0	社会认同论：人类群体与社会范畴	亨利·泰弗尔	119.00
978-7-300-33222-2	情绪传染	伊莱恩·哈特菲尔德	79.00
978-7-300-32190-5	超越苦乐原则：动机如何协同运作	E. 托里·希金斯	198.00
978-7-300-31154-8	道德之锚：道德与社会行为的调节	娜奥米· 埃勒默斯	88.00
978-7-300-30024-5	情境中的知识：表征、社群与文化	桑德拉·约夫切洛维奇	68.00
978-7-300-30022-1	偏见与沟通	托马斯·佩蒂格鲁 等	79.80
978-7-300-28793-5	偏见（第 2 版）	鲁珀特·布朗	98.00
978-7-300-28542-9	归因动机论	伯纳德·韦纳	59.80
978-7-300-28329-6	欲望的演化：人类的择偶策略（最新修订版）	戴维·巴斯	79.80
978-7-300-28458-3	努力的意义：积极的自我理论	卡罗尔·德韦克	59.90
978-7-300-13011-8	语境中的社会建构	肯尼斯·J. 格根	69.00
978-7-300-13009-5	社会认同过程	迈克尔·A·豪格 等	59.00

* * * *

图书在版编目（CIP）数据

消费心理学：第 2 版/（美）所罗门，（美）拉博尔特著；王广新，王艳芝，张娥等译．—北京：中国人民大学出版社，2013.10
（心理学译丛·教材系列）
ISBN 978-7-300-18010-6

Ⅰ.①消… Ⅱ.①所…②拉…③王…④王…⑤张… Ⅲ.①消费心理学-教材 Ⅳ.①F713.55

中国版本图书馆 CIP 数据核字（2013）第 244783 号

心理学译丛·教材系列
消费心理学
无所不在的时尚（第 2 版）
［美］迈克尔·R·所罗门 南希·J·拉博尔特 著
王广新 王艳芝 张娥 等 译
Xiaofei Xinlixue

出版发行	中国人民大学出版社		
社　　址	北京中关村大街 31 号	**邮政编码**	100080
电　　话	010－62511242（总编室）		010－62511770（质管部）
	010－82501766（邮购部）		010－62514148（门市部）
	010－62511173（发行公司）		010－62515275（盗版举报）
网　　址	http：//www.crup.com.cn		
经　　销	新华书店		
印　　刷	北京七色印务有限公司		
开　　本	890 mm×1240 mm　1/16	**版　　次**	2014 年 1 月第 1 版
印　　张	26 插页 2	**印　　次**	2025 年 9 月第 10 次印刷
字　　数	708 000	**定　　价**	99.80 元